目的地市场营销与管理：理论与实践

Youcheng Wang，Abraham Pizam /编著

张朝枝 郑艳芬 /译

Destination Marketing and Management
Theories and applications

中国旅游出版社

序

在全球范围内，旅游目的地市场营销与管理活动始终与全球旅游业的发展步伐保持一致。种种迹象表明，在结构性因素与社会因素的双重驱动下，旅游业将继续保持高速增长的势头。其中，结构性因素包括人口增长、经济富裕、企业扩张以及与年龄相关的旅游模式，而社会因素包括了文化全球化以及电子联通性等。届时，将有成千上万的企业涌进形形色色的旅游目的地中，向游客销售与提供服务。然而，旅游目的地市场营销与管理是一个错综复杂的议题，需要用一种全面、综合与系统的方法加以理解。从需求角度来看，旅游者面临着越来越多样化的目的地选择；从供给角度来看，目的地市场营销组织正努力在竞争激烈的市场中赢取旅游者的关注。因此，旅游目的地需要深刻地理解市场环境，制定综合的市场营销与管理战略，来提升自身的竞争力与吸引力。

本书旨在为读者提供全面的视野来了解旅游业的基本概念与范畴，尤其涉及旅游目的地市场营销与管理的部分。因此，本书采用全面与综合的方法，系统地研究旅游目的地市场营销与管理的宏观与微观方面，其中包括旅游目的地市场营销与管理的概念、范围与结构；旅游目的地的规划与政策；消费者的决策过程；旅游目的地营销调研；旅游目的地品牌化与定位；旅游目的地产品开发与分销；新兴科技在旅游目的地市场营销中的作用；旅游目的地利益相关者管理；旅游目的地的安全、灾难与危机管理；旅游目的地的竞争力与可持续性；以及旅游目的地市场营销与管理的挑战与机遇。

本书认为，随着旅游产品及其消费的自然演变过程，旅游目的地市场营销组织（Destination Marketing Organization）的角色也必将转变成为旅游目的地管理与市场营销组织（Destination Marketing and Management Organization）。目的地旅游产品实质上是各种实体商品与服务的结合体，各个部分都由独立的经营实体所生产与管理，没有任何组织与企业能够完全或绝对控制旅游产品的生产与营销，包括统一质量标准、价格、分销渠道以及各种营销策略与活动。然而，从旅游者的视角来看，旅游目的地就是一个统一的产品。当旅游者与当地某个服务提供者发生不愉快的经历时，由于晕轮效应，这种消极的影响往往蔓延至其他服务提供者乃至整个目的地。所以说，一个旅游目的地的产品质量将取决于其最脆弱的部分。

旅游目的地市场营销组织的主要职责在于提高目的地的游客量。然而，这些组织本身既不能创造产品，也无法控制旅游产品的生产、定价与传递过程，因而也很难影响旅游者对目的地的整体满意度水平。它们就像在用一双被束缚的双手来进行营销，接收大量来自不同企业独立生产的产品，然后将它们放在“货架”上销售，却没有能力控制它们的质量、属性、价格或传递的方式。许多旅游目的地营销组织的管理者已经认识到私营部门作为生产者、公共部门作为营销者这种角色分离的种种缺陷，因而也开始呼吁目的地营销组织的角色转变，试图用一种综合与全面的手段来增强它们对目的地旅游企业管理与运营的影响。换言之，它们希望从旅游目的地营销组织者的角色逐渐转变为旅游目的地管理与营销组织者的角色。

本书首次采用综合与全面的方法来介绍旅游目的地市场营销与管理的方方面面。各章节均出自于不同领域的顶级专家学者，其分工如下：第 1 章（Youcheng Wang），第 2 章（John Jenkins，Dianne Dredge and Jessica Taplin），第 3 章（Philip Pearce），第 4 章（Drew Martin，Ercan Sirakaya – Turk and Arch Woodside，第 5 章（Dogan Gursoy），第 6 章（Andrew Walls and Youcheng Wang），第 7 章（Muzaffer Uysal，Rich Harrill and Eunju Woo），第 8 章（Asli Tasci），第 9 章（Amir Shani and Youcheng Wang），第 10 章（Richard Butler），第 11 章（John Kracht and Youcheng Wang），第 12 章（Youcheng Wang），第 13 章（Dimitrios Buhalis，Daniel Leung and Rob Law），第 14 章（Peter O’Connor，Youcheng Wang and Xu Li），第 15 章（Graham Brown，Leo Jago，Laurence Chalip，Shameen Ali and Trevor Mules），第 16 章（Youcheng Wang），第 17 章（Claudia Jurowski），第 18 章（Galia Fuchs and Abraham Pizam），第 19 章（Lori Pennington – Gray and Abraham Pizam），第 20 章（Brent Ritchie and Geoffrey Crouch），第 21 章（Alan Fyall）。我们希望读者们会在这些文字中找到自己的兴趣和挑战。

王有成 / Youcheng Wang
亚伯拉罕·匹赞姆 / Abraham Pizam
罗森旅游饭店管理学院 / Rosen College of Hospitality Management
中佛罗里达大学 / University of Central Florida

目录 CONTENTS

第一篇

目的地市场营销与管理的概念与结构

第1章
目的地市场营销与管理：范围、定义与结构

一、旅游目的地营销与管理：范围与定义

旅游目的地是旅游活动的主要发生地，是旅游系统模型分析的基本单位（Pike，2008）。旅游目的地营销与管理是一个错综复杂的议题，需要用一种全面、综合与系统的方法来理解。从需求角度来看，旅游者面临着越来越多样化的目的地选择；从供给角度来看，目的地营销组织正处于一个市场高度竞争，需要努力赢取旅游者关注的时代（Heath & Wall，1992）。因此，旅游目的地需要深刻地理解市场环境，制定综合的营销与管理战略，来提升自身的竞争力与吸引力（Pike，2008）。

旅游目的地的营销与管理活动始终与全球旅游业的发展步伐保持一致。种种迹象表明，在结构性因素与社会因素的双重驱动下，旅游业将继续保持高速增长的势头。其中，结构性因素包括人口增长、经济富裕、企业扩张以及与年龄相关的旅游模式，而社会因素包括了文化全球化以及电子联通性等（国际旅游目的地营销协会，2008）。根据联合国世界旅游组织的预测，截至2020年，国际游客量将达到15亿顶峰，创造超过1万亿美元的旅游收入（UNWTO，2010）。届时，将有成千上万的企业涌进形形色色的旅游目的地中，向游客销售与提供服务（国际旅游目的地营销协会，2008）。

要制定有效的综合营销与管理战略，首先要全面了解旅游业的基本概念与范畴，尤其涉及旅游目的地营销与管理的部分。当旅游者为实现某个目的，如欣赏美景、感受异域文化，而离开他的日常居住地，并借助一定的交通方式到达某个目的地时，那么我们就说“旅游”发生了。定义一个旅游者，关键要看

他是否离开了日常居住地到外地旅行。例如，一个在北京生活与工作的人去参观故宫，就不能称之为旅游者。因此，从居住地到旅游目的地之间的空间移动，是判断旅游需求的关键所在。而旅游者在旅行途中所消费的旅游产品，将为旅游目的地及其社区创造经济利益。

从地理学的视角来看，空间移动是定义旅游业的关键。为了简单勾勒出旅游系统和旅游目的地营销与管理的概念，本文采用了 Leiper 旅游系统模型（Leiper，1995）（图 1－1）。雷帕提出了三个要素来描述旅游系统：

第一，地理要素。地理要素包括：旅游客源地；旅游目的地；以及旅游途经地区。旅游客源地是旅行的出发地，是刺激旅行的客源市场。旅游途经地区指旅游者在日常居住地与旅游目的地之间所途经地区的短期旅行，也包括了旅游者在途中停留下来参观的一些地方。旅游目的地则是整个旅游系统中最重要的部分，旅游供应商不仅在此建设硬件设施以吸引旅游者，还要不断提升目的地的形象刺激旅游者。换言之，旅游目的地是“拉动”市场的因素，为大部分旅游活动提供了场所。在这个场所中，旅游者能够实现当下的旅行目标，并经历一段难忘的旅游体验。旅游目的地不仅为游客提供丰富多样的吸引物，还成为实施旅游规划与管理战略的巨大舞台。

第二，旅游者。旅游者在整个旅游系统中扮演着重要的角色。一方面，旅游者在旅游过程中能丰富经历，拓宽视野和增长知识；另一方面，旅游者将促进旅游环境改善和目的地形象提升，从而推动旅游业不断发展，使整个旅游系统充满活力。总之，没有旅游者就没有旅游。此外，还有其他诸如经济、社会与文化的因素影响着旅游需求。根据旅游动机与活动类型，可将旅游者/旅行者划分为几种类型，如休闲旅行者、商务旅行者和具有相似兴趣的旅行者。根据旅行时间，还存在不过夜的一日游或远足游客，但旅游通常是指在目的地至少停留 24 小时的旅行。

第三，旅游业。旅游业是指那些有助于旅游产品促销的企业与组织。根据 Leiper 旅游系统模型可知，不同的行业部门一般分布在不同的区域。各种旅行代理商和旅游运营商主要分布在旅游客源地中，旅游吸引物和饭店行业主要分布在旅游目的地中，至于旅游途经地区，则主要是依靠交通部门。旅游业主要由旅行商贸、交通、住宿与餐饮业、旅游接待设施以及旅游吸引物等组成。不同部门或企业根据各自的预算与意向来提供产品与服务。

关于旅游目的地的概念，很难找到一个统一的标准定义。从系统的角度来看，旅游目的地是一个旅游资源集聚的地理空间，而不是一个行政边界（Pike，2008）。Rubies（2001）认为，旅游集群包括了旅游吸引物、基础设施、设备、服务提供者以及其他支持性部门和行政组织，其中，支持性部门和行政组织负责整合与协调各类活动，为消费者提供所预期的体验。采用集群的方法，大体可以划分出三类旅游目的地集群：次行政区划旅游目的地，即目的地范围小于行政区划范围（如美国路易斯安那州新奥尔良的法国区、加利福利亚州的旧金山渔人码头，以及澳大利亚悉尼的达令港）；行政区划旅游目的地，即目的地范围等于行政区划范围（如澳大利亚的黄金海岸以及美国内华达州的拉斯维加斯）；跨行政区划旅游目的地，即目的地范围跨越行政区划范围（如欧洲的阿尔卑斯山和东南亚的湄公河旅游区）。

在旅游集群的思路下，Dredge 和 Jenkins（2007）将旅游目的地定义为一个与日常居住地不同的地点。他们认为，旅游目的地的边界与旅游规律的特点必然相关，但目的地营销与管理者往往在各自的行政区划范围内开展活动，因此要对旅游目的地准确定义十分困难。

根据 Dredge（1999）的旅游目的地区域模型，旅游目的地具有三个特征：旅游客源地与旅游目的地是两个不同的地理空间；旅游目的地本质上具有复杂性与多尺度性的特征，其概念也因此必须具有弹性的层级结构；旅游目的地既可以是一个独立的地点，也可以是一系列由旅游线路连接起来的不同地点的组合。

基于上述概念，可将旅游目的地营销与管理定义为以游客为中心，旨在通过整合与平衡游客、服务提供者和社区利益，来促进旅游目的地经济与文化发展的前瞻性活动（DMAI，2008）。

二、旅游目的地营销与管理的驱动因素

旅游系统并不是独立或封闭的，它的发展有赖于其他外部系统的支持，如社会文化、经济、政治与物理系统。同理，旅游目的地营销与管理也受到并将持续受到多元的外部驱动因素影响。根据 Karl Albrecht International（KAI）为国际旅游目的地营销协会（Destination Marketing Association International，DMAI）做的《2008 年未来研究》报告，以下 7 个“大趋势”正推动着旅游目的地营销与管理（DMAI，2008）。

竞争环境——一场眼球之争：在旅游市场日益复杂多变以及去中介化与再中介化现象不断加剧的环境下，游客与旅游企业都被各种眼花缭乱的信息包围。更重要的是，日益多元的免费网络信息造成的强烈“噪声干扰”，使旅游

目的地自身所提供的信息更难以受到关注。旅游目的地营销者若要成为游客与旅游企业最佳的信息来源，他们所提供的信息就要更容易传达并吸引顾客的眼球，尤其要在互联网媒体中占据一定的网络流量份额。

经济环境——闪避小行星：在日益充满动荡性与不确定性的经济环境中，我们需要更具有弹性的计划，并时刻警惕各种经济冲击乃至灾难性的突发事件的侵袭。诸如“9·11”恐怖袭击、国际性流行疾病、急速上涨的油价，或者其他像“小行星”一样毫无预警的事件随时都可能发生。旅游目的地必须围绕这些变化的经济形势制订自己的战略计划与发展议程，还必须准备应急预案以应对那些空前的经济震荡。

技术环境——智能友好的网站：一场游客之争将在网络媒体中愈演愈烈。随着网站设计日益精致化、功能化与智能化，游客已能借助网站的基本功能得到教育、娱乐、建议、支持和帮助，而那些网站开发的落伍者显然将会失去关注。因此，旅游目的地营销者需要开发、维护并持续改善基于网络的高科技资源，使得游客能够借助这些资源作出旅行决策，这包括“社交技术”的开发，如社交网络、社区建设以及用户生成内容，也包括对搜索引擎的持续优化与网站流量模式的研究分析。

社会环境——电子文化：正当人际关系与社区日益“去本土化”、原子化和短暂化的同时，越来越多的信息体验与渠道又使人们得以广泛地与他人、各种虚拟社区和媒体文化联系起来。现代文化越来越由那些肤浅而短暂却仍在激增的关系所界定。借助社交网络塑造特定的利益共同体正成为联系顾客群体的一个重要方式。用户生成内容也迅速成为电子文化的一个重要特征。这些技术的发展趋势及其相互作用，为会议业和消费者市场营销提供了许多机会，如“同质群体自动编排”方法的应用。旅游目的地必须改善旅行及相关的福利，如推动个人致富、促进文化间的相互欣赏，以及提高共同体与联结意识来减少政治冲突。与此同时，由于潜在游客往往被包围在饱和的媒介环境中，旅游目的地还要在这样的环境中保持信息活跃。它们可以利用各种互联网技术和策略，如博客、网络社区、虚拟访问和社交网络程序等，来对不同地域和心理的人群进行差异化营销。

政治环境——寻求关联性：旅游目的地的营销者，如旅游目的地营销组织，它们一方面困惑于自身所扮演的角色及其能提供的价值，另一方面受到当地政府、利益相关者与合作伙伴的质疑。对于许多营销者来说，这将会导致一场永无止境的“蛋糕瓜分之战”，将有越来越多的竞争者争夺地方税收与市政资金用于非旅游相关的目的。在一些著名的旅游目的地中，政治领导者可能从根本上质疑营销的必要性，居住其中的公民也许将旅游者看作入侵者而非社区经济发展的贡献者。因此，旅游目的地营销组织很可能被排除在社区发展的重要战略对话之外。所以，它们必须在当地积极推动与引领关于旅游商贸对整个目的地的可持续发展的战略对话，还必须努力将自身塑造为能协助其实现旅游商贸的重要角色。

法律环境——政府的混合信号：在许多国家中，各级政府都可能对与旅游相关的商贸活动施加越来越多的税收、法律和其他方面的限制，并以此作为政治、社会、经济和生态议程中的一部分。其中一些立法干预有利于旅游目的地的发展，但有一些会构成屏障，甚至导致其他政府的竞争报复。在某些情况下，不同行政级别的政策可能互相冲突，甚至反映了某些政府内部相互矛盾的政策理论。旅游目的地营销者必须大力反对政府单方面割据旅游部门的行为，同时倡导携手谋求能够平衡各方经济、生态、社会与政治利益的解决方案。

地球物理环境——正走向绿色：各层社会与政府正面临着日益加剧的全球变暖、气候变化以及相关的生态问题，在许多经济部门中，它们"被看作绿色的"（需要重视并采取相应行动的问题）。在这样一个"炒作"的阶段中，由于缺乏常识，需要一个强大的领导者关注"绿色对话"，并理性分析这些问题的长期影响。旅游目的地营销者必须在绿色对话中主张基于现实的平衡方法，促进形成理性的权衡与协同的解决方案，将有价值的旅游体验与经济的可持续发展结合起来。

以上 7 个趋势将为旅游目的地带来各种潜在机遇与挑战，关键就在于它们自身如何看待与把握机遇，应对挑战。那些富有创造力与想象力的思维，将会在为游客提供价值组合的新机遇、新战略和新方式中获得极大的成功（DMAI，2008）。

三、旅游目的地营销与管理：一种综合的方法

在旅游目的地营销与管理中，需要用一种全面与综合的方法来系统地了解旅游业以及影响旅游目的地活动的各种环境要素。然而，现有文献大多只是狭隘地强调旅游目的地营销与管理中的一个或某些特定的方面，少有以全面的视角研究旅游目的地的。我们认为，全面与综合的旅游目的地营销与管理方法应该至少包含以下主题，在每个主题下面，还有大量需要加以识别、理解与解决的问题：

· 旅游目的地营销与管理的概念、范围与结构；

· 与旅游目的地相关的消费者决策；
· 地方形象、定位与传播的原则与功能；
· 旅游目的地产品开发的战略与战术；
· 旅游目的地产品分销的战略与战术；
· 旅游目的地利益相关者管理的策略与方法；
· 旅游目的地竞争力与可持续性管理的原则与战略；
· 安全、灾难和危机管理的原则与战略。

本书全面地涵盖了旅游目的地营销与管理的综合框架（图 1－1）。

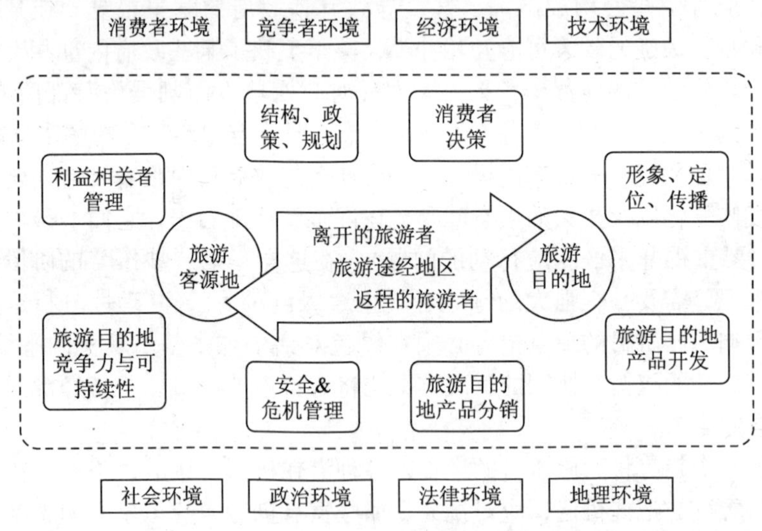

图 1－1　旅游目的地营销管理的概念与范围

四、旅游目的地营销与管理：结构、角色与责任

Pike（2008）确认了 3 类行政级别的旅游目的地营销/管理组织（Destination Marketing/Management Organizations，DMO），它们既是一个为政府建言献策的政府代理机构（government agency），也是一个拥护组织成员事业发展的私营部门伞形行业协会。最近几年，它们的注意力已逐渐从营销转移到管理上，但它们通常仍被称作旅游目的地营销组织（DMO）。因此，旅游目的地营销组织可定义为负责某个特定旅游目的地市场营销活动的组织。根据这一定

义，大多数国家的旅游目的地营销组织可分为4个层级：

国家旅游办公室（National Tourism Office，NTO）：世界旅游组织（WTO，1979）将国家旅游局（National Tourism Administration，NTA）定义为："在国家层面上负责旅游业发展的中央国家行政机关或者其他官方机构。"这个术语曾经用来区分国家旅游组织和国家旅游办公室。国家旅游办公室是一个负责将一个国家作为旅游目的地进行营销的实体，无论这个实体纯粹是一个旅游目的地营销组织（DMO）还是国家旅游局（NTA）（Pike，2008）。

州/省旅游办公室（State Tourism Office，STO）：在一个有联邦政治体系的国家中，全面负责将州（如在美国）、省（如在加拿大）或者领地（如在澳大利亚）作为一个旅游目的地进行营销的组织。

区域旅游办公室（Regional Tourism Office，RTO）："区域"这个术语在这里指旅游集聚区，如城市、城镇、村庄、滨海度假区、海岛和农村地区。这一层级的DMO在世界不同地区也有其他称呼，如美国的会议与观光局（Convention And Visitor Bureaus，CVB），英国的区域旅游局（Regional Tourism Board，RTBs）。一个区域旅游组织可以定义为负责将一个旅游集聚区作为一个旅游目的地进行营销的组织。

地方旅游办公室（Local Tourism Office，LTO）：地方旅游办公室可以是当地的旅游行政机构，也可以是当地的旅游行业协会。前者可能是当地的政府机构，而后者则是旅游企业的一种合作协会形式。

五、DMO的经营模式

KAI为DMAI做的《2008年未来研究》报告指出了DMO的4种主要经营模式，每一种都代表了特定类型的资金结构，并在不同的治理结构下制定政策与执行战略计划。

政府代理机构（Government agencies，GA）：政府代理机构的形式简单、直接且完全处于国家或当地政府的掌控之下，因而通常是欧洲、拉丁美洲以及亚洲国家的首选。大多数政府代理机构都有一定的预算分配，并为实现政府政策的期望而开展各种营销活动。

政府资助型非营利性组织（Government - funded not - profit organizations，GFNPO）：这类组织多见于美国，在加拿大也算常见，在其他地方则不太普遍。它是一个独立的经营实体，能够自由掌控自身的资源，也是在与包括那些附属于政府的一群当地发展机构竞争中少数生存下来的一员。美国的政府资助型非营利性组织通常能够从服务提供者（如饭店）所征收的地方性游客税（也称作"饭店房税"）中得到一定的份额，一些地方还会向其他服务行业如饭店和汽车租赁征税。

双资型非营利性组织（Dual - funded non - profit organizations, DFNPO）：一些政府资助的 DMO 除了能够从地方政府中拿到资金配额，还从地方各种服务提供者中收取捐款和会员费。在美国最常见的是，这种双资经营模式要求 DMO 的领导班子在以整个旅游目的地营销为最高使命的情况下，协调企业会员们的利益，并促进它们改进服务。一些 DFNPO（和一些 GFNPO）也会收到慈善捐款和捐赠资金以补充预算。

会员型行业协会（Member - only trade associations, MOTA）：在某些情况下，尤其是在非常小的旅游目的地中，政府可能没有指定组织来负责该目的地的营销活动。这时往往出现一些企业联盟，它们通常以行业协会的形式来承担该旅游目的地的营销责任。有的旅游目的地可能默认当地的商会、饭店协会或其他类似的商业组织为该目的地的营销者。

一个旅游目的地营销组织所选择的经营模式往往反映了它的筹资模式以及与之相适应的管理结构。政府代理机构可能设有咨询委员会，有时是董事会或者相当于董事会的机构。政府资助型非营利性组织和双资型非营利性组织通常设有由带薪员工和志愿者组成的董事会，双资型非营利性组织有时还为付费会员设有特别的代表机构。会员型行业协会往往有志愿者董事会，有时也有一些带薪员工。只有少数旅游目的地营销组织采用混合的模式，即将这些关键特征组合起来运作。显然，一个旅游目的地营销组织所成立的方式将极大地影响着它执行使命的方式，组织的领导者将需要承担各种不同的责任，并受到不同赞助商不同程度的政策导向，以及在不同活动范围内开展工作。

六、DMO 的战略角色与责任

随着行业竞争力日趋激烈，不同区域、国家乃至国际层次的旅游目的地之间已展开了直接的竞争（Presenza *et al.*, 2005）。DMO 作为营销活动的组织者与推动者，在其中发挥着至关重要的作用。一方面，它们需要对未来的市场需求更加敏感，尤其要在政治与经济宏观环境变化中保持灵敏的触觉（Fyall *et al.*, 2001）；另一方面，还需要时刻关注不同旅游利益相关者的需求变化，在目的地的开发、管理与推广活动中实现各个利益团体的期望（Fyall & Garrod, 2004）。因此，为了更好地为当地旅游业谋取利益，这些 DMO 要清楚地认识到自身的角色与职能，尤其对它们与当地旅游企业的关系保持清醒的认识。

学界已从多个方面探讨了 DMO 的角色与职能，并使用了不同术语进行描述，如旅游目的地营销者、旅游目的地形象开发者、旅游目的地促销协调者以及当地社区旅游项目的倡导者、支持者和促进者（Gartrell，1988；Ritchie and Crouch，2003；Presenza *et al.*，2005）。然而，这些术语要么侧重于描述 DMO 某个方面的责任，要么过分强调旅游目的地的背景。例如，在美国，旅游目的地的营销任务主要落在会议与观光局（以下简称 CVB）上，它们一般负责旅游目的地形象的开发，并通常将目的地形象定位为会议与游客的理想旅游目的地（Gartrell，1988；Morgan & Pritchard，2004）。实际上，CVB 的主要功能就相当于旅游目的地的营销组织，它们针对各种规模的会议、旅游团体以及散客展开营销工作（Fesenmaier *et al.*，1992）。CVB 不仅变成了一个集中营销的工具，还成了当地旅游业的倡导者以及游客的"一站式购物中心"（Morrison *et al.*，1998）。然而，CVB 在履行其营销职责的过程中也受到各种管理与定位方面的挑战。第一，尽管可以笼统地将 CVB 看作为旅游目的地的营销组织，但不同的 CVB 之间的组织结构和管理机制却各不相同。例如，北美地区大部分 CVB 的组织结构类型都存在差异，从非营利性独立组织到政府机构部门不等（Morrison *et al.*，1998）。这样就很难界定这类组织的责任，并有可能导致当地旅游业对 CVB 产生不满或存在不切实际的期望。第二，由于政府参与的趋势变弱，旅游业的公共职能一旦移交私营部门，就可能使问题变得更加复杂（Getz *et al.*，1998）。在很多情况下，CVB 往往没有产品所有权却承担着营销的责任，没有实际参与产品规划的过程却从事着旅游产品的开发。第三，虽然大多数 CVB 的主要任务是负责会议产品的推销以及地方的旅游营销，但当地社区又赋予其不切实际的期望，如 CVB 应该负责政策制定、质量控制、安全保障并提供大量与旅游相关的服务等（Getz *et al.*，1998）。第四，CVB 作为一个旅游目的地营销组织，其任务的成功执行有赖于当地各利益相关者的支持。如何涉足当地旅游业以及与各利益相关者维持怎样的关系，是每一个 CVB 所要做的战略决策。Morrison 等学者（1998）对 CVB 的角色总结可能是最全面的，他们认为一个 CVB 主要承担 5 种职能：经济驱动者；社区营销者；行业协调者；准公共代表以及社区荣誉建设者。

一般认为，一个旅游目的地营销组织的主要任务就是要促进其所负责区域的旅游业发展。如 Dore 和 Crouch（2003）所述，DMO 往往通过开展各种营销活动来促进旅游目的地的发展，如广告、直营、促销以及公关等。同样，Gartrell（1988）也认为，DMO 或 CVB 的任务就是负责旅游目的地形象的开发与市场定位，还必须协调不同构成要素的差异。Ritchie 和 Crouch（2003）提出，尽管人们越来越认识到 DMO 的作用远不止于市场营销的功能，从竞争与可持续发展的角度来看，DMO 的其他一些活动对于促进当地旅游业的成功也相当重要。但总体上来说，市场营销仍然是 DMO 最主要的职能（Kelly & Nankervis，2001；Dore & Crouch，2003）。

许多文献讨论了 CVB 在推动商业联盟与网络形成过程中的作用与角色。由于行政与结构的原因，DMO 主要负责促进目的地内各利益相关者的合作，并最大限度地促进各目标的和谐统一（Presenza *et al.*，2005），这也是由旅游业的本质和旅游目的地销售不同于其他消费品的特性所决定的（Palmer & Bejou，1995）。多年来，由于旅游目的地产品通常由众多独立运作的单体供应商在市场中零散地进行营销与销售，旅游目的地的营销/管理难度和复杂性已变得十分凸显（Laws，1995）。然而，这对旅游目的地的整体形象开发十分不利，也很难使得该目的地获得有竞争力的市场地位。因此，各级 DMO 应该负责促进各项合作活动，努力提高目的地在潜在市场中的知名度（Wang，2008）。

Gartrell（1992）更全面地列出了 DMO/CVB 的 6 个主要职能：负责城市形象的定位，并将其打造成为能够吸引会议和游客的旅游目的地；协调行业和公共部门里的各个构成要素；与会议及团队活动策划者合作；同时作为买方和卖方的代表；提供信息并回应游客咨询以及领导整个行业。上述讨论尽管使用了不同的术语，但都表达了相似的观点：CVB 即是 DMO。然而，大多数 CVB 在任期间几乎都忽略了它们在旅游目的地管理中的其他职能，尤其是规划与产品开发方面的职能，或者在实际中只发挥很少的作用。文献似乎也认同 CVB 的工作重点在于营销与出售旅游目的地的吸引物、事件活动和会议设施。然而，当前人们越来越关心 CVB 是否能在当地旅游业中发挥一个促进者、推动者和支持者的作用。

DMO/CVB 的角色也由它们所代表的地理位置所界定。例如，世界旅游组织（2004）将 DMO/CVB 定义为负责旅游目的地管理和/或营销的组织。从地理与行政的角度，可将 DMO 划分为几类：国家旅游机构/组织；区域、省或州级 DMO；以及地方性 DMO，负责一个较小区域或城市/城镇的旅游管理与营销工作。但是，这种分类很难区分不同层级 DMO 各自所管理的动态范围。在旅游目的地边界还没有明确定义的情况下，有研究者强调了 CVB 对旅游目的地营销与管理的本质作用。例如，Heath 和 Wall（1992）认为 CVB 具有以下几个任务：战略制定、代表利益相关者的利益、旅游目的地营销以及相关活动协调。

Getz 等学者（1998）阐述了 CVB 在旅游目的地的产品开发方面所能发挥的一系列角色。

在回顾 CVB 角色的过程中，可以发现学界对这类组织旅游贡献的关注热点。然而，现有文献对 CVB 的角色与职能定义大多基于研究者的观察与诠释，属于一些规范性与描述性的定义。这些定义并没有得到当地旅游业的实证数据支持或证实，而当地旅游业又在一定程度上界定了 CVB 在旅游目的地中的合法性。基于对美国印第安纳州一个小型旅游目的地中的 37 个旅游企业和当地 DMO 工作人员的访谈，Wang（2008）采用案例研究方法试图理解与记录当地 DMO 的一般功能，尤其是在营销方面的功能。由于与 DMO 的特殊关系以及受所从事行业部门的影响，受访者对这个问题出现了不同的理解。图 1－2 总结了 DMO 的角色，下文则是对各个角色的详细描述，虽然有一些重叠，但所提取的核心角色都是从访谈中获得。

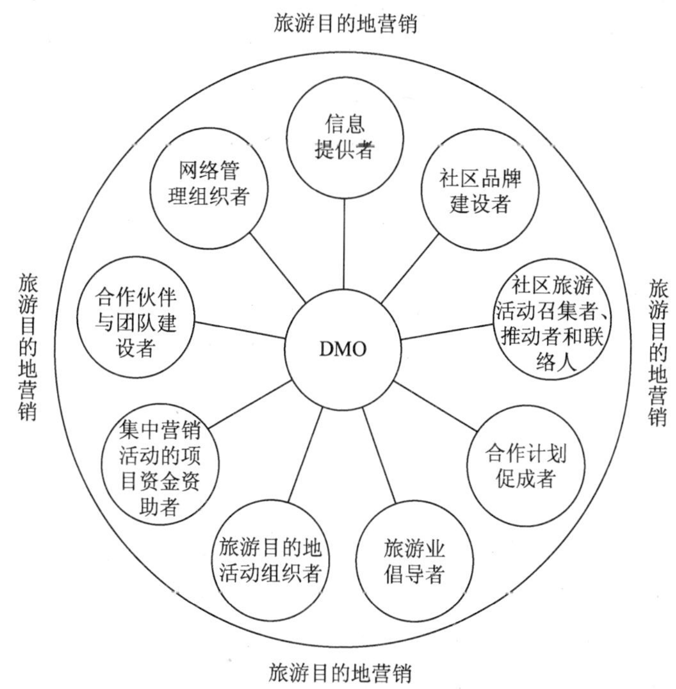

图 1－2　DMO 在市场营销中的角色（改自 Wang，2008）

信息提供者：受访者一致认为，在旅游目的地层面上，CVB 承担着“研究调查”、“识别目标市场”、“满足游客期望”以及与当地各个行业部门“共享信息”等责任。对于那些希望改进营销活动的企业而言，CVB 是它们的“信息源”。引用一位行业代表的话来说：“CVB 的角色就是为企业提供信息，使企业能够意识到正在发生什么事情，以及存在什么机会。”从游客的角度来看，大多数受访者认为，CVB 是游客的“一个联系点”，它利用各种渠道为游客提供了信息，如在网站上发布信息、向潜在游客发送资讯包以及在游憩场所中提供信息等。CVB 的这种信息提供者的职能已经延伸向了当地居民。

社区品牌建设者。总体而言，CVB 是负责将整个旅游目的地作为一个实体进行营销的 DMO。由于 CVB 能在地方与区域层面上建立合作伙伴关系，与单体运营商相比，它们能在更大的地理范围与商业规模上对旅游目的地进行营销。正如以下评论所言：“CVB 所能做的最大的事情就是帮助我们向外发送信息并打造区域品牌。”当地旅游企业中的大多受访者都认同，CVB 的作用就是与当地企业合作共谋，将旅游目的地向众多不同的细分市场进行营销与推广，从而为当地公司带来业务，带来会展会议、旅行团、休闲旅游者，并扮演地方“营销代表”的角色。CVB 就是一个“将旅游目的地看作一个整体”，并“将其定位为给人们参观的一个地方”来对旅游目的地进行营销的组织。CVB 的这个角色不会轻易被社区其他组织所取代，因为如果连 CVB 都不能对整个旅游目的地进行品牌包装与营销，那么单体运营商也将做不到。他们主要关注自身的私营业务投资，如果让他们去考虑合作伙伴以外的事情，就相当具有挑战性。因此，如果没有 CVB，也就没有任何一个组织能够去填补这一空白。

社区旅游活动召集者、推动者和联络人：CVB 在重大问题上扮演着召集者的角色。召集角色通常包括针对社区问题组织重要的公众讨论。这些讨论往往与数据收集有关，或与一些将提供重要的信息与提高问题共识的研究项目相关。这样的讨论也是采取合作的方式解决社区问题的一个重要前提条件。从营销的角度来看，CVB 是地方旅游目的地营销项目的“推动者”，它能够针对不同的细分市场提供一系列不同的营销项目。在这个角色上，CVB 还试图在非营利性组织、政府、企业和其他组织之间建立合作关系，以共同解决目的地中的问题。如果效果良好，那么召集者或推动者的作用就会被珍视为公平与激励之源，并成为组织借以推动合作伙伴关系形成的重要资源。CVB 还是游客与社区之间、当地旅游业与政府之间的联络人。它们在游客与社区之间来回传递信息，以确保游客得到持续的快乐。它们还是游客与旅游业和政府之间的联络人，并推动他们之间的对话与沟通。

合作计划促成者：为了实现更长远的战略计划，CVB 会利用其召集者的角色来激发合作伙伴之间的讨论。作为合作计划的促成者，它在早期就明确承诺会参与解决更长远的社区发展问题，而相关解决方案就是从对相关议题的讨论开始的。通过这种讨论方式，它能够利用自身的影响力与资源库，使合作计划能够“真实地”存在于各个潜在合作伙伴心中，而这些合作伙伴在对一个行动议程做出承诺之前，很可能就在等待一个组织的领导作用。引用一位受访者的话：“它们想出各种各样的点子，将人们聚集在一起，然后启动一个计划方案。”还有相当多的受访者认为，CVB 还是“旅游经济发展的催化剂”。

旅游业倡导者：CVB 是旅游业的倡导者，一方面，它努力传达旅游业的重要信息，包括旅游发展的重要性、旅游业对区域与地方经济的影响及其为当地经济发展带来的优势等；另一方面，CVB 还是促进单体企业或集团合作的倡导者，因为不同合作伙伴之间在合作过程中可能会产生抱怨与误解，这时，CVB 要制定合作的体系架构与内部流程，使其在这个架构与流程内所提出的倡议能够得到尽可能多合作伙伴的支持。总体而言，CVB 在许多合作营销活动中都扮演了一个倡导者的角色。如果没有这样的倡导者，企业之间的合作就仅限于数据收集、信息共享以及公众教育，也就不可能使各项提案得以实现。

旅游目的地营销活动组织者：CVB 主要关注什么样的营销活动在当地是可行的；各行业部门是如何开展营销活动的；需要对哪些项目进行决策；尤其是如何使尽可能多的合作伙伴参与到营销活动中。CVB 的营销角色通常包括持续探索良好的营销与推广思路，欢迎并支持那些以社区、旅游目的地或选区为基础的组织和个体的公众参与。以下评论很好地总结了 CVB 的这一责任：“CVB 是各类营销活动的组织者……它们能够与范围更广的群体共同把事情做好，从而带来旅游者……我很乐意看到它们帮助我们做这些事情，因为它们在这个领域里面有更丰富的专业知识。”

集中营销活动的资金资助者：CVB 能够单独提供或与其他资金来源共同提供“支持与配套资金”来鼓励各种合作营销活动，尤其对于那些规模较大的集中营销与促销活动。在过去几年里，这种做法已变得相当普遍，并受到当地旅游企业尤其是中小型企业欢迎。例如，针对艺术与事件项目，CVB 有一个拨款配套方案，当地企业能够从中获得“等额”配套资金的支持来进行活动推广。每年，CVB 提供大约 6 万美元的配套资金来支持当地旅游企业各种可行的营销项目。这个项目不仅受当地旅游企业的欢迎，还成为它们与 CVB 共同协作的激励因素之一。它们相信，这 50% 的配套资金“能使它们扩大营销资金预算”，它们对“CVB 拥有这样充裕的预算”也感到十分满意。

合作伙伴与团队建设者：这是 CVB 在旅游目的地中最显著的角色，而如何扮演这个角色将极大地影响营销活动的质量及结果。CVB 的作用，就是要确保被授权的合作伙伴能在营销合作中“共享风险、责任、资源与回报”。这样，它们就能够建立相互尊重与信任的关系，付出精力去理解对方的动机和期望，并以能为其他合作者提供机会的方式陈述问题。CVB 也是在不同地域层次上（地方、区域和州）创建团队的核心。换言之，CVB 为旅游业的共同协作创造了利益，这恰恰就是旅游业与 CVB 之间开始发生互动的起点所在。每当当地企业认为它们有需要加入一个合作伙伴，它们都共同指望着 CVB。

网络管理组织者：在旅游目的地营销领域中，受访者广泛地认同，在一个企业能够自发地相互协作与合作的营销网络中，营销网络能比企业的单独行动更有效地提供一系列以社区为基础的复杂服务。换言之，营销网络是“为当地社区提供价值”的媒介，若通过各个零散的企业各自提供一些不能相互协调的服务，将无法实现这一目标。从生产的角度来看，营销活动的联合生产也许能够满足利益相关者多方面的需求，但这也可能出现与资源分配、利益共享、目标协议、预期成果等相关的重要问题。虽然营销网络可能使它所嵌入的社区，尤其是它所服务的利益相关者群体受益，但它必须成为一个能够有效协调各种营销活动的跨组织实体。它必须通过满足利益相关者和其他社区利益群体的需求，来获得必要的合法性与外部支持。当地旅游业将 CVB 看作一个网络管理组织，它作为一个社区的代理及其网络成员的委托者，负责引导与协调营销网络活动，并使这些活动“合法化”。很多人认为，除了营销、推广和游客服务外，CVB 的使命还包括管理与协调社区中的各个利益相关者群体。它是一个“网络管理组织者”。人们还广泛认为：如果没有网络中的利益相关者支持，那么，所有旅游目的地的营销活动都将无法开展。

七、DMO 的未来发展方向与旅游目的地营销/管理

历史是未来的一面镜子。在许多方面，DMO 的经营形势及其营销与管理发展动力，可以通过它自身历史发展的主要阶段来预测（DMAI，2008）。自 20 世纪末到 21 世纪初，DMO 主要经历了三个发展阶段，从中又能看出其近期将要出现的三个阶段的发展轨迹，每个阶段都伴随着旅行、旅游、会议和饭店业的广泛变革而进入下一个阶段（图 1－3）。从图 1－3 中可以看到，在每一个阶段中，DMO 的定位及其活动都以独特的方式发生变革，而影响这一变革进程的正是本章前面所描述的各种核心驱动因素，即与消费者、竞争者、经济、技术、社会、政治、法律以及地理的发展相关且不断变化的环境。显然，这些宏

观环境的变化都对 DMO 的营销与管理活动的理念、宗旨、习惯与实践产生了重大的影响（DMAI，2008）。

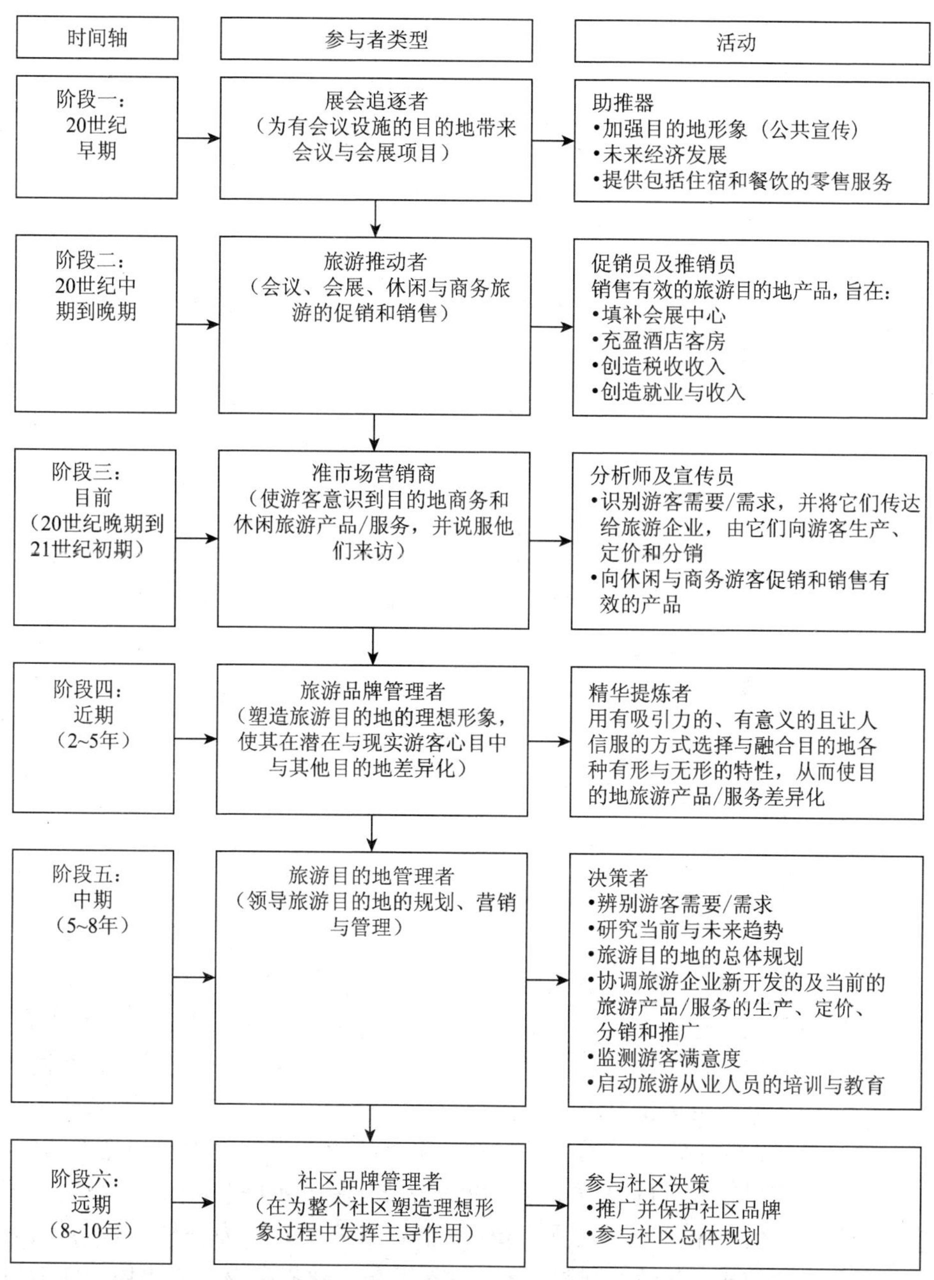

图 1－3　会议与观光局的发展变迁（根据 Pizam，2010）

通过对旅游目的地营销与DMO发展历程的变革研究，我们可以逐渐看到一条故事线索，并从中获得一些有益的启示，尤其是当主要的“槽线”，即思想的概念性变化以及那些为旅游目的地营销与管理创造故事的重大事件——能够得到验证时。在DMO的经营历史中可以看到，槽线似乎日渐复杂，有越来越多的参与者、角色、变量、产品以及更多的社区融合与参与进来（DMAI，2008）。例如，在20世纪初，DMO最初的发展模式只是简单的“会展追逐者”，它们试图销售简单的产品，并取得了良好的效果，即为旅游目的地带来了会议与展览业务。然而，随着旅游部门逐渐发展壮大并成为一个万亿美元的全球产业，事情就变得更加复杂了。过度竞争、重建以及再中介化已经在全球产生了普遍的影响，特别对于DMO这类使命更加广阔的组织而言更是如此（DMAI，2008）。

各种各样的事件接连不断地发生，它们深刻改变了周边的商业环境，DMO的利益相关者、业界合作伙伴及其竞争者也对DMO的看法发生了变化。DMO变得更加以社区为导向，更致力于社区的品牌建设、产品开发、游客体验管理以及社区/目的地层面上的重要决策，从而提升自身的关联性与价值。

根据KAI的报告，DMAI（2008）已经提出了旅游目的地营销的战略图，其中，DMO被定位为一个整合者，即将众多利己的参与者聚集成为一个价值创造的群体，其核心是建立以游客为中心的旅游目的地营销与管理战略。这个战略图展现了DMO 4个平等的角色（见图1-4）：

· 知会、教育游客并给其提供建议；
· 对那些向游客营销和出售服务的组织提供建议与支持；
· 向价值创造群体中的所有参与者倡导全面游客体验；
· 支持旅游目的地的总体发展战略。

DMAI（2008）还强调，DMO要成为领导并取得关联性，还需要执行以下几个重要的行动议程，包括：

确立品牌认同：DMO正努力确立自身的品牌认同，它独立于旅游目的地的品牌认同但又与之存在一定的联系。基于DMO作为旅游目的地的官方代表，可将DMO定位为游客与事件组织者的“友善礼宾”，客观、公正并且没有商业污点，其中还可能包括使DMO的首席执行官（CEO）成为社区的知名代言人的可能。显然，未来需要采用全面的战略来界定旅游目的地理想的品牌认同，使游客与会议规划者对目的地保持积极的看法，将DMO建立成为卓越的游客专家与最佳的信息来源，并增强DMO对卓越服务及其作为一种体验的认识。其中可以采用的战术包括：利用知名的社区节事、业界会议和受媒体关注的事

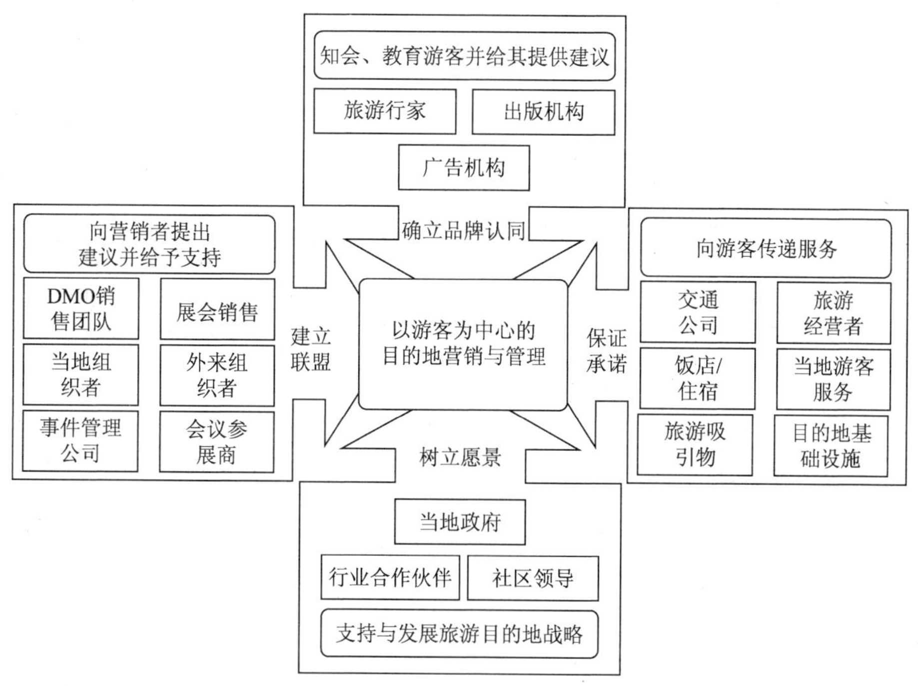

图 1－4　旅游目的地营销战略图（改自 DMAI，2008）

件来吸引 DMO 及其首席执行官；利用名人的来访，如娱乐家、政治领导、明星代言人等使 DMO 成为新闻媒体的焦点；抓住每一个机会来强调 DMO 作为旅游目的地官方代表的独特角色，并积极保护它不受其他组织的侵犯；使 DMO 的角色与作用能够反映在广告信息、标语、使命陈述与企业名片中；摒弃任何与 DMO 作为一个“公正、不被收买的最佳旅游信息提供者”的角色相悖的活动、项目、关系或商业活动。

建立联盟：建立联系与同盟是一个系统的连续过程，其中关系到众多的社区领导、利益相关者、业界的合作伙伴、客户以及有助于 DMO 获得成功的舆论家。要在旅游目的地社区中的每一个核心利益相关者、业界合作伙伴和代言团体中建立基于信任的稳固联系，其中可采纳的战术包括：将媒体关系的范围扩展至国家、国际以及网络媒体的层面，分析并更新媒体关系计划；成为旅行作家、出版商以及包括独立线上资源在内的舆论家的关键信息来源；邀请知名人物参观旅游目的地并向他们提供 VIP 服务；与旅行代理商和其他中间商建立良好的合作关系，因为他们能为旅游目的地带来商业机会，要为其提供最佳的信息来源，并协助他们向客户推销旅游目的地。

保证承诺：在一个旅游目的地社区中，向所有利益相关者教导、劝勉、鼓励并构建“以游客为中心”的理念，将是一个永无止境的持续过程。这包括了要为所有与目的地相关的服务提供者界定服务标准，并对与标准相悖的行为进行监测与汇报；描述目的地中与游客的主要动机不符的吸引物；筹划“多元的利基市场”（目的地能够为它们提供最佳服务的心理群体）；测量并报告游客的价值感知（“端到端”的游客体验感知）；测量并报告外来组织者如一些行业协会、会议组织者以及事件承办者的价值感知；利用内部的组织者提供信息来源，发挥影响力并建立关系；建立“顾客呼声”计划来收集并宣传游客的贡献；对于任何一类服务，如出租车、旅游运营商、公共交通和其他服务类别等，要将那些没达到相关标准的服务置于公众的监督之下，并催促当地政府采取相关改进措施。

树立愿景与领导力：这是准确界定与旅游目的地发展相关的核心议题与政策问题的重要途径，DMO 将带领社区围绕这些核心议题与问题展开战略对话，并协助社区领导制定明智与可取的政策。其中的战术包括：对整个 DMO 团队进行关键战略趋势、大趋势、行业的战略主题等方面的教育；耐心并坚持打通进入社区事务所的通道，向他们传播对他们有价值的 DMO 知识、技术与理念；向社区领导者递交“旅游目的地发展现状”的年度报告，展示该目的地的竞争地位，并提出相关发展机遇或改进建议；提出关于社区的旅行、旅游、会议和饭店业发展的重要议题，并吸引所有利益相关者和社会公众的广泛关注；积极讨论社区（饭店业以外）的发展重点，并推出行业代表人物来领导完成这些任务；领导“绿色对话”，引导社区领导者看到经济可持续发展的价值以及制定负责任的生态发展政策的意义所在。

八、结语

旅游目的地营销与管理涉及众多企业与组织的共同参与。从地方旅游经济的结构来看，这些企业与组织可能包括了市政当局（如隶属于商会的旅游办事处），旅游目的地中具有重要影响力的公司（如奥兰多的迪士尼世界），或其他类似旅游发展局的组织。在许多旅游目的地中，大多行业代表都把当地 DMO/CVB 看作旅游目的地营销的伞形组织，并期望其在多方面协调各类营销活动。DMO 在营销与管理中的主要战略角色包括：信息提供者、社区品牌建设者、社区旅游活动召集者、推动者和联络人、合作计划促成者、旅游业倡导者、旅游目的地活动组织者、集中营销活动的资金资助者、合作伙伴与团队建设者以及网络管理组织者。此外，行业代表们还期望 DMO 在组织、管理与维持旅游目的地的营销网络方面发挥领导作用。这就要求 DMO 具备优秀的协调能力，不仅要协调好公共与私营部门之间的合作关系，还要协调好竞争实体之间（如饭店、餐厅和旅游吸引物）的合作关系，以及社区内其他不同构成部分之间的关系。由于 DMO 能够统一协调集体行动，并比任何单体组织的独立组织都更有效地代表其所在区域，因此，DMO 还是一个联合体，能代表旅游业中所有对游客重要的行业部门。实际上，每一个行业部门的竞争都十分激烈，然而，它们必须与 DMO 合作来执行全面与统一的营销方案。从这个意义上看，DMO 是一个社区最重要的营销组织，并负责向各个目标市场投射一致的旅游目的地形象。

正如 DMAI（2008）所提出的，未来将会出现很多重要的问题或挑战，它们将极大地影响 DMO 的经营模式及其营销与管理活动。这些问题包括：

关联性：DMO 已在不同程度上感受到市场正变得日益嘈杂、令人迷惑且还在不断发生变革。在这样的市场环境中，DMO 的独特作用正在日益淡化，也越来越难以得到承认。如今，游客服务市场正日益遭受去中介化，各类新兴企业正激烈地争夺游客与会议组织者的关注，互联网为游客提供了大量的免费信息，当地各部门为争夺以前用于目的地营销的资金而发生激烈竞争，这一切都削弱了 DMO 的传统角色，或使其边缘化为一个特定地方的“市场营销部”。

价值主张：价值主张具体阐述的是一个长期的核心问题，即在众多利益相关者心中，DMO 能发挥的价值贡献的独特性与重要性有多少。多年来，那些新加入旅行、旅游、会议和饭店业中的组织都多少受到 DMO 所提供的“价值组合”影响，即配套服务产品的影响。有些 DMO 仍停留在会展营销的角色上，主要为饭店和其他服务提供者创造派生收入；有些 DMO 在合作伙伴所施加的巨大压力下，为它们创造了实实在在的销售机会，并成为它们的领导者；有些 DMO 试图“脚踏两只船”：既希望吸引会议组织者和事件管理者，又试图吸引休闲旅行者；有些 DMO 则在营销过程中遇到了差异化的困难。然而，许多 DMO 在试图澄清它们的基本价值主张时，往往缺乏一个有说服力的“故事”，即一个值得信赖的观点：关于它们能为该旅游目的地中的利益群体做出什么样的贡献，以及一个言之成理的能够支撑它们使命的论据，尤其是服务于当地社区利益的政治使命。

可见性：随着各类只要想象得到的信息内容都正在被网络化，游客及其服务提供者都能在网上搜索大量的资料来研究、计划和组织旅游相关的活动。那些经验丰富的旅行者越来越多地依赖网络在线资源来计划冒险旅程。尽管他们也很容易受到印刷资料，如报纸、杂志以及旅行家的著作所影响，但在互联网上获取他们的关注已成为重要的营销手段与趋势。如果说，营销能力取决于某种形式的客户接触——可见性——那么，DMO 就需要将它们置于信息通路上，使得那些勘探者能够游于其中并做出旅行决策。然而，不幸的是，DMO 作为一个综合的信息源，已在很大程度上被绕过、包抄，或很快被位于它们上游的内容聚合网站（覆盖各种各样的旅行信息网站）所截断。

关于 DMO 应如何组织、发展和维护旅游目的地营销网络，从而加强自身的关联性、价值主张以及可见性，至今仍是一个无法解答的问题。为了使当地不同旅游部门积极参与旅游目的地的活动，并利用网络效应来为目的地创造价值，就必须把那些战略行动落到实处。事实上，一个旅游目的地的价值创造需要通过价值网络，即各个独立的服务提供者的联合活动来实现。DMO 的角色就是要找到能够创造、维护并拓展价值网络的途径，使其所服务的旅游目的地越来越具有竞争力。DMO 需要更多地将自身定位为当地社区的一个网络管理组织，这个角色在某种程度上可能不同于传统的旅游目的地营销组织，但它将在建立与推动联合的集中营销活动中发挥至关重要的作用。假若这样，DMO 作为一个网络管理组织，将既是社区的代理人，又是网络参与者的委托人，还需要努力吸引和留住单体旅游企业成为营销网络中的一员。本章对 DMO 的角色进行了战略分析，随后的章节将综合分析与旅游目的地营销与管理相关的各种问题，希望本书能提供一种综合、全面、积极并以游客为中心的方法来有效指导旅游目的地营销与管理，使得游客、服务提供者以及社区之间的利益达到平衡，从而实现旅游目的地的经济与文化发展。

参考文献

DMAI. 2008. The Future of Destination Marketing: Tradition, Transition, and Transformation. Washington, DC: Destination Marketing Association International.

Dore, L., & Crouch, G. I. 2003. Promoting destinations: An Exploratory Study of Publicity Programs Used by National Tourism Organizations. *Journal of Vacation Marketing*, 9 (2): 137 – 151.

Dredge, D. 1999. Destination place planning and design. *Annals of Tourism Research*, 26 (4): 772 – 791.

Dredge, D., & Jenkins, J. 2007. *Tourism Planning and Policy*. Queensland: John Wiley, Brisbane.

Fesenmaier, D. R., C. Pena, & Leary, J. T. O. 1992. Assessing Information Needs of Visitor Bureau. *Annals of Tourism Research*, 19: 571 – 574.

Fyall, A., Leask, A., & Garrod, B. 2001. Scottish Visitor Attractions: A Collaborative Future? *International*

Journal of Tourism Research, 3: 211 – 228.

Fyall, A., & Garrod, B. 2004. *Tourism Marketing: A Collaborative Approach.* Clevedon: Channel View Publications.

Gartrell, R. B. 1988. *Destination Marketing for Convention and Visitor Bureaus.* Iowa: Kendall Hunt Publishing Company.

Gartrell, R. B. 1992. Convention and Visitor Bureaus: Current Issues in Management and Marketing. *Journal of Travel and Tourism Marketing*, 1 (2): 71 – 78.

Getz, D., Anderson, D., & Sheehan, L. 1998. Roles, Issues, and Strategies for Convention and Visitors Bureaus in Destination Planning and Product Development: A Survey of Canadian Bureaus. *Tourism Management*, 19 (4): 331 – 340.

Heath, E., & Wall, G. 1992. *Marketing Tourism Destinations: A Strategic Planning Approach.* New York: John Wiley & Sons.

Kelly, I., & Nankervis, A. 2001. *Visitor Destinations: An International Perspective.* Brisbane, Queensland: John Wiley and Sons Australia.

Laws, E. 1995. *Tourism Destination Management: Issues, Analysis and Policies.* New York: Routledge.

Leiper, N. 1995. *Tourism Management.* Melbourne: RNIT Press.

Morgan, N., & Pritchard, A. 2004. Meeting the Destination Branding Challenge. In N. Morgan, A. Pritchard, & R. Pride (Eds.), *Destination Branding: Creating the Unique Destination Proposition*: 59 – 78. Oxford: Elsevier.

Morrison, A. M., Bruen, S. M., & Anderson, D. J. 1998. Convention and Visitor Bureaus in the USA: A Profile of Bureaus, Bureau Executives, and Budgets. *Journal of Travel and Tourism Marketing*, 7 (1): 1 – 19.

Palmer, A., & Bejou, D. 1995. Tourism Destination Marketing Alliances. *Annals of Tourism Research*, 22 (3): 616 – 629.

Pike, S. 2008. *Destination Marketing: An Integrated Marketing Communication Approach.* London: Elsevier.

Presenza, A., Sheehan, L., & Ritchie, J. R. B. 2005. Towards a Model of the Roles and Activities of Destination Management Organizations

. *Journal of Hospitality, Tourism & Leisure Science*, 3: 1 – 16.

Ritchie, J. R. B., & Crouch, G. I. 2003. *The Competitive Destination.* Wallingford: CABI Publishing.

Rubies, E. B. 2001. Improving public – private sectors cooperation in tourism: A new paradigm for destinations. *Tourism Review*, 56 (3/4): 38 – 41.

UNWTO. 2010. UNWTO Tourism Highlights, 2010 Edition, Vol. 2011.

Wang, Y. C. 2008. Collaborative Destination Marketing: Roles and Strategies of Convention and Visitors Bureau. *Journal of Vacation Marketing*, 14 (3): 191 – 209.

WTO. 1979. *Tourist Images.* Madrid: World Tourism Organization (now UNWTO).

第 2 章
目的地规划与政策：过程与实践

一、序言

世界各地的国际与国内游客流都在不断发生变化，也使得任何远期游客流预测充满了困难与风险。一般而言，人们更倾向于相信政府部门、学术机构或其他组织所发布的“可靠”信息，但对于旅游规划者、政策制定者与开发者而言，这类旅游预测大多缺乏精确性且成功率低，这也是他们感到最忧虑的问题。如果旅游业将改变当地乃至全球范围的地方、人以及环境，那么，这些面向未来的旅游规划与决策过程，就成了任何关于旅游目的地可持续发展的关键所在。

旅游业，以人从客源地到旅游目的地之间的移动，同时发生相应的人、各种文化与经济发展之间的转换为特征，实际上已嵌入国际与国内政治经济与地方政治中。因此，旅游目的地的规划与政策的研究与实践，应当作为深刻地洞察更宏观的经济与社会发展问题的重要路径。虽然该领域已涌现越来越多的研究（表 2－1 是基于澳大利亚的部分研究总结），但正如 Britton (1991) 所指出的：我们仍需要加强理论化，旅游业是在市场经济主导下的组织活动，由该系统内在规定的社会动力所驱使，并伴随着该系统的生产、社会与意识形态关系。由于旅游业涉及地方的物质、社会、经济、政治和环境的特征与变化，旅游目的地规划与政策旨在探究旅游业的理论与实践方面的问题。

表 2－1　澳大利亚旅游目的地管理研究案例

Dredge and Jenkins (2003)	旅游实质上是一种空间活动，能够产生不同尺度的旅游目的地认同。为了吸引旅游者并增加市场份额，国家、区域和地方性组织都在积极地展示与推广地方认同。本研究验证了澳大利亚新南威尔士州的地方认同以及区域旅游规划与政策制定之间的相互关系与联系，发现人们对区域旅游组织的看法存在争议。
Pforr (2001, 2002, 2005)	Pforr（2001）运用了政策周期模型研究北领地第一个旅游发展总体规划（Tourism Development Master Plan，TDMP）。TDMP 是北领地旅游政策制定的基础。本研究探索了与 TDMP 相关的旅游政策过程并描述了该过程的两个主题：一是北领地政府自上而下的政策方法，二是北领地政府关于经济快速发展的议程。Pforr 观察到，社区利益集团以及环保团体缺少机会参与相关的政策与规划过程。
Priskin (2003)	在一个研讨报告中，Priskin（2003）强调了在旅游规划活动中区域合作存在的困难。该研讨会主要探讨西澳大利亚中部海岸地区在旅游规划与管理基础上的发展愿景、机遇与问题。Priskin 指出区域旅游政策的不健全以及中部海岸缺乏区域旅游规划等问题。整个地区的旅游业发展秩序失调、杂乱无章。旅游业与政府缺少合作，从而限制了旅游资源的可持续管理。该研讨会促成了旅游团体的区域一体化来实施研讨会上提出的各种建议，然而，还存在其他许多制约因素，包括政治的因素以及旅游领域以外的其他问题。
Richins and Mayes (2008)	Richins 和 Mayes（2008）研究了澳大利亚斯蒂芬斯港的海洋与陆地可持续管理的发展历程，总结了地方层面上的相关政策。该案例研究介绍了商业邮轮的运营情况，解释了邮轮运营者是如何采取基于特定场域、自我管理且自发的行动，带头推动州政府关于鲸类动物观赏的法规制定。地方层面的管理实践能够根据他们自身的能力来促进州立法，并扩大他们对整个区域乃至国际海洋野生动物的可持续发展的影响力。
Dredge et al. (2010)	本研究主要关注新南威尔士州北部河流区域举行的世界汽车拉力锦标赛赛前、赛中与赛后的管理问题。新南威尔士州政府采取了自上而下的事件规划方法，然而，其与当地社区及其他利益相关者之间却缺乏充分的合作与协商。本研究发现，如果对利益相关者的决策参与给予更多重视，对当地问题给予承诺，体现更多透明度和实行责任制，遵守法治，并促进与各个直接或间接参与事件规划与管理的（政府与非政府）机构之间的合作与协商，就能更有效地实现事件管理。

本章旨在详述旅游政策与旅游规划的概念界定，回顾重要的主流思想与实践以及相关的理论应用，并以澳大利亚为案例研究背景，简要介绍旅游目的地政策与规划研究的方法，并指明未来的研究方向。

二、背景

当游客与环境之间产生相互作用，导致旅游目的地或游客产生实际或感知的压力或紧张时，旅游业与目的地之间的关系至少在表面上处在最不稳定的状态。旅游目的地社区、环境与经济的旅游承受或利用能力，是与它们的旅游影响抵抗能力、恢复能力（弹力）以及环境的开发与维护能力相联系的（Laws, 1995；Hall, 1999）。当游客数量超载、游客做出不妥当的行为，或者当物理或社会环境特别脆弱以至于对游客及其影响没有足够的抵抗力或弹力时，各种复杂多变的旅游压力问题就会开始凸显（Andereck *et al.*, 2005；Pigram and Jenkins, 2006）。当游客数量很小、游客具备了文化敏感性且能很好地融入当地环境中时，旅游业所产生的问题相对就没那么复杂。然而，尽管游客能够顺应周围环境，也还有其他一系列不容忽视的重要问题，如交通的类型和频率、废物处理、示范效应、疾病传播等。总而言之，规划与政策的决定与措施是否充足或质量高低，都可能积极或消极地强化这些影响（Hall and Lew, 2009）。

学界对旅游目的地管理问题的关注由来已久，尤其是在不同背景下旅游开发影响与规划方面的问题（Young, 1973；Mathieson and Wall, 1982；Pearce, 1989；Hall, 1991）。其作为一个具体研究的概念对象之所以如此重要，主要是因为旅游业不仅能够带动商业迅速发展，同时又对经济、社会和物理环境造成显著的影响（Mathieson and Wall, 1982），目前，旅游业已成为地方与区域发展和重建的重要经济与社会因素。在当今世界，全球范围内的交通技术、住宿业、旅游吸引物的日益发展，营销网点与促销渠道的快速增长，以及人们日益增长的逃逸与探新猎奇的欲望，共同加速了全球旅游业的发展，尽管那些最偏远与荒凉的地方受到的影响相对较小，但仍难以避免被破坏威胁的命运，特别是技术的发展（包括交通、通信、万维网以及各种休闲配件如徒步旅行和野营的装备）将使得这些地方比以往任何时候都更容易到达，同时也更容易受到旅行和旅游业的影响。

澳大利亚联邦政府十分强调旅游目的地管理，实际也是强调旅游规划与政策的重要性，它阐述道，“要解决澳大利亚旅游业当前所面临的诸多问题，最有效的路径就是要将所有利益相关者包括各级政府部门以及行业部门的活动都组织协调起来。旅游目的地管理规划部门就是在这样的背景下应运而生的，它作为一个非常有效的机制能够加强地方行业之间的合作与协作，并巩固与区域经济发展机构/委员会和教育与培训机构之间的合作伙伴关系（Department of Resources, Energy and Tourism, 2007）”。该部门采用了“全国旅游目的地最佳管理规划框架”，认为该框架不仅能为旅游规划组织提供“促进旅游可持续发展和保持旅游目的地竞争力的有效工具”，在其应用过程中还可以提高旅游目的地的竞争力，增加游客满意度，保持经济、社会和环境可持续发展，建立有效的合作伙伴关系，以及实现工作的持续改进等。尽管联邦政府的具体规定具有处方性与规范性，但不管如何界定旅游目的地，它的形成都必然具有社会成因。只有扎根于社会科学的政策与规划研究中，才能更好地认识与理解旅游目的地的构建方式。

旅游规划与政策研究借鉴了许多社会科学的相关学科与领域（如政治学、公共政策、组织行为学、社会学、经济学、地理学、历史学、法律和心理学）。在旅游目的地营销与管理研究领域中，尽管旅游目的地规划与政策研究正逐渐成为重要的分支并取得一定的进展，但其理论与概念发展仍十分滞后，且严重依赖于其他学科的话语权。当然，这种现象在那些发展相对较新的跨学科领域中并不鲜见，但对于那些关注旅游政策与规划过程的人而言，这是一个不可忽视的问题。与其他旅游研究领域相比，如旅游需求研究、旅游行为与体验研究，旅游政策与规划研究成果仍相对太少。这大概也反映了旅游研究的应用性质及其由产业所驱动的短期研究需求特点，而这与社会科学要求更多的研究以持续协作解决理论、概念与方法论上的问题，又往往是相悖的（Dredge and Jenkins, 2007）。

三、概念与定义

（一）旅游目的地

不同旅游目的地的发展规模、发展历程、空间尺度与组织、人口统计、地理情况、气候与天气、文化、基础设施、旅游吸引物、治理方式、政治与管理以及人力资源与财政等各方面都可能千差万异（Cartier and Lew, 2005）。要对旅游目的地下定义往往十分困难，因为这总是受到各种因素的影响，包括由谁或什么机构来对旅游目的地下定义？旅游目的地的经营规模有多大？出于什么目的来界定一个旅游目的地？通常，游客对一个旅游目的地的界定往往与行业或者政府机构的定义大相径庭。游客往往对行政边界没有特别的兴趣，但行政边界是形成资金流和其他资源来支持旅游目的地的区域规划、营销与管理活动的重要因素。对于游客而言，他们更可能根据所参观的吸引物、旅行时间、所需要与消费的服务以及他们从什么地方进入及离开来定义一个旅游目的地。业界则可能根据经营者和企业之间长期形成的集群与联系（如供应链、营销与品牌推广、经济规模、区域政策以及提供激励的项目）以更流畅的方式来界定旅游目的地。各级政府机构（国家、州/省、区域和地方）给出的定义则有明确界定的地缘政治行政边界，且往往由重要的历史遗产所强化与巩固。

据 Dredge 和 Jenkins（2003a）的观察，澳大利亚的区域划分是第二次世界大战后重建政策的遗产。区域之间的边界是基于较强的社会、经济与地理特征凝聚性来界定的，如澳大利亚各州及其各地区的边界。这些边界在那个时候可能是有意义的，但在经济全球化的背景下，信息通信技术和交通的发展进步已使得这样的边界变得累赘。事实上，在许多情况下，它们已成为区域经济与社会发展以及环境规划与可持续发展的障碍。然而，这些边界至今仍如此鲜明，是因为它们代表着重要的政策、规划与管理的界线，使就算只是一街之隔的居民，都有可能享有完全不同的卫生、教育、交通与旅行、国家税收、地方政府利率以及其他费用方面的政策。

旅游目的地管理往往涉及多个政府机构参与（如国家公园、珊瑚礁或海事局、渔业公司，第一产业和运输机构可能全都需要参与沿海地区的规划）的特点使问题变得更加复杂，因为政府行政级别不同，其政策、规划与管理也各不相同，并且每个机构都根据自身对旅游目的地（包括其边界）的认知与解释来进行决策。这也意味着，当需要清晰界定各参与者和机构之间的责任和调解规划的政治与决策时，旅游目的地的规划与政策是一个动态、变化、复杂且富有价值的任务。这就要求规划者与政策制定者具备较高的分析技能来推断权力的分配以及资源的配置、分配与再分配（Hall，1994；Hall and Jenkins，1995；Dredge and Jenkins，2003b）。

基于本章的目的，本章借鉴 Leiper（1990；1995）以及本章两位作者（Dredge，1999，2005，2007；Dredge and Jenkins，2003a，2007）的早期研究，将旅游目的地定义为人们选择去旅行的一个完全不同于其日常居住地的地方。旅行的目的可能是过夜游也可能是一日游。旅游目的地可以是一个特定的地点，如城市的一个运动场、一个主题公园或者国家公园；一个城镇、乡镇或者一个城市；一个区域；一座岛屿或珊瑚礁；一个州或省；一个国家；或者一个国际区域，如亚太地区。旅游目的地的边界必然与旅游规律的特点相关，但由于目的地营销与管理者往往在各自的行政区划边界内开展活动，这就使得对旅游目的地进行准确定义十分困难。Dredge（1999）的旅游目的地区域模型确定了旅游目的地的三个特征：旅游客源地与旅游目的地是两个不同的地理空间；旅游目的地本质上具有错综复杂且多尺度的特征，其概念也必须具有弹性的层次结构；旅游目的地既可以是一个独立的地点，也可以是一系列由旅游线路连接起来的不同地点的组合（Lue *et al.*，1993）。

旅游目的地的定义界定对于旅游规划与政策制定也是很重要的。旅游目的地一般是那些已建立了一定的社会、环境、物理、经济、政治和文化属性的地点（Hall，1994；Murphy，1988；Cartier and Lew，2005）。除了最偏远的地区，如荒野地区或极地与沙漠地区，几乎所有旅游目的地在旅游活动开始之前，就已经住着相当数量的当地居民，这些现有的特征对旅游规划与政策制定具有相当重要的启示意义。

（二）政策与政策制定

本章所讨论的政策制定与公共政策是联系在一起的。学界对公共政策存在多种定义，本章主要采纳 Bridgman 和 Davis（2004）的定义，即将"政策"定义为"一个为政府所采纳的定位、战略、措施或产品，它产生于不同思想理念、价值观和利益之间的竞争。政策制定是关于公共政策的制定过程，包括从一个政策思想的起源，到政策的发展，再到执行、评估、审查以及最后可能被废除"。

关于政策制定的概念已在旅游研究尤其是旅游目的地管理研究领域中得到越来越多的关注。然而，这些研究正逐渐细分到以下子领域中，学界对相关理论的发展以及对该领域研究整体的凝聚性仍缺少关注。Dredge 和 Jenkins（2007）通过借鉴更宽泛的公共政策文献研究，总结了政策的 7 个特征，本文将其扩展至以下 8 个：

第一，政策涉及政府，但政府参与决策的程度和性质差异巨大（Dye，1978）。如果旅游业已成为一个旅游目的地经济发展与社会福利增长的重要驱动因素，那么，当地政府有可能加大重大基础设施的投资，开展相关的研究，拨款进行市场营销与推广，进行国际投资交易谈判，以及申办重大事件等。在旅游业并不是优先发展的目的地中，政府可能不关心旅游业的发展，或在特定的旅游舞台上（如生态旅游）缺乏知识与能力，并对旅游协会这样的非政府机构在旅游发展方面承担的责任做出补偿。

第二，政策涉及一个承诺，这可能是公开承诺和批准完成某个事项，又或是不做某些事情的决定。不管是哪种情况，目的都是改变现状。

第三，政策涉及一个行动纲领，该行动纲领不一定由政府提出，但经过政府的合法批准。比较常见的情况是，政府成立委员会和参照群体来制定政策背景文件与讨论性文件，并让利益相关者参与提出相关政策主张的过程。该特征与下面第六条是紧密联系的。

第四，政策涉及未来，因此需要思考或预测未来的情况，以及要达到某特定结果的最佳条件（Bridgman and Davis，2004）。

第五，政策是一种行动，将影响资源的结果、分配或再分配，它涉及某种形式的干预（Levin，1997）或不干预的决定。

第六，政策是对某个问题做出的一种组织行动或回应。在制定政策的合作过程中，这种组织行动不只限于政府内部，它还包括政府与非政府部门。

第七，政策的本质是一系列选择，由政府及其政策合作者来做出权衡，并通过政策文件与行动来进行表达。

第八，政策涉及调解众多利益相关者之间的价值与利益，因为有关政策的问题往往涉及这些利益相关者的利益，其在本质上也充满着政治色彩。因此，所有政策都包含着政治元素（Considine，2005）。

（三）规划

政策与规划是互相联系的概念，尽管两者常被交替或混淆使用，但它们属于两个不同的术语并包含不同的内涵。从最简单的形式来看，规划可以定义为“设定目标并确认实现这些目标的步骤的活动”。但在本质上，规划是一个难以界定的概念，尽管许多人每天都在“执行”规划：决定哪些工作属于职责范围内；选择哪些任务更重要或更不重要；评估任务的执行对现有资源的影响；评估执行任务的最优路径；以及在不能做任何事情的情况下，在各种选择间做出的权衡。在本章的研究背景下，规划主要指与公共政策一致的政府的活动与行动举措。

Hall（1980）特指规划为土地利用规划，其主要包含两层核心内涵：一个是“决策者在行动前能据此提出合乎逻辑的发展远见的一系列流程”；另一个是“产生一个具体计划的过程”，关乎事物应该处于的位置及其性质状态。然而，该定义的内涵还需要进一步扩展，因为除了土地利用规划外，还包括了其他应用于不同部门的规划类型，如基础设施规划，不同部门的行业规划，如旅游业与服务传递规划等。在这类规划中，规划主要与实现某个结果相关，例如，打破壁垒与障碍以鼓励投资并实现经济增长，促进利益相关者之间的合作，或者通过部门配置而不是空间分配或再分配的机制与标准来改善服务（如澳大利亚通过将公共资金或激励直接分配给生态旅游的经营者来促进旅游业的发展，而不是笼统地将其分配给某个区域性旅游目的地）。在这个过程中，地方的地理位置可能就显得没那么重要了。

Dredge（1999）将规划定义为“为一个地区确立一个能够反映社区目标与愿望的战略远见，并采取必要的措施来实现这个远见的过程”。这个定义全面地考虑了包括旅游业与社区居民在内的利益诉求。然而，作者也指出，规划是“既不合理也不全面的，因为我们不可能调查到所有的因素，也不可能给予它们均等的考虑”。像政策制定一样，规划往往涉及利益、优先权、价值观与议程安排的冲突；它需要许多单体企业与集团之间的合作与协作；还意味着行业、政府与社区之间必须进行利益的协商与谈判（Dredge and Jenkins，2007）。从这个角度来看，Hall（1980）所提出的规划定义似乎更能涵盖近年来人们对利益相关者及其利益诉求的重要性的认识与考虑，即规划强调在利益相关者群体中识别与调解问题，并为实现一系列未来导向的目标而做出决策的过程。与规划本身的“合理性”相比，规划更侧重于发展合作关系、建立广泛共识、联合决策以及共同行动等方面的“相关性”（Healey，1997，2007）。

因此，回到前面关于规划与政策关系的问题上可以看到，政策为规划设置参数；政策提出一个框架，使旅游目的地的各项规划活动，如发展合作关系、建立共识以及决策等——都在这个框架内进行。然而，规划的结果也可能暴露政策的局限性，这时，就可能需要重新审查或修订政策。例如，在20世纪80年代，可持续发展原则在澳大利亚得到日益普遍的共识，这导致了政策指令的增加，使环境影响与可持续发展问题也被列入了拟议发展的评估中。这些指令使旅游及其他开发项目的评估变得更加复杂，不仅增加了开发商的时间与财务成本，还降低了一个发展项目能够通过审批的可能性。这些因素无疑削弱了投资者的信心，并对旅游基础膳宿设施与吸引物的投资率以及经济增长率产生了普遍的影响。对此，州政府出台了特别立法，对赌场、主要海滨以及旅游度假区进行综合开发，使这些地方的发展尽量回避日渐复杂的规划要求。这项立法将规划责任移交具有组织、审批与修改特别立法权力的州政府机构，从而有效地回避了当地政府对开发项目的审批程序（Craik，1991）。这种方法已成为澳大利亚旅游发展的快行道（Jenkins，2003；Dredge，2010；Dredge，Ford，Lamont，Phi，and Whitford，2010）。

以下部分主要讨论旅游政策与规划的研究方法。

四、路径与方法

大多数公共政策与规划研究都建立在社会科学的基础上，但也借鉴了其他一系列的学科与领域（如经济学、组织研究、生态学、生物学、地理学、社会学、政治学、建筑学、景观建筑、规划、公共管理和政策分析）。这些学科和研究领域也是由一系列的路径、方法、概念与框架所构成的。旅游目的地的政策与规划研究就好比一个“喜鹊型”专业或研究领域，哪里有相关的或有用的框架、路径与方法，就从哪里借鉴以用来解决手头上的问题以及那些可能适用的问题。有学者提出，这种跨学科的氛围及其概念、理论与应用研究的多样性，是否意味着这个领域可能缺乏凝聚力或理论与概念基础（Etchner and Jamal，1997；Tribe，1997）。另一种观点则认为，一个研究领域的多样性和幅度，为研究合作提供了许多机会，能够鼓励研究者与实践者超越传统的学科界线，推动概念、理论与应用的进步，从而推动旅游及其他领域的知识与实践发展。

这就是说，旅游目的地的政策与规划研究路径，大致可分为强调价值的路径与强调政策实用性的路径。

（一）基于价值的路径

在 Getz（1987）的一篇著名的文章中，他总结了旅游规划的 4 大传统路径，强调那些能够促进决策与行动方向的价值。

第一，助推器：通常认为旅游业的核心利益在于经济增长，因此，所有决策与行动应通过招商引资与经济激励等措施来推动经济的发展。

第二，经济价值路径：通常认为旅游业能够通过传感效应与杠杆作用增加地区收入，创造就业机会，并促进经济增长；旅游目的地规划应该着力减少经济发展的障碍。

第三，物理/空间价值路径：通常认为旅游规划应努力将物理与空间环境的影响降至最低，并将生态原则与空间、容量和临界值参数联系起来。

第四，社区价值路径：通常认为旅游业能够促进或授权当地社区参与规划与政策的制定过程；因此，旅游目的地规划应当重视并促进旅游业的社会效应。

在这 4 大传统基础上，Hall（1998）又增加了“可持续旅游规划”的路径。这一路径试图表明旅游规划如何可以且应当被纳入更宽广的规划框架中，同时通过融合经济的、物理/空间的和社区的方法，来解决生活质量、资源管理和文化与社会可持续发展的问题。甘恩（1988）也曾提出将景观建筑、土地利用与地理研究中的观点整合起来的路径，其他研究者也提出了将旅游目的地的竞争力联系起来的一些路径（Ritchie and Crouch，2000，2003）。

在讨论以上这些旅游规划与政策制定的过程中，有时被忽略的重点往往不是“如何制定旅游可持续发展规划”，而是旅游业如何能像林业、农业、教育或卫生服务部门那样，通过规划与管理来推动社区与社会的可持续发展。旅游业的可持续发展并不等同于社区与环境的可持续发展，两者不应混为一谈。当前旅游业、休闲业与林业之间的矛盾冲突所引发的社会争论就证明了这一点。支持旅游业发展的决策也许可以促进旅游业的繁荣发展，自然资源如果能维持其自然环境状态，也可能几乎不会受到影响，然而，如果这样的决策将会导致整个林业或其他行业的消亡，从而导致当地社区与经济以及上千万人的生活质量下降，那么，这还算是一个旅游可持续发展的典范吗？

（二）基于行业领域的实用路径

Dredge 和 Jenkins（2007）认为，上述提及的几种规划传统，仅仅体现了规划对旅游目的地的经济发展、道路与高速公路的空间布局、基础设施、吸引物等方面的关注，却没有充分传达旅游规划与政策的目的，也没有纳入不同层次的规划与子流程——这些子流程可能用以应对旅游目的地中出现的不同问题。上述那些基于价值的路径实际上就是一些便捷的手段，将那些复杂交错的活动简化为简洁、易于辨认的方法。随后，Dredge 和 Jenkins（2007，p. 90）提出了旅游目的地规划与管理的 6 大实用领域：

第一，产业发展规划与政策：能够帮助认识到旅游业高度零散的特点，提出旅游发展将面临的挑战、机遇，以及改进旅游业的潜在方案。

第二，营销规划与政策：能够认识到不同机构在促进旅游目的地发展方面的高度专业化的营销、品牌化与促销活动。

第三，旅游目的地的物理/空间规划与政策：能够认识到旅游业的空间维度，以及旅游土地利用与基础设施的布局与管理，它往往涉及许多在某个独立的规划领域中运营的机构与利益相关者。

第四，冲突管理规划与政策：通过规划来调解旅游业和其他以资源为基础的行业——如林业、矿业和保护区之间的矛盾冲突。

第五，沟通规划与政策：能够认识到旅游目的地的治理结构与过程，往往需要促进众多利益相关者之间的合作与联合行动。

第六，危机响应规划与政策：能够认识到危机随时都可能发生（如禽流感、恐怖袭击、全球金融危机），政府部门之间需要迅速采取合作行动以应对预期风险。这时往往会启动独立的规划流程与政治决策。

（三）方法

不同旅游目的地的规划方法在很大程度上受到目的地本身的体制与政策背景所影响，因而也往往存在巨大的差异。总体而言，旅游目的地的规划与政策制定方法一般包括以下部分或全部要素：

第一，描述性/解释性要素：旨在了解和梳理政策制定的发展历程，这种政策方法的优、劣势，甚至可能对某些结果做出解释。这个要素主要回答“当前的形势是怎样出现的”这一问题。

第二，规范性/说明性要素：旨在为旅游目的地具体的发展与管理政策内容提供指导。该要素主要回答“旅游目的地应该成为什么样”这一问题。

第三，预测性要素：旨在对各种旅游政策的实施可能造成的前因后果做出预测。该要素能够采用一系列的趋势分析法与沙盘推演法来做预测与趋势分析。该要素主要回答：如果执行事件×，将会对该旅游目的地产生什么影响”这一问题。

第四，程序性传统要素：旨在为旅游目的地的规划与管理指出方向，用以确定具体的步骤、措施与方案。阶段式的规划过程一般在各种文本上都会有具体的阐述，主要解释规划过程的具体步骤。该要素旨在回答“我们需要做什么来完成事件×”这一问题。

第五，评价性要素：旨在确定如何测量与评估规划的成功与否，以便未来可对它进行修订。该要素旨在回答“如何执行和评估规划”这一问题。

（四）提倡综合方法

Dredge 和 Jenkins（2007）认为，旅游规划与政策制定需要对各种知识进行整合，上述每一种路径与方法都提供了某种有用的元素。再者，在规划与政策制定实践中，这些方法与传统并不是相互排斥的，实际上，需要综合使用这些方法与路径，并不断反省与重估规划与政策的方向、发展重点与行动措施。我们甚至有必要从诸如“规划什么”、“如何规划”，以及“采取什么样的价值观”这样的细节问题培训对大局的审视，鉴别出那些可能影响我们能做什么以及怎么做的隐形宏观驱动因素。这就要求以一种综合的方法来理解规划与政策的制定与出台，该方法能够灵活地对不同尺度的旅游目的地进行概念化，并能考虑到不同的利益相关者，解决各种相互关联的问题与困难。图 2－1 展示了一个有助于理解旅游规划与政策的概念框架。

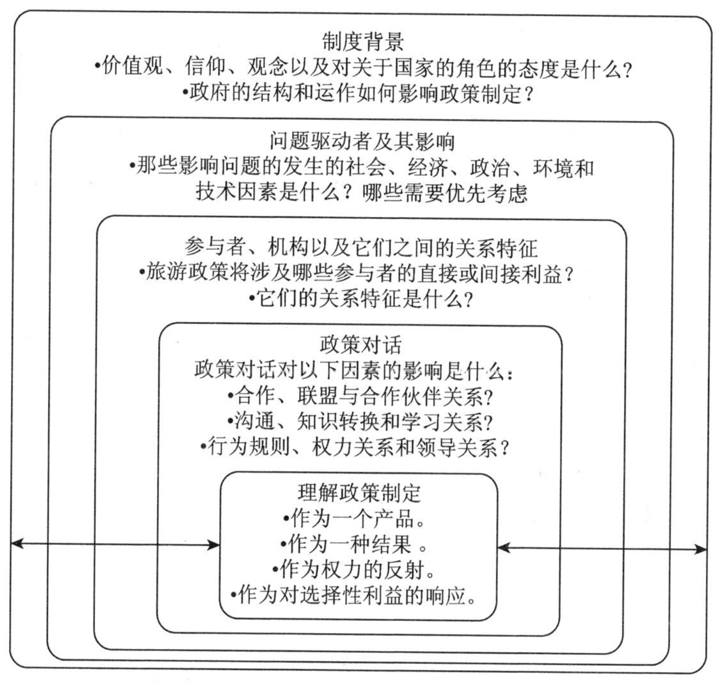

图 2－1　理解旅游政策和规划的概念框架

这个框架不仅指出了旅游政策与规划研究者应该关注的问题，还有助于理解影响旅游目的地政策与规划过程需要考虑的各种因素。任何一个旅游目的地管理框架，都应该促使我们意识到这些因素。对于那些政策制定与规划者而言，他们当前最关心的问题可能是：“各种规划思想理念是否与现任政府的理念趋势保持一致"、"什么机构将会关心这个问题，应该怎样使它们参与这一过程"、"这些规划与政策将可能受到哪些利益集团或协会的批评，我们能够如何阻止这些批评"、"是否充分考虑了建立合作、联盟与伙伴关系的需要以确保规划的成功"，以及"在一个规划与政策的制定过程中，应该纳入哪些集团或个人，以确保他们的参与具有充分的利益代表性并减少未来遭受反对的可能？"

下文以澳大利亚为案例研究背景，主要验证这些方法与路径如何在旅游目的地的政策与规划过程中发挥作用，同时还探讨了各级（国家、区域与地方的）旅游目的地政策与规划的特征。

五、案例背景

澳大利亚是公认的"自由民主"国家（Althaus *et al.*, 2007），这意味着它的"政治体系主要受以个人信仰、社会合意理论对理性和进步的信仰以及对集权的质疑为特征的政治自由主义概念的影响"（Althaus *et al.*, 2007）。《澳大利亚宪法》是澳大利亚联邦的基本法律文件，是 1900 年英国议会通过的法案。它具有两个重要的功能：一是通过制定宪法法则与惯例奠定了国家的法律基础；二是界定议会的角色、责任与权力。澳大利亚政府是由政府议会和参议院相结合的混合体，前者的形式主要源自伦敦的威斯敏斯特宫下议院，后者则参考美国的联邦参议院形式（Summers, 1985；Althaus *et al.*, 2007）。澳大利亚联邦政府在 1901 年成立之初，就将 6 大州与联邦之间的政治权力和职能分开。如今，这个由联邦、州和地方三层政府体系组成的联邦制已经发生了重大的变化，澳大利亚联邦目前拥有 6 个州，两个领地，以及 600 多个地方政府与社区委员会（Althaus *et al.*, 2007）。

澳大利亚各级政府都设有专门的旅游组织负责旅游目的地的规划、开发、管理与营销。由于《澳大利亚宪法》并没有将旅游业的权利与责任赋予任何一级政府，因此，各级政府都能积极参与到旅游业中（Hall, 1991）。实际上，在诸如交通、通信、资源开发、资源营销、能源政策、城市事务、原住民事务、税收乃至旅游业领域中，都由于联邦部门职责分工不当出现了政策协调方面的问题。各个权力部门都能直接或间接地影响旅游业的发展，从而造成各级政府的旅游职责不能衔接贯通。同时，《澳大利亚宪法》又没有明确旅游业的具体权力归属，由此出现政府职责重复，并导致各州与各领地之间出现分歧，特别是州/领地与联邦之间的分歧（Hall，1991；Jenkins and Sorensen，1996）。

在《澳大利亚宪法》中，地方政府是不受承认的，但澳大利亚各州均有各自的地方政府体系，它们主要从《地方政府法》中获得合法权力。这些法案赋予了地方政府各种法律权力，包括发展权力尤其是旅游发展的权力，在州政府框架下控制卫生标准与评定结构的权力等（Dredge，2001）。

然而，地方政府在旅游业中的角色与职责并不明朗，或很少得到贯彻执行。虽然地方政府几乎无法回避旅游业，但对于它们而言，旅游规划乃至旅游营销预算都不是强制性的工作。例如，旅游吸引物和住宿饭店的建设申请都必须由地方政府部门和议会在地方政府的规划框架下进行。然而，地方政府的决策可能会被法院和州政府所推翻，尤其是法院与州政府正逐渐把这项权力授予部长。因此，地方政府很少有自主权决定自身的空间或地方政府区域的发展，并且相关的地方政府区域所制定的规划决策也可能对它们有明显的影响（Dollery and Marshall，1997；Western Austrailia Local Government Association，2008）。

州与地方当局之间的旅游政策错综复杂，尤其当涉及旅游度假区的发展、大型事件的筹办以及营销与促销战略等方面时（Craik，1991；Hall，1998；Jenkins and Dredge，2007）。再者，联邦政府的金融主导地位又使它能够涉足州与地方政府的传统职责领域，如拨款支持重大交通基建项目的发展。尽管联邦以前对各州的拨款提出了限制使用条件，但 1999 年它又推出税收改革方案，此后州对地方政府的财政援助有了更大的自主决定权。总之，澳大利亚复杂的政府体系及其权力分工，成了“澳大利亚背景下政策工具选择”的一个主要制约因素（Althaus *et al.*，2007）。

在新南威尔士州和其他一些州，州政府已成立区域旅游组织（以下简称 RTO）并大力支持其发展，这使本来就已不断受到审查的政府系统变得更加复杂（Jenkins and Sorensen，1996；Jenkins，2000）。RTO 成了牢牢夹在地方与州政府之间的一层旅游管理行政部门。早在 20 世纪初，新南威尔士州就出现了各种形式的 RTO，并在 20 世纪 80 年代得到了政府的大力支持，然而，它们不像政治家与公共管理者那样能够做出长期的承诺与战略方向。

政府部门的层级安排往往是合理与可行的，但长期以来，各级政府对自身在旅游目的地政策与规划制定以及目的地管理与营销中所承担的角色与责任一直很模糊，因此出现了许多效率低下与职责重复的现象。例如，在澳大利亚，国家旅游组织主要负责海外营销与推广，但有时它又涉足国内的营销活动；各州一直是国内强大的营销主体，但偶尔也会涉足海外市场，大力支持大型事件，以及试图通过成立与支持区域旅游组织来进一步控制地方旅游业的发展；地方政府机构主要关注地方旅游事务、旅游设施与信息中心、地方旅游规划等，但也会在某个海外旅游目的地开展营销与促销活动。下文将进一步介绍区域旅游组织的重要议题。

六、区域旅游组织（RTO）

新南威尔士州旅游委员会是在新南威尔士州1984年通过的《旅游委员会法》规定下成立的，它是一个以商业为导向的法定组织，并在法律的规定下促进该州旅游业及各旅游企业的协调发展。自1985年以来，新南威尔士州旅游委员会及其继任者（从1994年改制为“新南威尔士旅游局”）的重大决策总能获得董事会的认可，该董事会一般由部长任命并向其汇报工作。

在同一时期，新南威尔士州的一个“五年旅游规划（1983/84—88/89）”将州划分为9个营销区域。早在20世纪80年代初，RTO就成了新南威尔士州旅游政策与规划制定的重要部门。一个RTO一般负责几个地方政府区域，并由旅游委员会来确认这片区域是否具有兼容的地理、历史与自然特征。一旦经过委员会的认可，这些区域就会成为新南威尔士州设施与吸引物最有效的营销手段（Jenkins, 2000）。此后，RTO在州内以各种各样的经营形式持续运作，但它们的结构、功能、经营方式与资金来源都已经发生了广泛的变化。有一些RTO已走向衰弱或已被废除，同时又有新的RTO成立，有些地方政府区域及相关的旅游协会已从一个区域的RTO转到了另一个相邻区域的RTO的管理之下（Dredge and Jenkins 2003a, 2007）。

根据《区域旅游规划2000—2003》，每个RTO都要制定一个3年期的区域旅游规划，并由新南威尔士州旅游局审批通过。这些规划旨在引导基础设施建设、交通道路信息与服务、产品开发/优化、产业发展以及每个区域的营销战略与活动等。新南威尔士州旅游局将这些规划看作“传递《迈向2020：新南威尔士州旅游总体规划》目标的主要机制”（Tourism NSW, 2002）。2003年至2007年年初，在澳大利亚工党政府的领导下，RTO的外部经营环境相对稳定，没有出现大幅度的波动变化。然而，2007～2009年间，情况发生了急剧的变化。

2007年2月，新南威尔士州州长要求约翰·奥尼尔对大型事件、会展业以及旅游业做了评述报告。其中，《新南威尔士州旅游业评述报告》于 2008 年 5 月发布，在报告中，奥尼尔（2008）提出了许多建议，包括授权给新南威尔士州区域，提高区域数据水平，鼓励新南威尔士州与联邦政府支持区域性新南威尔士州旅游资源的发展。他还表明，新南威尔士州需要调整组织架构、战略以及运作模式，来应对包括 RTO 在内的市场绩效低下等一系列问题。

新南威尔士州政府十分重视奥尼尔的报告，并于 2008 年 7 月委托德勒集团协助制定一个新的、综合考虑各利益相关者意见的新南威尔士州旅游发展战略，并在当年 11 月发布。新的旅游发展战略愿景是，“通过政府与行业之间的紧密合作，促进新南威尔士州国际国内游客数量增长，使新南威尔士州的旅游业充满活力与蓬勃发展”。新战略包含了 8 个核心领域，其中 4 个主要讨论了 RTO 在旅游目的地政策与规划中的角色作用：

· 旅游业治理：在协商一致的治理模式下，履行《新南威尔士州旅游发展战略》（以下简称《战略》），以实现旅游业的利益最大化；
· 扩展区域旅游：通过加强区域合作伙伴关系来强化新南威尔士州区域性的概念及其发展；
· 解决旅游供应问题：政府要保持与行业密切合作，确保旅游基础设施与服务能够满足日益增长的旅游需求；
· 旅游产业规划：政府与旅游业通过建立紧密的合作伙伴关系，共同实现产业规划合作，以促进新南威尔士州旅游业的繁荣发展。

在扩展区域旅游发展过程中，必须要同时扩大旅游目的地的游客容量与需求。然而，正如《战略》也指出，这 13 个 RTO 的组织与经营形式非常多样化，这对新南威尔士州旅游局的介入提出了很大的挑战。《战略》还希望通过鼓励 RTO 兼并来提高效率与规模经济。区域旅游的治理看上去越来越规范化，实际上却变得更加复杂。RTO 不是直接向新南威尔士州旅游局负责，而是由 RTO 论坛或 RTO 的代表来负责直接对接，所谓 RTO 代表，即新南威尔士州旅游局董事会的区域参照群体与新南威尔士州旅游局的区域旅游单位之间的联络人。这样，RTO 论坛成了“负责指导与协助 RTO 发展，并协调区域旅游发展与营销活动的一个行业伞形机构”，它还成为“新南威尔士州旅游局唯一负责所有区域旅游组织联系与询问的一个联系点”（Tourism NSW，2010）。在这些声明和要求下，RTO 需要重新调整它们的战略重点。

为了支持 RTO，新南威尔士州政府 3 年内每年拨给它们 513. 3 万澳元（是在原来的 163 万澳元基础上的大幅增长）。资金拨款分为两级，每个 RTO 都能根据需求申请拨款。一级资金主要用于需求建设，二级资金主要用于容量建设与需求建设。在新南威尔士州的13个RTO中，有6个RTO申请一级资金，它们认为自身当前的容量、资源与系统能够实现长期的可持续发展，不再需要容量建设援助。而另外7个RTO申请了二级资金，它们需要资金支持日常运营（如员工薪金、行政支持）以及扩建需求。新南威尔士州旅游局决定，截至2011年12月31日，RTO必须自我维持经营。从2012年1月1日起，政府将仅仅提供需求建设资金（相当于一级资金）。

尽管RTO有区域的差异，但它们也有某些共同的目标，即建立顾客区域品牌认同，增加需求与访问量；通过参与区域营销与促销来发展合作机会；开发与维持地区赞助；规划、开发与营销旅游产品（NCRT，1999）。同时，有些RTO也积极配合参与和宣传旅游研究、行业认证、教育项目和发展区域基建资产，但许多RTO已不再参与这些活动，它们更关注由会员、营销与促销所创造的收益与成果。

七、地方政府

如上文提及，一个RTO一般由几个地方政府区域及其议会与雇员所组成，它们需要（有时甚至被迫）支持RTO的工作。然而，这通常是一种别扭的关系，因为RTO的战略与经营目标完全不同于地方政府。总体而言，RTO的经营目标与投资重点在于市场需求的增长，它们将更多的资金投入营销与促销活动中，但供应方面的建设投入却相对少得多。另外，RTO的经营目标、组织技能以及资金结构与流程全都以市场为导向，这样，它们就更少有时甚至没有关注供应方面的问题，比如旅游规划、游客管理、招商引资以及对产品创新与组合的支持等。地方政府一直对这种区域性管理方法持批判的态度，尤其是这些组织往往对可持续旅游规划与管理活动缺乏支持（O'Neill，2008；Parliament of Victoria，2008；The Stafford Group，2008）。当RTO管理者的薪金能够辅以营销绩效奖励时，地方政府的批判态度就更为激烈了，因为这种过分强调营销活动的举措，极大地阻碍了旅游目的地的综合规划与全面管理。

尽管如此，地方政府仍然是澳大利亚旅游目的地规划、政策制定、开发与管理的核心组织，并在其中承担着重要的职责，包括土地利用管理、旅游开发的环境影响管理、基础设施供应与资产管理，以及通过建设公园、创造休闲机会、举办艺术与文化活动等路径来为地方社区服务等责任。此外，地方议会为了促进当地社区的繁荣发展并提高社会与社区福利，也直接或间接地努力培育旅游业的发展。因此，尽管澳大利亚地方政府体系根源于 19 世纪且至今依然没有太大的变化，其过时的社会、经济与人口统计系统也已经备受批判，然而，它们对于地方旅游目的地的形成却发挥着重要的作用。如今，地方政府所面临的主要问题在于，如何规划和管理旅游目的地？哪个旅游目的地可能在地方政府的管辖边界内，但更可能包含了周边的一些地方政府区域？此外，考虑到澳大利亚政府有着深厚的“自由民主”理念，任何规划与政策都必须保证地方政府的利益能够得到适当与足够的重视。然而，严格的预算条件，以及议会狭隘的角色与责任，都将对旅游目的地的规划与政策组合提出更多的挑战。

因此，Dredge 等学者（2010）提出了一种在地方政府现有能力范围内，且不需要另外启动一个新的规划流程的解决方案。他们主张的是一种“协同方法”，其中包括邀请议会各个部门的主要代表，以及共同构成一个旅游目的地的其他地区议会代表，共同参与研讨会。首先，为他们提供信息与机会，让他们围绕旅游业在他们各自的地方政府区域中所发挥的作用与价值展开讨论。其次，让他们思考他们在议会中的工作如何能够促进旅游目的地的规划与政策制定。最后，组织以行动为导向的研讨会，讨论各种行动、方案与发展重点。

在实际应用中，这种方法以“地方旅游管理高级讲习班”的形式进行，其宗旨在于提高参与者对旅游业的认识，并让他们认识到个人如何在其部门范围内，以及在与议会不同部门之间、议会之间的交流中，以不同的方式，促进旅游目的地的规划、政策制定与管理。讲习班的目标受众包括高级管理者与民选代表，他们是重要的政策制定者与决策者，但在正常履行职责期间，一般没有时间考虑旅游业如何能够跨部门运作，或者思考这种跨越空间与组织界线的合作所具有的潜在优势。

图 2 –2 展示了高级讲习班所采用的演讲框架，这个框架超越了传统的议会分歧，以及营销观点与旅游目的地发展观点之间的历史争执。目前，高级讲习班这种方法已初见成效，促进了合作、知识与信息共享，减少了由重叠项目与重复工作所导致的低效率现象，有效促进了时间、资金与专业知识等资源的聚集，并增加了协作行动方面的弹性（Dredge *et al.*，2010）。

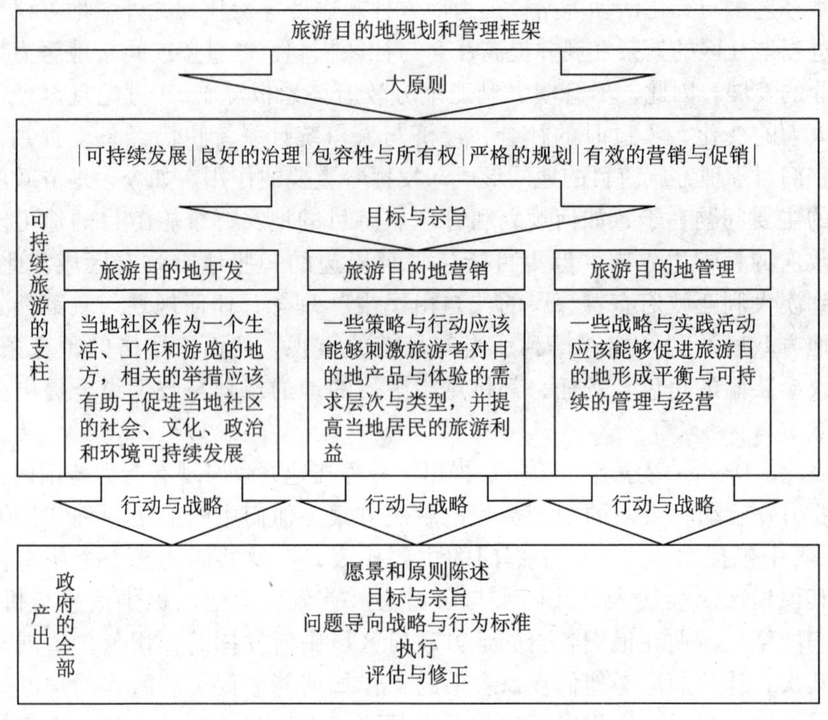

图 2-2　旅游目的地规划和管理框架

八、结论

本章旨在界定并批判性地探讨旅游目的地的政策与规划。本章首先回顾了该研究领域的主流思想、实践及其理论应用，并简要介绍了主要的路径与方法。在这个过程中可以清晰地认识到，“旅游目的地”、“政策”和“规划”都是一些很难界定的术语，在不同的制度背景、经营规模与价值观下会有不同的解释。

尽管我们在认识旅游目的地管理与营销的政策与规划过程中有了很大的进步，但像澳大利亚州政府，如今依然背负着像区域旅游组织这样过时的组织架构与管理区划。这些区域旅游组织抑制了创造力的产生，导致时间与资源的分散，并可能严重阻碍议会之间的广泛合作与规模经济的发展。然而，在这样的背景下，“地方旅游管理高级讲习班”是一个非常有前景的项目，为那些有志于旅游业发展的个人与机构均带来了显著的利益。

参考文献

Althaus, C. , Bridgman, P. , and Davis, G. (2007) *The Australian Policy Handbook*, (4th ed) . Crows Nest: Allen and Unwin.

Andereck, K. L. , Valentine, K. M. , Knopf, R. C. , and Vogt, C. (2005) Residents' perceptions of community tourism impacts. *Annals of Tourism Research*, 32 (4), 1056 – 1076.

Bridgman, P. and Davis, G. (2004) *The Australian Policy Handbook* (3rd ed) . Sydney: Allen and Unwin.

Britton, S. (1991) Tourism, Capital, and Place: Towards a critical geography of tourism. *Environment and Planning D: Society and Space*, 9, 451 – 478.

Cartier, C. and Lew, A. (2005) *Touristed Landscapes: Geographical Perspectives on Globalisation and Touristed Landscapes.* Routledge, Oxon.

Considine, M. (2005) *Making Public Policy.* Polity Press, Cambridge.

Craik, J. (1991) The Queensland way: preferential treatment and fast tracking. In J. Craik (eds) *Resorting to Tourism: Cultural policies for tourist development in Australia.* Allen and Unwin, Sydney.

Dollery, B. and Marshall, N. (1997) *Australian Local Government.* Macmillan Education Australia, Melbourne.

Dredge, D. (1999) Destination place planning and design. *Annals of Tourism Research*, 26 (4), 772 – 791.

Dredge, D. (2001) Local government tourism planning and policy – making in New South Wales, Australia: institutional development and historical legacies. *Current Issues in Tourism*, 26 (4), 355.

Dredge, D. (2005) Local versus state – driven production of the region: tegional tourism policy in the Hunter, New South Wales, Australia. In A. Rainnie and M. Grobbelaar (eds) *New Regionalism in Australia.* Ashgate, Aldershot, pp. 301 – 319.

Dredge, D. (2007) Local destination planning and policy. In D. Dredge and J. Jenkins (eds) *Tourism Policy and Planning.* John Wiley and Sons, Milton, pp. 300 – 335.

Dredge, D. (2010) Place change and tourism development conflict: evaluating public interest. *Tourism Management*, 31 (1), 104 – 112.

Dredge, D. , Ford, E. J. , Lamont, M. , Phi, T. , and Whitford, M. (2010) *Event Governance: Background to the World Rally Championship.* Northern Rivers, NSW. < http: //ctlw. com. au/index. php? mact = News, cntnt01, detail, 0andcntnt01articleid = 1andcntnt01origid = 69andcntnt01returnid = 80 >.

Dredge, D. , Ford, E. J. , and Whitford, M. (2010) *The managing local tourism master class: communicating and building sustainable tourism management practices across local government divides.* Paper presented at the BEST – EN Think Tank X: Networking for Sustainable Tourism.

Dredge, D. and Jenkins, J. (2003a) Destination place identity and regional tourism policy. *Tourism Geographies*, 3 (3), 425 – 443.

Dredge, D. and Jenkins, J. (2003b) Federal – state relations and tourism public policy. *Current Issues in Tourism*, 6 (5), 415 – 443.

Dredge, D. and Jenkins, J. (2007) *Tourism Policy and Planning.* John Wiley and Sons, Brisbane.

Dwyer, L., Edwards, D., Mistilis, N., Roman, C., Scott, N., and Cooper, C. (2008) *Megatrends Underpinning Tourism to* 2020. Gold Coast: CRC Sustainable Tourism.

Dye, T. (1978) *Understanding Public Policy*, (3rd ed). Prentice Hall, Englewood Cliffs.

Etchner, C. and Jamal, T. B. (1997) The disciplinary dilemma of tourism studies. *Annals of Tourism Research*, 24 (4), 868 - 883.

Getz, D. (1987) *Tourism planning and research: traditions, models and futures.* Paper presented at the The Australian Travel Research Workshop, Bunbury, Western Australia.

Gunn, C. (1988) *Tourism Planning* (2nd ed). Taylor and Francis, New York.

Gunn, C. A. (1994) Emergence of effective tourism planning and development. In A. V. Seaton (eds) *Tourism: The State of the Art.* John Wiley and Sons, London, pp. 10 - 19.

Hall, C. M. (1991) *Introduction to Tourism in Australia: Impacts, Planning and Development*, (1st ed). Longman Cheshire, Melbourne.

Hall, C. M. (1994) *Tourism and Politics: Policy, Power and Place.* John Wiley and Sons, West Sussex

Hall, C. M. (1998) *Introduction to Tourism: Development, dimensions and issues* (3rd ed). Longman, Melbourne.

Hall, C. M. (1999) *Tourism Planning: Destinations, Organisations, People and the Environment.* Addison Weasley Longman, Harlow.

Hall, C. M. (2008) *Tourism Planning: Policies, Processes and Relationships.* Prentice Hall, Harlow.

Hall, C. M. and Jenkins, J. (1995) *Tourism and Public Policy.* Routledge, London.

Hall, M. C. and Lew, A. (2009) *Understanding and Managing Tourism Impacts: An Integreated Approach.* Routledge, London and New York.

Hall, P. (1980) *Great Planning Disasters.* University of California Press, Berkeley.

Healey, P. (1997) *Collaborative Planning.* UBC Press, Vancouver.

Healey, P. (2007) *Urban Complexity and Spatial Strategies.* Routledge, London.

Jenkins, J. (2000) The dynamics of regional tourism organisations in New South Wales, Australia: history, structures and operations. *Current Issues in Tourism*, 3 (3), 175 - 203.

Jenkins, J. and Sorensen, T. (1996) Tourism, regional development and the Commonwealth: a critical appraisal of the regional tourism development program. *Australian Leisure*, 7 (4), 28 - 35.

Jenkins, J. M. and Stolk, P. (2003) Statutory authorities dancing with enterprise: WA Inc., the Eastern Australian tourism commission, and the global dance affair. *Annals of Leisure Research*, 6 (3), 222 - 244.

Laws, E. (1995) *Tourist Destination Management: Issues, Analysis and Policies.* Routledge, London and New York.

Leiper, N. (1990) Tourist attraction systems. *Annals of Tourism Research*, 17 (3), 367 - 384.

Leiper, N. (1995) *Tourism Management.* TAFE Publications, Collingwood.

Levin, P. (1997) *Making Social Policy: The Mechanisms of Government and Politics and How to Investigate Them.* Open University Press, Buckingham.

Lue, C., Crompton, J., and Fesenmaier, D. (1993) Conceptualization of Multidestination Pleasure Trips. *Annals of Tourism research*, 20 (2), 289 - 301.

Mathieson, A. and Wall, G. (1982) *Tourism: Economic, Pphysical and Social Impacts.* Longman Scientific and Technical, Essex.

Murphy, P. E. (1988) Community driven tourism planning. *Tourism Management*, 9 (2), 96 - 104.

Murphy, P. E. (1988) *Tourism: A Community Approach.* Methuen, New York.

O'Neill, J. (2008) *Review into Tourism in New South Wales Final Report for the Premier of NSW*, The Hon Morris Iemma MP, Sydney.

Parliament of Victoria. (2008) *Inquiry into Rural and Regional Tourism.* Parliament of Victoria, Melbourne.

Pearce, D. (1989) *Tourist Development*, (2nd ed) . Longman, Harlow.

Pforr, C. (2001) Tourism policy making in Australia's northern territory. *Current Issues in Tourism*, 4 (2 - 4), 275 - 307.

Pforr, C. (2002) The makers and shapers of tourism policy in the northern territory of Australia: a policy network analysis of actors and their relational constellations. *Journal of Hospitality and Tourism Management*, 9 (2), 131 - 151.

Pforr, C. (2005) Three lenses of analysis for the study of tourism public policy: a case from northern Australia. *Current Issues in Tourism*, 8 (4), 323 - 324.

Priskin, J. (2003) Issues and opportunities in planning and managing nature - based tourism in the central coast region of western Australia. *Australian Geographical Studies*, 41 (3), 270 - 286.

Richins, H. and Mayes, G. (2008) Historical progression of sustainable management concerning marine tourism activities: a case study in eastern Australia. *Tourism and Hospitality Planning and Development*, 5 (2), 97 - 112.

Ritchie, J. R. B. and Crouch, G. I. (2000) The competitive destination: a sustainability perspective. *Tourism Management*, 21 (1), 1 - 7.

Ritchie, J. R. B. and Crouch, G. I. (2003) *The Competitive Destination: A Sustainable Tourism Perspective.* CABI Publishers, Wallingford.

The Stafford Group (2008) *Queensland Tourism Network Review.* Prepared for the Queensland Tourism Strategy Implementation Steering Committee, Brisbane.

Tribe, J. (1997) The indiscipline of tourism. *Annals of Tourism Research*, 24 (3), 638 - 657.

Western Australian Local Government Association. (2008) *The Journey: sustainability into the future. Shaping the future of local government in western Australia.* Western Australian Local Government Association, Perth.

Yeoman, I. (2008) *Tommorrow's Tourist: Scenarios and Trends.* 16, Elsevier.

Young, G. (1973) *Tourism: Blessing or Blight?* Penguin, Harmondsworth.

第二篇
目的地市场营销：
了解消费者决策

第3章
目的地的旅游动机、利益与约束

一、序言

机场，是观察他人的理想之地。在那里，我们可能情不自禁地思考其他旅行者的旅游动机。为什么那对老夫妇去佛罗里达州？为什么那个漂亮的女孩独自去巴黎旅行？再瞧瞧那个把孩子和玩具都带出来的家庭——他们怎么会在孩子上学期间去夏威夷旅行呢？对于一个漫不经心的旁观者而言，猜测别人的动机不失为打发时间的好办法，但对于旅游目的地管理者而言，要将他们的目的地所能提供的旅游体验与人们的需求匹配起来，就颇有挑战性。对于旅游学术研究者来说，这也是一个由来已久、在方法论上充满挑战与机遇的话题。

在讨论这个话题之前，有必要初步了解几个基本观点。首先，一位专业的动机研究者应时刻谨记：作为一名观察者，他自己与其他旅行者的旅游动机可能很不一样，这些动机背后实际上受到不同社会、文化与生理需求所影响。因此，对于参与动机研究的学生、专家与学者而言，他们所长久面临的一个挑战就在于：其他人看待世界的方式可能与他们存在巨大的差距，他们的需求也可能不一样，乃至他们前往旅游目的地的方式也可能是非传统的。针对这一问题，可以采用主位研究的视角，即同时站在局内人与参与者的视角来解读世界（Pike，1966；Cohen，1979）。

第二个基本观点是关于动机调查的问题尺度或特异性。无论从学术的角度还是实践的意义来看，关于“人们为什么去旅行”是一个很糟糕的问题，这就好比在问诸如“旅游的影响是什么”这类十分含糊的问题。旅游领域以外的人最常提出此类问题，但回答他们的也只能是无数实例与案例所归纳出来的乏味且枯燥的陈述。对于真正希望深入研究动机的人而言，更好的提问方式应该是，为什么某个特定群体会选择某段特定的度假体验。其中，所隐含的核心观点在于：与解释个体的动机相比，我们对社会或群体的动机研究更感兴趣。此外，需要说明的是：本章没有假定一个特定的旅游目的地——无论伦敦还是拉斯维加斯——都只是提供一组旅游体验；相反，这只是试图找到一个相对易于理解且界定了人们去旅行的驱动力量的普遍模式或主题。

本章主要围绕旅游动机研究的时间轴来展开讨论。首先，讨论一些核心的概念问题，接着介绍旅游动机研究的重要成果，它们主要源自历史分析、心理学以及市场研究等领域。再次，阐述一个好的组织理论或概念体系所具有的价值，整合旅游学者有关旅游动机的观点，并介绍有关旅游动机研究方法与概念的最新成果。最后，讨论旅游动机评价及相关方法如何得以广泛应用。

二、背景

在人类广泛的动机当中，旅游动机是其中一个特殊的分支，它实际上是生物与文化力量的总网络，赋予了旅行选择、行为与体验的价值与方向（Pearce *et al.*，1998）。这对于思考旅游目的地及其管理的重要启示就是：正是旅游动机刺激并引发了旅游行为的产生（Mansfeld，1992；Hsu and Huang，2008）。

在评价旅游动机时，关于动机的解释往往基于旅游的一些定义性特征。旅游业，就像休闲业一样，是一个公私部门混合的社会事业。在当代旅游业中，随着人们有了更多自主性决定旅游时间（与金钱）的花销与分配，旅游逐渐成为表达幸福和提高个人生活满意度感知的一个具体的行动机会（Harris，2005）。因此，在分析旅游动机时，需要考虑个体所期望的未来状态。此外，个体的旅游动机还特别容易受到他们身边的亲密关系所影响。这些特征对于旅游动机研究具有重要的启示。旅游体验所固有的情节性、动态性、关系依赖性、未来导向性以及多样性的特征表明，要探讨一个旅游者的形成过程及其个体需求如何得到满足，可能不会那么简单。下文将进一步强调旅游的核心特征对旅游动机观点与概念的形成与发展具有重要的影响。

利益，是旅游动机研究中值得关注的一个概念，也是旅游市场营销者经常使用的概念。我们可以将利益理解为与旅行结果相关的一个动机类别（Ryan，1995）。例如，如果旅游的动机是希望与亲密的家庭成员相聚，那么利益可能就是改善了与儿子的关系。因此，可以将利益看作动机实现的特定结果。当然，利益有时是人们意料之外（且积极）的收获，有时也可能未能如期实现。当我们研究利益并将其视作为游客所追求的某种东西时，利益就成了某种相当具体的目的或子动机。然而，利益的范围及复杂性都太大，研究者要将所有利益（或动机结果）都呈现给旅行者，将会遇到极大的困难。

在动机研究中，“价值观”是另一个重要的术语。价值观高度概括了人们对某个事物的态度。例如，一群旅游者如果具有强烈的环境保护价值观，那么，他们的野外旅游行为将会受到这种价值观的引导。我们可以将价值观与社会和文化动机相联系，但是价值观不一定是旅游行为的驱动因素。例如，如果一个人非常珍视社会关系，并且他在日常生活中已在这方面得到充分的满足，那么，这一价值观将不会对他的旅行动机产生影响。价值观这一概念还存在一个更具体的局限：这个概念几乎不考虑人类体验的生物性成分，而这又属于广义动机概念中的一部分。

在动机研究中，有时也会用到“期望”这个术语。在旅游目的地研究领域里，期望是关于旅游目的地属性的预期信念。例如，我们期望某个旅游目的地会有晴朗的天气、美丽的沙滩以及精致的艺术画廊，是因为我们所参考的背景信息以及本身所拥有的知识，共同塑造了我们的这些信念。我们也可能期望某个地方会满足我们的动机，例如，期望一次塔希提岛之旅将使我们逃离城市压力。从这个角度来看，期望确实有助于我们评价和确定动机的结果，但它们本身不是动机。在旅游研究中，期望一直是评估满意度的一个基本要素（Kozak，2001），但对于何时评价期望以及如何阐明旅游体验期望等这些复杂的问题，一直存在着许多争议与批判（Ryan，1995；Pearce，2005）。

三、旅游动机概念来源

学界对旅游动机的理解至少来源于三类不同的重要信息源。当我们翻查旅行史及其通俗著作时，大致可以辨认出一系列广泛的动机力量（Young，1973；Casson，1974；Belasco，1981；Urry，1990；De Botton，2002，2009）。从这些旅游动机力量的评论性著作中可以推测出，早期旅行者具有逃逸、放松、表明地位、接受教育和维持健康的动机。这些旅行评论家的写作风格及其著作特点可以从以下一个当代例子中得以体现。De Botton（2009）是这样强调旅行者的需求的：

我们必须要求旅游目的地能够“帮助我感到自己变得慷慨了，也不再那么恐惧了，要让我保持好奇心，还有远离那些困惑与问题，就像我与它们之间隔了整个大西洋一样远。”那些更聪明的旅行中介将会问我们希望改变生活的什么，而不是简单地去问我们希望去哪里。

在这里，De Botton 的评论代表了整个文学与艺术的贡献，他们多年来一直在挖掘旅行者的动机与行为。如果读者对这类文学评论感兴趣，可以重温马克·吐温、欧内斯特·海明威、约翰·斯坦贝克、约瑟夫·康拉德和劳伦斯等作家的那些经典著作。除此之外，像迈克尔·帕林、保罗·瑟罗斯、珍·莫里斯、艾瑞克·纽比和比尔·布莱森等知名旅行作家对旅行者的动机看法包含了许多娱乐的成分，但有时也会出现一些很有见地的观点。

关于动机解释的第二个重要来源是研究更为扎实与复杂的心理学领域。“动力心理学”的相关研究成果最先使动机研究得以普及，并构建了广泛的需要列表（Boring，1950）。动力心理学是 20 世纪初人们尝试从人类本质的核心理解中预测人类行为的一门学科。它本身是以希腊祖先对享乐主义的追求为基础，因而有着深远的哲学与政治渊源（Grayling，2005）。希腊的两位学者——亚里士多德和伊壁鸠鲁——是享乐主义的创始人，他们认为，享乐是生活的最高目的，其核心思想在于主张个人追求快乐的最大化并避开痛苦。然而，一种行为如果只为追求短暂的快乐，而不考虑对他人带来的影响，就很容易与其他人尤其是那些极端的享乐主义者产生矛盾与冲突。虽然追求感官上持久的享乐可能很有吸引力，一些旅游目的地很可能以此吸引游客，但只要眼光稍微长远些就会看到，这样的行为很快会引起惨痛的人际冲突。弗洛伊德的心理学研究主要强调了人类的性需求，但这也只是代表动力心理学对享乐主义问题思考的其中一个分支。其他心理学先驱如哈里·默里、库尔特·勒温和亚伯拉罕·马斯洛，他们的研究还特别地评价了早期的心理学研究者对当代旅游动机研究所做出的贡献。

在对旅游动机根源的探究方面，勒温和默里的重要贡献在于对个体社会文化需要的关注。尽管在这之前，学界已将动机定义为驱动行为发生的生物与文化力量之和，但具体表达并定义社会文化需要，一直是动机研究中最困难的部分。我们可以评价并很容易理解人们对食物、喝水、性、庇护场所等这些由生物本能所驱动的需要，但对于社会文化需要，我们必须考虑国际差异以及不同的诠释方式。默里在他们的研究中使用了术语“需要”，而不是“本能”这个基于生物学的更古老的概念，而勒温则提出了“紧张”这一术语。“需要”至今仍为学界运用，且成为动机研究中影响最深远的概念之一。相比之下，勒温所提出的概念影响力已经很小，但他的其中一个主张仍具有一定的影响力，即测量动机时必须考虑个体的生活背景。默里认为，需要的特点是由结果而不是由某些可能发生的特别举动所决定的。需要是以结果或产出为目标导向的，因而具有一定的方向性。结果的实现至少能暂时缓和或减少需要的强烈程度。这里可以举个例子证明所要实现的需要是有方向性的。由于需要推动着个体实现目标并达到标准，因此，“需要”并不是填写好一份电子表格，也不是获得一个全垒打，而是实现目标，亦即完成这些目标活动，从而消除需要的迫切性。在这里需要强调的是，“需要”只是推动社会文化发展的一个较小的力量，不应将这个概念应用到有可能满足基本驱动机制的所有具体活动中。

默里倾向于将尽可能多的社会文化需要描述出来，但其他心理学家则试图使用更简洁的描述方式。特别是亚伯拉罕·马斯洛所提出的马斯洛需要层次理论用一个连续的层次结构将默里与其他学者所确认的各种需要划分到各个层级中（Bowen and Clarke, 2009）。需要强调的是，大多数心理调查旨在了解个性形成的方式，且大多分析师与临床研究者倾向于描述个体心理活动中的异常特征。这些由心理学家所确定的需要，经过修正后形成了旅游动机，包括减少焦虑、保持兴奋、成就感、自我发展、逃逸、放松、饥饿、安全、胜任能力、征服、尊重、自我实现以及从属关系等。

第三类有助于旅游动机研究的信息源是政府统计信息以及商业咨询报告，这对许多旅游目的地管理者而言相对会比较熟悉。政府部门所开展的大规模游客调查能提供一些动机方面的信息。例如，当旅游者在移民或过海关时，通常需要在相关信息表格中填写“你出行的主要目的是什么”等此类问题，选项通常包括度假、探亲访友、商务、会议/会展以及移民等。国内相关旅游机构以及联合国世界旅游组织的旅游报告通常会呈现此类信息，这为旅游动机的总体分类提供了一个宽泛的视野。其他咨询或学术机构在调查旅游动机时大多关注“度假”动机，而像联合国世界旅游组织这类组织所提供的分类更像是旅游者的整体行程目的，而不是旅游动机。

相较于政府的统计数据，要获取咨询公司的旅游动机调查报告相对要困难得多。由于商业组织的经营是以收费服务为基础的，因而像咨询公司这类私营企业的详细研究调查成果一般不会提供给其他研究人员。然而，也有一些企业多年来一直与国家和区域旅游组织紧密合作，并根据他们所设计的包括旅游动机问题在内的问卷体系，提供一些旅游者的集群信息。典型的组织如北美的 Longwoods 国际咨询公司以及澳大利亚的 Roy Morgan 研究公司。尽管这些组织多少会隐藏它们调研的具体过程、技术应用甚至它们的调查问题，但在旅游行业相关会议与研讨会上，还是常常可以听到它们的细分市场描述是以动机为基础的，即给不同的群体贴上不同的标签，如“传统主义者”、“地位追求者”、“成就者”、“后现代者”等。这类咨询研究抛出了所有动机研究最后都要回答的问题，即旅游动机研究的应用性问题。

四、旅游动机理论

在旅游学界中，许多学者利用这些丰富的信息源来建构理论或概念体系，为旅游动机研究提供了结构化的研究方法。首先，需要区分理论及其子术语，如模型和概念体系之间的概念区别。一个理论的核心在于提出假设、整合信息、指出核心驱动因素之间的联系，并预测最新结果（Dawkins, 2009；Tribe, 2009）。驱动力量与结果之间的关联方式可通过数学公式，或者叙述清晰的链接、链条或序列进行表达。从这个角度来看，目前还不存在一个成熟的旅游动机理论，并且学界可能过度使用了“旅游动机”这一术语。若要与现有的动机观点及其研究深度保持一致，更实际的做法就是构建一个深刻的概念体系。这类研究导向型工具能将核心概念之间的关系具体化，因而也可看作一个成熟理论中的组成部分（Greene, 1994；Pearce, 2005）。在旅游研究中，简洁的术语概念能对大量描述性材料进行分类与组织，因而是相当有价值的。然而，目前人们对旅游者需要的认识还未完善，或这些认识还只是社会科学研究中的一个静态的产物。本章将要讨论的概念体系已对原有模型进行了修正，但其作为一个体系构建过程中的一部分，还将在不断的评价与再评价过程中得到新的修正。本章最后一小节将指出旅游动机在旅游目的地发展与管理过程中可能发挥的作用及其持续贡献。

一个好的动机框架能够反映旅游的一些独特属性，特别是旅游的情节性、动态性、关系依赖性、未来导向性以及多样性。为了能够反映这些特性，Hsu 和 Huang（2009）在 Pearce（1993）和 Pearce 等学者（1998）之后提出：一个“好的”动机理论应该是多重动机的、动态的、可测量的并且传播相对简单的。最重要的是，这种方法不仅能够组织与综合已有的信息，还要对未来具有导向性或预测能力。

Stanley Plog（1974；1987；1991；2001）的研究成果是旅游动机评价研究的一个开端，不少教科书也将其列为一个重要的旅游动机理论。该理论构建的目的是为航空公司提供建议，其早期阶段的一些核心方法与数据都没有经过缜密的学术审查。Plog 模型以一个单一维度或尺度上的位置代表旅游者，沿着这一维度分布，旅行者的类别从保守型（非冒险的、内向型）向中庸型（既不外向也不特别内向），再向冒险型（具有冒险精神，热衷于探新猎奇）延伸。Plog 模型还提出了社会影响的路径，认为更热衷冒险的旅行者会向冒险信心较低的旅行者交流经验，这样，社区的旅行经验水平很快就会增长，甚至创造更大的旅行需求。然而，这个信心转换过程主要的局限在于：中庸型旅行者不能对冒险型旅行者产生影响。这种单向影响的结果就是导致旅游目的地倾向于开发更多舒适的设施与资源来满足日益增长的市场。在 Plog 看来，这些过程有助于解释旅游目的地人口的增长与跌落。

虽然 Plog 模型建立在咨询研究的基础上，并且回避了严格的学术推敲，但在还没有其他动机评价方法的情况下，该模型在旅游业中初步得到了广泛应用。从参考文献列表中可以看到，Plog 对该模型进行了修正与改进：1991 年增加了第二维度，即从冷漠到热情，与第一维度正交。然后，他一边继续研究这个模型，一边为包括航空公司在内的企业与旅游组织提供建议。不少学者曾对 Plog 模型提出了各种评论，他们认为，该模型仍未达到前面所提到的关于一个“好理论”的一些核心标准，尤其在测量上缺乏透明度与充分性，也未能考虑到动机或影响来源的多重性，这也是该模型最受诟病的缺陷所在（Smith，1990；Andreu *et al.*，2005；McKercher，2005）。此外，Plog 模型也未能很好地应用于旅游目的地发展中，因为企业家有时也包括政府会有意识地主动参与旅游目的地的需求创造，而不是被动地等待应对 Plog 模型所强调的需求变化（Murphy and Murphy，2004）。

Plog 模型的主要贡献在于发现了冒险型度假决策者倾向于选择遥远的、具有某些令人兴奋的特征的地方去旅行。Dann（1977）和 Crompton（1979）指出了动机研究方法之间的“推拉差异”。从推力角度出发的方法强调存在于个体内部的旅行决策驱动力量，而侧重于拉力的方法则强调旅游目的地本身所具有的实际特征。推力因素是真正的动机力量，源自个体的心理需要与社会背景（Pizam *et al.*，1979）。拉力因素恰好相反，是指旅游目的地中可能吸引人们的特征。如果把拉力因素看作动机力量，会使人产生一定的误解，但重要的是，动机理论学家找到了这样一种方式来理解动机在旅游目的地营销与管理中所真正发挥的作用。

一些学生和旅游目的地管理与营销者可能认为，这样来区分推拉因素未免有些武断，因为实际上推与拉两组因素都能推动人们前往新的地方。如果在确定旅游者的旅游动机时，随意将拉力因素与推力因素混合，动机分析或研究者会很容易以客位方式将旅游目的地的特性与动机联系在一起。也就是说，某类活动或旅游目的地的某种特性，如泛舟、博彩，可能会以非常不一样的原因吸引不同的旅游者（cf. Klenosky，2002）。如果营销者假定冒险是唯一重要的动机，那么，他很可能会忽略能够满足旅游者其他动机的产品推广与销售。因此，一个更好的办法就是先找出动机真正的推力因素，然后从旅游者的角度来评估旅游目的地的特征，最后确定这些因素与特征之间的匹配程度。有学者采用了这种评价方法，也有学者提出还要进一步改进，这一问题在本章最后一部分将会讨论到。

在回顾旅游动机研究的发展历程中，可以将 Dann 和 Crompton 的理论观点与普洛格的早期研究看作同时代的成果，他们都将动机的推力因素与拉力因素做出了重要区分。此外，他们又在心理学动机研究的回顾评述中以不同的方式重新给各类“需要”贴上了不同的标签。Crompton（1979）通过具体的非结构化访谈，强调了逃离世俗环境、自我探索与评价、放松、声望、回归、改善亲属关系以及增强社会交往等需要的重要性。这些标签只是经过了细微的改变，但其概念非常接近于心理学动机研究的核心思想。Dann（1977）从另一个研究视角出发，从社会学理论中发展了自己的术语；他将动机分为两大类，一类称为“反常状态”（渴望超越孤立），另一类称为“自我提升”（人们需要得到承认并感觉良好）。对于 Dann 的研究，以往有评论认为，虽然这两类标签的命名源自社会学方法，但实际上也只是重新阐释了马斯洛、罗杰斯及其他心理学家所提出的爱与归属的需要以及自尊的需要（Pearce，1982）。这些早期的研究观点并没有发展成为旅游动机的完全理论，但仍然是其他动机研究架构与体系的内容基础。

Iso – Ahola（1980）、Iso – Ahola 和 Mannell（1987）的研究是“推类动机”理论发展历程中的又一代表。这种方法最先由 Iso – Ahola（1980）提出，称为“内在最佳觉醒水平”，以刺激旅游者所渴求的状态为基础。Iso – Ahola 认为，旅游者和休闲行为产生的背景是，个体能够在过度刺激（唤醒太多冲动）与刺激不足（乏味厌倦）之间掌握一种舒适的休闲方式。这种方法强调，动机评价的时间应尽可能接近旅游者实际参与的时间。此外，参与者能否亲自制定行程来实现满意度的自我能力感知也是很重要的。在这基础上，Mannell 和 Iso – Ahola（1987）又进一步发展了这种评价方法。他们认为，应结合两种推动力的影响来解释旅游动机：一是对逃避日常生活与紧张的环境的渴望，二是寻求休闲机会与心理补偿的渴望。他们在一个小图表上，分别用两个正交的维度来表示这两种力量，其中一轴代表逃避个人环境与寻求心理回报，另一轴代表逃避人际关系环境与寻求人际关系回报。其中，同样存在一个最佳的游客觉醒水平。Pearce（1993）在对早期动机理论的评价中，认为Iso－Ahola所提出的这种方法在未来研究应用上存在局限，除非能够明确说明如何更精确地测量最佳的觉醒水平。Hsu和Huang（2009）似乎也认同这种观点，他们发现，该理论本来就建立在休闲背景之下，这对于旅游动机研究者来说，不能成为一个持续有力的概念体系。但不管怎样，早期的每一个动机研究成果都为这个领域做出了学术贡献，包括由Iso－Ahola所强调的旅游者背景的重要性，以及他所提出的动机测量需要与实际旅行时间接近的这个观点，至今仍具有重要影响力。

在相当长的一段时间内，还形成了另一个旅游动机理论，即旅游职业生涯模型（Travel Career Patterns，TCP）概念体系，它实质上是对早期旅游生涯阶梯模型（Travel Career Ladder Approach）的修正（Pearce，1988，2005；Bowen and Clarke，2009）。最初的旅游生涯阶梯模型主要强调，随着时间的推移，旅游者的体验越来越丰富，并因此不断改变他们的动机需要。有学者应用马斯洛的需要层次理论来描述这种不断变化的动机需要，建立了具有5个层级的旅游生涯阶梯模型，包括生理需要、刺激控制水平、关系需要、自尊需要以及自我实现或个人成长需要。无论从概念上还是从旅游者的消费证据中都可以看到，随着旅游者的体验越来越丰富，他们将更多地由自尊需要以及自我实现的需要所激励。然而，当要解释一组观点时，这种类比方法的使用有时反而成为一个局限因素。比如，在本文这个例子中使用了“阶梯”这个术语，这很容易使学生、旅游目的地管理者甚至是其他学者将这种类比理解为旅游者只属于5个层级中的其中一层（Ryan，1998）。然而，这并不是阶梯模型构建的原意，相反，它恰恰暗示着需求的不断变化，阶梯原本是用来强调随着时间的推移，需要模式所不断发生的变化发展。实际上，这些所有的需要在任何时候可能都是重要的，只不过重要程度有所异同。这个问题，以及人们对早期研究的测量方法的重要批判，共同促进了旅游职业生涯模型的发展，这个模型保留了旅游动机随着旅游体验的变化而变化的观点。这个新的模型也尝试为动机的测量提供更好的方法，并更全面地解释旅游体验。它用了一个新的图形表示法来强调动机模式（Pearce and Lee，2005）。

由于旅游职业生涯模型是旅游动机研究中一个比较完善的概念体系，本文将详细解释其发展的过程及特征。在旅游职业生涯模型构建的初始阶段，首先应建立一个非常长的动机与需要列表（Pearce，2005）。在这些需要中，部分来自对少数具有不同国际、国内旅行经历的少数旅游者的深度定性研究中，其他大多数都是从以往的动机研究以及心理学文献中提取出来。然后，删除同义的以及特异的需要，剩下74个动机用来做主成分分析。通过对900个西方旅游者

（大多是澳大利亚和英国）的问卷调查，最后确认了14个因子。这项研究的定量调查部分又在700多个韩国旅游者中重复进行，相关细节可参考Pearce（2005）及Pearce和Lee（2005）的研究成果。经过两个样本的检验，最后得出了14个动机，按重要性排序分别为：探新猎奇、逃逸/放松、强化关系、追求自主、追逐自然、通过与当地人或景点接触来实现自我发展、寻求刺激、人格发展、安全关系（享受与其他相似的人一起）、自我实现（获得新的生活观念）、自我孤立、怀旧、浪漫以及认可（旅游的声望）。这些动机反映了以往研究中所描述的许多动机力量，但总体而言，这在旅游领域中是一个比较完整的动机类别描述。接着，利用受访者所报告的旅游体验水平，构建一个由三部分组成的模型，这也是形成旅游职业生涯模型的关键所在，该模型反映了这14个动机之间的关系以及受访者已经进行的旅行数量。

不同动机具有不同的重要性程度，说明可以通过数据来确定所有旅行者最重要的核心动机层，即逃逸与放松、探新猎奇与建立关系。核心动机层较少受到参与者的旅行数量的影响。这些发现与早期的动机研究非常一致，尤其是Crompton（1979）的研究。根据重要性，可将其他动机分别列入中间动机层与外部动机层中。对于那些旅行经历丰富的旅行者而言，中间动机层比外部动机层更加重要。相反，那些旅行经历有限的人倾向于认为所有动机都很重要。旅游者的生命周期阶段与旅游者的动机模式也有联系，但亚洲和西方由于存在文化的差异而有所不同。西方旅游者在生命周期后阶段中，往往拥有更多的旅行经验，也更看重中间动机层。相比之下，在亚洲样本中，这种“生命阶段—旅行经验”模式与动机模式的联系在韩国游客中并不是那么相符。年轻的韩国人通常比年长的韩国人旅行更多，因此，其旅行经验与生命周期后阶段之间的联系并不太明显。这个差异很容易解释，因为在韩国社会中，旅游作为人们可以自由追求的休闲方式，是近期才出现的现象（Kim *et al.*，1996）。实际上，从韩国的数据中所看到的大多数变异性，简单地用受访者的旅行数量来解释，比用他们的年龄与生命周期阶段来解释会更好。总体而言，亚洲与西方的旅游动机结构大体一致。两项大规模的调查研究证实了：个体往往拥有一个旅行职业生涯，它取决于个体的度假经历以及他们所处的生命周期阶段。这两种力量共同塑造了他们不同的动机重要性模式。图3-1是旅游职业生涯模型的示意图。

与本章所回顾的所有基于推力的动机研究方法一样，旅游职业生涯模型方法仍然处于发展阶段中。这些动机工具，要么在实际应用中，要么在学术修正过程中，不断得到运用与改善。当然，这种方法也有可能重新解释其他一些数据。例如，Mak等学者（2009）的水疗与健康旅游动机研究，揭示了旅游动机中存在相同类型的重要性模式。在这个旅游动机理念不断发展的阶段中，旅游职业生涯模型确实符合一个好的动机理论应有的许多具体标准（动态的、多动机的、可测量的、综合性的、预测性），但其缺点在于，使用者需要处理一个相当长的动机列表。

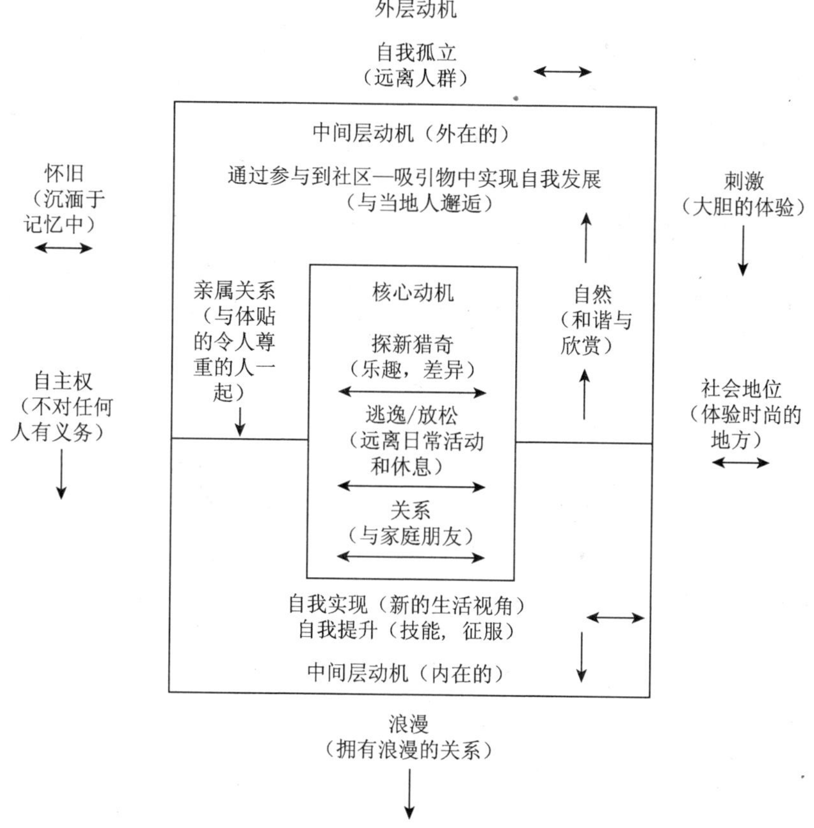

图 3－1　旅游职业生涯模型的核心结构

注：括号内是最重要的影响因素，箭头方向反映了旅游者的核心追求随着旅游体验的增长而发生变化。

五、更多的思考

除了以上所介绍的主要旅游动机研究，还有从其他信息源发展而来的一些当代观点，它们对本章的动机研究也相当有意义。其中，Bowen 和 Clarke（2009）对这些研究成果进行了回顾总结，他们所提出的观点既是一种评论，也对本研究提出了重要挑战。第一个要思考的问题是：从后现代的视角解释旅游者的行为与体验。其中，Urry（1990）是早期最清晰解释这种方法的学者之一，他指出，当代旅游的多样性与复杂性使旅游者具有丰富的体验选择。这种体验选择的膨胀，就像那些在消费者文化中不断变宽的选择一样，使旅游者成为一个容易动摇的消费者，其度假购买的方式实际上变得更加肤浅了。这个评论启示我们，现在越来越难将旅游者界定为一个动机清晰明确的群体，尤其是因为在整个度假体验甚至一次旅程中，旅游者的动机都可能不断发生变化，其他追随这种思潮的研究者也支持这个观点（Rojek and Urry，1997；Uriely，Yonai，and Simchai，2002）。这个观点确实很有说服力，减少了但还不至于完全破坏旅游动机理论的价值。后现代的观点仍然认为：旅游者由需要所激励，并且那些实证性研究与解释性研究都趋向于回到对“需要”的讨论上，而且这些需要与前面已讨论的需要非常相似。例如，Wickens（1992）提到，在希腊旅游的英国旅游者是由几种感觉状态所激励的；其中，逃逸、本体安全感（习惯的力量与舒适的水平）以及追求愉悦是核心的驱动力。此外，她还从后现代观点的角度总结出，旅游者也会走出大众旅游者的角色，虽然他们所购买的行程类型属于大众旅游者的特征，但也有一些旅游者关心当地社区，并追求当地社区中的特殊活动，而不是沉浸在享乐主义的快乐中。这种后现代的思想潮流，并未对诸如旅游职业生涯模型这些动机理论构成真正的挑战，但这些思想观点可以看作对动机模式转变的一种特殊的、具体的情境式评价。库尔特·温勒早在 70 年前就写道，他将会为情境式评价这样一种方法感到自豪。

第二个与旅游动机相关的问题是关于旅游者体验的分类问题。Erik Cohen（1979）所设计的体系为随后许多研究尤其是以色列研究者提供了一个分类框架（Maoz，2004，2005；Noy；2005；Uriely，2005）。科恩体系将旅游类型与旅游者的兴趣结合起来，形成了 5 个旅游者类型，分别是娱乐型、转移注意力型、试验型、体验型以及存在型。研究者大多关注能否使用“存在型”或其他类别来很好地描述如背包客（Maoz，2004；Noy，2004）那些特殊的旅游者子群。科恩分类体系已经产生了一定的影响力，但实际上，它像是对一系列的动机进行了一次先验因素分析，然后将这些动机与旅游者的特点联系在一起。Bowen 和 Clarke（2009）对它的持续有效性提出了质疑，因为这种分类方法过于宽泛，以至于它不能明确指导如何利用这些分类来理解或预测旅游行为的转变。也许，我们最好将它看作动机分析的一个捷径，以及社会学研究中的一个有用的框架，而不是把它放在旅游目的地管理的背景下接受严格的学术检验。

旅游动机分析中的其他问题和挑战也已得到确认。Bowen 和 Clarke（2009）再次强调，旅游者也许并不希望诚实，他们报告的只是为社会所接受的动机（Dann，1981）。一个设计良好的问卷和匿名回答方式也许能减少这些影响，但这种可能性依然存在。如果用双重或多重方式来评价动机，也许能有效降低其中的局限性。然而，我们也不能夸大问卷与调查材料的局限，尤其是研究者不应假定受访者的观点隐含着“虚伪意识”，否则将会出现问题。也就是说，如果作者认为他们所收集的数据所揭示的一组动机，实际上意味着别的东西（因为旅游者并不愿意表达他们的真实动机），那么，这种想法将会破坏社会科学研究的成果，因为这意味着它们几乎全都依赖于研究者的主观看法。事实上，我们可以通过另外一些定性与解释性材料来检验旅游动机，这种方式更清晰透明地揭示了他们的真实动机。例如，投射技术、旅游者的博客信息、旅游传记，甚至对某个旅游者群体的小说特写，这些材料都有助于我们从多种途径来了解旅游者的真实动机（Filep and Greenacre，2007；Pearce and Maoz，2008）。

在旅游动机问题上，我们还要深入思考那些妨碍人们实现需要的各种制约因素。例如，Fleischer 和 Pizam（2002）在研究旅游问题与以色列的年长者时发现，在一些约束变量的影响下，人们年龄的增长与旅游之间存在一种矛盾。虽然年长者可用于旅游的时间增多了，但他们的旅游需要却往往受健康状态以及逐渐出现的经济问题所约束。其他类型的旅游制约因素可能在个体的控制之外。例如，中国政府所出台的“黄金周”政策，实际上固定了大多数居民可利用的旅游时间（Chen，2010）。旅游者的直接社会圈子的影响是另一种外部影响约束形式。对许多人来说，其他人的度假需要与决策，可能会成为影响他们个人度假决策的决定性因素。如果只从个体的角度来研究旅游者对仅仅一个旅游目的地的度假决策，那么，我们对动机的认识就可能与社会网络对旅游者实际产生的影响不一致（Stewart and Vogt，1997）。

对于经济拮据的学生，以及那些以商业为导向的旅游目的地营销者来说，在这些动机分析当中缺少了一个重要的变量，那就是金钱。花费是怎么成为旅游动机的重要因素的呢？也许这个问题比我们以往所想的要简单得多，人们选择去哪里，是以他们的支付能力为基础的。显然，这也是一个需要重视的问题。学界对此有两种回应。第一，不同地方的度假花费确实各不相同，虽然这是旅游决策的一个关键问题——实际上是一个潜在的积极或约束性的拉力因素，但旅游者会在那些花费相近的度假选择中做出权衡。因此，上文所讨论的动机力量，加上这些拉力因素，就成了决定人们去哪里旅行的分化因素。第二种回应就更加细到汇率的问题了。经济学家的研究证明：汇率的上升与下跌，确实会对两个国家之间的旅游产生相应的影响（Crouch，1993；Morley，1994）。从这个角度来看，花费就变得相当重要，也是我们在应用动机理论进行旅游目的地选择与管理时需要考虑的一个问题。

六、旅游动机概念的应用

动机研究应用途径的多样性也是一个值得思考的问题。许多应用性研究主要侧重于旅游动机对大尺度或整个旅游目的地选择上的作用（通常混合了推拉的因素）（Kim and Lee，2002；Yoon and Uysal，2005）。这方面的研究至今仍很重要，但在旅游规划与管理中，它并不是动机理论与理念应用的唯一途径。动机研究还可应用于旅游目的地的游客现场行为管理。旅游目的地管理者可能会对个体如何利用一个主题公园、博物馆、城市空间、国家公园或者购物专区的设施与体验相当感兴趣（Moscardo *et al.*，1996）。此外，关于动机的观点还有助于拓宽我们对旅游与休闲业发展变化的理解。学界中已有不少研究对旅游动机的变化做出了深刻的思考与评论（Rojek and Urry，1997；Coleman and Crang，2002；Cohen，2004，2007；Bowen and Clarke，2009），本文在回顾这些动机理论的过程中所提出的观点，也对这样的公共讨论做出了重要贡献。

当应用动机理论中的概念与观点来研究旅游目的地选择时，需要注意几个关键点。首先，全面地考虑旅游动机的范围是很重要的。在旅游职业生涯模型研究中，我们已经确认了动机的多样化，这恰恰代表着研究的一个始点。如果只是从其他研究数据中抽取一小部分的动机，或一个关于需要的样本，那么，就很可能掌握不到那些驱动旅游者行为力量的复杂性与多样性。如果只看旅游者是否报告了他们的动机，也是不充分的；相反，我们还要评价这些动机需要的相对重要性。此外，还要考虑到旅游目的地的特征，这也相当具有挑战性。旅游目的地能够为游客提供丰富多样的活动与体验，但关键就在于旅游者是否相信这个旅游目的地在那个位置所表现的特征将会满足他们的需要。旅游者的目的地选择有点类似于个体带着他们的动机需要与偏好，满怀想象地纵身一跃，将自己投射到一个具有多元体验背景的旅游目的地中。此时，旅游者所可能经历的认知过程，就需要通过旅游目的地特征方面的问题来反映。这样，就形成了需要询问游客的问题：你有多喜欢该旅游目的地的这项活动/体验？这项活动/体验对你来说有多重要？你认为本次体验能满足你的关键需要吗？于是，评价这些活动/体验项目对个体的重要性与关联性，就成了询问过程的关键部分。

这种研究方法一般应用于一组具有明显的人口统计学特征的特殊旅游者群体中。这类群体可以是有充裕金钱旅行的年轻女性旅游者，又或者是美国旧金山中那些年长的、公开同性恋的居民。通过结构性提问、传记，以及严谨地检验他们的核心需要与旅游目的地关键特征之间的匹配程度等方式，可以跟踪这类群体的体验，展开一系列深度的案例分析，从而更深刻地理解旅游动机。这类案例研究通常由地方的产业需要所推动，因为大多数旅游目的地都会有一个它们所努力吸引的主要目标游客群体。目前，大多数动机理论应用研究主要使用定量的研究方法。这在今后仍是主流趋势，但除此之外，Klenosky（2002）所提出的方法，即建立在手段—目的技术基础上的分层询问法，以及 Filep 和 Greenacre（2007）提出利用定性的积极心理学框架来“形容你最美好的一天”等方法，也为动机理论的应用研究提供了更多的方法选择。此外，那些使用更多的视觉刺激与图像来表现旅游目的地体验的问题，还可能会提高受访者对旅游目的地特征的认识。

七、总结与结论

本章通过旅游动机分析明确了几个重要的观点。真实的旅游动机是一个推力因素，是驱动旅游行为的社会文化与生物力量之和。在动机研究领域中，一个好的理论或概念体系，应该具有动态性、多动机性、可测量性、综合性以及预测性等特征。在研究方法上，还必须是清晰透明的，但该领域的咨询研究并不总能符合这一要求。在学术领域中所提出的各种动机研究方法中，旅游职业生涯模型具有明显的优势，但各种方法各有长处，应该有选择地运用到应用研究里。旅游动机理论中的许多观点理念，都可以应用到旅游目的地选择以及旅游目的地的现场管理上，它们应进一步地应用到对当代社会旅游与休闲业演变的深刻分析中。关于如何利用本章所讨论的一系列旅游需要与模式，具体建议包括：强调全面地界定“需要”，以及将对潜在的旅游目的地的期望与旅游者的需要有目的地联系起来的重要性。在旅游者研究中，动机研究领域无论在研究方面还是应用方面都充满了机会，因为动机研究本身在其发展与应用过程中，就能满足很多方面的需要。

参考文献

Andreu, L., Kozak, M., Avci, N. and Cifter, N. (2005) Market segmentation by motivations to travel: British tourists visiting Turkey. *Journal of Travel and Tourism Marketing*, 19 (1), 1 - 14.

Belasco, J. (1981) *Americans on the Road.* MIT Press Cambridge, Mass.

Boring, E. G. (1950) *A History of Experimental Psychology*, (2nd ed). Appleton - Century - Crofts, New York.

Bowen, D. and Clarke, J. (2009) *Contemporary Tourist Behaviour.* CABI, Wallingford, Oxon.

Casson, L. (1974) *Travel in the Ancient World.* Allen and Unwin, London.

Chen, T. (2010) *Tourism Seasonality and China's Golden Weeks.* Unpublished PhD dissertation James Cook University, Townsville.

Cohen, E. (1979) Rethinking the sociology of tourism. *Annals of Tourism Research*, 6 (1), 18 - 35.

Cohen, E. (2004) Backpacking: diversity and change. In G. Richards, and J. Wilson (eds) *The Global Nomad.* Channel View, Clevedon, pp. 43 - 59.

Coleman, S. and Crang, M. (2002) *Tourism. Between Place and Performance.* Beryhahn Books, Oxford.

Crompton, J. (1979) Motivations for pleasure vacation. *Annals of Tourism Research*, 6 (1), 408 - 424.

Crouch, G. I. (1993) Currency exchange rates and the demand for international tourism. *Journal of Tourism Studies*, 4 (2), 45 - 53.

Dann, G. (1977) Anomie ego - enhancement and tourism. *Annals of Tourism Research*, 4 (4), 184 - 194.

Dann, G. (1981) Tourist motivation: an appraisal. *Annals of Tourism Research*, 8 (2), 187 - 219.

Dawkins, R. (2009) *The Greatest Show on Earth. The Evidence for Evolution.* Bantam Press, London.

De Botton, A. (2002) *The Art of Travel.* Penguin, London.

De Botton, A. (2009) *A Week at the Airport A Heathrow Diary.* Profile, London.

Filep, S. and Greenacre, L. (2007) Evaluating and extending the travel career patterns model. *Tourism Analysis*, 55 (1), 23 - 38.

Fleischer, A. and Pizam, A. (2002) Tourism constraints among Israeli seniors. *Annals of Tourism Researc*, 29 (1), 106 - 125.

Grayling, A. C. (2005) *The Heart of Things. Applying Philosophy to the Twenty First Century* Phoenix, London.

Greene, J. O. (1994) What sort of terms ought theories of human action incorporate? *Communication Studies*, 45 (2), 187 - 211.

Harris, D. (2005) *Key Concepts in Leisure Studies.* Sage, London.

Hsu, C. H. C. and Huang, S. (2008) Travel motivation: a critical review of the concept's development. In A. Woodside and D. Martin (eds) *Tourism Management Analysis, Behaviour and Strategy.* CABI, Wallingford, Oxon, pp. 14 - 27.

Iso - Ahola, S. E. (1980) *The Social Psychology of Leisure and Recreation.* Dubuque, IA: Brown.

Kim, S. and Lee, C. (2002) Push and pull relationships *Annals of Tourism Research*, 29 (1), 257 - 260.

Kim, Y. J. (Edward), Pearce, P. L., Morrison, A. M., and O'Leary, J. T. (1996) Mature vs. youth travelers: The Korean market. *Asia Pacific Journal of Tourism Research* 1 (1), 102 - 112.

Klenosky, D. B. (2002) The "Pull" of tourism destinations: a means - ends investigation. *Journal of Travel Research* 40 (4), 385 - 395.

Kozak, M. (2001) A critical review of approaches to measure satisfaction with tourist destinations In

J. A. Mazanec, G. Crouch, J. R. Brent Ritchie and A. Woodside (eds) *Consumer Psychology of Tourism Hospitality and Leisure Volume* 2. CABI Publishing, Wallingford, Oxon, pp. 303 – 320.

Mannell, R. C. , and Iso – Ahola, S. E. (1987) Psychological nature of leisure and tourism experience. *Annals of Tourism Research*, 1 (4), 314 – 331.

Mak, A. , Wong, K. and Chang, R. (2009) Health or self – indulgence? The motivations and characteristics of spa – goers *International Journal of Tourism Research* 1 (1), 185 – 199.

Mansfeld, Y. (1992) From motivation to actual travel. *Annals of Tourism Research*, 1 (9), 399 – 419.

Maoz, D. (2004) The conquerors and the settlers: two groups of young Israeli backpackers in India. In G. Richards, and J. Wilson (eds) *The Global Nom.* Channel View, Clevedon, pp. 109 – 122.

Maoz, D. (2005) Young Adult Israeli Backpackers in India. In C. Noy and E. Cohen, (eds) *Israeli Backpackers: From Tourism to Rite of Passage.* State University of New York Press, New York, pp. 159 – 188.

McKercher, B. (2005) Are psychographics predictors of destination life cycles? *Journal of Travel and Tourism Marketing*, 19 (1), 49 – 55.

Morley, C. L. (1994) Experimental destination choice analysis. *Annals of Tourism Research*, 21 (4), 780 – 791.

Moscardo, G. , Morrison, A. M. , Pearce, P. L. , Lang, C. T. and O'Leary, J. T. (1996) Understanding vacation destination choice through travel motivation and activities. *Journal of Vacation Marketing* 2 (2), 109 – 122.

Murphy, P. and Murphy, A. (2004) *Strategic Management for Tourism Communities: Bridging the Gaps.* Channel View Publications, Clevedon.

Noy, C. (2004) This trip really changed me. Backpackers' narratives of self – change. *Annals of Tourism Research*, 3 (1), 78 – 102.

Noy, C. (2005) Israeli backpackers: Narrative, interpersonal communication, and social construction. In C. Noy, and E. Cohen (eds) *Israeli Backpackers.* State University of New York, New York, pp. 111 – 152.

Pearce, P. L. (1982) *The Social Psychology of Tourist Behaviour.* Pergamon, Oxford.

Pearce, P. L. (1988) *The Ulysses Factor: Evaluating Visitors in Tourist Settings.* Springer Verlag New York.

Pearce, P. L. (1993) . Fundamentals of tourist motivation. In D. Pearce and R. Butler (eds) *Tourism Research: Critiques and Challenges.* Rutledge and Kegan Paul, London, pp. 85 – 105.

Pearce, P. L. (2005) . *Tourist Behaviour: Themes and Conceptual Schemes.* Channel View, Clevedon, UK.

Pearce, P. L. and Lee, U. (2005) Developing the travel career approach to tourist motivation. *Journal of Travel Research*, 4 (3), 226 – 237.

Pearce, P. L. and Maoz, D. (2008) Novel insights into the identity changes among backpackers. *Tourism Culture and Communication*, 8, 27 – 43.

Pearce, P. L. , Morrison, A. and Rutledge, J. (1998) *Tourism: Bridges Across Continents.* McGraw – Hill, Sydney, Australia.

Pike, K. L. (1966) *Language in Relation to a Unified Theory of the Structure of Human Behaviour.* Mouton, The Hague.

Pizam, A. , Neumann, Y. and Reichel, A. (1979) Tourist satisfaction uses and misuses. *Annals of Tourism Research*, 6 (2), 195 – 197.

Plog, S. C. (1974) Why destinations rise and fall in popularity. *Cornell Hotel and Restaurant Quarterly*, 14 (4),

55 – 58.

Plog, S. (1987) Understanding psychographics in tourism research. In J. R. B. Ritchie and C. Goeldner (eds) Travel Tourism and Hospitality Research. Wiley, New York, pp. 203 – 214.

Plog, S. (1991) *Leisure Travel: Making it a Growth Market … Again!* Wiley, New York.

Plog, S. (2001) Why destinations rise and fall in popularity; an update of a Cornell quarterly classic. *Cornell Hotel and Restaurant Quarterly*, 42 (3), 13 – 24.

Rojek, C. and J. Urry (1997) *Touring Cultures: Transformations of Travel and Theory.* (eds) Routledge, London.

Ryan, C. (1995) *Researching Tourist Satisfaction: Issues, Concepts, Problems.* Routledge, London.

Ryan, C. (1998) The travel career ladder: an appraisal. *Annals of Tourism Research*, 25 (4), 936 – 957.

Smith, S. (1990) A test of Plog's allocentric/psychocentric model: evidence from seven nations *Journal of Travel Research*, 28 (4), 40 – 43.

Stewart, S. I. and Vogt, C. A. (1997) Multi – destination trip patterns. *Annals of Tourism Research*, 24 (2), 458 – 460.

Tribe, J. (2009) Philosophical issues in Tourism in J. Tribe (eds) *Philosophical Issues in Tourism* Channel View, Bristol, pp. 3 – 22.

Uriely, N. (2005) The tourist experience: conceptual developments. *Annals of Tourism Research*, 32 (1), 199 – 216.

Uriely, N., Yonai, Y. and Simchai, D. (2002) Backpacking experiences – a type and form analysis. *Annals of Tourism Research*, 29 (2), 520 – 538.

Urry, J. (1990) *The Tourist Gaze: Leisure and Travel in Contemporary Societies.* Sage, London.

Wickens, E. (2002) The sacred and the profane: a tourist typology. *Annals of Tourism Research*, 29 (3), 834 – 851.

Yoon, Y and Uysal, M. (2005) An examination of the effects of motivation and satisfaction on destination loyalty: a structural mode. *Tourism Management*, 26 (1), 45 – 56.

Young, G. (1973). *Tourism, Blessing or Blight?* Penguin, Harmondsworth.

第 4 章 旅游者决策：经验主义者的视角

一、旅游者决策：永无止境的旅程

> 来自德国伯恩的 Helmut 与 Helga 正准备他们的第一次夏威夷之行。Helmut 是一位专业科学家（物理学博士），Helga 是一位全职家庭主妇。在他们看来，夏威夷岛是度蜜月的第二个最佳旅游胜地，他们计划在那里的欧胡岛和考爱岛度过三周的假期。然而，由于旅途遥远，他们乘坐头等舱飞往夏威夷途中，在美国加州停留了几天。在整个度假期间，考虑到不打算在房间待上太长时间，这对夫妇选择住在三星级饭店中。从以上描述中可以看到，这对夫妇的许多度假决策看起来都相当简单与寻常。

像其他许多旅游组织一样，夏威夷的商务经济和旅游发展部（2008）也收集了大量如上文所描述的信息。每一年，它都会报告游客行为的总体特征及其他重要数据，然而，就算是经验丰富的研究员，也难免会遗漏那些影响诸如那对夫妇的决策过程的潜在因素。这对夫妇是如何进行度假决策的呢？什么因素影响了他们选择夏威夷旅游的决策？为什么他们不选择像伊维萨，或加那利群岛，又或者塞舌尔这些相似的旅游目的地呢？他们到达夏威夷后，什么又会影响他们的现场决策呢？在整个旅游过程中，旅游者的休闲旅游行为将会受到诸多背景因素的影响，如以往的旅游体验以及外部刺激。近几十年来，关于旅游者决策的实证研究主要使用传统的演绎方法来理解旅游者的目的地选择决策，这些方法尽管有用，但仍未对这些问题给出令人满意的答案。在整个旅途中，旅游者需要不断地做出各种决策，这表明，消费者研究中的消费漏斗模型不能反映一次旅程的复杂性。旅游者自身的背景，及其意识与潜意识的内部信息检索与处理，共同影响着旅游者的现场决策与行为。

本章采用经验主义的理论与方法来克服客观限制（如只观察到一种现实）和主观限制（如不存在任何现实）（Lakoff and Johnson，1980）。经验主义者的立场提供了一种可以同时解决这两个问题的方法（Lakoff and Johnson，1980，p. 229）。扎根理论方法可以使研究者在特定使用背景下建立并修正关系命题，并观察人们的行为（Glaser and Strauss，1967；Decrop and Snelders，2005）。研究者可以从对现场游客的提问与观察中收集数据并构建理论。其中，McCracken（1988）所提出的现场访谈法提供了一种可以有效收集大量详细的信息数据的工具。

考虑到非结构化访谈法是一种散乱且非线性的数据收集方法，而结果的汇报需要一定的结构，因此，本章采用了 Mintzberg 等学者（1976）以及 Woodside 和 MacDonald（2004）的非结构与半结构化决策模型来解释旅游者的决策过程。最后所得到的经验主义模型，反映了旅游者如何将复杂的决策，分解成一个个易于控制的决策模块，这样，我们就可以勾勒出一个旅游者的旅程决策规划过程了。将对 Helmut 和 Helga 的访问资料加以结构化，旅游理论家与战略家就可以了解到以往的旅行经历以及现场环境与完形心理对旅游者决策的影响。

现场环境影响通常包括从“环境→潜意识思维→行为→意识思维流”这样的过程，而完形心理则是潜意识思维与意识思维混合进行的过程，也就是系统 1 与系统 2 思维模式的组合，但在特定情况下，往往是其中一种思维模式主导着行为的过程（Evans，2003）。在情绪程度极高或极低的情况，潜意识思维对意识思维的主导作用都会得到增强（Wegner，2002）。“我为什么那样做?”以及“我做了什么?”都是自省类问题，是典型的情境事后行为中的主观个人内省，是决策者在尝试用系统 2 思维去解释之前系统 1 思维所主导的行为。本章的独特贡献就在于：主要从系统 1 思维模式以及系统 1 与系统 2 思维模式的组合这两个角度来构建理论和验证现场数据。

Decrop 和 Snelder（2005）对度假决策类型的开创性扎根研究体现了本章所提出的经验立场。他们根据决策类型（如习惯型、理性型、享乐型、投机型、约束型以及适应型）提出了度假者类型。这种分类方法具有明显的营销优势，但本章的主要目的在于通过案例说明这种度假决策方法的发展过程。

二、决策过程

不同学科背景的学者构建了各种决策模型，它们都有助于解释旅游者的决策过程（Sirakaya and Woodside，2005）。这些消费者行为模型对旅游决策研究有一定的影响，然而，它们主要适用于耐用商品而不是像旅游这种服务性产品的购买研究（Nicosia，1966；Engel，Kollat，and Blackwell，1968；Howard and Sheth，1969）。Gilbert（1991）总结了这类研究的 6 个共同点：

· 消费者行为是一个持续决策的过程；

· 强调消费者个体；

· 行为是理性或功利的，可被解释；

· 买家会积极搜索、评估和储存信息；

· 缩小所收集信息范围以做出选择；

· 最终消费会对未来消费产生影响。

这是站在理性的立场来研究消费者选择，认为决策者能够辨认出一个未来选择所可能出现的结果，并选择其中最好的决策来解决其所面临的问题，或使利益最大化。消费者信息处理步骤需要从参照群体或符号刺激中获得有效投入（Howard and Sheth，1969）。在日常消费或惯常消费中，由于“自动性”（又称为启发性），一些步骤直接被跳过，消费者因此比较容易做出最终决策。此外，消费者在决策过程中的任意一点上都可能会被扰乱。例如，当消费者请汽车修理工修理家庭轿车时，发现需要更换变速器，这样，他就得推迟度假计划了。

有学者指出这种理性选择理论的根本缺陷（Wegner，2002；Wilson，2002）。例如，理性选择理论假设，决策者能够得到所有相关的信息，并且能利用一些规则来评估这些信息。此外，当前和未来的外部刺激不会影响决策者的选择及其目标评估。然而，与理性选择理论过程相比，消费者的实际决策并不总是那么深思熟虑。例如，Zajonic（1980）认为，“我们可能在准确认识一些东西之前，甚至在对它们一无所知的情况下，就已经喜欢或害怕这些东西。”也许，潜意识思维是决策的一个关键过程，大多数决策都可能受到潜意识思维的影响（Bargh，2002）。

与理性选择理论相对应，建构主义选择理论应用了信息处理捷径而不是“无所不知的理性”来研究决策（Bettman，Luce，and Payne，1998）。建构主义选择理论肯定了潜意识信息处理方式对决策的影响，然而，学界对潜意识思维的影响研究相对还处于空白阶段。选择策略包括对信息的认知加工，或涉及有限的信息与明确的想法。决策者则在认知努力与选择精确性之间取得平衡，同时，在做出选择的过程中也会考虑到自身的欲望，或避免最终结果所带来的负面感受（Oppenhuisen and Sikkel, 2003）。潜意识的启发性处理过程将创造的是一种自发性选择，而不是出于对目标或偏好的计划性追求。

认识个体所处的环境是生态系统理论的基础，有助于我们理解个体的选择与行为（Raymore, 2002；Mathur and Moschis, 2005）。这种方法结合了“个体、其他个体与社会结构之间的互动过程来解释人类的发展”（Raymore, 2002）。那么，人们在他们的生活背景下是如何发生互动的呢？我们必须考虑到个体的环境约束才能充分理解人类行为。Allen（2002）结合建构主义选择理论与生态系统理论，提出了“FLAG 模型”，将受访者的生活经验描述成“因果历史波”。

构建旅游者决策模型是一个极其复杂的过程，因为旅游者以往的旅游体验以及在“语境中”的现场都会影响决策的过程。理性约束和享乐欲望以及各种内在与外在的元素也会影响决策者。决策可能是认知性的，需要经过充分的计划与选择衡量；又或者是本能的，因为旅游者通过感觉认定它是对的。休闲旅行还包括持续的高参与购买决策，使旅游者的决策过程具有了动态性。旅游者一旦到达目的地，就会有更多内在与外在的变量影响其决策过程。

经验主义立场提出了这样的命题，即决策者是根据“系统 1 思维→旅程前行动→系统 2 思维→行动与系统 1 思维的现场组合→系统 2 思维”的思维流变化来选择不同的决策模型。不存在一个能够适用于所有决策的模型，否则将是不切实际的。因此，构建休闲旅游决策模型需要脱离传统的消费者决策漏斗，因为旅行决策与行为都是动态的——它们是包括了反馈回路的“流”，并因此形成一个永无止境的过程。构建一个简化的旅游决策模型将对营销具有战略性的启示意义。

三、旅游者决策动力

解释型研究者在收集实地数据过程中，可能会发现主位（旅行参与者）也会对其自身的旅程做出解释与结论，这时，研究者需要从自身（客位）的角度明确地总结这些解释与结论。广义的“主—客位命题”有助于采访者在现场通过诱导性的方法对受访者产生影响。溯因推理使研究者可以从案例的规则—结果中进行推理（Holbrook and Grayson，1986；Mick，1986）。例如，有一个日本家庭，他们必须在两种度假选择间做出决策；要么在夏威夷大岛上度过 6 天，要么拿出其中 3 天在瓦胡岛上度假。由于妻子以前参观过两个岛，她鼓动大家在大岛上度过整个假期，这样，儿子就有足够的时间去看火山熔岩流与观星。然而，丈夫与儿子都没有去过夏威夷，他们希望能游览更多的岛屿。在现场访谈中，这个家庭报告了他们在敲定行程计划之前，对游览线路从争议到协商一致的过程（Martin，2010），其中，他们明显表露出系统 1 与系统 2 思维链。

学界关于旅游者购买消费系统的研究，反映了潜意识思维与生态系统理论如何影响了消费者的决策（Woodside and Dubelaar，2002；Woodside and King，2001；Woodside and Martin，2008）。例如，Woodside 和 King（2001）研究了政策和定位决策，但在个体参观层面上还缺乏深度研究。Wood 和 Dubelaar（2002）通过二元分析描述了特定的旅游目的地行为，但仍未在个体层面上揭示完整的决策及其变化流动过程。Woodside 等学者（2004）在深度访谈的基础上，详细论证了旅游目的地中复杂的旅游者行为，及其如何进一步影响旅游者的思维与行动。这些结果表明，在做出实际的旅程决策之前，决策过程就已经开始了，并持续至旅程结束为止。图 4－1 展示了 9 个关于旅行决策与行为流过程的问题；这些问题的焦点在于旅游目的地选择，包括执行决策的过程与结果。图 4－1 还提供了一个全面涵盖各种深度访谈主题的模板。这种民族志的方法建立了一个最小结构，使其他评论者在进入这个领域之前，无须再苦恼于如何建立一个明确的命题关系假设。箭头代表试探性命题，与其紧接着指向的一般问题相关。以下描述是对每一个命题的说明。

命题 1（P_1）（图 4－1 中的框 1～2）提出了人口和生活方式的差异将影响旅游者的休闲决策（Hsu，Cai，and Wong，2007）。该命题认为：在决策过程中，与家庭相关的变量和与个体相关的因素是相互影响的（Van Raaij and Francken，1984）。命题 2（P_2）提出：意料之外或计划外的事件可能会影响休闲决策。例如，一部流行韩剧如果在日本放映，很可能会引发人们关于参观韩国的想法。这样，电视节目成了一个催化剂，促使人们收集信息，或形成参观一个特定旅游目的地的需要（Kim *et al.*，2007）。电视节目代表了参观韩国的一个必要但非充分的旅游动机，而信息就储存在观看者的记忆中，以备未来潜意识的记忆检索之用。

命题 3（P_3）陈述影响个体休闲决策的外部与内部影响。例如，一对纽约夫妇在过去 10 年中一直听儿子说到夏威夷大岛，于是决定亲自去看看他们到底错过了什么风景。在另一个案例中，许多日本人认为夏威夷是一个度蜜月的传统胜地，因此，当一对日本情侣决定结婚时，夏威夷成了他们度蜜月目的地选择中的一部分（Woodside and Martin, 2008）。外部刺激有时也会起某种中介作用，且具有强烈的影响。命题4（P_4）假定：那些有助于休闲决策的产品特征与可能的利益会影响旅游者的目的地选择。Woodside 和 Lysonski（1989）发现，长期的记忆信息转换成工作记忆后，会潜在地影响旅程决策。例如，参观夏威夷大岛上的一个咖啡种植园，将打破一个日本家庭在参观瓦胡岛与夏威夷大岛之间的选择平衡（Martin, 2010）。

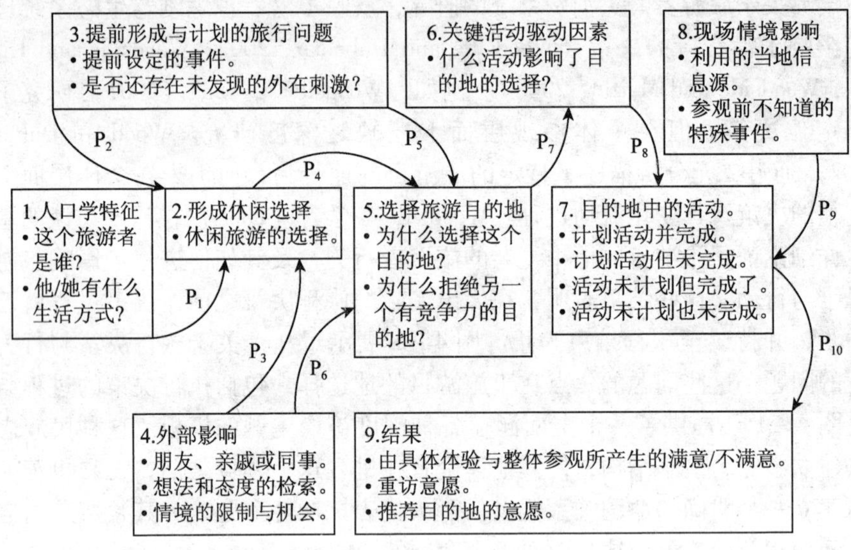

图4－1　理论地图（改自 Woodside *et al.*，2004；March and Woodside，2005）

命题5（P_5）提出，在设计与计划行程中所收集的信息会影响旅程的选择过程。意识和潜意识记忆检索，都会促进旅游者形成一个认知决策或直觉决策。当潜意识记忆检索发生时，受访者通常找不到理由或无法解释他们的直觉决策。对此他们一般简单地报告："只是感觉那是对的。"（Allen, 2002）社会力量也会强烈影响旅游决策，尤其是参照群体、社会阶层和文化的力量(Moutinho, 1987)。命题6（P_6）提出，社会力量将影响旅游者选择或拒绝一个旅游目的地的替代品（Hsu，Kang，and Lam, 2006）。

活动驱动因素包括参观一个特定旅游目的地的具体计划与旅程的前期行动(如预订)。命题7（P_7）提出，这些关键的活动驱动因素将会巩固旅游目的地的选择。Woodside 和 Martin（2008）认为，活动驱动因素是一系列必须完美排列的临界点。例如，假设一个男人拥有两周的旅游时间，但只有当妻子的雇主也允许她在同样的时间段里度假，并且这对夫妇能够在他们的航空里程中赎回一张免费的飞机票时，他们才有可能去旅行。每一件事情都必须完美地排列好，否则，这对夫妇就只能待在家里了。

命题 8（P_8）认为，关键的活动驱动因素将影响游客在旅游目的地中已计划好的以及已完成的活动。命题 8 是从游客非结构化决策过程的第三个阶段开始发生（March and Woodside，2005；Martin，2010）。命题 9（P_9）提出，游客在参观过程中会对事件进行解释并改变计划。例如，一个家庭租借了一辆标准汽车去观星，然而，当他们走到陡峭的山路时才发现他们需要一辆全山地型汽车。回到旅馆，那位失望的妻子发现了一本旅游指南，上面恰好有一个观星之旅的广告（Martin and Woodside，2008）。

最后，命题 10（P_{10}）总结出，这段产生了特定结果的旅游体验，将成为一段美好或糟糕的旅程经历（Frazer，1991）。先前积极购买体验，将会促进以后的购买行为以及向他人推荐的行为。Bigné 等学者（2001）认为，我们还不能从游客感知与总体满意度中很好地预见游客的忠诚度，因为来自朋辈的影响也会影响游客的行为。

四、旅游决策的动力模型理论

在整个决策过程中，包括在旅程本身的现场环境中，旅游者的决策是复杂多变的，他们还常常因投机取巧而偏离计划。已有研究表明，旅游决策是一个动态与非结构化的过程。为了不至于埋没在各种决策与选择中，旅游者通常把决策分解成一个个更小、更熟悉的决定，为旅程计划创建一个个子程序。例如，把一次旅程划分成旅游目的地选择、交通、住宿、核心活动以及应急活动等子部分。这种划分方式有点类似于组织在做一些特殊的决策时所使用的流程，两者的主要区别在于：已有休闲旅游模型能够解释那些影响旅行决策的意识/潜意识的动态个人因素。

Mintzberg 等学者（1976）提出的非结构化决策模型反映了组织在没有经验的领域中做决策时可能采用的过程。该模型将决策分解为三个主要阶段——识别、发展和选择。在识别阶段之后，就可以制定熟悉的中心日常事务。通过应用这些熟悉的可相互替换的日常事务，可以减少决策的复杂性。然而，这个模型比旅行计划需要更多的子程序，因为企业和其他组织会涉及更多的利益相关者群体，而旅游决策往往只涉及2~3个关键决策者，因此需要的子程序更少。

图4－2展示了两种不同的休闲旅游决策模型，一个是Mintzberg等学者(1976)的非结构化决策模型，一个是Woodside和MacDonald（1996）的半结构化决策模型，其中还包括了图4－2所编号的各个活动框。阶段一代表旅游目的地选择的基础。该子程序结合了人口统计学特征、基于意识与潜意识记忆的事前计划以及外部影响等因素来制定旅游目的地选择的标准。一旦确定了标准，阶段二就开始了。

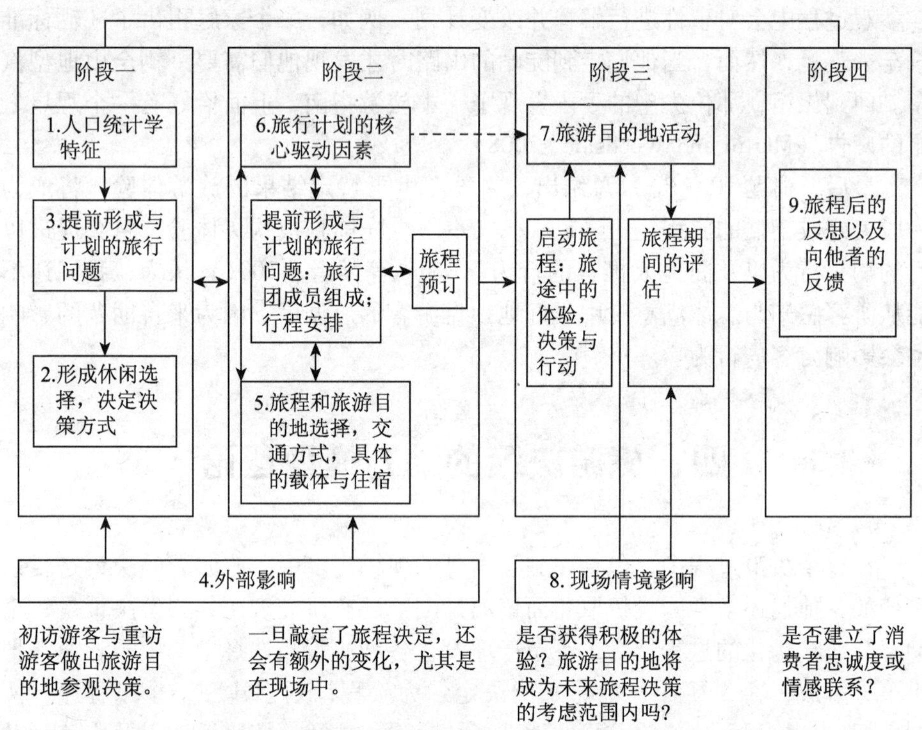

图4－2　旅行决策的非结构化－结构化过程模型

（部分改自Woodside and MacDonald，1994）

在阶段二，关键的活动驱动因素（如预算或时间约束）有助于评估其他可替代的旅游目的地选择。如果子程序里的元素能够完美地排列，那么旅游者就会预订旅程。当旅程开始时，阶段三也随之开始。如果活动驱动因素不能完美地排列，旅游者就要返回到阶段一，并重复第一个子程序。在先前的一个例子中，如果丈夫和妻子都获得了共同的度假时间，但飞机常客里程不能在此期间的两周内兑现。由于一个临界点未能得到满足，这对夫妇又得返回到第一个决策阶段中。阶段三发生在实际度假期间，且将是一个动态的过程，因为额外的刺激将会创造一些新的机会，也会消除其他机会。例如，一对度蜜月的夫妇由于在途中丢失了一件行李，导致第一个晚上不能在度假地中的豪华餐厅用餐，但同时他们又很意外地发现了一家气氛随意又别致高雅的餐厅。

最后，阶段四是一个自我反省的过程。这一阶段的旅程评估将会影响下一次旅行计划过程的第一个阶段。意识或潜意识储存起来的体验，将有助于制定下一次旅程的标准。然而，令人惊讶的是，这些记忆并不是静态的。Zaltman（2003）总结道：记忆是动态的，并且有各种不同的诠释。记忆可能以故事的形式储存下来，记忆碎片根据不同的情境又重新以不同的形式拼凑到一起（Shank，1990）。同时，记忆也成了一个参照群体旅程计划的外部影响。旅游目的地的忠诚度以及旅游者对参照群体成员的影响，是旅游目的地发展的关键因素。另外，每一次旅程决策在各个阶段中都是动态变化的。例如，旅游者的需要将随着年龄的增长及其孩子的长大而发生变化。

五、运用扎根理论进行深入挖掘

如要探究这些核心问题的根源，就需要继续深入探讨旅游者行为。一些旅游研究者提议采用存在主义现象学的方法（Pollio，Henley，and Thompson，1997），他们认为这是一种强大的调查工具，同时，他们对那些没有得到数据支撑的理论方法的可靠性提出了质疑（Phillimore and Goodson，2004；Hollinshead and Jamal，2007）。存在主义现象学的调查方法强调观察和探讨受访者制订计划过程的重要性。这样将散乱和非线性的数据拼凑起来，从而找出问题的解决方案（Denzin and Lincoln，1998）。

扎根理论是解释旅游者经验的一种常用的存在主义现象学的方法。扎根理论研究通常包括现场观察以及研究者对受访者的面对面提问。然后，研究者全面详细地记录整个过程，其中包括分别从主位与客位的角度解释受访者所报告的旅游体验与计划。“从系统内（对参与者有利的角度）来研究行为，就会形成主位观点”（Pike，1967）。游客的主位陈述是对其旅行动机与行为的观点与见解（Pike 1967，1990；Harris，1976；Huto，2008）。

然而，仅凭主位解释很难从本质上掌握到更宏观的社会问题（Harris，1990）。“客位观点从一个特定系统的外部来研究行为”，这对于我们理解一个陌生的系统是极其重要的（Pike，1967）。客位研究也会对行为流产生不同的见解（Arnould and Price，1993；Belk and Costa，1998）。客位与主位的数据分析，为研究者理解旅游体验的复杂性及其细微的变化提供了一个强大的方法（Glazer and Strauss，1967；Corbin and Strauss，1990）。研究者所做的记录往往全面且翔实，能够综合旅游者对他们自身旅程前与旅程中的行为解释，因而能够形成完形或立体的观点（Pike，1967，p. 41；Hollinshead and Jamal，2007）。

六、数据收集方法

McCracken（1988）的深度访谈法主要运用结构松散的问题以及探索性的后续问题来收集数据。对于旅游研究而言，提问需要能够揭示游客在整个旅程中的决策过程、结果以及感觉背后所隐藏的依据。当访谈期间出现一些意料之外的问题或体验时，训练良好的访谈者就会继续询问探索性的或者后续性的问题（Hsu *et al.*，2007）。现场访谈允许在分析过程中出现反身性（Hall，2004）。在人类学研究领域中，现场访谈通常长达 60 ~ 90 分钟。McCracken（1988）提出至少要进行 5 个访谈，但对于具体的访谈数量就存在一些主观性了。在访谈过程中，当那些重要的主题不断呈现出来时，我们才能够收集到充分的数据。

关于访谈的地点与情境，我们应该在那些“最有机会收集到最相关调查现象数据”的位置与情境下开展访谈（Stauss and Corbin，1998）。合适的访谈地点包括饭店的休闲区、高端的游客购物中心以及公共休闲区。合适的样本选择包括那些在相似性与差异性方面都尽可能最大化的旅游者，例如，可以根据年龄、性别、国籍和现场活动等变量来选择样本。初访游客以及重访游客都可以采访，但对于初访游客，应尽量在他们的旅程结束时才进行采访。

在正式采访前，可以通过询问一般性问题（general questions）来筛选合适且愿意参加访谈的游客。在 Helmut 和 Helga 的访谈中，有以下几个需要询问的问题：人口统计信息；旅程前的计划与信息来源；要参加的活动和参观的旅游目的地——计划内和计划外的；关于航班、住宿和陆地交通的问题；以及对旅游体验的整体印象。为了预防访谈结果有患“近视症”的可能，应该由没有参与具体访谈的研究者来对结果进行分析与解释。此外，每一个受访者的访谈过程都应该有翔实的记录说明。

七、揭秘 Helmut 和 Helga

Helmut 和 Helga 是在凯鲁瓦－柯纳市中心的大岛饭店池畔接受采访的。访谈进行了 60 分钟，且两人在访谈中的参与度是相等的。图 4－3 揭示了 Helmut 和 Helga 的休闲旅游决策过程。

这对夫妇有三个孩子（分别是 17 岁、18 岁和 21 岁）。这也是他们第一次不再需要监护孩子的一次旅行。在旅行期间，这对夫妇每天都会给孩子打电话。为了安全起见，他们还特意将瓦胡岛作为旅程中的最后一站，以防发生紧急情况时，他们能够尽快回家。

Helmut 考虑这次旅行至少花了 20 年。作为一名科学家，他对火山非常着迷。历年来关于夏威夷火山的新消息，他都有意识或潜意识地储存在记忆中。渐渐地，他开始迷恋于观看夏威夷熔岩流。为了使这次旅程得以实现，Helmut 在三角洲频繁往返飞行中积累了超过 20 年的里程积分。这对夫妇确实很有经济头脑，所以这次旅行的一个必要条件就是：能够为头等舱机票积累足够的里程奖励。进一步证明他们这种节俭心态的证据就是，他们在旅程中选择入住二星与三星级饭店。在 20 年的等待期间，里程积分也可能鼓励 Helmut 和 Helga 考虑其他的旅程选择（如进入阶段二）；然而，这些同样诱人的选择并没有完美地排列好。于是，旅行的决定一直被搁置到里程奖励充足，同时孩子们也都足够大的时候。一旦必要的条件都满足了，旅行计划就开始了。

对于 Helga 来说，有两个必要的额外旅行条件：第一，他们必须坐头等舱旅行。因为旅程从德国出发，飞行时间太长，她希望能放松地到达目的地。第二，航班必须在美国大陆中途停留。虽然她支持 Helmut 的梦想，但这种妥协暗示了妻子并没有像丈夫那样热衷于火山，但她以前从未到过美国，如果可能的话，Helga 也想参观其他国家。为了安抚 Helga，Helmut 预订停留在圣迭戈的机票，并承诺在墨西哥旅行一天。另外，他们通过互联网来预订饭店和租赁汽车，从而尽可能获得最低的价格。

这对夫妇虽然在这 20 多年里一直梦想着去夏威夷，却没有花时间收集这个旅游目的地的信息。在到达夏威夷之前，他们还没有提前阅读夏威夷的旅游书籍或宣传手册。通过媒体和电影投射的形象，Helmut 对夏威夷的印象只停留在如明信片一般的风景。他期待随处可见的白沙滩、棕榈树和平静翻滚的海浪。然而，让 Helmut 感到失望的是，夏威夷岛的海岸线大多是粗糙的熔岩，上面很少有或没有植物。此外，海洋强大的暗流使得那些游泳经验不足的游客受到了极大的约束。

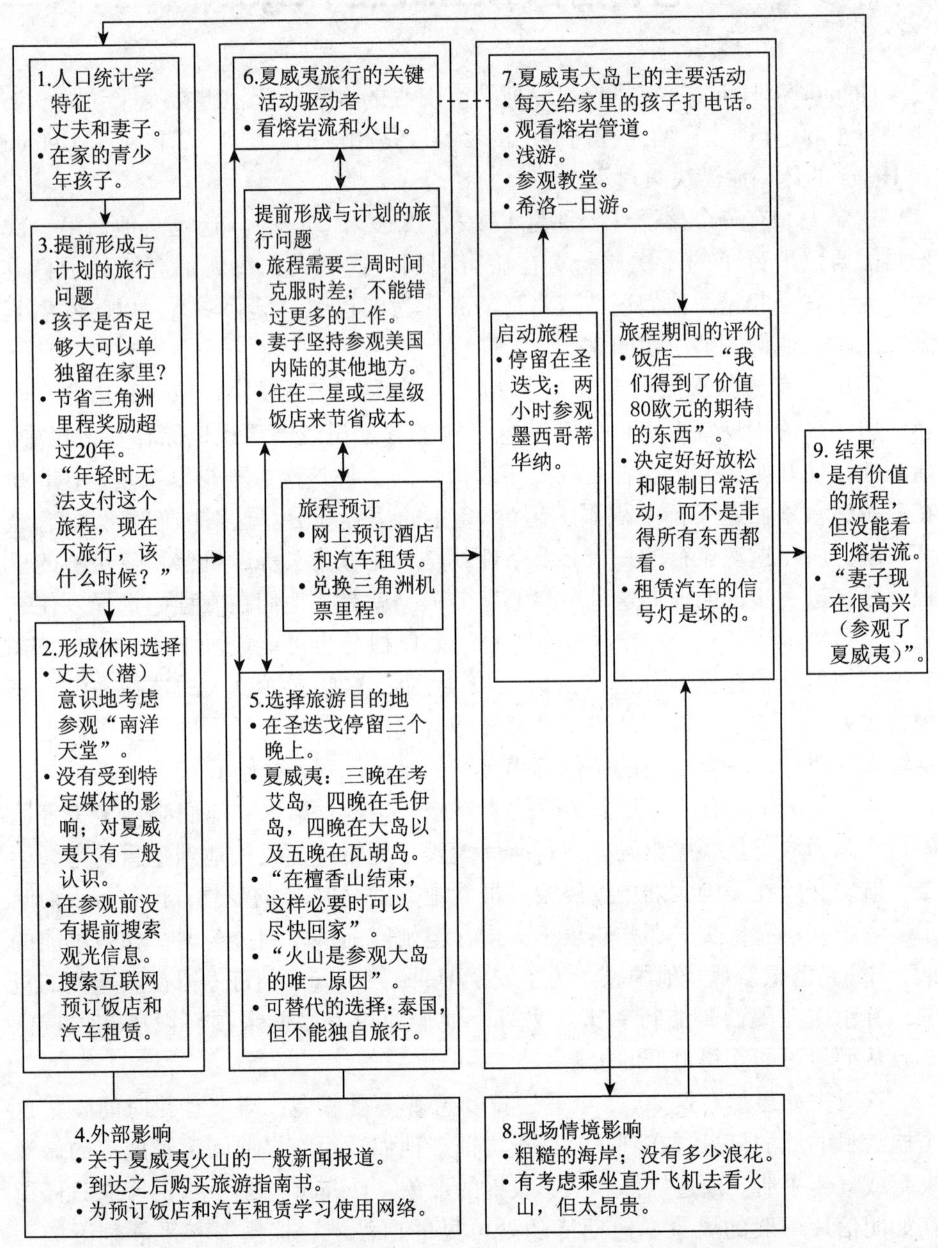

图4－3　Helmut 和 Helga 旅行决策的非结构化过程

令人讶异的是，Helmut 没有得到观看熔岩流的机会，然而，这是他参观夏威夷大岛的主要原因。他原本租了一辆汽车，以为能够很容易地开车去看熔岩流。然而不幸的是，出于安全的原因，进入熔岩流区域的公共道路被关闭了。这样，要看熔岩流，最有利的情况就是花 100 美元乘坐直升机。但为了省钱，Helmut 决定不包租直升机。从为了看熔岩流而所需要花费的时间成本与自我约束来看，他对直升机的价格敏感度实在让人感到惊讶。

为什么 Helmut 会放过这次机会呢？这时，研究者的反身性是必要的，因为这对夫妇不能再提供更多的信息了。也许是因为这对夫妇还有两个岛要参观，Helmut 感到不得不在这一段旅程中的财政方面变得保守。另一个合理的解释就是，Helga 并没有表现出强烈的欲望要看熔岩流，而 Helmut 也许对花那么多钱在他自己身上，或者对在这个特殊的旅程中只留给她几小时，感到内疚。支撑第二种解释的证据包括了 Helga 要求他们二人同时出现在访谈中。此外，也许是因为乘坐直升机往往让人感到动荡和不愉快，使这种观赏熔岩流的交通方式并不那么吸引人。最后一种可能的解释就是，也许是最近关于直升机游览事故的地方新闻打破了这个选择的平衡。

Helmut 没有事先调查与计划的行为是让人惊讶的。他甚至没有仔细查看地图，因为 Helmut 描述夏威夷坐落在南太平洋上。同样让人讶异的是，他不愿意包租直升机（100 美元）去看熔岩流。他们回避了购物和旅游包价产品；相反，他们去了相对安静的大岛参观。这些证据表明，Helmut 和 Helga 未来不会回访夏威夷。

八、旅游行为解释

在阶段一，记忆、人口统计学特征、生物因素以及潜意识记忆共同影响了决策的标准。Helmut 和 Helga 一直等待他们的孩子长得足够大能自我管理时，才开启了他们的旅程。在 Helmut 的等待期间，他一直保持阅读关于夏威夷火山喷发的新闻故事，并将信息储存在他的意识与潜意识记忆中。此外还有夏威夷白色沙滩和棕榈树的意象，也一直在 Helmut 的潜意识记忆中。当 Helmut 为两张头等舱机票积累到足够的里程积分时，合适的旅行时间似乎到了。尽管访谈结果并没有表明孩子的年龄或者里程奖励积分是临界点，但每天打电话回德国的行为表明，如果他们已积累足够的里程，也不可能提前一年去旅行。也许再等待一年会使他们更享受这次旅程？每天的国际电话，可能比乘坐能够实现

Helmut 梦想的直升机花费更多。可见，这对夫妇是非常精打细算的，对他们的访谈结果表明，一个财政决策包含了对金钱选择使用的评估。

阶段二是从决策阶段转移到对实际计划的制订。关键活动驱动因素将会促进形成或者破坏旅程。如果不在美国大陆上停留几天，Helmut 的妻子就不会同意去旅行。对于 Helga 来说，这是人生中只会发生一次的旅程，并且需要乘坐超过 30 小时的航班去看一次熔岩流，因此，直达航班将是一个大忌，她希望还能够参观其他国家。这对夫妇在圣迭戈登陆，在墨西哥蒂华纳参观了几小时。如果这对夫妇提前做了旅程计划，那么，他们很可能选择参观另一个城市，而不是蒂华纳了。在这次旅程所诱发的一系列选择中，泰国也是其中的一部分。然而，由于在泰国旅行将存在一些潜在困难，他们认为这个旅游目的地不可行。可是，这对夫妇有意识到墨西哥贩毒团伙的肆意暴力吗？如果为了规避风险，他们也许会更享受在一个加拿大城市中旅游。

就像大多数受访的旅游者一样，这对夫妇也利用了互联网寻找关于汽车租赁与住宿的最优惠的价格。但令人惊讶的是，他们并没有很好地利用互联网来收集关于旅游目的地活动的信息。大多数受访者都会提前计划 1 ~ 2 个活动，但几乎每一个受访者都等到到达旅游目的地时，才开始计划他们的旅游活动日程。

在阶段三，旅游行为就开始背离传统的消费决策漏斗。在旅程选定的旅游目的地当中，每个旅游者都需要面对意料之外的事件与活动。一般而言，休闲活动可列入四个象限中：计划—完成；计划—未完成；未计划—完成；未计划—未完成。计划—完成活动是典型的主要活动驱动因素。已计划参与的活动会影响游客的旅游目的地选择。Helmut 确实参观了夏威夷的莫纳克亚山，因此他看到了以前形成的熔岩。像大多数旅游者一样，这对夫妇没有对旅程进行深度计划，因此，未计划—完成的活动占据了他们大部分的休闲时间（Fodness and Murray, 1999）。例如，由于不喜欢夏威夷的沙滩，Helmut 和 Helga 在饭店游泳池里停留的时间比计划的更多。计划—未完成的活动的发生，主要是由于失去兴趣、遇到意料之外的偶然情境，又或者被一个更理想的活动所折中/替代而导致的。Helmut 没有看到流动的熔岩一定感到很失望。他确实有包租直升机去看熔岩流的选择，但他认为花费太高，结果放弃了一个他等待了 20 年的机会。最后，当一个活动存在可能性，而旅游者既没有计划也没有打算参与其中的时候，即是未计划—未完成的活动。Helmut 似乎没有意识到，租船也可以去观看流入海洋里的熔岩流，并且这项选择在他的预算范围之内。

最后，阶段四对旅游者是否对旅游目的地产生依恋提出了疑问。旅游者将会成为重访游客吗？显然，Helmut 和 Helga 不可能再次参观夏威夷。他们为这个旅程等待了许多年，并走过了很远的距离。他们的评价表明，一次旅行就足以满足他们对这个目的地的兴趣。其他温暖的热带地区距他们的居住地更近，考虑到年龄的因素以及参观其他旅游目的地的兴趣，他们为什么还要跨越半个地球去看同样的东西呢？

九、结论

本章运用了从思维—行动—思维流式的方法，研究旅游者所阐述的旅程前、现场中以及旅程后所发生的复杂与扩展的决策活动。本章论证了 Mintzberg 等学者（1976）的非结构化决策模型以及 Woodside 和 MacDonald（1996）的半结构化决策模型对于解释消费者高参与服务购买决策的适用性。

旅程计划包括很多步骤，并涉及许多变量。非结构化决策模型，使决策者可以把决策分解成多个便于掌控的反馈回路。每当一个阶段内的反馈回路成功被完成，这个过程就会向前移到下一个阶段。一些元素的缺失，将导致产生新的方案，或返回到前一个阶段中——有时会长达数年。

深度访谈法强调了旅游决策中意识与潜意识思维的重要性。本文中的研究案例表明，使用经验主义的实证研究方法很难测量一些促销手段的有效性。在预订旅程之前，Helmut 已经考虑去夏威夷旅行超过了 20 年。标准化的问题很难捕捉到这些长期计划的元素，尤其当信息被存储在潜意识中时。而深度访谈法能够深入揭示动机，并且有助于解释人们的行为原因，即使他们自身也不能确定。

一个令人惊讶的发现是，大多数游客在旅行前可能都没有或只制订很少一部分的计划。这种非结构化模型之所以优于漏斗理论方法，是由旅程计划的动态性所决定的。服务往往是生产与消费同时进行，而非结构化模型能够解释即时（意识或潜意识）发生的决策。旅游决策的制定往往基于游客对新活动有进一步的了解，或当条件不具备时，游客对原先计划的一个活动（如租坐直升机去看熔岩流）发生了变化。现场即时判断可能涉及在很少或没有认知思维的情况下，迅速对各种折中选择进行评估。在这个快速决策的过程中，潜意识思维是很重要的，因为旅游者凭借自己的感觉来判断那是对的。

现场访谈使研究者可以观察外部对旅游者决策的影响。采访者还可以在现场访谈中从受访者身上获得非语言的线索。另外，在现场还有助于解释一些评论，因为采访者能够看到旅游者所体验的事物。例如，阳光和雨天都可能会影响受访者的心情。

在现场中，还会出现一些意料之外的事情。例如，在等待采访旅游者时，一个采访者就对导游的游客解说感到十分震惊。这个在科纳的饭店为游客提供了一个去东夏威夷看火山国家公园的旅程，但这个行程将耗费一整天，游客只有很少时间游览希洛和周边地区。如果游客选择在希洛逗留一个晚上，那么西夏威夷度假区就将失去旅游收入。但这个导游提出了一个令人信服的理由，即在希洛过夜是浪费时间的，因为那里没有什么可做。然而，这个导游要么没有意识到那里有世界级的夏威夷艾米洛天文中心和莱曼博物馆，那是史密森学会的一个联属公司；要么他的动机就是使游客始终停留在西部岛上进行食、购、娱等活动。

案例研究方法有时会受到批判，主要因为研究结论很难进行推广。然而，通过对细分明确的人群进行少量（5~10 个案例）理论抽样，可以进行重复研究，这种方法有助于克服案例研究的缺陷，并有可能构建基于布尔代数的预测模型（Woodside, 2010）。案例研究调查方法对预测消费者行为提供了有用且深刻的见解。案例研究数据也表明，要全面地认识旅游者的行为，也是有可能的。

参考文献

Allen, D. E. (2002) Toward a theory of consumer choice as socio – historically shaped practical experience: the fits – like – a – glove (FLAG) framework. *Journal of Consumer Research*, 28 (4), 515 – 532.

Arnould, E. J. and Price, L. L. (1993) River magic: extraordinary experience and extended service encounter. *Journal of Consumer Research*, 20 (1), 207 – 245.

Bargh, J. A. (2002) Losing consciousness: atomatic influences on consumer judgment, behavior, and motivation. *Journal of Consumer Research*, 29 (2), 280 – 285.

Becker, H. S. (1998) *Tricks of the Trade.* University of Chicago Press, Chicago.

Belk, R. W. and Costa, J. A. (1998) The mountain man myth: a contemporary consuming fantasy. *Journal of Consumer Research*, 25 (3), 218 – 240.

Bettman, J. R., Luce, M. F. and Payne, J. W. (1998) Constructive consumer choice processes. *Journal of Consumer Research*, 25 (3), 187 – 217.

Bigné, J. E., Sánchez, M. I. and Sánchez, J. (2001) Tourism image, evaluation variables and after purchase behaviour: inter – relationship. *Tourism Management*, 22 (6), 607 – 616.

Corbin, J. and Strauss, A. (1990) Grounded theory research: Procedures, canons, and evaluative *criteria. Qualitative Sociology*, 13 (1), 3 - 21.

Decrop, A. and Snelders, D. (2005) A grounded typology of vacation decision - making. *Tourism Management*, 26 (2), 121 - 132.

Denzin, N. K. and Lincoln, Y. S. (1998) *The Landscape of Qualitative Research: theories and Issues.* Sage, Thousand Oaks, CA.

Engel, J. F., Kollat, D. J., and Blackwell, R. D. (1968) *Consumer Behavior.* Holt, Rinehart, and Winston, New York.

Evans, J. S. B. T. (2003) In two minds: dual - process accounts of reasoning. *TRENDS in Cognitive Sciences*, 7 (10), 454 - 458.

Fodness, D. and Murray, B. (1999) A model of tourism information search behavior. *Journal of Travel Research*, 37 (3), 220 - 230.

Frazer, K. (1991) *Bad Trips.* Doubleday, New York.

Gilbert, D. C. (1991) Consumer behavior in tourism. In C. P. Cooper, C. P. (eds) *Progress in Tourism, Recreation and Hospitality Management.* Belhaven Press, Lymington Hants, UK, pp. 78 - 105.

Glaser, B. G. and Strauss, A. L. (1967) *The Discovery of Grounded Theory.* Aldine, New York.

Hall. M. (2004) Reflexivity and tourism research. In J. Phillimore and L. Goodson (eds) *Qualitative Research in Tourism: Ontologies, Epistemologies and Methodologies.* Routledge, New York, pp. 135 - 155.

Harris, M. (1976) History and significance of the emic/etic distinction, *Annual Review of Anthropology*, 5 (1), 329 - 350.

Harris, M. (1990) Emics and etics revisited. In T. N. Headland, K. L. Pike, and M. Harris (eds) *Emics and Etics: The Insider/outsider Debate.* CA Sage, Newbury Park, pp. 48 - 61.

Hawaii Department of Business, Economic Development and Tourism (Hawaii DBEDT) (2008) 2007 *Annual Visitor Research Report.*

<http://hawaii.gov/dbedt/info/visitor - stats/visitor - research/2007 - annual - research.pdf>.

Holbrook, M. B. and Grayson, M. W. (1986) The semiology of cinematic consumption: symbolic consumer behavior in out of Africa. *Journal of Consumer Research*, 13 (3), 374 - 381.

Hollinshead, K. and Jamal, T. B. (2007) Tourism and 'the third ear': further prospects for qualitative inquiry. *Tourism Analysis*, 12 (1/2), 85 - 129.

Howard, J. A. and Sheth, J. N. (1969) *The Theory of Buyer Behavior.* Wiley, New York.

Hsu, C. H. C., Kang, S. K., and Lam, T. (2006) Reference group influences among Chinese travelers. *Journal of Travel Research*, 44 (4), 474 - 484.

Hsu, C. H. C., Cai, L. A. and Wong, K. K. F. (2007) A model of senior tourism and motivations—anecdotes from Beijing and Shanghai. *Tourism Management*, 28 (5), 1262 - 1273.

Hutto, D. D. (2008) *Folk Psychological Narratives: The Sociocultural Basis of Understanding*

Reasons. Bradford Book of MIT Press, Cambridge, MA.

Kim, S. S., Agrusa, J., Lee, H., and Chon, K. (2007) Effects of Korean television dramas on the flow of Japanese tourists. *Tourism Management*, 28 (5), 1340 – 1353.

Lakoff, G. and Johnson, M. (1980) *Metaphors we live by.* University of Chicago Press, Chicago.

March, R. and Woodside, A. G. (2005) Comparing consumers' plans and actual behavior. *Annals of Tourism Research*, 32 (4), 904 – 924.

Martin, D. (2010) Uncovering unconscious memories and myths for understanding international tourism behavior. *Journal of Business Research*, 63 (4), 372 – 383.

Martin, D. and Woodside, A. G. (2008) Grounded theory of international tourism behavior. *Journal of Travel and Tourism Marketing*, 24 (4), 245 – 258.

Mathur, A., Moschis, G. P. (2005). Antecedents of cognitive age: a replication and extension. *Psychology and Marketing*, 22 (12), 969 – 994.

McCracken, G. (1988) *The Long Interview.* Sage, Newbury Park, CA.

Mick, D. C. (1986) Consumer research and semiotics: exploring the morphology of signs, symbols, and significance. *Journal of Consumer Research*, 13 (2), 196 – 213.

Mintzberg, H., Raisinghani, D. and Théorêt, A. (1976) The structure of 'unstructured' decision processes. *Administrative Science Quarterly*, 21 (2), 246 – 275.

Moutinho, L. (1987) Consumer behavior in tourism. *European Journal of Marketing*, 21 (10), 3 – 44.

Nicosia, F. M. (1966) *Consumer Decision Process: Marketing and Advertising Implications.* Prentice Hall, Englewood Cliffs, NJ.

Oppenhuisen, J. and Sikkel, D. (2003) A values inventory: methods, results, and marketing applications. *Journal of Customer Behavior*, 2 (1), 55 – 73.

Phillimore, J. and Goodson, L. (2004) *Qualitative Research in Tourism: Ontologies, Epistemologies and Methodologies.* Routledge, New York.

Pike, K. L. (1967) *Language in Relation to a Unified Theory of the Structure of Human Behavior.* The Hague: Mouton.

Pike, K. L. (1990) On the emics and etics of Pike and Harris. In T. N. Headland, K. L. Pike, and M. Harris (eds) *Emics and Etics: The insider/outsider Debate.* Sage, Newbury Park, CA, pp. 29 – 47.

Pollio, H. R., Henley, T. and Thompson, C. B. (1997) *The Phenomenology of Everyday Life.* Cambridge University Press, Cambridge, UK.

Raymore, L. A. (2002) Facilitators to leisure. *Journal of Leisure Research*, 34 (1), 37 – 51.

Sirakaya, E. and Woodside, A. G. (2004) Building and testing theories of decision makers by travellers. *Tourism Management*, 26 (6), 815 – 832.

Strauss, A. and Corbin, J. (1998) *Basics of Qualitative Research: Techniques and Procedures for*

Developing Grounded Theory, (2nd ed) . Sage, Thousand Oaks, CA.

Van Raaij, F. W. and Francken, D. A. (1984) Vacation decisions, activities and satisfactions. *Annals of Tourism Research*, 11 (1), 101 – 112.

Wegner, D. M. (2002) *The illusion of conscious will.* Bradford Books, MIT Press, Cambridge, MA.

Wilson, T. D. (2002) *Strangers to Ourselves: Discovering the Adaptive Unconscious.* Harvard University Press, Cambridge, MA.

Woodside, A. G. (2006) Overcoming the illusion of will and self – fabrication: going beyond naïve subjective personal introspection to an unconscious/conscious theory of behavior explanation. *Psychology and Marketing*, 23 (3): 257 - 272.

Woodside, A. G. (2010) *Case Study Research: Theory, Methods and Practice.* Emerald, London.

Woodside, A. G. , and Dubelaar, C. (2002) A general theory of tourism consumption systems: theory and empirical research. *Journal of Travel Research*, 41 (2), 120 – 132.

Woodside, A. G. and King, R. (2001) Tourism consumption systems: theory and empirical research. *Journal of Travel and Tourism Research*, 10 (1), 3 – 27.

Woodside, A. G. and Lysonski, S. (2008) A general model of traveler destination choice. *Journal of Travel Research*, 27 (4), 8 – 14.

Woodside, A. G. and MacDonald, R. (1994) General system framework of customer choice processes of tourism services. In Gasser, R. V. and Thaur, K. W. (eds) . *Spoilt for Choice* Kulturverl, Germany, pp. 30 – 59.

Woodside, A. G. , MacDonald, R. , and Burford, M. (2004) Grounded theory of leisure travel. *Journal of Travel and Tourism Marketing*, 17 (1), 7 – 39.

Woodside, A G. and Martin, D. (2008) Applying ecological systems and micro – tipping point theory for understanding tourists 'leisure destination behaviour' . *Journal of Travel Research*, 41 (1), 14 – 24.

Zajonic, R. B. (1980) Feeling and thinking: preferences need no inferences. *American Psychologist*, 35 (2), 151 – 175.

Zaltman, G. (2003) *How Customers Think.* Harvard Business School Press, Boston.

第 5 章 目的地信息搜索策略

一、序言

在消费者决策过程中，信息搜索无疑是最重要的步骤之一，这也是营销者为消费者提供信息并影响其决策的一个重要阶段（Schmidt and Spreng, 1996; Gursoy, 2001）。因此，开发与设计有效的营销传播策略与活动，需要研究消费者信息搜索行为与策略。通过应用基本的市场细分技术，根据消费者对信息来源的利用模式对市场进行细分或描述，有助于营销者定位核心市场并选择合适的媒体策略。当然，认识消费者对信息来源的使用策略，也有助于营销者有效地设计合适的促销产品组合。因此，在消费者研究领域中，消费者信息搜索成为最热门的研究分支之一也就不足为奇了（Beatty and Smith, 1987; Schmidt and Spreng, 1996）。其中，Copeland（1917）是最早研究消费者购前信息搜索行为的学者之一。此后，几乎所有消费者信息处理与决策模型，都将购前信息搜索作为其中一个重要组成部分（Howard and Sheth, 1969; Bettman, 1979; Olshavsky, 1985; Bettman *et al.*, 1991; Engel *et al.*, 1993; Schmidt and Spreng, 1996）。

就像其他消费者产品一样，理解旅游者的信息搜索行为有助于策略开发与服务传递。在度假决策过程中，搜索或获取信息是其中的第一个步骤，它往往影响着现场的决策，如住宿、交通、活动以及旅程的选择（Jenkins, 1978; Filiatrault and Ritchie, 1980; Perdue, 1985; Snepenger, Meged *et al.*, 1990; Fodness and Murray, 1998; Chen and Gursoy, 2000; Gursoy and Chen, 2000）。旅游目的地的大量涌现，使得对旅游者的信息搜索行为与策略的认识变得更加重要。因此，如同消费者行为与营销领域一样，旅游者信息搜索行为的理论与实证研究也较早出现在旅游营销领域中（Woodside and Ronkainen, 1980；Schul and Crompton, 1983；Etzel and Wahlers, 1985；Perdue, 1985, 1993；Snepenger and Snepenger, 1993；Fodness and Murray, 1997, 1998, 1999；Vogt and Fesenmaier, 1998）。

研究表明，由于旅游产品的特殊性，旅游者的信息搜索行为与策略，与其购买耐用产品的搜索行为可能存在巨大的差异。大多数饭店与旅游产品如假期旅行都以服务的形式被购买、消费以及评价。而服务的生产、消费与评估，又往往与耐用产品的形式不一样（Zeithaml, Parasuraman, and Berry, 1990）。因此，与购买耐用商品相比，旅游者的信息搜索方式及其对这种方式的重视程度，也可能明显不同。第一，服务大多是无形的，即它们不是物质的东西，而是一些表演与体验。第二，它们是异质性的。也就是说，不同生产者所提供的服务可能存在巨大的差别。第三，它们是不可分离的。在有些情况下，服务的购买与消费是同时进行的。因此，旅游产品的购买过程也可能不同于耐用商品的购买过程。例如，在实际生活中，消费者所购买与消费的大部分服务产品往往来自其他地方，而不是他们的日常居住地（Sirakaya *et al.*, 1996）。购买旅游产品的决策过程，比购买其他产品如电视机，所需要花费的时间更长。第四，消费者在很多时候都无法从投资中获得可能除了一些纪念品和一张单据之外的任何有形回报，此外，由于需要投入大量的个人时间、努力和金钱成本，消费者还要面对较高的感知风险（Teare, 1992）。因此，与购买其他产品相比，旅游者可能更愿意在购买旅游产品前进行信息搜索。又由于存在高感知风险，消费者可能需要更长一段时间的储蓄来计划旅游产品的购买（Moutinho, 1987）。所有这些因素都可能影响旅游者的信息搜索策略，以及他们对每一个信息来源的重视程度。

消费者想要购买的产品类型与其购买前的外部信息搜索程度及方向直接相关。当购买的产品价格越高、性质越明确、特征越复杂时，消费者的信息搜索参与度就越高，因为这类产品往往带来更高的感知风险（Beatty and Smith, 1987），如到一个未知的旅游目的地旅行。研究表明，与前往国内和熟悉的旅游目的地旅行相比，旅游者到国外和其他未知的旅游目的地旅行时，更可能发生外部信息搜索行为（Woodside and Ronkainen, 1980；Snepenger *et al.*, 1990；Snepenger and Snepenger, 1993；Fodness and Murray, 1998；Chen and Gursoy, 2000）。

二、旅游者的信息搜索策略

正如其他许多产品消费决策一样，旅游目的地的选择以及现场决策，如对住宿、交通、活动和旅程的选择等，都需要提前进行信息搜索（Jenkins 1978；Filiatrault and Ritchie 1980；Perdue 1985；Snepenger *et al.*，1990；Fodness and Murray，1998；Chen and Gursoy，2000；Gursoy and Chen，2000）。信息搜索可定义为“有目的地激活储存在记忆中的知识，或从环境中获取信息”的活动（Engel *et al.*，1995）。如定义所示，信息搜索可以是内部的，也可以是外部的。内部搜索是基于对记忆的知识检索，而外部搜索则是在市场中收集信息（Engel *et al.*，1995）。

每当旅游者意识到需要做决策时，他们可能会采取一系列的信息搜索策略。信息搜索策略指的是，旅游者在计划旅行时所利用的所有信息来源的综合体。原始的信息搜索几乎首先都发生在内部，例如，旅游者过去的体验和知识都会成为一次重游计划的基础（Fodness and Murray，1997；Vogt and Fesenmaier，1998；Gursoy and Chen，2000）。内部信息来源包括个体在一个特定或相似的旅游目的地中得到的体验，以及通过持续的信息搜索所积累的知识（Schul and Crompton，1983；Fodness and Murray，1997；Vogt and Fesenmaier，1998；Gursoy，2003）。当内部信息搜索不足以满足需要时，旅游者就可能从外部收集更多的信息。在大多数旅游决策中，外部信息搜索是最主要的，并且需要付出极大的努力从各种各样的外部来源中收集信息（Schul and Crompton，1983；Raitz and Dakhil，1989；Fodness and Murray，1997）。

以往的信息搜索研究已对外部信息搜索的程度（Schul and Crompton，1983；Fodness and Murray，1997）与方向（Snepenger *et al.*，1990；Fodness and Murray，1997）有了概念性界定。外部信息搜索程度，指在外部信息搜索过程中所使用的信息来源数量以及投入的时间（Fodness and Murray，1997；Gursoy 2001）。搜索方向，是指所利用的具体外部信息来源（Fodness and Murray，1997）。研究表明，旅游者在计划旅程时，通常使用四类外部信息源，分别是：亲朋好友；关于旅游目的地的具体文献；媒体；以及旅游顾问（Woodside and Ronkainen，1980；Snepenger and Snepenger，1993）。然而，也有研究指出，这四组外部信息源还可以分成两大类或两个维度，即旅游目的地的外部信息源以及个人的外部信息源，后者包括亲朋好友、媒体和旅游顾问（Gursoy，2001）。

还有研究指出，咨询亲朋好友可能是旅游者最常用的信息源（Nolan, 1976；Gitelson and Crompton, 1983），其次就是关于旅游目的地的具体文献（旅游指南、政府或国家出版物、旅游手册）以及顾问（旅游中介和汽车俱乐部）（Nolan, 1976；Gitelson and Crompton, 1983）。一项关于瑞士游客的信息搜索策略研究表明，瑞士游客更倾向于使用非正式来源（亲朋好友）、直接来源（旅游目的地信息源加上亲朋好友）以及专业来源（旅游中介加上旅游运营商）信息（Bieger and Laesser, 2004）。最新研究显示，互联网已经成为许多旅游者的一个重要信息来源（Tjøstheim and Tronvoll, 2002；Cai *et al.*, 2004）。

研究还表明，旅游者可能会利用任何一个外部信息来源进行购前信息搜索或持续信息搜索。购前信息搜索可定义为，由一个即将发生的购买决策所驱动的外部信息搜索行为；持续信息搜索，指不限制购买的时间需要而获取外部信息的行为（Bloch *et al.*, 1986）。Bloch 等学者（1986）认为，购前搜索行为主要受购买参与程度影响，而持续搜索行为则受产品的参与程度影响。

有学者在研究一群前往新西兰且对该目的地不甚了解的国际游客所共同使用的信息搜索策略时，发现去新西兰旅行的游客主要使用以下 6 种搜索策略中的一种（Hyde, 2006），包括一个低介入搜索策略；4 个中度介入搜索策略——“旅游指南、宣传册、中介”；“旅游指南、朋友”；“朋友”；“网络、旅游指南”；以及一个高介入搜索策略——“朋友、网络”。结果进一步揭示，在这些信息源中，旅游指南、亲朋好友以及互联网等信息源的使用频率最高。在调查过程中，受访者还对每一个他们已经用以完成某些具体旅游计划的信息源的重要程度进行评价。其中，在机票信息方面，旅游中介与互联网在所有信息源中是最有用的；在目的地的交通信息方面，每一个信息来源的有用程度相当；在住宿信息方面，互联网与旅游指南明显更有用；而关于旅游目的地的参观与活动信息方面，旅游指南与亲朋好友的信息源得到的评价是最高的（Hyde, 2006）。

三、旅游信息搜索策略影响因素

市场营销与消费者行为研究表明，消费者的信息搜索策略可能至少受到以下 3 种主要理论方法中的一种影响（Srinivasan, 1990；Schmidt and Spreng, 1996；Gursoy, 2001；Gursoy and McCleary, 2004a）。第一种是心理学/激励化途径，它认为搜索策略可能是由个人、产品类别以及与任务相关的变量（如信仰、态度和参与度）之间的综合作用所决定的（Beatty and Smith, 1987）。第二种是经济学途径，即利用了成本—收益框架和信息经济学理论（Stigler, 1961）来研究信息搜索策略（Avery, 1996）。第三种方法是消费者信息加工途径，认为消费者的搜索策略受到记忆与认知信息加工能力的影响（Johnson and Russo, 1984; Coupey *et al.*, 1998）。就像消费者行为与市场营销领域一样，在接待业与旅游业的研究文献中，信息搜索行为的理论与实证研究也由来已久（Woodside and Ronkainen, 1980; Schul and Crompton, 1983; Etzel and Wahlers, 1985; Perdue, 1985; Raitz and Dakhil, 1989; Snepenger and Snepenger, 1993; Fodness and Murray, 1997, 1998, 1999; Gursoy, 2001, 2003; Gursoy and McCleary, 2004a, b）。以往的相关研究已经确定了大量可能影响旅游者信息搜索策略的因素，并且使用了接近60个可能影响外部信息搜索策略的变量来探讨消费者信息搜索策略的类型（Srinivasan and Ratchford, 1991）。如Schmidt和Spreng（1996）提到，这些类型包括环境（如选择任务的困难、选择的数量、选择的复杂性）、情境变量（如过去的满意度、时间约束、感知风险、旅游团的组成）、消费者特征（如教育、先前的产品知识、参与度、家庭生命周期、社会经济地位）（Gursoy, 2001, 2003; Gursoy and McCleary, 2004a, b）和产品特征（如旅程目的、旅游模式）（Fodness and Murray, 1998, 1999）等。

学界中，已存在两个重要的旅游者信息搜索行为理论框架，且大多数旅游者信息搜索行为研究都遵循这两个研究框架中的其中一个（Gursoy, 2001, 2003）。第一个理论框架是Snepenger等学者（1990）提出的“策略模型”，该模型将信息搜索策略定义为“所使用信息来源的结合体”。第二个理论框架是“权变模型”，主要从个人特征、努力、所使用信息来源数量、情境影响、产品特征以及搜索结果等方面来定义信息搜索（Schul and Crompton, 1983; Fodness and Murray, 1999; Gursoy, 2001, 2003）。

关于策略模型，已有研究论证了旅游者所使用的信息搜索策略，并发现旅游者在计划旅行过程中，通常使用4类外部信息来源，包括亲朋好友；关于旅游目的地的具体文献；媒体；以及旅游顾问（Woodside and Ronkainen, 1980; Snepenger and Snepenger, 1993）。然而，大多应用策略模型的信息搜索研究都只关注那些使用单一、特定的信息来源（如旅游中介）来计划旅行的旅游者（Gitelson and Purdue, 1987; Howard and Gitelson, 1989; Kendall and Booms, 1989; Fodness and Murray, 1997）。以往的研究结果表明，策略模型主要用于研究旅游者的社会人口特征影响，以及他们对外部有效信息来源的使用情况（Snepenger *et al.*, 1990），其侧重点在于关注旅游者所使用的信息来源数量以及信息源之间的结合使用模式，但未能解释旅游者选择使用一部分外部信息来源却忽略其他来源的原因。策略模型也忽略了影响旅游者使用外部有效信息来源的因素（除了社会人口因素）。有研究试图对使用不同外部信息来源的旅游者进行差异化研究，然而，它们都是以社会人口统计差异为基础的（Woodside and Ronkainen，1980；Gitelson and Perdue，1987；Howard and Gitelson，1989；Kendall and Booms，1989；Snepenger *et al.*，1990）。

与策略模型不同的是，权变模型主要研究个体特征对旅游者信息搜索策略的影响：如旅游特有的生活方式、努力程度（花费的时间）、过去的旅游体验、情境影响、产品特征以及所期待的搜索结果等（Schul and Crompton，1983；Gursoy，2001，2003）。权变模型首先是由 Schul 和 Crompton（1983）提出，认为与社会人口统计变量相比，旅游特有的生活方式与个体差异能更好地预测旅游者的搜索策略选择。它们通过因子分析，提取了16个心理变量来测量旅游特有的生活方式。研究结果证明，个体的旅游特有生活方式（心理学的）比人口统计差异能够更好地解释旅游者的搜索策略选择。而后，Fodness 和 Murray（1999）继续扩展权变模型，增加了情境因素和产品特征。他们验证了情境因素、产品特征、旅游者特征以及搜索结果等将对外部信息搜索行为产生影响。其中，情境影响包括决策类型（常规的、约束的或延伸的）和旅游团的组成；产品特征包括旅游目的和旅游模式；旅游者特征包括家庭生命周期以及社会经济地位；搜索结果则根据停留的时间长度、参观的旅游目的地数量和吸引物数量、与旅游相关的支出等变量来测量。研究结果进一步证明了权变模型及其基本主张，即旅游者信息搜索策略是一个动态过程的结果，在这个过程中，旅游者使用了不同类型与数量的信息源来对内部与外部的临时情况做出回应。

策略模型与权变模型两者具有一定的相似性与差异性。两个模型都研究旅游团的组成、以往的旅游体验、对旅游目的地的熟悉程度等因素对旅游者外部信息搜索行为的影响。然而，权变模型还验证了其他可能影响旅游者信息搜索行为的几个因素。表面上看，权变模型似乎优于策略模型，但它也存在一些缺陷，例如，对先前产品知识的定义模糊，并且忽略了动机与心理方面的因素。权变模型假设，对旅游目的地熟悉的旅游者或专家，主要通过常规或有限的问题解决程序来完成一个产品决策，他们很可能基于内部搜索来做出决策，且不太可能搜索额外的信息（Fodness and Murray，1999）。此外，在权变模型中，只有一个单一指标来测量旅游者的先前产品知识与专业知识，即旅游者过去在该旅游目的地的游览体验。然而，消费者行为研究的相关文献表明，先前产品知识并不是一个一维结构（Gursoy and McCleary，2004a，b）。Alba 和

Hutchinson（1987）提出，先前知识主要由两部分组成，熟悉度与专业知识，它们不能通过一个单一的指标来测量。还有消费者行为研究表明，先前的产品知识可能会影响旅游者的选择性搜索行为以及分析深度（Alba and Huchinson, 1987；Gursoy, 2001, 2003）。专家型消费者往往更可能在决策前搜索新的相关信息，因为他们能比那些新手更好地理解产品信息的意义（Duncan and Olshavsky, 1982；Punj and Staelin, 1983；Johnson and Russo, 1984；Alba and Hutchinson, 1987；Gursoy and McCleary, 2004a，b），这与 Fodness 和 Murray（1999）的结论恰好是相悖的。此外，专家型消费者还可能会关注一些特定的产品属性，但仅仅是因为他们意识到那些属性的存在（Bruck s, 1985）。另一方面，由于对产品相关事实的理解与评价能力不足，新手型消费者在理解与评价这些信息时可能比较吃力（Anderson and Jolson, 1980；Gursoy, 2001）。因此，他们往往更可能参考其他人的意见（Furse *et al.*, 1984；Brucks, 1985；Gursoy, 2003；Gursoy and McCleary, 2004a，b）。权变模型还忽略了可能影响消费者信息搜索行为的动机因素。个体动机影响着所有消费者行动的方向与强度，因为个体动机的功能在于保护、满足并使个体得到提升（Kassarjian and Robertson, 1968）。为了实现自我保护以及满意度的最大化，消费者将获取信息作为一种策略，来减少一个行动所可能带来的风险（Urbany *et al.*, 1989；Murray, 1991；Gursoy, 2003）。所以说，动机也可能影响了旅游者的外部信息搜索行为。

最近，Gursoy（2001）以及 Gursoy 和 McCleary（2004a）提出了一个新的理论框架，他们将消费者信息搜索的这三种理论方法（心理学/激励化途径、经济学途径和信息加工途径）和两个理论框架（策略模型与权变模型）整合起来，成为一种互补的研究方法。根据这个新的理论框架，他们提出了一个主要关注旅游者购前信息搜索行为的综合模型。购前信息搜索代表了一种用以解释信息搜索本质的功能方法，可将其定义为“与一个得到认可的即时购买意向相关的信息搜索活动”。

研究表明，信息搜索的感知成本在决定旅游者外部信息搜索的长度与范围方面，具有重要的作用（Vogt and Fesenmaier, 1998；Gursoy, 2001；Gursoy and McCleary, 2004a）。正如“信息经济学”理论所指出的那样，只要旅游者相信获取信息的利益超过了信息搜索的成本，他们就会继续搜索信息（Stigler, 1961）。在旅游者信息搜索行为的综合模型中，外部信息搜索成本表现为外部搜索活动的财务与时间成本，而内部搜索成本则表现为内部搜索的认知努力以及预期结果。该模型认为，增加的外部信息搜索成本，可能导致外部搜索活动水平的降低；而增加的内部信息搜索成本，则可能导致内部搜索活动的减少。

模型还指出，外部与内部信息搜索成本都有可能调节旅游者的熟悉度与专业知识（代表旅游者先前知识的两个方面）的影响。先前知识的熟悉度维度代表了旅游者的主观知识，而专业知识维度则代表旅游者的客观知识。研究表明，熟悉度的增加可能会降低内部搜索的成本，同时增加外部搜索的成本；而专业知识的增长，则可能同时降低外部与内部信息搜索成本（Gursoy and McCleary, 2004a）。研究还指出，旅游者的熟悉度与专业知识都可能受到旅游者以往在旅游目的地中的参观体验、参与度以及学习的影响。

旅游者信息搜索行为的综合模型还指出，一个高度参与的旅游者可能同时进行外部与内部信息搜索。此外，旅游者的参与度对其熟悉度与专业知识都具有积极的影响，因为参与度高的旅游者可能对产品更熟悉，并更有可能记住产品信息，形成更好的分类结构，更详细地分析与说明信息，从而更有可能自动做出决策（Gursoy and Gavcar, 2003）。旅游者的参与对意识学习也会产生积极影响。高参与度的旅游者可能更留意传入的信息，因此学得更好。模型还提出，旅游者以往的参观体验对其熟悉度与专业知识也具有正面影响，即如果一个旅游者以前曾经去过这个旅游目的地，他可能比一个从未到过该目的地的旅游者有更高的熟悉度和专业知识。以往的参观结构对旅游者的参与度也有正面的影响。有研究表明，一个旅游者，随着其参观一个特定旅游目的地次数的增加，其在该目的地中的参与度也可能会提高（Kim *et al.*, 1997）。

根据旅游者信息搜索行为的综合模型，学习具有两个维度：有意学习和偶然学习。该模型认为，一方面有意学习能够增加旅游者的专业知识和熟悉度，偶然学习则主要增加旅游者的熟悉度。如果一个旅游者通过有意学习来获得信息，他可能对传入的信息更加留心，并更彻底地处理信息（Nelson, 1984），从而增加客观知识与专业知识。另一方面，一个旅游者如果通过偶然学习来学习，则不太可能彻底地处理信息。然而，由于旅游者认为他/她已经对该旅游目的地及其吸引物有了一些了解，偶然学习也可能增加他的个人知识，从而增加他对该目的地及其吸引物的熟悉度。

总而言之，旅游者信息搜索行为的综合模型认为，旅游者所可能利用的信息搜索策略，往往受到大量相互联系的变量所影响。对于即时的购买前信息需要，消费者可能利用内部的或者外部的信息来源，或者两者同时使用。然而，他们所可能使用的购前信息搜索策略（内部的和/或外部的），则受到内、外部信息搜索的感知成本以及旅游者的参与度所影响。旅游者的熟悉度与专业知识（先前的产品知识）、学习和以往的参观体验，则间接地影响旅游者的信息搜索行为。此外，旅游者的熟悉度与专业知识的影响力，还可能由其内部与外部的信息搜索成本所调节（Gursoy, 2001；Gursoy and McCleary, 2004a）。

四、文化对信息搜索策略的影响

从国际营销的视角来看，文化作为指引个体思维的一种方式，可能是影响旅游者决策和旅游目的地选择过程的关键因素之一。文化在决定旅游者的信息搜索策略类型方面，也起着至关重要的作用，包括在决策过程中所使用的信息来源。有研究者认为，文化决定了人们可接受的传播形式，以及具有特定文化背景的旅游者所进行外部搜索的性质与程度（Engel *et al.*, 1995；Chen and Gursoy, 2000；Gursoy and Umbreit, 2004）。我们可以从国家文化、区域文化、企业文化与专业文化等不同层面上界定一个社会的文化（Trompenaars, 1998）。随着社会的日益全球化，学界中已有大量文献研究了国家层面上的文化差异。Hofstede（1991）提出了5个文化维度来描述国家文化差异：第一，“权力距离”元素，表现为个体权力越小，越能接受权力分配不均的事实；第二，“个人主义与集体主义”元素，表现为一个社会所维持的相互依赖程度；第三，“男性化与女性化”元素，揭示性别之间的社会角色差异；第四，“不确定性规避”元素指个体所感受到的不确定性的威胁程度，以及试图战胜这种情形的努力程度；第五，“长期取向”元素，象征着一个社会提倡一种未来导向的务实观点，而不是一种规范性或短期取向的观点的程度。尽管人们普遍认同文化对旅游者信息搜索行为的重要作用，但在学界中，只有少量文献研究了在跨文化背景下，文化对旅游者的外部信息搜索行为的影响（Gursoy and Umbreit, 2004）。

关于国家文化对旅游者外部信息搜索影响的相关文献认为，具有特定文化背景的旅游者在购前信息搜索过程中所可能利用的外部信息来源明显受到国家文化的影响（Schul and Crompton, 1983；Uysal *et al.*, 1990；Gursoy and Umbreit, 2004）。例如，英国旅游者的主要外部信息来源是旅游中介，接着依次是亲朋好友、宣传手册、杂志和报纸；而德国旅游者更可能将亲朋好友作为主要的信息来源，接着是旅游中介、宣传手册、书籍与其他图书馆资料；与德国旅游者相似，法国旅游者的主要信息源也是亲朋好友，接着依次是旅游中介、宣传手册、航空公司、杂志以及报纸；而日本旅游者则更倾向于利用书籍与其他图书馆资料作为主要信息源，然后是宣传手册、亲朋好友以及旅游中介（Uysal *et al.*, 1990）。Schul 和 Crompton（1983）的研究论证了旅游特有的生活方式和社会人口统计变量在预测与解释英国旅游者的搜索行为方面的相对能力，以及在区分（受访者所举例说明的）被动与主动的外部信息搜索策略之间的差异的相对能力。他们发现，英国旅游者所使用的外部信息搜索策略类型，可能是由他们的旅游特有生活方式变量而不是人口统计变量所决定。然而，由于这项研究仅局限于一个国家群体中，因此，研究者不能由此推断其他国家群体也适用这个结论。

还有文献论证了国家文化背景不同的旅游者在信息搜索模式方面也存在巨大的差异。例如，Gursoy 和 Chen（2000）发现，来自英国、法国和德国的旅游者的信息搜索模式包括两个维度：商业/休闲维度，依赖/独立维度。根据他们的信息搜索行为，研究者还辨认出 4 个不同的细分市场。此外，Chen 和 Gursoy（2000）还论证了这些国家的初访游客与重访游客对外部信息来源的使用差异。他们确定了一个二维的外部信息搜索模式：私有/公共维度，聚焦/分散维度。

五、旅游市场营销传播

在不断变化的全球环境中，认识旅游者获取信息的方式对于市场营销管理决策、有效的市场营销传播活动设计以及服务传递等都十分重要（Wilkie and Dickson，1985；Srinivasan，1990）。对于旅游目的地管理与营销者而言，认识现实与潜在的核心市场所采用的信息搜索策略，有助于他们针对目标市场制定成本效益高的营销传播手段。营销者通过应用基本的市场细分技术，根据消费者对信息来源的利用模式对市场进行细分或描述，也许能够对核心市场进行定位，并选择合适的媒体策略。当然，认识消费者所使用的信息来源策略，还有助于他们有效地设计合适的促销产品组合。

因此，对于管理与营销者而言，了解这些可能影响旅游者信息搜索策略的因素无疑非常重要。例如，有研究表明，旅游者的先前产品知识是其中最重要的因素之一，它很可能决定了旅游者的信息搜索策略。Milman 和 Pizam（1995）认为，旅游者对一个旅游目的地的熟悉度，将对其未来的旅游意向有显著的影响，还可能推动旅游者进入购买决策过程中更高一级的阶段。然而，旅游者的熟悉度越低，其度假决策越可能依赖于外部信息来源（Woodside and Ronkainen，1980；Sheldon and Mak，1987；Snepenger *et al.*，1990）。其他研究结果也表明，熟悉度低或专业知识水平高的旅游者，比较可能依赖外部信息来源完成度假决策。然而，旅游目的地的管理与营销者也应该能够明白，这两类旅游者的信息需求类型肯定是不同的。因此，他们也可能使用不同的信息搜索策略。熟悉度低的旅游者需要简单、易懂和综合性的信息，而专业知识水平高的旅游者则需要关于旅游目的地及其属性的详细信息。这意味着，旅游目的地的管理与营销者能够利用旅游者的先前产品知识水平（熟悉度与专业知识）作为市场细分的工具，并针对每一个细分市场制定最合适的传播策略（Gursoy，2001）。

熟悉度较低的旅游者由于受到自身能力的限制，很难处理从外部收集而来的信息，因此，针对这类人群的传播策略应该不同于那些专家型旅游者。相关的传播策略应该是为他们提供关于旅游目的地的简单、综合性信息。在这些传播材料中，还应该包括与其他针对相同目标市场的旅游目的地的信息比较，以便于旅游者更容易消化这些信息。也就是说，这些传播材料应该明确界定该旅游目的地的独特卖点，从而与其他竞争者区分开来，并使那些熟悉度低的旅游者更容易界定这个旅游目的地。此外，与熟悉度低的旅游者建立一种良好且相互理解的沟通关系，对于说服旅游者选择这一旅游目的地是十分重要的，因为熟悉度低的旅游者往往更重视新信息，并具有更高的信息接受程度（Park *et al.*，1988）。研究还表明，熟悉度低的旅游者还会使用包括口碑宣传在内的个人外部信息来源，这也是与熟悉度低的旅游者进行沟通的一个有效方法（Gursoy，2001；Gursoy and McCleary，2004a，b）。因为他们的产品信息处理能力有限，因此更可能参考其他人的意见，而正面的口碑宣传又是由满意度所带来的，所以需要特别关注旅游者的满意度以及投诉处理效果。

针对专家型旅游者，应该制定不同的传播策略。传播材料应该包括关于旅游目的地重要属性的详细信息。然而，关于哪些属性对于目标市场是重要的，应该通过正式或非正式的旅游者研究，而不是根据管理者自身的理解来确定。旅游目的地可以设计一次问卷调查或进行焦点小组研究，来找出并监测那些对专家型游客最重要的属性。管理者也可以通过与现有的客户交谈来确定重要的属性。此外，旅游目的地需要特别注意区分专家型旅游者。如果不能对合适的旅游者提出恰当的问题，那么，最终所得出来的错误结论也将会导致一个错误的传播策略。在确定了重要属性后，需要将这些信息传播给专家型旅游者，提高他们搜索到这些信息的可能性。因此，旅游目的地需要制作一些传播材料（宣传手册、直接邮寄材料等），为他们提供关于该目的地及其重要属性的详细信息。然而，同时也应认识到，旅游者的需要、需求和欲望在不断变化，这些变化可能也影响了旅游者的信息需要，并使得旅游目的地各个属性的重要程度也随之发生转变。因此，旅游目的地需要对这些变化进行监测，而那些传播材料也应该随着专家型游客的需要与需求变化进行修订。

对于管理与营销者而言，认识信息搜索的感知成本也是很重要的。那些熟悉度高以及专家型旅游者都会在不同程度上利用外部信息来源，但他们都会受到自身对信息搜索成本感知的影响。感知成本和外部信息搜索之间存在消极的关系，营销者应该注意采取措施，尽可能降低外部搜索的经济与时间成本。然而，接待业与市场营销往往没有做到这一点。例如，只要仔细查看一下旅游目的地的网站，很快就会发现要浏览这些网站并不是那么顺畅，它们往往需要加载很长时间，并很可能链接到空的网页，或网站只提供了不完整的信息等。这些时间成本的增加，将会导致旅游者另寻途径来搜索信息。另一个需要注意的因素是，关于一个旅游目的地的有效信息越多，旅游者的偶然学习与有意学习都越可能得到增长。这两个因素可以促进熟悉度与专业知识的增加，反过来又降低了信息搜索的成本，并减少广泛地进行外部搜索的必要性，这样，游客就可以专注于那些特定属性的信息搜索，而不再是概览性信息。营销者们还应该认识到，现场参观吸引物对于增强市场营销效果的价值、组织一次熟悉之旅对旅游中介的价值，以及现场参观激励对分时度假销售的价值等。实际上，以往的参观体验在增加旅游者的熟悉度与专业知识的同时，还可能对游客在一个旅游目的地中的参与度产生积极的影响，并带来以上所讨论的结果。

还有研究表明，熟悉度适中的旅游者更可能根据自身对旅游目的地的了解来制定度假决策（Gursoy，2003；Gursoy and McCleary，2004b）。这说明，旅游目的地管理与营销者需要知道潜在与现实旅游者对他们的旅游目的地的了解程度以及信息的准确性。研究指出，人们自认为对信息的了解程度往往与其实际了解程度不一致（Park *et al.*，1994）。如果旅游者由于自身主观知识的不准确而对旅游目的地产生消极的感知（形象），结果可能是灾难性的。旅游者如果对旅游目的地产生消极的感知，那么他将不太可能考虑参观该目的地，也不太可能向其亲朋好友推荐。因此，旅游目的地管理与营销者可能需要调查旅游者的旅游目的地感知，从而确保他们的感知反映的都是真实情况，否则就需要采取一些纠正性措施。如果真有必要这样做，该目的地的市场营销者首先需要找出消极感知产生的原因，然后确定提升目的地形象的最佳途径。

市场营销者们还需要认识到，理解旅游者的文化价值观也是很重要的。如上文提及，旅游者自身的文化对于调节他们的信息搜索、决策和旅游目的地选择等行为方面具有显著影响。例如，有学者研究了来自 15 个欧盟成员国的旅游者的外部信息搜索行为，发现国家文化在调节旅游者信息搜索行为方面具有显著的作用（Gursoy and Umbreit, 2004）。研究者根据国家文化对旅游者外部信息来源使用情况的调节效应，将 15 个欧盟成员国分为 5 个不同的组。研究发现，每一组的外部信息来源使用情况存在显著差异。这项研究结果与其他研究发现共同说明了，旅游目的地管理者如果希望吸引国际游客，首先应该深入研究目标市场所追随的文化，并据此制定最有效与最高效的营销传播策略。目标市场的文化价值很可能决定了该文化所能接受的传播策略。旅游目的地的管理者应该认识到，一种策略在一种文化中行得通，在其他文化中未必也行得通。因此，需要不断调整传播策略以及具体的传播工具，以适应目标市场的文化。

六、未来研究方向

如前文所讨论，旅游者的外部与内部信息搜索的感知成本对他们的信息搜索行为具有显著的影响。只要他们相信从搜索中获得的利益超过搜索成本，他们就有可能继续进行外部搜索。旅游者也有可能利用搜索成本最低的外部信息来源。尽管信息成本对于制定传播策略与设计相关材料非常重要，仍少有这方面的研究见诸文字，且大多数文献都专注于信息搜索中的时间成本，大部分数据也主要通过自填式问卷来收集。目前，我们迫切需要更多地研究和探讨信息搜索的其他方面。研究者需要考虑利用实验设计而不是调查的方法来开展相关研究项目，这才能真正理解信息来源的使用成本对旅游者的影响。

近年来，互联网作为外部信息搜索的工具也越来越受到学界的关注，不少文献探讨了互联网对信息搜索行为的影响以及互联网的最佳利用方式。万维网或互联网，已经成为一种普遍存在的强大手段，向全世界数以万计的旅游者传递一系列的信息。随着旅游者日益精于使用互联网，他们正学习使用这些平台来寻找旅游目的地及其产品的相关信息，不再依赖于由旅游与接待业的不同部门所建设与维护的平台。互联网所提供的聊天室、论坛、允许旅游者发布体验的第三方网站以及在线预订引擎，都使旅游者之间的经验共享成为可能。线上与线下信息来源的汇聚、信息高速公路的发展，以及企业被迫积极在网络社区提供相关最新信息，已成为当今的发展趋势。这些变化彻底改变了信息发展与分布的方式，破坏了传统的通信分布模式。它推动着企业开发以信息为导向的新平台，制定新的定制化应用环境，并迫使它们考虑通过新的定制化方式来发布海量信息。此外，由于景观变化非常迅速，企业想要确定一个商业模式与交互模式也变得十分困难。尽管互联网正日益改变企业开展业务的方式以及消费者搜索信息和购买产品的方式，但旅游研究者并没有对这些变化给予太多的关注。对于企业而言，它们需要认识互联网的起源、内容、时间和手段，以及旅游者利用互联网的方式。

七、结论

本章探讨了旅游者的信息搜索行为和策略，以及可能影响其外部和内部搜索策略的因素。本章通过文献回顾揭示了，一个旅游者所使用的信息搜索类型（内部的或外部的）可能受到他对内部信息搜索和外部信息搜索的感知成本以及旅游参与程度的直接影响。旅游者的先前产品知识、学习信息的方式以及以往的参观体验，都可能对旅游者的信息搜索行为产生直接效应。旅游者的先前产品知识由两部分组成——熟悉度与专业知识，这与旅游研究者所普遍存在的一个观念是相悖的，即旅游者的知识是一个一维结构，并且能通过简单计算旅游者在该旅游目的地中的游览次数来进行测量。旅游者的熟悉度与专业知识对其使用外部或内部信息来源的影响存在差异。熟悉度高的旅游者主要依赖内部信息搜索来完成度假决策，而专家型旅游者则可能通过外部信息来源搜索信息，尽管他们比那些熟悉度高的旅游者对度假地有更多的先前产品知识。此外，信息搜索成本对于旅游者的先前知识与信息搜索行为之间的关系可能存在调节作用。外部信息搜索成本的增加，可能会降低外部搜索的程度；而内部信息搜索成本的增加，则可能降低内部搜索水平。研究认为，外部与内部信息搜索成本都能调节熟悉度与专业知识（旅游者的先前知识）对旅游者的影响。

随着旅游者熟悉度的增加，他们更有可能根据自身对目的地的了解情况来完成度假决策（Gursoy，2001）。一个旅游者是否单凭内部信息搜索进行决策，主要根据他们对自身现有知识的充分性与质量的感知水平。旅游目的地管理与营销者都应该记住，熟悉度测量的是主观知识。主观知识是指人们对一个产品或一个产品类别的内容与数量的感知（Monroe，1976；Park *et al.*，1994）。因此，如果一个旅游者认为自身对一个旅游目的地已有充分的认识，他可能不再利用任何外部信息来源来搜索相关信息。即使他使用了这些外部信息来源，这种自信感也会影响他们这些信息的使用情况（Brucks，1985）。文化是调节信息搜索类型与程度的另一个因素。研究表明，文化对于决定一个旅游者如何利用外部信息来源发挥着重要的作用。因此，那些面向国际市场的旅游目的地，需要认识到每一个市场的文化差异，并根据这些差异调整其传播策略。对于旅游目的地的营销者而言，他们需要全面了解旅游者获取信息的方式、信息搜索过程的主要组成部分以及每一部分相互结合的方式。这样，他们就能针对信息搜索过程中的各个具体阶段来设计相应的传播策略，从而实现资源的高效利用，成功地吸引更多的旅游者到访他们的旅游目的地。

参考文献

Alba, J. W. and Hutchinson, J. W (1987) Dimensions of consumer expertise. *Journal of Consumer Research*, 13 (March), 411 - 453.

Anderson, R. A., and Jolson, M. A. (1980) Technical wording in advertising: implications for market segmentation. *Journal of Marketing*, 44 (Winter), 57 - 66.

Avery, R. J. (1996) Determinants of search for nondurable goods: an empirical assessment of the economics of information theory. *Journal of Consumer Affairs*, 30 (2), 390 - 420.

Beatty, S. E. and Smith, S. M. (1987) External search effort: an investigation across several product categories. *Journal of Consumer Research*, 14 (1), 83 - 95.

Bettman, J. R. (1979) Memory factors in consumer choice: a review. *Journal of Marketing*, 43 (2), 37 - 53.

Bettman, J. R., Johnson, E. J. and Payne, J. W. (1991) Consumer decision making. In T. S. Robertson and H. H. Kassarjian (eds) *Handbook of Consumer Research.* Prentice Hall, Englewood Cliffs, NJ, pp. 50 - 84.

Bieger, T. and Laesser, C. (2004) Information sources for travel decisions: towards a source process model. *Journal of Travel Research*, 42 (4), 357 - 371.

Bloch, P. H., Sherrell, D. L. and Ridgway, N. M. (1986) Consumer search: an extended framework. *Journal of Consumer Research*, 13 (1), 119 - 126.

Brucks, M. (1985) The effects of product class knowledge on information search behavior. *Journal of Consumer Research*, 12 (1), 1 - 16.

Cai, L., Feng, R., and Breiter, D. (2004) Tourist purchase decision involvement and information preferences. *Journal of Vacation Marketing*, 10 (2), 138 - 148.

Chen, J. S. and Gursoy, D. (2001) An investigation of tourists' destination loyalty and preferences. *The International Journal of Contemporary Hospitality Management*, 13 (2), 79 - 85.

Copeland, M. T. (1917) Relation of consumers buying habits of marketing methods. *Harvard Business Review*, 1 (3), 282 - 289.

Coupey, E., Irwin, R. I. and Payne, J. W. (1998) Product category familiarity and preference construction. *Journal of Consumer Research*, 24 (4), 459 - 468.

Duncan, C. P., and Olshavsky, R. W. (1982) External search: the role of consumer beliefs. *Journal of Marketing Research*, 19 (1), 32 - 43.

Engel, J. F., Blackwell, R. W. and Miniard, P. W. (1993) *Understanding the consumer* (7th ed). Dryden, Forth Worth, TX.

Engel, J., Blackwell, R. D. and Miniard, P. (1995) *Consumer behavior* (8th ed). Dryden, Fort Worth, TX.

Etzel, M. J. and Wahlers, R. G. (1985) The use of requested promotional material by pleasure travelers. *Journal of Travel Research*, 23 (4), 2 - 6.

Fodness, D. and Murray, B. (1997) Tourist information search. *Annals of Tourism Research*, 24 (3), 503 - 523.

Fodness, D. and Murray, B. (1998) A typology of tourist information search strategies. *Journal of Travel Research*, 37 (2), 108 - 119.

Fodness, D. and Murray, B. (1999) A model of tourist information search behavior. *Journal of Travel Research*, 37 (3), 220 - 230.

Furse, D. H., Punj, G. N. and Steward, D. W. (1984) A typology of individual search strategies among purchasers of new automobiles. *Journal of Consumer Research*, 10 (4), 417 - 431.

Gitelson, R. and Crompton, J. (1983) The planning horizons and sources of information used by pleasure vacationers. *Journal of Travel Research*, 14 (3), 2 - 7.

Gitelson, R. J. and Perdue, R. R. (1987) Evaluating the role of state welcome centers in disseminating travel related information in North Caroline. *Journal of Travel Research*, 25 (4), 15 - 19.

Gursoy, D. (2001) Development of travelers' information search behavior model. Unpublished doctoral dissertation. Virginia Polytechnic Institute and State University, Blacksburg, VA.

Gursoy, D. (2003) Prior product knowledge and its influence on the traveler's information search behavior. *Journal of Hospitality and Leisure Marketing*, 10 (3/4), 113 - 131.

Gursoy, D. and Chen, J. S. (2000) Competitive analysis of cross cultural information search behavior. *Tourism Management*, 21 (6), 583 - 590.

Gursoy, D. and Chi. C. G (2008) Chapter 11: Travelers' information search behavior. In Haemoon Oh (eds) *Handbook of Hospitality and Tourism.* Elsevier.

Gursoy, D. and Gavcar, E. (2003) International leisure tourist's involvement profile. *Annals of Tourism Research*, 30 (4), 906 - 926.

Gursoy, D. and McCleary, K. W. (2004a) An integrative model of tourist's information search behavior. *Annals of Tourism Research*, 31 (2), 353 - 373.

Gursoy, D. and McCleary, K. W. (2004b) Travelers' prior knowledge and its impact on their information search behavior. *Journal of Hospitality and Tourism Research*, 28 (1), 66 - 94.

Gursoy, D. and Umbreit, W. T. (2004) Tourist information search behavior: cross - cultural comparison of European Union Member States. *International Journal of Hospitality Management*, 23 (1), 55 - 70.

Howard, D. R. and Gitelson, R. (1989) An analysis of differences between state welcome center users and nonusers: a profile of Oregon vacationers. *Journal of Travel Research*, 27 (1), 38 - 40.

Howard, J. A. and Sheth, J. N. (1969) *The Theory of Buyer Behavior.* John Wiley, New York.

Hyde, K. F (2006) Contemporary information search strategies of destination - naïve international vacationers. *Journal of Travel and Tourism Marketing*, 21 (2/3), 63 - 76.

Johnson, E. J. and Russo, J. E. (1984) Product familiarity and learning new information. *Journal of Consumer Research*, 11 (1), 542 - 550.

Kassarjian, H. H. and Robertson, T. S. (1968) *Perspectives in Consumer Behavior.* Scott, Foresman Company, Glenview, IL.

Kendall, K. W. and Booms, B. H. (1989) Consumer perceptions of travel agencies: communications, images, needs, and expectations. *Journal of Travel Research*, 27 (4), 29 - 37.

Kim, S. S., Scott, D. and Crompton, J. L. (1997) An exploration of the relationships among social psychological involvement, behavioral involvement, commitment, and future intensions in the context of Birdwatching. *Journal of Leisure Research*, 29 (3), 320 – 341.

Milman, A. and Pizam, A. (1995) The role of awareness and familiarity with a destination. *Journal of Travel Research*, 33 (3), 21 – 27.

Monroe, K. B. (1976) The influence of price differences and brand familiarity on brand preferences. *Journal of Consumer Research*, 3 (1), 42 – 49.

Murray, K. B. (1991) A test of services marketing theory: Consumer information acquisition activities. *Journal of Marketing*, 55 (1), 10 – 23.

Nolan, S. (1976) Tourists' use and evaluation of travel information sources. *Journal of Travel* Research, 14 (3), 6 – 8.

Park, C. W., Gardner, M. P. and Thukral, V. K. (1988) Self – perceived knowledge: some effects on information processing for a choice task. *American Journal of Psychology*, 101 (3), 401 – 424.

Park, C. W., Mothersbaugh, D. L. and Feick, L. (1994) Consumer knowledge assessment. *Journal of Consumer Research*, 21 (1), 71 – 82.

Perdue, R. R. (1985) Segmenting state information inquirers by timing of destination decision and previous experience. *Journal of Travel Research*, 23 (3), 6 – 11.

Perdue, R. R. (1993) External information search in marine recreational fishing. *Leisure Sciences*, 15 (3), 169 – 187.

Punj, G. and Staelin, R. (1983) A model of consumer information search behavior for new automobiles. *Journal of Consumer Research*, 9 (4), 366 – 380.

Raitz, K. and Dakhil, M. (1989) A note about information sources for preferred recreational environments. *Journal of Travel Research*, 27 (1), 45 – 49.

Schmidt, J. B. and Spreng, R. A. (1996) A proposed model of external consumer information search. *Journal of the Academy of Marketing Science*, 24 (3), 246 – 256.

Schul, P. and Crompton J. L. (1983) Search behavior of international vacationers: travel – specific lifestyle and sociodemographic variables. *Journal of Travel Research*, 22 (3), 25 – 31.

Sheldon, P. J. and Mak, J. (1987) The demand for package tours: a mode choice model. *Journal of Travel Research*, 26 (2), 8 – 14.

Snepenger, D., Meged, K., Snelling, M. and Worrall, K. (1990) Information search strategies by destination-naïve tourists. *Journal Travel Research*, 29 (1), 13 – 16.

Snepenger, D. and Snepenger, M. (1993) Information search by pleasure travelers. In M. A. Kahn, M. D. Olsen and T. Var (eds) *Encyclopedia of Hospitality and Tourism.* Van Nostrand Reinhold, New York, NY, pp. 830 – 835.

Srinivasan, N. (1990) Pre – purchase external information search for information. In V. E. Zeithaml (eds) *Review of Marketing.* American Marketing Association, Chicago, pp. 153 – 189.

Srinivasan, N. and Ratchford, B. T. (1991) An empirical test of a model of external search for automobiles. *Journal of Consumer Research*, 18, 233 – 242.

Stigler, G. (1961) The economics of information. *The Journal of Political Economy*, 19, 213 – 225.

Teare, R. (1992) An exploration of the consumer decision process for hospitality services. In Teare, R., Moutinho, L. and Morgan, N. J. (eds) *Managing and Marketing Services in the* 1990*s.* Cassell Educational, London, UK, pp. 233 - 248.

Tjøstheim, I. and Tronvoll, B. (2002) The internet and city tourists: a study of preferences for information sources in travel planning. In K. W. Wøber (eds) *City tourism* 2000. Springer, Vienna, pp. 276 - 285.

Trompenaars, A. (1998) *Riding the Waves of Culture: Understanding Diversity in Global Business.* Irwin Professional Pub, Burr Ridge.

Urbany, J. E., Dickson, P. R. and Wilkie, W. L. (1989) Buyer uncertainty and information search. *Journal of Consumer Research*, 16, 208 - 215.

Uysal, M., McDonald, C. D., and Reid, L. J. (1990) Sources of information used by international visitors to U. S. parks and natural areas. *Journal of Park and Recreation Administration*, 8 (1), 51 - 59.

Vogt, C. A. and Fesenmaier, D. R. (1998) Expanding the functional information search. *Annals of Tourism Research*, 25 (3), 551 - 578.

Woodside, A. G. and Ronkainen, I. A. (1980) Vacation planning segments: self planning vs. users of motor club and travel agents. *Annals of Tourism Research*, 7, 385 - 393.

第 6 章
体验式消费与旅游目的地市场营销

一、序言

本章旨在探讨消费体验及其在旅游目的地营销中的作用。要设计并传达恰当的信息给消费者，首先需要正确地了解消费体验与旅游目的地营销的关系。因此，有人认为，旅游组织的作用除了开发与促销旅游目的地产品以外，还应该为旅游者体验创造意象，包括本土的物理与文化环境，以及东道主与游客之间的人际互动。

正如前文所述，旅游者在参观一个旅游目的地之前，一般很少拥有直接相关体验，他们也不可能在购买前就试游或试验这个目的地的好坏。就像服务业中大多数的案例一样，旅游业的特征就是购买无形的东西，并且伴随着生产与消费的异质性和不可分割性（Parasuraman *et al.*, 1985）。

体验包括了对有形产品的购买，如饭店住宿和交通。然而，这并不是传统意义上对有形产品的购买；这只是购买了该产品在一段时间内的使用权。旅游者体验的核心就在于旅游者与有形地方之间、当地居民与旅游者之间的互动。在本质上，这些互动是一些自动反应和本能行为（Titz, 2007），由与认知和情感价值相关的消费者行为组成（Sheth *et al.*, 1991；Bitner, 1992；Naylor and Kleiser, 2002）。这表明，在全面了解旅游目的地市场营销背景下消费者的行为之前，首先必须认识消费体验的作用，这对于旅游目的地的管理与推广是十分重要的。有假设被进一步提出：与一个旅游目的地相关的各种意义，是由该目的地中的物质与人类联系之间的互动所创造的。这些意义的力量正是从那些关系的互动过程中产生的（Trauer and Ryan, 2005）。

本章首先界定消费体验相关术语，尤其详细阐述那些有助于理解消费体验及其在旅游目的地营销领域中应用的概念。然后对体验或体验维度、消费与消费者体验、物理环境感知与人际互动进行文献回顾。为了简化接待业与旅游目的地体验的概念化，本章还将介绍一个消费者体验框架，然后讨论旅游目的地营销组织以及消费体验对于塑造旅游目的地形象的作用。最后，本章将讨论旅游目的地营销领域中未来消费体验研究的方向，并做出总结和提出相关启示。

二、背景

（一）体验与消费体验的本质

在学术界，已有大量文献研究体验与消费体验（Kaplan，1987；Edgall and Hetherington，1996；Carlson，1997；Carù and Cova，2003；Andersson，2007；Knutson *et al.*，2009）。虽然“体验”这个术语在近 20 年里得到很好的应用，但也同时存在许多不同的含义、解释和理解。消费者体验和体验式营销概念的出现，主要是因为市场营销的传统利益与特征已不足以满足消费者的需要（Schmitt，1999）。这又是由以下 5 个同时出现的因素所导致的：信息技术的广泛使用推动了体验创新；品牌优势；一个更加富有经验、富裕且苛刻的消费者群体的出现；服务业竞争日益激烈；以及无处不在的集成通信与娱乐（Pine and Gilmore，1998；Schmitt，1999；Knutson *et al.*，2006）。正如“体验”出现一系列不同的含义、理解与应用所反映的那样，这些变化推动着市场不断发生变革。

消费者体验的理论来源大致可追溯到几个行为科学的专业领域。这些领域包括文化产业系统（Hirsch，1972）、美学（Jaeger，1945；Kaplan，1987）、语言心理学的情感反应（Osgood *et al.*，1957）以及心理学范畴的幻想、意象和多感知性（Singer，1966；Swanson，1978；Hirschman and Holbrook，1982）。营销领域中的动机研究着重于产品/服务的情感方面，包括由产品所引起的幻想（Dichter，1960；Zajonc，1980）以及产品的象征意义（Levy，1959；Denzin，1992）。虽然这些研究通过综合更多的现象学方法来拓展消费者行为研究领域中的传统方法，从而推动范式转变，但该研究领域所面临的一个重要挑战就在于，关于消费者体验的界定存在过多不同的定义（表 6－1）。

表 6-1 关于体验定义的总结

作者	年份	定义
Ray	2008	体验使人们暂且中断日常生活与各种期望，为他们提供一些有意思的值得关注的东西；体验本身就是一种不可思议的参与。
Lashley	2008	从东道主与客人之间热情好客的关系创造角度来讨论旅游体验；这些体验包含情感，情感是创造记忆的必要条件。
Titz	2007	还没有出现一种单一的体验式消费模型；体验式消费是全面理解接待业与旅游业背景下消费者行为的核心。
Mossberg	2007	许多元素聚集融合在一起，并可牵涉消费者的情感、身体、智力和精神等。
Oh, Fiore, and Jeoung	2007	从消费者的视角来看，体验是“对那些消费的事件所产生的令人愉悦、引人入胜、难以忘怀的邂逅”。
Andersson	2007	可以认为，旅游体验是旅游消费与旅游产品相遇的时刻。
Uriely	2005	当前，人们将旅游体验描述成一种模糊且多样化的现象，它主要由消费者个人所建构。
Berry, Carbone, and Haeckel	2002	人们在购买过程中所觉察到的所有线索被精心编排的方式。
Lewis and Chambers	2000	由消费者所购买的环境、商品和服务相结合所得到的总成果。
McLellan	2000	体验设计的目标是精心策划一些具有功能性和目的性，引人入胜、令人信服且让人难以忘怀的经历。
Schmitt	1999	体验是一种私人活动，它不是自发的，而是为了回应一些舞台化的事件，并且使整个人参与其中。
Gupta and Vajic	1999	当消费者在一个由服务提供者所创造的环境中，与不同元素发生一定程度的互动，从而获得一些感觉或知识时，体验就产生了。
Pine and Gilmore	1998；1999	一种独特的不同于服务的经济提供物，就如服务不同于商品一样；成功的体验，是指那些消费者能够随着时间的推移而发现它们是独特的、难以忘怀和可持续的体验，是他们希望重复与期盼得到，并通过口碑热情宣传的体验。
O'Sullivan and Spangler	1998	体验牵涉到个体在消费过程中的参与，其在身体上、心理上、情感上、社交上或精神上的参与状态就是体验。
Carlson	1997	体验可界定为一种源源不断地出现在意识瞬间的思想和感觉流。
Merriam - Webster	1993	通过一次直接的观察或参与，从而受到了影响或得到了知识的事实或状态。
Arnould and Price	1993	非凡体验是以高层次的情感强度为特征的。

续表

作者	年份	定义
Denzin	1992	非凡的体验是与常规生活的决裂，激发对自我彻底的重新定义。在顿悟的瞬间，人们重新定义他们自己。顿悟与转折点体验是联系在一起的。
Csikszentmihalyi	1990	“流”是保持一个人积极进取的最佳体验。这种感觉往往包含一些痛苦的、冒险的或艰难的使人的能力得以延伸的努力，以及一种新奇与发现的元素。“流”是一个几乎不费力但高度集中的意识状态，其与文化、性别或年龄的关系不大。
Mannell	1984	一种体验或精神状态是个体所独有的，在休闲生活中值得我们关注的是体验的质量，而不是数量。
Hirschman and Holbrook	1982	是消费者行为中，与个人对产品所经历的多感知性、幻想和情感相关的那些方面。
Maslow	1964	高峰体验是指个体能够超越寻常现实并感知到存在或最终现实的经历。其持续的时间较短，通常伴随积极的影响。
Thorne	1963	高峰体验是个体所主观认识到的一个人生制高点，是个人曾经拥有过的一段最精彩、最丰富和最充实的经历。最低点体验可描述为个体所主观认识到的一个人生的最低点，是一段最糟糕、最不愉快和最悲惨的生活经历。

如表 6－1 所示，关于体验的研究已经跨越了许多领域，表明这个概念得到了良好和广泛的应用。从社会学和心理学的观点来看，Maslow（1964）认为高峰体验是指个体能够超越寻常现实并感知到存在或最终现实的经历；其持续的时间较短，并伴随积极的影响。类似地，Thorne（1963）将高峰体验定义为“个体所主观认识到的一个人生制高点，是个人曾经拥有过的一段最精彩、最丰富和最充实的经历”。与高峰体验相对应的是最低点体验，指“个体所主观认识到人生的一个最低点，是一段最糟糕、最不愉快和最悲惨的生活经历”。从人类学和民族学的观点看，体验是文化影响个人的意识接收事件的方式（Carù and Cova，2003）。体验是从个体的角度来理解的，从概念上，它仍与民族学的观点区分开来，民族学的观点认为体验包括了那些发生在其他人、社会和世界上的经历（Abrahams，1986）。

从经济学和市场营销的角度来看，Schmitt（1999）认为体验是一些私有的个人事件，是对一些刺激的回应，由于对一个事件进行了观察或参与，体验将涉及整个人。他认为，为了刺激所需要的消费者体验，营销者必须提供恰当的背景与环境。Lewis 和 Chamber（2000）将消费体验定义为“由消费者所购买的环境、商品和服务相结合所得到的总结果”。然而，大多数尝试定义体验的研究者都忽略了许多消费者体验的共同运作模式。例如，Solomon 和 Corbit（1974）提出“情感动力标准模型”，可以揭示许多有效的经验共性和享乐体验。他们这样来描述这个模型：

> 首先，一个令人愉悦或反感的刺激突然出现，这时，一种情感的或享乐的反应开始出现，并迅速攀升到一个高峰。接着，在刺激的质量和强度保持不变的情况下，这种反应渐渐下降到一个稳定的水平。当刺激突然终止时，这种情感的反应便迅速消失，并让位于一个在质上完全不同类型的情感反应，当这种反应达到自身的强度高峰之后又渐渐随着时间消失。

根据 Solomon 和 Corbit（1974），该模型包括 5 个特征：第一，达到一个初始的享乐过程或状态的高峰，因受到刺激而促发；第二，享乐或情感会适应一段时间，其间即使刺激的强度保持不变，享乐状态的强度也会持续下降；第三，只要维持刺激强度，享乐过程的稳定水平就会保持不变；第四，伴随着刺激的终止会迅速出现一个情感后反应高峰，其享乐的性质与初始享乐状态时的高峰迥然不同；第五，在这种状态以后，体验逐渐减弱直至消失。这个模型有助于理解个体在一个指定的消费体验中所经历的感受。因此，初始的情感反应高峰通常没有那么强烈，但情感后反应高峰将变得更加强烈与持久。这个概念在接待业与旅游业背景中也得到了合理应用。例如，在旅游业背景下，消费者在一天又一天地参观一个豪华的海滨度假胜地之后，其在视觉、气味与声音上所受到的影响，跟前几次的参观相比，也许相对就减弱很多。

一次体验或体验维度是由许多单体元素聚集在一起的融合体，其中可能牵涉到消费者的情感、身体、智力和精神等（Mossberg，2007）。旅游体验维度可能包括了物理环境、社会环境和其他消费者或旅游者。Carlson（1997）认为，一次体验就是一股稳定地发生在意识瞬间的思想和感觉流。然而，旅游目的地本身并不能为消费者提供体验，它们仅能通过创造环境与情境，使消费者从中得到一种体验。正是消费者或旅游者在其消费体验过程中把产生旅游体验的资源放在一起，才把最后的链接添加到生产链上（Andersson，2007）。换言之，消费者所经历的体验发生在他们自身内部，而结果则依赖于消费者如何在特定的情景或思想状态下，对一次事先安排好的邂逅做出反应（Csikszentmihalyi，1990；Mossberg，2007；Pine and Gilmore，1999；Wang，2002）。在本章中，当旅游目的地营销组织为游客创造和精心策划体验时，我们可称之为体验式营销。

1. 界定体验

当我们研究体验和消费体验时，仅仅考虑与市场相关的体验固然很有吸引力。然而，消费体验事实上不仅包括与市场相关的体验（体验与经济交易联系在一起），它还包括其他方面的体验，认识到这一点很重要。Edgall 等学者（1997）概括了 4 种独特的消费体验，包括由朋友或邻居的互惠关系而产生的社区体验，由家庭成员的义务关系而产生的家庭体验，由与其他公民的关系而产生的国家或公民体验，以及由与企业或其他旅游者的相遇而产生的与市场相关的体验或消费者体验。他们认为，“消费”体验与“消费者”体验之间是有区别的。例如，在一个涉及与朋友或其他同行游客一起参加的晚宴中，人们将从这样一次公共消费体验中得到友谊体验，即使这种体验是与能购买到食物的市场联系在一起的。类似地，一次涉及与朋友交谈的公共消费体验则是在市场范围之外的。换句话说，在没有发生产品或服务交换的情况下，虽然个体没有得到与消费者相关的体验，但他得到了市场之外的或超越了市场环境的体验（Carù and Cova，2003）。

2. 消费体验

由于旅游者在一个旅游目的地的旅行过程中，或在一个旅游目的地的一次邂逅中，会得到各种广泛的体验，因此可以认为，旅游者的体验不只是与市场相关，还可能包括社区的、家庭的、国家或公民的相关的体验。例如，当旅游者参加当地的文化风俗或宗教仪式时，将会得到公民体验，并且往往是在市场相关体验之外的。因此，旅游目的地营销者应该认识到旅游者体验的多样性，并根据包括与市场相关和与市场无关在内的各种体验来仔细挖掘旅游者的信息。

（二）消费者体验与旅游目的地营销

在现代服务接待业中，为客户创造体验早已备受关注。这对旅游目的地营销组织来说之所以如此重要，是因为随着经济的发展提供越来越多的商品化产品和服务，公司必须找到新的概念和营销战略使它们能够脱颖而出（Schwartz，1990；Pine and Gilmore，1999；Mossberg，2007）。相似地，旅游目的地也同样面临着资源商品化的问题。然而，消费者希望购买的不仅是一个产品和服务，他们更希望得到这些交易背后的体验、关系和故事（Carlson，1997）。要实现这一目标，就要更注重旅游目的地体验的设计与传递，努力提升客户满意度，并最终实现客户忠诚度。

Pine 和 Gilmore（1999）在阐述一个基于体验的新兴经济力量时表明，消费者不仅渴求产品和服务的生产、传递以及消费；他们更加渴望得到那些独特的依附于产品和服务且能创造某种难忘的经历的东西。他们认为，企业必须将注意力从一个强调高质量产品与服务的“制造与库存”商品经济与“侧重传递”的服务经济中，转移到强调“舞台型”体验并最终创造难忘的消费经历的经济中。他们将体验界定为“那些以个人的方式使个体参与的事件”。

大量研究表明，在服务业中，物理环境与人际互动这两个维度共同影响着产品与服务购买和消费的体验（Baker，1987；Bitner，1992；Carbone and Haeckel，1994；Pullman and Gross，2004）。从市场营销服务的角度来看，Mehrabian 和 Russell（1974）发现消费者对物理环境具有情绪反应。Kotler（1973）描述道，一家商店的气氛往往比它的实际产品更重要。Milliman（1986）的研究确定了酒吧顾客的消费行为受到酒吧音乐的节奏和速度的影响。Bitner（1992）对“服务场景”（物理环境对顾客和员工的影响）的开创性研究，建立了一个重要的概念，即环境测试因子，其中包括环境条件、空间与功能、标志、人工产品、符号以及社会互动。根据 Pullman 和 Gross（2004）的研究，当对员工的行为精心设计，使员工与消费者发生联系与互动时，积极的消费体验就可能会出现。

在物理环境与人际互动因子研究的基础上，其他研究进而对这些因子如何影响消费者的感知价值提出了假设，并将消费者行为分成两大维度——情感维度与认知维度（Lavidge，Steiner，1961；Schmitt，1999；Sheth *et al.*，1991；Bitner，1992）。消费者在接触产品与服务过程中将产生一些认知性与情感性理解，并在此基础上对消费体验赋予价值（Mathwick *et al.*，2001）。也就是说，在整个消费体验过程中，消费者对所接收到的与被给予的东西加以理解，并据此来对产品与服务的整体效用进行评估。因此，消费体验可能会诱发某些特定的结果，并反映在消费者的认知与情感价值感知中。例如，那些包含了经济价值或效率的体验，可能形成消费者的认知价值。那些包含了积极的视觉吸引力、愉悦或娱乐经历的消费体验，将可能诱发积极的情感价值。

Carbone 和 Haeckel（1994）等学者（2007）认为，消费者的经历总是包含着体验，不管美好的还是糟糕的，短暂的还是长期的。然而，消费体验并不是在真空环境中发生的，它会受到许多因素的影响，并进而影响体验的结果。例如，有些经济产品更趋向于体验导向（如邮轮或电影），有些则不然（如快餐或租车）（O'Sullivan and Spangler，1998）。有学者讨论了情境变量与个人特征可能对感知环境与人际互动维度产生的影响（Belk，1975；Bitner，1992；Baker，1998）。Belk（1975）在他的一个开创性研究中讨论道，正确地认识情境变量能够极大地提升研究者对消费者行为表现的解释与理解能力。同样，Bitner（1992）和Baker（1998）在研究零售店环境时，发现了可能影响消费者对商店环境线索的解释与反应的因素，如消费者目标、产品熟悉度、消费者是否购买了一件商品或一次服务，以及独特的个人特征等。根据这些研究可知，消费体验并不普遍存在于各种经济产品中，也没有普遍存在于消费者中。

除了以上普遍达成一致的概念外，还出现了大量相互矛盾的观点。Schmitt（1999）的定义认为，体验不是自发的，而是对一些舞台化事件的响应。这与其他大量研究认为个体能够发起一个体验过程的观点是相互矛盾的（Arnould and Price，1993；Csikszentmihalyi，1990）。例如，如果个体在一开始没有刻意参与到事件中，那么，Csikszentmihalyi（1990）的"流"体验，或Arnould和Price（1993）的"非凡"体验是不会发生的。然而，这些观点并没有排除这样的可能性，即当一个人非刻意地遇到了意料之外的事件，如在巴黎街头与四重奏室内音乐家擦肩而过，也会产生一种体验。可见，这些文献对此还没有一个清楚的定论。体验是否是自发的（消费者能否控制/选择他们是否有体验），或消费者是否会盲目地卷入到他们面前所展开的一系列体验中？本章假定，只有当消费者愿意并能够参与到事件中时，体验才会发生。例如，一个不情愿的但为了得到一杯咖啡而去一家豪华饭店礼宾休息室的消费者，他可能会选择自制咖啡，并尽量减少或放弃舞台型人际互动，同时淡化或忽视那些环境线索。相反，一个处于休闲度假中的消费者可能更"愿意"并且开放地接受体验，他会选择尽情地享受一杯咖啡，并因消费了产品而去检验和享受环境。无论如何，每一个消费者都会根据环境以及个人特征来决定自身对体验的意愿与能力。

Berry等学者（2002）将体验界定为人们所察觉到的精心策划的线索。然而，这个定义也存在一些问题，是否所有消费者都能辨认出那些精心策划的线索呢？消费体验对每个消费者的影响是否相同呢？假设两个消费者在到达一个旅游目的地或在办理饭店入住手续的过程中，经历了相近的舞台体验，但他们对这些相同的线索会出现不同的解释与反应吗？是否所有消费者都察觉到相同的线索呢？以往的产品或服务购买经历会怎样影响消费者的体验呢？消费者在一次服务经历过程中，将会使体验最小化或最大化吗？许多研究假定每个消费者都相似地接受与吸收消费体验。相反，Russell和Snodgrass（1987）发现，有些因子可能完全不会被察觉到（如气体、化学品、次声），却对个体产生深刻的影响，尤其对于那些长时间处在一个环境中的员工。

通常认为，消费者体验是由外部实体（人或企业）所精心策划或上演的

(Pine and Gilmore, 1998; Schmitt, 1999)。然而，少有研究认识到，只有当消费者消费或参与到事件中，并且必须乐意且能够参与时，才会发生体验。再者，论证体验是否发生在没有精心策划或上演的事件中是很重要的。例如，一般认为，人们在参观海洋时也会在情感上、身体上、智力上和精神上受到影响。从定义上来说，这也应该是一种体验，即使这不是舞台化的，也没有经过精心策划（Hirschman and Holbrook, 1982; Csikszentmihalyi, 1990; Arnould and Price, 1993; O'Sullivan and Spangler, 1998; Mossberg, 2007）。

关于消费者体验的观点仍在不断发展演变中，本章只是回顾了其中比较成熟的观点，介绍了体验的概念及其影响消费者与消费过程的方式。目前，学界对体验的定义过于泛滥，这反而妨碍了对这个概念更深入地理解。由于消费者体验定义与观点的多样化，研究者与实践者都很难对概念完全达成一致。尽管多样化有利于形成有趣与多元化的交流，却难以形成一个精确的体验概念。

三、旅游体验的框架

基于以上的讨论，本章提出了一个概念框架用以描述旅游目的地市场营销背景下旅游体验的组成（图 6－1）。假设消费者的核心体验由两个轴构成，代表四个组成部分，包括普通的、非凡的、认知的与情感的。在消费者体验的边缘是大量影响消费者体验的因素。假设消费体验不是发生在没有受到外部或内部影响的真空环境中，但对每一个旅游者的作用都是独特的。这些影响因素可能包括：物理环境体验因素、人际互动感知因素、个体性格特征和情境因素。如图 6－1 所描述，外部因素的作用将随消费者体验的发生而不断变化。每个因素都可能对消费者体验各组成部分有适度或显著的影响，从而使得每个旅游者的体验都明显不同。

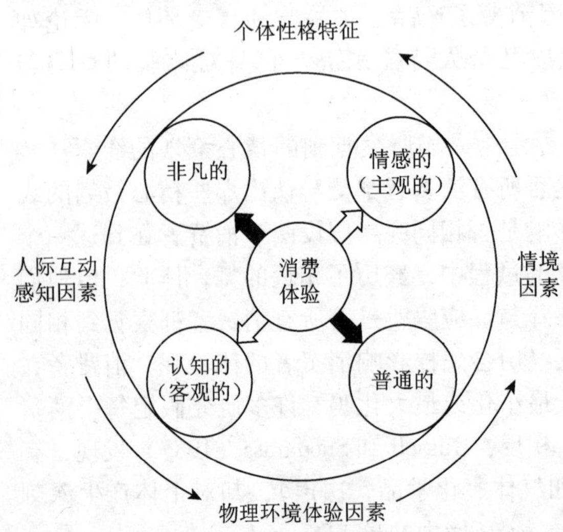

图 6－1　旅游体验的框架

该框架同时结合了企业与消费者的体验观点。旅游目的地可以通过物理环境维度和情感/人际互动维度来为消费者创造和策划体验，从而试图与消费者产生联系。这种联系是为了培养消费者的意识或兴趣，为他们创造一次有意义和充实的消费/交易体验，这将影响到消费价值感知、满意度以及重游意向。消费者体验是多维并可带走的印象或结果，立基于消费者对受到物理或人际互动维度影响的意愿与能力，成形于消费者所经历的产品、服务与企业，这三个要素共同影响了与旅游目的地相关的消费价值（情感的和认知的）、满意度和重游意向。

（一）普通—非凡体验

第一轴代表体验范围从普通到非凡之间的变化。消费者体验是指那些发生在日常体验之外的一些事件。在最高的位置上，即达到了峰值或颠覆性体验（Smith，1978；Cohen，1979）。Arnould 和 Price（1993）在对一次漂流之旅的定性研究中描述了一些非常强烈与积极的、为生活提供了意义与新视角的体验，并称之为“非凡体验”。该研究激励了其他研究者从纯粹的体验研究逐渐走向一个新的领域，包括了对“沉浸”、“最佳”、“非凡”或“流”体验的研究。这 4 个相似术语的概念化，最初也许起源于 Maslow（1964）的研究，他将峰值体验比作某种类似于对宗教的狂热，而后随着“消费者希望拥有那些强烈的、积极的，并且最终能为他们的生活提供意义与视角的体验”的观点越来越得到认可，这样的术语也日益得到广泛的应用（Arnould and Price，1993）。Abrahams（1986）进一步区分了普通体验（在日常生活、常规与事件中得到的体验）与非凡体验（完全沉浸的体验或流体验）。同样，Caru 和 Cova（2003）也区分了普通和非凡体验，认为后者应成为服务接待与旅游业的预期目标。

许多研究者认为，消费者能够感知到日常或常规体验与休闲或旅游体验之间的差异（Boorstin，1961；MacCannell，1973；Smith，1978；Cohen，1979；Quan and Wang，2004；Uriely，2005）。旅游体验包括了非凡体验，也包括支持日常生活的体验，如住、食和游（McCabe，2002），根据产品或服务的性质，旅游体验的范围包括从普通或日常的体验到颠覆性的或使人顿悟的体验（O'Sullivan and Spangler，1998；Day，2000；Quan and Wang，2004）。体验的变化范围包括从令人兴奋的积极体验到不愉快的消极体验变化不等。一方面，消费者不仅必须自身乐意且有能力接收到一种体验；另一方面，这些产品或服务的类型还需要与所预期传递的体验类型一致。例如，当租赁汽车或购买出租车服务时，体验往往是以产品本身（特征与利益）为导向的，而一次邮轮度假则往往以体验为导向。因此，根据产品或服务的性质，饭店与旅游体验的范围是一个从普通到非凡之间变化的连续体。然而，即使是普通的或日常的体验，只要受到适当的物理环境体验或人际互动因素的影响，也可以达到非凡或颠覆性体验。例如，一位父亲和女儿在家中散步也许是一次普通的体验，但如果他们一起穿过加洲的红树林，就可能成为一次非凡的体验。

（二）认知一情感体验

第二个事件轴代表内部响应，说明体验的范围从认知（客观的）体验向情感（主观的）体验变化，同时表明个体能够启动一次体验发生的程序。假如个体在一开始没有产生任何意图，Csikszentmihalyi（1990）的“流体验”或Arnould和Price（1993）的“非凡体验”将不会发生。然而，这并不排除体验可能是偶然发生的，但这里假定体验是自发的，并且消费者能够控制或选择他是否将要拥有一种体验（包括消极的体验）。因此，在每一次消费体验中，并不是所有人都将受到同等的影响，这与Berry等学者（2002）将体验界定为所有人都可以察觉到的精心策划的线索这一定义是相互矛盾的。例如，可以假设两个正在办理饭店入住手续的消费者，他们经历着几近相同的实习安排好的经历，却因对相同的线索出现不同的解释与反应而拥有不同的体验。因此，可以推测出，不同的人对消费体验的接受与吸收都是不同的。

Carlson（1997）认为，体验是一股稳定出现在意识瞬间的思想（认知的）和感觉（情感的）流。Carù和Cova（2003）认为，体验是一种同时包含了认知与主观过程的活动，这个过程允许个体通过某种方式来建构现实。类似地，也有学者认为，饭店与旅游环境能够充分满足包括认知与情感的体验。还有一些研究调查了体验的一般类型，包括顿悟体验（Denzin，1992）、流体验（Csikszentmihalyi，1990）以及非凡体验（Arnould and Price，1993）。这些体验，不管普通的还是非凡的，都转变了人们的生活，并包含了允许个体通过某种手段来建构现实的过程（Carù and Cova，2003）。不管从学术领域还是行业的角度来看，体验是认知与情感过程的一个独特的结合体（Abrahams，1986；Csikszentmihalyi，1990；Denzin，1992；Arnould and Price，1993；Carù and Cova，2003）。假定有一位企业主管出于某种商业目的入住一家度假饭店，他可能为了完成暂住目标而在认知上限制其体验，但如果这是蜜月期，他可能就会在认知上尽可能将体验最大化（选择参与其中）。

（三）物理环境体验与人际互动感知因素

饭店与旅游公司可以通过管理物理环境与人际互动元素，有效提升消费者的体验。Bitner（1992）认为，环境与内部响应（认知的、情感的和生理的）对消费者和员工的体验具有直接的影响，并能创造更高的满意度。消费者体验不一定只与（像一般消费产品那样的）有形物品相关，它可能还包含了由消费者在接受企业产品与服务的过程中，由于所形成的各种感知信息（视觉、嗅觉、触觉、味觉、听觉）融合在一起而形成的消费者感知（Carbone and Haeckel, 1994）。这些感知本质上都是一些情感与个人体验，但它们也会受到个体管控范围之外的因素所影响（Pullman and Gross, 2004）。这些因素可能包括了多感知性物理环境体验、人际互动、文化背景和人格特征，以及其他情境因素（Belk, 1975; Hirschman and Holbrook, 1982; Bitner, 1992; Schmitt and Simonson, 1997; Schmitt, 1999）。

Domenico 和 Lynch（2007）在研究住宿商业化发展的过程中发现，参与者不仅仅是旁观者，物理环境和人际互动也不是静态的。相反，消费者体验是多维的，且不断发生变化，它往往是物理环境维度与人的维度（由主人与客人组成）之间自发的互动结果。也就是说，舞台化的情境或环境包括了影响消费者五官感觉的物理维度。Bitner（1992）引导组织机构去思考环境维度，参与者的调节作用或内部响应（认知的、情感的和生理的），以及那些能使员工与客户建立承诺与忠诚度，并愿意花费金钱和延长逗留时间的行为。如果消费者有意参与到积极的物理环境与关系中，他们往往会更努力争取得到积极的情感与行为结果。

为了吸引消费者的五官感觉并创造一个良好的能够满足营销目标的物理环境，企业通常对物理环境做舞台化处理与改良。其中的元素可能包括：空气清新的饭店环境，温暖与热情的配色方案，以及一个设计良好、既实用又具有视觉吸引力的环境等。企业还可以通过员工培训和通过针对某类特定的消费者群体来创造一个良好的社交参与环境，从而提升人际互动体验。这些元素可能包括员工的各种行为，如穿戴特别的制服、保持良好的身体姿势、进行眼神接触和向客户微笑等。体验还可能受到与其他顾客的互动影响，这些元素可能包括其他顾客或游客的预期行为、对私人空间的尊重或者社会经济方面的期望。

（四）个体性格特征与情境因素

最后两组元素通常在企业的控制之外，即情境因素与个体性格特征。在一个旅游目的地中，旅游产品与服务的创造或履行并不总是相同的，消费者体验也因此容易发生变化，体验不会受限于某种类型的交易或响应，但会受到消费体验的类型与阶段以及个体性格特征的影响。同样，如果将消费者对快餐体验与豪华邮轮体验的反应进行比较，可以想象得到它们之间巨大的消费者体验差异。

Day（2000）、O'Sullivan 和 Spangler（1998）指出，产品/服务和消费者之间的一次交易或体验谱决定了消费者所经历的体验类型与程度。这可能是由每个消费者的个体性格特征与情境因素差异所导致的。情境因素如在旅游背景中与旅程相关的特征，往往影响着旅行的性质。这些因素包括了旅行目的、旅行伴侣以及旅游目的地的性质，它们影响着旅游者是否乐意欣赏舞台化的体验元素。同样，如性格类型和对环境的敏感度等个体特征，也可能影响旅游者欣赏舞台化体验元素的意愿或能力。因此，服务接待和旅游业的消费者体验是一个多维的结构，由一系列外部与内部因素组成，它们共同塑造并影响着消费者体验的形成，只有当消费者乐意并且有能力参与时，这些体验才会发生。

四、旅游体验的应用

就其本质而言，旅游目的地中的活动与目标都是基于体验的。由于旅游体验发生在个体内并融合了多个元素，又由于体验元素都是由个体来解释的，因此，任何两个个体之间的体验都不完全相同。旅游者体验不一定只与类似一般消费者产品这样的有形物品相关，相反，它是所有所购买的或体验的商品、服务以及环境的综合体（Lewis and Chambers，2000）。体验还体现在消费者在接受企业产品与服务过程中，将各种感觉信息融合在一起而形成的感知（Carbone and Haeckel，1994）。正是这些特征使得旅游者的体验变得鲜明、独特且强大。

如上文提及，Domenico 和 Lynch（2007）发现参与者不仅仅是旁观者，物理环境与人际互动也不是静态的。相反，旅游者体验是多维的结构，并且不断发生变化，它们往往是物理环境维度与人的维度（由主人与客人组成）自发互动的结果。这与 Uriely（2005）对旅游者体验的描述非常一致，其中包括了旅游不同于日常生活的特殊性；旅游接待体验，即大量的互动因素；是一种从静态的项目展示向物理与人际维度的主观解释的转变；以及消费者体验往往是相对而不是绝对的。由于旅游目的地能够从情感、身体、智力、精神与记忆等多个方面吸引旅游者，因此，我们有理由重视这些领域，并清楚认识到，旅游者在其消费者体验生产过程中是一个积极的参与者。

以上说明了旅游者是一个复杂的消费者，例如，他所寻求的不仅仅是商品的交易，而是通过物理环境与人际互动，来寻求不同程度的认知与情感联系。此外，旅游者也会积极参与到他们自身的体验生产过程（Domenico and Lynch，2007；Hosany and Gilbert，2009）。有研究者甚至提出，体验质量主要是以“那个地方的人们，尤其是旅游者之间密切关系”为基础的（Trauer and Ryan，2005，p. 481），而位置则是次要的。因此，旅游目的地能够为旅游者之间及其与当地居民之间的关系发展提供良好的背景环境价值。

因此，旅游目的地资源就其本质而言，为旅游者在物理环境与人际层面上的参与提供了丰富的环境与社会背景，并为他们创造了一种持久而难忘的联系。如果旅游目的地能够认识到这些资源潜能，并以积极与独立的方式进行营销，它就有可能踏上有竞争力的可持续发展之路。

有两个旅游目的地营销组织的广告活动，即圣地亚哥的会议与观光局的“Happy Happens”广告，以及奥兰多会议与观光局的“奥兰多使我微笑”（Oralndo Makes Me Smile）广告（图 6－2；图 6－3），证明了旅游目的地如何能够为旅游者提供一个可以创造持久与难忘的消费体验环境。这两场广告活动的信息都聚焦在旅游目的地的独特产品所带来的个人联系与情感上。视觉图像展示了这些聚集在一起的人（如父亲与儿子、兄弟姐妹、朋友）正在享受旅游目的地中的特性。例如，奥兰多会议与观光局的一个视频剪辑展示了一个快乐的小女孩正在游泳，标题写着“今天与父亲在一起”，接着又写“明天与海豚在一起”，前者指与家庭欢度时光，而后者指在奥兰多的“海洋世界”或“探索海湾”里与家人共赏海豚。圣地亚哥会议与观光局的临时总裁兼首席执行官 Joe Terzi 陈述道：

> 我们的新品牌宣传平台反映了我们区域在提升游客的心情与积极的人生观方面具有独特的能力。“快乐发生了”能够为目的地创造更大的旅游需求，因为它建立并传递着一种积极的人生观，这正是旅游者与会议代表们在旅游者体验中所寻找的某种东西。

奥兰多会议与观光局也以“Makes Me Smile”的广告涉足这个主题。这种营销努力旨在利用旅游目的地环境与人际关系鼓励创造能为游客带来深刻的人际关系的难忘时刻。

> “Makes Me Smile”是一场旨在培养在奥兰多能发现的关系与愉悦体验的广告活动。微笑，是这个著名的旅游目的地中许多吸引物和娱乐项目能够带来的最可爱与最普遍的快乐标志，这也是广告活动的焦点所在。游客

之间的关系将从计划奥兰多度假那一刻起，直到度假结束后所形成的各种永恒回忆中，变得更加亲近（Martin, 2010）。

图6－2　圣地亚哥2009“Happy Happens”广告图
（该图经圣地亚哥会议与观光局同意使用）

图6－3　奥兰多2009“Makes Me Smile”广告图（该图经奥兰多会议与观光局同意使用）

这两个案例都是认识旅游者体验的典范。两个旅游目的地都为发展关系提供了很好的背景环境价值。这证明了Trauer和Ryan（2005）的观点，即消费体验的质量首先是人们之间的亲密关系，其次是位置。换言之，正是人们之间所共享的消费体验，例如在圣地亚哥或奥兰多的一个旅游目的地共度时光，能够发展成为一种永恒的印象。例如，夏威夷之所以成为一个有价值的旅游目的地，不仅是依靠它的海洋、山体或太平洋上的微风，而是因为人们在发现这些目的地珍宝的过程中所发展的关系或个人探索，为他们创造了难忘且持久的旅游目的地体验。所以说，旅游目的地能够为旅游者之间以及旅游者与当地居民之间的关系演变，提供良好的背景环境价值。

五、结论与启示

本章旨在研究消费体验及其在旅游目的地营销中的作用。本章认为，消费体验是一个复杂且多维的结构，这个结构有助于我们理解消费者行为。旅游体验具有丰富的“体验景观”（物理环境、人际互动、认知与情感），并且旅游者也会积极参与到他们自身的消费体验生产过程中。如果旅游目的地营销组织能够认识到这一点，并认识到旅游者如何从情感联系中受益，它们就能够形成合适的营销战略（市场细分、定位与传播）（Hosany and Gilbert，2009）。

本章着眼于消费体验的构成，发现消费体验包括了物理环境与人际互动两个维度。个体元素可能涉及旅游者在情感上、身体上以及智力上的参与。人际联系是在旅游目的地中通过与当地居民发生互动而产生的。与旅游目的地相关的关系和意义之所以出现，是源于该目的地中的游客与人们之间的互动本性（Trauer and Ryan，2005），尤其当这些人际关系产生意义时，就更是如此。然而，一个人并不是只要处在一个旅游目的地中就能产生一种消费体验；这些旅游目的地只有通过创造环境与情境，使消费者置于其中能够产生一种体验时，消费体验才得以发生。

从实际的角度来看，旅游目的地营销组织、旅游中介以及旅游运营商等旅游提供者若试图策划一些积极的邂逅，就应该通过创造性的图像与宣传视频来促进积极情感的产生。如今，在旅游目的地日益激烈的竞争环境中，仅靠宣传旅游目的地的形象已远远不够。因此，认识消费体验与旅游目的地营销组织之间的关系，不仅对于旅游目的地开发与促销是必要的，对于辨认由情感驱动，并且希望借助旅游目的地来发现和提升重要关系的旅游者也是必要的。最新文献表明，旅游目的地研究正从形象研究向品牌化研究转变（Trauer and Ryan，2005），但营销者们还应该对旅游者的消费体验进行监测，并将这些体验整合到营销活动中。这反过来将使旅游目的地更好地满足旅游者的需要，带来满意的顾客，并促使他们形成推荐意愿。

六、未来研究方向

本章旨在研究消费体验的概念及其在旅游目的地营销中的作用。虽然旅游者体验的定义已得到大量关注，但它们假定顾客所遇到的所有因子在他们心目中的分量都是平等的。未来研究可进一步确定这些因子在实际提升体验方面是否相等，以及是否可以使用加权系统，使顾客可以对每个因子在提升体验方面的重要性进行“权重”。例如，旅游目的地中的一些属性（如得天独厚的资源与人工创造的资源）是否比其他属性更有助于产生难忘与可持续的旅游目的地体验？这个问题对于应该把有限的资源集中在哪里来创造最积极的旅游目的地体验，提供了重要的管理启示。

在零售与消费者行为领域中，有研究表明（Bitner，1992；Carbone and Haeckel，1994；Baker *et al.*，2002），积极的物理环境与友好的人际相遇，和消费者的满意度与忠诚度之间存在直接的联系。研究这些联系是否存在于旅游背景中也将很有意义。例如，如果旅游目的地环境在物理上具有独特吸引力，同时消费者也能够与当地居民产生积极的相遇，那么，消费者是否将产生更高的满意度与忠诚度呢？从直观上来判断，答案将是肯定的，但哪个因素对满意度与忠诚度的影响最大呢？

从管理的角度来看，调查旅游目的地营销管理者对旅游者体验的看法也将非常有意思。将旅游目的地营销管理者所认为重要的顾客体验，与顾客所报告的重要体验相比，是否存在差异呢？如果找到潜在的差距或不一致性，也许有助于那些有前瞻性的旅游目的地认识并改进旅游者体验。

最后，本研究很少提及市场营销或品牌计划与品牌资产的影响。例如，品牌计划将对旅游者体验产生怎样的影响呢？如果通过调查知名品牌（如拉斯维加斯）相对于知名度较低的品牌（如里诺）的影响，确定旅游者在知名度不同的旅游目的地中是否产生体验感知差异，相信也将是一个非常有趣的课题。

参考文献

Abrahams, R. D. (1986) Ordinary and Extraordinary Experience. In V. W. Turner and E. M. Bruner. (eds) *The Anthropology of Experience.* University of Illinois, Urbana, IL, pp. 3 – 30.

Andersson, T. D. (2007) The tourist in the experience economy. *Scandinavian Journal of Hospitality and Tourism*, 7 (1), 46 – 58.

Arnould, E. J. and Price, L. L. (1993) River magic: extraordinary experience and the extended service encounter. *Journal of Consumer Research*, 20 (1), 24 -45.

Baker, J. (1987) The role of the environment in marketing services: the consumer perspective. In J. A. Czepeil, C. A. Congram and J. Shanahan. (eds) *The Services Challenge: Integrating for Competitive Advantagex.* American Marketing Association, Chicago, pp. 3 -30.

Baker, J. (1998) Examining the information value of store environments. In J. F. Sherry (eds) *ServiceScapes – The Concept of Place in Contemporary Markets.* American Marketing Association, Chicago IL, pp. 55 -79.

Baker, J., Parasuraman, A., Grewal, D. and Voss, G. B. (2002) The influence of multiple store environment cues on perceived merchandise value and patronage intentions. *The Journal of Marketing*, 66 (2), 120 -141.

Belk, R. W. (1975) Situational variables and consumer behavior. *Journal of Consumer Research*, 2 (3), 157 -164.

Berry, L. L., Carbone, L. P. and Haeckel, S. H. (2002) Managing the total customer experience. *MIT Sloan Management Review*, 43 (3), 85 -89.

Bitner, M. J. (1992) Servicescapes: the impact of physical surroundings on customers and employees. *Journal of Marketing*, 56 (2), 57 -71.

Boorstin, D. J. (1961) *The image: a guide to pseudo – events in America.* Atheneum, New York.

Carbone, L. P. and Haeckel, S. H. (1994) Engineering customer experiences. *Marketing Management*, 3 (3), 8 -19.

Carlson, R. (1997) *Experienced Cognition.* Lawrence Erlbaum Associations, New York.

Carù, A. and Cova, B. (2003) Revisiting consumption experience – A more humble but complete view of the concept. *Marketing Theory*, 3 (2), 267 -286.

Cohen, E. (1979) A phenomenology of tourism experiences. *Sociology*, 13 (2), 179 -201.

Csikszentmihalyi, M. (1990) *Flow – The Psychology of Optimal Experience.* Harper and Row, New York.

Day, G. S. (2000) Managing market relationships. *Journal of Academy of Marketing Science*, 28 (1), 24 -30.

Denzin, N. K. (1992) *Symbolic Interactionism and Cultural Studies: The Politics of Interpretation.* Blackwell, Cambridge.

Dichter, E. (1960) *The Strategy of Desire.* Doubleday, New York.

Domenico, M. D., and Lynch, P. (2007) Commercial home enterprises: identify, space and setting. In C. Lashley, P. Lynch and A. Morrison (eds) *Hospitality: A Social Lens.* Elsevier, Oxford, UK.

Edgall, S. and Hetherington, K. (1996) Introduction: consumption matters. In S. Edgall, K. Hetherington and A. Warde (eds) *Consumption Matters: The Production and Experience of Consumption.* Blackwell, Oxford, p. 321.

Edgall, S., Hetherington, K. and Warde, A. (1997) *Consumption Matters: The Production and Experience of Consumption.* Blackwell, Oxford.

Gupta, S. and Vajic, M. (1999) The contextual and dialectical nature of experiences. In J. Fitzsimmons and M. Fitzsimmons (eds) *New service development* Sage, Thousand Oaks, CA, pp. 33 -51.

Hirsch, P. M. (1972) Processing fads and fashions: an organization – set analysis of cultural industry systems. *The American Journal of Sociology*, 77 (4), 639 -659.

Hirschman, E. C. and Holbrook, M. B. (1982) Hedonic consumption: emerging concepts, methods and propositions. *Journal of Marketing*, 48 (3), 92 – 101.

Hosany, S. and Gilbert, D. (2009) Measuring tourists' emotional experiences toward hedonic holiday destinations. *Journal of Travel Research*, 49 (3), 1 – 14.

Jaeger, W. (1945) *Paideia: The Ideals of Greek Culture* (Vol. I). Oxford University Press, New York.

Kaplan, S. (1987) Aesthetics, affect, and cognition. *Environment and Behavior*, 19 (1), 3 – 32.

Knutson, B. J., Beck, J. A., Kim, S. H. and Cha, J. (2006) Identifying the dimensions of the experience construct. *Journal of Hospitality and Leisure Marketing*, 15 (3), 31 – 47.

Knutson, B. J., Beck, J. A., Kim, S. and Cha, J. (2009) Identifying the dimensions of the guest's hotel experience. *Cornell Hospitality Quarterly*, 50 (1), 44 – 55.

Kotler, P. (1973) Atmospherics as a marketing tool. *Journal of Retailing*, 49 (4), 48 – 64.

Lashley, C. (2008) Marketing hospitality and tourism experiences. In H. Oh and A. Pizam (eds) *Handbook of Hospitality Marketing Management*. Butterworth – Heinemann, Oxford, UK, pp. 3 – 31.

Lavidge, R. J. and Steiner, G. A. (1961) A model for predictive measurements of advertising effectiveness. *Journal of Marketing*, 25 (6), 59 – 62.

Levy, S. J. (1959) Symbols for sale. *Harvard Business review*, 34 (4), 117 – 124.

Lewis, R. C., and Chambers, R. E. (2000) *Marketing Leadership in Hospitality*. John Wiley, New York.

MacCannell, D. (1973) Staged authenticity: arrangements of social space in tourist settings. *American Journal of Sociology*, 79 (3), 589 – 603.

Mannell, R. C. (1984) A psychology for leisure research. *Leisure and Society*, 7, 13 – 21.

Martin, B. (2010) *Orlando CVB Reveals 2009 Marketing Campaign "Orlando Makes Me Smile" Campaign Focuses on Memorable Moments in Orlando.*

Maslow, A. H. (1964) *Religions, Values and Peak – Experiences.* Ohio State University Press, Columbus.

Mathwick, C., Malhotra, N. and Rigdon, E. (2001) Experiential value: conceptualization, measurement and application in the catalog and Internet shopping environment. *Journal of Retailing*, 77 (1), 39 – 56.

McCabe, S. (2002) The tourist experience and everyday life. In G. M. S. Dann (eds) *The Tourist as a Metaphor of the Social World.* CABI Publishing, Wallingford, pp. 61 – 75.

McLellan, H. (2000) Experience design. *Cyberpsychology and Behavior*, 3 (1), 59 – 69.

Mehrabian, A. and Russell, J. A. (1974) *An Approach to Environmental Psychology.* Massachusetts Institute of Psychology, Cambridge.

Merriam – Webster. (1993) *Merriam – Webster's Collegiate Dictionary* (10th ed). Merriam – Webster, Inc, Springfield, MA.

Milliman, R. E. (1986) The Influence of background music on the behavior of restaurant patrons. *Journal of Consumer Research*, 13, 286 – 289.

Mossberg, L. (2007) A marketing approach to the tourist experience. *Scandinavian Journal of Hospitality and Tourism*, 7 (1), 59 – 74.

Naylor, G. and Kleiser, S. B. (2002) Exploring the differences in perceptions of satisfaction across lifestyle segments. *Journal of Vacation Marketing*, 8 (4), 343 – 351.

O'Dell, T. (2005). Experiencescapes: blurring borders and testing connections. In T. O'Dell and P. Billing (eds.), *Experiencescapes – Tourism, Culture, and Economy*. Copenhagen Business School Press, Copenhagen, pp 11 – 14.

O'Sullivan, E. L. and Spangler, K. J. (1998) *Experience Marketing – Strategies for the New Millennium.* Venture Publishing, Inc, State College.

Oh, H., Fiore, A. M. and Jeoung, M. (2007) Measuring experience economy concepts: tourism applications. *Journal of Travel Research*, 46, 119 – 132.

Osgood, C. E., Suci, G. J. and Tannenbaum, P. H. (1957) *The Measurement of Meaning.* University of Illinois Press, Urbana.

Parasuraman, A., Zeithaml, V. A. and Berry, L. L. (1985) Conceptual model of service quality and its implications for future research. *Journal of Marketing*, 49, 41 – 50.

Pine, J. and Gilmore, J. H. (1998) Welcome to the experience economy. *Harvard Business Review*, 76, 97 – 105.

Pine, J. and Gilmore, J. H. (1999) *The Experience Economy: Work is Theatre and Every Business a Stage.* Harvard Business School Press, Boston.

Polikarpov, Y. (2009) *Visitors Bureau Lures Tourists to 'Happy' San Diego Brandweek.*

Prahalad, C. K. and Ramaswamy, V. (2003) The new frontier of experience innovation. *MIT Sloan Management Review*, 44, 12 – 18.

Pullman, M. E. and Gross, M. A. (2004) Ability of experience design elements to elicit emotions and loyalty behaviors. *Decision Sciences*, 35 (3), 551 – 578.

Quan, S. and Wang, N. (2004) Towards a structural model of the tourist experience: an illustration from food experiences in tourism. *Tourism Management*, 25 (3), 297 – 305.

Ray, A. (2008) *Experiential Art: Marketing Imitating Art Imitating Life.*

Russell, J. A. and Snodgrass, J. (1987) Emotion and the environment. In D. Stokols and I. Altman (eds) *Handbook of Environmental Psychology* John Wiley and Sons, Inc, New York, pp. 245 – 281.

Schmitt, B. (1999) *Experiential Marketing.* The Free Press, New York.

Schmitt, B. and Simonson, A. (1997) *Marketing Aesthetics: the Strategic Management of Brands, Identity, and Image.* Free Press, New York.

Schwartz, N. (1990) Feelings as information: informational and motivational functions of affective states. In E. T. Higgins and R. M. Sorrentino (eds) *Handbook of Motivation and Cognition: Foundations of Social Behavior.* Vol. 2, Guilford Press, New York, pp. 527 – 561.

Sheth, J. N., Newman, B. I. and Gross, B. L. (1991) Why ee buy what we buy: a theory of consumption values. *Journal of Business Research*, 22 (2), 159 – 170.

Singer, J. L. (1966) *Daydreaming: An Introduction to the Experimental Study of Inner Experience.* Random House, New York.

Smith, V. L. (1978) *Hosts and Guests.* Sage, London.

Solomon, R. L. and Corbit, J. D. (1974) An opponent – process theory of motivation: temporal dynamics of affect. *Psychological Review*, 81 (2), 119 – 145.

Swanson, G. E. (1978) Travels trough inner space: family structure and openness to absorbing experiences. *The American Journal of Sociology*, 83 (4), 890 – 919.

Thorne, F. C. (1963) The clinical use of peak and nadir experience reports. *Journal of Clinical Psychology*, 19

(2), 248 - 250.

Titz, K. (2007) Experiential consumption: affect - emotions - hedonism. In A. Pizam and H. Oh (Eds.), *Handbook of Hospitality Marketing Management.* Butterworth - Heinemann, Oxford, UK, pp. 324 - 352.

Trauer, B. and Ryan, C. (2005) Destination image, romance and place experience—an application of intimacy theory in tourism. *Tourism Management*, 26 (4), 481 - 492.

Uriely, N. (2005) The tourist experience. *Annals of Tourism Research*, 32 (1), 199 - 216.

Wang, N. (2002) The tourist as peak consumer. In G. M. S. Dann (eds) *The Tourist as a Metaphor of the Social World.* CABI Publishing, Wallingford Oxon, pp. 281 - 295.

Zajonc, R. B. (1980) Feeling and thinking: preferences need no inferences. *The American Psychologist*, 35 (2), 151 - 175.

第三篇
目的地市场营销：品牌与形象

第7章
目的地市场营销调研：问题与挑战

一、序言

本章主要研究旅游目的地营销调研及相关问题。首先简要介绍旅游系统和旅游体验的各个阶段，为识别旅游目的地营销调研问题提供框架，其次重点介绍旅游目的地营销调研的技术方法与问题，最后，做出总结并探讨未来旅游目的地营销调研可能面临的挑战。

旅游目的地是旅游活动发生的地方，旅游者从中参观吸引物，参加各种休闲活动，并通过与所参观地之间的互动形成度假体验。随着时间的推移，旅游目的地将经历不同的发展周期，它们的本质吸引力及其市场也将因此发生改变。地方——在一个特定国家中的一个城市、州、县或者一个区域——可能希望成为一个知名旅游目的地，其营销目标也这样定位。然而，要成为这样一个旅游目的地，并在游客心目中保持积极的形象，将对营销工作带来巨大的挑战。对于那些面积较小的州或岛国而言，其所面临的挑战还可能与那些较大的旅游目的地不一样。

为了更充分地认识这些问题，需要从系统的视角来研究旅游。下文简要讨论旅游系统、旅游体验的阶段以及新的价值链问题。要识别并理解眼前合适的研究问题与研究热点，就有必要理解一个完整的旅游系统的构成要素，这有助于旅游目的地管理者更好地分配有限的资源来维持其在市场中可持续的竞争优势。

二、旅游系统

已有学者提出了不同的旅游系统模型（Leiper，1979；Mill and Morrison，1985；Gunn，1988），但从本质上看，这些模型都认同旅游系统主要由一个客源地与一个旅游目的地组成。客源地代表了旅游的需求方面，是旅游者的来源地。相应地，旅游目的地代表了旅游的供应方面，是系统中具有吸引力的部分，其中的旅游活动能满足游客需求，并创造该目的地的全面度假体验。旅游者、服务提供者以及旅游吸引物是系统的中心。交通与信息等（营销）组成部分是一些“联系纽带”，它帮助游客决定去哪里、停留多久以及做什么。同时，这些联系纽带也使企业能够通过促销、产品开发以及定价策略等方式来直接影响潜在顾客的决策（Fesenmaier and Uysal，1990；Uysal，1998，Sirakaya and Woodside，2005）。需求与供给之间存在着互惠互动的关系，且将影响全面度假体验的创造，其中，商品和服务的生产与消费是同时进行的。

在一定时期内，旅游者影响了一个特定旅游目的地的吸引物与服务的形成。游客在旅游目的地中所花费时间的数量与质量，将极大地影响着他的度假体验以及服务经历。旅游业本身的存在及其持续的竞争力，主要依赖该旅游目的地资源的有效性，及其为满足游客期望与需要的包装组合程度。能够吸引游客的特色资源是丰富多样的，它们在分布、开发程度以及知名度等方面也存在差异（Pearce，1987）。在市场方面，交通、住宿、餐饮与娱乐服务的生产者，都将牵涉到旅游市场营销中的中介机构，如旅游运营商和旅行代理商。在供应方面，旅游目的地中的休闲娱乐活动是众多旅游供应商的重点，这些供应商包括地方与州立机构、私营企业的老板、旅游目的地组织以及基础设施与其他旅游支持性服务的提供者。

旅游供应可分为三个要素：旅游导向型产品、居民导向型产品以及背景旅游要素（Jafari，1982，1983）。旅游导向型产品包括住宿、餐饮服务、交通、旅行代理商与旅游运营商、休闲娱乐以及其他旅游服务贸易。随着旅游者在旅游目的地停留时间的延长，他们可能会增加对居民导向型产品的使用，包括医院、书店、理发店等。在使用这些产品时，旅游者也会接触或体验一些背景旅游要素，如自然、社会文化以及人造吸引物，它们往往是旅游者旅行的主要原因。因此，旅游供应资源的各个要素并不是相互排斥的，相反，它们是互补的。各个要素对于旅游体验的创造与消费都十分重要。为了充分理解供应元素响应需求的方式，旅游目的地需要形成并维持供应资源元素方面的数据与信息。

（一）旅游体验阶段

完善的旅游系统和旅游体验阶段隐含一个明确的重要假设，即旅游者将考虑各种影响因素进行度假决策，因此也会经历不同的决策阶段。从个体层面来看，旅游系统的运作一定会受到旅游体验的不同阶段影响。Clawson 和 Knetsch（1971）提出，旅游体验分为 5 个阶段：旅程前（计划与信息收集）、去程（travel to site）、现场活动、回程以及旅程后（图 7－1）。旅游者与服务提供者（企业）在每个阶段中都可能发生互动。旅程前活动可能包括：发现旅游动机、搜索旅游相关信息、安排行程等。接着，使用某种形式的交通方式途经选定的旅游目的地。通常来说，旅游者将借助旅行与旅游服务提供者（如：航空公司与汽车公司）来到达目的地。到达目的地后，他们将依靠服务提供者来为他们提供住宿、饭店、娱乐以及在最终目的地中的各种体验。在准备回程过程中，他们很可能会与旅游运营商和个人发生互动。当旅游体验结束旅游者返回家中后，他们常常会反思自己的旅行经历（Ncalet al.，1998）。旅游目的地营销者需要意识到这些旅游体验阶段，并从中创造价值，为游客提供所需的信息与服务。

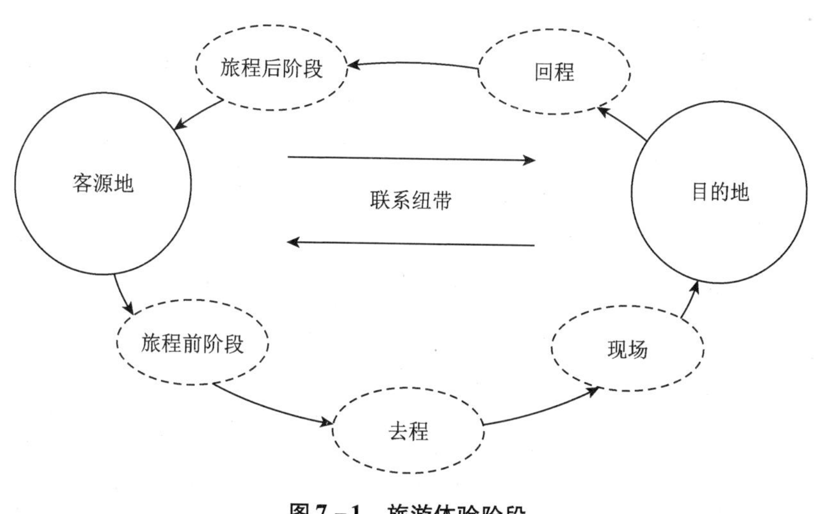

图 7－1　旅游体验阶段

（二）新的价值链

旅游体验经历不同的阶段就意味着，要在这个过程的任意一点上创造价值不仅是可能的，也是可行的。旅游目的地的创收，满意度的实现以及不和谐现象的出现，都可能发生在各个阶段中，而大多数旅游服务所具有的生产与消费的同时性，更为顾客价值创造提出了重要的挑战。在旅游业中，顾客价值创造贯穿于旅游体验的各个阶段，从旅程前的计划与预期阶段，到现场体验，到旅程后的反思阶段。Braithwaite（1992）讨论了有关信息技术的价值创造的重要性。他提出了一个能够涵盖旅游业各个子行业的概念框架，即价值链。在价值链上的每一个链接都代表了一个体验点。每段体验或旅行阶段所创造的价值范围从“低”到“适中”到“高”分布。在每个点上，都有为消费者创造价值的可能。服务型技术所提供的各种产品，都可能影响消费者在一个或更多的体验点上所接收到的价值。

那么，旅游目的地是如何影响度假体验以及旅游需求的各个阶段或过程的呢？不同组织对旅游目的地的营销与调研工作，包括公共与私营部门之间的调研合作，都应该关注在度假体验中的各个阶段所能为潜在游客创造的价值。在当今世界，信息技术的应用已使得价值创造变得更加容易，它实现了旅游产品与消费者的实时连接，减少了消费者在计划与后勤方面的时间投入，从而为他们创造了更多的放松与休闲时间。在旅游目的地营销中，旅游业作为一个系统，其发展实质上与当今与日俱增的信息技术应用趋势是相当协调一致的（Buhalis, 2004; Mistilis and Daniele, 2005）。在这个过程中，出现了一条新的价值链与旅游功能系统相结合，并从这样的联系中产生全新的意义，成为“知识的助推器”（图7－2）。在结构与功能联系的作用下，旅游目的地的供应商便能够与潜在顾客同时实现直接与间接的联系。数字联系使旅游目的地促销者能够按照游客所希望的时间间隔来控制信息传递的数量与内容（Palmer and McCole, 2000）。

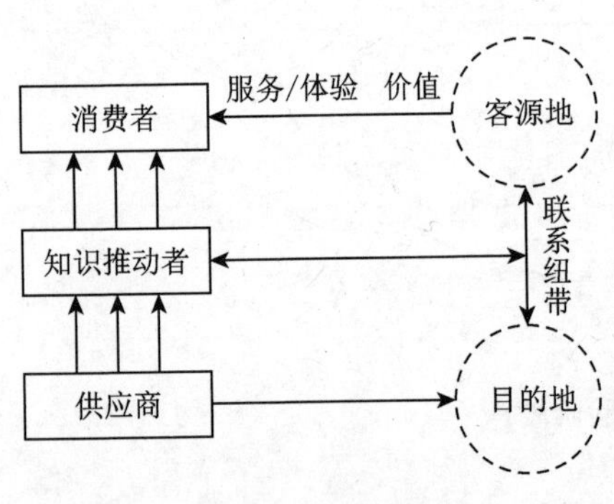

图7－2 新价值链

从旅游系统中可以看到，旅游目的地的管理者或决策者可以拥有众多有价值的调研项目，但他们主要面临的挑战就在于，是否能够充分认识并辨别出旅游系统在维持各个功能与要素方面的运作方式。

三、旅游目的地营销调研

前文已讨论旅游系统元素和旅游体验阶段，现在主要介绍旅游目的地的营销调研。旅游目的地营销调研旨在理解目的地中游客与旅游提供者之间的互动关系。在本质上，两者的互动分别代表了旅游的需求方与供应方。在当今高度竞争的休闲旅游市场中，无论新兴还是成熟的旅游目的地，都需要拥有精确、及时且相关的信息来保持竞争力，并增加它们在休闲旅游市场中的份额（Mihalic，2000；Enright and Newton，2004；Kayar and Kozak，2010）。在资源有限的情况下，旅游目的地需要借助调研来有效且充分利用有限的资源，从而满足游客日益变化的需要。由于游客的期望不断变化，休闲市场也在进一步专业化，旅游目的地必将需要价值重组以适应当前的发展趋势，才能为游客提供可以创造非凡与难忘体验的商品与服务。因此，旅游目的地在刺激与创造需求方面具有重要的作用。它们需要知道自身的营销与管理努力是否能够到达目标市场，它们的目标顾客是否按照它们期望的方式做出了回应（Fyall and Leask，2006）。如果不经过调查研究，它们将缺乏必要的知识来实现有意义的网络存在，也很难准确地定位战略，并在休闲旅游市场中实现有力的竞争。

在介绍旅游目的地营销调研之前，首先需要了解目的地营销的基本概念。Wahab 等学者（1976）在 20 世纪 70 年代提出的旅游目的地营销定义在学界中享有很高的引用率。他们将旅游目的地营销定义为“一个管理过程，通过这个过程，国家旅游组织或旅游企业能够识别它们的现实与潜在目标游客，能在地方、区域、国家以及国际层面上与他们交流，从而确定并影响他们的愿望、需要、动机、喜恶，并相应地制定与调整自身的旅游产品，以达到最佳的游客满意度，最后实现它们的目标”。自此，开始出现大量关于旅游产品与服务营销的书籍，并且大多数书籍都采用了相似的旅游目的地营销定义（Gartrell，1994；Morrison，2002；Pike，2008）。总体而言，旅游目的地营销是一个融合了个体或集体努力以及形成全面游客体验的各项活动的混合体（Murphy *et al.*，2000）。

旅游目的地的营销重点已经发生了转变，过去主要关注旅游目的地作为一个地方的角色，现在不仅关注环境背景，还关注游客体验如何在那样的背景下得以创造与形成。因此，旅游目的地营销已成为发展并保持旅游宏观产品精髓（Vukonic，1997）和保持目的地持续的竞争力水平（Richie and Crouch，2000）的一个必要手段。因此，当今世界的旅游目的地营销已不再局限于目的地的物理位置。然而，现在依然存在的挑战是：旅游营销应该如何并且能在多大程度上成为旅游目的地管理的一个有效工具（Blumberg，2005）。

（一）旅游目的地营销调研的重要性

旅游目的地营销的调研内容是在目的地营销活动过程中自然而然形成的，关于调研的深度，一方面应达到对市场动态的了解，另一方面需要足以引导产品调整以满足市场需要与期望。无论在旅游目的地管理还是创造全面游客体验方面，了解市场的动态变化都是非常重要的。任何一个组织都几乎通过营销调研来探索市场和推销地方，或者通过旅游企业的可持续发展定位策略来提升与扩大现有的旅游商品与服务。调研过程包括收集数据与生成信息，并利用其中的情报来回答研究问题，最后找出有效的方案来解决目的地中的问题与关注热点。在高度竞争的旅游市场中，旅游目的地营销调研是一种持续进行的活动，需要不断得到每个涉及在内的个体的支持。如今，还有许多地方正不断涌现成为新的旅游目的地，这使营销者所面临的一个重要挑战是：其所提供的信息必须比竞争品牌的信息更加敏锐、凸显，或者能够替换竞争者的信息，从而吸引旅游者的注意力（Pike and Lyan，2004）。

因此，旅游目的地营销调研的两个主要目标是：第一，在现实与潜在游客心目中保持可持续竞争优势的同时增加地方的需求；第二，促进旅游目的地的管理效率。营销调研的首要功能在于提供信息与情报，提高决策过程的有效性，使目的地的营销及管理目标与地方作为一个旅游目的地的整体战略一致。一个完善的旅游系统应该是一个能够产生研究议程的概念框架，并成为这些议程的参考来源。

（二）旅游目的地营销的调研过程

现有文献大多将营销调研看作一个直线的连续过程。为了简单起见，我们采用国际旅游目的地营销协会所提出的方法（Harrill，2005），并简要解释每一个步骤。这种方法包括以下 8 个步骤：

第一，确定旅游目的地的吸引要素。一个旅游目的地最重要的吸引力在于能为游客创造深刻的情感或心理反应的元素。例如，当今不少旅游目的地都认同，遗产旅游、文化旅游以及自然旅游都是有利可图的潜在市场。实际上，诸如“历史的”或“自然的”形容词已经被泛滥使用于许多旅游目的地品牌中。然而，在一个竞争激烈的市场中，它们还应该努力唤醒游客诸如浪漫、冒险、神秘或灵性这样的情感与感觉。它们可以努力将这些元素结合起来，创造一种全面的度假体验以及相应的知名品牌。然而，值得反复强调的是，卓越的旅游目的地能够提供卓越的体验，这些体验超越了任何一个纯粹的吸引物。旅游目的地营销调研者可利用许多不同的定性与定量研究工具来识别目的地的吸引力与游客感知。他们需要了解游客对目的地产品的感知，以及对那些超越了产品外在美的东西的重视程度。

第二，制作旅游目的地当前的产品清单。在旅游目的地营销调研过程中，资产清查与评估也许是最重要（并往往被忽视）的步骤。这个步骤有助于旅游目的地找出产品差距。一般而言，旅游目的地对自身的观点与游客所持有的观点之间往往存在巨大的差距。例如，许多社区自认为是一个有潜力的旅游目的地，但实际上它们的主要吸引物只能吸引当地居民。又如，一个旅游目的地可能自认为是家庭度假旅游胜地，但只有少量吸引物能真正吸引家庭。此外，旅游目的地还需要意识到，有些习俗或历史可能对一些细分市场具有排他性。一个希望发展旅游经济的社区应该认识到，它们实际上为每一个人都敞开了大门，但同时还要不断监测自身的产品与游客对它们的看法（重视程度）之间存在的差距。

第三，评估产品质量与全面游客体验。引导标示与解说的缺失或混乱，可能是全球旅游业共同面临的一个严峻的挑战。许多游客可能不知道如何到达一个旅游目的地的吸引物，也不知道一旦到达那个吸引物将会看到什么。目的地可以利用一些简单的调研工具来评估产品质量，例如建立一个矩阵来评价资产或吸引物的发展潜能、营销潜能、经济潜能。不管好的还是差的全面游客体验，都能通过大规模调查、个人访谈以及焦点小组访谈等简单的方法进行有效的评估。旅游目的地一旦有了这些基础外部信息，就能开始针对品牌化与市场营销问题展开内部讨论了。

第四，开发或升级游客期待的吸引物并提供服务支持。前面的步骤可能将引导旅游目的地开发新的吸引物，或提升现有的吸引物以及相关的服务支持。例如，对一个旅游目的地的景点景观进行美化可能使其变得更有吸引力，但它们是否能满足各个年龄层游客的标准呢？它们是否符合《美国残疾人法案》所要求的标准呢？在前面的资产清点与评估的基础上，旅游目的地可能会创造一些新的旅游产品，但它接着又必须要决定新的旅游产品应放在什么位置。这进而会产生新的问题：哪一个地方将会从一个新的旅游产品提供中受益呢？谁又将会受到消极影响呢？旅游目的地当局就必须考虑给予新产品的地方以适当的服务支持。就像居民一样，游客也需要服务、水、停车场、休息室以及卫生间。许多旅游目的地所存在的一个通病就是，它们在进行市场营销时，总是没有首先考虑该目的地所能接待游客的地点与时间。此外，它们还应该努力消除心理障碍，使目的地中的各个方面都方便游客参观游览。

第五，使用最有效的形象、身份认同或品牌。旅游目的地的“资本”是由一个人生活中的文化、社会、自然与经济维度等方面所表达出来的价值与意义组成的（Gnoth，2007）。营销人员与调研者就是利用这些资本尝试构建目的地品牌。这个品牌化的过程实质上是一个建立共识的过程，其中，旅游目的地——包括居民、企业以及社区领导在内将从中确定自身最合适与最具吸引力的形象、身份认同或品牌。在理想的情况下，这些决策主要依据过去的调研情况，即潜在游客对该目的地的感知及其与吸引物之间的匹配程度。这个过程往往通过专业的营销或品牌战术人员来执行。虽然这一步骤可能会出现相当多的争议，但一旦达成共识，结果也会令人非常满意。然而，各当事者都必须认识到，品牌化的过程很难一蹴而就，一个品牌若要得到社区的完全接纳，同时还能得到潜在游客与重访游客的高度认可，可能需要长达 10 年时间完成这个过程。品牌化最常见的成果就是主题、颜色、设计、标识以及口号，它们共同形成一个整合营销活动的基础。

第六，向重点目标市场进行传播。判断一个品牌是否发挥了最佳效果，主要看它是否到达了目标市场。市场细分是用以确定哪些游客将可能对目的地品牌与产品做出反应的必要手段（Dolnicar，2004）。若不进行市场细分研究，旅游目的地很可能会遗漏一些目标市场。例如，假设一个旅游目的地的游客最可能来自附近城市的居民。这个假设也许是正确的，但其在指导营销活动方面却局限于过于狭隘的地域范围，因而有可能使旅游目的地因此失去宝贵的市场。在完成市场细分研究后，旅游目的地可能会发现，最有可能来访的游客，可能是居住在附近城市边缘地带的郊区社区居民，甚至是来自其他州的居民。还有其他一些市场错位的案例，包括对媒体源以及潜在游客的产品偏好做出错误的假设。一旦通过市场细分确定了游客的具体属性，规划者/服务提供者就能够开始设计合适的品牌化与市场营销工具，有效并充分地与这部分受众群体沟通，从而节约有限的预算资源。

第七，整合传统与电子促销手段。通过市场细分调研了解目标市场，有助于旅游目的地选择合适的传统与电子促销组合。成本效益好且能接触不同受众的社会媒体，如 Facebook、Linkin 以及 Twitter，已经取代了许多传统媒体，尤其是新闻报纸与杂志（Pan *et al.*，2007）。然而，许多合适的细分市场，如“婴儿潮”一代，仍然倾向于从印刷品、电视与收音机上接收关于目的地的信息。此外，这些传统媒体的目标定位相对更加准确，因此还将存在一定的营销优势。一旦确定了传统媒体与社会媒体之间的适当比例，旅游目的地就必须确保无论使用何种媒体，其所传递的品牌形象与信息都是一致的。在这一点上，转化研究与投资回报率分析可以揭示哪种媒体的效果最好。

第八，实行旅游目的地的关系与数据库营销。不少旅游目的地投资了大量资金来获取它们本来已有的信息。例如，游客咨询是一个重要的信息来源，能够了解游客对一个旅游目的地所感兴趣的方面。由于游客在获取信息或预订过程中将向目的地提供一些个人信息，因此，隐私与安全往往是潜在游客最关注的问题，旅游目的地必须非常谨慎地处理这些个人数据。然而，即便有了隐私与安全保护，这些丰富的数据资料依然会被目的地营销调研者所误用。在旅游目的地中存在的一个重要误解就是：一个邮政编码是没用的。然而，在一个邮政编码区域里，往往就存在许多不同的细分市场，因此，街道地址可能是最有用的数据，因为这些数据与美国人口普查数据是相连的。今天，旅游目的地已经可以使用非常精确的地理信息系统测绘来协助品牌化与营销活动。根据“物以类聚，人以群分”的观点，这些系统可以生成具体的地理与人口学数据，并以此识别和锁定其他可能有兴趣参观相同旅游目的地的个体。最后，网络营销与销售也是很重要的，因此，目的地最好能够配备一位内部网络职员。设计良好的网站可以用来收集与发布大量数据。那些更大的旅游目的地会提供从天气到交通状况到事件等各种各样的信息，但这些信息每天都必须被更新。旅游目的地的调研工作者、市场营销者以及网络经理，都必须共同合作以便及时收集与发布准确的信息，从而对旅游目的地进行有效的促销，最终获得更多的市场份额（Wang and Russo，2007）。在激烈的旅游目的地营销世界中，关系整合与数据库管理已成为一个必要的营销手段，而不再是自由选择的项目了。

实际上，营销调研者可能不会严格遵循这个过程。比如，在每个步骤上所花费的时间可能是不同的，还常常可能出现步骤重叠的情况。他们有时候可能会疏忽一些步骤，或者返回，或者改变步骤的顺序。在每一个调研步骤中，他们往往可以从中开发一个新研究项目，并提出一系列更详细与具体的步骤来实现这些特定课题的具体目标。

（三）谁来做旅游目的地营销调研

一般来说，答案是旅游目的地营销组织。Pike（2008）将一个旅游目的地营销组织定义为负责一个具体旅游目的地市场营销活动的组织。从这个层面来看，他有意排除了负责规划与制定政策的政府部门。旅游目的地营销组织的范围相当广泛，可能包括 4 大类别：国家、省和州旅游局；区域旅游组织；当地旅游主管部门与协会；以及私人基金会和企业团体。根据规模以及目标市场的差异，它们在营销与调研活动中的角色与参与程度也各不相同（Harrill, 2005）。

由于大部分旅游服务提供者高度分散且运营规模小，旅游目的地在调研和执行项目过程中，往往向营销公司、咨询顾问以及大学寻求帮助。一些成立了会议与观光局、地方商会以及其他旅游目的地营销组织的旅游目的地，也会进行内部调研。资金、二手数据的获取以及制度支持的程度，似乎独立或共同地决定了调研项目的性质与类型，并由不同类型的旅游组织资助与完成。

从历史上看，美国的会议与观光局和州旅游局对旅游目的地营销调研发挥着重要的作用。它们的研究活动所覆盖的领域包括游客资料调查、转化研究以及旅游影响研究，所有这些研究都与旅游者活动的跟踪与监测有关，并且通过游客接待与信息中心来发布信息（Perdue and Pitegoff, 1990）。如今，几乎每个旅游目的地都在网上创建资讯，但它们在网上自我促销、与现实或潜在游客共享信息、创造与发布情报等方面的能力都各不相同（Gretzel *et al.*, 2006）。

（四）旅游目的地的营销调研领域

旅游目的地的营销调研领域范围很广，并且根据旅游业的经济意义、旅游发展水平以及社区对旅游业的制度支持程度而因地而异。下面是对部分营销调研领域的简要介绍。表 7-1 简单展示了 5 类一般的调研领域。这 5 类内容不一定相互排斥，也不会很详尽，主要由 5 大研究领域组成：游客信息；行为信息；产品开发、营销与管理信息；旅游行为结果信息；以及政策与投资相关的信息。

表 7-1　旅游目的地营销与管理的调研领域

游客信息	年龄、性别、婚姻状况、教育水平、职业、家庭收入或个人收入、文化群、种族、社会阶层、国家原籍、时间预算、家庭生命阶段、游客类型（休闲/商业）（国内/国际）。
行为信息	期望、动机——拉力与推力、兴趣/偏好/利益寻求、偏好、满意度、忠诚度、活动/体验、目的地形象信息、目的地性质、需求行为——吸引物的需求类型、住宿偏好、目的地的冒险与安全感知/知识、目的地选择过程、度假决策、以往的经验/意识/熟悉度、目的地属性的重要性、竞争优势感知、市场细分、行为意向、投诉、消费者认知差异、旅游者的态度/参与、目的地类型、信息资源、旅游相关支出、心理影响、旅游与参与的障碍、旅游空间流、游客类型（休闲/商务旅游者）、约束与障碍、旅游模式。

续表

产品开发、营销和管理信息	目的地产品开发、产品规划与开发、目的地营销组合、竞争力、吸引力、标杆管理、危机管理、容量管理、旅游目的地管理组织、会议及观光局、虚拟旅游目的地组织、游客接待与信息中心、目的地营销系统、利益相关者的联盟/合作/伙伴关系——私营与公共部门、电子媒介对市场开发的作用（互联网、网站、旅游博客）、目的地营销计划与活动、品牌/形象身份的建构，定位过程、环境资源管理/可持续发展（自然与文化）、建立社会资本、转化研究、推广/广告、目的地的个性、目的地的可达性及设施、目的地的效益、目的地战略、目的地生命周期、目的地潜能、目的地的国家概况分析、目的地政策、中间机构的形象（旅游运营商/旅行代理商）、供应资源的分布、供应资源的利用。
旅游行为结果信息	文化影响、健康影响、经济影响、环境与生态影响、监测研究、居民态度与感知、目的地营销评估、形象与品牌测量、品牌的有效性评估、品牌战略与跟踪、灾后品牌重塑/形象重塑、关键成功要素、有竞争力的方法与战略、危机管理、灾难管理的后评估、广告效应跟踪、目的地成功要素。
政策与投资相关的信息	政策制定研究、投资回报率、投资与资本预算决策、转化研究、未来的问题/挑战。

注：这些分类与项目既不一定相互排斥，其研究范围也不一定详尽。该表只是简单提供了关于旅游目的地营销/管理调研中常用的研究课题列表。

游客信息类别往往包括游客的社会人口学特征方面的信息。这类信息主要收集参与者（个体或团体）的年龄、性别、婚姻状况、教育水平、职业、家庭收入或个人收入、种族、社会阶层、国家原籍、时间预算以及家庭生命阶段等。研究者可以利用这些变量所生成的信息来分析、描述与理解市场的人口统计组成。人口统计学描述信息与行为描述信息一样都是最常使用的信息。几乎每一个数据收集工具与研究计划都会涉及游客信息方面的问题。

第二类游客信息主要关于游客行为方面的数据。这些广泛的研究领域有助于旅游目的地理解游客的旅游行为。该类别可能包括的领域有：期望、动机、兴趣/偏好/利益寻求、满意度、忠诚度、活动/体验、目的地形象、服务感知、吸引物需求类型、住宿偏好、目的地安全、目的地选择过程、度假决策、意识/熟悉度、目的地属性的重要性、竞争优势感知、市场识别与细分、行为意向、投诉、消费者失调、旅游者的态度/参与、信息资源、旅游相关支出、心理影响、旅游与参与的障碍、旅游空间流、游客类型（休闲/商务旅游者）、旅游与参与障碍以及旅游模式。

以上两类研究领域主要反映旅游的需求方面，而第三个类别——产品开发、营销与管理研究领域则主要从旅游供应方（提供者）的角度来研究旅游需求。主要包括的领域有：产品开发、产品规划与开发、目的地营销组合、竞争力与吸引力测量、标杆管理、危机管理、容量与使用管理、接待中心/游客信息中心、目的地营销方案、品牌/形象身份构建、定位过程、推广/广告、目的地的可达性及设施、目的地效益、目的地战略与生命周期、供应资源的分布、供应资源的利用等。

第四类研究主要关注旅游行为结果。该研究领域主要源自供需元素之间的相互作用。相关研究包括：旅游影响及其带来的活动（文化、健康、经济影响，以及环境与生态影响）、监测研究、居民态度与感知、目的地营销评估、形象与品牌测量、品牌的有效性评估、品牌战略与跟踪、灾后品牌重塑/形象重塑、关键成功要素、有竞争力的方法与战略、危机管理、灾难管理的后续评估等。

最后一类研究领域包括政策制定、投资回报率、资本预算决策、转化研究、税收政策与法规的效应、未来规划与挑战等。

这些方法——不管定量、定性还是混合的方法——都围绕着旅游目的地的研究问题与话题。旅游目的地营销调研者需要采取折中的态度来对待这些在生成与传播知识上相互竞争的技术与工具（Uysal, 2004），也就是说，要使用那些对研究问题最有效而不是最流行的方法工具。需求导向型研究，如一般的游客与行为信息，可能需要使用调查研究（横向或纵向的）方法，合适的数据收集方式包括访谈、焦点小组以及在线调查等。供应导向型研究可能需要通过其他方式来生成数据，如焦点小组、案例研究方法、德尔菲法以及管理科学技术等。研究者所面临的挑战在于：选择最好的方法来执行研究计划从而实现研究目标，并找出解决旅游目的地问题与关注热点的解决方案。

四、结论与未来挑战

来自不同学科背景的学者早已认可并开始研究旅游系统。然而，旅游研究是极其复杂的，并与其他许多不同研究领域存在交叉部分。其中，旅游研究可以从政治、社会、心理、生态、管理以及规划等不同视角来全面理解旅游的意义与启示。在旅游目的地的营销调研之初，研究者可能会受旅游行为背后的社会学与心理学理论所吸引。当然，这是旅游目的地营销调研的一个重要方面，即理解现实与潜在游客的需要与期望，以及旅游目的地如何通过创造更好的环境以实现一个地方作为一个旅游目的地的全面体验，并且恰当地回应旅游者的具体需要与期望。这类调研还有助于发现不同市场群体的旅行趋势以及目的地中具有吸引力的元素。所以说，旅游目的地必然需要深入了解旅游者及其旅游行为。

然而，在研究旅游行为时，许多营销调研者侧重于研究旅游需求。尽管这对于我们了解旅游者以及推动他们前往不同旅游目的地旅游的因素非常重要，但如果企业不能充分认识自身在目的地中的经营环境，也就无法随着实践的变化做出相应的调整。旅游业会受到政治与文化气候、生态环境、管理实践以及旅游目的地的规划能力与一致性等方面的影响，但这些因素反过来也会受到旅游业的影响。如果不经过深入调研，决策者很难透彻理解旅游系统的全面运作情况，也可能因此做出错误的决定，还可能阻碍了旅游目的地或区域的未来发展。此外，随着目的地旅游业的日益发展，那个地方的活力也会受到威胁。如果没有合适的规划与市场关系调研，旅游目的地环境就很可能永久性受到旅游业的破坏，这反过来又将影响目的地旅游业的未来发展，因为地方的吸引力一旦被削弱，该目的地也就失去了它的竞争优势。因此，为了保持可持续发展并维持地方生活质量的期望水平，旅游目的地营销调研不仅要关注需求问题，还要关注供应问题，以及旅游与行为和参观地之间相互作用的结果。

随着旅游目的地营销日益发展成为旅游研究的重要分支，旅游目的地营销调研在借鉴消费者营销学、心理学和经济学等几个领域的基础上，也将成为一个研究热点。这些学科共同探讨了关于旅游目的地竞争力的三个最重要的话题：动机、偏好和品牌忠诚度，这三个因素将为目的地带来显著的经济影响。同时，不同利益相关者之间在营销与品牌化过程中存在激烈的竞争，他们代表着不同的社会、文化和政治团体，这也使社会与文化研究因此成了重要的研究课题。诸如增长机器理论、社会交换理论和批判理论等理论框架，都有助于理解旅游目的地营销与品牌化的城市与国家背景。然而，归根到底，正是技术、通信与基础设施的进步推动了全球竞争的激烈发展，从而也推动了旅游目的地的营销调研，那些明确将消费者（旅游者）与旅游目的地（产品）联系起来的研究者与话题，都将得到更多的支持与推崇。未来旅游目的地营销调研必须建立在牢固的理论基础之上，此外，应用研究也将对旅游目的地的成功发挥至关重要的作用。

大量文献研究了旅游业与消费者忠诚度，但学界对旅游目的地品牌忠诚度的了解仍相对较少，因此，要了解消费者建立品牌形象的过程，即通过目标市场营销，消费者从最初意识到品牌的存在到完成参与形象构建的过程，将会是一个挑战。此外，要理解基于消费者心理的品牌确认与不确认是如何应用到旅游目的地营销中，也是未来研究所面临的一个挑战。由于消费者期望的差异非常大，品牌承诺与定位一方面必须要足够具体，能够激发潜在游客积极的情感反应；另一方面还要足够广泛，能够吸引多个不同的细分市场（Yuksel *et al.*，2007）。一旦确定了这些目标市场，接着就必须通过调研来测量和监测营销效果，从而改进未来的营销活动。

虽然营销活动的成本比较高，但新社会媒体的出现已降低了部分费用支出，还提高了游客参与性营销的能力（在参与性营销过程中，游客直接提供营销信息），乃至影响旅游目的地的品牌化过程。例如，游客现在可以在许多旅游网站上对一些设施、吸引物以及旅游目的地进行评估。这样，旅游目的地营销调研者也通过利用这些新工具来收集大量关于消费者与产品方面的定性数据。其中，收集关于品牌形象与忠诚度信息的一个途径，就是鼓励游客写博客来透露他们的动机与偏好。如今，旅游博客的数量与日增长，许多博客不仅能够迎合更广泛的旅游受众，还为他们提供了有用的信息。例如，旅游博客上通常提供许多游记、日记以及世界各地的照片，旅游者能够下载这些照片，也可以与其他博客主分享他们的旅行体验。所以说，博客使个体获得了新的方式来从其他游客身上获取旅游目的地及其产品与服务的信息。

营销者不仅能够从博客中收集旅游者对旅行的真实看法，还可以利用博客广告在虚拟社区中宣传旅游目的地。再者，他们也可以建立自己的博客，并激励旅游者提出建议。这些博客使营销者能够不断跟踪游客的反应、愿望与需求，从而对旅游目的地营销效果进行持续的测量与分析。此外，营销者还可以利用博客监测旅游目的地的竞争环境（Pan *et al.*，2007；Schmallegger and Carson，2008；Wenger，2008）。通过旅游前与旅游后的博客与日志对照，能够识别出品牌形象、市场营销与发展过程中存在的差距。这些来自游客的肯定回应将形成旅游目的地电子营销活动与最新无线广播技术的基础。充分利用这些数据，可以及时改变一个旅游目的地的品牌，以适应消费者的品位、愿望与需求，并形成旅游目的地品牌化的互动基础。

然而，市场营销并不是反复把“品牌推向市场”这个过程的终点。实际上，游客也可能在旅游目的地的发展过程中发挥了积极的作用，因为营销调研能够通过提供一些行为线索反过来引导土地的使用与吸引物的发展。为了证实与实现品牌承诺，那些非凡与令人难忘的度假胜地必须能够诱导较高和一致的消费性支出。此外，接待业研究也是旅游目的地营销调研的重要部分，因为消费者必须要感觉到该旅游目的地的服务产品是可靠与可信赖的。游客反馈不仅应该包括设施方面，如住宿与餐饮服务，也包括旅游目的地层面的服务，如道路、安全与卫生。因此，在社会、政治与经济的背景下，旅游目的地营销调研是一个“全面的、反复的以及参与性的”过程，这与一般的旅游研究多少有些不同。

最后，由于跨越地理范围与市场的竞争日益激烈，旅游目的地营销调研实质上就是一个合作的过程。公共、私营以及非营利性部门越来越依赖合作关系来建立一个统一与整合的，且能够贯穿于整个社区的目的地品牌。例如，旅游目的地营销调研一开始可能先由一所大学负责开展。接着，一个非营利性团体可能会为品牌提供公共支持。然后，政府机构可能出于经济考虑而将这个品牌打造成官方形象来进行推广。这种合作还必须考虑“从地方到全球”的关系，因为许多地方品牌本身可能就是对国家或区域品牌的支持和互补。又由于竞争的关系，大量合作伙伴与终端使用者又必须共享旅游目的地营销调研中的人力与财政资源。旅游目的地营销与管理是一个经济发展工具，公共参与不仅有利于品牌的发展，还有利于确保旅游目的地的发展利益能为所有部门与社会各层所共享。

参考文献

Blumberg, K. (2005) Tourism destination marketing – A tool for destination management? A case study from Nelson/Tasman region, New Zealand, *Asia Pacific Journal of Tourism Research*, 10 (1), 45 – 57.

Braithwaite, R. (1992) Value – chain assessment of the travel experience. *Cornell Hotel and Restaurant Quarterly*, 33 (5) 41 – 49.

Braun, P. (2002) Networking tourism SMEs: e – commerce and e – marketing issues in regional Australia, *Information Technology & Tourism*, 5, 13 – 23.

Buhalis, D. (2004) eAirlines: Strategic and tactical use of ICTs in the airline industry, *Information & Management*, 41, 805 – 825.

Clawson, M. and Knetsch, J. L. (1971) *Economics of Outdoor Recreation*, *of Life Satisfaction*. The Johns Hopkins Press, Baltimore and London.

Dolnicar, S. (2004) Beyond ‘commonsense segmentation’: a systematics of segmentation approaches in tourism. *Journal of Travel Research*, 42 (3), 244 – 250.

Enright, M. and Newton, J. (2004) Tourism destination competitiveness: a quantitative approach. *Tourism Management*, 25 (6), 777 – 788.

Fesenmaier, D. and Uysal, M. (1990) The tourism system: levels of economic and human behavior. In: Zeiger, J. B. and Caneday, L. M. (Eds.), *Tourism and Leisure: Dynamics and Diversity*, National Recreation and Park Association, Alexandria, pp. 27 – 35.

Fyall, A. and Leask, A. (2006) Destination marketing: future issues—strategic challenges. *Tourism & Hospitality Research*, 7 (1), 50 – 63.

Gartrell, R. B. (1994) *Destination marketing for convention and visitor bureaus*, (2nd ed). Kendall/Hunt

Pub. Co, Dubuque, Iowa.

Gretzel, U. , Fesenmaier, D. , Formica, S. and O'Leary, J. (2006) Searching for the future: challenges faced by destination marketing organizations. *Journal of Travel Research*, 45 (2), 116 – 126.

Gnoth, J. (2007) The structure of destination brands: leveraging values. *Tourism Analysis*, 12 (5/6): 345 – 358.

Gunn, C. (1988) *Tourism Planning: Basics, Concepts, Cases*, (3rd ed) . Taylor & Francis, Washington DC

Harrill, R. (2005) *Fundamentals of Destination Management and Marketing.* IACVB, Washington DC.

Jafari, J. (1982) The tourism market basket of goods and services: the components and nature of tourism. In: Singh, T. V. , Kaur, J. and Singh. D. P. (Eds.), *Studies in Tourism Wildlife Parks Conservation*, Metropolitan Book Company, New Delphi, pp. 1 – 12.

Jafari, J. (1983) Understanding the structure of tourism. In: Nabel, E. C. (ed.), *Tourism and Culture: A comparative perspective*, University of New Orleans, New Orleans, pp. 65 – 84.

Kayar, Ç. and Kozak, N. (2010) Measuring destination competitiveness: an application of the travel and tourism competitiveness index (2007) . *Journal of Hospitality Marketing & Management*, 19 (3), 203 – 216.

Leiper, N. (1979) The Framework of tourism: towards a definition of tourism, tourist, and tourist industry, *Annals of Tourism Research*, 6 (4), 390 – 407.

Mihalic, T. (2000) Environmental management of a tourist destination a factor of tourism competitiveness. *Tourism Management*, 21 (1), 65 – 78.

Mill, R. C. and Morrison, A. M. (1985) *The Tourism System: An Introductory Text.* Prentice – Hall, Englewood Cliffs, NJ.

Mistilis, N. and Daniele, R. (2005) Challenges for competitive strategy in public and private sector partnerships in electronic national tourist destination marketing systems. *Journal of Travel & Tourism Marketing*, 17 (4), 63 – 73.

Morrison, A. M. (2002) *Hospitality and Travel Marketing*, (3rd ed) . Delmar Thomson Learning, Albany, New York.

Murphy P. , Pritchard, M. and Smith, B. (2000) The destination product and its impact on traveller perceptions. *Tourism Management*, 21 (1), 43 - 52.

Neal J. D. , Sirgy, M. J. and Uysal, M. (1998) The role of satisfaction with leisure travel/ tourism services and experience in satisfaction with leisure life and overall life, *Journal of Business Research*, 44 (3), 153 – 163.

Palmer, A. and McCole, P. (2000) The role of electronic commerce in creating virtual tourism destination marketing organizations. *International Journal of Contemporary Hospitality Management*, 12 (3), 198 – 204.

Pan, B. , MacLaurin, T. and Crotts, J. (2007) Travel blogs and the implications for destination marketing. *Journal of Travel Research*, 46 (1), 35 – 45.

Pearce, D. G. (1987) Toward Geography of Tourism. *Annals of Tourism Research*, 6 (3), 245 – 272.

Perdue, R. and Pitegoff, B. (1990) Methods of accountability research for destination marketing. *Journal of Travel Research*, 28 (4), 45 – 49.

Pike, S. and Ryan, C. (2004) Destination positioning analysis through a comparison of cognitive, affective, and conative perceptions, *Journal of Travel Research*, 42, 333 - 342.

Pike, S. (2008) Destination Marketing: *An Integrated Marketing Communication Approach*, Butterworth –

Heinemann, MA.

Ritchie, J. R. B. and Crouch, G. I. (2000) The competitive destination: a sustainability perspective, *Tourism Management* 21 (1), 1 - 7.

Schmallegger, D. and Carson, D. (2008) Blogs in tourism: changing approach to information exchange, *Journal of Vacation Marketing*, 14 (2), 99 – 110.

Sigala, M. (2001) Modeling e – marketing strategies: Internet presence and exploitation of Greek hotels, *Journal of Travel & Tourism Marketing*, 11, 83 – 103.

Sirakaya, E. and Woodside, A. (2005) Building and testing theories of decision making by travelers. *Tourism Management*, 26 (6), 815 – 832.

Uysal, M. (1998) The determinants of tourism demand: a theoretical perspective. In: Ioannides, D. and Debbage. K. G. (eds) *The Economic Geography of the Tourist Industry*, Routledge, London, pp. 79 – 98.

Uysal, M. (2004) Advancement in computing: implications for tourism hospitality. *Scandinavian Journal of Hospitality and Tourism*, 4 (3), 208 – 224.

Vukonic, B. (1997) Selective tourism growth. targeted tourism destinations. In: Wahab, S. and John, J. P. (eds), *Tourism, Development and Growth. The Challenge of Sustainability.* Routledge, London. pp. 95 – 108.

Wahab, S., Crampon, L. J. and Rothfield, L. M. (1976) *Tourism Marketing.* Tourism International Press, London.

Wang, Y. and Russo, S. (2007) Conceptualizing and evaluating the functions of destination marketing systems. *Journal of Vacation Marketing*, 13 (3), 187 – 203.

Wenger, A. (2008) Analysis of travel bloggers' characteristics and their communication about Austria as a tourism destination. *Journal of Vacation Marketing*, 14 (2), 169 – 176.

Yuksel, E., Sirakaya – Turk, E. and Baloglu, S. (2007) Host image and destination personality. *Tourism Analysis*, 12, 433 – 446.

第 8 章 目的地品牌化与定位

一、序言

品牌，是用以区别商品的主要标志，也是消费者识别商品的重要捷径。具体而言，它是一个“名称、术语、符号、标志或设计，或者是它们的组合，用以识别一个或一群卖家的商品或服务，并以此区别于其他竞争者”（美国营销协会）。品牌化是根植于古代的一种战略商业选择，诸如给牲畜烧刻印记，给物品或行会标刻标记，其目的已从单纯作为所有权的标志、鉴定与分化以防止窃取、伪造、假冒和欺诈，演变成为包含了质量承诺的差异化手段（Keller, 2003）。

随着当代企业竞争日趋激烈，品牌化已成了企业的战略目标。由于许多行业的产品都几乎进入了完全自由竞争阶段，这促使不少供应商想方设法吸引消费者，其中，品牌化就是最具有战略意义的方式与手段（Aaker, 2001；Keller, 2003）。品牌化已成为企业获得可持续竞争优势的重要途径，尤其受到了消费品企业的普遍关注（Aaker, 2001）。地方品牌化是一个相对较新的课题，但也已经存在大量相关的文献（包括国家品牌、旅游目的地品牌或级别更小的城市品牌），并导致品牌化的相关术语过于泛滥，让读者感到相当困惑。本文结合图 8 - 1 简要讨论并厘清那些最常混淆使用的术语之间的复杂关系，试图清晰地勾勒出旅游目的地的品牌化的轮廓。

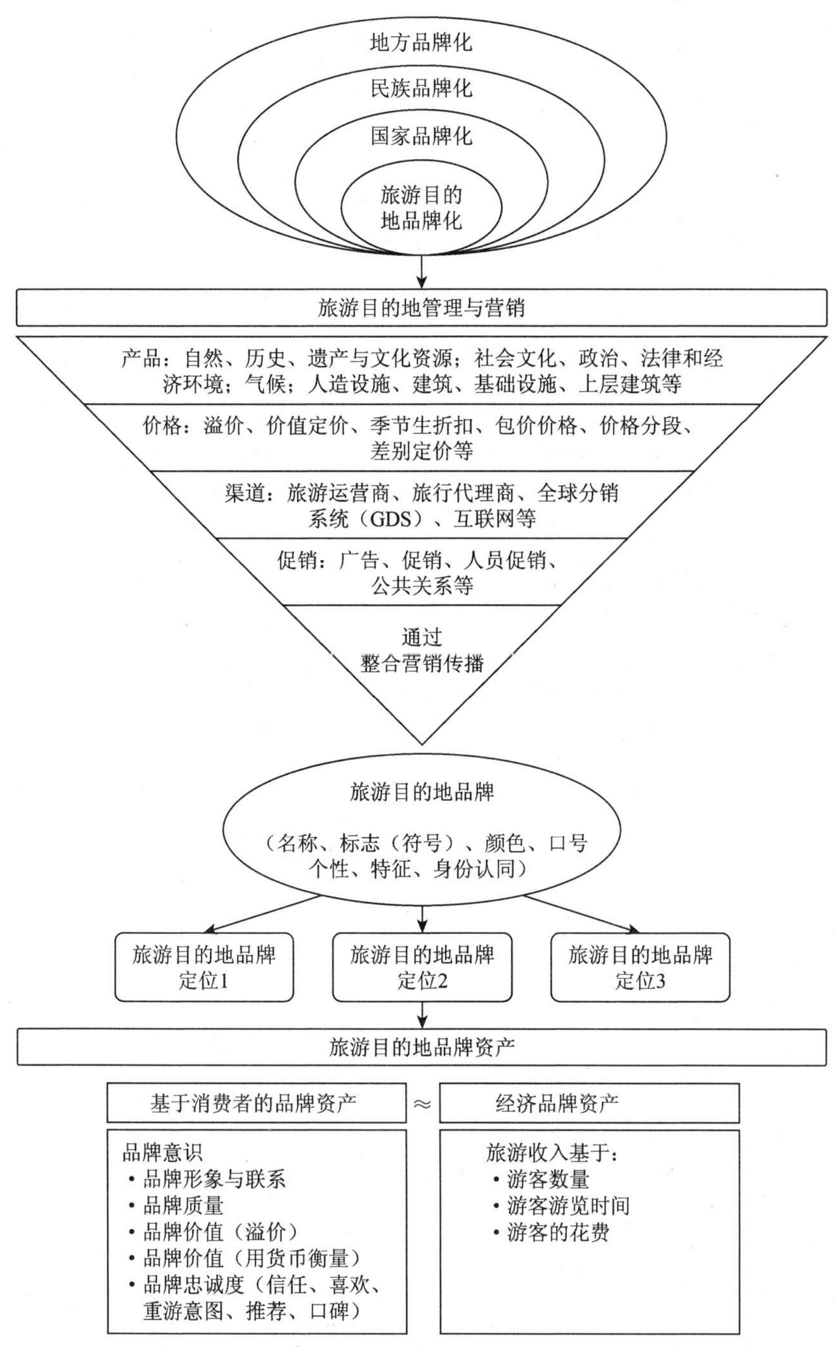

图 8－1　旅游目的地品牌化的概念框架

二、地方品牌化

在地方品牌化的框架之下，国家品牌化就是通过综合的方法为国家未来创造一个有竞争力的前景，由于国家品牌化的抽象性与不可控性，实现这一目标将相当困难与复杂（Anholt, 2005）。随着国家间经济竞争日趋激烈，许多国家也开始注重在出口、直接外国投资以及旅游业等领域打造自身的品牌（Kotler *et al.*, 1993；Kotler and Gertner, 2002；Anholt, 2002, 2005）。不同国家根据各自的竞争优势，已把精力集中于一个领域或几个互补且相互依存的领域。当国家成为一个有竞争力、独特且强势的品牌，就有可能在出口、直接外国投资与旅游业等领域中取得成功（Kotler and Gertner, 2002），并因此成为优等产品与服务的生产者，居民、外籍人士、移民、劳动力、游客、工厂、企业总部、新企业、投资者、外国直接投资者以及企业家们的理想之地。“国家品牌不仅代表了一系列品质，包括权力、财富与优越性，它还是经济发展的重要工具。”（Anholt, 2005）国家可以在音乐、哲学、信任、智慧、美丽与和平等各种品质上打造自身的品牌。例如，法国以时尚著称，日本以电子蜚声国际，而德国以汽车产业闻名于世界。

与国家相比，旅游目的地品牌化相对简单得多，因为它更关注旅游收入的增长，还可以通过管理与营销手段来应付相对更多的可控因素（Laws, 2002）。随着全球旅游收入的急剧增长，旅游业已成为具有广阔前景的经济活动，并出现许多新兴旅游目的地逐渐占领旅游者的市场份额。许多旅游目的地——从乡村到国家都已将旅游业看作重要的经济活动，向不同的旅游者市场营销它们的独特产品。随着信息技术与互联网的进步，旅游者如今有了更多有效的选择，许多旅游目的地也开始为争夺相同的细分市场展开了更加激励的竞争（Bramwell and Rawding, 1996；Chen and Kerstetter, 1999）。

然而，除了一些著名的吸引物如迪士尼乐园或大峡谷，所有旅游目的地都存在某种形式的自然、历史、文化或娱乐性吸引物，但它们在某种程度上都是可替代的（Bramwell and Rawding, 1996），因此，这在一定程度上促使旅游目的地品牌化成了重要的战略选择。根据国家的发展愿景，旅游目的地被包装成一个有着特定营销要素组合的产品，这些要素包括产品、价格、渠道以及促销等因素。最理想的结果就是，将旅游目的地打造成为一个具有一致的名称、标志与颜色的强势品牌，其中还包含一个或多个目标市场的身份、性格与个性。

此外，品牌还能够转化成为强大的消费者品牌资产，并因此带来可观的旅游收入。由于本章着重讨论旅游目的地的品牌化，下面将介绍相关的地方品牌化概念。

三、不同层次的旅游目的地品牌化

旅游目的地品牌化是一个复杂的应用与管理问题，旅游目的地层次的多样性更进一步凸显了这一复杂性。旅游目的地是一些拥有吸引物、基础设施、资源与旅游设施，能够吸引人们前来参观并短暂停留的地理位置（Pike，2004）。从不同的地理层面来看，旅游目的地可以是一些小规模的、公共或私营的、经营性的旅游产品，如饭店、餐厅、度假地或邮轮，也可以是国家甚至是多国地区或大洲这些有可能发展成为全球性旅游目的地品牌的地理空间（图8－2）。

一般而言，不同层次的旅游目的地之间存在着双向影响——从内而外与从外而内。换言之，经营性旅游产品的品牌化，如饭店、餐厅和度假地，可能会影响各层地理空间的品牌化，同时也受它们所影响。因此，旅游目的地要成功实现品牌化，就要在不同层面上保持品牌的一致性。然而，旅游目的地产品及其运营商与利益相关者相当复杂，并往往牵涉各种不同的问题，一个地理空间越大，就越难通过应用品牌化原理来达到成功。当各层地理空间的品牌化都实现整合一致时，才会产生一种协同作用，使“整体大于部分之和”。

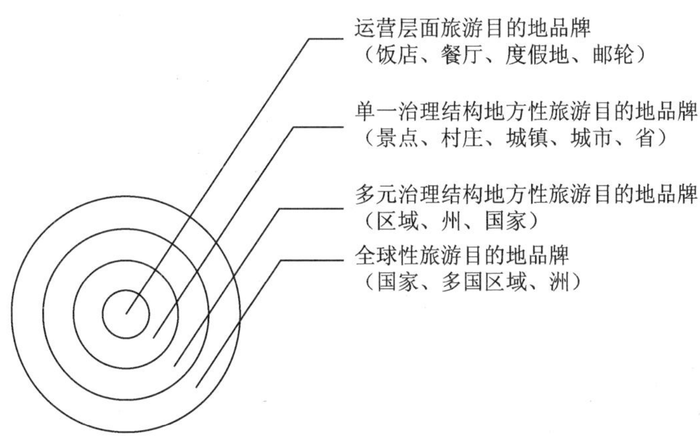

图8－2　按地域层次划分的旅游目的地品牌

四、旅游目的地品牌管理

旅游目的地作为一个产品，其品牌化在许多方面都不同于有形消费产品。首先，当旅游目的地是包含着人类居住地的一个较大的地理空间时，在相关营销活动还没开始前，该地理空间的品牌可能就已经形成了。从全球的视角来看，国家能够代表一个旅游目的地品牌，它们拥有各自的名称、国旗与相关的标志、历史与当前的政治关系、政策、独特性与普遍性特征。正如 Tasci 和 Gartner（2007）所言，要对一个地理空间的形象与品牌进行营销，首先需要从现有的资本着手，包括旅游目的地中的历史、社会文化、物理环境、政治、法律以及经济状况，这些资本要么是动态变化与不可控制的，要么就具有一定程度的半动态性与半可控制性。旅游目的地营销当局必须充分利用这些资本，并通过恰当的营销组合战略，尤其通过促销来提高影响力，从而建立一个成功的（战略性的、差异化的与牢固的）目标市场定位。尽管如此，像新闻媒体和电影这些不可控制的因素也会影响营销效果，尤其当它们报道或披露关于旅游目的地或其居民的负面新闻时。

旅游目的地品牌管理活动一般包括：广泛的调查研究、吸引物开发、事件管理、整合营销传播以及持续的监测活动（Kotler and Gertner, 2002；Tasci and Denizci, 2009；Tasci and Gartner, 2009）。然而，由于每个旅游目的地的独特性，目前不存在一个通用的品牌化战略或方法。任何品牌化活动一开始都需要开展广泛的调查研究来确定下一步措施。要打造一个旅游目的地品牌，不仅需要提升目的地中的吸引物，还必须确保基础设施（交通、水、电和电信网络）与上层建筑（健康、安全、公民权、环境、遗产和文化保护等法律与制度结构）能使游客在目的地中同时满足基本的与更高级的人类需求。否则，不管该目的地的资产多么有吸引力，也不管促销的方式如何，最终的品牌化结果注定会失败。此外，有效的品牌开发可能还需要打造有意义的旅游目的地标志（如埃菲尔铁塔）和特殊的事件与活动（如 2008 年中国奥运会）。

由于受到多种因素的影响，旅游目的地品牌化是一个充满挑战的过程，其中的因素包括旅游业的独特性，即存在多个缺乏统一目标或权力的利益相关者；牵涉到政治；不能控制目的地中的所有信息；缺乏金融方面专业的人力资源支持；旅游目的地产品的无定型性（包括多种有形与无形的属性）；缺乏衡量品牌化效果的硬性方式；细分市场类型的多元化以及不断变化的市场偏好

(de Chernatony and Riley, 1999; Buhalis, 2000; D'Hauteserre, 2001; Cai, 2002; Jensen and Korneliussen, 2002; Morgan *et al.*, 2002; Williams *et al.*, 2004; Skinner, 2005; Baker, 2007)。

(一) 目的地品牌化中的利益相关者

旅游业是一个非常零碎、分散与多样化的产业，其中牵涉到地方政府（国家、区域、州、县、省以及市等各级政府）；旅游办事处、管理部门、委员会、会议与观光局；旅游发展理事会或委员会；商会；公共与私营供应商（旅游运营商、旅行代理商、吸引物、交通、住宿、饭店）以及相关协会与组织。除了这些行业合作伙伴外，新闻媒体与普通公民也是旅游目的地品牌化中的利益相关者。然而，在旅游目的地品牌化过程中，不同利益相关者无论在特征、兴趣、能力、角色、观点、价值观、议程、资源、行动还是反应等方面都各不相同，这也成了旅游目的地品牌化所面临的重要挑战（Gnoth, 2002; Klooster *et al.*, 2004）。成功的旅游目的地品牌化需要在调研、品牌理念的构建、执行、评估与控制等所有阶段中都得到利益相关者的参与和支持（Morgan *et al.*, 2002; Tasci and Gartner 2009）；然而，由于旅游目的地品牌缺乏所有权，这种合作关系可能将无法得到保证（Mundt, 2002）。这不仅是因为受到金钱、时间与劳动力资源的限制，还在于部分利益相关者往往在联系与了解其他利益相关者的态度之前就独自行动，并可能由此发生摩擦与不必要的竞争，甚至相互敌对的态度（Gnoth, 2002; Klooster *et al.*, 2004）。

尽管如此，旅游目的地品牌代表了一种共同利益，又因为人们往往期待政府比其他利益相关者更关注社会效益，而政府又拥有资源支配与控制权，因此，在旅游目的地品牌化的合作过程中，政府往往发挥着重要的领导作用（Olins, 2002）。政府的作用应该是一个促进者，利用自下而上而非自上而下的方法促进旅游目的地品牌化，不仅要赋权给当地社区，还要展现一个与当地身份相符的真实品牌（Go *et al.*, 2003; Klooster *et al.*, 2004）。Klooster 等学者（2004）建议充分利用信息技术的成果，使包括当地社区在内的所有利益相关者联系起来，其中，可以利用的互联网工具包括聊天室、讨论板、电子邮件与网站。同样，Tasci 和 Gartner（2009）也提出了一个综合研究框架来为这样一个本真的旅游目的地品牌建立信息基础。在这个框架中，所有利益相关者的信息都可以通过使用合适的数据收集技术来进行调查研究，如问卷调查、焦点小组、深度访谈、当地利益相关者的在线民意调查、国际国内游客的重要程度表现分析法、对既有市场营销资料或其他媒体进行内容分析等，通过这些手段，可以确定最具战略性的旅游目的地品牌元素，包括颜色、标识、口号、身份认同、性格、个性以及定位，从而使基于消费者的品牌资产最大化，最终形成具有财务价值的品牌资产。

当地社区是一个非常重要的利益相关者，它在品牌化过程中扮演着双重角色，既是市场的供应方，又是需求方（Henderson，2000；Gnoth，2002；Klooster *et al.*，2004）。因此，根据国际关系与外交政策，公众外交是旅游目的地品牌化中非常重要的方面（Hart，2003）。公众态度是一个需要通过谨慎评估，必要时还需要通过社交工程来进行战略管理的重要因素。可以充分利用公众外交的手段来增强公众意识与支持，如媒体、培训项目、节庆与会议等。有效的公众外交最后能够激励当地社区自愿成为旅游目的地的使者。

（二）定位

定位是旅游目的地品牌化获得成功的关键所在，即在目标市场中建立并维持自身鲜明的独特性，并使其与其他旅游目的地明显区别开来（Crompton *et al.*，1992；Echtner and Ritchie，1993；Gartner，1993；Alhemoud and Armstrong，1996；Kotler，1996；Baloglu and McCleary，1999；Chen and Kerstetter，1999；Kotler *et al.*，1999）。因此，定位主要涉及三个问题：细分市场，旅游目的地品牌在不同细分市场中的形象，以及旅游目的地品牌所具有的强烈特性，即在每一个细分市场中所凸显的竞争优势（Aaker and Shansby，1982；Kotler *et al.*，1999）。目前已有大量研究强调了旅游目的地形象对于目标市场定位的作用（Calantone *et al.*，1989；Crompton *et al.*，1992；Echtner and Ritchie，1993；Alhemoud and Armstrong，1996；Baloglu and McCleary，1999；Chen and Kerstetter，1999）。

因此，旅游目的地品牌定位的第一步，就是在与核心竞争者的比较中，评估旅游目的地属性在现实与潜在目标市场中的形象。通过评估可以发现目的地在不同目标市场中的竞争优势或核心能力，即那些形象强烈且有利的旅游目的地属性，它们最有可能使目的地从竞争中脱颖而出，在满足市场的需要与需求的同时，以优越的方式实现旅游目的地效益。一个旅游目的地品牌，尤其是国家，可以进行多元化定位，因为一个旅游目的地可能拥有多个不同的客源市场，它们在属性、需求与动机方面也各不相同（Joppe *et al.*，2001）。国家可以采取多元品牌化的方式，即将每个旅游吸引物塑造成一个有其自身品牌身份，面向不同旅游者市场的独立品牌。然而，从品牌长期发展的愿景来看，多元品牌化战略需要与国家的母品牌名称相结合，使所有产品都与母品牌的名称联系在一起。其中，一个定位明确的战略往往拥有朗朗上口的口号，有助于目标市场在心理上确定一个可能是无定型的产品（Lovelock，1991）。成功的定位将为旅游目的地带来竞争优势，然而，当一个定位与一个更强大的竞争对手相似，或由于尝试满足所有人的需求而使定位模糊，或当一个旅游目的地的属性形象不存在或是负面的时候，这样的定位很可能就会失败（Lovelock，1991）。

旅游目的地差异化可以物理属性为基础，包括人、位置或形象（Kotler *et al.*，1999）。根据研究文献，品牌差异化不能只以产品的客观功能为基础；还必须包括利用主观与无形的方面，如符号、标识、名称与设计（Poiesz，1989）。然而，旅游目的地形象研究者往往采用基于实在论的方法来研究旅游目的地差异化，认为旅游目的地可以通过提供独特的利益来比竞争者更好地满足目标市场的需要与动机，从而实现差异化（Bramwell and Rawding，1996；Baloglu and McCleary，1999；Murphy，1999；Joppe *et al.*，2001）。这导致了旅游目的地的定位研究也侧重于比较竞争者之间的重要认知属性，其中包括自然资源、住宿设施与交通（Gartner，1989；Crompton *et al.*，1992；Botha *et al.*，1999；Chen and Uysal，2002）。

旅游目的地的定位，对于目标细分市场而言应该是合适的、重要的、相关的、显著的与可信的；在竞争环境中，应该是鲜明的、优越的、独特的、特别的以及先发制人的；对于旅游目的地营销者，应该是可传递的、价格实惠的以及有利可图的（Kotler *et al.*，1999）。定位应该是一个成形的主张，简短、清晰、内涵丰富且具有吸引力，其口号直接面向目标市场。旅游目的地的定位还可以依据游客参观的理由（如墨西哥坎昆："太阳崇拜者的欢聚之地"）、一个产品类别（如以色列："如果你正在寻找一个理想的欢聚之地，这里有一个离天堂很近的地方"）、使用者或使用者的类别（如香港针对奖励旅游市场："当他们到达山顶时，就把他们送上顶峰去"——指维多利亚山峰）或价格价值（如马来西亚："给予更多的自然价值"）（Chacko，1996）。

对于旅游目的地，价格价值定位可能不算是一个战略决策，因为低价往往与低品质联系在一起。同样，当价格成为一次旅行决策的决定性因素时，游客所关注的旅游目的地就是一个商品，而不是一个强势品牌，并且最便宜的旅游目的地将会吸引最多的游客。然而，对于旅游业的可持续发展而言，吸引太多游客反而将对环境或社会文化的承载力造成潜在的压力。另外一个针对竞争的定位选择，由于可能涉及对核心竞争对手的攻击战术（Chacko，1996），因此也可能不是旅游目的地品牌化的一个战略决策，特别是，一个旅游目的地与其竞争对手往往还存在潜在的品牌合作机会。

（三）促销

促销对于建立、维持、加强与改变一个旅游目的地品牌及其定位方面极为重要，因为在游客实际参观前，促销活动最能代表一个旅游目的地（Gunn，1972；Hunt，1975；Goodrich，1978；Reilly，1990；Bojanic，1991；Fakeye and Crompton，1991；MacKay and Fesenmaier，1997；Sirakaya and Sonmez，2000）。促销对于创造意识、激发兴趣、刺激欲望并最终导致行为的发生等方面发挥着重要的作用（Fakeye and Crompton，1991；Selby and Morgan，1996；Court and Lupton，1997；MacKay and Fesenmaier，1997，2000）。因此，在旅游目的地品牌化过程中，往往需要大量包含语言与视觉信息的促销资源。其中，广告的作用是最重要的，它尤其在视觉方面展现了旅游目的地的现状与外形（Bojanic，1991；MacKay and Fesenmaier，1997，2000）。另外，促销材料必须既有利同时又符合实际情况，因为当游客实际感知一个旅游目的地及其居民的社会心理状况时，那些不切实际的广告反而对游客的旅游目的地品牌感知或满意度造成负面的影响（Britton，1979）。

与日用消费品相比，旅游目的地的促销信息来源更加多元化，其中包括了公共关系、游说活动、媒体宣传、巡回演出、旅游展览会、事件、名人推荐、国际媒体旅行、直接邮寄、人员销售、广告（视频、海报、路边宣传板）、在线广告（网址、播客、照片共享、旅游博客、简讯、电子邮件）、旅游运营商与旅行代理商的橱窗陈列、饭店宣传册以及与其他产品，如航空公司或信用卡的联合品牌与其品牌合作伙伴关系。对于成功的品牌化，所有信息来源所传递的伞形品牌主题信息都必须是单向且协调一致的，其中，通过整合营销传播可以实现这一要求。因此，相同的品牌主题在有着自身的颜色、标识、口号、身份认同、性格与个性的前提下，应该将这些信息渗透到一个目标市场的所有信息来源。整合营销传播的目标，就是通过一个战略性规划的传播方法来影响人们对一个产品的感知与行为（Holm，2006）。因此，整合营销传播是旅游目的地努力进行差异化与品牌化的一种战略工具。

（四）目的地品牌监测

与有形日用消费品品牌相比，旅游目的地品牌对任何环境的变化更加敏感，并很可能随着时间的迁移而不断发生演变。因此，目的地必须要随着环境的变化，如不断变化的消费者品位、新的经济形势或竞争形势来对品牌进行监测、评估、维护、调整与定制（Baker，2007；Tasci and Gartner，2007）。特别像地震与恐怖袭击这些天灾人祸所导致的危机，将特别在国家层面上强烈影响着一个旅游目的地的品牌形象（Milo and Yoder，1991；Sonmez *et al.*，1999）。这些事件一旦发生，必须马上启动有效的危机管理计划，公开、真诚、一致、迅速与准确地向利益相关者做出回应，使旅游目的地品牌不至于受到毁灭性的破坏。

（五）旅游目的地品牌化的应用与实例

品牌化是一个不断反复试验与犯错的过程，许多社区都经历了多次失败与尝试才找到合适的品牌化决策。俄勒冈州旅游委员会在 1987 年推出了“俄勒冈州，这里与众不同（Oregon. Things Look Different Here）”的活动，在伞形信息，即俄勒冈州“拥有独特的生活方式、自然环境与地方感”的引导下，通过联合旅游业与经济发展来统一俄勒冈州品牌；该计划是为了“吸引游客、企业家、未来劳动力与商业投资，并助推俄勒冈州内外的产品营销”。该活动要求所有在国家彩票基金支持下的旅游区域，在旅游广告材料中统一使用由旅游事务署及其广告代理公司所设计的俄勒冈州品牌标志；还要求所有俄勒冈州所支持的商业发展材料使用相同的俄勒冈州品牌标志，从而协调州内各种商业发展活动。俄勒冈州的品牌化活动旨在宣传一种“高质量的生活、卓越的劳动能力、有竞争力的商业气氛以及优越的产品与服务”信息，并将俄勒冈描绘成一个“能满足游客的旅游目的地，适合交易投资与迁进的理想地，现有居民与未来劳动力的理想居住地，以及优质商品与服务的生产者”（Oregon Business Plan. Org.，2010）。

然而，这种“自上而下的方法”或独断专行的做法遭到了旅游目的地反对，它们拒绝在旅游广告材料中使用俄勒冈州品牌标志。这使得政府当局明白，成功的品牌化可以借助于：构建以旅游目的地核心价值为基础的市场营销信息，其中的核心价值包括：社区荣誉、环境管理、进取的思维、创新与质量；为私营部门、企业或区域旅游营销者提供数据、指导方针与资源，而不是利用限制性与官僚性的规章制度来强迫推行一个品牌活动；在建立品牌知名度、品牌意识以及品牌形象过程中应该持之以恒，而不是频繁做出改变；以及协调好地方自主性与规划项目的关系，而不是单方面强迫它们行动，此外，还要从各个利益相关者中获取合理的资金支持与承诺（Curtis，2001；Oregon Business Plan. Org.，2010）。

每个国家都有自己的名称，并且不能轻易改变，虽然也曾有先例（如斯里兰卡旧称锡兰，缅甸“Myanmar”的前身为缅甸“Burma”）。一个地方的名称，尤其是一个国家的名称，能唤起人们心中的某种形象，因此，名称就相当于这个旅游目的地的品牌（Laws，2002）。然而，一个强大的旅游目的地品牌并不只是一个名字。旅游目的地品牌可界定为一个具有特定标志符的地方，如名称、标识（符号）、颜色以及口号这些具有一定特征、个性与身份的标志符，它们代表了一种愉悦与难忘的体验承诺，能使消费者铭记并认出这个品牌。强大的旅游目的地品牌为消费者提供了功能的、情感的、经济的以及心理的价值与福利；因此，在旅游目的地品牌和消费者之间，存在一个有意义的、强大的、有效与持久的纽带与关系。

为了创造消费者意识与喜好，需要利用视觉符号或标识来代表旅游目的地品牌。如果存在多个品牌定位，可以使用一个总标识与口号，也可以使用与总品牌一致但不同的定位（有着不同的标识与口号）。由于大多数旅游目的地都请咨询公司来完成这些工作，但它们一般不会透露旅游目的地的品牌发展阶段，因此，我们也很难了解一个特定旅游目的地品牌主题的颜色、符号、口号以及特征是如何界定的。仅有少数研究调查了这些方面，例如，Gartner 等（2007）通过应用旅游目的地品牌战略开发研究过程的步骤，发现中国的澳门特别行政区作为一个旅游目的地，因其不同的颜色、符号、属性以及个性，使它在旅游供需双方心目中都具有凸显的位置。

1. 旅游目的地品牌标识

图 8－3 展示了国家品牌标识的一些例子。有些国家使用国旗的颜色；有些直接将国旗作为旅游目的地品牌符号或标识，如英国、瑞典与美国；有些则选择有文化意义的符号，如中国香港特别行政区选择龙作为品牌符号；有些国家则选择展示其吸引物资源，如阳光和自然（如西班牙、厄瓜多尔、波兰与澳大利亚）资源。还有一些旅游目的地已经拥有一个得到公认与现成的符号，这些符号有可能成为旅游目的地品牌的标识（如澳大利亚的悉尼歌剧院或袋鼠），可以强调潜在的体验。然而，一些国家喜欢抽象的符号，如巴西选择了水的颜色作为符号。

有些旅游目的地最后可能偶然或故意地使用了相同的符号。例如，荷兰和土耳其都用郁金香作为标志。在历史上，土耳其是郁金香的祖国；实际上，整个奥斯曼帝国时代，即 1718～1730 年，该国因郁金香的符号普遍使用于当时该国的工艺品中而被称作郁金香时代。据推测，荷兰当局当时在访问土耳其时，带了一些郁金香回国，而后几个世纪，荷兰郁金香种植者通过科学地改善郁金香的品种，将郁金香种植变成一个重要的经济活动。如今，荷兰以郁金香闻名世界，因此，荷兰使用郁金香的形象作为品牌标识也似乎合情合理。然而，土耳其也一度使用这个相同的符号，并设法重申自己才是郁金香发源的正宗国土。从土耳其民族主义视角来看，这可能是一个好战略；然而，这可能也是对稀缺营销资源的浪费，因为要重新获得几个世纪以前就已经丢失了的东西，最终注定是要失败的。

2. 旅游目的地品牌口号

正如图 8 -3 所示，有些国家的品牌标识是连同一个品牌口号一起出现的，例如，美妙巴西（Brazil，Sensational）品牌口号往往传递了旅游目的地品牌的定位，因此，有必要使目标市场清楚地明白口号所传递的意义。表 8 -1 提供了一些旅游目的地品牌口号的例子。独特以及与众不同是旅游目的地品牌化的前提条件，但如果仅通过口号或信息表达是不足以保证这种独特性与差异性的。因此，品牌口号还必须能够传递清晰的信息，告知人们这个旅游目的地如何独特和与众不同。但有些旅游目的地的品牌口号仍然使用一些让人难以捉摸的概念，如“独特新加波”和“澳大利亚，与众不同”。可惜这些词已被使用得如此频繁，以至于它们不再对任何目标市场具有任何特殊的内涵。

另外，由于旅游目的地吸引着多个具有不同期望与特征的旅游市场，它们可能使用不同口号来针对不同的目标市场。

例如，2008 年土耳其提出了一个泛泛的品牌口号：“土耳其，为每一个人而开放!”然而，在 2009 年，它又针对不同市场使用了不同的口号，如下所列：

· 面向以色列：“你的下一个土耳其是什么?”；
· 面向中东：“实现你的梦想”；
· 面向远东：“土耳其，欧洲与亚洲的变幻魅力”；
· 面向美国：“无极限的土耳其”；
· 面向俄国：“文明的摇篮，爱情的中心，梦之乡”；
· 面向德国与奥地利：“土耳其……我的假期”、“难以忘怀的……”。

图 8 -3　部分国家的品牌标志与口号示例（引自 DMO 不同阶段的信息源）

表 8-1　各个国家使用的口号及其内涵

区域	国家口号	内涵
亚洲	Uniquely Singapore（独特新加波） Malaysia—Truly Asia（马来西亚——真实的亚洲） Incredible India（不可思议的印度） Dynamic Korea（活力韩国） Naturally Nepal（自然尼泊尔） Wow Philippines（哇！菲律宾） Thailand—Happiness on Earth（泰国——人间乐土） Vietnam—The Hidden Charm（越南——隐秘的魅力） Hong Kong：When they've reached the top，send them to the peak（香港：当他们到达山顶时，就把他们送上顶峰去）	没有特别含义 地理意义 没有特别含义
亚太	Maldives—The sunny side of life（马尔代夫——生活充满阳光） Samoa—The treasured island of the South Pacific（萨摩亚——南太平洋的宝岛） Australia—So where the bloody hell are you?（澳大利亚——嘿，你到底在哪儿?）	地理意义 幽默、有趣
美国	Ohio—so much to discover（俄亥俄州——有这么多要发现） Arizona—Grand Canyon state（亚利桑那州——大峡谷之州） Alaska B4UDIE（阿拉斯加 B4UDIE）	一切 具体与聚焦的
欧洲	UK OK（英国，OK） Spain—Everything Under the Sun（西班牙——一切都在阳光之下） Your own Ireland（你自己的爱尔兰） Croatia—The Mediterranean as it once was（克罗地亚——曾经的地中海） Latvia—Land that Sings（拉脱维亚——歌唱之地） Hungary—Talent for entertaining（匈牙利——娱乐天性）	地理意义
南美洲	Panama—The road less traveled（巴拿马——让你少走弯路） Jamaica—One Love（牙买加——唯一的爱） Nicaragua—A country with heart（尼加拉瓜——一个热心的国家） Dominica—The Nature Island of the Caribbean（多米尼卡——加勒比海的自然生态岛） Grenada—Spice of the Caribbean（格林纳达——加勒比海的香料） Uruguay Natural（天然的乌拉圭）	乐趣 地理意义 地理意义 地理意义

续表

区域	国家口号	内涵
非洲	Ethiopia—13 months of sunshine（埃塞俄比亚——13 个月的阳光） Zambia—Experience the Real Africa（赞比亚——体验真实的非洲） Rwanda—Discover a new African Dawn（卢旺达——发现一个新的非洲黎明） Tanzania—Authentic Africa（坦桑尼亚——正宗的非洲） Magical Kenya（神奇的肯尼亚） Kenya—creation's most beautiful destinations, all in one country（肯尼亚——最美丽的目的地，全都在一个国家） South Africa—It is possible（南非——一切皆有可能）	地理意义 地理意义 地理意义 地理意义 一切

通过整合营销传播持续向目标市场传递这些独特的标识、符号、颜色、特征与口号，将会在目标市场心目中形成特定的品牌形象、品牌身份、特征与个性；即，如果旅游目的地品牌是一个人，它将会有身份、特征与个性（Keller，1993；Aaker，1997）。品牌就好比一个人，其社会人口学与心理学特征，如年龄、性别、个性与宗教，也反映了“人类的一系列特征”（Aaker，1997，p. 347），如稳定、可靠、专业、友好等，代表了旅游目的地品牌化的成功。在消费者、服务提供者以及居民对品牌特质的理解中，品牌个性对于传递体验承诺是非常重要的。据推测，创造独特而良好的消费者记忆联系，能够提升品牌资产（Keller，1993）。强烈的品牌个性，能在消费者与品牌之间创造强烈的情感联系（Fournier，1998），从而可能影响消费决策（Laurent and Kapferer，1985）。

五、强大的旅游目的地品牌效益

品牌代表了对消费者有积极意义的网络。成功的旅游目的地品牌能使产品发生差异化，它代表了一种价值、质量、信任与保证的承诺，能唤起人们的预期、期望与情感，煽动信念，提示行为，为消费者降低成本与感知风险（Kotler and Gertner，2002；Morgan *et al.*，2002；Williams *et al.*，2004；Blain *et al.*，2005）。在旅游消费中，品牌还具有抵消旅游产品部分感知风险的潜力。一个旅游产品很可能因不能达到预期水平（功能风险）而带来财政与时间风险，甚至对消费者的身体、社会与心理上的健康与幸福造成潜在危害（身体风险、社会风险以及心理风险)。由于品牌标志着质量，它们能够降低那些感知风险，并向消费者保证满意度（Blain *et al.*，2005），因此，品牌往往在旅游消费中发挥重要的角色作用。

Tasci 和 Gartner（2009）区分了成功的旅游目的地品牌与一般知名或流行的旅游目的地之间的差别，后者往往由于价格便宜、近距离的便利、更有利的气候环境以及祖根等原因而接待大量的游客。他们认为，"当一个地方因为提供了其他地方所不具有的价值而与大量的游客量存在正相关关系时"，那么，这就是一个成功的旅游目的地品牌。一个成功的旅游目的地品牌，体现在消费者与旅游目的地之间所建立的一种长期而难忘的纽带或情感联系。即，当消费者发生了一种"恋地情结"（对一个地方的喜爱），消费者与旅游目的地之间就建立起了一种情感纽带，其中包括精神的、情感的与认知的元素（Rossides，2010）。

对于市场营销者而言，品牌向消费者所传递的含义将凝结成为品牌资产，即，一个品牌对消费者所具有的所有含义，或一个品牌的价值，是基于本身所有的强烈且积极的形象与联系、知名度与熟悉度、高品质、价值与忠诚度等这些彼此关联的因素所具有的水平（Aaker，1991，1996；Keller，1993，2003；Kotler and Armstrong，1996；Kotler *et al.*，1999）。类似于有形产品，旅游目的地的品牌资产也包括了：

· 关于旅游目的地的知名度与熟悉度；

· 由旅游目的地的属性知识及其所产生的感觉所组成的联系与形象；

· 旅游目的地的服务质量和其他有形特征；

· 旅游目的地的游览成本与收益之间的差异所形成的价值；

· 与同类产品的竞争对手相比，旅游目的地产品在溢价方面的品牌价值；

· 忠诚度不仅体现在行为指标上，如重访，还体现在态度指标上，如重访一个旅游目的地、口碑宣传与推荐的愿望与意图（Gartner *et al.*，2007）。

自 20 世纪 70 年代初，早在品牌化成为旅游目的地营销重点之前，品牌形象已得到学术界的大量关注（Gunn，1972；Hunt，1975；Crompton，1979；Echtner and Ritchie，1993；Gartner，1993；Milman and Pizam，1995；Baloglu and McCleary，1999；Chen and Kerstetter，1999；Tasci and Gartner，2007；Tasci *et al.*，2007）。完整的品牌资产概念包括形象及其他维度，其近年来也已经成为学术研究的热点。与形象类似，关于品牌资产其他维度的测量，既可以用李克特量表进行定量调查，也可以用其他更多的定性方法，如深度访谈法，就是让旅游目的地中的现实与潜在游客、服务提供者以及居民组成焦点小组进行研究

(*Gartner et al.*, 2007)。表 8-2 详细展示了 Gartner 等（2007）在测量中国澳门的品牌资产时所使用的样本量表信息。

表 8-2　旅游目的地品牌资产的测量量表（引自 Gartner *et al.*, 2007）

（形象）澳门的……[a]
丰富多样的自然资源
风景秀丽
海滩/水资源
有效的旅游信息
大量的文化/遗产吸引物
多样的户外活动
天气条件
当地美食的味道
当地人使用客人语言的能力
当地人的友好/好客
文化/风俗的独特性
购物机会
令人兴奋的产品
夜生活与娱乐的机会
现代生活方式
澳门的总体印象
（质量）澳门在以下方面的服务质量[a]
餐馆
餐厅服务
住宿设施
饭店服务
导游服务
当地交通
当地交通服务
环境的清洁度
（价值）在澳门度假
钱花得值
离家太远
更像是一件麻烦事，而不是假期
非常便宜
物有所值

续表

（忠诚度）澳门是[b]
我的首选旅游目的地
我下一个假期的旅游目的地
我唯一的度假胜地
在我未来的度假计划中
我将推荐给亲朋好友的旅游目的地
我最不喜欢的旅游目的地
我最喜欢的旅游目的地
（熟悉度）吸引物[c]
议事亭前地
圣保罗遗址
大教堂
三街会馆（关帝庙）
卢家大屋
圣老楞佐教堂

形象和质量尺度：
a. 形象与质量尺度：1 = 极差，2 = 非常差，3 = 差，4 = 持平，5 = 好，6 = 非常好，7 = 优秀
b. 忠诚度与价值尺度：1 = 强烈不同意，2 = 非常不同意，3 = 同意，4 = 中立，5 = 同意，6 = 非常同意，7 = 强烈同意
c. 熟悉度尺度：参观过，听说过，不知道。

品牌资产虽然很抽象，但一旦变得强大与积极，就会带来可观的旅游收入。因此，可将游客量及其产生的旅游收入看作旅游目的地品牌资产的一个代理。当一个旅游目的地成功地在一个领域中进行品牌化时，其他领域也会产生“晕轮效应”；如果在自然旅游领域中成为一个强势品牌，那么，在那些以自然资源为基础的行业与部门中，如工艺品、农业与餐饮，它也会被看作优等产品。此外，旅游目的地品牌化的成功不仅能带来金钱利益，还将带来昂扬的斗志、民族自豪感以及团队合作精神，最重要的是，能够提高当地人的生活水平与质量。

六、未来研究方向

还有几个值得关注的旅游目的地品牌化概念。一个是品牌合作，也称为联

合品牌、复合品牌与品牌联盟；品牌合作是两个或更多的品牌加盟，从而使品牌变得更加强大。在饭店业中，这已经是一种企业战略选择，并可应用于旅游目的地品牌化中。例如，Tasci 和 Denizci（2010）提出，零售品牌与饭店品牌之间的品牌合作，有助于增强香港作为一个购物天堂的品牌。此外，产品相似的旅游目的地之间的品牌合作，如韩国、新加波及泰国等，也是一个重要的品牌化战略，能够同时强化一个旅游目的地以及一个区域的品牌，这也是今后可以研究的方向。

与有形产品品牌相比，影响一个旅游目的地品牌的界定、发展与管理的因素往往更加多元化与多功能化，也导致了旅游目的地品牌及其资产更为脆弱。Denizci 和 Tasci（2010）认为，可以通过投资旅游目的地品牌中的核心要素——人的要素，即旅游业的劳动力——来克服这种脆弱性。他们提出，人力资本投资将影响旅游目的地品牌资产实力的提高；因此，他们提出了人力资本与旅游目的地品牌资产之间的关系模型及其测量量表，用来指导未来的实证研究并检验这些关系。

在旅游目的地品牌化文献中，少有研究涉及当前与以往的营销活动如何影响旅游目的地品牌的成功。这使旅游目的地的品牌化努力在未实际得到证明是有用的情况下，却已成了理所当然的任务。例如，Crompton 等（1992）为里奥格兰德河谷制定了一个 6 阶段的定位策略，并观察这个定位能否在近 20 年引起里奥格兰德河谷品牌在其 3 个市场：重访游客、首访游客以及非游客中的任何变化。另外值得考虑的是，通过调研、开发与整合营销传播来对一个旅游目的地品牌化，往往需要高昂的营销费用，这就需要关注投资回报率方面的问题。Tasci 和 Denizci（2009）提出了一系列品牌生产率评价技术，包括了为旅游目的地营销组织可量化的与不可量化的品牌投入与品牌输出进行评价，这样它们就可以确定品牌化投资的回报情况。用数字来展现品牌化活动的生产率，有助于根据目标与机会来促进资源的优化配置；这就需要未来研究解决这些问题，并促使旅游目的地品牌化中的稀缺资源利用得以合法化。

建立强大的旅游目的地品牌需要从供求双方来进行实证研究，从而找到合适的品牌特征（如颜色、标识、口号与个性），然而，目前学界对这方面的研究仍然十分匮乏。Gartner 等（2007）通过实证研究描述了这些品牌特征在供求双方之间可能存在的差异，但仍需要更多研究来关注这些方面，有待旅游目的地营销组织与学术界更进一步的合作。例如，Tasci 等（2009）也通过实证研究表明，“品牌偏见”是旅游目的地营销组织需要测量和管理的一个重要品牌化特征。另外，Tasci 等学者（2009））还认为，即使是一个看起来不相关的因素也可能对该旅游目的地品牌产生影响，例如，一个旅游目的地中的饭店业所普遍使用的员工制服颜色。所以说，旅游目的地的品牌化研究还存在一些空白方面，亟须研究者的关注。

七、总结与结论

国家之间日趋激烈的经济竞争促进不少国家开始打造自身的品牌，尤其是在出口、直接外国投资以及旅游业等领域中。当一个国家成为一个有竞争力的、独特且强大的品牌，它就能在出口、直接外国投资与旅游业等领域中取得成功，并因此成为一个优等产品与服务的生产者，变成居民、外籍人士、移民、劳动力、游客、工厂、企业总部、新企业、投资者、外国直接投资者以及企业家们的理想选择之地。与国家品牌化一致的是旅游目的地品牌化，其目的是增加旅游收入。

有效的旅游目的地品牌管理活动包括：广泛的调查研究、吸引物开发、事件管理、整合营销传播以及持续的监测活动。一个旅游目的地品牌可界定为一个具有一定标志符的地方，如名称、标识（符号）、颜色以及口号，这些标志符具有一定的特征、个性与身份，代表了一种愉悦与难忘的体验承诺，使消费者能够铭记并认出这个品牌。强大的旅游目的地品牌为消费者提供了功能的、情感的、经济的以及心理的价值与利益；因此，在旅游目的地品牌与消费者之间，存在一个有意义的、强大的、有效与持久的纽带与关系。

除了政府机构以外，个体企业与组织、行业协会以及非营利性组织也能够在旅游目的地品牌化中发挥重要的作用；然而，要达到成功，政府需要在它们的共同行动中发挥领导作用，包括与所有利益相关者协商确定规划方向，委派任务到各个利益相关者中，并促进相关行动。尽管旅游目的地品牌化充满了挑战性，但这是一个能够产生可观的品牌资产的战略选择，这些资产包括强大而积极的形象与联系、知名度与熟悉度、高品质、价值与忠诚度。除了带来金钱利益之外，成功的旅游目的地品牌化还将带来昂扬的斗志、民族自豪感以及团队合作精神，还能提高当地人的生活水平与质量。最后，本章还指出需要更多地研究发展中的旅游目的地品牌化理论与实践。

参考文献

Aaker, D. A. (1991) *Managing Brand Equity: Capitalizing on the Value of a Brand Name.* The Free Press,

Simon & Schuster Inc, New York.

Aaker, D. A. (1996) Measuring brand equity across products and markets. *California Management Review*, 38 (3), 102.

Aaker, D. A. (2001) *Strategic Marketing Management.* (6th ed) Wiley & Sons, New York.

Aaker, D. A. and Shansby, J. (1982) Positioning your product. Business Horizons, 25, 56 – 62.

Aaker, J. L. (1997) Dimensions of brand personality. *Journal of Marketing Research*, 34 (3), 347 – 356.

Alhemoud, A. and Armstrong, E. (1996) Image of tourism attractions in Kuwait. *Journal of Travel Research* 34, 76 – 80.

Anholt, S. (2002) Foreword. *Brand Management*, 9 (4 – 5), 229 – 239.

Anholt, S. (2005) *Brand New Justice: how Branding places and products can help the developing world.* Elsevier Butterworth – Heinemann, Oxford.

Baker, B. (2007) *Total Destination Management.*

Baloglu, S. and McCleary, K. W. (1999) U. S. international travelers' images of four Mediterranean destinations: a comparison of visitors and nonvisitors. *Journal of Travel Research*, 38, 144 – 152.

Blain, C. S., Levy, and Ritchie, J. (2005) Destination branding: insights and practices from destination management organizations. *Journal of Travel Research*, 43, 328 – 338.

Bojanic, D. C. (1991) The use of advertising in managing destination image. *Tourism Management* 12, 353 – 355.

Botha, C., Crompton, J. L. and Kim, S. S. (1999) Developing a revised competitive position for sun/lost city, South Africa. *Journal of Travel Research*, 37, 341 – 352.

Bramwell, B., and Rawding, L. (1996) Tourism marketing images of industrial cities. *Annals of Tourism Research*, 23, 201 – 221.

Britton, R. A. (1979) The image of the third world in tourism marketing. *Annals of Tourism Research*, 6, 318 – 327.

Buhalis, D. (2000) Marketing the competitive destination of the future. *Tourism Management*, 21 (1), 97 – 116.

Cai, L. (2002) Cooperative branding for rural destinations. *Annals of Tourism Research*, 29 (3), 720 – 742.

Calantone, R. J., Benedetto, A. D., Hakam, A., and Bojanic, D. C. (1989) Multiple multinational tourism positioning using correspondence analysis. *Journal of Travel Research*, 28, 25 – 32.

Chacko, H. E. (1996) Positioning a tourism destination to gain a competitive edge. *Asia Pacific Journal of Tourism Research*, 1 (2), 69 – 75.

Chen, J. S. and Uysal, M. (2002) Market positioning analysis – a hybrid approach. *Annals of Tourism Research*, 29 (4), 987 – 1003.

Chen, P. J., and Kerstetter, D. L. (1999) International students' image of rural Pennsylvania as a travel destination. *Journal of Travel Research*, 37, 256 – 266.

Court, B. and Lupton, R. A. (1997) Customer portfolio development: modeling destination adapters, inactives, and rejecters. *Journal of Travel Research*, 36 (1), 35 – 43.

Crompton, J. L. (1979) An assessment of the image of Mexico as a vacation destination and the influence of geographical location upon that image. *Journal of Travel Research*, 17 (1), 18 – 23.

Crompton, J. L., Fakeye, P. C., and Lue, C. (1992) Positioning: the example of the Lower Rio Grande Valley in the winter long stay destination market. *Journal of Travel Research*, 31, 20 – 26.

Curtis, J. (2001) " Branding a state: the evolution of brand Oregon", *Journal of Vacation Marketing*, 7 (1), 75 – 81.

De Chernatony, L., and Riley, F. (1999) Experts' views about defining services brands and the principles of services branding. *Journal of Business Research*, 46, 181 – 192.

Denizci, B. and Tasci, A. D. A. (forthcoming) Modeling the commonly – assumed relationship between human capital and brand equity in tourism. *Journal of Hospitality Marketing and Management.*

D'Hauteserre, A. (2001) Destination branding in a hostile environment. *Journal of Travel Research*, 39, 300 – 307.

Echtner, C. M. and Ritchie, J. R. B (1993) The measurement of destination image: an empirical assessment. *Journal of Travel Research*, 31, 3 – 13.

Fakeye, P. C. and Crompton, J. L. (1991) Image differences between prospective, first – time, and repeat visitors to the Lower Rio Grande Valley. *Journal of Travel Research*, 30, 10 – 16.

Fournier, S. (1998) Consumers and their brands: developing relationship theory in consumer research. *Journal of Consumer Research*, 24, 343 – 373.

Gartner, W. C. (1989) Tourism image: attribute measurement of state tourism products using multidimensional scaling techniques. *Journal of Travel Research*, 28, 16 – 20.

Gartner, W. C. (1993) Image formation process. *Journal of Travel and Tourism Marketing*, 2, 191 – 215.

Gartner, W. C., Tasci, A. D. A., and So, S. I. A. Branding Macao: An Application of Strategic Branding for Destinations, Proceedings of the 2nd International Conference on Destination Branding and Marketing: New Advances and Challenges for Practice, 17 – 19 Dec. 2007, Macao, China., pp. 133 – 142.

Gnoth, J. (2002) Leveraging export brands through a tourism destination brand. *Brand Management*, 9, 262 – 280.

Go, F. M., Lee, R. M. and Russo, A. P. (2003) E – heritage in the globalizing society: enabling cross – cultural engagement through ICT. *Information Technology & Tourism*, 6 (1), 55 – 68.

Goodrich, J. N. (1978) The relationship between preferences for and perceptions of vacation destinations: application of a choice model. *Journal of Travel Research*, 17 (2), 8 – 13.

Gunn, C. (1972) *Vacationscape: Designing tourist regions.* Bureau of Business Research, University of Texas, Austin.

Hart, S. (2003) *Marketing Changes.* Thomson, London.

Henderson, J. C. (2000) Selling places: the new Asia – Singapore brand. In Robinson, M., Evans, N., Long, P., Sharpley, R. and Swarbrooke, J. (eds) *Management, Marketing and the Political Economy of Travel and Tourism*, The Centre for Travel and Tourism, Sunderland, pp. 207 – 18.

Holm, O. (2006) Integrated marketing communication: from tactics to strategy. *Corporate Communications*, 11 (1), 23 – 33.

Hunt, J. D. (1975) Image as a factor in tourist development. *Journal of Travel Research*, 13, 1 – 7.

Jensen, O. and Korneliussen, T. (2002) Discriminating perceptions of a peripheral 'nordic destination' among European tourists. *Tourism and Hospitality Research*, 3 (4), 319 – 330.

Joppe, M., Martin, D. W. and Waalen, J. (2001) Toronto's image as a destination; a comparative importance - satisfaction analysis by origin of visitors. *Journal of Travel Research*, 39 (3), 252 - 260.

Laws, E. (2002) *Tourism Marketing, Services and Quality Management Perspectives.* Stanley Thorns, London.

Lovelock, C. H. (1991) *Services Marketing* (2nd Ed). Prentice - Hall Inc., Englewood Cliffs, New Jersey.

Kotler, P. (1996) *Principles of Marketing.* Prentice Hall International Inc, New York.

Kotler, P. and Armstrong, G. (1996) *Principles of Marketing*, (7th Ed.). Prentice Hall International Inc, Upper Saddle River, New Jersey.

Kotler, P., Bowen, J., Makens, J. (1999) *Marketing for Hospitality and Tourism*, Prentice Hall International Inc, Upper Saddle River, New Jersey.

Kotler, P. and Gertner, D. (2002) Country as brand, product, and beyond: a place marketing and brand management perspective. *Journal of Brand Management*, 9 (4/5), 249 - 261.

Kotler, P., Haider, D. H. and Rein, I. (1993) *Marketing Places - Attracting Investment, Industry and Tourism to Cities, States and Nations*, The Free Press, New York.

Keller, K. L. (1993) Conceptualizing, measuring, and managing customer - based brand equity. *Journal of Marketing*, 57, 1 - 22.

Keller, K. L. (2003) *Strategic brand management: Building, measuring and managing brand equity.* Prentice Hall International Inc, Upper Saddle River, New Jersey.

Klooster, E. V., Go, F. and Baalen, P. V. (2004) Exploring destination brand communities: a business model for collaboration. In the extremely fragmented tourism industry, Paper presented at the 17th Bled eCommerce Conference eGlobal, Bled, Slovenia, June 21 - 23, 2004.

Laurent, G. and Kapferer, J. L. (1985) Measuring consumer involvement profiles. *Journal of Marketing Research*, 22, 41 - 53.

MacKay, K. and Fesenmaier, D. (1997) Pictorial element of destination in image formation. *Annals of Tourism Research*, 24, 537 - 65.

MacKay, K. and Fesenmaier, D. (2000) An exploration of cross - cultural destination image assessment. *Journal of Travel Research*, 38 (4), 417 - 423.

Milman, A. and Pizam, A. (1995) The role of awareness and familiarity with a destination: the Central Florida case. *Journal of Travel Research*, 33, 21 - 27.

Milo, K. J. and Yoder, S. L. (1991) Recovery from natural disaster: travel writers and tourist destinations. *Journal of Travel Research*, 29, 36 - 39.

Morgan, N., Pritchard, A. and Piggott, R. (2002) New Zealand, 100% pure. The creation of a powerful niche destination brand. *Journal of Brand Management*, 9, 335 - 354.

Mundt, J. W. (2002) The branding of myths and the myths of branding: some critical remarks on the branding of destinations, *Tourism*, 50 (4), 339 - 348.

Murphy, L. (1999) Australia's image as a holiday destination - perceptions of backpacker visitors. *Journal of Travel and Tourism Marketing*, 8 (3), 21 - 45.

Olins, W. (2002) Opinion piece: branding the nation - the theoretical context. *Special Issue of the Journal of Brand Management*, 9 (4/5), 241 - 248.

Oregon Business Plan. org. (2010). Oregon Business Plan White Paper "Branding and Marketing Oregon."

Pike, S. (2004) *Destination Marketing Organisations.* Elsevier, Oxford.

Poiesz, T. B. C. (1989) The image concept: its place in consumer psychology. *Journal of Economic Psychology*, 10, 457 -472.

Pritchard, A. and Morgan, N. (2001) Culture, identity and tourism representation: marketing Cymru or Wales? *Tourism Management*, 22, 167 -179.

Reilly, M. D. (1990) Free elicitation of descriptive adjectives for tourism image assessment. *Journal of Travel Research*, 28, 21 -26.

Riege, A, Perry, C and Go, F. M (2001) Partnerships in international travel and tourism marketing: a systems - oriented approach between Australia, New Zealand, Germany and the United Kingdom. *Journal of Travel & Tourism Marketing*, 11 (1), 59 -77.

Rossides, N. (2010) *Destination Branding, Applying Branding Principles to the Marketing of Destinations.*

Selby, M. and Morgan, N. J. (1996) Reconstructing place image - a case study of its role in destination market research. *Tourism management*, 17 (4), 287 -294.

Sirakaya, E. and Sonmez, S. (2000) Gender images in state tourism brochures: an overlooked area in socially responsible tourism marketing. *Journal of Travel Research*, 38 (4), 323 -362.

Skinner, H. (2005) Wish you were here? some problems associated with integrating marketing communications when promoting place brands. *Place Branding*, 1 (3), 299 -315.

Sonmez, S., Apostolopoulos, Y., and Tarlow, P. (1999) Tourism in crisis: managing the effects of terrorism. *Journal of Travel Research*, 38 (1), 13 -18.

Tasci, A. D. A. & Denizci, B. (2009) Destination branding input - output analysis: a method for evaluating productivity. *Tourism Analysis*, 14 (1), 65 -83.

Tasci, A. D. A., Denizci, B., and Gartner W. C. (2009) Judging the book by the cover: travelers' uniform preferences for the hospitality industry of a destination. Paper presented at the Annual Conference of Travel & Tourism Research Association, June 21 -24, 2009, Hawaii.

Tasci, A. D. A. and Denizci, B. (forthcoming) Fashionable hospitality: a natural symbiosis for Hong Kong's tourism industry? *International Journal of Hospitality Management.*

Tasci, A. D. A. & Gartner, W. C. (2007) Destination image and its functional relationships. *Journal of Travel Research*, 45, 413 -425.

Tasci, A. D. A., and Gartner, W. C. (2009) A practical framework for destination branding in tourism branding: communities in action, In: Cai, L., Gartner, W. C. and Munar, A. M. (eds) *Cognizant Communications*, Emerald Group Publishing, Bingley, pp. 149 -158.

Tasci, A. D. A., Gartner, W. C. and Cavusgil, S. T. (2007) Conceptualization and operationalization of destination image. *Journal of Hospitality and Tourism Research*, 31, 194 -223.

Tasci, A. D. A., Gartner, W. C. and Cavusgil, S. T. (2007) Measurement of destination brand bias using a quasi - experimental design. *Tourism Management*, 28, 1529 -1540.

Williams, P. W., Gill, A. M., and Chura, N. (2004) Branding mountain destinations: the battle for "peacefulness". *Tourism Review*, 59 (1), 6 -15.

第9章 目的地形象开发与传播

一、序言

自20世纪70年代中期以来，旅游目的地形象就已成为旅游目的地营销最重要的概念之一。随着旅游业的快速发展，加上全球化与全球通达性的发展趋势，当代旅游者面临着无数的旅游目的地选择。通常，旅游者需要在不同旅游目的地之间反复进行比较，并借助自身对旅游目的地的脑海中的印象——因为他们对这些目的地的认知实际上是非常有限的——来协助完成决策（O'Leary and Deegan，2003）。大量文献研究表明，形象作为旅游目的地差异化的一种手段，在游客决策过程中发挥着重要的作用（Pearce，1982；Sirgy and Su，2000；Yüksel and Akgül，2007）。然而，要创造一个积极的旅游目的地形象，将是一项复杂而极具挑战性的任务。这是因为形象产生于旅游目的地各种不同的信息碎片，而旅游目的地营销组织或其他促销者只能直接或间接地控制其中很小的一部分（Gartner，1993；Baloglu and McCleary，1999）。

在当今时代，旅游目的地营销组织需要投入比以往更多的资源来实现与维持一个理想的形象。它们需要付出更多努力来探索旅游者形象及其主要影响因素，才能制定有效的规划、发展与营销战略（Sönmez and Sirakaya，2002；Tasci *et al.*，2007）。同时，旅游管理者不仅需要关注自身的旅游目的地形象，还要关注那些核心竞争者的旅游目的地形象（Ahmed，1991；Bonn *et al.*，2005）。此外，旅游目的地形象的意义早已超越了旅游业的边界，许多旅游目的地在进行自我提升的过程中还包含了其他非旅游的目标，比如提升国家的整体形象，并借此提高国家的国际地位（Shani *et al.*，2010）。因此，无论在发展中国家还是发达国家，许多旅游目的地都高度重视其自身的形象。

本章旨在全面阐述旅游目的地形象发展与传播方面的重要议题。本章将回顾那些有助于理解旅游目的地形象的重要文献，并在这个已经广泛开展了30多年的研究课题中，得出相关的管理与营销启示。首先，介绍旅游目的地形象的概念框架，包括它的定义与构成部分，接着讨论重要的方法论，以便对旅游目的地形象及其与旅游目的地本身所投射出来的形象的一致性进行有效评估。

有效地传播旅游目的地形象，需要深入了解旅游目的地形象产生的机制，因此，本章将讨论旅游目的地形象形成的过程，包括那些影响人们的旅游目的地心理表征的信息因子。又因为旅游目的地形象是一个动态变化的概念，本章还提供了相关证据证明形象将随时间而变化，同时提出管理与修正负面形象的时机。最后做出结论并提出旅游目的地形象发展与传播的未来研究方向。

二、旅游目的地形象的本质

虽然产品形象研究已有相当长的历程，但由于旅游产品的独特性与复杂性，仍需要构建一个特定的概念框架与方法论来探究旅游目的地形象的本质。学界中已存在大量定义描述旅游目的地形象，Gallarza 等（2002）提出了旅游目的地形象本质的4个主要特征：

- 复杂性：旅游目的地形象是一个有争议的概念，没有公认的定义或组成部分；
- 多样性：旅游目的地形象由多方面特征组成，这些特征反映了旅游目的地形象的身份认同；此外，各种相互联系的信息中介共同规定了旅游目的地的形象；
- 相对性：旅游目的地形象是非常主观的，并往往因人而异；此外，旅游目的地形象评估通常在与其他旅游目的地的比较中进行；
- 动态性：旅游目的地形象不是静态的，它很可能随着时间与空间的变化而变化（如由于与旅游目的地近距离接触而发生变化）。

虽然不同定义与概念化在解释旅游目的地形象方面存在一些差异，但它们普遍认为，旅游目的地形象指的是旅游目的地在旅游者心中的形象，而不是营销者所构建的形象（Li and Volgelsong，2006）。学界之所以对这个研究领域的兴趣日益增长，主要在于“从战略上看，人们心目中的旅游目的地形象，比市场营销者对该旅游目的地的认识更为重要”（Ahmed，1991）。这些年来，出现许多描述旅游目的地形象的定义。其中，与当前的旅游目的地形象定义较为相近的一个最早的综合定义，是由 Lawson 和 Baud Bovy（1997）提出的：“形象是指一个人或一个团体对一个特别的地方所可能持有的所有客观知识、印象、偏见、想象与感性思考的表达。”旅游目的地营销组织和其他促销者所面临的挑战就是，使旅游目的地在人们心目中的形象尽可能接近于旅游目的地的理想形象。

（一）三个连续介质模型

Echtner 和 Ritchie（1991）的一项开创性研究提出了一个有助于理解旅游目的地形象构成的概念框架，该概念框架由 3 个形象连续介质组成：属性—整体性；功能特征—心理特征；遍在性—独特性。第一个连续介质范围是旅游目的地形象从单体属性到整体印象的变化。Echtner 和 Richie（1991）在文献回顾中指出，有些定义与解释主要强调形象的单体属性，其他则将形象看作旅游目的地的整体印象。例如，一个基于属性的形象定义是“个体对一个旅游目的地所提供的属性或活动的感知”（Gartner，1986），而一个整体性定义是“人们对一个地方所持有的所有信仰、观念与印象的总和”（Kotler *et al.*，1993）。Tasci 等（2007）陈述道，前者假设消费者具有较高的参与度，他们基于单体属性与活动来评估旅游目的地，并根据零碎的事物形成旅游目的地形象。后一个定义假设消费者具有较低的参与度，他们主要根据事物类别来评价旅游目的地，因为他们不具备这样的心智能力来对一个个属性进行检验，相反，他们基于所选择的具体情境条件，形成对旅游目的地的一个完整印象。然而，Echtner 和 Ritchie（1991）认为，这两个维度都应该纳入旅游目的地形象的概念化中，这样才能更准确与全面地表现旅游目的地形象的复杂性。

第二个连续介质范围是从形象的功能属性向心理属性的变化，前者可以直接观察与测量，但后者不能直接测量。每一个属性要么以可直接观察到的具体特征为基础，要么以可表现情感或气氛的总体印象为基础。Gallarza 等（2002）挑选了 1979 ~ 1999 年的旅游目的地形象研究，从中总结了最常使用的形象属性，发现使用频率最高的属性是“居民的接受能力”和“景观或周围环境”。研究者发现将旅游目的地的特质范围是从最物理的（功能的）属性（如活动和自然）向最抽象的（心理的）属性（如服务质量和安全）变化，诸如气候与价格这些特质则落在两端之间的灰色区域。

第三个也是最后一个连续介质范围是从遍在形象属性向独特形象属性变化，前者是评估和对所有旅游目的地进行比较的依据，后者则适用于特定的旅游目的地。遍在属性或独特属性都可能同时包含功能特质与心理特质。例如，遍在功能属性往往包括交通、基础设施以及住宿，而比较常用的心理属性则包括居民的友好程度、安全和服务质量。另外，如印度的泰姬陵、里约热内卢的狂欢节以及法国的埃菲尔铁塔等都表现出独特的功能属性，而表现独特心理属性的例子则包括了巴黎的浪漫形象、耶路撒冷的神圣以及印度的神秘主义等。

最后，从 Echtner 和 Ritchie（1991）的方法可以总结出，旅游目的地形象由基于属性的印象与整体印象所组成，它们主要是在旅游目的地的功能特质与心理特质的基础上而形成。此外，特定的旅游目的地形象还可以从所有旅游目的地所共有的形象中分化出来。可以用一个三维图来表现这个概念框架（图9－1）。

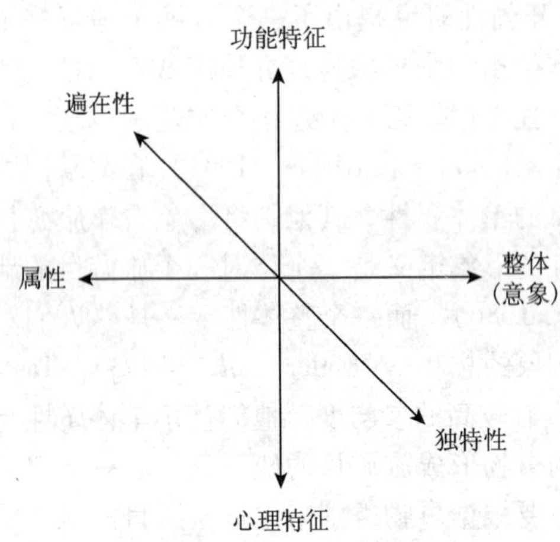

图 9－1　旅游目的地形象的构成
(改自 Echtner and Ritchie, 2003)

（二）层次模型

还有学者提出了其他描述旅游目的地形象构成的概念框架。Gartner（1993）在 Boulding（1956）的研究基础上提出，旅游目的地形象是由三层相互联系的成分所组成：认知、情感与意动。认知成分是关于一个旅游目的地的知识与信仰，主要关注旅游目的地的物理属性。情感成分主要与游客对一个旅游目的地的感觉与情绪有关，通常包括中性的、喜欢的或不喜欢的（Pike and Ryan, 2004）。最后，意动成分主要表明游客对旅游目的地的行为意向。这三个成分共同呈现了我们对一个客体的了解（认知的），我们对所了解到的信息如何感觉（情感的）以及我们对这些信息采取怎样的行动（意动的）（Tasci *et al.*，2007）。在学界中得到普遍认可并得到经验证据支持的一个观点是，情感成分是认知成分与旅游目的地整体形象之间的一个中介因素。换句话说，认知成分先于情感成分，然而两者同时影响了旅游目的地的整体形象（Beerli and Martín, 2004；Lin *et al.*，2010）。

尽管大多数旅游目的地形象研究主要关注认知形象属性，但需要强调的是，情感形象成分对旅游者的旅游目的地评估与选择具有重要的影响（如 Yüksel and Akgül, 2007），因此，也应该将其作为一个综合元素纳入旅游目的地形象的概念框架中。此外，许多旅游目的地形象定义也遗漏了意动成分（Tasci *et al.*, 2007），然而，意动成分对于获取人们观念中的行动元素也至关重要。因此，有研究者提出旅游目的地形象成分构成的交互系统，不仅同时纳入了认知、情感以及意动三个成分，还整合了其他研究所提出的其他维度，亦即整体性—属性和遍在性—独特性维度（图9-2）。Tasci 等（2007）这样来描述这个模型：

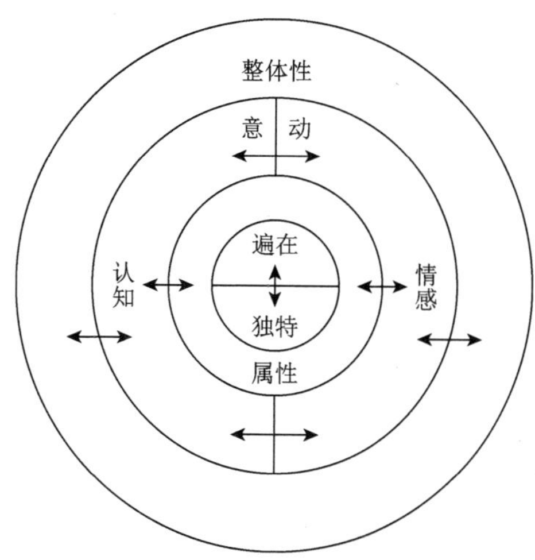

图9-2　形象构成的交互系统

（改自 Tasci *et al.*, 2007）

> 这个交互系统的核心，在于旅游者对旅游目的地所具有的遍在属性与独特属性的认知性知识及其对这些属性的情感反应。在这些知识与感觉之间的相互作用下，逐渐形成一个合成形象（整体或总体的），并为决策者利用来简化决策工作。假设遍在属性与独特属性的知识都是以事实为依据的，那么，这个系统的核心越复杂，整体的综合形象就越灵活。这是一个互动互馈的动态系统，其中每一个元素在任何时候都既可能是原因又可能是结果，并且不能孤立地去理解这些因素；所以需要用一种综合的方法来研究它们。因此，一个旅游目的地形象是一个互动系统，包括了旅游者对一个旅游目的地的思考、观点、情感、想象以及意图。

三、旅游目的地形象测量

为了在旅游目的地定位与促销方面得到有效的管理与营销启示，必须准确地评估旅游目的地形象。用于测量旅游目的地形象的方法论自然与这个术语被解释与概念化的方式有关。一般而言，可以采用结构化技术来测量旅游目的地形象，即要求受访者对一系列详细描述的形象属性进行评估，研究者通常利用某种标准工具（通常是李克特量表或语义差分量表）将这些属性呈现给受访者；或采用非结构化技术，受访者能自由表达他们对旅游目的地的感知形象（Echtner and Ritchie, 1991）。就其性质而言，结构化技术依赖于定量程序与统计分析，而非结构化技术则基于定性方法，如内容分析法、专家讨论法、深度访谈法、焦点小组、双问卷调查中抽取问题等（Gallarza *et al.*, 2002）。

在传统的旅游目的地研究中，结构化方法占了主导地位（Echtner and Ritchie, 1991），这很有可能是因为这种方法具有明显的优势，即更容易管理，数据编码更简单，以及更适用于复杂的统计分析。此外，一方面，结构化方法可以对不同旅游目的地（包含在问卷调查中）的多个形象属性进行比较。另一方面，结构化方法侧重于调查研究者预先规定的遍在形象属性，因此，受访者不能陈述他们自身对旅游目的地的印象。这样，旅游目的地的一些重要的整体或独特的特征很可能就被忽略了。由于非结构化方法采取的是自由描述的形式来测量旅游目的地形象，研究者不仅能够尽可能降低在选择形象属性时存在的偏见，还能收集丰富的信息数据，因而这种方法对于同时获取形象的独特性与整体性都是比较理想的。因此，学界中也普遍认为，应该采取混合的方法来全面调查旅游目的地形象，即，综合使用定量与定性技术（Echtner and Ritchie, 1993; Hanlan and Kelly, 2005; Tasci *et al.*, 2007）。然而，Pike（2002）在回顾1973～2000年的142篇旅游目的地形象文献中发现，大部分文献（79篇）所描述的每个调研阶段都没有采用任何定性方法。总体而言，在旅游目的地形象研究中，存在两大流派呼吁采用混合的研究方法，即连贯的方法流派和互补的方法流派。

（一）连贯的方法

当采用连贯的方法时，首先进行的是定性阶段，这一阶段旨在抽取相关的旅游目的地形象，然后进入定量阶段，采用结构化方法来测量这些属性（Jenkins, 1999）。以Bonn等（2005）的研究为例，为了建立一个旅游目的地属性量表来测量佛罗里达州坦帕湾地区的形象，研究者首先采取了3种定性方法：利用来自开放性问题的回答内容，这些问题来自早期的区域游客调查中；形成一个专家小组来评估上一个步骤所获取的信息是否适当地代表了旅游目的地的形象维度；以及在行业与社区领导中开展座谈小组与焦点小组讨论，从而获得他们关于重要的形象属性的观点。在这些结果的基础上，研究者进一步提炼出含有10个属性的量表，并通过调查问卷的形式应用到随后的定量阶段中。

通过因子分析得出了两个潜在的形象维度：服务因子（“到达的舒适性”、“居民的友好程度”、“服务水平”、“标牌标识”、“美元的价值”，以及“地面交通”）和环境因子（“活动的多样性”、“干净的环境”、“气候”和“安全感知”）。通过旅游目的地形象的量化评估，研究者得以推断，参与者对环境因子的评价总体上高于服务因子。此外，国际游客对两者的评价都低于国内游客，表明国际游客持有更高的服务与环境标准，这对旅游目的地营销者的重要启示在于，一方面旅游目的地需要提升这些因素，另一方面需要在国际营销活动中强调这些因素。

在使用连贯方法的形象研究中，只有少数研究不仅用这种方法来确认旅游目的地最重要的形象成分，还用以确认这些成分在影响行为意图方面的相对重要性。正如 Lin 等（2010）指出，需要对不同形象成分的作用差异给予更多的关注，因为不同的形象成分对旅游者的目的地选择具有不同的影响。例如，Shani 等（2010）采用连贯的方法调查了中国在美国年轻国际雇员眼中的旅游目的地形象。为了建立主要的研究工具，他们召开了几个焦点小组会议，确认了重要的遍在形象属性（如愉悦的天气与安全）以及中国的独特属性（如独特的历史和文化吸引物、异国情调的东方气息以及稠密的人口）。为了得到中国的旅游目的地诱导形象，受访者还需要观看该国的形象宣传影片。在调查问卷中，一共包含了 28 个属性用于定量测量阶段。此外，研究者还调查了受访者前往中国的一系列行为意图，尤其是未来参观中国的意识、愿望、可能性以及兴趣。这一部分可看作旅游目的地形象的意动部分，也就是 Tasci 等（2007）所提到大多数旅游目的地形象研究所缺失的部分。研究结果显示，在美国的年轻国际雇员感知中，中国是一个在自然与文化本色方面都具有吸引力的旅游目的地，此外还表现出一些混合的形象——一方面是地大物博、充满异国风情的传统东方形象，另一方面是进步与创新的现代形象。然而，文化与自然旅游因素对参与者的行为意图具有最显著的影响。因此，研究者将自然与文化属性归结为中国的主要旅游吸引因素，认为它们应该成为营销宣传活动的重点。尽管中国的现代化发展迅速，且伴随着大量的西方住宿设施、购物设施以及其他旅游基础设施建设，但结果显示，这些属性未能增加参观这个国家的可能性。这些研究发现进一步强化了 Li 等（2010）的观点，即“旅游目的地管理者一定要根据特定的旅游目的地特征制定具体的营销战略”。

（二）互补的方法

第二种关于旅游目的地形象的混合方法，是指互补但非连贯的定性与定量混合方法。根据互补的观点，定量与定性方法两者相辅相成，它们对于提取旅游目的地的完整形象都是必不可少的。与连贯的方法相比，定性方法在这种互补的方法中显得更加重要，前者只将其作为生成主要研究工具的手段，但在后一种方法中，定性方法在洞察形象方面提供了定量方法所无法揭示的视角，这也是定量方法的结构化性质所决定的。Echtner 和 Ritchie（1993）提出了将结构化与非结构化方法结合起来测量旅游目的地形象的研究框架，该框架旨在全面获取旅游目的地形象中整体的、属性的、功能的、心理的、独特的以及遍在的特征。根据这个框架，需要利用一个形象属性量表定量测量旅游目的地形象的遍在功能属性与遍在心理属性。另外，还需要设计开放性调查问题，来获取旅游目的地形象中的整体印象与独特属性，这里同样也包括了功能与心理两个维度。

有研究者应用了这个研究框架来调查旅游目的地形象（Murphy，1999；Chen and Hsu，2000；Pawitra and Tan，2003）。其中，Choi 等（1999）采用了三维的形象成分来评估香港在游客心目中的旅游目的地形象。他们使用的研究工具主要分为两大部分。首先，受访者需要陈述他们对一系列属性语句的同意程度（如“很多地方可以参观”、“当地人很友好”）。接着，通过统计程序来分析这些陈述，这里主要测量遍在的功能属性与心理属性。调查问卷的第二部分包括了 3 个开放性问题，受访者需要陈述与香港相关的形象或特征，描述他们期望在香港感受的气氛或心情，以及列出他们在香港所了解的独特旅游吸引物。这些定性信息可以评估香港的整体形象，包括功能的与心理的形象，以及这个旅游目的地所具有的独特属性与印象。根据研究结果可以得到香港的旅游目的地形象图示（图 9 - 3）。可以看到，香港虽然具有拥挤与紧张的负面形象，但同时也在购物与游客信息方面得到了积极的评价，其中，山顶、天星轮和夜市是香港的独特形象。Choi 等（1999）总结道，通过互补方法综合运用定量与定性方法，能够全面地认识香港的旅游目的地形象，这对于旅游目的地宣传者理解市场定位将大有裨益。

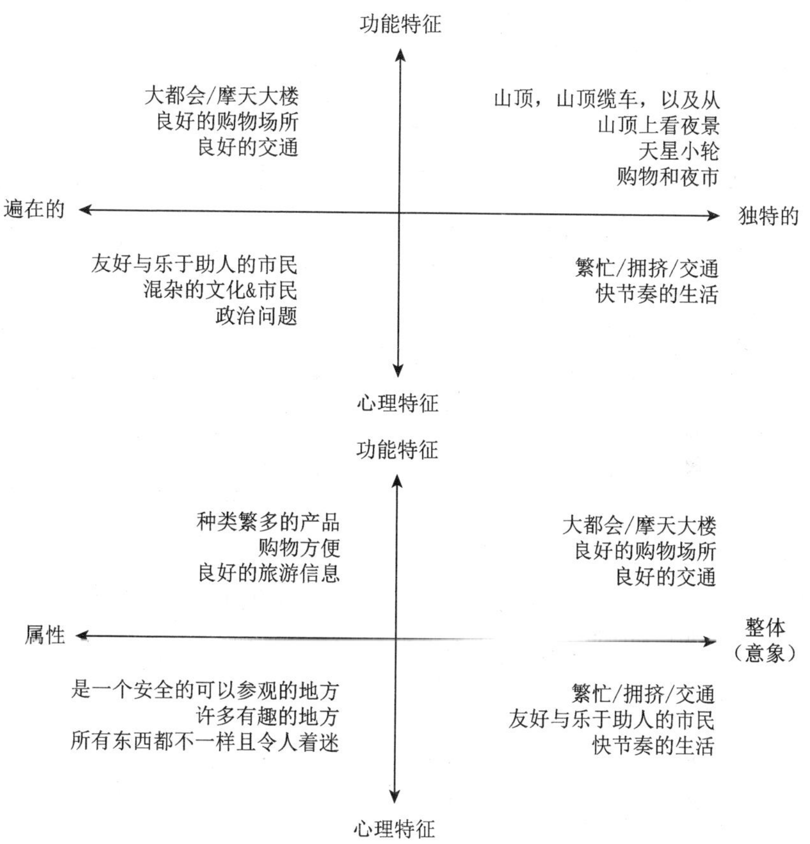

图9－3　香港的功能—心理、属性—整体、遍在—独特的形象成分
（改自 Choi *et al.*，1999）

（三）多元的定性方法选择

在使用连贯的或互补的混合方法测量旅游目的地形象时，研究者可以选择的定性方法是多种多样的。尽管定性方法多半是与一定形式的定量调查结合在一起，但在某些情况下，定性方法也是评估旅游目的地形象的主要技术（Gallarza *et al.*，2002）。除了以上所提及的一些典型的定性方法，Jenkins（1999）还提出了其他可以选择的定性测量方法，包括内容分析法、自由揭露法、照片引谈法以及项目网格法。另外，定性方法还包括游客受雇拍照法和示意图法等研究技术。下文将通过一些旅游目的地形象研究案例来详细阐述每一种方法。

1. 内容分析法

内容分析法是一种通过筛选文本信息并对其进行系统分析来确认规律和类别的方法。通过书面信息（如指南书、报纸）与视觉信息（如宣传材料里的图片）等各种信息源可以推断出旅游目的地的形象。例如，Xiao 和 Mair（2006）对 19 份英文报纸中的文章进行内容分析，揭示了中国作为一个旅游目的地在国际媒体中的形象。他们陈述道：中国存在一个形象悖论，因为它所被描述的形象是反差性很强的混合形象。中国的负面形象主要与一些重要议题联系在一起，比如国家国际关系的不确定性和安全问题；而正面形象则主要与其丰富的文化与旅游吸引物相关。基于研究结果，研究者为中国的旅游目的地营销组织提出了一些营销建议，其中，在营销活动中尤其需要强调中国的正面形象（如文化与优秀的旅游吸引物）。另外，他们还指出，为了弥补消极方面的形象，营销活动应该强调国家对外部世界的日益开放性，以及中国的社会经济与科技进步。

2. 自由揭露法与照片引谈法

自由揭露法是用于评估旅游目的地形象的另一种定性方法，亦指字词联想法。Reilly（1990）证明了这种方法在旅游目的地形象研究中非常有用，并指出这是一种相当简单的方法，可应用于各种各样的调查类型中（如邮件、电话和面对面的访谈）。从本质上来看，自由揭露法首先需要询问受访者一些问题，比如"哪三个词最好地将 × 描述为一个度假或休闲旅行胜地"（Reilly, 1999）。然后，将这些记录根据相似性进行分类，并对各个类别的频率进行评估，最后确认主导形象。Reilly（1999）非常提倡这种方法，因为"这些回答能够非常敏捷地获取调查对象对刺激物所构建的形象维度"，尤其当受访者无法清晰描述他们的回答时，这种方法能够反映该旅游目的地缺乏一致的形象。照片引谈法是一种相似的方法，它主要通过向受访者展示旅游目的地的照片来调查他们对旅游目的地的感知。

Reilly（1990）利用自由揭露法调查了蒙大纳州作为一个整体在美国和加拿大居民眼中的形象，尤其是蒙大纳州的山区滑雪场在滑雪者心目中的形象。结果显示，受访者对蒙大纳州最常见的描述就是其美丽的风景以及广阔的地域，对滑雪场的描述包括环境美丽、宽广以及乐趣。研究结果还表明，来自不同客源地的受访者对形象的描述是不一样的，这将为不同细分市场带来不同的营销启示。其中，与来自临近地区的居民相比，来自遥远地区的受访者大多不能清晰地描述蒙大纳州。因此，Reilly（1990）建议应在偏远地区的宣传活动中整合更多的信息内容。

3. 项目网格法

项目网格法的概念最初由 Kelly（1955）所提出，并已应用到旅游目的地形象研究中。根据该理论，假设个体使用有限与双极性质的结构来评估某种现象。例如，一个旅游者可能采用“物有所值”这个词语来评价一个潜在的旅游目的地 A，而可能用“太昂贵”来评价旅游目的地 B”（Coshall，2000）。该理论的操作技术称为“项目网格法”，这种方法通常使用卡片将一些元素——由名称或其他符号来表示——以一系列的三元组合展示给受访者。在旅游业背景中，这些元素大多数是旅游目的地或者是其他特定的吸引物。如 Jenkins（1999）指出，受访者需要对三个旅游目的地进行评估与比较，并陈述其中的两个旅游目的地是怎样以有意义的方式，与第三个旅游目的地相近或相互区别。研究者需要持续向受访者展示这三个旅游目的地的不同组合，直到没有新的概念出现为止。

例如，Pike（2003）采用了项目网格法来确定新西兰的国内游客在考虑自驾短期旅行时，他们所认为重要的旅游目的地属性是什么。他挑选了国内 9 个著名的度假旅游目的地，并向受访者展示一系列由三个旅游目的地组合的卡片。研究发现，最显著的属性是“活动多”、“在舒适的驾驶范围内”、“海/海滩”、“水上运动”以及“好天气”。由于这些受访者的观点既不同于当地受访的旅游从业者的看法，也不同于文献中所描述的属性，因此，Pike（2003）总结道，在形象研究中，当需要定义一些显著的旅游目的地属性时，很有必要直接从消费者的观点中获取相关的属性。

4. 游客受雇拍照法

MacKa 和 Couldwell（2004）提出了游客受雇拍照法，认为这是传达一个旅游目的地形象的有效方法。他们陈述道，“这种方法需要派发照相机给受访者，并要求他们拍摄与研究目标相关的吸引物”，这也是获取旅游目的地形象的方式。由于大多数广告与宣传都涉及图案元素的使用，因此有学者提出，旅游目的地形象研究也应该包含游客对旅游目的地的视觉感知，这能够极大地增加研究的效果。此外，了解一个旅游目的地在游客眼中具有吸引力的视觉元素，也有助于评估营销活动所使用的图片，并设计未来的投射形象。

MacKay 和 Couldwell（2004）利用了游客受雇拍照法对加拿大萨斯喀彻温省的一个国家历史遗址形象进行了相关研究。他们邀请受访游客拍摄最能代表该历史遗址的照片——既可以是正面的也可以是负面的。这些受访者还需要在日记中陈述每一张照片的主题，拍摄该照片的主要动机，以及该照片是否展现了一个正面或负面的形象。研究结果揭示了两个一致的主题：一个是“美学”，指遗址的有形方面（如外部建筑、农场设备），一个是“怀旧之情”，指无形的元素（如展示过去生活的方式、个人的回忆），这两个主题共同解释了游客拍摄这些照片的原因。研究者总结道，研究结果证明了游客受雇拍照法对于测量旅游目的地形象的多维性是非常灵敏的工具，因为它能够同时获取目的地的属性形象与整体形象。

5. 示意图法

示意图法主要用于理解人们的心理地图，是指人们对在一个特定的地方所发现事物的知识。Son（2005）指出，“心理地图有助于预测人们想要去哪里及其到达那里后想要做什么……调查旅游者对所参观地的认识程度如何，所知道的道路与地标是什么，希望参观哪个区域以及他们认为哪些区域让人不愉快等，这对于我们更好地理解旅游者的行为与观念都是很重要的”。

Son 的这个观点促进了我们对旅游者行为与观念的正确理解。Son（2005）采用了示意图技术来评估国际学生对澳大利亚的两个城市——悉尼和墨尔本的心理地图。在调查过程中，受访者需要根据记忆绘制这些城市的市区草图，并提供尽可能多的细节信息（如路径、区域和地标）。作为参考，研究者还提供了其他地点的示意图例子。调查问卷还包括了其他用以确定这两座城市的情感形象与整体形象的部分。结果显示，两个旅游目的地的形象都相当鲜明，其中，悉尼被视作为一个空间主导型城市，而墨尔本则是一个路径型城市。研究结果还提供了每个城市有用的主要地标信息（建筑物、吸引物以及纪念物），如悉尼的歌剧院和维多利亚女王大楼，墨尔本的耐克大厦和国会大厦。

四、旅游目的地形象的形成

对于旅游目的地营销组织与管理者而言，他们不仅需要认识到他们的旅游目的地当前的形象，还要探究影响那一形象的重要因素。这将为营销或宣传的有效性提供有价值的信息，且有助于未来制定相关的营销决策。由于影响旅游目的地形象的潜在信息源多种多样，不少学者尝试对这些来源进行了分类。例如，可将信息源分为以下三类：符号刺激（旅游目的地的宣传活动）与社会刺激（口碑宣传，包括亲朋好友的推荐）；非正式的（个人的）与正式的（公司的）信息源；以及商业来源、咨询来源与社会来源（Choi *et al.*，2007）。同样，Phelps（1986）区分了主要形象与次要形象，前者基于过去的体验而形成，后者主要建立在外部来源的基础上。

Gartner（1993）在 Gunn（1972）的研究基础上提出来的信息源类型最具体也最常被引用。所谓信息源类型（表 9 - 1）就是一些连续的信息代理，它们在个体内部独立或联合地形成一个旅游目的地形象。这个连续体的范围，是从旅游目的地促销者能够完全或部分控制的信息源（通过公开与变相诱导）向更难影响的信息源（自主的和有机的）变化。Gartner（1993）还陈述道，8 个形象形成因子根据它们各自的公信力、市场渗透率以及旅游目的地成本的不同而有所分化。例如，广告通常花费昂贵且公信力最低，但能够到达广泛的消费者细分市场中。自主与有机的信息源拥有较高的公信力，并且隐含着旅游目的地的间接费用，然而，这部分信息源的市场渗透率相对较低，因为它们主要依赖于个体的宣传，而非大众媒体。

表 9 - 1　Gartner 的旅游目的地形象形成因子类型（改自 Gartner，1993）

信息源类型	描述	示例
公开诱导型 Ⅰ	传统的由旅游目的地促销者所发起的广告形式。	广播、电视和印刷媒体广告、商业广告、宣传册以及广告牌。
公开诱导型 Ⅱ	对旅游目的地营销有既得利益的外部来源。	旅行代理商、旅游运营商和零售商。
变相诱导型 Ⅰ	受聘宣传旅游目的地，并参与广告的知名代言人。	电影明星、运动员和时尚模特等名人。
变相诱导型 Ⅱ	看似是公正的来源，但实际上受旅游目的地促销者的影响来支持该目的地。	组织旅行作家和其他媒体代表的考察团，从而投射旅游目的地的理想形象。
自发型	真正独立的来源，主要是新闻与流行文化。	新闻报道和文章、纪录片、书籍和电影。
自发原生型	参观旅游目的地或需要旅游目的地属性知识的个体，他们提供了未经请求的信息。	是关于度假地的自发信息，产生于与朋友或同事的交谈中。
诱发原生型	知情人对于旅游目的地的促销没有既得利益，他们提供旅游目的地的属性信息以回应明确的请求。	口碑信息，产生于参观过或听说过该旅游目的地的亲朋好友中。
原生型	个人的亲身体验。	过去在旅游目的地中的参观经历。

随着旅游目的地形象意义日益得到人们的认可，学界中也出现了相关研究调查各种信息源在传递投射形象方面的有效性。调查营销活动的有效性是非常重要的，尤其对于监测营销活动能否改善旅游目的地的形象，以及能否为利益相关者提供适当的透明度以了解旅游目的地营销组织的营销战略成果（Govers and Go，2003）。正如 Shani 等（2010）所提出的，由于旅游目的地营销组织通常是在政府的支持下运营并得到经费拨款，它们"越来越频繁地被它们的利益相关者以及民选官员所问责……并需要提供证据证明那些高昂的营销费用将得

到足够的回报”。例如，Bojanic（1991）早期在美国进行的一项研究中发现，随着广告曝光率的增加，受访者对某个南欧国家的态度也变得越来越有利。那些频繁受到广告影响的受访者，还表现出更高的可能性与兴趣参观那个特定的旅游目的地。研究结果还指出，新闻报纸与杂志是能够最有效地到达目标市场的广告媒体。

然而，最新研究表明，公开诱导型Ⅰ信息源不一定对旅游目的地形象具有显著的影响。Beerli 和 Martín（2004）的研究揭示，自发原生型与自发型源（如指南书）以及公开诱导型Ⅱ信息源（如旅行社员工）对旅游目的地形象有积极的影响，而诱导型信息源如宣传册和广告活动并没有产生那样的影响效果。同样，Govers 等（2007）也发现广告对旅游目的地形象形成的重要性相对较小，而自发型与变相诱导型信息因子，如电视、杂志、互联网、书籍和电影，以及原生型信息源（自发的或诱发的）是最重要的来源。最后，Mercille（2005）还发现，许多旅游者在前往西藏前，会查询各种各样的自发型信息源，如书籍、杂志和西藏的旅游电影（小说或非小说类的）。

这些研究发现都要求旅游目的地营销者加强与核心分销渠道（如旅行代理商）的联系，同时集中精力形成积极的口碑宣传。尽管口碑被看作有机来源，Hanlan 和 Kelly（2004）提出了全新的战术，比如耳语营销（或以互联网的形式进行传销式营销），其中，口碑宣传者们需要在特定的目标市场中“植入”关于旅游目的地的正面信息，从而充分利用这种公信力较高的口碑宣传效应。在当代社会中，随着口碑宣传逐渐转向网络口碑宣传，Shani 等（2010）预测，互联网在不久的将来将对旅游目的地营销组织产生重要的作用，尤其是在日益普及的博客与在线社会网络的影响下。

此外，研究者还确认了自发型因子的重要性，尽管它们在本质上看似是独立的，但旅游目的地促销者也应该分配适当的资源与营销努力来影响那些来源。在一项实验研究中，Loda 等（2005）发现，公共宣传（指在印刷与广播媒体中非付费的编辑空间）在影响受访者对一个旅游目的地的态度方面，明显比广告有更高的影响力。另外，公共宣传能得到更高的公信力，并且能够激发更强烈的旅游目的地参观意图。因此，有学者倡导，在旅游目的地的营销组合中，应将公共宣传看作一个重要的元素，旅游目的地的促销者应与媒体记者和其他媒体关键人物发展与培育关系，从而影响旅游目的地在新闻传播与文章中的覆盖率（Lubbers，2005）。

在大众媒体中，电影与电视节目是另一个对旅游目的地形象具有显著的影响，并最终影响旅游者的旅行决策的重要形象因子。影视旅游是指“旅游者之所以参观一个旅游目的地或吸引物，是该旅游目的地在电视、录像或电影屏幕上的宣传结果”（Hudson and Ritchie，2006）。事实上，不少研究证明，影视节目中的主要旅游目的地将得到显著的游客量增长（Tooke and Baker，1996；Riley *et al.*，1998）。例如，在电影《第三类接触》放映后的第一年，到怀俄明州东北部的魔鬼塔国家纪念碑，即影片中的主要布景之一访问的游客比上一年增加了 74%。在随后几年中，访问率逐渐下降，但还没有下降到电影放映前的比例（Riley *et al.*，1998）。Connell（2005）认为，电影能够影响旅游目的地形象的能力，主要归结于其与其他公开诱导型因子相比之下的可靠性与可信赖性感知更高。

由于影视旅游对塑造旅游目的地形象的重要影响，Hudson 和 Ritchie（2006）提出可以充分利用影视机会进行各种营销活动，其中包括电影发布前与发布后的机会，这意味着，电影也许并不如它们所看起来的那样“自主”（表 9－2）。虽然这些方法及其他方法的有用性仍有待进一步探究，但显然，它们已经严重挑战了关于口碑以及那些“自发型”因子如流行文化、新闻和其他形式的大众媒体的传统假设，因为这些信息来源已能够被旅游目的地的促销者在背后施加影响。

表 9－2 利用影视宣传机会的潜在营销活动（改自 Hudson and Ritchie，2006）

发布后	发布前
任命一个官方旅游目的地代表直接与电影制作公司达成交易协议。	邀请媒体代表参观一次特别的电影放映。
向电影制作公司与制片商积极营销旅游目的地	在影片的地点中设置特殊的标志与解说。
向制作公司提供赞助或税收福利，促使其选择该旅游目的地作为影片背景。	出售电影纪念品。
雇请电影明星到访影片中出现的目的地	提升住宿设施（如饭店、招待所）以及电影中的餐馆。
协商在电影片尾中标明旅游目的地	制作标明电影中所出现的地点的游客地图。
在促销过程中向媒体与旅游运营商提供旅游目的地的形象。	通过举办事件活动使电影与旅游目的地在观众中的曝光率最大化。
确保电影的媒体覆盖提到旅游目的地的位置。	组织当地与外来旅游运营商参加一次特殊的电影之旅。
成为电影的直接赞助商。	在电影网站中添加目的地促销资料的电子链接。

五、旅游目的地的形象变化

大多数旅游目的地形象研究都侧重于某个时间点上的形象测量，然而，形象并不是静止的，它往往随时间而变化（Gallarza *et al.*，2002）。在大多数情况下，人们不会形成一个全新的旅游目的地形象，而是根据他们当前对旅游目的地的看法，来评估来自形象形成因子的信息。如 Tapachai 和 Waryszak（2000，p. 38）指出，“单个个体不会将每一个新刺激都看作一次全新的体验，但会将先前储存在记忆里的信息或模式与新接触的数据进行比较”。认识形象的变化机制对于监测目的地形象与调整营销战略都非常重要。此外，旅游目的地促销者不应该接受一成不变的形象，他们应开展各种活动来改善形象的弱点并保持其竞争优势。然而，需要强调的是，通过诱导形象因子来改变一个形象是非常缓慢的，尤其对于那些庞大的地理空间而言，如国家或州。因此，要改变一个形象，往往需要付出艰巨的努力，并且制订一个长期规划。此外，营销者还应该确保旅游目的地的理想形象在各种信息来源中保持一致（Gartner，1993）。

有研究调查了同一个旅游目的地在一段时间内的形象。例如，Gartner 和 Hunt（1987）调查了犹他州在 12 年内的形象，发现该州 1996 ~ 2002 年的许多属性都改善了。同样，Tasci 和 Holecek（2007）的研究发现，密歇根州的大多数形象属性在美国受访者眼中都改善了，因此他们总结认为密歇根州的整体形象改善了。在这两项研究中，研究者都提出了几个潜在因子影响了形象的改变，同时也认识到，要精确评估每个因子对形象的影响是非常困难的。一般而言，在没有任何国际性灾难事件发生时，形象将随着一个地区的诱导型（广告或二级代言活动等）与原生型（旅游事故）因子的相对优势而不断发展演变（Gartner and Hunt，1987）。

然而，由于自发型因子所具有的公信力，那些能够在新闻广播等信息源获得广泛覆盖率的重大事件，往往更容易使一个旅游目的地至少在短期内发生急剧的变化。

其他研究也表明，关于一个旅游目的地的负面报告将会损害该目的地的形象。其中的负面事件既包括人为安全威胁（恐怖主义和战争），也包括自然安全威胁（飓风和疾病）（Timothy，2006）。在过去 10 年中，自然灾难如亚洲海啸、非典型肺炎、口蹄疫以及人为灾难如尼泊尔的政治动荡和巴厘岛与埃及的恐怖袭击，全都受到媒体的广泛报道，并因此导致这些旅游目的地的游客数量减少（Bhattarai *et al.*，2005；Henderson，2007；Uriely *et al.*，2007）。Ahmed（1991）提出了 6 个营销步骤来修正目的地的负面形象，这些步骤也可应用于广告或公共宣传中：

· 利用形象成分中正面的部分：确认旅游目的地的形象成分并强调最有利的部分；

· 组织大型活动：出于公共关系的目的，组织能够吸引媒体关注的特殊事件（文化节日、体育竞赛、食品展销会）；

· 组织考察团：邀请能够影响旅游者决策的核心舆论家来体验旅游目的地，如旅游作家和旅游运营商；

· 利用精心设计的促销活动：在广告和其他促销活动中强调旅游目的地的优势，同时淡化其弱势；

· 申办国际旅游会议：旅游目的地代表应该说服那些重要的旅游组织（国际饭店与餐馆协会；世界旅行社协会）未来在该旅游目的地召开会议，其主要目的地在于获得行业关注；

· 利用负面形象：在某些情况下，旅游目的地营销者可将有问题的形象转变为资产。

许多旅游目的地营销者已经认识到这些自发型信息源的重要影响，并采用了其他媒体策略来应付那些负面的新闻报道。例如，以色列自 1948 年建国以来，由于与邻国发生暴力冲突和恐怖袭击，就一直遭受到负面报道。为了改善以色列的国家形象，旅游部门及其他以色列和犹太组织，采用了一系列营销策略试图影响媒体，并利用其他渠道来传递理想的旅游目的地形象。表 9－3 展示了其中一些改善以色列负面报道的媒体策略。

表 9－3　改善负面报道的媒体策略：以以色列为例（改自 Avraham，2009）

目的	实践	示例
影响媒体		
与媒体建立合作关系	与新闻记者与媒体决策者建立公开合作关系。	注意观察自由媒体，开展新闻发布会，发布新闻稿，准许对政府与军方官员的采访，让记者参加军事行动等。
对媒体施加压力	对媒体施加压力以改变国家负面报道。	以色列官员已经对报纸和新闻频道所据称的有偏见与歪曲的报道提出投诉。
封锁媒体	防止媒体参与接触某些对旅游目的地形象存在潜在负面影响的事件。	以色列军队偶尔会拒绝媒体在战争区与暴力冲突地区的入境权，如 2009 年冬天的加沙冲突。

续表

目的	实践	示例
更换媒体		
利用电影业	利用当地电影作为“国家大使”，这也是对传统媒体的一个替代性选择。	政府机构在国际上赞助和支持以色列电影，因为在许多情况下，电影能呈现出这个国家不同于媒体所描述的许多方面。
利用名人与舆论领袖	利用名人的信誉来传递理想的信息。	以色列每年至少邀请2000个舆论家；此外，还利用名人的游访（如麦当娜）来发展公共关系。
“你亲自来看看”	邀请目标受众亲自体验旅游目的地，让他们认识到以往对该目的地的刻板印象都是错的。	以色列发起了一场以“你亲自来看看”为口号的活动，邀请人们亲眼看看该旅游目的地并没有媒体所描述的那么危险。
利用互联网作为一种媒体替代选择	通过丰富多样的网络宣传来直接达到目标受众。	利用信息丰富的网站，在视频分享网站上添加视频剪辑与广告，并在线上社交网络中推出目的地主页。

六、结论与未来研究方向

形象不仅复杂且难以管理，同时又是决定旅游目的地竞争力最重要的因素之一。在消费者拥有琳琅满目的旅游目的地可以选择的背景下，建立并保持一个有吸引力的旅游目的地形象已显得比任何时候都更重要。旅游业所带来的经济与其他利益已得到了世界的普遍公认，就算那些不知名的旅游目的地也开始寻求旅游发展的机会，并在争夺游客中形成了激烈的竞争局面。那些偏远的发展中国家也为获得潜在游客的认识与欣赏而努力提升自身的品质，同时争取成为世界的合法性旅游目的地。此外，那些拥有同质吸引物（如阳光、大海与沙滩）的旅游目的地，也在努力强调自身与竞争者的差异化，尤其是在参观成本具有可比性的情况下。这些发展趋势已使旅游目的地形象变得愈加重要，要求目的地分配足够的资源来管理与监测形象。

本章着重指出，需要运用一个理论框架来研究旅游目的地形象的复杂性，从而抓住形象的本质并对其适当地测量。尽管大多数旅游目的地形象研究都侧重于旅游目的地一般所共有的认知与心理形象属性，也有研究提出了关于形象成分的理论模型，如三个连续介质模型（Echtner and Ritchie，1991，1993）以及层次模型（Gartner，1993），它们都强调了其他属性的重要性，如独特形象与整体形象，或旅游目的地形象中的情感成分与意动成分。在形象测量中需要综合考虑这些元素，才能更准确与全面地反映人们心目中的旅游目的地形象。此外，形象调查还需要利用定性研究方法来揭示定量方法所无法揭示的方面。本章介绍了几种定性方法，这些方法既可以单独使用，也可结合一些定量方法。通过文献回顾可证明那些可替代的技术，如项目网格法，在帮助我们理解旅游目的地形象方面具有独特的贡献，因此，在未来研究中，可将它们看作一种补充的方法。特别是那些可视化方法，如游客受雇拍照法，它们对于设计与筛选有效的形象以用于营销活动方面可谓卓有成效。

本章清晰地阐述了从旅游目的地形象的测量与认识中所得到的重要营销启示。此外，旅游目的地促销者不仅需要测量与监测旅游目的地形象，还需要对它施加直接与间接的影响。然而，由于存在各种各样的信息因子影响着旅游目的地形象，要形成一个理想形象已变得比以往任何时候都更加困难。显然，那些不在旅游目的地直接控制下的信息源，对旅游者的旅游目的地形象产生最显著的影响（新闻媒体、流行文化以及口碑宣传），这证明需要形成创新性技术来有效管理旅游目的地形象。本章介绍了几种塑造形象的重要手段，包括对危机与灾难发生时与发生后的负面形象修正提出了一些建议。然而，未来研究应该关注这些技术的有效性，这也将是一个相当大的挑战，因为要将一个单独的信息因子与其他信息源单独开来研究，将会十分困难。

如前文所述，由于旅游目的地促销者在各种促销活动需要对大量的信息源进行投资，旅游目的地营销研究有必要更加关注形象的变化过程。尽管人们已经认识到测量这些活动有效性的必要性，但相关的评估技术却侧重于营销所带来的游客或收入增长量（如转化研究）。这种方法虽然直观而有用，但忽略了其他相关的广告目标与效果，比如目的地意识的提高、目的地形象与游客态度的积极变化等（Schoenbachler *et al.*，1995）。因它反映了部分信息，因此也受到了批判。积极的形象变化可以体现在远期的一次游览访问中，但这在广告与公共宣传的短期效应中是无法反映出来的。因此，应该将旅游目的地的形象变化测量纳入营销活动有效性评估中。

旅游目的地形象在传统上被理解为旅游者对旅游目的地的心理表征，也因此出现了大量实证研究将现实或潜在游客作为他们的研究对象。然而，人们逐渐认识到，研究旅游目的地中其他利益相关者的观点，也能为旅游目的地促销提供有用的信息，尤其是关于当地居民的观点。以往研究发现，由于当地居民与游客之间会发生正式—非正式的接触，当地居民对旅游者在途中的决策与行为具有相当大的影响（DiPietro *et al.*, 2007；Walls *et al.*, 2008）。因此，旅游目的地在非居民心目中的有机形象，会在他们与居民的普通交流中受到影响（Hsu *et al.*, 2004, p. 125）。因此，需要有更多研究关注当地居民心目中的旅游目的地形象及其对旅游者的影响。

总而言之，本章全面回顾了旅游目的地形象的概念、测量、形成与修正。本章还从重要的旅游目的地形象研究中得到一些营销启示，讨论了当前重要的问题与趋势，例如，在危机期间改善旅游目的地形象的媒体策略，以及网络宣传对旅游目的地形象日益显著的影响。显然，旅游目的地形象在旅游目的地营销组合中是一个重要的元素，其对旅游目的地作为一个整体的竞争力的影响也得到了广泛的认可。旅游目的地促销者在有效管理与传播旅游目的地形象过程中所主要面临的挑战在于设计并全面评估目的地形象，在这个过程中还需要投入大量的资源，以及有效地监测和管理形象形成与变化的过程。虽然形象研究在旅游领域中仍然十分新颖，但从本章的文献回顾中可以看到形象研究工具的多样性，我们能够从这些广泛的研究中得到一定的启示。

最后要指出的是，虽然世界各地的许多国家与旅游目的地日益关注旅游目的地形象，但一个旅游目的地在为促进一个理想形象中所付出的努力，并不能取代它在实际面对的政治、经济、社会和文化问题中所需要付出的努力。正如Fan（2006）提醒道，"国家的品牌化将不会解决一个国家的问题，它仅仅作为最后一步的锦上添花。如果一个国家的经济发展就像是完成一幅巨大的拼图，那么国家的品牌化很可能就是最后一块"。这也许是一个很好的建议，尤其当"现实看似被高估"的时候，以及当形象成为个体与旅游目的地最重要的考虑因素的时候。

参考文献

Ahmed, Z. U. (1991) Marketing your community: correcting a negative image. *Cornell Hotel and Restaurant Administration Quarterly*, 31 (4), 24 – 27.

Avraham, E. (2009) Marketing and managing nation branding during prolonged crisis: the case of Israel. *Place Branding and Public Diplomacy*, 5 (3), 202 – 212.

Baloglu, S., and McCleary, K. (1999) A model of destination image formation. *Annals of Tourism Research*, 26 (4), 868 – 897.

Beerli, A., and Martín, J. D. (2004) Factors influencing destination image. *Annals of Tourism Research*, 31 (3), 657 – 681.

Bhattarai, K., Conway, D., and Shrestha, N. (2005) Tourism, terrorism and turmoil in Nepal. *Annals of Tourism Research*, 32 (3), 669 – 688.

Bojanic, D. C. (1991) The use of advertising in managing destination image. *Tourism Management*, 12 (4), 352 – 355.

Bonn, M. A., Joseph, S. M., and Dai, M. (2005) International versus domestic visitors: an examination of destination image perceptions. *Journal of Travel Research*, 43 (3), 294 – 301.

Boulding, K. (1956) *The image – knowledge in life and society*. The University of Michigan Press, Ann Arbor, Michigan.

Chen, J. S., and Hsu, C. H. C. (2000) Measurement of Korean tourists' perceived images of overseas destinations. *Journal of Travel Research*, 38 (4), 411 – 416.

Choi, S., Lehto, X. Y., and Morrison, A. M. (2007) Destination image representation on the web: content analysis of Macau travel related websites. *Tourism Management*, 28 (1), 118 – 129.

Choi, W. M., Chan, A., and Wu, J. (1999) A qualitative and quantitative assessment of Hong Kong's image as a tourist destination. *Tourism Management*, 20 (3), 361 – 365.

Connell, J. (2005) Toddlers, tourism and Tobermory: destination marketing issues and television – induced tourism. *Tourism Management*, 26 (5), 763 – 776.

Coshall, J. T. (2000) Measurement of tourists' images: the Repertory Grid Approach. *Journal of Travel Research*, 39 (1), 85 – 89.

DiPietro, R. B., Wang, Y., Rompf, P., and Severt, D. (2007) At – destination visitor information search and venue decision strategies. *International Journal of Tourism Research*, 9 (3), 175 – 88.

Echtner, C. M., and Ritchie, J. R. (1991) The meaning and measurement of destination image. *Journal of Tourism Studies*, (2) 2, 2 – 12.

Echtner, C. M., and Ritchie, J. R. (1993) The measurement of destination image: an empirical assessment. *Journal of Travel Research*, 31 (4), 2 – 12.

Fan Y. (2006) Branding the nation: what is being branded? *Journal of Vacation Marketing*, 12 (1), 5 – 14.

Gallarza, M. G., Saura, I. G., and García, H. C. (2002) Destination image: towards a conceptual framework. *Annals of Tourism Research*, 29 (1), 56 – 78.

Gartner, W. C. (1986) Temporal influences on image change. *Annals of Tourism Research*, 13 (4), 635 – 644.

Gartner, W. C. (1993) Image formation process. *Journal of Travel and Tourism Marketing*, 2 (2/3), 191 – 215.

Gartner, W. C., and Hunt, J. D. (1987) An analysis of state image change over a twelve – year period (1971 – 1983). *Journal of Travel Research*, 26 (2), 15 – 19.

Gartner, W. C., and Shen, J. (1992) The impact of Tiananmen Square on China's tourism image. *Journal of Travel Research*, 30 (4), 47 – 52.

Govers, R., and F. Go. (2003) Deconstruction destination image in the information age. *Information Technology and Tourism*, 6 (1), 13 – 29.

Govers, R., Go, F. M., and Kumar, K. (2007) Promoting tourism destination image. *Journal of Travel Research*, 46 (1), 15 – 23.

Gunn, C. A. (1972) *Vacationscape: Designing Tourist Regions*. University of Texas, Austin.

Hanlan, J., and Kelly, S. (2005) Image formation, information sources and an iconic Australian tourist destination. *Journal of Vacation Marketing*, 11 (2), 163 – 177.

Henderson, J. C. (2007) Corporate social responsibility and tourism: hotel companies in Phuket, Thailand, after the Indian Ocean tsunami. *International Journal of Hospitality Management*, 26 (1), 228 –239.

Hsu, C. H. C. , Wolfe, K. , and Kang, S. K. (2004) Image assessment for a destination with limited comparative advantages. *Tourism Management*, 25 (1) 21 –126.

Hudson, S. , and Ritchie, J. R. B. (2006) Promoting destinations via film tourism: an empirical identification of supporting marketing initiatives. *Journal of Travel Research*, 44 (4), 387 –396.

Jenkins, O. H. (1999) Understanding and measuring tourist destination images. *International Journal of Tourism Research*, 1 (1), 1 –15.

Kelly, G. A. (1955) *The Psychology of Personal Constructs.* Norton, New York.

Kotler, P. , Haider, D. H. , and Rein, I. (1993) *Marketing Places.* Free Press, New York.

Li, X. , and Vogelsong, H. (2006) Comparing methods of measuring image change: a case study of a small – scale community festival. *Tourism Analysis*, 10 (4), 349 –360.

Lin, C. , Morais, D. B. , Kerstetter, D. L. , and Hou, J. (Forthcoming) Examining the role of cognitive and affective image in predicting choice across natural, developed, and theme – park destination. *Journal of Travel Research.*

Loda, M. D. , Norman, W. , and Backman, K. (2005) How potential tourists react to mass media marketing: advertising versus publicity. *Journal of Travel and Tourism Marketing*, 18 (3), 63 –70.

Lubbers, C. A. (2005) Media relations in the travel and tourism industry: a coorientation analysis. *Journal of Hospitality and Leisure Marketing*, 12 (1/2), 41 –55.

MacKay, K. J. , and Couldwell, C. M. (2004) Using visitor – employed photography to investigate destination image. *Journal of Travel Research*, 42 (4), 390 –396.

Mercille J. (2005) Media effects on image: the case of Tibet. *Annals of Tourism Research*, 32 (4), 1039 – 1055.

Murphy, L. (1999) Australia's image as a holiday destination—perceptions of backpacker visitors. *Journal of Travel and Tourism Marketing*, 8 (3), 21 –45.

O'Leary, S. , and Deegan, J. (2003) People, pace, place: qualitative and quantitative images of Ireland as a tourism destination in France. *Journal of Vacation Marketing*, 9 (3), 213 –226.

Pawitra, T. A. , and Tan, K. C. (2003) Tourist satisfaction in Singapore – a perspective from Indonesian tourists. *Managing Service Quality*, 13 (5), 399 –411.

Pearce, P. L. (1982) Perceived changes in holiday destinations. *Annals of Tourism Research*, 9 (2), 145 –164.

Phelps, A. (1986) Holiday destination image – the problem of assessment: an example developed in Menorca. *Tourism Management*, 7 (3), 168 –180.

Pike, S. (2002) Destination image analysis – a review of 142 papers from 1973 to 2000. *Tourism Management*, 23 (5), 541 –549.

Pike, S. (2003) The use of Repertory Grid Analysis to elicit salient short – break holiday destination attributes in New Zealand. *Journal of Travel Research*, 41 (3), 315 –319.

Pike, S. , and Ryan, C. (2004) Destination positioning analysis through a comparison of cognitive, affective, and conative perceptions. *Journal of Travel Research*, 42 (4), 333 –342.

Reilly, M. D. (1990) Free elicitation of descriptive adjectives for tourism image assessment. *Journal of Travel*

Research, 28 (4), 21 -26.

Riley, R. , Baker, D. , and Van Doren, C. S. (1998) Movie induced tourism. *Annals of Tourism Research*, 25 (4), 919 -935.

Scoenbachler, D. D. , di Benedetto, C. A. , Gordon, G. L. , and Kaminski, P. F. (1995) Destination advertising: assessing effectiveness with the split - run technique. *Journal of Travel and Tourism Marketing*, 4 (2), 1 -21.

Shani, A. , Chen, P. J. , Wang, Y. , and Hua, N. (2010) Testing the impact of a promotional video on destination image change: application of China as a tourism destination. *International Journal of Tourism Research*, 12 (2), 116 -133.

Sirgy, M. J. , and Su, C. (2000) Destination image, self - congruity, and travel behavior: toward an integrative model. *Journal of Travel Research*, 38 (4), 340 -352.

Son, A. (2005) The measurement of tourist destination image: applying a sketch map technique. *International journal of Tourism Research*, 7 (4/5), 279 -294.

Sönmez, S. , and Sirakaya E. (2002) A distorted destination image? The case of Turkey. *Journal of Travel Research*, 41 (2), 185 -196.

Tapachai, N. , Waryszak, R. (2000) An examination of the role of beneficial image in tourist destination selection. *Journal of Travel Research*, 39 (1), 37 -44.

Tasci, A. D. A. , and Gartner, W. C. (2007) Destination image and its functional relationships. *Journal of Travel Research*, 45 (4), 413 -425.

Tasci, A. D. A. , and Holecek, D. F. (2007) Assessment of image change over time: the case of Michigan. *Journal of Vacation Marketing*, 13 (4), 359 -369.

Tasci, A. D. A. , Gartner, W. C. , and Cavusgil, S. T. (2007) Conceptualization and operationalization of destination image. *Journal of Hospitality and Tourism Research*, 31 (2), 194 -223.

Timothy, D. J. (2006) Safety and security issues in tourism. In D. Buhalis and C. Costa (eds), *Tourism Management Dynamics: Trends, Management and Tools.* Butterworth - Heinemann, Oxford.

Tooke, N. , and Baker, M. (1996) Seeing is believing: the effect of film on visitor numbers to screened locations. *Tourism Management*, 17 (2): 87 -94.

Uriely, N. , Maoz, D. , and Reichel, A. (2007) Rationalizing terror - related risks: the case of Israeli tourists in Sinai. *International Journal of Tourism Research*, 9 (1), 1 -8.

Walls, A. , Shani, A. , and Rompf, P. D. (2008) The nature of gratuitous referrals in tourism; local residents' perspective. *International Journal of Contemporary Hospitality Management*, 20 (6), 647 -663.

Xiao, H. , and Mair, H. L. (2006) "A paradox of images": representation of China as a tourist destination. *Journal of Travel and Tourism Marketing*, 20 (2), 1 -14.

Yüksel, A. , and Akgül, O. (2007) Postcards as affective image makers: an idle agent in destination marketing. *Tourism Management*, 28 (3), 714 -725.

第四篇
目的地产品开发与分销

第 10 章
苏格兰圣安德鲁斯旅游产品演变

一、序言

旅游目的地发展过程研究已经相当成熟，也是不少案例研究的主题。其中，大多数案例研究的重点在于探讨旅游目的地变化的本质，而不是关注产品本身，或关注某个旅游目的地正向潜在市场出售与促销的产品。本章所介绍的案例，主要聚焦于那些已经成为一个旅游目的地卖点的不同产品，以及一个产品随着时间推移取代另一个产品的方式。本章首先讨论旅游目的地发展的旅游地生命周期模型，然后描述一个具体的旅游目的地，即苏格兰圣安德鲁斯，及其作为一个旅游目的地出现在这个社区的背景。接着讨论这个镇随着时间推移所出现的不同产品与形象，最后讨论当前所促销的形象与产品（Butler，2005）。本章总结认为，这些产品在可预见的未来，仍能有效吸引游客到该镇参观旅游。

旅游地生命周期模型大约在 30 年前首次被提出，也是目前应用最广泛的旅游目的地发展模型（Butler，1980）。该模型主要依据典型的企业生命周期模型，提出旅游目的地所普遍经历的明显发展规律。其隐含的一个基本观点在于：应该将旅游目的地看作一个产品，这样，旅游目的地的发展将可能遵循传统的产品生命周期模型（Butler，2006a）。旅游地生命周期认为，许多旅游目的地往往对产品的创造缺乏全面控制，其自身的成长路径也因此失去大方向与管理。在负责旅游目的地形象的创造、维护与创新的旅游目的地管理组织或类似的机构建立之前，这种现象尤其见诸那些早于它们建立的旅游目的地中。大多数旅游目的地的发展规律与过程主要依赖于旅游目的地的整体市场吸引力，但由于没有对目的地的核心属性（独特的卖点）进行保护与维持，这种吸引力即随时间的推移而不断衰弱。失去吸引力可能是由多种因素引起的，包括市场品位的变化，需求方的社会经济与人口特征的变化，以及供应方诸如过度使用、拥挤、高价以及环境质量下降等问题，实际上，许多问题现已纳入了可持续发展的相关议题中。

旅游地生命周期模型提出的一系列发展阶段能够反映旅游目的地所经历的发展程度与类型。一般的旅游地生命周期模型特征在初始阶段都是缓慢发展的，然后经历设施建设快速增长与膨胀阶段，最终进入一个很少或根本没有发展的阶段，随后通常还会出现一个伴有各种后续路径的衰退期，其中，后续路径包括从持续衰退至摒弃旅游业，到发展复兴与恢复增长。在这 6 个阶段中，第一个阶段为探索阶段，该阶段只存在少量独立旅行的游客，他们一般使用现有的设施，几乎不会引起社区的任何变化。第二个阶段是参与阶段，此阶段将出现一些早期的旅游产品，由当地部分居民为游客提供服务与设施。第三个阶段是发展阶段，服务与设施在更大规模上得到刺激与发展，旅游业成为一种惯常现象，并出现明显的季节区分，此时外来投资出现，并使当地开始失去一些控制权，旅游目的地的物理变化也变得明显可见。第四阶段是巩固阶段，旅游目的地作为一个游客中心变得更加清晰可辨了，当地经济开始依赖于旅游业的发展。此时可能需要输入外来劳动力，而当地居民对旅游业初始所抱有的兴奋，也将随旅游觉醒的提高而不断下降（Doxey，1975）。这个阶段的游客数量可能将大大超过当地居民的数量，并达到最大游客增长率。第五个阶段为停滞阶段，正如其名，这个阶段将出现游客增长率的下降，或是游客数量的增长变慢与投资水平下降。

该模型认为，在缺乏有效的管理干预下，旅游目的地将进入衰退阶段，即不再对市场具有吸引力，或不再像以往那样具有竞争力。在某些情况下，这将导致旅游业部分甚至全部退出（Baum，2006）；或寻找新的或复兴产品，从而为目的地带来一个过渡的结构调整期以及新的增长（Agarwal，2006）。这样的措施如果取得成功，将会进入第六个复兴阶段并开始一个新的循环，或再次陷入一个更深的衰退阶段，其表现为游客数量呈负螺旋下降，开支与投资减少，以及环境进一步恶化（Russo，2006）。管理干预是避免衰退阶段或成功应对衰退的关键，也是维持关键属性质量以及获得居民对旅游业支持的方式。如果不进行干预，或在适当的时候引进新的产品与吸引物，那么旅游目的地在其发展周期中，几乎将无可避免某种程度的衰退。

该模型适用于许多情况，并已得到广泛的应用与修正（Legiewski，2006）。那些应用旅游地生命周期模型的研究（Butler，2006a，b）都重点强调了旅游目的地的性质及其环境质量（生态的或社会的），然而，旅游目的地显然不像豹子一样可以随意改变自身的斑点，即改变它们的吸引物与属性性质。很多旅游目的地为了扩大潜在市场并延长自身的生命周期，都尝试做出这样的改变，尤其当它们接近或进入了旅游地生命周期的衰弱阶段时，但最终能够成功的相对还是很少。它们之所以失败，部分原因在于要改变整体形象将是非常艰巨的，而整体形象通常是诱导形象与有机形象的结合体（Gunn，1993）。部分原因在于要对物理基础设施与市场营销做出重大改变所需要花费的成本是相当高的。此外，要改变一个社区的自然环境与形象还可能遭遇该社区居民的反对（Doxey，1975；Martin，2006）。在一个动态变化的全球市场竞争中，一个旅游目的地要保持一个长期的产品形象是很困难的，尤其是近几十年互联网的迅速发展，更使目的地形象充满了不确定性。潜在游客几乎可以轻易地对任意一个旅游目的地的吸引物、交通便利性以及成本，与世界上其他任何一个旅游目的地进行比较，也就是说，保护与维持一个市场或细分市场的成功与否，可能更多地取决于一个网站的信息，而不是旅游目的地的真实现状。尽管如此，旅游目的地的属性质量，即其实质所销售的产品，对市场来说还是至关重要的。在圣安德鲁斯的案例中，将会看到这个旅游目的地的大部分核心属性都是不可复制的，从某种程度上来说，也是该镇所特有的。在这个背景下，圣安德鲁斯之所以如此让人感兴趣，是因为尽管它用以吸引游客的核心属性或产品在上千年的历史发展中已经发生了巨大的改变，然而这些改变却是有机的，甚至是偶然的，总体上来说，这些变化并不是以旅游业为先导的。

二、背景

本章所具体研究的案例，是一个在数百年中都保持着自身吸引力的旅游目的地，其产品与形象也在此期间发生了变革与极大的变化，但这些变化又往往不是在社区有意识努力下发生的。结果，该目的地的产品界定、社区对产品变化的接受程度以及产品的促销方式都出现了问题。本章所讨论的产品或者说旅游目的地，是指苏格兰小镇圣安德鲁斯。圣安德鲁斯是坐落在苏格兰东海岸上的一个历史悠久的城镇，约有 18000 名永久居民。这个古老的城镇在早期的几百年中，主要以作为苏格兰守护神圣安德鲁的栖息地遗址而著称，并因此而受益匪浅，该镇的名字就是以圣安德鲁的名字命名的。镇上的大教堂大约建于 1000 年以前，并成了苏格兰基督教（天主教）的教会中心，其地位保持至 16

世纪在新教改革中遭到劫掠后才终止（Putter and MacLean，1995）。时至今日，大教堂连同那个同样受到毁灭的主教城堡仍是一个有吸引力的废墟。与这个历史悠久的宗教文物建筑结合在一起的，是一条在500年里几乎没有发生任何形态变化的中世纪街景。这个小镇还拥有两个美丽的海滩（尽管受到寒冷的北海冲刷），其中一个还是奥斯卡获奖影片《火之战车》片头的主要背景。与眼下这个时代最密切相关的，是这个小镇还拥有世界上最具标志性和最知名的高尔夫球场——老球场，这是世界上历史最悠久的高尔夫球场（Staachura，2000），也是皇家古典高尔夫俱乐部的故乡，正是它设定了世界上大多数国家的高尔夫规则（除了美国与墨西哥之外）。除了老球场外，还有5个公共拥有的球场，以及其他由俱乐部与饭店拥有的向非会员开放的很多球场。所有的这些球场及其附属的训练设施，使圣安德鲁斯成了高尔夫的世界中心，并能够理直气壮地宣称自己为"高尔夫的故乡"——一个令人羡慕并极易营销的头衔（Burnet，1990）。

文化与宗教旅游、阳光与沙滩旅游以及高尔夫旅游这些吸引物组合，为该镇提供了极其重要的旅游产品基础。然而，这些产品特征的组合，加上苏格兰成立于1413年（Cant，1992）的最古老的圣安德鲁斯大学，在旅游产品的演变与促销方式中出现了一系列的问题。在社区中，对于是否应该对旅游产品进行营销，应该如何利用吸引物，以及应在多大程度上保存或保护这些吸引物，出现了各种不同的态度。直至近期，圣安德鲁斯的旅游产品演变还主要是一个有机的过程，旅游业（和高尔夫）对小镇的发展作用，仍然是一个争议相当大有时甚至出现分歧的议题，下文将对其进行讨论。

三、早期的产品演变

（一）宗教产品

早期的圣安德鲁斯游客主要是一些基督教朝圣者，他们前来朝拜圣地以及后来建立的圣安德鲁斯大教堂。圣安德鲁的遗物大约在761年被带到这个小镇，而大约在1130年建造的圣鲁尔教堂就是用来摆放这些遗物的。朝圣者一般由陆地自西沿法伊夫南海岸前进，或乘小船来到当地的小港湾，他们为小镇与教会持续提供了相当丰厚的收入来源。鲜有文献记录这些朝圣者的数量或来源，但Willshire（2003）提到，朝圣者的数量在1337年达到33000人次。那时兜售给这些早期游客的纪念品、住宿与餐饮，与当代所出售的旅游产品非常相似。小镇与教会凭借这些宗教旅游产品的收入，于 1160 年开始建造大教堂，并于 1318 年竣工。这种宗教产品及其形象在往后的几百年中，一直是圣安德鲁斯的一个有效与独特的卖点。

大教堂作为教会中心的重要性可以从以下事件中得以反映，即（苏格兰）国王詹姆斯四世于 1538 年在大教堂与玛丽・德・吉斯结婚，许多苏格兰贵族都参加了这场婚礼（Putter and MacLean，1995）。大教堂的重要性地位随着 16 世纪的宗教改革而告终，这场宗教改革是苏格兰的一次典型的流血事件，最终，圣安德鲁斯的一些新教烈士被焚烧（一座纪念碑仍然竖立在皇家古典高尔夫俱乐部会所背后的山丘上以纪念这些烈士），紧接着天主教教主在 1546 年遭遇报复性谋杀。随后在 1559 年，约翰・诺克斯在圣安德鲁斯布道时，大教堂遭遇洗劫，所有僧侣被驱逐，大教堂被迫停止运作。这些事件发生以后，很少再有朝圣者前来圣安德鲁斯，而这些宗教建筑在过去三个世纪中曾作为一个旅游吸引物或旅游产品的吸引力及其相关历史，也随之消失。“（改革的）后果很严重。就像坎特伯雷（Canterbury，英国城市）一样，圣安德鲁斯已经过度依赖于那些朝圣者，他们几个世纪以来穿越欧洲来到这个能够发生奇迹的圣地进行朝圣。”（Willshire 2003）17 ~ 19 世纪早期，这些产品特征只能吸引少量游客，直至维多利亚时代苏格兰的名气在游客中日益增长时，圣安德鲁斯才重新出现在国家的旅游地图上。然而，尽管又经历了几个世纪，中世纪街景的物理外貌以及教会建筑废墟，仍然是这个镇最为明显的主要形态，它们雄踞在小镇的天际线，如同那个古老的铁路广告所展现的那样（图 10 - 1）。

图 10 - 1　一个古老的铁路广告所展示的圣安德鲁斯中世纪街景

（二）教育产品

在宗教改革以后，大学成了圣安德鲁斯仅有的能带来游客的真正吸引物。圣安德鲁斯大学由一位罗马教皇建造于 1413 年，此后一直成为苏格兰的顶级学府之一，在科研与教学的“排行榜”上，它一直排在英国大学的前20名（Cant, 1992）。当宗教产品在16世纪衰落之时，教育吸引物成了唯一可替代它的属性。关于学生是否属于游客的问题仍有待讨论，尽管许多国家已这样做以便区分留学生。圣安德鲁斯大学成立的部分原因在于先前就存在的教育与学习的宗教传统，它最初就是教会倡议并由罗马教皇宣布建立的一个机构。圣安德鲁斯大学获得了该镇领土范围内的一大片土地，并且拥有各种与这些土地财产相关的权利，由于教堂的价值已经衰落，大学在小镇的形象与发展中承担了重要的角色，并延续至今。圣安德鲁斯大学的学生来自广泛的区域，除了苏格兰外，还包括其他许多国家，这个特征使圣安德鲁斯大学在某种程度上区别于苏格兰后来成立的大学。后者大多以吸引本地学生为主，这也是20世纪大学招生的主要模式。因此，正是这所大学使圣安德鲁斯得以一直保持在地图上，并在16～18世纪时期，成为苏格兰少数几个游客来访的地方之一。

（三）沙滩产品

第三股旅游产品的发展主要基于海滨旅游，其出现于两次世界大战期间（1919～1939），直到20世纪60年代依然保持很强的发展势头。在这个时期，圣安德鲁斯接待了大量乘坐火车而来的夏季游客，特别是在夏季高峰期，涌现了大量来自格拉斯哥—克莱德赛德卫星城和苏格兰其他地方的游客，还有来自英国的游客也不在少数。东海岸的气候干燥且阳光充沛，如果更凉快些，将使圣安德鲁斯比苏格兰西海岸更有优势，其海滩不仅十分舒适，还伴随着古镇的历史底蕴。1850年，铁路公司在伦敦—爱丁堡—阿伯丁的主线上开通了一条支线到达圣安德鲁斯，并建造饭店住宿来服务消费者，最终于1964年建成了圣安德鲁斯最大且唯一的五星级饭店——老球场饭店。自开业以来，老球场饭店已几经扩张与升级，然而，铁路服务及支线却在20世纪60年代一个庞大的全国铁路线削减计划中被关闭了。在第二次世界大战后期，铁路公司仍将小镇作为一个传统的海滩度假地进行广告宣传。

在两次世界大战期间以及后期，圣安德鲁斯与苏格兰东西部海岸的许多沿海小镇展开了竞争，位于西海岸的城镇主要依赖壮丽的景色与游船服务来吸引客户（如达农和罗斯西的克莱德海岸度假区），而东岸城镇（如埃利、斯通黑文）则依赖小港湾，以其广阔的海滩与阳光充沛的天气来吸引游客。所有这些度假区都依靠铁路公司来输送游客，西海岸与孤立的民居点则结合利用铁路与汽船公司输送游客。在20世纪60年代的铁路服务削减计划中，东海岸度假区遭受的损失更为严重，尽管圣安德鲁斯比其他许多竞争者所遭受的损失要少一些，因为从爱丁堡到阿伯丁的铁路主线仍保持开放并得到改善，但它确实与卢赫斯失去了通过支线建立的直接联系，导致需要经历约 8 公里的公路旅程才能从卢赫斯到达圣安德鲁斯。自 20 世纪 60 年代夏季沙滩旅游的迅速衰退，反映了与欧洲大陆的竞争者相比，英国度假区的市场吸引力下降（Shaw and Williams，1997）比具体的铁路服务损失更为普遍。如今，火车站站点已成为一个公交车站，轨道已经移除，由于还建有几座新的桥梁，所以很难再看到以前存在的支线痕迹了（图 10 –2）。

图 10 –2　圣安德鲁斯的海滩旅游产品

（四）高尔夫产品

高尔夫设施是圣安德鲁斯最后也是最重要的当代旅游产品，特别是老球场及其在小镇球手当中的世袭声誉。高尔夫在圣安德鲁斯已有很长的发展历史，这个游戏也给国王詹姆斯二世带来不少烦扰，有记录记载他曾经抗议大学生打高尔夫球而不去练习射箭。Willshire（2003）指出，詹姆斯二世在 1457 年曾颁布法令宣布，“that the futballand the golfe be utterly cripitdowne and not usit…the football and the golfe we ordane it to be punyst be the baronyeunlawe”（原拼写）。Jarrett（1995）记录道，詹姆斯三世于 1471 年重申了高尔夫球的禁制令，其继任者在 1492 年也支持了这项举措。1502 年，来自皇家的敌意随着詹姆斯四世收购高尔夫球设备而告终，并且那时他已成了高尔夫球的热衷者，跟随苏格兰女王玛丽进行练习。这对于本已作为一个高尔夫球地而受到关注的圣安德鲁斯来说，具有一定的重要意义，Willshire（2003）记载道，最早以羊皮纸的形式提及圣安德鲁斯高尔夫的，是约翰·汉密尔顿（圣安德鲁斯的大主教）于 1552 年 1 月 25 日在大学图书馆所授予的一个许可证：

> 对于城市居民的回报就是允许他们在临近伊甸园水源的公共高尔夫球场北部栽植与养殖“兔子”，城市的契约就是要接受社区的权利，“其中包括打高尔夫、踢足球，以及以过去那样的消遣方式进行所有的游戏”（原拼写）

"To the inhabitants of the city in return for permission to plant and plenish 'cuniggis' (rabbits) with the north part of their common Links next adjacent to the water of \ Eden, convenants with the City to accept the community' s rights 'inter alia to play at golf, fuball, schuting at all gamis with all uthermaner of pastime as ever thaipleis" (original spelling).

当地居民在林克斯高尔夫球场上打高尔夫已经多年，并常常与球场上的家兔养殖发生各种矛盾，而家兔又是小镇个体居民的主要收入来源。当那时的主教赋予人们权利在镇上的球场打高尔夫时，问题才得以解决，这样才保证了这个游戏在小镇上得以被保护，而球场作为一个场地可以继续使用与发展。这种感情后来又得到进一步强化，因为小镇的居民坚持认为，在1726年，人们之所以被许可在高尔夫球场上饲养家兔，是以"球场没有被高尔夫运动过度使用"为条件的（Jarrett, 1995）。事实上，沙丘区的实际形态并没有发生明显变化，老球场也因此成了林克斯高尔夫球场的缩影（Price, 1989）。使圣安德鲁斯的高尔夫产品多少有些独特的是，镇内的球场都是（地方政府）公有的，因此向所有人开放。尽管这些球场本身是由一家球场信托公司所管理，但它们并不是一个俱乐部所私有的，在信托公司里还有地方当局与皇家古典高尔夫俱乐部所各自委任的代表。在历史上，自圣安德鲁斯首个正式球场成立以来，当地居民就一直拥有使用球场的优先权与享受更低的打球费用（Mackie, 1995）。

在文献中，圣安德鲁斯的高尔夫球运动发展历程得到了广泛记载，显然，其早期发展与旅游几乎没有关系。圣安德鲁斯对高尔夫球手的吸引力也不是最近才有的，如Lord Cockburn于1844年在《巡回旅程》中写道：

当地人拥有属于他们自己的乐趣，它与古老的学院和教堂一样寻常而重要，这就是高尔夫球运动。在这里，它不仅仅是一项消遣活动，更是一宗生意与一种热情，并且多年来一直如此，这可能是因为他们拥有令人羡慕的球场的缘故。这种追求实际上吸引了许多中年绅士带着家庭定居在这里，他们有着练习与消费廉价乐趣的需求……（引自Willshire, 2003）。

多年来，来访球手的数量一直很少，甚至在1860年首次公开赛在圣安德鲁斯举行之后（Mackie, 1997）也很少有人专程过来打高尔夫。这部分原因归结于镇内的高尔夫负责人找不到任何理由鼓励更多的球手来访。然而，在整个19世纪，当地球手对老球场造成的压力与日俱增，结果第二个球场——新球场于1895年开放了，随后伊甸园球场（1914）和朱比利球场（1946）以及一个练习场（1993）也相继开放。

纵观高尔夫时代，关于来访球手与居民球手之间的相对重要性的争议一直

图 10－3　圣安德鲁斯的高尔夫旅游产品

存在相当大的分歧，后者一直拥有优先权并免费使用球场，直到 20 世纪的最后 25 年，他们还一直努力捍卫这些权利。让渡这些权利一度引起镇内一些居民的愤怒与反对，这种情绪保持至今。例如，皇家古典高尔夫俱乐部反对给予当时的大饭店特许权，因为他们不希望游客来访圣安德鲁斯，或将设施给予他们使用。镇议会则希望鼓励更多游客来圣安德鲁斯以刺激经济；而皇家古典高尔夫俱乐部则希望他们远离圣安德鲁斯，因为他们的存在占用了打球时间，并且更大的球手数量规模，将意味着更高的维修费用（Jarrett，1995）。随着老球场成为最频繁的公开赛主办方，以及皇家古典高尔夫俱乐部的成立及其在高尔夫世界中的声名鹊起，使圣安德鲁斯作为一个主要的高尔夫中心的重要性与知名度与日俱增。在公开赛上，观众数量明显增加（Burnet，1990），小镇也凭此进一步吸引了更多的注意力，名人也协助了小镇的名声得以普及，其中也有一些是打高尔夫球的（如温莎公爵，在 20 世纪 30 年代曾是皇家古典高尔夫俱乐部的队长）。图 10－3 中的广告反映了高尔夫所具有的明显优势，广告中的主题不再是图 10－2 中的几个元素，在图 10－1 中更完全体现不出来。因此，在两次世界大战期间，高尔夫已成了镇上具有重要意义的吸引物与核心的旅游产品（Joy，1999）。

到了 19 世纪下半叶，这四大元素的组合——宗教、教育、沙滩与高尔夫产品已经建立了良好的游客基础，至少有 10 家饭店成立于 1850 年至 1990 年间，其中许多饭店至今仍在经营，虽然它们的名字大多已发生变化。

四、当代的议题

（一）位置

人们可能认为，圣安德鲁斯将多少庆幸于拥有大量的次级旅游产品，它们借助于主要产品（高尔夫）拥有了非常积极的旅游形象，这将使得产品的促销以及清晰的旅游目的地形象设计变得相对简单。然而，实际情况却有点不一样，部分原因在于圣安德鲁斯的性质及其人口，一部分则归因于外部的发展与入侵。在这方面，圣安德鲁斯就像其他许多旅游目的地一样，虽然积极参与旅游业，却很难完全掌控旅游业的发展，而居民在对待社区以及社区与旅游之间的关系的态度方面，也同样出现分歧（Johnson and Snepenger，2006；Martin，2006）。由于历史与物理环境的原因，圣安德鲁斯的人口又不同于苏格兰其他小城镇。圣安德鲁斯孤立地坐落在法伊夫半岛的末端，进入性相对较差。如前文提及，最近的火车站也在 11 公里之外，而最近的机场是爱丁堡机场（距离 80 公里），虽然敦提镇（18 公里远）提供了有限的航空服务；此外，道路入口也不在任何主要公路上（Jura Consultants，2006）。因此，尽管圣安德鲁斯凭借有限的海港、大学及其前教会地位而与欧洲有着历史的联系，但也形成了一个相当内向的世界观。

（二）城镇人口

大学，是整个小镇最有影响力的一部分。本章作者与读者很可能都会认同，大学学者并不能代表广大民众。就算这样，他们普遍受到良好的教育且见多识广，更加自信与善于表达，在许多情况下，他们与“普通人”也许有点脱节，但他们的信仰往往更加自由与开放，对于他们所反对的决策，如地方的发展决策，他们更倾向于采取行动，特别是那些有政治倾向的学者。圣安德鲁斯是一个非常有吸引力的居住地，不仅拥有一个歌剧院，还有十分舒适与美丽的景观，因而吸引了不少退休人员，其中包括曾在大学里工作的许多人员。这一部分人口由于分布在许多非常舒适的位置，热衷于那些原本吸引他们过来的固有景观，因而往往反对任何可能威胁居住舒适度与生活质量的新发展。在有些情况下，如后文将会提及，关于大学的发展决策也可能会遭到反对。大学也是有影响力的，不仅凭借其居住在小镇上的员工，更凭借其庞大的学生数量，其中一些学生在地方选举上具备投票资格，可以形成一个强大的游说和利益集团，尽管他们往往更关注问题的根源，而不是解决方案。

作为法伊夫北部仅有的两个具有一定规模的社区之一，圣安德鲁斯还是以前的乡村居民与其他人口的一个地方性退休中心。距圣安德鲁斯大约 11 公里远的地方，是卢赫斯的皇家空军基地，这也是英国寥寥无几的相当有规模且依然活跃的基地之一，它在防空作战训练中发挥着重要作用，也是海空的救援基地。有大量人口居住在基地内，其中一些则住在圣安德鲁斯，他们构成了这个小镇人口中的另一组成部分，其中，这部分人口几乎全都来自区域外，大多是苏格兰以外的人口。因此，全镇的人口组成比例异常，并可能出现来自“本土”或土著人口的不同观点与信仰。此外，一所真正意义上的国际大学的存在，意味着居住在圣安德鲁斯的人口比例可能比预期的还要高很多，即使这个比例只在一年中的某段时间（9 月至次年 6 月）有效，且这部分人口来自英国以外。结果，圣安德鲁斯的总体住宿成本明显高于全国其他相当规模的社区，与法伊夫的邻近社区相比，其房价可能高出 30% 以上。此外，由于镇内有限的物理空间限制了新住宅区的进一步发展，这使得形势变得更加严峻，并导致大量从事低薪职业的人口不得不每天通勤于边远的社区与圣安德鲁斯之间。所有这些因素构成了镇内常住人口组成独特而鲜明的特征，这有助于解释关于旅游产品仍在变化演进中的观点，也往往是地方性问题出现的缘由。

（三）地方政府

随着时间的推移，由于受到其他发展的影响，小镇的旅游发展形势变得更加严峻。其中一个重要影响来自 19 世纪 70 年代政府的重组。这原本与旅游业的关联性不大，因为不管在国家的还是次国家的层面上，旅游业从未在英国得到极大的重视，然而，这却可能对圣安德鲁斯造成深远的影响。直到 1975 年进行规划与开发时，法伊夫郡议会才着手解决这些问题，将地方一级政府设为圣安德鲁斯自治委员会。在讨论期间，法伊夫很可能不再作为一个统一的行政区域，而是被分成西法伊夫与东法伊夫，后者包括了圣安德鲁斯，由泰赛德区与敦提镇控制。这引起了极大的关注，因为居民认为失去地方控制权是一个很严重的问题，并且在敦提镇的控制之下会变得更糟。苏格兰地方政治的复杂与激烈程度几乎接近部落问题，地方各主要党派有着明显的政治分歧，而且相比走中间道路或略右翼的中心乡村利益道路，敦提镇是以工业与劳动（左翼道路）为主导的镇区。圣安德鲁斯居民比较关注的是，地方公有的高尔夫球场很快将被圣安德鲁斯以外的机构所控制，同时他们也担忧当地居民打球的特权可能会消失（Jarrett，1995）。即使后来决定维持法伊夫作为一个行政区域的地位，但地方的感觉就是（至今仍然是，根据当地报纸《圣安德鲁斯公民》所反映的观点）：无论在西法伊夫（法伊夫主要的人口都在那里的工业镇，因此也拥有投票权）还是敦提镇的控制下，结果都一样糟糕，理由也是相同的。

结果，圣安德鲁斯镇议会通过了一项议会法案，成立了圣安德鲁斯球场信托公司，确保小镇即使失去了高尔夫球场的所有权，其控制与管理权仍保留在镇上。球场信托公司是一个非营利性机构，由四位皇家古典高尔夫俱乐部挑选的成员与议会所提名的四位代表组成。尽管这样，许多居民似乎觉得他们在这个过程中遭遇不公平待遇，因为皇家古典高尔夫俱乐部的成员与镇外的高尔夫球手比当地人在这个变化中受益更多。圣安德鲁斯公民对镇外政治权利的不信任并不限于高尔夫，他们在《圣安德鲁斯公民》报纸上，频繁地公开批评法伊夫区议会对道路维修、防洪、交通与停车设计和规划决策等诸如此类的问题，尤其是它们对那些与发展建议审批和一般服务提供相关的问题缺乏关注。当地居民的感觉就是，圣安德鲁斯在很大程度上依赖旅游业和大学的发展，为法伊夫区议会创造了大量的金钱，却得到了很少的回报。

（四）形象与知名度

圣安德鲁斯相当幸运地拥有集聚的吸引物，这意味着它在游客数量方面稳居苏格兰最受欢迎的社区之一，有时仅次于爱丁堡和格拉斯哥，尤其在圣安德鲁斯举办高尔夫公开赛的年份（最近的年份包括 2010 年、2005 年与 2000 年），并且通常排名在苏格兰前 10 名的旅游景点之内。尽管如此，如果从游客消费与游客数量的角度来测量成功的话，小镇的营销与促销还没成功地完全发挥其潜能。这主要是因为人们对于旅游业的作用及其重要性，以及如何对小镇的形象进行营销等问题存在各种不同的观点，关于高尔夫在促销中与旅游吸引物中的地位，也出现极大的分歧。那些更有攻略性的促销活动遭到了反对（Bennett, 2008），一方面是由于沟通不畅，另一方面在于人们认为旅游促销尤其是高尔夫促销将对当地特权构成威胁，并导致这样一个已经相当拥挤且昂贵的小镇发生进一步的物理变化。

目前，圣安德鲁斯具有多方面的形象，其不同元素都受到不同程度的评价：它是一个为农村腹地服务的传统集镇；它与一个重要的军事机构非常靠近，并受到一些噪声污染方面的小问题影响；它是一个重要的学术中心，拥有一所大学，尽管很小却是英国最成功与最受尊重的大学之一，2010 年在英国排名第六；它是一个重要的文化与历史建筑遗产遗址。它拥有两个美丽的海滩与一个风景如画的海港；最后，极具全球重要性的是，它是高尔夫的故乡，是世界上最具标志性的高尔夫球场的拥有者，世界上大多数国家高尔夫主要规则的制定者，并且配备比欧洲其他任何地方更广阔的高尔夫球场与相关配套设施（St Andrews Links Trust, 2008）。因此，镇上不同的人口组成对这些不同的形象出现褒贬不一，并导致旅游产品纷繁复杂，在社区内还出现某种程度的分裂，也就不足为奇了。

五、当代旅游产品

（一）宗教产品

大教堂与主教城堡废墟是圣安德鲁斯主要的文化与历史遗产，也是小镇的主要宣传产品。废墟现在由苏格兰文物局负责管理，其在城堡内开设了游客中心，对非居民收取少量的入场费。苏格兰文物局是苏格兰政府的一个机构，负责看管苏格兰 300 多件文物遗产；并负责保护国家的历史环境，促进人们对它的理解与享受（Heritage Scotland website，2010）。这些废墟在一年之内还几次用作中世纪重演的背景，在 2009 年圣安德鲁斯日庆典（11 月 30 日）中也作为“音响与光线”系列活动的背景。还有其他与圣安德鲁斯的宗教功能相关的建筑坐落在大教堂附近，它们是小镇南端非常有吸引力的中世纪建筑，汇聚在自西向东的三条街道的交会点上，但都不对外开放。在南大街的西端是西港（Wcst Port），是小镇西边能追溯到 16 世纪 80 年代的最初入口，也是苏格兰最好的设防镇口（门）之一，至今仍是该镇三吨以下车辆的主要入口。目前，宗教遗产成了小镇的主要旅游设施与吸引物，是圣安德鲁斯旅游产品中的一个关键元素。

（二）大学

大学无疑在圣安德鲁斯的发展与形象中发挥着重要的角色，因此也是该镇的旅游产品。圣安德鲁斯大学的知名度非常高，其本科课程在海外招生方面，仅次于牛津大学与剑桥大学（海外学生比例高达 37%）。在 21 世纪初，威廉王子被圣安德鲁斯大学录取，此后几年大学的吸引力出现急剧增长，在他登记入学的那一年，学生的申请增加了 44%。这个“产品”的优势是与大学的入学增长率同步稳定增长的，目前，该大学已拥有 7258 名学生（St Andrews University，2010）。这个优势不仅反映在就读的学生数量上，还反映在学生带来的家长、其他家庭成员以及朋友的访问量，虽然无法测量，却十分可观，尤其当 9 月下旬学生开学时，和 6 月毕业季时访问量就更多了。在这个时候及往后一段时间里，几乎所有饭店、许多小旅馆以及自助设施都会客满（Brown，2003）。除此之外，还包括准留学生的来访，和那些在留学生涯中寻找住宿的学生，还有许多来访学校的受邀演讲者与展示者、使用大学住宿设施的会议代表以及其他学者等诸如此类的游客。

大学作为镇上的一个重要雇主，也是经济投入的一个重要因素，但从市容的角度来看，其对圣安德鲁斯的规划与发展的影响却不是非常有利。实际上，镇上一些最糟糕的物理变化就是由大学的发展导致的，这在一定程度上反映了大学的影响力及其近期的（20 世纪 60 年代后期）预算重点，也反映了法伊夫议会的地区规划发展重点，该规划还允许一些外观不具有吸引力的建筑坐落在不适当的位置上。圣安德鲁斯的主要道路入口经过河岸平台北部的科学学院，这就与马路对面的老球场饭店出现竞争，构成一个中世纪小镇最不妥当的视觉背景。除了大学以外，圣安德鲁斯还存在其他更缺乏吸引力且不适宜的建筑，因此大学并不是唯一损害小镇市容的机构，然而，它作为社区一个拥有近 600 年历史并且设有诸如艺术史系的机构，人们可能期盼它在提出新发展时能够考虑得更加周全些。这种模式随着大学成为财团的一部分继续发展着，在正在进行的规划咨询过程中，它还进一步提出在镇郊外开发大规模的住房及相关发展，但这个提议受到了一些机构（如圣安德鲁斯保护委员会）以市容和交通为由的极力反对。最近（2010 年 2 月），大学因成为镇中心的马德拉斯大学校园的未来拥有者得到了最惠待遇，它换取了一个没那么大吸引力且远离镇中心的地址，作为学校的新位置。

因此，大学及其为游客提供的产品对小镇的发展起着重要作用。它总共聘请了超过 2000 名教职工，拥有超过 1.29 亿英镑的年收入（St Andrews University, 2010）。非常有意思或许也令人感到讶异的是，在教育的背景下，大学在历史上并没有参与旅游业。虽然学校每年都举办大量的会议，且当夏天学生放假时，学校公寓是对旅游者开放的。但除此之外，它在旅游产品中的角色可以说是被动而非主动的。学校允许旅游者穿梭于北街的方学院以及南街圣萨尔瓦托尔学院背后的花园，其他一些建筑也频频被摄进镜头中。因此，它更因作为历史遗产中的一部分以及作为几千名“教育游客”的资源，而在镇旅游业发展过程中发挥着重要作用。

（三）海滨产品

圣安德鲁斯拥有两个海滩，东沙滩与西沙滩，后者沿着老球场和朱比利球场从站立线延伸至伊甸园入海口。前沙主要由沙丘组成，为四个主要高尔夫球场提供了主要场地。西沙滩的长度大约延伸两公里，由于受坡度的形态特征与潮汐的影响，西沙滩的宽度范围从 80～400 米不等。西沙滩曾出现在许多电影中，其中最引人注目的就是波兰导演罗曼·波兰斯基的《麦克白》，另外还因成为奥斯卡获奖影片《火之战车》的外景而闻名世界。在《火之战车》这部电影中，演员沿着沙滩奔跑，然后穿过老球场的第一个球座，进入一家假定是英国肯特郡布罗德斯泰斯的一家饭店，但实际上是哈密尔顿大堂，其前身是公寓的门厅，后来归属于大学管理。东沙滩从镇南端的老海港延伸几百米，它的坡度同样吸引了不少海滩使用者，还有它的海浪也常常吸引一些冲浪者。

西沙滩吸引了大部分游客，部分原因在于其在海岸长度方面以及电影覆盖所带来的熟悉度上拥有优势，但主要原因在于西沙滩的游客服务范围更为广泛。沙丘背后的道路为游客的进入提供了便利性，并且可以停泊小汽车与长途客车，它还提供了公共厕所设施和快餐店，有一个极好的果岭和高尔夫游客中心，并且游客能够从镇中心轻易地到达西沙滩。事实上，由于西沙滩毗邻老球场的第一球座、英国高尔夫博物馆以及几家饭店，游客可以步行穿越老球场的第一和第十八洞球道便利地到达这里，使西沙滩自然地成了许多游客以及那些实际想去沙滩进行海滨活动与洗浴的游客的集聚中心。

自 1952 年铁路通车，海滨才开始主导圣安德鲁斯的旅游业。该线路最初计划沿着老球场走，但为了避开第 17 洞果岭不得不改道，由于火车距离太近并产生噪声，还会对高尔夫球手造成烦扰。1914 年，人约有 7000 名游客参观圣安德鲁斯，其中大多通过铁路旅行（Willshire，2003）。到了 1969 年，由于失去这条铁路支线，这部分细分市场也受到了影响，但到了那个时期，大多数英国游客已经开始驾车旅行了。此后，由于航空旅行已经取代了铁路旅行，圣安德鲁斯也像其他几乎所有的英国海滨度假区（Shaw and Williams，1997）那样，面临着来自欧洲大陆的度假区和其他更远的度假区的竞争。现在，大多数与海滨相关的旅游都是以自驾车游客为主，并且主要集中在夏天的周末。镇上新建的一个水族馆虽然使圣安德鲁斯对家庭旅游的吸引力略微有所提高，但市场也只达到半世纪前的规模。自备餐饮接待设施的旅游市场发展现在仍算比较合理，尤其是那些夏季期间将会空置且质量更高的学生公寓（Brown，2004），但在过去的 30 年中，这部分市场已经明显下降了（个人观察）。对于许多来圣安德鲁斯的非高尔夫游客来说，他们一般选择一日游，或最多停留一个晚上，活动包括在小镇四周散步，参观核心的历史遗迹和建筑，游览西沙滩以及高尔夫博物馆和水族馆。在夏季的那几个月中，有相当多以教练身份前往小镇的游客，但这种教练之旅在其他季节就明显减少。总体而言，海滨旅游对于零售店铺以及食物与餐饮的供应商来说是重要的，然而，这在游客每年在小镇的总花费中只占相对较小的一部分。

（四）高尔夫旅游

圣安德鲁斯作为“高尔夫的故乡”，世界上最具标志性的高尔夫球场的拥有者，成了高尔夫的圣地，每年吸引了不少朝圣者（MW Associates，2006）。如今要在老球场上打球是如此困难，一些游客只要能简单地站在第一球座上拍照，后面能露出皇家古典高尔夫俱乐部，也就感到十分满足了。对于其他人来说，周日能在紧闭的（除了公开赛和其他少数赛事以外）老球场上散步也已经足够。然而，许多球手正是为了在圣安德鲁斯打高尔夫才来到镇上，并且它吸引的不仅仅是“普通”球手。许多高尔夫球赛的偶像人物，从鲍比·琼斯到杰克·尼克劳斯和老虎·伍兹都曾对他们在圣安德鲁斯打球（尤其是赢得比赛时）的独特经历做过评论，还有那些关于公开赛和其他国际性比赛的媒体报道，它们不仅强化了圣安德鲁斯的形象，还为其向全球高尔夫爱好者及其他观众做了大量不可估量的免费宣传。

这些球场作为公共设施且在地方控制的背景下得以保护是来之不易的。多年来，圣安德鲁斯采取了至少6项国会法令（Jarrett，1995）来确保球场信托的成立，正如上文提及，球场信托公司管理控制整个球场，且球场的所有权归属本地当局。尽管这样的安排导致了镇上居民失去了曾经享有的许多特权，包括在球场免费打球。如今，他们在老球场上拥有有限的能得到保证的开球时间，但除了老球场外，在其他球场免费打球的权利仅限于镇上18周岁以下的儿童居民。在球场的管理问题上，皇家古典高尔夫俱乐部与镇上居民之间一直存在不少矛盾，无论在管理质量的问题上，还是在收费、优先权以及特权等问题上。另一个争论则源于2008年耗费了数百万英镑建造的第七个球场——城堡球场，这个球场坐落在城镇的数公里以外，并且是在农田而不是沙丘上建立起来的，然而，这对于缓解镇内球场尤其是老球场的压力并不会带来太大作用。

暂且抛开这些问题，无疑正是圣安德鲁斯主要球场尤其是老球场的管理方式与所有权能够吸引如此多游客到镇上。在夏季期间，许多球场的经营已经达到最大容量或接近最大容量（St Andrews Links Trust，2009）。结果，镇上的球场每年打高尔夫超过150000场，其中大约40000场是在老球场上。在老球场上，开球间隔已经减少到10分钟，这是公认的最小的安全时间，由于每个团队最多仅限4人，球场一天最长的开放时间是10小时，那么，老球场每天大约仅能容纳240人。但是，需求远远超过于此，于是出现了抽签的运作方式，那些希望打球的人需要提前一天报名，然后在当天下午晚些时候就会产生一张名单，列明谁“赢”得了下一天的一个开球时间。对于每一个人来说，抽签的成功概率都是相等的，因此，游客很可能在镇上待上一周也没有机会在老球场上打球（Woodcock，2009）。然而，这似乎阻挡不了那些高尔夫球手们。有一定比例的开球时间为当地人而保留，更多的则预留给皇家古典高尔夫俱乐部的会员，这是许多年前制定的协议，也是作为他们管理老球场开球时间的回报，其中一些开球时间已经出售给一个签了协议的私人团体，这个团体提供给球手一些高尔夫包价产品，参加者能够保证得到老球场的开球时间。作为协议中的一部分，高尔夫球手必须使用一个四天的包价产品，并且支付在圣安德鲁斯其他球场打一轮球的费用以及在其他苏格兰球场上打高尔夫的费用，即使他们不打球。一些饭店还用开球时间来做抵押。对于那些长期居住在镇上的老居民而言，他们还能回忆起公民曾经所拥有的与 1 世纪前相近的特权，因此，这样的安排常常让他们感到沮丧与烦恼。在寄往当地报纸编辑的信中往往可以反映当地打高尔夫的居民、球场信托以及皇家古典高尔夫俱乐部之间存在的摩擦。然而，当圣安德鲁斯举办公开赛的时候，鲜有居民明显抱怨那些强制执行的复杂安排与限制条件，这通常不仅包括关闭其他高尔夫球场几天，也包括对进入小镇的通道、停车场乃至居民进行严格的限制。一些店主声称，镇上举办公开赛时他们的收益很少，“每个人都下到球场去了，没有人到镇上来”（店主的个人访谈，2009），但餐厅和酒吧业主、出租车司机以及那些向游客和球手出租财产的居民和其他房东都能从中赚得相当一笔钱。

如今，圣安德鲁斯高尔夫球的知名度并没有任何减少的迹象，相反，随着那些著名的高尔夫球运动员以及一些名人（其中包括安德鲁王子、前美国总统克林顿和塞缪尔·杰克逊）的定期来访，圣安德鲁斯变得越来越有吸引力了。来圣安德鲁斯的游客日平均消费比其他任何一个镇的都要多，小镇也因此受益不少（St Andrews Citizen，2009）。在过去的 10 年中，圣安德鲁斯附近其他球场的发展，以及离小镇数公里之外的五星级饭店的开业，都使小镇的高尔夫产品变得更有吸引力，直至目前为止仍是镇上的主导旅游产品。

六、结论

圣安德鲁斯作为一个旅游吸引物已有相当长的历史，其作为一个旅游目的地的生命周期也远比大部分社区长久得多。在小镇有游客来访的上千年历史长河中，圣安德鲁斯的主导旅游产品已几经变革，其生命周期也出现了许多波动，并且没有呈现出一个典型的产品增长渐进曲线，而是随着不同产品的出现和知名度的积累而表现出一系列的波浪形态。在这方面，与一个依靠单一产品的旅游目的地的发展模式相比，圣安德鲁斯作为一个旅游目的地的发展模式，也许与 Coles（2006）所讨论的“零售轮”模式更为接近。有意思的是，在吸引旅游者的四个产品中，其中三个（宗教遗产、大学以及最近发展起来的高尔夫球场）已经从强有力的高效管理中得到发展，而旅游性质最典型的产品（海滨）却在管理与促销方面出现不协调。宗教与海滨产品已在多年发展中有所下降，前者已渐渐转变成为建筑遗产，而大学与高尔夫产品两者均在持续增长中，其旅游需求在中期内可能将不会减少。

游客从寻求宗教救赎到教育，再从希望使用海滨资源到渴望到高尔夫的“朝圣”上跃跃欲试，圣安德鲁斯已改变了自身的旅游形象与产品。在本质上，产品的发展已发生了变革，一组吸引物的知名度下降了，同时又出现其他产品来取代或超越，但在许多方面，这些产品本身并不是作为旅游产品而出现的。小镇自身并没有自我营销为一个宗教场所，虽然教堂确实具有这样的性质。在最早的几个世纪中，大学也至少没有将学生看作旅游者。小镇在过去确实并将继续鼓励夏季游客到海滨上游玩，还积极将小镇促销为“高尔夫的故乡”，但后者主要是由其他机构所负责开展。时至今日，仍然可以看到这四类产品的遗迹：每年都有少量的宗教游客，包括年轻基督徒的宗教“阵营”；大学比其600百年历史中的任何时候规模都要更大与更国际化；海滩尤其在夏季周末里仍然吸引很多人；高尔夫球手的数量仍在持续增长，在 2010 年公开赛之后可能仍在继续增加。未来，圣安德鲁斯的旅游产品似乎不太可能发生明显的改变，但对于一个生活于 1387 年（那时有 33000 名朝圣者参观小镇），或 15 世纪初大学已经成立之后出生的作家来说，他将无法想象人们会在海滩上享受阳光浴，或在洞口还不完备的沙丘上打高尔夫球。可以合理地预测到，圣安德鲁斯四类旅游产品的相对重要性在未来将继续发展演变，但要出现一个重要的新产品似乎已不太可能了。

参考文献

Agarwal, S. (2006) Coastal resort restructuring and the TALC. In: Butler, R. W. (eds) *The Tourism Area Life Cycle, Conceptual and Theoretical Issues* Volume 2, Channelview Press, Clevedon, pp. 201 – 218.

Baum, T. G. (2006) Revisiting the TALC: is there an off – ramp? In: Butler, R. W. (eds) *The Tourism Area Life Cycle, Conceptual and Theoretical Issues* Volume 2, Channelview Press, Clevedon, pp. 219 – 230.

Bennett, F. M. (2008) *Does Tourism Based on Golf Represent A Sustainable Future for St Andrews*? Unpublished thesis, Strathclyde University, Glasgow.

Brown, E. (2006) Real Estate Agent, personal communication, June.

Burnet, B. (1990) *The St Andrews Opens.* Scotsprint Publishing, Edinburgh.

Butler, R. W. (1980) The concept of a tourist area cycle of evolution and implications for management of resources, *The Canadian Geographer*, 24 (1), 512.

Butler R. W. (2005) The influence of sport on destination development: the example of golf at St Andrews, Scotland. In: Higham, J. (eds) *Sport Tourism Destinations.* Elsevier, Amsterdam, pp. 274 – 282.

Butler R. W. (2006a) *The Tourism Area Life Cycle Volume* 1: *Applications and Modifications.* Channelview Publications, Clevedon.

Butler, R. W. (2006b) *The Tourism Area Life Cycle Volume* 2: *Conceptual and Theoretical Issues.* Channelview Publications, Clevedon.

Cant R. G. (1992) *The University of St Andrews A Short History.* Oliver and Boyd, London

Carnegie, G. F. (1813) Glory regained cited in J. K Roberston, *St Andrews Home of Golf* . J. and G. Innes: Cupar, p. 47.

Coles, T. (2006) Enigma variations? The TALC, marketing models and the descendents of the product life cycle. In: Butler, R. W. (eds) *The Tourism Area Life Cycle*, *Conceptual and Theoretical Issues* Volume 2. Channelview Press, Clevedon, pp. 49 – 66.

Doxey, G. V. (1975) A causation theory of visitor – resident irritants : methodology and research inferences *Proceedings of the Travel Research Association* 6th *Annual Conference.* Travel Research Association, San Diego, pp. 195 – 198.

Gunn, C. A. (1993) *Tourism Planning: Basics, Concepts, Cases.* Taylor and Francis, Washington D. C. .

Jarrett, T. (1995) *St Andrews Golf Links – The First* 600 *Years.* Mainstream Publishing, Edinburgh & London.

Johnson, J. D. and Snepenger, D. J. (2006) Residents' perceptions of tourism development over the early stages of the TALC. In R. W. Butler (ed.) *The Tourism Area Life Cycle Volume* 1: *Applications and Modifications.* Channelview Publications, Clevedon, pp. 222 – 236.

Joy, D. (1999) *St Andrews and the Open Championship: The Official History.* Sleeping Bear Press, USA.

Jura, C. (2006) *St Andrews Town Audit and Action Plan.* Lambie Gilchrist Consultancy, Edinburgh.

Lagiewski, R. M. (2006) The application of the TALC model: a literature survey. In: Butler, R. W. (ed.) *The Tourism Area Life Cycle Volume* 1: *Applications and Modifications.* Channelview Publications, Clevedon, pp. 27 – 50.

Lewis, P. N. , Clark, E. R. and Grieve, F. C. (1998) *A Round of History at the British Golf Museum* Kirkaldy, Inglis Allen.

K. Mackie (1995) *Golf at St Andrews.* Aurum Press, London.

K. Mackie (1997)? *Open Championship Golf Courses of Britain.* Aurum Press, London.

Martin, B. (2006) The TALC model and politics. In: Butler, R. W. (eds) *The Tourism Area Life Cycle Volume* 1: *Applications and Modifications.* Channelview Publications, Clevedon. pp. 237 – 249.

MW Associates (2006) *Survey of Visiting Golfers at St Andrews* 2004/5: *Summary Report.* MW Associates, Edinburgh.

Price, R. (1989) *Scotland's Golf Courses.* Aberdeen University Press, Aberdeen.

Putter, J. and MacLean, C. (1995) *The Feast of Images: St Andrews Golden Age* 1460 – 1560. Edinburgh: McLean Dubois.

Russo, A. P. (2006) A re – foundation of the TALC for heritage cities. In: Butler, R. W. (eds) *The Tourism Area Life Cycle Volume 1: Applications and Modifications.* Channelview Publications, Clevedon, pp. 139 – 161.

Shaw, G. and Williams, A. (1997) *The Rise and Fall of British Coastal Resorts.* Cassell, London.

St Andrews Citizen (2009) St Andrews tops UK visitor spend league. July 24, p. 3.

St Andrews Citizen (2010) Univesrity ranked 6th in UK. May 28, p. 1.

St Andrews Links Trust (various) *Annual Report and Accounts.* St Andrews Links Trust, St Andrews

St Andrews Links Trust (2008) *A Year at St Andrews* Essex. Highpoint Media, St Andrews

St Andrews Links Trust (2009) Archives.

Staachura, M. (2000) *Golf's Shrines – Pebble Beach and the Old Course – under assault.* New York Times Company Magazine, New York.

Tobert, M. (2000) *Pilgrims in the Rough: St Andrews beyond the 19th Hole*, ? Luath Press Ltd, Edinburgh.

VisitScotland. (2008) *The Official Guide to Golf in Scotland: The Home of Golf.* PSP Publishing, Glasgow.

Willshire, B. (2003) *St Andrews Ancient City in the Twentieth Century.* Librario, Kinloss.

Woodcock, M. (2009) St Andrews Links Trust, personal communication, September.

第 11 章 目的地市场营销和促销的分销渠道

一、序言

旅游分销渠道是推动旅游服务从供应商出售和传递给消费者的中介机构或中间商系统（Buhalis and Laws，2001）。在过去 10 年，旅游分销渠道在旅游业中发挥了重要作用，因而也得到学界大量关注（Pearce and Schott，2005）。分销渠道不仅是市场营销组合中使产品得以传递给消费者的一部分，也是旅游产品的供应商及其终端消费者之间的联系纽带，架起了供应方与需求方之间的桥梁（Gartner and Bachri，1994）。旅游分销系统的结构不仅影响消费者的选择，还影响了各个渠道参与者的商业模式与营销策略（Pearce *et al.*，2004）。自万维网出现以来，信息技术已极大地改变甚至转换了旅游业的分销结构（Buhalis and Laws，2001；Wang and Qualls，2007）。在信息通信技术的推动下，旅游分销渠道的变革与转型使消费者有了更多的选择，使分销商的竞争愈加激烈，最后使产业结构变得更加复杂（Buhalis and O'Connor，2005；Granados *et al.*，2008；Longhi，2008；O'Connor and Frew，2002）。

信息与通信技术进步之所以使旅游分销系统变得复杂主要表现在：增加了更多的中介层；由于供应商与消费者已可能通过技术绕过传统中介来实现直接交流，导致某些分销商被去中介化；以及一些分销商通过融入新技术和适应不断变化的市场环境来实现再中介化，提供了增值的中介服务（Buhalis and Law，2008）。这种技术诱导的结构性变化不但为消费者提供了更多的选择，还进一步促进了渠道参与者的激烈竞争（Pearce *et al.*，2004）。

本章旨在讨论旅游分销结构的变化。不少文献已从多方面探讨了旅游分销结构的复杂性（Alamdari，2002；Anckar and Walden，2000；Bowden，2007；Buhalis and Licata，2002；Buhalis and O'Connor，2005；Chircu and Kauffman，2000a；Granados *et al.*，2008；Longhi，2008；Ma *et al.*，2003；O'Connor and Frew，2002；Werthner and Klein，1999），使我们得以更全面地了解这个知识体系。在此基础上，本章侧重介绍分销结构的发展演变，试图通过图表系统地揭示中介层的数量变化规律。本章重点讨论中介的类别及其相关开拓性案例，而不是对每个渠道参与者的具体行为或信息技术在世界不同区域的使用情况进行比较。

从实践的角度来看，只有充分理解旅游分销渠道的演变与转型规律，才能有效地将它们利用起来。在学界中，断断续续出现了一些相关研究，但它们不仅分散且零碎，其研究视角与范围也十分狭隘。虽然也有学者探讨旅游者在信息搜索过程中分销渠道的使用情况（Pearce and Schott，2005；Pearce *et al.*，2004），但其主要从供应方的角度来强调供应商与中介机构的角色以及这些机构之间的相互关系（Buhalis，2004；Buhalis and Licata，2002；Choi and Kimes，2002；O'Connor and Frew，2002）。此外，大多研究主要采用静态与截面方法来探讨旅游分销渠道的结构与利用情况，不能全面考虑它们的历史发展演变过程，但这对于认识一个产业现在所处的位置以及何去何从是非常重要的。因此，本章旨在从历史的视角研究旅游分销渠道演变；厘清自万维网出现以来旅游分销渠道的主要结构变化；以及探讨信息与通信技术对于旅游分销渠道的演变与转型的作用。

二、中介术语

为了清晰地讨论旅游分销渠道的结构，有必要界定与中介过程相关的重要术语。文献中出现的许多相关术语主要源自词根“中间的”，意思是扮演一个中间人的角色。不同研究者以不同的方式使用了各种派生术语。例如，“去中介化”这个术语常常用来指一个中介或这个中介的功能被部分或完全地取代了。“再中介化”这个术语则用来指中介机构首先被去中介化，然后再重新进入到它们中介角色的过程（Bowden，2007；Chircu and Kauffman，2000b；Giaglis *et al.*，1999；Golden *et al.*，2003；Granados *et al.*，2008；Tse，2003；Walden and Anckar，2006）。然而，不同研究者对这些术语的使用存在差异。例如，一些研究者认为再中介化是新中介进入旅游分销系统的唯一入口（McCubbrey，1999；

McCubbrey and Taylor, 2005)，其他研究者则认为再中介化包括了被去中介化的中介机构的重新进入以及新中介机构的进入（Gharavi *et al.*, 2007; Palmer and McCole, 1999）。

当涉及电子领域的中介机构时，出现的术语就更加多样化了。Sarkar 等（1995, 1998）使用"网络中介"来指代产业中新出现的电子中介机构；随后，不少学者也以相似的方式使用这个术语（Giaglis *et al.*, 1999; Granados *et al.*, 2008; McCubbrey, 1999; McCubbrey and Taylor, 2005; Walden and Anckar, 2006; Weaver and Lawton, 2008）。也有研究者用其他术语来取代网络中介，例如"电子中介机构"（Anckar, 2003; Anckar and Walden, 2000）和"电子中介"（Dale, 2003; Daniele and Frew, 2004; Ma *et al.*, 2003）。电子中介不仅包括新出现的电子中间商，也包括那些传统的分销渠道，例如计算机预订系统、全球分销系统以及可视图文系统。Buhalis 和 Licata（2002）进一步拓展了电子中介的定义，将供应商也纳入在内，例如航空公司和饭店，因为它们也利用互联网来促成与消费者的直接交易。一些研究者（Chircu and Kauffman, 1999; Chircu and Kauffman, 2000b）甚至将电子中介系统再细分为两个子类别，即"能进行电子商务的中介机构"和"仅限电子商务的中介机构"，缩写分别是"EC - able"和"EC - only"。能进行电子商务的中介机构不仅以传统的方式开展商贸，还使用电子商务的方式。与此相反，仅限电子商务的中介机构一开始就是通过互联网进入行业中的，并且继续主要使用电子的方式参与其中。

三、中介过程的演变与转型

万维网的出现不仅促使旅游分销系统逐渐发展演变，还促使其完成了根本转型。其中，网络浏览器于 1993 年被引进市场，使供应商与消费者之间的交流成了可能，从而实现了互联网的商业应用，也成了旅游分销系统演变过程中的一个里程碑。

在 1993 年以前，传统的旅游分销系统主要由消费者、传统零售旅行代理、传统旅游公司代理、传统旅游运营商、全球分销系统、地接旅行社、交换机、旅游目的地市场营销组织以及供应商组成（图 11 - 1）。全球分销系统，起始于航空公司计算机预订系统，是技术上的电子中介机构（Buhalis, 1998; Buhalis and Licata, 2002）。在航空公司部门，传统的旅行代理由于与全球分销系统的关系而享受了中介利益（Malone *et al.*，引自 McCubbrey, 1999）。

第一个全球分销系统 Sabre，由美国航空公司在 20 世纪 60 年代推出（Sabre Holdings，2009），并促使其他参与者通过竞争进入这个领域中，如 Amadeus、Galileo、Abacus 以及 Worldspan。不久，饭店的计算机预订系统与全球分销系统通过交换机连接在一起（Choi and Kimes，2002；Palmer and McCole，1999；Sheldon，1997），使交换机供应商成为新的中介层。

地接旅行社是另一层传统中介，也可以指“地接代理”、“入境代理”、“地接旅游运营商”、“地接运营商”、“服务代理”或“接待代理”（Buhalis and Laws，2001）。地接旅行社主要指旅游运营商与供应商之间的中间商。也就是说，旅游运营商先将旅行产品包装组合，然后交由地接旅行社接手处理。根据 Buhalis 和 Laws（2001）的研究，地接旅行社并没有得到太多的研究。同样，似乎也没有任何文献记录这类中介的去中介化情况。

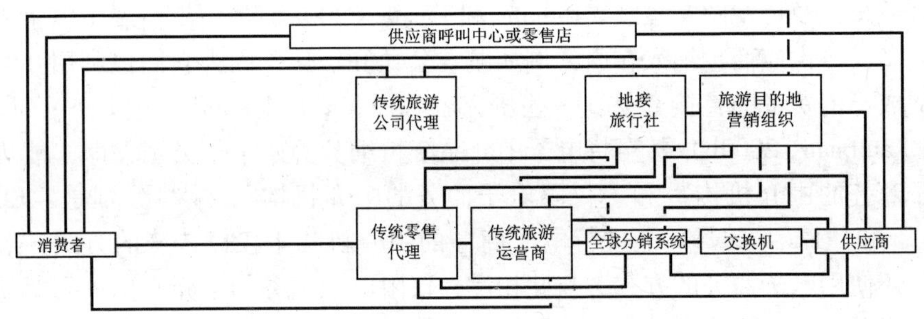

图 11－1　旅游分销渠道结构：前万维网时代（1993 年以前）

在互联网的商业使用之前，航空公司、饭店以及旅游运营商都努力将其他渠道参与者去中介化，它们尝试利用包括零售店在内的方式直接销售产品（Anckar and Walden，2000；Anckar and Walden，2002；McCubbrey，1999），还利用免费呼叫中心促进去中介化过程（McCubbrey，1999；Palmer and McCole，1999）。然而，在这个前网络时代分销环境还没有那么复杂的时候，多个分销渠道存在的局面已经在那时扎下了根。

Granados 等（2008）解释道，在技术进步还没发展到可以减少替代者的进入障碍前，全球分销系统几乎占领了分销环境中的寡头垄断地位，并从中享受到了巨大的利益。在分销环境中，互联网是最重要的技术进步。互联网从 1969 年开始运行，一开始是以军事与研究为主要目的（Werthner and Klein，1999），其商业应用则是在 20 世纪 90 年代才开始受到关注，那时企业主要从万维网的通信协议中获得利益，到 1993 年公众已经可以开始自由使用万维网（CERN，

2003）（图 11－2）。

除了互联网外，还出现了其他计算机网络——在线服务，如美国在线资料库服务、微软网络以及奇才等，还有将视频显示器与键盘终端连接起来的图文网络，包括 Bildschirmtext（Btx），Prestel 和 Télétel。在线服务与可视图文服务已经成为旅行服务分销中的一部分（Kärcher，1996；Kärcher and Williams，1996），然而，只有 Télétel 拥有巨大的用户群。在 1993 年，超过 600 万用户使用 Télétel 的公共信息网终端（Minitel terminals），它提供了接近 20000 种服务。相比之下，CompuServe 与 Prodigy 各有大约 100 万用户与 2000 种服务（Cats－Baril and Jelassi，1994）。Bildschirmtext 那时拥有大约 25 万用户与3500种服务，而 Prestel 大约有 15 万用户和 1300 种服务（Cats－Baril and Jelassi，1994）。然而，在 1993 年，网络凭借其庞大的用户群与服务种类使所有在线服务与可视图文服务都变得相形见绌。正是网络的发展导致了旅游分销的重大结构变化。

就在网络首次公开亮相之后，供应商开始建立网站直接与消费者联系，从而开启了传统零售旅行代理的去中介化时代。例如，那时航空公司能够通过多种渠道实施去中介化，包括呼叫中心、零售店以及网络（McCubbrey，1999）。饭店也试图利用网络来直销，从而将传统旅行代理去中介化，尽管它们为饭店销售带来许多利益（Tse，2003）。

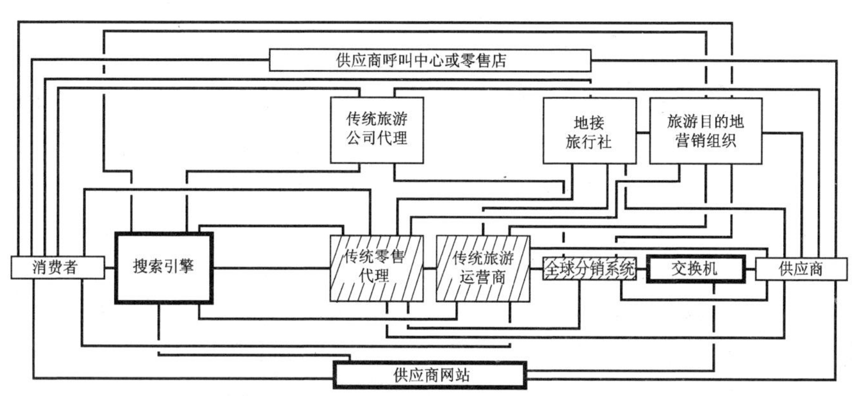

图 11－2　旅游分销渠道结构：万维网时代早期（1993～1998）

在供应商开始对旅行代理去中介化的同时，另一层中介却开始慢慢崛起。第一个自动搜索引擎，也称“机器人”或“蜘蛛”，出现于 1993 年，它第一次实现了所有网页内容而不只是标题的索引；它与 1994 年 4 月出现的统一资源定位器（网页地址）（Farrelly，1999a；Farrelly，1999b；Pinkerton，1994；Pinkerton，

2000）共同促进了谷歌于 1998 年作为一个提供搜索服务的中介角色出现在公众眼前。网络技术通过推动这类中介的成立，促使了一个力量中心逐渐转移至搜索引擎的结构性变化。

在 1995 年 10 月 TravelWeb 建立了几个月后，飞马系统公司和几家连锁饭店在 1996 年 3 月又制作了 TravelWeb. com 门户网站向公众提供服务（TravelWeb, 1996）。自 1989 年以来，飞马的交换机服务，即饭店业交换机公司（THISCO），一直协助饭店计算机预订系统与全球分销系统进行连接，但 TravelWeb 的出现为消费者提供了网络通道进入饭店的中心预订系统（Pegasus Systems, Inc. , 1997; Werthner and Klein, 1999），这样，就避免了支付全球分销系统费用，从而将全球分销系统去中介化（Werthner and Klein, 1999）。2004 年，Priceline 获得 TravelWeb 的全部所有权，买下了几家饭店和 Pegasus Solutions 所持的股份（Priceline. com, 2004）。现在，飞马又利用旗下的 Utell 品牌为饭店打通了直接到达消费者的网络通道、联系传统旅行代理的全球分销系统通道以及联系另一类中介机构，即在线旅行代理商的通道（Pegasus Solutions, Ltd. , 2009）。

1995 年，随着互联网旅行网络成为第一个试图对传统旅行代理去中介化的在线中介，在线旅行代理商也开始加入去中介化的战局（Chircu and Kauffman, 1999; Chircu and Kauffman, 2000a; Chircu and Kauffman, 2000b）（图 11－3）。1996 年，拥有全球分销系统的 Sabre，首次推出了 Travelocity（Sabre Holdings, 2009）。同年，微软推出了在线旅行代理 Expedia（Chircu and Kauffman, 1999）。Priceline 出现于 1998 年，它一开始就是利用"需求收集系统"来销售机票，这个系统主要用于收集并向供应商传递消费者的需求信息。最近，Priceline 还推出了披露价格的传统零售方法（Priceline. com, 2009）。互联网旅行网络最后更名为 GetThere，并于 2000 年被 Sabre 收购（Chircu and Kauffman, 2000a）。

在线旅行代理 lastminute. com 成立于 1998 年，目的在于销售那些剩余的可能卖不出去的航空座位和饭店客房（Anderson and Earl, 2000; Buhalis and Licata, 2002）。它在 2000 年 3 月首次公开募股（Anderson and Earl, 2000），那时许多股市投资者还认为互联网公司实际上没有表面看起来那么有价值，其中一些根本没有利润前景，后来还出现了互联网泡沫的破灭以及相关的股价暴跌，但那些商业模式良好的在线旅行代理商，包括 lastminute. com 都能从中幸存。实际上，lastminute. com 在 2000 ~ 2004 年继续收购了其他大量公司，包括 2000 年 8 月收购 Dégriftour，这是一家成功的法国领先电子旅行代理商，自其 1991 年成立以来就开始利用 Minitel 可视图文终端的 Télétel 网络，随后也使用了网络（Alzon，2000）。Lastminute. com 后来又反过来被 Travelocity 在 2005 年收购了。

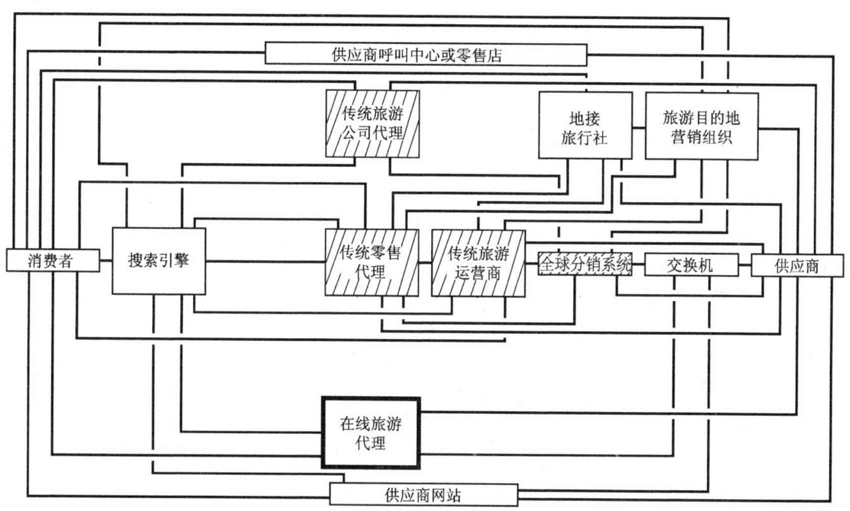

图 11－3　旅游分销渠道结构：在线旅行代理（1995～2002）

在美国航空持有 Sabre 的时候，Sabre 已经推出了 Travelocity。后来，其他航空公司针对全球分销系统的去中介化，推出了 Opodo 和 Orbitz 在线旅行代理。然而，在这样强大的威胁之下，全球分销系统进一步证明了它们在分销链中的顺应力和重要性。在 Sabre 持有一个在线旅行代理股份之后，其他全球分销系统持有者也纷纷效仿 Sabre 与其他在线旅行代理建立关系，就像它们过去与传统代理商所形成的关系一样（Longhi，2008；PhoCusWright，引自 Hospitality Net，2002）。例如，Opodo 与 Amadeus 建立了联系，Expedia 也类似地与 Worldspan 联系在一起（Longhi，2008）。在这些关系之下，全球分销系统成功实现了自身的再中介化（图 11－4）。

旅游运营商作为另一类传统代理，也卷入了去中介化与再中介化的过程中。旅游运营商扮演着集聚的功能，负责整合与组合旅行服务（Werthner and Klein，1999）。旅游运营商同样受到了来自航空公司的去中介化威胁，如 Qantas 已经通过垂直整合旅游业务实现旅游运营商的去中介化（Dolnicar and Laesser，2007）。旅游运营商本身也加入了垂直整合中，在供应链的一端，他们成了航空公司包机护服务的供应商，在另外一端，他们又是零售旅行代理（Clerides *et al.*，2008；Dolnicar and Laesser，2007；Harris and Duckworth，2005）。在网络方面，旅游运营商通过建立自己的网站直接面向消费者销售产品，因此也成为能够网络化的中介（Anckar and Walden，2002；Barnett and Standing，2001；Buhalis and Law，2008；Harris and Duckworth，2005）（图 11-4）。这既是对传统旅行代理商和全球分销系统的一种去中介化尝试，也是在线旅行代理和供应商门户网站的再中介化表现。Buhalis 和 Law（2008）发现，传统的旅行代理正反过来试图提供旅游包价产品使旅游运营商去中介化，如 Dégriftour 已直接与航空公司和饭店合作来对旅游运营商去中介化（Alzon，2000）。

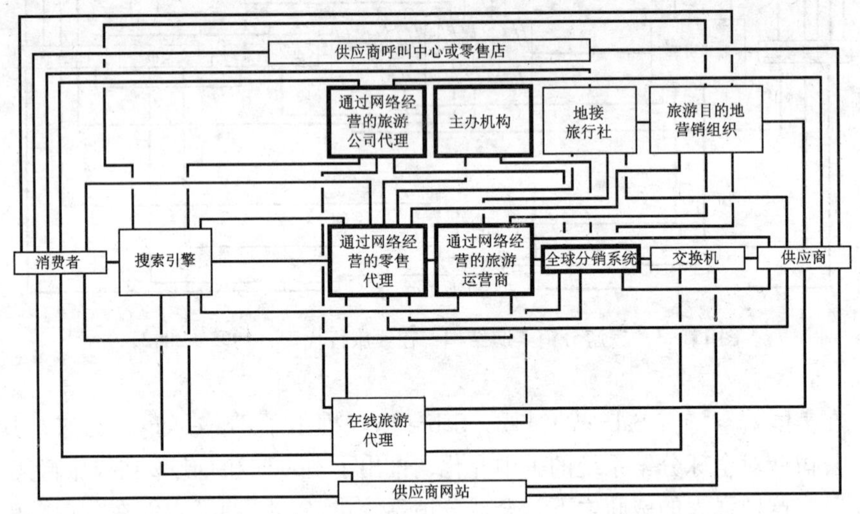

图 11-4　旅游分销渠道结构：再中介化过程（持续进行中）

同那些较大的旅行代理商、旅游运营商以及全球分销系统一样，小型传统零售旅行代理也在去中介化过程中遭受打击。小型旅行代理商数量已经在下降（McCubbrey and Taylor，2005）。但有意思的是，McCubbrey 和 Taylor（2005）发现，每年超过 1000 万美元机票销售额的旅行代理数量实际在增长。这个数字从 1992 年的 457 万美元下降到 1997 年的 394 万美元，到 2002 年又上升到 485 万美元（McCubbrey and Taylor，2005）。在这些规模较大的代理机构数量得到增长的同时，那些规模较小的旅行代理已遭到了去中介化。

从美国旅游行业协会的统计数据（引自 Grossman，2006）中可以看到，在美国，1998~2004 年间，经认证的旅行代理数量已从 32000 家下降到 21000 家。根据 2006 年《旅游周刊》，旅行代理的数量从 1995 年的33593家下降到 2005 年的 20003 家。Quinby（2008）指出，传统旅行代理商在 2007 年占领

38%的市场，这个数字到 2009 年下降到了 33%。2007 年的数据本身就是从 2006 年 41%的进一步下滑（PhoCusWright, 2008）。

Alamdari（2002）发现，小型传统旅行代理商也找到了再中介化的途径。他提到，一些小型代理商正依附大型旅行代理机构而出现，或逐渐成为特许运营商。这与 McCubbrey 和 Taylor（2005）发现销售额每年超过 1000 万美元的旅行代理商数量在增长的结果是一致的。同样，Weaver and Lawton（2008）提到，那些家庭作坊式旅行代理已发现与主办机构建立关系是大有裨益的（图 11－4）。Bowden（2007）观察到，小型零售旅行代理商正转型为家庭作坊式旅行代理而与规模更大的主办机构建立联系，从而实现自身的再中介化。例如，主办机构能够为那些小型旅行代理商提供全球分销系统通道。小型旅行代理商通过加盟国际航空运输协会和利用通信技术手段，已经能够享受与航空公司更紧密的关系并由此实现再中介化（Gharavi *et al.*, 2007）。

企业旅行代理或旅游管理公司也成了网络推动下的去中介化对象。在 2002 年，Expedia，Orbitz 和 Travelocity 开始试图对旅游管理公司去中介化（McCubbrey & Taylor, 2005）（图 11－3）。一些较大的旅游管理公司已在极力抵抗这样的去中介化。例如，嘉信力旅游公司在 2007 年实现 255 亿美元的销售额，与 2006 年的 196 亿美元相比增长了 30%，实现了自 2003 年 89 亿美元的销售额以来一直稳步增长的高潮（Carlson Wagonlit Travel, 2008）。同是在 2007 年，美国运通全球商务旅行部创造了 205 亿美元的销售额，与 2006 年的 185 亿美元相比实现了 11%的涨幅（American Express Company, 2008）。

2000 年，随着 SideStep 推出元搜索网页浏览器工具栏插件，又出现新一类网络代理成为新的中介层，即“元搜索引擎”；不久，SideStep 在 2005 年推出它的元搜索网站（见图 11－5）。元搜索引擎主要搜索在线旅行代理网站以及供应商网站，从而增添了一层新的中介功能（Granados *et al.*, 2008）。其中，Kayak 元搜索引擎正是在线旅行代理商 Expedia，Orbitz 和 Travelocity 等创办人的共同构思（Kayak. com, 2009）。Kayak 现在已收购了 SideStep（Kayak. com, 2007）。其他元搜索引擎还包括 Bing Travel，Dohop，FareCompare，Mobissimo，Momondo 和 Skyscanner。

正当小型传统旅行代理在与航空公司紧密的关系中受益时，全球分销系统却从 2005 年开始面临另一个挑战。在航空公司第一次试图对全球分销系统去中介化失败后，它们又通过与“新全球分销系统技术分销商”，也称作“全球新分销商”或“GNE's”合作来企图实现全球分销系统去中介化（Longhi, 2008）（图 11－5）。这些 GNE's 包括了 Farelogix，G2 Switchworks 以及 ITA

Software。ITA Software 已经为 Orbitz 开发了搜索技术（Granados *et al.*，2008）。这些 GNE's 承诺以更低的价格替代全球分销系统所提供的服务（Citrinot，2005；Travel Technology Update，2005）。

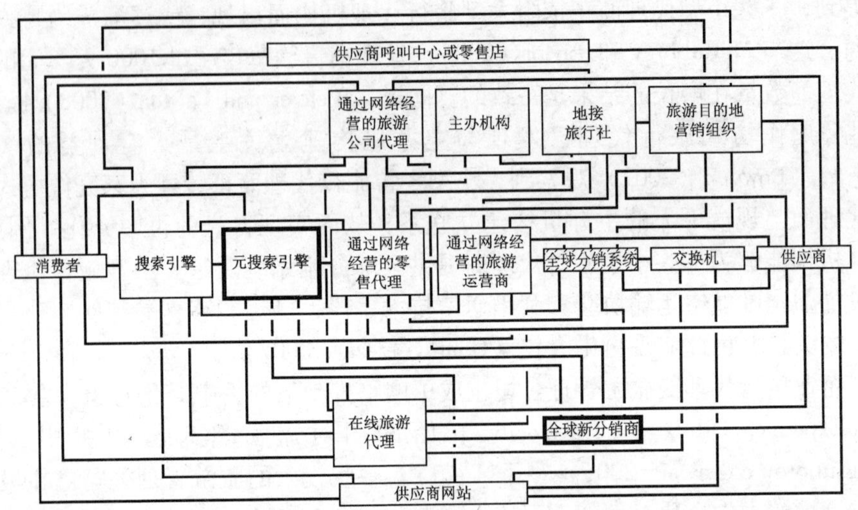

图 11－5　旅游分销渠道结构：元搜索引擎与全球分销系统（2000～2005）

然而，全球分销系统通过与航空公司签订合同再次成功渡过了这场危机，尽管航空公司很可能利用全球分销系统作为一个讨价还价的工具（Field，2007；McDonald，2007）（图 11－6）。在那些新进入者的威胁刺激下，全球分销系统早在全球分销系统来临之前就开始了持续的技术革新。Travelport GDS 还获得了一个全球分销系统，即 G2Switchworks 的知识产权与软件（EyeforTravel，2008b）。关于 ITA 软件公司，虽然它以低成本取代了全球分销系统服务继续为航空公司提供座位分销系统，但它提供的航空公司客户名单并不包括关于客户使用该座位分销系统的情况（ITA Software，2008）。相反，它利用所建立的客户群提出了其他旅行相关的软件解决方案，其中包括一个机票定价与购买系统，它是一个实施客户奖励的新预订系统（ITA Software，2009b；ITA Software，2009c；ITA Software，2009d）。ITA 软件公司通过向不同旅行中介提供解决方案，包括在线旅行中介 Orbitz；元搜索引擎 Bing Travel，FareCompare，Kayak 和 SideStep；乃至其他全球分销系统，Farelogix 等，从而成了一个新的中介层（ITA Software，2009a）。Farelogix 本身不仅为供应商利用网络实现与客户直接联系提供了解决方案，现在还为旅行代理与多重全球分销系统的联系提供解决方案（Farelogix Inc.，2009）。可见，全球分销系统非但没有使全球分销系统去中介化，相反，还促进了旅游业日益增长的中介层。

旅行分销的中心力量正逐渐转移到搜索引擎上。当消费者不能准确地知道一个网站网址，或心里没有特别想要搜索的网站，又或者不清楚如何使用网址直接进入一个网站时，他们很可能利用搜索引擎来解决这些问题。谷歌网页浏览器又称作谷歌浏览器（Chrome），启动于 2008 年 9 月，我们只要了解它的一个特征即文本框，就能够理解上述这种网上冲浪行为。文本框通常用来输入一个网址，也可以输入搜索关键词（Google，2009）。

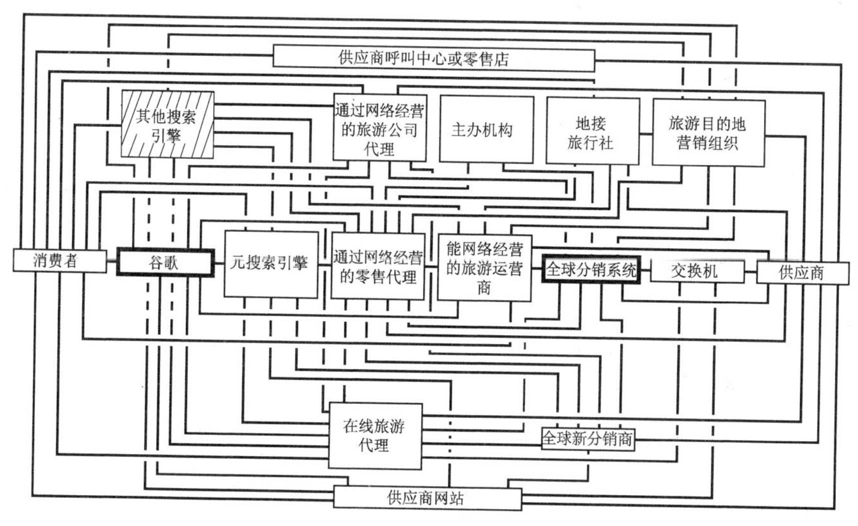

图 11－6　旅游分销渠道结构：全球分销系统与谷歌网页浏览器（2005～2009）

谷歌网页浏览器主要引导搜索流量进入谷歌网站中，从而推动其他搜索引擎去中介化（图 11－6）。它还可能使其他网页浏览器的开发者因丧失搜索流量收入而遭受去中介化（Dignan，2007）。从这个层面来看，网络浏览器软件的开发者也已经成了中介，其他中介、搜索引擎也必须向它们支付收益金。最后，由于谷歌网页浏览器没有提供两个独立的文本框来输入网址和搜索关键词，这导致消费者往往选择使用关键词来代替精确的网站地址。这样的浏览器使用方式，实际是通过谷歌的搜索引擎服务来引导网络流量，而不是通过一个网址来将流量直接导向一个网站中，这自然提高了搜索引擎作为一个中介的分量。当然，如果消费者直接输入网址来访问供应商的网站，那么，就可以绕过包括搜索引擎在内的各种中介。

万维网不仅为消费者进入供应商网站提供了一个简单、直接的链接，它也推动了其他大量的信道配置（Buhalis and O'Connor，2005；Granados *et al.*，2008；O'Connor and Frew，2002）。有意思的是，分销渠道网所形成的复杂网络正是互联网所导致的一个结果。在这种前后摇摆不定的影响下，渠道参与者都在努力争取相关性，有时相互竞争，有时相互合作（Buhalis，2004；Buhalis and Licata，2002；Dale，2003；O'Connor and Frew，2002）。由此产生的推力与拉力通常表现在中介化、去中介化与再中介化的努力中。甚至当去中介化已经发生了，但自从网络出现以来，新网络中介的进入以及传统中介的再中介化又产生了更多的旅行中介层。

四、讨论与启示

本章论证了旅游分销系统从简单到复杂的发展演变与转型过程。与 Palmer 和 McCole（1999）的观察及 Sarkar 等学者（1998）的预测一致的是，信息与通信技术的进步并没有减少分销渠道的中介数量，相反还出现了一系列更加复杂的中介。分销渠道的这种复杂性与多元性对于消费者与旅游分销的实践者来说都具有重要的启示意义。对于前者，这暗示了购买过程的复杂性以及远离人际交往的潜在性。对于后者，则带来了关于人际交往的需要、增加价值、消费者信任、品牌化以及广告收入等方面的启示。

在网络出现之前，旅游分销结构本来就存在大量的中介层（图 11－1）。然而，Web 所带来的技术能力，又促成了更多的中介层的出现。所以说，这个结构不是从简单变成复杂，也不是从复杂变成只有供应商与消费者的简单结构。相反，它是从一个复杂的结构变成一个更加复杂的结构。结果，消费者不得不面对大量让人眼花缭乱的选择（Buhalis and Law，2008），也使比价购物变得更加具有挑战与费时（Walden and Anckar，2006）。事实上，Walden 和 Anckar（2006）提到，与他们之前在 1999 年开展研究的那个时间相比（Anckar and Walden，2000；Anckar and Walden，2002），自助预订旅行的挑战显然已经增加了。

对于消费者，技术使他们面临着人际互动缺失的挑战。正如 Grau（引自 Wilkening，2008）提到，人们对在线旅行机构的失望已经导致了在线预订的减少。这与 Meyronin（2004）的观察是一致的，消费者可能对这些基于网络的中介感到不满。他解释道，许多“非技术爱好者”宁愿选择人际互动的方式，因为与网络中介打交道有时会让人感到无助。

人际互动的问题也影响了行业的实践者，根据 Meyronin（2004）的观察可知，他们可以很好地为消费者提供增值服务。例如，人际互动的需要反映了信息咨询服务的必要性，这也是传统旅行代理有可能实现再中介化的途径。Dolnicar 和 Laesser（2007）指出，传统旅行代理需要转型为信息中介而得以生存。Alamdari（2002）解释道，一些旅行代理已开始侧重于咨询代理的角色。

另一种增值方式是替消费者搜索互联网以节省他们的时间。Cheyne 等（2006）提到，旅行代理能够通过合并与综合对客户有意义的互联网信息来实现增值。元搜索引擎正试图以自动化的方式来实现这一功能。在这方面，Granados 等（2008）指望新一代元搜索引擎能够在分析消费者的点击流（网络冲浪者点击的记录）和搜索关键词的使用情况的基础上，为消费者提供目标信息与个性化的产品，从而实现增值。然而，即使存在这样的技术前景，Meyronin（2004）指出，技术在提供个性化服务方面还不足以替代人类接触的方式。

从 Cheyne 等（2006）的研究结果来看，旅游者比较重视旅行代理的以下功能：实现个性化服务、建立持久关系、提供符合旅游者需要而不是手续费需要的选择、拥有地方性知识以及替旅游者搜索互联网来为他们节省时间。Harris 和 Duckworth（2005）认为，在营销原则不变的情况下，差异化与市场细分仍然是有效的。由此，他们指出，旅行代理商增值的方式可以与利基旅游运营商建立合作关系，把重点放在员工所擅长的市场，以及利用动态组合技术以个性化的方式来组合旅行产品与服务。同样，Mason（2002）也提出，正是增值服务的管理费用而不是手续费将给予企业信心，即这样的运作方式将使他们获得最佳利益，而不只是努力获取尽可能高的手续费用。

当然，除了为消费者增值外，旅游分销参与者还需要为其他与之建立了关系的参与者增值（Giaglis *et al.*，1999）。例如，如果全球分销系统不再为供应商提供价值，供应商也就不再与它们合作。中介机构的多元化正体现了它们为旅游分销系统提供了差异化的价值。Buhalis 和 O'Connor（2005）也提到，分销参与者需要考虑与那些可能成为竞争对手的参与者建立合作关系的利益，还要考虑到，供应商也可能通过销售合作伙伴的互补产品与服务而成为有效的中介。Buhalis 和 Law（2008）将这种竞争对手之间的合作称为“合作竞争”。例如，lastminute. com 与其潜在竞争者 Expedia 成了合作伙伴（Anderson and Earl，2000），它也曾收购过其他公司，最终也反过来被收购了。

随着中介机构之间的竞争日趋激烈，品牌化成了重要的竞争优势（Palmer & McCole, 1999）。在网络的作用下，价格透明与低转换成本使消费者有了更多的选择，只有强化品牌才足以应对商品化的影响（Buhalis and Law, 2008）。然而，Egger 和 Buhalis（2008）指出，元搜索引擎会使消费者仅仅关注价格，从而破坏供应商的品牌。同时，Gidman（2008）发现，Expedia, Orbitz, Priceline 和 Travelocity 都试图在网站内容与特征方面进行差异化。它们正利用这种品牌化的方式来使消费者明白，它们并不是一些数据几乎相同的数据库存储库（Gidman, 2008）。

品牌战役已进入了技术应用领域，尤其是关于网页的阅读上。Palmer 和 McCole（1999）观察到，消费者不可能无限制地进行搜索，他们很可能选择信赖某些特定的品牌。一个值得信赖的品牌将鼓励消费者对一个网站的重复访问，从而使一个中介能够从消费者有限的搜索行为中受益。关于品牌信赖与回访，Bauernfeind 和 Zins（2006）的研究发现，品牌信赖度将影响消费者对一个网站的满意度，这反过来又影响消费者的回访与推荐行为。

Lynch 等（2001）发现，消费者对网站的信赖将影响品牌忠诚度。他们建议，可以在网站中增加以下要素来提高信赖度，包括客户服务保证、网站可信度的第三方认证和以往顾客的评价。有意思的是，Chen（2006）的研究表明，这三个要素并没有显著影响消费者对一个网站的信赖度，尽管他曾将它们列为判断一个“可信赖的基础设施”中的“有形线索”（Chen, 2006）。尽管如此，Chen（2006）确实发现了旅游业网站建立品牌认知的必要性。其研究结果显示，在所有的调查因素中，品牌声望是影响信赖度最重要的因素。他指出，新进入互联网行业的公司能够通过一个好的域名（一个网站名称），或与著名的电子商务公司建立战略伙伴关系，来建立良好的品牌知名度与信誉度。他还将网站特征分类为“功能性、可用性、效率、可靠性以及偏好度”，它们影响着消费者对一个网站的可信度感知（Chen, 2006）。其中的细节包括网站的外观因素，如颜色、图像以及布局；稳定性、一致性以及网站购买系统的速度；网站导航的便利性；信息的丰富度；信息是否更新；以及网站有效性。这与网络时代以前的传统实体零售环境十分相似。破旧的店面外观将使消费者对这家公司产生负面的印象。Chen（2006）甚至将公司的网上存在比喻为“店面”，它将影响消费者对公司的“第一印象”。

除了对网站特征的观察外，Chen（2006）还提出了消费者服务质量与消费者信赖度方面的见解。其研究结果指出，与消费者建立长期关系、及时回应消费者咨询、给予个性化关注、具备追踪网上购物的能力、通过与游客沟通并监测他们的购后满意度、清楚地使消费者明白私人信息的处理方式等，对于提高服务质量与信赖度都非常重要。这与 Meyronin（2004）强调需要人的关注的观点是一致的。

Buhalis 和 Law（2008）指出，旅游虚拟社区的影响在逐渐增长，因为消费者越来越信赖来自朋辈而不是市场营销的信息。Wang 等（2002）指出，在虚拟社区中的品牌建构有助于提升品牌意识与品牌忠诚度。Buhalis 和 Law（2008）也引用虚拟社区对品牌意识的影响，提议虚拟社区作为一个社会媒体应该对其进行监测以更好地了解消费者，并采取修正措施来减少负面口碑的影响。

旅游业中的各个参与者如要增加他们的网站流量，就必须提高域名的品牌意识，或者确保他们的网站能在搜索引擎输出的结果中排名靠前。那些中介机构的网站链接就往往位于搜索结果的顶部（McGrath，2007）。O'Connor（2009b）提到，搜索结果的位置对于电子商务的成功是十分重要的，并且许多公司将为搜索结果的位置付费作为一种网上营销策略。这些付费的链接将被显眼地列在搜索引擎的输出结果中。公司必须对关键词进行投标，美国公司甚至需要为自己的商标关键词投标，现在英国也是如此（Goad，2008a；O'Connor，2009b）。如果出价不够高，网络流量就可能被导向出价更高的另一方，并可能导致销售漏损与品牌淡化。如 O'Connor（2009b）指出，这样的一种竞争行为将严重威胁公司的品牌。此外，这种出价更高的需要一方面导致各个旅游参与者需要付出更高的代价，另一方面却增加了搜索引擎的利润与影响力（Goad，2008b）。O'Connor（2009a）在对饭店的相关研究中发现，正是这种使用支付关键词搜索结果位置的行为导致了猖獗的商标侵权现象。

除了从搜索结果的赞助链接中获得收入外，谷歌似乎正在考虑与旅游相关的广告收入模式。虽然谷歌目前还没有在线销售机票或饭店客房的计划，但它已经提出计划通过浏览器使用者的评论、照片与饰品，来为网络冲浪者提供旅游搜索的方式（Holahan，2008）。交易模式的明确转向表明，谷歌期望从广告收入模式中获益。

除了搜索引擎外，网络技术也为其他旅游分销渠道参与者带来了广告收入的机会（McCubbrey，1999）。Wolf（2008）提到，一些中介机构正开始涉足广告业。四大在线旅行中介机构，即 Expedia，Orbitz，Priceline 和 Travelocity，正在寻求广告收入流来扩大收入来源（Luzadder，引自 Travel Ad Network，2008）。元搜索引擎 Kayak 也在实施这项计划，并已经建立了一个广告网络（EyeforTravel，2008a）。Kayak 的 SideStep 子公司已借助 SideStep 网站、电子邮件时事通信以及 SideStep 网络浏览器工具栏插件等方式来获取广告收入（Egger & Buhalis, 2008）。Expedia 与洲际饭店集团签订协议来获取收入，它不仅从预订交易中，还从网络冲浪者在点击 Expedia. com 或 Expedia – owned Hotels. com 中的 IHG 从属饭店中获得收入（Expedia, Inc. , 2007）。这体现了 Expedia 由两部分构成的新收入模式，其中，洲际饭店集团成了这种新收入模式的合作伙伴（Expedia, Inc. , 2007）。

2007 年，Expedia 的广告收入占总收入的 6.9%，比前年的 4.2% 有所上涨（Expedia, Inc. , 2008）。到了 2008 年第一季度，广告收入占总收入的 9.3%，明显高于 2007 年同季度，反映了广告收入呈持续上升的趋势（Expedia, Inc. , 2008）。对于网络中介而言，广告收入固然是一个有吸引力的命题，因为它们的交易收入正逐渐被网络冲浪者去中介化，这些冲浪者越来越倾向于仔细浏览这些中介的网站，然后直接从供应商那里购买服务（Travel Ad Network, 2008）。

五、结论

虽然万维网使旅游分销发生了巨大的变化，但其潜在理论与功能仍然是不变的。事实上，新中介层的不断出现已使分销结构变得像网络一样复杂，也使购物过程变得更加复杂了。搜索引擎作为一个新的中介层已成了分销力量的中心，并且越来越依赖以广告为基础的收入模式。尽管如此，诸如人际互动、增值、消费者信赖度以及品牌化等问题依然像过去一样重要。旅游分销的参与者需要认清网络时代里这些明显的变化与常量。

对于消费者而言，虽然网络技术使他们能够货比三家，但他们需要付出更多时间成本和精力来面对复杂的分销选择结构。他们应该考虑到，与人进行互动可能反而节省时间同时增加体验价值。如果选择货比三家，就需要时刻记住，元搜索引擎以及在线旅行中介所提供的价格可能并不是最低的。这就需要去调查各个中介平台的价格，例如通过供应商网站、供应商的电话销售号码、旅行中介的电话销售号码，如果方便的话，甚至去调查旅行中介办事处、航空公司与租车售票台以及饭店预订处等，否则，价格调查就不能完整。同时，他们需要记住，不同搜索引擎可能使用不同的搜索算法，不同的在线旅行中介可能有不同的供应商关系。因此，需要考虑使用多个元搜索引擎和在线旅行中介来完成这样的比价。

Gazzoli 等（2008）发现，四大在线旅行中介网站以及饭店自身的网站对某个特定饭店的客房定价存在差距。在美国的饭店中，饭店连锁网站所提供的客房价格比 Expedia，Orbitz，Priceline 和 Travelocity 要低（Gazzoli *et al.*，2008）。但对于定位国际市场型的饭店，饭店连锁网站的客房价格可能会比其中两家旅行中介的价格要高，比另外两家的价格又低一些（Gazzoli *et al.*，2008）。这种定价差异的信息对于消费者可能是有价值的。未来研究可以考虑对更多的定价来源进行比较，例如元搜索引擎，甚至文中所提到的其他来源。

供应商与中介机构都不应该为了节省成本来利用技术取代人际互动。相反，应该利用技术来加强这种人与人之间的交流。例如，一家叫作 yourGreece 的小型网络中介利用互联网技术来自动回应消费者的要求，而后通过电子邮件或电话来跟进。它不仅通过专注一个特定的希腊饭店市场来对自身进行差异化，还利用了个性化的电子通信。小旅行中介也可以类似地通过市场细分来形成自己的利基市场，并利用互联网技术来加强个性化服务。当然，这样的中介首先必须能够通过网络经营。Martin（2004）发现，这样做并非十分困难，因为她所研究的一些小公司能够利用个人网络经验来获取商业的网络洞察力。

规模较大的供应商与中介机构要能从人际互动中受益。他们需要提供人际接触的方式来降低自动服务对消费者造成的失望。甚至是网络中介也应该利用人的元素作为增值的手段。供应商与中介机构不应该期望新技术本身能够增加价值，尤其是许多互联网创业公司在网站投资泡沫破灭以后消失就证明了这一事实。全球新分销商作为新技术并没有实现取代全球新分销商的前景也进一步印证了这个现实。旅游分销中的参与者需要解决消费者信赖的问题。它们的网站必须让消费者感到可靠，不仅要容易驾驭，还要有助于迅速获取数据库信息。此外，它们还必须利用权威的“安全通信协议”来传送顾客的隐私信息。

旅游分销公司需要预防第三方侵犯它们的品牌。搜索引擎已经成为这些问题的焦点。公司必须购买搜索引擎位置来确保网络冲浪者不会被导向那些竞价使用包括它们的品牌关键词在内的第三方网站。搜索引擎是一个很难绕开的中介机构。未来研究可以调查消费者直接输入网址来进入一个具体的网站或使用关键词搜索最终到达相同网站的意愿。公司应该考虑开发一些类似“附加组件”或“插件”的软件，使消费者能够从浏览器搜索框中直接搜索到它们的网站，而不是链接到一个搜索引擎中。相似地，它们也可以考虑利用“桌面小工具”和“移动应用”来实现这项功能。此外，公司在打品牌广告时，需要用一些容易记忆的网站来增加消费者直接进入那个网站的可能性，还需要鼓励消费者收藏他们的网站来提高未来重复直接访问的可能性。

旅游分销参与者需要保护他们的品牌免受商品化。元搜索引擎以及在线旅行中介的比价都会促使消费者关注价格而不是品牌，从而使品牌受到很大的威胁。顾客积点回馈项目要求消费者使用用户名和密码登录供应商的网站，因而有助于供应商回避这样的比价。未来研究可以探讨顾客使用积点回馈来取代比价购物的意愿。

不管网络带来多大的变化，关于人际互动、增值、消费者信赖以及品牌化等问题仍然是很重要的。本章所展现的概念演变模型证明了旅游分销中介逐层增加的变化规律。由于新技术的出现，旅游分销还可能发生其他变化。如果过去的发展能为我们了解未来的趋势有所帮助，那么行业参与者就应该为另一个新的中介形式的出现做好准备。

参考文献

Alamdari, F. (2002) Regional development in airlines and travel agents relationship. *Journal of Air Transport Management*, 8 (5), 339 - 348.

Alzon, P. (2000) Dégriftour: The success of a virtual travel agency. *E - commerce: Facts and Consequences*, 6th *Annual Seminar of INSEE's Business Statistics Directorate*, 97 (6), December, 59 - 63.

American Express Company. (2008) *American Express* 2007 *Annual Report*, 3 March.

Anckar, B. (2003) Consumer intentions in terms of electronic travel distribution implications for future market structures. *e - Service Journal*, 2 (2), 68 - 86.

Anckar, B., and Walden, P. (2000) Destination Maui? An exploratory assessment of the efficacy of self - booking in travel. *Electronic Markets*, 10 (2), 110 - 119.

Anckar, B., and Walden, P. (2002) Self - booking of high - and low - complexity travel products: Exploratory findings. *Information Technology & Tourism*, 4 (3 - 4), 151 - 165.

Anderson, J., and Earl, M. J. (2000) lastminute. com: B2C e - commerce. *Business Strategy Review*, 11 (4), 49 - 60.

Barnett, M., and Standing, C. (2001) Repositioning travel agencies on the Internet. *Journal of Vacation Marketing*, 7 (2), 143 - 152.

Bauernfeind, U. and Zins, A. H. (2006) The perception of exploratory browsing and trust with recommender websites. *Information Technology & Tourism*, 8 (2), 121 - 136.

Bowden, J. (2007) The rise of the ICT - dependent home - based travel agents: Mass tourism to mass travel entrepreneurship. *Information Technology & Tourism*, 9 (2), 79 - 97.

Buhalis, D. (1998) Strategic use of information technologies. *Tourism Management*, 19 (5), 409 - 421.

Buhalis, D. (2004) eAirlines: Strategic and tactical use of ICTs in the airline industry. *Information and Management*, 41 (7), 805 - 825.

Buhalis, D., and Law, R. (2008) Progress in information technology and tourism management: 20 years on and 10 years after the Internet—The state of eTourism research. *Tourism Management*, 29 (4), 609 - 623.

Buhalis, D., and Laws, E. (2001) *Tourism Distribution Channels: Practices, Issues and Transformations.* London: Continuum.

Buhalis, D. , and Licata, M. C. (2002) The future eTourism intermediaries. *Tourism Management*, 23 (3), 207 - 220.

Buhalis, D. , and O'Connor, P. (2005) Information communication technology revolutionizing tourism. *Tourism Recreation Research*, 30 (3), 7 - 16.

Carlson Wagonlit Travel. (2008), *CWT at a Glance*, retrieved October 6, 2008 from http: // www. carlsonwagonlit. com

Cats - Baril, W. , and Jelassi, T. (1994) The French videotex system Minitel: A successful implementation of a national information technology infrastructure. *MIS Quarterly*, 18 (1), 1 - 20.

CERN. (2003) *CERN Celebrates Web Anniversary*, 29 April, retrieved July 29, 2008 from http: // press. web. cern. ch

Chen, C. (2006) Identifying significant factors influencing consumer trust in an online travel site. *Information Technology & Tourism*, 8 (3 - 4), 197 - 214.

Cheyne, J. , Downes, M. , and Legg, S. (2006) Travel agent vs. Internet: What influences travel consumer choices? *Journal of Vacation Marketing*, 12 (1), 41 - 57.

Chircu, A. M. , and Kauffman, R. J. (1999) Analyzing firm - level strategy for Internet - focused reintermediation. In Sprague, R. , *Proceedings of the* 32nd *Hawaii International Conference on System Sciences* - 1999, Maui, Hawaii, 5 - 8 January, Los Alamitos, California: IEEE Computer Society Press, 5, 181 - 190.

Chircu, A. M. , and Kauffman, R. J. (2000a) A framework for performance and value assessment of e - business systems in corporate travel distribution. Working Paper, Minneapolis, MN: Management Information Systems Research Center, Carlson School of Management, University of Minnesota.

Chircu, A. M. , and Kauffman, R. J. (2000b) Reintermediation strategies in business - to - business electronic commerce. *International Journal of Electronic Commerce*, 4 (4), 7 - 42.

Choi, S. , and Kimes, S. (2002) Electronic distribution channels' effect on hotel revenue management. *Cornell Hotel and Restaurant Administration Quarterly*, 43 (3), 23 - 31.

Citrinot, L. (2005) *Will Star Alliance Get Rid of the GDS?*, retrieved October 6, 2008 from http: // www. travelweeklyweb. com

Clerides, S. , Nearchou, P. , and Pashardes, P. (2008) Intermediaries as quality assessors: Tour operators in the travel industry. *International Journal of Industrial Organization*, 26 (1), 372 - 392.

Dale, C. (2003) The competitive networks of tourism e - mediaries: New strategies, new advantages. *Journal of Vacation Marketing*, 9 (2), 109 - 118.

Daniele, R. , and Frew, A. (2004) From intermediaries to market - makers: An analysis of the evolution of e - mediaries. In Frew, A. (Ed.), *Information and Communication Technologies in Tourism* 2004, Wien, Austria: Springer - Verlag, 546 - 557.

Dignan, L. (2007) *How Much is that Safari Search Box Worth?* 12 June, retrieved March 25, 2008 from http: //blogs. zdnet. com/BTL/? p = 5356

Dolnicar, S. , and Laesser, C. (2007) Travel agency marketing strategy: Insights from Switzerland. *Journal of Travel Research*, 46 (2), 133 - 146.

Egger, R. , and Buhalis, D. (2008) *eTourism Case Studies: Management and Marketing Issues*, Oxford: Butterworth - Heinemann.

eMarketer. (2008) *US Online Travel: Planning and Booking – eMarketer*, retrieved October 7, 2008 from http://www.emarketer.com

Expedia, Inc. (2007) *Expedia and IHG Sign New Long – Term Agreement*, 15 November, retrieved July 27, 2008 from http://press.expedia.com

Expedia, Inc. (2008) *Expedia, Inc. Reports First Quarter* 2008 *Results*, 1 May, retrieved July 27, 2008 from http://media.corporate – ir.net

EyeforTravel. (2008a) *Kayak Focuses on Developing Its Own Ad Network*, 1 May, retrieved July 29, 2008 from http://www.eyefortravel.com

EyeforTravel. (2008b) *Travelport GDS Acquires Software Assets and Intellectual Property from G2 SwitchWorks*, 7 April, retrieved October 6, 2008 from http://www.eyefortravel.com

Farelogix Inc. (2009) *The New Multi – Source Environment: Components of the Farelogix Solution*, retrieved October 27, 2009 from http://www.farelogix.com

Farrelly, G. (1999a) *Search Engines: Evolution & Revolution*, July, retrieved December 3, 2008 from http://webhome.idirect.com

Farrelly, G. (1999b) *Search Engines: Evolution & Revolution – Part* 2, July, retrieved December 3, 2008 from http://webhome.idirect.com

Field, D. (2007) *Back in the Bottle: What Happened to GDS New Entrants?* 15 June, retrieved October 6, 2008 from http://www.flightglobal.com

Gartner, W. C., and Bachri, T. (1994) Tour operators' role in the tourism distribution system: An Indonesian case study. *Journal of International Consumer Marketing*, 6 (3/4), 161 – 179.

Gazzoli, G., Kim, W. G., and Palakurthi, R. (2008) Online distribution strategies and competition: Are the global hotel companies getting it right? *International Journal of Contemporary Hospitality Management*, 20 (4), 375 – 387.

Gharavi, H., Mady, T., and Dwivedi, Y. K. (2007) A critical realist perspective on the adoption of Internet technologies in the travel sector. In Österle, H., Schelp, J., and Winter, R. (Eds.), *Proceedings of the Fifteenth European Conference on Information Systems*, St. Gallen, Switzerland: University of St. Gallen, 2295 – 2306.

Giaglis, G. M., Klein, S., and O'Keefe, R. M. (1999) Disintermediation, reintermediation, or cybermediation? The future of intermediaries in electronic marketplaces. *Proceedings of the* 12th *International Bled Electronic Commerce Conference: Global Networked Organizations*, Bled, Slovenia, 7 – 9 June.

Gidman, J. (2008) The deal with online travel brands. *Brandchannel*, 9 June, retrieved July 18, 2008, from http://www.brandchannel.com

Goad, R. (2008a) Google UK trademark changes and navigational search. *Hitwise Intelligence*, 7 April, retrieved July 29, 2008 from http://weblogs.hitwise.com

Goad, R. (2008b) 22% increase in paid brand search following Google's trademark changes. *Hitwise Intelligence*, 19 June, retrieved July 29, 2008 from http://weblogs.hitwise.com

Golden, W., Higgins, E., Hughes, M., and Flynn, S. (2003) The Internet, a creator of electronic markets for airline tickets? *Proceedings of CoLLECTeR Conference* – 2003, Galway, Ireland: National University of Ireland, 204 – 213.

Google. (2009) *Google Chrome – Learn about Google Chrome*, retrieved October 28, 2009 from http://www.google.com

Granados, N., Kauffman, R., and King, B. (2008) The emerging role of vertical search engines in travel distribution: A newly – vulnerable electronic markets perspective. In Sprague, R., *Proceedings of the 41st Hawaii International Conference on System Sciences* – 2008, Waikoloa, Big Island, Hawaii, 7 – 10 January, Los Alamitos, California: IEEE Computer Society Press, 389.

Grossman, D. (2006) A lesson from Portugal, or fighting disintermediation. *Searcher*, 14 (4, 1), April, 45 – 47.

Harris, L., and Duckworth, K. (2005) The future of the independent travel agent: The need for strategic choice. *Strategic Change*, 14 (4), 209 – 218.

Holahan, C. (2008) Google's travel plans, *BusinessWeek*, 22 May, retrieved July 14, 2008 from http://www.businessweek.com

Hospitality Net. (2002) *Cost Savings to Catapult Online Corporate Travel Marketplace – PhoCusWright Projects One in Five Corporate Travel Transactions Will be Online by* 2003, retrieved July 25, 2008 from http://www.hospitalitynet.org

ITA Software. (2008) *ITA Software QPX: DACS: The Industry's Most Advanced Availability Solution*, retrieved October 28, 2009 from http://www.itasoftware.com

ITA Software. (2009a) *Our Customers*, retrieved October 28, 2009 from http://www.itasoftware.com

ITA Software. (2009b) *QPX™: The Premier Management System for Airfare Pricing and Shopping*, retrieved October 28, 2009 from http://www.itasoftware.com

ITA Software. (2009c) *RES: The Future of Airline Reservations*, retrieved October 28, 2009 from http://www.itasoftware.com

ITA Software. (2009d) *Reward Shopping*, retrieved October 28, 2009 from http://www.itasoftware.com

Kärcher, K. (1996) Re – Engineering the Package Holiday Business. *Proceedings of the Third International Conference on Information and Communication Technologies in Tourism – ENTER*, Innsbruck, Austria, 17 – 19 January.

Kärcher, K., and Williams, H. (1996) Industrial change in the outgoing tour operator business in Britain and Germany: The emergence of electronic market systems. In Klein, S. and Williams, H. (Eds.), *Emerging Electronic Markets: Economic, Social, Technical, Policy and Management Issues*, St. Gallen, Switzerland: Institute for Information Management, University of St. Gallen, 26 – 45.

Kayak.com. (2007) *Kayak.com Merges with SideStep.com; Secures \$196m in Financing Round*, 21 December, retrieved July 29, 2008 from http://blog.kayak.com

Kayak.com. (2009) *Corporate Backgrounder – Kayak*, retrieved October 28, 2009 from http://www.kayak.com

Longhi, C. (2008) *Usages of the Internet and e – Tourism. Towards a New Economy of Tourism*, First Draft, 7 May, retrieved July 24, 2008 from http://halshs.archives – ouvertes.fr

Lynch, P. D., Kent, R. J., and Srinivasan, S. S. (2001) The global Internet shopper: Evidence from shopping tasks in twelve countries. *Journal of Advertising Research*, 41 (3), 15 – 23.

Ma, J. X., Buhalis, D., and Song, H. (2003) ICTs and Internet adoption in China's tourism *industry. International Journal of Information Management*, 23 (6), 451 – 467.

Martin, L. M. (2004) E – innovation: Internet impacts on small UK hospitality firms. *International Journal of Contemporary Hospitality Management*, 16 (2), 82 – 90.

Mason, K. J. (2002) Future trends in business travel decision making. *Journal of Air Transportation*, 7 (1), 47 – 68.

McCubbrey, D. (1999) Disintermediation and reintermediation in the U. S. air travel distribution industry: A Delphi study. *Communications of the Association for Information Systems*, 1 (18), June, 1 – 39.

McCubbrey, D., and Taylor, R. (2005) Disintermediation and reintermediation in the U. S. air travel distribution industry: A Delphi reprise. *Communications of the Association for Information Systems*, 15 (26), 464 – 477.

McDonald, M. (2007) A delicate balance: Airlines and GDS vendors appear to have settled their differences... for now. *Air Transport World*, May, retrieved October 6, 2008 from http: //www. atwonline. com

McGrath, S. (2007) Re – intermediating the dis – intermediated, ITworld, 7 October, retrieved July 13, 2008, from http: //www. itworld. com

Meyronin, B. (2004) ICT: The creation of value and differentiation in services. *Managing Service Quality*, 14) (2/3), 216 – 225.

NACTA, Inc. (2009) *Why Use a Host Agency?*, retrieved October 28, 2009 from http: //www. nacta. com

O'Connor, P. (2009a) Pay – per – click search engine advertising: Are hotel trademarks being abused? *Cornell Hotel and Restaurant Administration Quarterly*, 50 (2), 232 – 244.

O'Connor, P. (2009b) Trademark infringement in pay – per – click advertising. In Bandyopadhyay, S., *Contemporary Research in E – Branding*, Hershey, PA: Information Science Reference, 148 – 160.

O'Connor, P., and Frew, A. (2002) The future of hotel electronic distribution: Expert and industry perspectives. *Cornell Hotel and Restaurant Administration Quarterly*, 43 (3), 33 – 45.

Palmer, A., and McCole, P. (1999) The virtual re – intermediation of travel services: A conceptual framework and empirical investigation. *Journal of Vacation Marketing*, 6 (1), 33 – 47.

Pearce, D., and Schott, C. (2005) Tourism distribution channels: The visitors' perspective. *Journal of Travel Research*, 44, 50 – 63.

Pearce, D., Tan, R., and Schott, C. (2004) Tourism distribution channels in Wellington, New Zealand. *International Journal of Tourism Research*, 6, 397 – 410.

Pegasus Solutions, Ltd. (2009) *Utell Hotels & Resorts – Distribution Services and CRS Technology*, retrieved October 28, 2009 from http: //www. utell. com

Pegasus Systems, Inc. (1997) *Form S – 1*, 6 August.

PhoCusWright. (2008) *Report Overview*, *Travel Agents Today*: *A Large*, *Dynamic Opportunity*, retrieved July 29, 2008 from http: //www. phocuswright. com

Pinkerton, B. (1994) Finding what people want: Experiences with the WebCrawler. *Proceedings of Second International WWW Conference*, retrieved December 3, 2008 from http: //www. thinkpink. com

Pinkerton, B. (2000) WebCrawler: Finding What People Want. PhD thesis, University of Washington, Seattle, Washington.

Priceline. com. (1998) *Leisure Travelers Can Now Name Their Own Price for Airline Tickets*, Press Release, 6

April, retrieved September 26, 2008 from http: //phx. corporate – ir. net

Priceline. com. (2004) *Priceline. com Completes Purchase, Takes 100% Ownership of TravelWeb LLC*, retrieved October 1, 2008 from http: //phx. corporate – ir. net

Priceline. com. (2009) *Priceline. com 2009 Annual Report*, 30 April.

Quinby, D. (2008) The future of travel agents. *PhoCusWright Blog*, 9 May, retrieved July 29, 2008 from http: //www. phocuswright. com

Sabre Holdings. (2009) *Sabre History*, retrieved October 28, 2009 from http: //www. sabre – holdings. com

Salzburg Research Forschungsgesellschaft. (2006) ICT and e – business in the tourism industry. In e – Business W@ tch, *ICT Adoption and e – Business Activity in* 2006, Salzburg/Brussels: European Commission, Sector Report No. 8/2006, 1 – 194.

Sarkar, M., Butler, B., and Steinfield, C. (1995) Intermediaries and cybermediaries: A continuing role for mediating players in the electronic marketplace. *Journal of Computermediated Communications, Special Issue on Electronic Commerce*, 1 (3), retrieved July 29, 2008 from http: //jcmc. indiana. edu

Sarkar, M., Butler, B., and Steinfield, C. (1998) Cybermediaries in electronic marketspace: Toward theory building. *Journal of Business Research*, 41 (3), 215 – 221.

Sheldon, P. J. (1997) *Tourism Information Technology.* Oxford, UK: CAB International.

SideStep. (2000) *Online Travel Takes Off with Launch of Sidestep*, Press Release, 13 November, retrieved September 28, 2009 from http: //web. archive. org/web/20011017012555/www. sidestep. com/company/press/1113_ launch. html

SideStep. (2005) *SideStep Launches Web Version of The Traveler's Search Engine*, Press Release, 5 January, retrieved September 28, 2009 from http: //web. archive. org/web/20051125035902/www. sidestep. com/html/press_ center/press_ releases/2005/pr_ 010505. html

Travel Ad Network. (2008) *Online Travel Agencies Pump More Resources into Advertising*, 25 March, retrieved July 27, 2008 from http: //www. traveladnetwork. com

Travel Industry Association of America. (2004) *Travelers' Use of the Internet*, 2004 *Edition*, retrieved July 25, 2008 from http: //www. tia. org

Travel Technology Update. (2005) *ITA Software to Take on Traditional GDSs with* 40 *– Cent Booking Fee for Airlines*, February, retrieved October 6, 2008 from http: //www. atwonline. com

Travel Weekly. (2006) ARC carries on: Transactions climb even as agency locations decline. *Travel Weekly Special Report*: 2006 *Travel Industry Survey*, Section 1, 23 October, pp. 22 – 23, 58.

TravelWeb. (1996) *World's Largest Hotel Chains Unite to Launch TravelWeb*, 7 March, retrieved September 26, 2009 from http: //web. archive. org/web/19970410103808/travelweb. com/TravelWeb/media/twebnews. html

Tse, A. C. (2003) Disintermediation of travel agents in the hotel industry. *International Journal of Hospitality Management*, 22 (4), 453 – 460.

Walden, P., and Anckar, B. (2006) A reassessment of the efficacy of self – booking in travel. In Sprague, R., *Proceedings of the* 39th *Hawaii International Conference on System Sciences* – 2006, Kauai, Hawaii, 4 – 7 January, Los Alamitos, California: IEEE Computer Society Press, 6, 132b.

Wang, Y. C., and Qualls, W. (2007) Technology adoption by hospitality organizations: Towards a theoretical framework. *International Journal of Hospitality Management*, 26 (3), 560 – 573.

Wang, Y. , Yu, Q. , and Fesenmaier, D. R. (2002) Defining the virtual tourist community: Implications for tourism marketing. *Tourism Management*, 23 (4), 407 –417.

Weaver, D. B. , and Lawton, L. J. (2008) Not just surviving, but thriving: Perceived strengths of successful US – based travel agencies. *International Journal of Tourism Research*, 10 (1), 41 –53.

Werthner, H. , and Klein, S. (1999) *Information Technology and Tourism – A Challenging Relationship*, Wien, Austria: Springer.

Wilkening, D. (2008) Online travelers shrinking, turning to agents. *TravelMole*, 28 August, retrieved October 7, 2008 from http: //www. travelmole. com

Wolf, P. (2008) The perfect storm: Search, shop, buy (Part 2), *Hospitality Net*, 18 July, retrieved July 25, 2008 from http: //www. hospitalitynet. org

第 12 章 目的地市场营销系统：功能设计与管理

一、序言

基于网络的旅游目的地营销系统（Destination Marketing System，DMS）作为一种分销渠道与营销工具，已为不同层次（国家、区域、城市或其他得到公认的地理空间）的旅游目的地营销组织（Destination Management Organizations，DMO）所广泛应用（Anckar and Walden，2001；Buhalis，2003；Wang and Fesenmaier，2006；Yuan *et al.*，2003）。DMS 是 DMO 应用计算机与通信技术，尤其是互联网与万维网技术来促进区域旅游发展，并为潜在游客提供一个拥有全面的旅游信息与优质的旅游产品的营销系统（Buhalis and Laws，2001；Frew and O'Conner，1999）。

然而，在竞争日益激烈的市场和由技术驱动的社会中，仅仅做到网络存在已不足以保证旅游目的地的可见性与可达性，也无法保证网络营销努力的成功。从商业和技术的角度来看，要实现成功的网络营销，需要清晰与系统地认识那些支持 DMS 管理与执行的关键因素。实际上，许多因素都有助于实现成功的 DMS，然而，旅游目的地营销的复杂性与促销方式使我们很难辨认出决定 DMS 功能设计与管理成功的核心要素（Buhalis，2003；Wang and Fesenmaier，2006；Werthner and Klein，1999）。虽然近年来不少旅游目的地为构建综合信息系统付出了巨大的努力，但它们大多数要么失败了，要么未能达到预期目标。

与商业部门相比，DMO 在应用信息技术进行经营、营销与促销活动方面已经慢了一拍（Hudson and Lang，2002）。以往研究表明，DMO 所运营的 DMS 在成熟度、交互性与质量方面都已发生巨大的变化（Tierney，2000）。网络因为拥有促进双向沟通的交互能力，因而是一个非常有用的营销工具。然而，网络营销并不仅限于提供信息与分销，即使许多DMO的网络营销系统仍然停留在这个层面上（Ozturan and Roney，2004）。研究结果表明，DMO主要利用互联网制作数字宣传手册，它们并没有充分利用网络来促进在线业务流程的结构、管理或商业重组（Wang and Russo，2006）。随着互联网使用者日益成熟，许多在线营销与促销的DMO也逐渐意识到，简单地提供产品与服务信息已远远不够；它们必须与消费者进行沟通，迅速回应他们的诉求，并在理解他们的需要与偏好的基础上与他们建立长期的关系（Hudson and Lang，2002）。所有这些都要求DMO必须变得更加具有互动性与更加成熟。

DMS的功能设计及其成熟度与交互水平的变化验证了Poon和Swatman（1999）的观察，即随着公司积累越来越多的互联网技术经验，它们能够通过提高网站的交互能力，使DMS从一个静态的存在发展成为一个动态的网站。这样的网站开发变革导致了以下两种争论。第一，由于网站开发能力的差异，DMO的网站特征，如成熟度与交互性，将影响它们在线营销活动的成功。第二，变革推动了DMO在营销系统中应用更复杂与互动性更强的技术来试图获得竞争优势（Nyheim *et al.*，2004；Wang and Russo，2006）。然而，在利用技术获取竞争优势的过程中，并不是所有DMO都具有相同的技术认知与专业知识基础、同等的资源或来自创新管理的支持。这些组织因素也许不仅决定了它们的营销系统的成熟度，还界定了这种基于网络的营销活动能在多大程度上取得成功。

虽然已有学者对这个领域进行了相关研究，如旅游目的地网站评估（Wang and Fesenmaier，2006；Wober，2003），在线旅游目的地营销组织（Prideaux and Cooper，2002；Ritchie and Ritchie，2002；Sheldon，1994）以及会议及观光局对基于网络的营销系统的使用（Feng *et al.*，2003；Yuan *et al.*，2003），但当前很少有研究确认DMS的各个组成部分与功能，验证DMS的成熟度与网络营销成功之间的关系，以及组织因素对DMS的成熟度及其成功运营的影响。本章以美国会议与观光局为例，旨在提出与DMS功能相关的概念框架；评估美国DMO所运营的DMS的成熟度；验证DMS的成熟度与DMO在线营销活动成功之间的关系；以及在这些调查的基础上，评价组织因素对DMS的成熟度与DMO在线营销活动成功的影响。

二、旅游目的地营销系统的功能

会议与观光局（以下简称 CVB）的主要功能在于，通过展示一个统一的形象，有效地对一个旅游目的地的吸引物、饭店、餐厅、会议设施以及便利设施进行营销，从而保持与促进社区旅游业的发展（Gartrell，1992）。根据国际市场营销组织（其前身为国际会议与观光局协会）的报告 DMO（美国通常称作 CVB）是不以营利为主要目的，向公众展示一个具体的旅游目的地如一个城市或地区的组织。CVB 是会议专业人士、旅游运营商和个体旅游者的官方联络点（DMAI，2011）。在旅游目的地中，CVB 与各种私营与公共组织形成了合作伙伴关系，并同时扮演着领导者与协调者的角色。其任务在于为大量的利益相关者制定营销战略，其中包括饭店与汽车旅馆、吸引物和会展中心。从本质上看，CVB 是旅游目的地的开发者、营销者、倡导者、研究者、合作伙伴以及经济催化剂（Gartrell，1992；Morrison *et al.*，1998；Presenza *et al.*，2005）。因此，CVB 的任务不仅充满了动态性与复杂性，其在实施旅游目的地营销系统战略来为各商业成分，尤其是为个体消费者提供服务的过程中也面临着诸多挑战。

在描述 CVB 用以提供旅游目的地在线信息、营销与传播的系统时，许多研究者都使用了自己的术语，对于命名约定仍未形成共识。Wober（2003）写道，奥地利将 TourMIS 指代为国家旅游营销信息系统，该系统旨在为潜在消费者提供信息与决策支持。他认为，与其他行业相比，旅游业有必要使用营销决策支持系统来处理复杂与浩瀚的信息。因此，他强调了旅游目的地管理中信息需要的重要性以及收集、储存、处理和传播信息的意义。Sheldon（1993）重点研究了旅游目的地信息的分销以及旅游目的地中的设施供应与需求。她尤其关注国家旅游办事处是如何利用信息系统将它们各自的国家作为旅游目的地来营销与推广。她使用了术语“旅游目的地信息系统”来指代这些系统（Sheldon，1993）。虽然这个术语也许适用于描述特定的国家旅游办事处所使用的在线系统功能，但其概念发展仅限于一个旅游信息库，忽视了沟通的需要以及建立关系的能力。

Ritchie（2002）的研究为建立国家与省级旅游目的地营销信息系统提供了指导方针。该研究更全面地指出需要使用成熟的目的地营销信息系统来支持营销过程，并以此维持与加强旅游目的地的竞争力（Ritchie，2002）。还有研究比较了美国与中国的 DMO 在线营销系统差异（Feng *et al.*，2003），并揭示了在过去15年中，互联网是旅游目的地营销最重要的趋势之一，然而，DMO网站大多建立于20世纪90年代中期，至今仍然处于初期阶段。然而，这项研究主要通过网站评估法来研究DMO网站的技术层面，对于一个DMS应该由什么组成，以及DMS应该具备怎样的功能等问题却未提供相关的视角。

通过文献回顾可以看到，学界使用了不同术语来描述DMS的核心功能/目的，例如沟通、信息、营销、交易以及客户关系管理等功能。Ritchie（2002）的研究也认同，DMS的发展不仅包括旅游目的地产品的信息方面，还包括营销与沟通的部分。相似地，Burgess和Coopers（2000）提出的互联网商业应用的扩展模型）由三个阶段组成，包括以下三层商业过程：基于网络的促销；提供信息与服务以及交易处理。这三层商业过程与Ho（1997）和Liu等学者（1997）所提出的模型也是相似的。然而，需要注意的是，商业网站的功能发展并不是线性的，相反，它更像是一个层级结构，随着每一个功能的复杂性与交互水平的提高而向前发展。这很容易理解，由于网站随着各个发展阶段——公司从促销到提供综合信息到商业交易处理——不断变化发展，其复杂性与功能也会随之增加（Dutta and Segev，1999；Palmer and McCole，2000；Walsh and Godfrey，2000），即，从一个静态的网络存在，通过不断增加互动性，发展到一个包含了价值链整合与创新应用来创造价值的动态网站（Quelch and Klein，1996；Timmers，1998）。

考虑到CVB任务的多样性，本章提出，一个成功的旅游目的地营销系统取决于4个组成部分，即对4个主要功能的综合应用：提供及时与准确的旅游目的地信息；与消费者进行有效与持续的沟通；可靠与完美的电子交易配置；以及恰当与可持续的关系建构机制（图12－1）。由于在线旅游目的地营销系统是CVB开展各项营销活动的虚拟空间，以上所提及的4个功能可相应地描述为：虚拟信息空间；虚拟沟通空间；虚拟交易空间；以及虚拟关系空间。这4个功能之间的关系是动态变化的，并且每一组成部分在技术复杂性与交互性方面呈现出一种层级关系，这表明，高级应用程序的有效执行需要建立在成功实施较低级应用程序的基础上。

（一）虚拟信息空间

大多数访问CVB网站的人都在寻找信息，但个体之间的信息需求却千差万别（Feng *et al.*，2003）。互联网使用者大致可分为两大类，冲浪者与购买者：前者主要利用互联网进行消遣娱乐，后者则有直接的目的（Abramson and Hollingshead，1999）。冲浪者往往喜欢涉猎一个旅游目的地的综合信息，而购

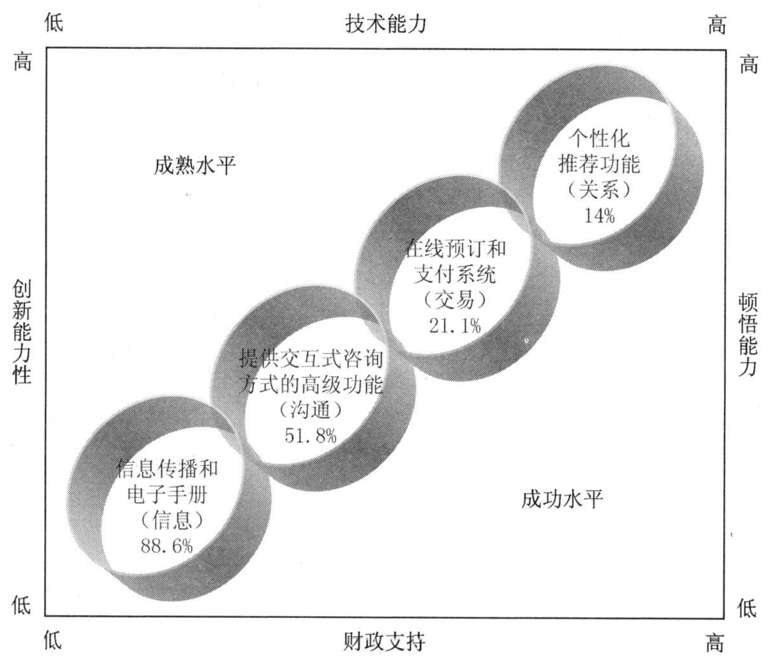

图 12－1　组织因素对 CVB 网站成熟度和网络营销成功的影响模型（Wang，2008）

物者更倾向于得到关于饭店、餐厅、吸引物、交通、租车和旅行中介等具体信息（Bender，1997；Born *et al.*，1998）。旅游信息的多样化以及消费者的日益挑剔，意味着信息质量与效率正成为旅游目的地分化的一个重要因素（Sheldon，1994）。根据 YPB&R 机构（2004）的国民休闲旅游监测，消费者将越来越多地使用互联网来对未来旅程的某些方面进行计划，不管出于商业还是娱乐的目的。如今，消费者使用互联网来完成旅游服务预订的比率正迅速增长，这意味着在未来，消费者将越来越频繁地利用互联网来协助旅游决策和购买旅游服务。许多消费者都需要专业化与深度的信息解说来协助他们完成决策。为了满足这些需要，应该向正确的消费者传递深度适当的信息来激发他们的购买兴趣（Bieger and Laesser，2004）。事实上，CVB 就是在具备提供信息的雄厚基础，和以及时一致的方式来提供信息的能力的基础上建立起来的。信息就像是一个旅游目的地营销系统的"面包与黄油"，而理解消费者如何获取这些信息对于旅游目的地营销而言是非常重要的。

成功的旅游网站能够提供适应旅游者需要的信息与服务内容（Ghosh，1997），尽管只有这些内容并不足以保证成功。传统的 CVB 网站提供诸如吸引物、交通和膳宿等方面的信息组合。其他行业的网络数据可能每周或每月都进行更新，但在旅游行业中，更新数据的任务可能存在更多的问题。CVB 需要保证所有商业的事件、行程、价格和营业时间都是准确的，这是一个不小的挑战。实际上，DMS 的信息功能高度依赖于是否能够提供最新信息，一旦被发现信息出现错误与误导，那么它的可信度就可能受到质疑（Sheldon, 1993）。

自互联网成立以来，DMS 的信息提供者角色已经发生了转变。提供信息的功能如今更侧重以目的为导向的功能性搜索需要（Vogt and Fesenmaier, 1998）。这种方法能够减少信息搜索的不确定性水平并提高旅行质量（Fodness and Murray 1997）。DMS 还充当着当地旅游商业的信息门户，并影响最终的购买决策，这反过来也能为旅游目的地产品增加价值（Palmer and McCole, 2000）。这个让消费者感到舒适的因素将使他们开始依赖于 DMS，虽然可能是仓促的。然而，Martin（1997）认为，仅仅提供信息并不足以保证旅游目的地营销网站的成功，还需要提供恰当的沟通机制来加强消费者与供应商之间的理解，最终保证各种产品与服务成分的有效传递。

（二）虚拟沟通空间

一个 DMS 的信息功能得到充分实现后，接着就能着手沟通功能，开始有针对性地开展营销活动。沟通是将人们联系在一起并建立人际关系的人类活动。沟通是充满创造意义的活动中心，是发展、组织和传播信息的一种方式。除了营销领域外，沟通还广泛存在于政治、经济和心理领域（Duncan and Moriarty, 1998）。对于旅游目的地而言，这个互动阶段有助于建立合作伙伴关系，并从最初虚拟信息空间的“探询阶段”进入这个“信任阶段”。此时，DMO 可以通过各种渠道来与利益相关者及消费者进行沟通，从而实现信任元素在他们之间的相互转换。

近年来，在市场营销领域中，技术进步所诱发的直接沟通、市场信息变化、改进目标定位的需要以及传统媒体效益的下降等问题越来越受到关注（Evans *et al.*, 1996）。营销领域的沟通方法具有几个优势：设计良好的针对性很强的沟通能使组织有机会与客户建立对话，从而建立稳固的关系（Blattberg and Deighton, 1991）；一些直接沟通的方式（如直接邮寄、电子邮件时事通信、搜索功能和交互工具）可以实现个体化与个性化，有助于克服传统大众媒体传播所固有的信息杂乱的缺陷（Patterson, 1998）；沟通实现了与消费者的对话，更有助于建立消费者忠诚度（Hoffman and Novak, 1996）。

沟通是组织和消费者互动的有效形式，通过发起有意义的对话，组织与消费者之间就有可能形成一种和谐的关系（Patterson，1998）。对话还有助于旅游目的地与游客建立盟约，从而建立一种互惠互利的关系。在市场营销中，沟通是一个传递有说服力的信息、培养参与性决策以及鼓励承诺与忠诚度的过程。然而，目前许多营销问题往往正是由沟通困难所导致的，但只要制定恰当的沟通战略，许多问题也就能够迎刃而解（Smith and Taylor，2004）。

在旅游目的地营销系统中，沟通的作用就是使目的地得以与客户分享其所有产品所蕴含的意义，从而在实现营销目标的同时，又进一步与客户拉近距离。由于旅游业的活力主要源自信息流，因此，旅游目的地营销的有效性在很大程度上取决于沟通的有效性。许多旅游目的地正努力将它们的 DMS 打造成为一个传递营销信息并实现客户互动的平台。其中，它们的网站正不断出现一些“增值”信息与资源，能够用以吸引游客并缓解它们的业务流程（Wang and Fesenmaier，2006）。

（三）虚拟交易空间

实践证明，通过交易功能能够成功地与消费者建立稳固的关系。财务交易承诺体现的正是一种信任元素，这也是横跨商业界的一条神圣的界线。旅游目的地与消费者之间的互动是以信任为基础的，而信任是在高质量的信息交换与及时的沟通基础上建立起来的。要成功实现交易功能，首先需要为交易的发生提供一个安全可行的在线系统。只有将软件与硬件进行整合，使系统能够与消费者发生交易时，电子市场的存在才会成为可能。有了这个新的功能，DMS 不仅可以成为一种集中营销手段，还成了游客的一站式购物中心（Barker，1993；Wang and Fesenmaier，2006）。例如，CVB 能够协助会议筹办者了解饭店的空房情况、向饭店分发会议规格书、广泛征求标书、开展个性化的实地视察、提供为配偶设计的项目与活动、提供交通运输和其他后勤需要。其中，所有财务交易都通过 DMS 来完成，使消费者与供应商之间不必再隔着多层关联。

然而，CVB 使用交易功能来迎合消费者的努力受到了一些质疑。在历史上，CVB 是旅游/会议消费者与当地企业之间的代理人或中介机构，因此，人们一直将 CVB 看作中介机构，认为它们不应该与当地其他旅游供应商竞争销售产品与服务。而 CVB 对自身的定位战略——它们希望被看作一个市场推广机构还是一个销售机构，或者同时两者都是——又使问题变得更加凸显。然而，DMO 作为市场推广机构，如果不能通过增加更多的知识、个性化服务、定制化服务和一站式购物服务来提供价值，从而与那些日益成熟的旅行者建立持久的关系，它们自身也会失去存在的意义。

（四）虚拟关系空间

虚拟关系空间是旅游目的地营销系统的核心，CVB 正是在这个阶段与消费者全面发展关系。开放的沟通与承诺为合作提供了必要的品质，这也是营销者得以真正全面了解和理解消费者的过程。虚拟关系空间需要与各级消费者进行动态的沟通。Buhalis（2003）从信息与通信技术的角度详细解释了旅游业中的客户关系管理。他提到，客户关系管理是一对一的营销系统，能够通过建立、维系与加强关系并使之商业化来实现对客户关系的管理。

对虚拟关系空间的误解与误用只会使这个过程变得神秘化，并阻碍它在旅游业中的充分应用（Prideaux and Cooper, 2002）。对于组织而言，收集大量关于消费者偏好和购买习惯的数据是必要的，但它们的真正挑战在于如何理解这些数据并将它们转化为有意义的信息。在应用这项构建关系的技术以前，消费者数据（包括从电子邮件、市场调研活动、在线调查、商业交易中获得的数据）必须通过一个营销数据库来维持（Gartrell, 1992；Min *et al.*, 2002；Sheldon, 1993）。然而，在旅游业中，只有 50% ~75% 的 DMO 能够有限提供这项功能的某些方面（Feng *et al.*, 2003）。

虚拟关系空间的最终目标是将技术、过程和商业活动整合起来，使组织能够回应和瞄准那些由行为驱动的细分市场，亦即重点关注与围绕那些真正的消费者（Feinberg and Kadam, 2002；Munhall, 2004；Ritchie and Ritchie, 2002）。新的与既有的细分市场，如休闲与商业旅行者，应该在这个阶段中得到充分发展与提升。DMS 应该包含所有关于市场细分、合作伙伴关系与关系营销的原则。同时，虚拟关系空间应该成为预测消费者的信息、营销、交易和关系需要与需求的一种手段（Min *et al.*, 2002）。

随着旅行者的知识增长及其对技术的日益精湛，他们越来越要求产品和服务的差异化，并期望围绕他们的喜好来量身定制（Lau *et al.*, 2001）。CVB 通过应用这项新技术，应该能够了解和明白它们的消费者的需要，并在恰当的时间为他们提供正确的信息（Lau *et al.*, 2001；Ritchie and Ritchie, 2002）。虚拟关系空间需要持续地培养消费者关系和不断评估他们的行为变化。其中，通过精心设计与集中的沟通活动与消费者建立情感关系，是旅游目的地差异化的关键因素（Morgan *et al.*, 2004）。

CVB 作为“伞形组织”（Morrison *et al.*, 1998）代表了旅游目的地中众多的利益相关者，因此，它们有能力与合作伙伴共同利用珍贵的游客信息充分挖掘虚拟关系空间。CVB 通过共享营销数据库中大量的客户数据（Chathoth and

Olsen, 2003)，和聚集大量的技术与技能，能够使它们的营销战略目标得以真正实现，即开发细分市场并在充分理解游客需要的基础上实现目的地产品与服务的差异化（Buhalis, 2003)。CVB 不仅将得益于虚拟关系空间，还将与消费者建立共生关系，在实现促销的同时提高自身的竞争力与经济地位。如 Buhalis（2003）所述，这应该就是旅游业正迈向未来成功的过程。

三、网站成熟度与网络营销成功

已有研究表明，当组织进入互联网尤其是基于网络的技术应用阶段时，通常遵循技术在成熟度、交互性与复杂性方面所表现的层级规律（Hanson, 2000; Sharma, 2002)。已有学者提出模型证明网络技术应用的成熟度与交互水平对价值创造过程以及网络营销的整体成功存在积极的关系（Ditto and Pille, 1998; Dutta and Segev, 1999; Wang and Fesenmaier, 2006; Wang and Russo, 2006)。

Hanson（2000）认为，可以根据网站的技术特征以及公司与潜在客户的沟通方式对商业网站进行分类。在此基础上，他发现网站发展主要经历 3 个阶段：信息发布阶段；数据库检索阶段以及个性化互动阶段。在信息发布阶段，网站作为一个信息中介仅仅为客户提供信息，客户与公司之间的互动十分有限。进入数据库检索阶段后，网站同时具有了提供信息与检索信息的能力，能够进一步回应客户的要求。在个性化阶段，网站通过一些应用程序/特征来迎合每个特定个体的偏好，此阶段往往更注重关系的构建。

Contractor 等（1999）通过研究组织技术应用的替代使用模式，发现类似的网络技术应用规律。他们发现，组织在技术应用方面可划分为三个层次/阶段：替代、优化与转型。替代阶段包括简单地应用新技术替代已有技术，来完成与技术应用之前相同的组织任务。在这个阶段，技术为各类任务直接提供了工具、信息与容量。由于个体此时能够更好地进入更宽的信息库，并且可以更高效地交换信息与强化沟通，因此，个体最后的工作速度与精度都会得到改善。优化阶段包括为充分利用新技术重新设计已有的程序，提高产品质量和提供额外的相关服务。在这个阶段，由于能够更好地利用与协调物理和人力资源，组织更容易发挥“整体”的作用，因而更多更快地完成相同的任务。这样，通过改善信息交换、减少交易与协调成本，并产生全新的服务，组织就能对客户的需求变得更加敏感（Morone, 1989; Tapscott, 1996)。转换阶段包括从系统的角度来看待组织发挥整体作用的过程，即技术应用已经被融合到组织的日常商务活动中了。

相似地，Wang 和 Fesenmaier（2006）也发现，在旅游业中，像 CVB 一样的 DMO 由于技术能力、财政资源和营销目的不同，其对网络技术的使用方式和程度也会存在差异。他们发现，美国大多数 CVB 在利用网络技术营销方面仍然处于初始阶段。大多数 CVB 网站只具有宣传的功能，提供像宣传手册一样的旅游目的地信息。然而，到了第二个阶段，随着 CVB 越来越精通与适应网络技术，许多 CVSs 正渐渐使用更高级与成熟的技术手段来发展电子商务和提高业务效益，例如，建立交互咨询方式与潜在旅行者实现沟通。在第三个阶段，少数 CVB 已将技术系统应用于整个组织的业务一体化流程中，并实现内部全部商业活动的重组。随着经验范围与覆盖面的扩大，CVB 通过应用交互式综合技术提供个性化的服务与推荐功能，并与各个利益相关者再造与维系业务关系（Gretzel *et al.*，2000；Wang and Fesenmaier，2006）。

在一般的商业研究领域中，可以找到不少证据支持这些观察与发现。例如，Forman（2005）发现组织的网站在不同的发展阶段具有不同的功能。在初始阶段，组织所采纳的网络应用程序一般比较基础且相对便宜，例如，开发信息功能导向的网站和建立诸如电子邮件这类基础沟通机制，然后逐渐转向更高级的应用。Sharma（2002）陈述道，一个组织的网络存在（online presence）包括 5 个阶段：信息、知识、对话、关系和电子商务。这 5 个阶段反映了网络功能的发展演变及其日益增长的复杂性，也反映了它们如何为顾客创造越来越多的价值。Dutta 和 Segev（1999）则将组织的互联网活动划分为 3 个阶段：发布企业信息；开展电子商务以及业务转型。他们还认为，这 3 个阶段体现了人们对互联网交互潜能的不断挖掘，反映了技术应用的日益成熟。

有学者从关系营销的角度建立模型来解释不同成熟度与交互水平的网络技术应用。他们认为，在数字环境中，需要更成熟的技术能力支持来促进客户关系的构建与管理。例如，Kotler 等（2006）提出，公司可以与一个在线客户形成 5 层基本关系：基础关系（公司出售产品后不再进行购后跟踪）；被动关系（公司出售产品并鼓励客户对任何问题进行电话咨询）；负责任的关系（在服务接触之前与期间，公司向客户征求相关改进建议）；主动关系（公司不时与客户联系来获取客户的意见、改进建议以及对未来的创造性提议）以及合作伙伴关系（公司通过与客户紧密合作来寻找更好的价值传递途径）。

以上关系视角有助于解释关系营销的重点以及组织的网络技术应用程序。任何一家公司都希望通过更加成熟与交互性更好的技术应用来与客户实现合作伙伴关系，因为这是最有利可图的关系（Grönroos 1990，1994；Zablah *et al.*，

2004）。CVB 正努力与客户创造双赢的合作伙伴关系。为实现这种关系，可以借助技术系统来为客户提供个性化的体验（如根据客户需要来提供信息），这将有利于提高客户满意度以及重复访问的可能性（Wang and Fesenmaier, 2006）。

上述这些模型及相关命题似乎表明：第一，一个组织在技术应用方面通常表现为从最基本向更复杂逐渐过渡演变的模式；第二，随着技术使用的目标提高，技术应用的成熟度与交互性以及业务流程的复杂性也会随之增长；第三，为了从日益增长的技术成熟度与交互性以及业务流程的复杂性中得到回报，组织将会从它们的网络存在中实现更高的价值创造以及得到更高的潜在回报，这反过来又将促进更成功的网络营销战略。因此，可以说，CVB 的网站成熟度与网络营销成功之间存在积极的关系。

四、决定网站成熟度与网络营销成功的组织因素

本章提出的一个重要观点就是，CVB 为了实现价值创造的最大化以及网络营销成功，正努力在它们的网站中使用更加复杂与交互式的网络技术。然而，由于不同 DMO 的技术知识与技能、资源及其他相关的能力基础不同，它们在应用更复杂的技术来获取竞争优势方面也存在差异。本章通过批判性地回顾相关文献（Goode and Stevens, 2000；Scupola, 2003；Thong, 1999；Wang and Qualls, 2006；Zhu *et al.*, 2003），并考虑 CVB 所面临的独特的技术环境因素，确认了以下因素将对 CVB 网站的成熟度及其网络营销成功具有重要的影响：财政支持、技术能力、创新能力以及顿悟能力。

（一）财政支持

已有研究表明，技术项目通常受限于组织当前可利用的资源，尤其是技术应用支持方面的财政支持。财政支持在很大程度上影响着组织最终是否采纳一项技术，不论该项技术可能对组织多么有利可图。因此，财政支持对总体的技术实施具有积极的影响（Ariss *et al.*, 2000；Goode and Stevens, 2000）。

拥有充裕的资源是组织决定采纳信息系统的必要条件，这个条件还影响了信息系统的使用范围（Thong, 1999；Zhu and Kraemer, 2005）。那些对信息技术的引进与维护有做预算的企业很可能会采纳其项技术并成为日常使用者（Goode and Stevens, 2000）。因为一个企业如果存在信息技术预算，表明该企业

已认识到信息技术对于运营的重要性（Grover and Teng, 1992）。我们不难理解，一个组织如要实现电子商务功能，就需要对硬件、软件、系统整合与员工培训进行投资（Zhu and Kraemer, 2005）。若电子商务能分配到足够的资源，组织就能够获得必要的信息技术资源，并开发卓越的电子商务功能（Zhu and Kraemer, 2005）。因此，只有那些财政与组织资源充沛的企业，才会考虑执行具有可行性的技术解决方案（Thong, 1999）。

虽然有研究指出，财政支持不是组织采纳和使用电子商务的决定因素（Scupola, 2003），但主流研究均揭示了，信息技术预算是测量技术采纳与使用行为的良好指标，包括对万维网的使用（Goode and Stevens, 2000）。这对于CVB这类大多是中小型规模的企业来说更是如此。事实上，财政支持不仅将促进（或阻碍）技术应用的进程，还会影响最终的实施结果。那些在网络技术开发方面拥有更多资源与财政支持的CVB，更可能在更大程度上使用并整合更加成熟与交互性更强的技术应用，这反过来也会带来更成功的电子营销（Wang and Fesenmaier, 2006）。换言之，一个旅游目的地营销组织的技术预算将会影响它的网站成熟度与网络营销成功。

（二）技术能力

技术能力，即一个组织的管理团队和员工所具有的整体知识与技能。一个组织的技术能力越强，就越可能广泛地利用技术实现企业目标。第一，技术能力水平较高的组织在创新上可能遇到的阻碍较少，因此更愿意利用技术解决业务问题。它们可能更善于接受技术的变化，更愿意调整与整合技术于日常运营中。第二，技术能力水平较高的组织能够围绕自身对新技术与变化的接受能力来发展独特的文化。这些组织更愿意突破常规，利用新技术创新产品和/或流程（Srinivasan *et al.*, 2002）。

可将技术能力广泛地理解为一个组织的信息技术人力资源的质量。在本章中，信息技术人力资源的质量是指具备知识与技能来操作互联网相关应用软件的信息技术专业人员的能力（Zhu and Kraemer, 2005）。信息技术人力资源为电子商务应用的开发提供了专业知识与技能。研究发现，技术与管理技能对于成功实施网络方案是极其重要的（Adebanjo, 2003）。

Zhu等（2003）研究了推动公司采纳电子商务的影响因素。研究发现，公司的技术能力显著影响其是否采纳一项技术。研究结果认为，公司必须重视自身采纳电子商务的能力，并时刻记住技术能力是由网络技术与电子商务技术构成的。然而，随着组织的网络技术逐渐扩散成为企业经营的必然因素，电子商务管理中的技术与管理技能相对变得更加重要了。这也敦促高层管理者积极挽留那些具备电子商务管理与技术技能的员工（Scupola，2003；Thong，1999；Zhu *et al.*，2003）。

Zhu 和 Kraemer（2005）发现，技术能力也明显影响了组织的电子商务应用程度，公司的技术能力水平越高，其电子商务的应用程度也往往越高，并创造更多的商业价值。此外，由于一个组织的技术能力受员工的技术专长所影响，解决员工的信息技术知识也成了一个非常重要的问题。Scupola（2003）陈述道，一旦采用电子商务，员工的知识及其对改变的抗拒将成为电子商务在公司扩散与使用的关键影响因素。员工如果越精通信息技术，就越可能使用信息技术的功能（Thong，1999）。

中小型企业采纳与使用电子商务的情况也与上述结果相似。例如，Scupola（2003）发现，组织的整体技术环境是采纳与开展电子商务活动的必要条件；其中，技术能力是第二个决定技术使用范围的重要组织特征。另外，Thong（1999）发现，对于小企业而言，员工的信息技术知识越丰富，企业就越可能更广泛地使用信息技术。此外，信息技术经验是与万维网的应用情况联系在一起的（Goode and Stevens，2000）。因此，CVB 的技术水平越高，往往更愿意在网络营销活动中开展电子商务活动（Wang and Fesenmaier，2006；Zhu and Kraemer，2005），因而使用网络技术的程度也越高。因此，可以说，一个旅游目的地营销组织的技术能力与其网站的成熟度和网络营销成功之间存在积极关系。

（三）创新性

创新，是影响组织有效利用网络技术的又一重要因素。创新型企业一般更乐意体验新事物，这也是推动它们采纳与使用信息技术的促进因素。创新是管理的一个重要功能，它往往与组织的学习与企业绩效有关。在大商业环境下，创新能力对组织学习的贡献似乎开始超越了那些传统因素（Hamel，1998），并将成为决定长期竞争力的关键因素。Hurley 和 Hult（1998）发现，企业文化所倡导的创新水平越高，其适应能力也越强。此外，更高的创新水平往往与强调学习、发展与参与性决策的文化有关。Porter（1985）认为，创新是行业竞争的重要驱动力，是单体企业强有力的竞争武器。

全球范围内的信息变革已促使商业环境发生了以下变化：产品周期更短，细分市场更加碎化，产业边界模糊，企业层级被打破，全球市场的相互依赖性日益明显。在这样的环境动态中，创新变得越来越有必要。所谓创新，即一个企业为了利用市场机遇而引进新的产品与工序的能力，尤其是通过使用技术来实现这一过程的能力（Zahra and George, 2002）。

检验与测量企业创新性的途径很多。在 Miller（1993）之后，Ozsomer 等（1997）提出，一个公司的战略、结构以及文化能够体现组织的目的与目标及其对创新的行动与决策。他们还认为，发明与开拓就是创新型企业的主题（Miller, 1993）。创新型组织主要围绕产品的新颖性以及技术的成熟度来制定战略，并根据环境的要求来调整战略（Porter, 1985）。企业可以选择积极、主动的姿态进行创新，也可以选择消极与被动。从广义上来讲，积极的战略姿态的特征表现为：高度强调技术领导能力、激进的新产品创新以及选择高风险与高潜在回报的项目，当然，这些都是相对于那些在管理上“更安全的”项目而言（Corin and Slevin, 1988）。

Wang 和 Fesenmaier（2006）认为，CVB 需要创新的组织方法来制定有效的网络营销战略，从而将旅游目的地打造成为一个综合的体验项目。实际上，在 CVB 努力建立一个协调一致的网络存在时，它们也不得不面对大量复杂的问题，只有那些充分创新与足够灵活的 CVB 才有能力实现它们的网络营销目标。所以说，一个旅游目的地营销组织的创新性与其网站成熟度和网络营销成功之间存在积极关系。

（四）顿悟能力

根据 Cohen 和 Levinthal（1990），顿悟能力是指，在一个组织背景下，公司对某个特定领域知识的技术与商业潜能进行评估、吸收并将其应用于商业终端的能力。在旅游业的背景下，一个 CVB 的吸收容量越大，就越容易理解网络营销领域中的技术发展。Sigala 等（2001）认为，旅游业的创新与扩散受制于旅游组织辨别新信息的价值并将其应用于商业中的能力，这个观点与吸收容量和组织学习能力的概念十分相似。

顿悟能力是一个公司吸收科技信息的速度或数量的一个极限。从概念上看，这与信息处理理论十分相似，但这是在公司层面而非个体层面上来说的（Cohen and Levinthal, 1990）。有效地发现、吸收和挖掘新的实践能力是持续获得竞争优势的关键因素（Teece and Pisano, 1994）。随着当代商业环境竞争日益激烈，业界中的所有企业都可能意识到技术再生的重要性，并需要尽可能地更新它们的知识资源库。企业除了形成自身必需的内部知识，还要不断“往外看”，判断需要从外部获取什么知识以及如何获取（Cohen and Levinthal, 1990）。

有研究证明，公司的顿悟能力取决于公司内、外部的知识库存（Cohen and Levinthal，1990；Zahra and George，2002）。例如，管理者可以通过投资内部研发，与大学和咨询顾问等外部知识来源建立联系等途径，积极参与构建知识库存，从而开发公司的顿悟能力。

对于 CVB 而言，大多数 CVB 属于中小型组织，其顿悟能力可能更多地取决于组织主管/CEO，他们一方面需要处理 CVB 与外部环境的关系；另一方面需要应对组织内部各个部门/单位之间的关系。他们担任的更可能是相对集中的“把关人”或“跨界”角色（Nyheim *et al.*，2004）。这样的把关人不仅需要监测技术环境，还要协助挑选和执行“正确的”技术应用组合，以实现与维持组织的网络营销成功。因此，一个旅游目的地营销组织的吸收容量对它的网站成熟度与网络营销成功有正面的影响。

五、应用、讨论与启示

为了评估 DMS 的地位以及组织因素对 DMS 的成熟度与成功的影响，本章以美国三个层级的 CVB（区域、县与市）为案例研究对象。样本数据源自于一个整合了各种不同数据来源的数据库。其中，通过网上搜索关键词可以获得 CVB 的名称，这些关键词包括各州的名称（如印地安那州、纽约州、怀俄明州等）、旅游、旅行和游客中心。此外，还可以从各州网站中搜索到最新的 CVB 列表。根据搜索结果并结合国际市场营销组织所提供的会员名单，总共可以确定 1200 个 CVB，然后通过简短的电话联系确认它们的地址和 CEO/主管的名字。本研究设计了一份调查问卷与一封附信，一同邮寄给各州 CVB 的 CEO/主管，附信主要解释调查目的与争取这些旅游组织的帮助与支持。下文主要阐述和讨论重要的研究发现，并提出相关启示。

本章提出，旅游目的地营销系统应该包括四个相互联系的组成部分：虚拟信息空间、虚拟沟通空间、虚拟交易空间以及虚拟关系空间。首先调查 CVB 的网站功能，然后评估 CVB 网站的成熟度。结果显示（图 12－1 所示），CVB 网站在这四大功能方面呈现不同的水平（% 显示有能力运用这一功能的 CVB 比例）：信息导向（88.6%）、沟通导向（51.8%）、交易导向（21.1%）以及关系导向（14%）。

一个旅游目的地营销系统在最基本的层面上，必须能为旅游者提供最新的旅游目的地信息。当信息功能得到充分利用时，CVB 接着应该考虑发展沟通功能，关注所促销与调研的方方面面。在沟通阶段，DMS 通过广泛发布电子邮件和联系信息，可以直接与消费者发生信息交换，为未来关系的建立奠定基础。DMS 的交易功能将为 CVB 及其外部利益相关者创造收入。最后，关系管理是 DMS 的核心部分，但如果缺乏必要的技术专长与知识库，这可能也是最难执行的部分（Prideaux and Cooper，2002）。Munhall（2004）陈述道，关系管理战略将规定一个组织如何发展与利用各种能力来确定目标客户并与他们发生互动。

为了便于理解，可将 DMS 各阶段的功能比作一段“婚姻关系”。第一个阶段的虚拟信息空间试图以诱人的方式来引诱潜在消费者“关注它们的存在”。这个“试探”往往难以捉摸，通常只表现出视觉、口头或书面上的特性。第二个阶段的虚拟沟通空间使旅游目的地能够通过沟通过程与消费者相互熟悉。当它们彼此了解之后，就进入了“交往阶段”。对于大多数 CVB 而言，这个阶段也许有些漫长，但也使他们有充裕的时间来建立信任与承诺。只有当沟通功能充分培育起来之后，关系才能发展到“订婚阶段”，并走向交易。CVB 与消费者在虚拟交易空间发生交易时，信任与安全要素都将得到充分的重视。在前面所有阶段的功能都充分执行的基础上，CVB 与消费者之间才有可能形成最亲密与最高层次的关系，并在虚拟关系空间中表现出来。这就进入“结婚阶段”的关系，其中包含着承诺、忠诚与开放式的沟通。就像其他任何一段婚姻一样，这个阶段的关系必须得到持续的培育与尊重，否则，消费者这一配偶很可能就跑到其他地方，从而结束了这段关系并进入了毁灭性的“离婚阶段”。

因此，本章认为，虚拟关系空间是旅游目的地营销系统在与消费者发展一段持久、有意义的关系过程中最为关键的功能。虽然虚拟关系空间在很大程度上可能被误解并仍然处于发展初期，但 CVB 在开发旅游目的地营销系统过程中，理应战略性地调整自身的目标，促使 DMS 达到这一层次的成熟度。

DMS 的 4 个组成部分的应用分析似乎表明，旅游目的地营销系统仍然处于发展的初级阶段，在其应用与成熟度方面表现出了层级式的发展过程。CVB 似乎很好地提供与采纳了与吸引物、活动和膳宿相关的信息导向应用程序，但与沟通目的相关的应用性能正在减弱。应用最弱的领域表现在交易与关系建立这两个功能上，只有少数 CVB 能很好地利用这两个领域功能。根据 Yuan 等（2003）可知，这个发展缺陷似乎表明 CVB 没有能力有效地采纳和管理信息技术，但这是用以支持更成熟的运营与业务流程的必要条件。这就要求 CVB 在技术使用的成熟度与交互性方面进一步发展，这样才能在它们的 DMS 中开发一系列更加平衡与广泛的特性与功能，从而适应潜在游客多样化的需求。

从以上证明可知，总体上来说，旅游目的地营销系统在提供电子商务交易方面的能力相对较弱。CVB是一个代表当地旅游社区却没有实际可支配产品的伞形营销组织。因此，CVB应该通过与现实旅游提供者和供应商建立更加紧密与理想的合作与协作关系来提供电子商务功能。换句话说，在日益激烈的市场条件下，CVB如果仅仅把自身的使命看作信息的提供者与旅游目的地的市场推广者，却将商业留给私营部门，与其保持一臂之远，那是远远不够的。相反，CVB需要将它们的角色进一步延伸至产品销售中，为消费者与旅游目的地提供舞台来建立更紧密的关系。

同样，虚拟关系空间在旅游目的地营销系统中的应用也是很弱的，这已引起CVB的广泛关注，因为它们已经对虚拟关系空间的重要性的认识达成一致。它们之所以不能够在这个领域获得成功，也许是由于缺乏必要的技术专长与管理技能而受到阻碍。

为了有效开发与管理虚拟关系空间的应用，CVB必须对它们的消费者有一定的了解。例如，CVB首先需要使用各种手段来收集消费者信息，如人口统计学特征与心理特征信息。这类研究能使CVB针对游客需求与购买行为来加强旅游目的地的营销计划（Ritchie and Ritchie，2002），但这需要大量的知识与技能来收集、分析和利用这些信息。

虽然数据收集过程是虚拟关系空间极其重要的一方面，但许多旅游组织在制订营销计划时并没有充分利用这些信息。Ritchie（2002）的研究同样表明，虽然旅游业进行了大量的调查，但这些调查结果并没有得到有效利用，其潜能也未得到充分挖掘。Wober（2003）进一步证实了这个观点，他认为，虽然在旅游业中存在丰富的市场调研数据，但许多企业家仍然没有合适的工具与知识来充分理解他们的客户群，尤其是市场细分或市场定位方面的工具与知识。

CVB需要与众多不同层次的利益相关者共同协作的复杂特性，使它们在努力发展与维系一段能够促进承诺与信任的微妙关系的过程中面临着日益增长的挑战（Williams and Palmer，1999）。由于一个旅游目的地往往存在大量的参与者，为了尽可能减少建议与利益的分歧，需要进一步建立合作关系（Prideaux and Cooper，2002）。Gartrell（1992）认为，CVB与各级利益相关者和消费者保持积极有效的关系是十分关键的。为了实现营销战略目标，CVB必须十分熟练地开展与利用市场调研，还必须能够与利益相关者有效沟通和发展营销合作机会。又由于CVB需要同时与私营和公共部门的利益相关者密切地协作，旅游目的地的整体增长率也将因此受到影响（Prideaux and Cooper，2002）。因此，虚拟关系空间对于加强CVB作为旅游目的地的沟通者与营销者的角色方面十分重要。

本章还试图揭示 CVB 的网站成熟度与其网络营销成功之间的关系，以及组织因素（财政支持、技术能力、创新能力和顿悟能力）对网站成熟度与网络营销成功的影响。研究结果表明，CVB 的网站成熟度确实对它们的网络营销成功有着积极的影响，这两个变量反过来又受到多个组织因素的影响。确实，在互联网的交互潜能的推动下，关系构建的层次越高，营销者就越能够与客户建立稳固可持续的关系，并提高他们的忠诚度（Walsh and Godfrey, 2000），即网站成熟度和网络营销成功之间存在强烈的正关系。然而，研究结果还表明，美国 CVB 在利用互联网的交互潜能方面仍然十分有限，因为大多数 CVB 主要利用网站来提供信息，而不是利用网站的交互能力来实现更高级的应用，从而为消费者提供更多的价值。网站最常见的功能就是成为一个在线宣传手册，而交易与关系构建的功能仍相当弱。实际上，这一发现也支持了以往的研究结果，即公司对互联网的使用正渐渐从一个信息工具转向与客户交易的工具（Arnott and Bridgewater, 2002；Dutta and Segev, 1999；Quelch and Klein, 1996）。这也许对于 CVB 进一步利用互联网的交互潜能的重要启示就是，这个转型正在发生。由于当前 CVB 网站在应用虚拟交易空间与虚拟关系空间的比例仍很低，这一进程的发展可能将十分缓慢，这表明 CVB 在真正能够挖掘互联网的交互潜能来开展高效的营销活动之前，仍然要走很长的一段路。

另一个有意思的研究结果就是，财政支持对 CVB 的网站成熟度有很强的积极影响，但对网络营销成功存在略微的负面影响，即 CVB 对网络营销发展的投资数量决定了它们的网站交互水平与成熟度。然而，仅凭财政支持并不必然走向成功。财政支持和网络营销成功之间的微弱负关系可能表明，CVB 要么有很高的期望，要么试图实施多样化的应用程序但是以失去项目重点为代价的。由此可知，对于网络营销而言，重要的不是组织所投入的资金有多少，而在于如何有效地利用这些资源。这个结论对于那些因规模小而财政资源有限的 CVB 来说，无疑非常鼓舞人心。如果 CVB 拥有一个良好与全面的计划，并正确和“巧妙地”执行计划，有效地利用这些有限的资源，仍将拥有良好的网络营销前景并获得成功。

研究结果还揭示了，CVB 的技术能力主要由管理团队和员工的技术专业知识来衡量，其对网络营销的成功具有显著的积极影响。CVB 的技术专长水平也许可以从它以往的信息技术经验以及精于技术的员工比例中得到反映。工作人员的整体信息技术知识/技能的水平越高，他们就越容易接受技术变化。他们对技术的适应程度越高，也就越容易将技术整合到日常工作中，因而能够减缓他们对技术的抵抗情绪。

CVB 管理团队作为旅游目的地网络营销战略的主要决策者，他们的平均网络技术知识水平既可能推动也可能阻碍网络营销战略的有效执行。由于 CVB 的组织结构的复杂性相对更小，层级也更少，其高层管理（多数情况下是主管）在决策过程中发挥着重要的角色。主管不仅需要经营组织，还要为与技术战略相关的理念、愿景和日常运营过程指引方向。因此，技术知识管理将成为 CVB 采纳与应用技术过程中的一个至关重要的因素（Wang and Fesenmaier，2006；Yuan *et al.*，2003）。此外，那些在操作与执行日常网络营销活动的一线员工对于网络营销努力的成功也很重要。CVB 有必要创造良好的组织环境促使员工持续地提高自身的信息技术知识与技能，例如，可以提供一些与技术应用和战略相关的培训项目。换言之，CVB 要在实施旅游目的地营销系统中获得成功，就需要改变它们当前的组织环境。

研究还发现，具有创新能力的 CVB 往往在网站运营中拥有更高的成熟度/交互水平，也往往在网络营销活动中更加成功。本研究结果不仅进一步证明了，旅游目的地营销系统发展的成功需要创新的组织方法和辅助的组织技术环境（Wang and Fesenmaier，2006），此外还强调了影响 CVB 技术使用的重要组织因素。大多数 CVB 都是中小型企业，因此常常受到内在固有的技术能力与财政资源的限制。然而，它们往往也具有良好的内在伸缩性，工作分工更加灵活，能持续地寻找创新的解决方案，这些因素都可能引导它们在合适的技术氛围下建立一个协调且有效的旅游目的地营销系统。然而，正如 Sigala 等（2001）和 Strassmann（1990）指出，CVB 在努力利用信息与传播技术创新时，需要注意在“技术”与“信息”之间取得平衡。它们应该意识到，创新不仅影响了技术，还影响了如何使用技术手段来收集、分析、展现和发布信息。在一个信息集中且复杂和竞争激烈的商业环境中，CVB 将越来越需要具备创造与管理知识的能力，这些知识正是来自技术应用过程中所获得的信息（Sigala *et al.*，2001）。CVB 需要制定有效的策略对技术应用如数据库和数据挖掘技术进行创新，从而获得有价值的信息与情报，提供更加成熟的客户关系管理应用程序，如定制化产品和个性化服务。

CVB 的顿悟能力也对网络营销成功具有显著的积极影响，但其与网站成熟度的关系是负面的，虽然在统计学上并不显著。这个结果似乎表明，组织的相关顿悟能力越大，越有可能敏捷地抓到新兴的技术机会。换言之，顿悟能力更大的 CVB 更可能利用技术来测量业绩，而不是将其纯粹看作技术环境中的一个机会。因此，顿悟能力更大的 CVB 可能更积极地挖掘市场中的技术机会，但其焦点在于这些技术机会是否能够提高组织的基线和业绩。

总之，本章通过实证研究证明，旅游目的地营销系统的成熟度确实对 CVB 的网络营销绩效产生积极的影响，还强调了组织因素对旅游目的地营销系统的成熟度以及 CVB 网络营销成功的重要作用。研究结果显示，有 3 个组织因素对网络营销成功的影响最大：技术能力、组织创新能力和顿悟能力；有两个因素对网站的成熟度具有显著影响：组织创新能力和财政支持。然而，今后仍需要更多研究来全面认识 CVB 的网络营销活动。例如，根据这类组织的具体特点来进一步验证相关的管理特征及其对网络技术应用的影响。另外，由于很多旅游目的地营销组织都属于非营利性组织，需要进一步调查用于构建旅游目的地营销系统的财政资源。再者，由于组织使命在战略执行过程中发挥着重要作用，进一步验证 CVB 的使命及其对网络营销的影响也将是一个有意义的课题。

参考文献

Abramson, J. and Hollingshead, C. (1999) Marketing on the Internet: provide consumer satisfaction. *Journal of Internet Marketing*, 1 (1). <http://www.arraydev.com/commerce/jim/9802-01.htm>.

Adebanjo, D. (2003) Classifying and selecting e-CRM applications: an analysis-based proposal. *Management Decision*, 41 (6), 580-577.

Anckar, B., and Walden, P. (2001) Introducing Web technology in a small peripheral hospitality organization. *International Journal of Contemporary Hospitality Management*, 13 (5), 241-250.

Ariss, S. S., Kunnathar, A., Raghunathan, T. S. (2000) Factors affecting the adoption advanced manufacturing technology in small firms. *Advanced Management Journal*, 65 (2), 14-21.

Barker J. (1993) Ways and means. *Successful Meetings*, 42 (2), 109.

Bender, D. E. (1997) Using the Web to market the hospitality, travel, and tourism product or service. *HSMAI Marketing Review*, 14 (3), 33-37, 39.

Bieger, T. and Laesser, C. (2004) Information sources for travel decisions: Toward a source process model. *Journal of Travel Research*, 42, 357-371.

Blattberg, R. C., and Deighton, J. (1991) Interactive marketing: exploiting the age of addressability. *Sloan Management Review*, Fall, 5-14.

Born, M. A., Furr, H. L., and Susskind, A. M. (1998) Using the internet as a pleasure travel planning tool: An examination of the sociodemographic and behavioral characteristics among internet users and nonusers. *Journal of Hospitality and Tourism Research*, 22 (3), 303-317.

Buhalis, D. (2003). *eTourism - Information Technology for Strategic Tourism Management*. Harlow: Pearson Education.

Buhalis, D. and Laws, E. (2001) *Tourism Distribution Channels: Practices, Issues and Transformations*. London: Continuum.

Burgess, L., and Cooper, J. (2000) Extending the viability of MICA (Model of Internet Commerce Adoption) as a metric for explaining the process of business adoption of Internet commerce. Paper presented at the International Conference on Telecommunications and Electronic Commerce, Dallas.

Chathoth, P. K. and Olsen, M. D. (2003) Strategic alliances: A hospitality industry perspective. *International Journal of Hospitality Management*, 22, 419 – 434.

Cohen, W. M., Levinthal, D. A. (1990) Absorptive capacity: New perspective on learning and innovation. *Administrative Science Quarterly*, 35, 128 – 152.

Contractor, N. S., Wasserman, S., Faust, K. (1999) Testing multi – level, multi – theoretical hypotheses about networks in 21st century organizational forms: An analytic framework and empirical example. < http: //www. spcomm. uiuc. edu: 1000/contractor/pstarpaper. html >.

Corin, J. G., and Slevin, D. P. (1988) The influence of organization structure on the utility of an entrepreneurial top management style. *Journal of Management Studies*, 25 (3), 217 – 34.

Ditto, S., and Pille, B. (1998) Marketing on the Internet. *Healthcare Executive*, 13 (3), 54 – 55.

Doolin, B., Burgess, L., and Cooper, J. (2002) Evaluating the use of the web for tourism marketing: A case study from New Zealand. *Tourism Management*, 23 (5), 557 – 561.

Dutta, S., and Segev, A. (1999) Business transformation on the Internet. European *Management Journal*, 17 (5), 466 – 76.

Duncan, T., and Moriarty, S. (1998) A communication – based marketing model for managing relationships. *Journal of Marketing*, 62, April, 1 – 13.

Dutta, S., and Segev, A. (1999) Business transformation on the Internet. *European Management Journal*, 17 (5), 466 – 476.

Evans, M. J., O'Malley, L., and Patterson, M. (1996) Direct marketing communications in the UK: A study of growth past, present and future. *Journal of Marketing Communications*, 2 (1), 51 – 65.

Feinberg, R. and Kadam, R. (2002) E – CRM Web service attributes as determinants of customer satisfaction with retail Web sites. *International Journal of Service Industry Management*, 13 (5), 432 – 451.

Feng, R., Morrison, A. M., and Ismail, J. A. (2003) East versus West: A comparison of online destination marketing in China and the USA. *Journal of Vacation Marketing*, 10 (1), 43 – 56.

Fodness, D., Murray, B. (1999) A model of tourist information search behavior. *Journal of Travel Research* 37, 220 – 230.

Forman, C. (2005) The corporate digital divide: Determinants of Internet adoption. *Management Science*, 51 (14), 641 – 654.

Frew, A., and O'Connor, P. (1999) Destination marketing system strategies: refining and extending an assessment framework. In *Information and Communication Technologies in Tourism*, WienlNew York: Springer – Verlag, 398 – 407.

Gartrell, R. B. (1992) Convention and visitor bureau: Current issues in management and marketing. *Journal of Travel & Tourism Marketing*, 1 (12), 71 – 78.

Ghosh, S. (1997) Selling on the Internet: Achieving competitive advantage and market lead. *Planning Review*, 25 (3), 53 – 55.

Goode, S., Stevens, K. (2000) An analysis of the business characteristics of adopters and non – adopters of World Wide Web technology. *Information Technology and Management*, 1, 129 – 154.

Grönroos, C. (1990) Relationship approach to marketing in service contexts: the marketing and organizational behavior interface. *Journal of Business Research*, 20 (1), 3 – 11.

Grönroos, C. (1994) From marketing mix to relationship marketing: towards a paradigm shift in marketing. *Management Decision*, 32 (2), 4 – 20.

Grover, V. , & Teng, J. T. C. (1992) An examination of DBMS adoption and success in American organizations. *Information & Management*, 23 (5), 239 – 248.

Hamel, G. (1998) The challenge today: Changing the results of the game. *Business Strategy Review*, 9 (2), 19 – 26.

Hanson, W. (2000) *Principles of Internet Marketing.* South – Western College Publishing, Ohio: Thomson Learning.

Hoffman, D. , and Novak, T (1996) Marketing in hypermedia computer – mediated environments: Conceptual foundations. *Journal of Marketing*, 60, July, 50 – 68.

Hudson, S. , and Lang, N. (2002) A destination case study of marketing tourism online: Banff, Canada. *Journal of Vacation Marketing*, 8 (2), 155 – 165.

Hurley, R. F. , and Hult, T. M. (1998) Innovation, market orientation, and organizational learning: An integration and empirical examination. *Journal of Marketing*, 62, July, 42 – 54.

Kotler, P. , Bowen, J. , and Makens, J. (2003) *Marketing For Hospitality and Tourism* (3rd ed.). Upper Saddle River, NJ: Prentice Hall, Inc.

Nyheim, P. , McFadden, F. , Connolly, D. (2004) Technology strategies for the hospitality industry. Upper Saddle River, NJ: Pearson Prentice Hall.

Lau, K. , Lee, K. , Lam, P. and Ho, Y. (2001) Web – site marketing for the travel and tourism industry. *Cornell Hotel and Restaurant Administration Quarterly*, 42 (6), 55 – 62.

Liu, C. , Arnett, K. P. , Capella, L. , and Beatty, B. (1997) Web sites of Fortune 500 companies: facing customers through home pages. Information and Management, 31 (1), 335 – 345.

Miller, D. (1993) . The architecture of simplicity. *Academy of Management Review*, 18 (1), 116 – 138.

Min, H. , Min, H. and Emam, A. (2002) A data mining approach to developing the profiles of hotel customers. *International Journal of Contemporary Hospitality Management.* 14 (6), 274 – 285.

Morgan, N. , Pritchard, A. , and Pride, R. (2004) *Destination Branding: Creating the Unique Destination Proposition.* New York: Elseview.

Morrison, A. M. , Bruen, S. M. and Anderson, D. J. (1998) Convention and visitor bureaus in the USA: a profile of bureaus, bureau executives, and budgets. *Journal of Travel and Tourism Marketing* 7 (1), 1 – 19.

Morone, J. (1989) Strategic use of technology. *California Management Review*, 3 (4), 91 – 110.

Munhall, B. (2004) The franchisee's role in customer relationship management. *HSMAI Marketing Review.* 21 (2), 52 – 53.

Ozsomer, A. , Calantone, R. , and Benedetto, A. (1997) What makes firms more innovative? A look at organizational and environmental factors. *Journal of Business & Industrial Marketing*, 12 (6), 400 – 416.

Ozturan, M. , and Roney, S. A. (2004) Internet use among travel agencies in Turkey: An exploratory study. *Tourism Management*, 25, 259 – 266.

Palmer, A. and McCole, P. (2000) The role of electronic commerce in creating virtual tourism destination marketing organizations. *International Journal of Contemporary Hospitality Management*, 12 (3), 198 – 204.

Patterson, M. (1998) Direct marketing in postmodernity: Neo – tribes and direct communications. *Marketing*

Intelligence & Planning, 16 (1), 68 – 74.

Poon, S., and Swatman, P. M. C. (1999) An exploratory study of small business Internet commerce issues. *Information and Management*, 35 (1), 9 – 18.

Porter, M. E. (1985) Technology and competitive advantage. *The Journal of Strategy*, 60 – 78.

Presenza, A., Sheehan, L. and Ritchie, J. R. B. (2005) Towards a model of the roles and activities of destination management organizations. Journal of Hospitality, Tourism & Leisure Science, 3, 1 – 16.

Prideaux, B., and Cooper, C. (2002) Marketing and destination growth: A symbiotic relationship or simple coincidence? *Journal of Vacation Marketing* 9 (1), 35 – 51.

Quelch, J. A., and Klein, L (1996) The Internet and international marketing. *Sloan Management Review*, Spring, 60 – 75.

Ritchie, R. J. B., and Ritchie, J. R. B. (2002) A framework for an industry supported destination marketing information system. *Tourism Management* 23 (1), 439 – 54.

Scupola, A. (2003) The adoption of Internet commerce by SMEs in the South of Italy: An environmental, technological and organizational perspective. *Journal of Global Information Technology Management*, 6 (1), 52 – 71.

Sharma, A. (2002) Trends in Internet – based business – to – business marketing. *Industrial Marketing Management*, 31 (2), 77 – 84.

Sheldon, P. J. (1993) Destination information systems. *Annals of Tourism Research*, 20, 633 – 649.

Sheldon, P. J. (1994) Destination databases. *Annals of Tourism Research* 21 (1), 179 – 81.

Smith, P. R., and Taylor, J. (2004) *Marketing communications: An integrated approach.* London: Kogan Page Limited.

Sigala, M., Airey, D., Jones, P., and Lockwood A. (2001) Multimedia Use in the Uk tourism and hospitality sector: Training on skills and competencies. *Information Technology & Tourism*, 4 (1), 31 – 39.

Srinivasan, R., Lilien, G., Rangaswamy, A. (2002) The role of technological opportunism in radical technology adoption: An application to e – Business. *Journal of Marketing*, 66 (3), 47 – 60.

Strassman, P. (1990). *The business value of computers: An executive guide.* Connecticut: The Information Economics Press.

Strempel, D. (2004) More travels book travel online, study says. *Westchester County Business Journal*, 43 (20), 17.

Tapscott, D. (1996) *The digital economy: promise and peril in the age of networked intelligence.* New York, NY: McGraw – Hill.

Teece, D., and Pisano, G. (1994) The dynamic capabilities of firms: An introduction. *Industrial and Corporate Change*, 3 (3), 537 – 556.

Thong, J. Y. L. (1999) An integrated model of information systems adoption in small businesses. *Journal of Management Information Systems*, 15 (4), 187 – 214.

Tierney, P. (2000) Internet – based evaluation of tourism website effectiveness: Methodological issues and survey results. *Journal of Travel Research*, 39 (2), 212 – 219.

Timmers, p. (1998) Business models for electronic markets. *Electronic Markets*, 8 (2), 3 – 8.

Vogt, C. A., and Fesenmaier, D. R. (1998) Expanding the functional information search model. *Annals of*

Tourism Research, 25 (3), 551 – 578.

Wang, Y., and Fesenmaier, D. R. (2006) Identifying the success of Web – based marketing strategy: An investigation of convention and visitors bureaus in the United States. *Journal of Travel Research*, 44 (3), 239 – 249.

Wang, Y., and Qualls, W. (2006) Towards a theoretical model of technology adoption in hospitality organizations. International Journal of Hospitality Management, in press.

Wang, Y., and Russo, S. (2006) Conceptualizing and evaluating the functions of destination marketing systems. *Journal of Vacation Marketing*, 13 (3), 187 – 203.

Walsh, J., and Godfrey, S. (2000) The Internet: a new era in customer service. *European Management Journal*, 18 (1), 85 – 92.

Werthner, H., and Klein, S. (1999) *Information Technology and Tourism – A Challenging Relationship.* Springer – Verlag, Wien, Australia.

Wober, K. W. (2003) Information supply in tourism management by marketing decision Support systems. *Tourism Management*, 24 (3), 241 – 55.

YPB&R (2004). National Leisure Travel Monitor <http: //www. ypbr. com>.

Yuan, Y., Gretzel, U. and Fesenmaier, D. R. (2003) Managing Innovation: The Use of Internet Technology by American Convention and Visitors Bureaus. *Journal of Travel Research*, 41 (3), 240 – 256.

Zahra, S. A., and George, G. (2002) Absorptive capacity: A review, reconceptualization, and extension. *Academy of Management Review*, 27 (2), 185 – 203.

Zablah, A. R., Bellenger, D. N., and Johnston, W. J. (2004) An evaluation of divergent perspectives on customer relationship management: towards a common understanding of an emerging phenomenon. *Industrial Marketing Management*, 33 (6), 475 – 489.

Zhu, K., and Kraemer, K. L. (2005) Post – adoption variations in usage and value of e – business by organizations: Cross – country evidence from the retail industry. *Information Systems Research*, 16 (1), 61 – 84.

Zhu, K., Kraemer, K., & Xu, S. (2003) Electronic business adoption by European firms: A cross – country assessment of facilitators and inhibitors. *European Journal of Information Systems*, 12 (4), 251 – 268.

第 13 章

电子旅游：旅游目的地的信息通信技术

一、序言

多年来，旅游业的动态变化一直与信息技术的迅猛发展紧密联系（Poon，1993；Sheldon，1997）。自 20 世纪 80 年代以来，信息通信技术不断改变着全球旅游业的发展，并创造了"电子旅游"这种应用程序与解决方案。信息通信技术的发展无疑改变了商业惯例与战略以及行业结构（Porter，2001）。20 世纪 70 年代建立的计算机预订系统，20 世纪 80 年代后期形成的全球分销系统以及 20 世纪 90 年代末发展起来的互联网已经极大地改变了业内理想的经营与战略模式（O'Connor，1999；Buhalis，2003；eBusiness Watch，2006）。如果说，过去的 20 年见证了人们对计算机的重视，那么，自 2000 年伊始，我们一直在目睹信息通信技术尤其是互联网所带来的真正的变革性影响。

旅游业是一项国际产业，是世界上最大的就业来源，拥有比其他行业更多不同的利益相关者。近年来，技术与旅游业之间日益加速与协同的交互作用已改变了旅游业的产品、过程、商业与竞争的性质。旅游组织如果未能掌握正确的信息技术系统，将难以在管理自身这个信息密集型企业的同时又保持自身的竞争力（Law and Jogaratnam，2005）。从更高的战略角度来看，信息通信技术正在重塑旅游业以及社会的根本结构（Buhalis，1998；2003）。无处不在的通信通达性跨越了新的信息门槛，使整个旅游业进入了新的交互阶段。搜索引擎、承载容量以及网络速度的发展，已影响了全世界利用技术计划与体验旅行的游客数量。互联网正迅速成为旅行和旅游首要的信息来源。信息通信技术也极大地改变了旅游组织的效率与效果、商业的开展方式以及消费者与组织之间的互动方式（Buhalis, 2003）。

旅游与接待业都是一种社会现象，与之相关的产业大多为应用导向型企业，因此，信息通信技术对于旅游组织、旅游目的地以及整个旅游产业的竞争力发挥着关键的作用（WTO, 2001）。信息通信技术一方面推动消费者成了消费的中心，使其能够鉴别、定制与购买旅游产品；另一方面，为供应商提供了有效的工具，使其得以在全世界范围内开发、管理与分销产品，从而推动了旅游业的全球化（Buhalis, 1998；Niininen *et al.*, 2007）。如今，对信息通信技术的投资与应用已成为旅游与接待业中不可或缺的一部分，因此，研究者也越来越关注新技术的重要性，开始尝试调查和解释电子旅游的发展，并试图预测旅游与接待业以及技术的发展前景。越来越多的旅游目的地管理组织（Destination Management Organisations，DMO）正是利用信息通信技术来提高整个参观过程的旅游者体验，同时协调旅游业在生产与传递过程中所涉及的所有合作伙伴（Buhalis, 1997）。因此，DMO 不仅试图为当地企业提供信息、接受预订与协调各种设施，它还利用信息通信技术来促进旅游政策、协调经营管理职责、增加旅游者支出并刺激地方经济的多元效应（Buhalis and Spada, 2000）。旅游目的地管理系统（Destination Management Systems，DMS）就是以更加高效与适当的方式来回应旅游者一系列广泛的要求，并为他们提供目的地中日益增长的旅游产品信息。现在，已经有许多国家采用 DMS 来加强 DMO 的管理，同时协调目的地中各个供应商的关系。随着 DMS 的发展日益成熟，它们正逐渐成为 DMO 营销与传播的重要工具（WTO, 2001；UNWTO, 2008）。

在电子旅游研究中，有 3 个重要的研究主题：消费者和需求特点、技术创新，以及产业功能。下文将针对这 3 个主题分别展开讨论。

二、消费者和需求特点

电子旅游使得潜在旅游者得以从旅游组织、私营企业以及其他越来越多的使用者/消费者中，得到更加丰富、可靠与准确的信息。为了满足自身的特殊需要与愿望，越来越多的新兴以及经验丰富并要求苛刻的旅行者要求与供应商直接进行沟通。电子旅游使旅游者能够摒弃传统的旅行代理预订方法，从而节约了旅行的时间、成本，同时提高了便利性（O'Connor, 1999）。从信息搜索到旅游目的地/产品消费再到消费后体验参与，信息通信技术为消费者提供了一系列工具来完成并改善这一过程，包括在网上搜索旅行相关信息、预订机票与客房以及购买其他产品（Morrison, Jing, O'Leary, and Lipping, 2001）。随着互联网的普及，大多数旅游组织，如饭店、航空公司和旅行代理都将互联网技术作为营销与传播战略中的一部分，并且已经形成了一定规模的网上业务。信息通信技术将使用者置于这一功能与产品传递中间，从而极大地改变了旅游者的消费行为（Mills and Law, 2004）。

根据 Kotler 等（1999）的研究，消费者的一次购买行为，无论在线上还是线下进行，都将经历买家决策过程的五个阶段，包括需求认知、信息搜索、选择评估、购买决策和购后行为。下文将讨论信息通信技术在各个阶段中的重要作用，以及电子旅游在旅游产品消费过程中的中心地位。

（一）需求认知

当代/网络消费者已越来越不愿意等待或延期，以至于耐心这一美德在消费者身上已不复存在。企业要取得成功，关键在于能够迅速识别消费者需要，并根据这些需要为潜在客户提供综合的、个性化的和最新的产品与服务。认识消费者行为，特别是信息搜索行为，有助于行业管理者对网站进行开发、优化（特别是搜索引擎功能）与定制化，从而满足消费者的需求。在这个数字化时代，互联网已经成为消费者尤其是那些年轻并受过良好教育的消费者最重要的信息来源之一（Zins, 2007）。

然而，大多成年与年长旅行者仍然选择印刷类宣传手册作为主要的信息来源（Lin, 2005），还有许多旅行者也会结合使用网络和线下信息来计划旅程（Lee *et al.*, 2007）。随着网络日益成为旅行信息搜索的重要工具，许多旅游组织已经通过建立网站进行产品与服务宣传，同时收集大量的消费者数据。社交网络的发展不仅使消费者得到越来越多有利的信息，还使他们能够辨别合适的产品与服务。Lin 等（2006）通过在线调查研究了网络社区成员对某些特定旅游目的地的看法。

（二）信息搜索

信息搜索是购买决策过程的重要部分，是能够降低不确定性与感知风险，提高旅程质量的关键环节（Fodness and Murray, 1997）。消费者获得的信息越全面，就越有可能更好地与当地资源与文化互动，找到能满足其需求的产品与服务，并享受特殊的优惠与折扣价格。电子旅游已经改变了旅行者的行为。已有研究表明，使用互联网搜索信息的旅游者往往更可能在旅游目的地中停留更长的时间（Luo *et al.*, 2004）。旅游者对旅程的信息搜索越深入，得到的有用信息越多，就越有可能更好地实现其需求。

消费者的性别、年龄、国籍、教育背景与生活方式不同，其信息搜索模式也存在差异（Hallab and Gursoy, 2006）。Gursoy 和 McCleary（2004）提出了一个综合理论模型，即将所有关于心理学/动机、经济学和过程研究方法结合在一起，来理解旅游者的信息搜索行为。Kozak（2007）在分析土耳其来自不同国家的旅行者时发现不同国籍的旅行者使用不同的信息来源。在不同的旅行阶段，旅行者往往需要不同的网络信息。例如，在旅程开始前，旅行者搜索到的有效信息将影响他们的旅行计划，而后他们又通过评论网站来确认是否选择了正确的产品（Lehto *et al.*, 2006）。

根据 Snepenger 等（1990），主要有四大因素影响旅行者的信息搜索行为，包括旅行团的组成；旅游目的地中亲朋好友在场；先前的参观体验；与目的地相关的新奇程度。Buhalis（1998）认为，潜在游客越来越独立与熟练于使用多样化的工具来安排旅程，其中包括预订系统和在线旅行代理（如 Expedia）、搜索引擎和元搜索引擎（如 Google 和 Kayak）、旅游目的地管理系统（如 visitbritain. com）、社交网络和 Web 2.0 门户（如 TripAdvisor）、比价网站（如 Kelkoo）以及独立的供应商与中介网站。在互联网时代，搜索引擎在信息搜索中发挥着重要的作用（Ho and Liu, 2005），尤其是谷歌搜索引擎已成为人们最重要的搜索工具（Law and Huang, 2006）。此外，在线社交网络能使人们自由地交流与交换信息，也正渐渐成为重要的信息搜索工具（Chung and Buhalis, 2008）。为了进一步认识消费者使用搜索引擎进行信息搜索的模式，研究者对搜索查询公式（Pan *et al.*, 2007）与关键词进行了分析。旅游者在搜索度假旅游目的地时，可将行程计划分解成一系列场景与章节，其中包含了一个个具体有待解决的问题（Pan and Fesenmaier, 2006）。

在所有类型的旅行信息中，定价是电子旅游的一个重要议题。在信息通信技术的推动下，许多组织都已与消费者实现了直接联系，由于价值链的缩短节省了佣金与分销费用，它们能够给予消费者更多的折扣，并提供仅限于网上预订/购买的优惠价格。有研究表明，在电子市场中，由于数据交换成本的下降，搜索成本也因此随之下降（Bakos, 1997; 1998）。在美国，在线旅行代理所提供的国内航空票价存在巨大的价格差异，但平均价格也低于传统旅行代理（Clemons *et al.*, 2002）。如果消费者要在网上搜索最低的客房价格，旅行代理与预订代理的网站可能是最好的选择（Law *et al.*, 2007）。然而，尽管旅游者能够通过互联网找到旅行信息，但根据 Litvin 等（2005）的调查，只有 3% 的调查对象最终选择在互联网上所找到的餐厅就餐。

（三）选择评估

信息通信技术的出现极大丰富了消费者的选择。在互联网普及以前，消费者只能接触到主要的知名品牌以及周边的旅游组织。如今，旅行者可以广泛地使用互联网来评估与比较各种产品选择，包括从单一的产品到动态的包价度假产品组合。借助元搜索引擎，如 Kayak 和 Kelkoo，潜在旅行者可以根据自身的偏好、过滤器和要求来识别与评估产品（Buhalis and O'Connor，2005）。例如，随着廉价航空公司迅速膨胀（如 easyJet 和 Ryanair），以及度假包价产品与饭店客房实行的最后一分钟折扣活动，旅行者已能够享受低价旅行。然而，Oorni 和 Klein（2003）发现，低价航空公司的在线预订率之所以高，是由于它们提供简单的产品并执行直销策略，而对于其他收益管理策略复杂的航空公司而言，如果没有专业协助，消费者很难高效地搜索航班。像 Expedia，Orbitz，Lastminute，Opodo 和 Travelocity 这些全球领先的旅行代理之所以如此成功，主要在于它们提供了一个一站式购物平台，其在可用性与交互性的设计方面都得到了显著的提升（Klein，2002）。同样，互联网使消费者已经可以动态地与供应商和旅游目的地直接联系，并根据自身需要提出定制化的产品要求，这无疑也使中间商的角色受到了挑战。因此，对于旅游组织与旅游目的地而言，管理好它们的网络信誉，并使它们的网络存在的各个方面都投射出理想的形象，是至关重要的（Inversini *et al.*，2010）。

尽管互联网为消费者提供了丰富的选择，但由于消费者网络技能水平的差异，网站的复杂性也会导致他们在线购买动机的差异（Beldona *et al.*，2005）。此外，消费者的心理障碍也会阻止其完成线上交易，从而产生一些在线下购买产品的“观望者”。Wolfe 等（2004）发现，消费者不在线上购买旅游产品，是因为线上购买存在缺乏个人服务、安全问题、个人缺少经验以及耗费时间等问题。Weber 和 Roehl（1999）发现，选择在线购买旅游产品的消费者往往至少拥有 4 年或以上的上网经验，其过去成功的交易经验使他们建立了对在线交易的信任（Bai *et al.*，2004；Bieger *et al.*，2005）。因此，网站业主应该要更加关注消费者在完成预订过程中的舒适度与安全感，并增强他们对网络环境的信任（Chen，2006）。

（四）购买决策

根据消费者指数（Minghetti and Buhalis，2010），现在有越来越多的消费者通过网站来购买旅游产品，并且网站的形象与可用性将直接影响他们的购买意向（Chiang and Jang, 2006）。因此，要成功开发一个网站，就必须理解顾客感知及其网络行为（Benckendorff, 2006）。一个新的网络用户在搜索旅行信息时，往往通过谷歌这类通用搜索引擎来浏览多个网站。这里使用的是一个（旅游目的地）推荐系统，该系统能够协助特定个体确定适合于某种特定情形的最佳选择（Gretzel *et al.*, 2004）。Ricci（2002）进一步指出，一个推荐系统能够为消费者的决策过程提供有价值的信息。推荐系统还可以通过识别更好的顾客需求，以及将这些需求与其他顾客及其偏好联系起来，来支持旅行者完成一个复杂的决策过程（Ricci and Werthner, 2002；2006）。Kaplanidou 和 Vogt（2006）指出，网站的有用性是预测旅行者旅游目的地选择意向的一个重要指标。具有刺激性的视觉图像也是直接预测旅行者旅游目的地选择意向的重要指标，而旅行信息功能则在网站有用性的调解下对选择意向产生间接影响。

互联网快速传输数据的特点已极大缩短了从组织到消费者之间的预期反应时间，也使网上咨询的响应行为成了影响客户满意度与预订行为的重要因素，甚至成为中小型旅游企业成功与否的关键要素（Main, 2001）。理解不同消费者网络行为的差异有利于促进在线交易的成功（Lee *et al.*, 2007）。因此，也有不少旅游研究者分析了旅行者的网络购买行为特征。例如，有研究发现，中国消费者在进行网上预订时，那些经验丰富的网络用户很少受到饭店的品牌化影响，相反，他们往往更关注电子口碑信息以及网络安全（Kim *et al.*, 2006）。

（五）购后行为

旅行者返回家中后，通常喜欢分享与交流彼此的旅行体验。信息通信技术也为他们提供了有效的机制来表达不满。在过去，不足5%的不满顾客会真正说出他们的怨言（Albrecht and Zemke, 1985）。为了给消费者提供一个反馈与投诉的渠道，旅游组织应该在网站中增加一个在线投诉处理板块，这样就在管理与不满顾客之间建立了一个适当的沟通渠道。然而，随着互联网的快速发展，网络用户已可以轻易地发布与传播怨言，这反过来将严重影响一个公司的形象。而 TripAdvisor 作为饭店与旅游目的地的评论网站，正引领这一发展方向（Au *et al.*, 2010）。电子口碑是一个有用的工具，能够通过网站、聊天室与消费者论坛来传播消费者对某品牌的投诉（Gelb and Sundaram, 2002）。Shea 等（2004）也通过一个至少被 7 家报纸和杂志引用的报道游客不愉快体验的真实案例“你们的饭店真是糟糕透了”（Yours is a very bad hotel）来证明这一点，该研究显著体现了互联网、“投诉论坛”以及聊天室的影响力。此外，在互联网时代，即使是个体也有足够的力量去影响像航空公司这样强大的组织

(Buhalis, 2004)。旅游管理者应该要找到这些投诉论坛，并努力对这些投诉进行专业处理，以防这类电子投诉范围迅速扩散。

在旅游业中，随着消费者越来越倾向于信任朋辈而非营销信息，虚拟社区也变得越来越有影响力。虚拟社区这个概念最初由 Rheingold（1993）提出，此后也得到了广泛的引用，是指“一个可能会也可能不会相互见面的群体，他们通过电子布告栏（bulletin boards, BBS）和网络来彼此沟通或交流观点”。虚拟旅游社区使人们更容易获取信息、保持联系、建立关系并最终做出旅行相关决策（Stepchenkova *et al.*, 2007）。Vogt 和 Fesenmaier（1998）指出，分享与态度是虚拟社区中消费者行为的主要特点。由于许多旅行者都喜欢分享旅行体验并向他人推荐，虚拟旅游社区因此成了游客最喜欢发布旅行日记的地方之一。此外，在线旅行者当遇到态度、兴趣与生活方式相似的群体时会变得相当热情(Wang *et al.*, 2002)。因此，更好地认识虚拟旅游社区用户的行为与动机，有助于旅游从业者与政策制定者更有效地建立、运营与维持虚拟旅游社区。这反过来也将促进以消费者为中心的营销或关系营销（Niininen *et al.*, 2006）。然而，如果社区中的成员对其中的内容、设计、安全政策以及与社区规定不符的影响感到不满，他们就很可能离开这个社区（Allison *et al.*, 2005; Chung and Buhalis, 2008）。Web 2.0 或 Travel 2.0 的出现带来了社交网络/虚拟社区的概念并将其应用到了旅游业中，通过分析虚拟旅游社区的内容，旅游组织可以了解到它们的客户满意度及其行为，并采取恰当的措施改进它们的产品。它们还可以利用虚拟旅游社区来提高品牌意识和加强品牌联系。然而，尽管虚拟旅游社区对旅游业的影响潜力巨大，但相对于其他地理或物理社区而言，学界对这方面的研究仍然处于初期阶段。

（六）风险管理

在电子商务中，支付是最重要的环节，消费者最关心的也是支付安全问题，尤其是网络犯罪对消费者所造成的困扰，这也是他们不愿意提供信用卡信息的重要原因。Mills 等（2002）列举了几种网络犯罪，包括拍卖诈骗、假期诈骗、赌博诈骗、兜售信息以及身份盗窃等。因此，企业必须更加注意防范网络犯罪对它们自身及客户造成的损失。然而，要完全避免或仅靠执法部门来侦查这些犯罪现象，几乎是不可能的（Mills *et al.*, 2002）。此外，随着旅游业对信息技术的依赖性逐渐增强，消费者也越来越担心他们的隐私（Brown *et al.*, 2007)，尽管他们为了得到更好的消费者服务也不得不逐渐接受牺牲隐私的事实。有研究表明，隐私问题也是抑制线上旅行产品购买行为的重要因素

（*Kolsaker et al.*，2004），并导致不少旅行者使用互联网搜索信息，但仍然选择在线下购买相关产品。为了鼓励更多的在线旅行消费，应该明确关于信息技术使用中消费者隐私保护方面的政策。

（七）启示

随着消费者花在等待与计划上的时间变少，而用于享受的时间更多了，他们也越来越关注购物的便利性与选择的多样化，也越来越喜欢待在家中通过旅行网站来进行线上旅行购物（O'Connor and Frew，2001）。目前，直接通过饭店网站完成预订的消费者数量已发生大幅增长（Jeong *et al.*，2003），而消费者的满意度则在很大程度上取决于旅游信息的准确性与全面性，以及组织及时回应消费者要求的能力。因此，旅游组织与旅游目的地需要认识到这些变化，并根据个体需要来提供个性化服务。个性化服务可以借助于先进的客户关系管理系统（Customer Relationship Management Systems），其中，应该要记录好客户的偏好与要求，以备现在与未来之用（Picolli *et al.*，2003）。

三、技术创新

技术的快速发展意味着，信息通信技术变得越强大越复杂，它们对用户也将变得更实惠更友好，也为更多的人与组织所利用。从战略上来看，软件、硬件以及网络开发等应用程序的持续创新意味着，只有对那些活跃的利益相关者的要求做出评估并给予高效回应的组织，才有可能在竞争中脱颖而出，保持长期繁荣。

技术已成为一个组织的“信息设施”，为一系列完整的内外部沟通与流程提供支持（Buhalis，2003）。电子旅游正迅速扩散成为一个全面的网络化装备与软件的综合系统，使旅游组织和旅游目的地能够有效地进行数据处理与传播。

（一）互操作性

Werthner 和 Klein（1999）将互操作性定义为，通过一贯与可预测的方式来提供一种明确的端对端服务。通常而言，这不仅涵盖了技术上的特征，还涉及电子市场环境下的合同特性与一系列制度规则。互操作性使合作伙伴可以用最便捷的方法实现电子互动，并以合理的成本向正确的用户在合适的时间传递恰当的信息。Staab 和 Werthner（2002）指出，互操作性是一个重要的技术问题，其为标准化提供了一个实际的选择。Jakkilinki 等（2007）提出了一个基于本位的电子旅游规划师系统 AuSTO，这是建立在语义网技术基础上的智能工具，使用户能通过单一的应用程序来计划旅程。同样，Maedche 和 Staab（2003）也指出，语义网技术可应用于旅游信息系统，从而提供有用的图文信息，生成可以通过机器翻译的语义描述。由 Agarwal 等（2003）提出的 OntoMat - Service 技术可以嵌入网络服务发现的过程中，这样，旅行者无须在浩瀚的网站中进行搜索也能得到所需要的信息。随着旅游组织需要不断与合作伙伴互动来开发与传递旅游产品，互操作性将成为它们能否高效协作的关键因素。

多媒体的发展也正成为影响旅游业的重要领域。为了向旅行计划者提供一个直观的形象或体验，可利用一系列广泛的照片与图片来表达旅游信息。与那些单向提供信息给旅行者的线下信息不同的是，网络通过三维提供虚拟旅游，让世界各地的人们得以在虚拟世界中与旅游目的地发生互动（Cho and Fesenmaier, 2001）。这种在计算机调解环境下的体验通过模仿真实的参观使用户产生的虚拟体验，几乎可以媲美真实的经历。这有利于旅游目的地形象的创造与传播（Cho *et al.*, 2002），并促进网络营销者采用三维互动网站来吸引在线消费者、鼓励在线购买和创造忠诚度（Fiore, *et al.*, 2005）。使用多媒体将进一步提高互动性。Abad 等（2005）证明了旅游吸引物是如何通过虚拟人物实时生动地表现出来，以及如何通过这些（储存在数据库中的）项目的多媒体信息来加强这一表现力。游客可以使用这个系统，找到一系列符合其选择标准，并根据他们的偏好进行排序的吸引物。有多媒体的网站可以使游客实现网络仿真，使他们就算没有真实参观一个地方，也能“体验”到那个地方的产品与旅游目的地。网络仿真使用了一系列技术来使客户感觉身临其境（Steuer, 1992），它依赖于通过计算机实现的体验能在多大程度上模仿真实世界中用户与产品的互动，并取决于能在多大程度上实现这种互动性（Fiore *et al.*, 2005）。

从定义上看，旅游目的地就是旅游产品混合的代名词。动态的产品组合有助于个体消费者计划自己的旅程。然而，由于不同系统之间的数据格式未经标准化，互操作性的实现仍存在一些困难（McGrath and Abrahams, 2006；Cardoso and Lange, 2007）。其中，语言障碍就是造成这样的产品组合难以广泛应用的重要原因（Chen and Hsu, 2000）；这个缺陷导致了移动设备系统因翻译滞后而无法及时提供最新信息。虽然要对不同系统进行标准化看似是不可能完成的任务，Dell'Erba 等（2005）还是建立了一个虚拟互操作性网络，它借助一个系统翻译机制完美地实现了数据交换，展示了如何能够实现互操作性。

据 Singh 和 Kasavana（2005）预测，未来信息通信技术应用很可能依赖于移动与无线技术。无线这个术语已被广泛用来描述由电磁波（相对于有线而言）携带信号的远程通信。信息通信技术的发展使无线应用程序与装置得到广泛扩散，包括移动电话与寻呼机、全球定位系统、无线计算机外围设备与电话、家居远程控制与监测系统等。在这个无线通信时代，移动电话已经成了人们的必需品（Langelund，2007）。不同移动设备的普及，如个人数字助理（PDA）与带有全球定位系统的 3G 移动电话能使旅行者不受时间与地域的限制检索旅行相关信息。此外，他们现在还可以利用移动设备来预订客房、机票与租车，搜索交通时刻表，获取旅游目的地的旅游与餐饮指南等（Berger *et al.*，2003）。Solon 等（2004）开发了 TeleMorph，它可以确定移动网络带宽来输出报告，还可以接收与翻译游客的语音问题来显示旅游目的地信息。这种技术使旅行者在低带宽网络检索信息时也可以及时收到信息。为了强化旅游者体验，Alfaro 等（2005）在每个安装了红外线发射器的旅游目的地中的个人数字助理上安装了一个多媒体博物馆向导。游客一旦到达该旅游目的地，他们的个人数字助理就会自动播放该目的地的多媒体演示。

除了移动网络以外，无线局域网还使用户可以通过一个无线电波连接器（Wi-Fi）将设备与互联网连接起来，同时，蓝牙还可以在短程内与个人数字助理、移动电话、电脑鼠标和其他外围设备连接起来。另一个新兴的技术变革是 WiMAX，即全球微波接入互操作性。WiMAX 促进了 IEEE 802.16（无线宽带）的一致性与互操作性，并能够长距离提供无线数据（Patton *et al.*，2005）。WiMAX 支持“最后一英里无线宽带接入”的传递，能够取代网线与 DSL（数字用户线，是对在本地电话网线上所提供的数字数据传输的一整套技术的总称）。WiMAX 预计将提供达到 48 公里的最大覆盖范围（Odinma *et al.*，2007），能够为整个旅游目的地提供互联网无线宽带接入。这样，用户在旅游目的地中就可以通过互联网接入而无须支付昂贵的数据漫游费。无论在发达国家，还是在人口密度低、位置偏远，以及不能或由于经济原因没有建立起适当的有线基础设施的乡村地区，WiMAX 都可能对它们产生巨大的影响（WiMAX Forum，2004）。这有利于缩小数字鸿沟，推动信息与服务提供者过渡到新的阶段（Ohrtman，2005）。永远在线（Always - on，即用户一直连接在互联网上）的连通性为旅游目的地的交互性以及提供个性化、情境化与定位服务创造了大量机遇。定位服务（LBS）对旅行者主要有四个功能：人员、对象与场所的定位；

介于它们之间的路径选择；搜索附近对象，如饭店、商店、餐厅或吸引物等；以及关于旅行条件的信息，如交通相关的数据（Berger *et al.*, 2003）。

（二）网站设计与分析

对于企业而言，网站是非常重要的营销工具，对于完成任务与提高成本效率都是至关重要的。良好的网页设计不仅包含了良好的技术、设计与布局，还涉及广泛的内容、可用性、导航与互动性等因素（Law *et al.*, 2010）。Law 和 Cheung（2005）在研究消费者对饭店网站内容的权重因子时发现，预订信息是其中最重要的维度。因此，一个网站若要取得成功就需要考虑到消费者的兴趣与参与度，从而获取他们的偏好信息，并据此提供个性化的沟通与服务（Doolin *et al.*, 2002）。Hashim 等（2007）整理了 1996～2006 年的 25 篇关于旅游与接待业网站质量与特征分析的研究，最后总结了 74 个网站特征。旅馆运营商必须定期评估它们的网站，以保证消费者能得到有效、适当与有用的内容（Baloglu and Pekcan, 2006）。

可访问性是与可用性相关的问题，主要解决残疾人士浏览网页的障碍（Michopoulou *et al.*, 2007）。有关物理障碍的例子包括：低视力用户需要大号的文本或空间调整，失明人士将需要屏幕阅读器，色盲用户需要对比度足够强烈的文本与背景颜色，以及失聪人士更需要视觉显示器而不是纯粹的音频演示等。Han 和 Mills（2006）研究表明，对于视觉受损用户而言，目前的网站设计有 9 种主题会影响屏幕阅读器。针对这些用户的需求，万维网联盟已对网站以及相关网络应用程序的使用做出了说明，还提供了相关指南与技术性工作的支持信息。因此，通过利用这些信息并遵循《网页易读性倡议》中的《网页内容可访问性指南》（Chrisholm *et al.*, 1999），可以通过可访问与定制化的方式来显示内容，从而满足用户的需求与偏好。

有关网站性能的测量可以有多种途径，比如使用修正后的平衡记分卡来评估网站的效用（Choi and Morrison, 2005；Law *et al.*, 2010）或流体验（flow experience）（Skadberg, Skadberg, and Kimmel, 2005）。其他测量方法还包括运用内容分析法来确定一个网站作为一种电子商务工具的应用水平（Kuster, 2006；Roney and Ozturan, 2006）；通过协议分析来找出影响用户满意度的因素（Essawy, 2006）；采用问题整合理论来更好地理解在线营销活动（Han and Mills, 2006）等。也有研究对不同地理区域之间的网站进行比较，例如，Law 和 Liang（2005）通过多准则决策法比较了基于中国与美国的饭店网站，发现后者的网站性能明显优于前者。Law 和 Cheung（2006）进一步分析了 30 个基于北美、欧洲、亚太等地区的旅行网站的在线饭店预订服务，发现基于北美地区的网站在某些属性上明显优于另外两大洲。

有关网站可用性评价，有4项研究发现，易用性是影响网站感知质量最重要的决定因素之一（Cho and Agrusa，2006；Park *et al.*，2007）。一个好的网站应该有良好的包容性，能够满足不同类型在线用户的需求，包括视障与残疾人士（Shi，2006；Han and Mills，2007）。旅游与接待业需要意识到，残疾人士与年长者正占据越来越大的细分市场（Buhalis and Michopoulou，2010）。一些辅助技术，如语音浏览器，能在一定程度上帮助这些客户访问网页信息（Pühretmair，2004）。例如，Waldhor 等（2007）在廉价饭店应用了自动呼叫中心代理，使顾客无须人工代理，也可以通过代理来使用电话与语音预订饭店客房。自动呼叫中心代理可以根据顾客语音表达的准则自动为其选择合适的房间。Rumetshofer 和 Wöß（2004）介绍了智能访问插件，该插件允许用户根据自身的特殊需要来创建个人档案，还能依据用户的输入与行动而不断更新。对于旅游网页设计者，为了吸引业务和为残障客户提供便利，一方面他们需要考虑不同用户组的需要，设计具有包容性的网站；另一方面，他们还应该考虑到文化与语言的因素，这也将影响一个网站的成功与否（Kale，2006）。一个有意思的现象就是，虽然德国是最大的国际旅游消费国家，但许多非欧洲地区的 DMO 都没有提供德语版本的网站（Arlt，2006）。

（三）建模

目前，已有各种不同的建模方法用于分析旅游者数据。Delen 和 Sirakaya（2006）检验了三种流行的数据挖掘方法，包括人工神经网络、决策树和粗糙集，研究发现粗糙集算法是最佳的预测工具。Kon 和 Turner（2005）比较了神经网络与基本结构方法的预测精度，证实了基本结构方法在预测旅游需求方面保持着较高的精确度。Bloom（2005）提议使用神经网络应用程序来追踪细分市场内部与之间的游客行为变化。也有其他研究者提出使用修正的神经网络来对游客量建模（Pai and Hong，2005）和进行时间序列预测（Palmer *et al.*，2006）。同样，Petropoulos 等（2006）引用了一个技术分析系统来预测旅游需求。此外，旅游组织还可以利用关联规则挖掘来确定不同类型的旅游者分析行为（Emel *et al.*，2007）。Wong 等（2006）采用了数据挖掘技术来分析台湾北部旅行者的旅游模式，并建议亚洲地区的 DMO 在台湾推广它们的旅游目的地。文本挖掘作为分析数值数据的一种方法，也可以用以分析旅游者数据。Lau 等（2005）通过3个事例证明了如何利用文本挖掘工具对在线文本进行分析。除了分析旅游者数据外，也有不少研究者提出不同模型来提高旅游网站的营销效果。例如，Law（2005）提出了面向对象数据库营销模型，该模型可应用于亚洲饭店行业中来提高营销效果。同样，Mills（2007）提出了修正的旅游互动广告模型来增强网站的广告效果。

互联网作为旅游者主要的搜索渠道，自然包括了各种不同语言的网站。因此，如果想要使用一种语言的关键词来得到另一种语言呈现的搜索结果，多语种信息搜索应用程序可以满足这一要求（Li and Law，2007）。Krieger 等（2005）通过远程联合分析研究了邮轮度假的顾客需求，发现口碑信息与过去的体验是影响顾客感知与期望的重要因素。

（四）启示

以信息通信技术为基础的现代系统，其技术的复杂性要求对创新链上的各个方面进行整合。要实现技术的长足发展并凸显其重要的市场影响力，学界与业界都需要共同参与，对那些正共同快速进化的技术、市场、社会与行政需求进行整合，以实现良好的集中度与连贯性。同样，从业者应采用先进的数据交换格式来实现更好的内部系统通信，还应该使用集中存储库作为旅游者的一站式通道。

随着信息通信技术的发展日新月异，旅游组织和旅游目的地必须努力提升内部信息技术资源与专业知识，以促进企业管理者与技术人员之间的沟通。这些专业人员可以在技术领域里面收集、组织与检索最新相关技术信息，并将它们转达给管理者。

四、产业功能

关于信息通信技术方面的文献大多解释了应用程序如何有助于实现自动化，却忽略了它们如何帮助组织发展演进到新的时代，但也开始有文献逐渐认识到信息通信技术对于旅游战略与经营管理的重要性与必要性（Marcussen，1999a，b；O'Connor，1999）。如今，信息通信技术正越来越多地用以调整所有业务功能与过程来支持整个组织的运营，而不是使之自动化。

（一）战略管理

信息通信技术（以下简称 ICT）的发展决定着企业的差异化与成本优势，

这是企业竞争优势的两个根本来源（Porter, 2001），因而也直接影响着企业的竞争力。对于旅游目的地而言，它们需要积极利用 ICT 来提升服务质量，因为 ICT 有助于动态地实现产品与服务的差异化与专门化，这几乎能够引导细分市场中的消费者动态地组合自己的产品，从而构建自身的旅游体验（Buhalis and O'Connor, 2005）。Mazanec 等（2007）还认为，有必要开发一个网站来评估旅游目的地的竞争力。如今，ICT 也成了企业成本管理的重要工具，尤其是分销与促销成本的管理（Connolly *et al.*, 1998）。例如，ICT 有助于重构业务流程，消除反复作业，从而降低了劳动力成本，提高组织效率（Buhalis, 1998）。这使得那些主要依赖技术来运营与分销的经济型组织，能在市场中得以生存与发展，同时，也迫使传统组织在巨大的压力下调整自身的运营模式，有时还需要将一些业务功能与流程外包给外部组织（Paraskevas and Buhalis, 2002）。

互联网改变了旅游业的进入壁垒，减少了转换成本，也使分销渠道发生了变革，价格与竞争透明度得到增强，同时提高了生产效率，这一切都在不断改变着旅游产业的结构（Kim, Nam, and Stimpert, 2004）。Porter（2001）证明了互联网如何改变了产业力量。互联网使旅游目的地能够结合不同的旅游产品（住宿与交通等）来提供个性化的动态产品组合（Daniele and Frew, 2005）。此外，旅游目的地还可以广泛接触到大量有效的供应商，从而增加自身的影响力。激烈的竞争已使它们越来越难创造与维持自身的竞争优势（Go *et al.*, 1999）。Wöber（2001）提议，可以利用群决策支持系统来识别在相同市场上竞争的旅游目的地。这样，决策者就能够在传统的竞争分析基础上，同时综合主观与客观方面的观点。总而言之，互联网促使了世界各地的旅游组织极大地改变自身的发展策略（Buhalis and Zoge, 2007）。在这个互联网时代，通过主动与被动策略，在产品与商业过程中持续创新，已是产生竞争优势为数不多的来源（Buhalis, 2003）。

特别是对于旅游目的地而言，DMS 已成为旅游目的地以及中小型企业促销、分销与运营的战略工具（Buhalis, 1997）。一方面，DMS 有助于开发灵活的、特制的、专门的与整合的旅游产品；另一方面，还有助于旅行者搜索与选择个人的旅游产品，从而创造个性化的旅游目的地体验。从组织层面来看，DMS 为 DMO 提供了基本的信息设施来协调组织活动，并为它们的驻外机构提供了充分的信息与方向来开展营销。DMS 是旅游目的地企业（委托人、吸引物、交通运输与中介机构）与外部世界（旅游运营商、旅行代理与消费者）之间的交界面。在一些国家，如英国、新加坡和奥地利，DMS 已用来整合一个旅游目的地的所有供应。它们对战略管理与营销的贡献，正体现在它们具有整合旅游目的地中所有利益相关者并以低成本进入全球市场的能力。

（二）在线营销

在企业功能中，营销（marketing）与分销（distribution）可能是受技术革命影响最大的两大功能（Go and Willams，1993；O'Connor and Frew，2002）。对于技术支持型组织，它们需要通过建立知识库来提升管理与营销功能（Fesenmaier *et al.*，1999）。对于旅游组织而言，网络与互联网可以作为一种营销工具，使它们得以在降低成本、增加收入、营销调研与建立数据库以及维系顾客等方面获得一些明显的竞争优势（Morrison *et al.*，1999）。例如，组织能够以较低的成本接触世界各地的顾客，并与他们直接对话（Buhalis，1998；2003）。如今，互联网已普遍成为一种多元的开发工具与分销渠道（Gretze *et al.*，2000；O'Connor and Frew，2004）。因此，网络营销也逐渐成了世界的主流（Buhalis，2003）。Wang 和 Fesenmaier（2006）认为，要实现成功的网络营销战略，需要将网站特征、促销技巧以及客户关系管理项目统一协调起来。所以说，技术与关系营销的整合，将有助于旅游组织和旅游目的地保持良好的竞争力，并提高与客户业务关系的管理（Alvarez *et al.*，2007）。

在前万维网时代，旅游供应商只能通过中介机构来进行分销，如旅行代理与旅游运营商。计算机预订系统和全球定位系统也促进了中介机构的发展（Sheldon，1997；O'Connor，2003）。由于旅游产品的无形性，这些中介机构与终端消费者的旅行决策十分依赖于信息的全面、准确与及时性（Poon，1993）。自网络出现以后，供应商不仅可以实现产品的直销，还拥有了广泛的分销渠道（O'Connor and Frew，2002）。如今，第三方中介机构还包括了在线旅行代理以及元搜索引擎，它们能够同时发布诸如可用性与定价方面的静态与动态信息。一些新兴电子中介机构也在崛起，并对传统经销商带来了极大的冲击。例如，Thomson 和 Thomas Cook 的业务模式正受到 Expedia 和 Lastminute. com 的挑战，它们不得不重新思考自身的运营方式与战略。拍卖网站如 eBay. com、比价网站如 Kelkoo 和 Kayak. com、反向定价网站如 Priceline. com 以及价格预测网站如 farecast. com 等，它们也对供应商与中介机构的定价提出了极大的挑战。此外，诸如 TripAdvisor. com，IGOUGO. com 和 Wayn. com 等 Web 2. 0 或 Travel 2. 0 网站也使消费者能够相互提供对等的建议。这些变化迫使旅游企业不得不重新思考它们的业务模式，并大刀阔斧地改革它们的价值链。一些旅游组织正努力对所有增加生产与分销成本的中介机构去中介化。例如，一些旅游运营商正试图绕过旅行代理来直接销售包价旅游产品，它们也会将这些包价产品拆开成一个个单体产品进行销售。

与此同时，旅行代理也在试图对旅游运营商去中介化，它们不仅提供动态的旅游产品组合，还努力支持定制化产品的发展。可见，网络已使市场完全透明化（Buhalis，2003；O'Connor，2003），组织也因此需要加强自身的线上与线下品牌，调整它们的定位与定价策略。在这个市场环境动荡不稳的时代，旅游中介不得不重新审视它们的收益与成本基准，并对所有合作伙伴与价值链进行重估。Bennett 和 Lai（2005）指出了旅行代理可以避免去中介化的两个主要途径，即重新自我定位为旅行顾问以及逐渐趋向于技术导向的发展模式。一些旅行代理已经形成了战略联盟来加强它们在互联网时代的竞争优势（Huang，2006）。

互联网已将分销功能转变成为一个电子市场，信息变得无处不在，委托方与消费者之间的互动也带来了大量的机遇。互联网使旅游业能够找到大规模不同地理位置的目标利基市场，并因此促进了旅游产品的大众定制化发展。可见，互联网推进了旅游产品的整个生产与传递过程，促进了合作伙伴之间加强互动来设计专门化的产品与推广方案，从而使个体消费者最终得到最大化的附加值（Buhalis，1998；2003）。最后，在信息通信技术的推动下，旅游业的包价旅游产品已逐渐发展成为一个更加专注于个体的活动，也为委托方与中介机构带来了大量机遇，使最终产品的总体质量（符合目标）得到增强（Buhalis，1998）。

五、结论

伴随着互联网发展过程的技术革命，旅游组织和旅游目的地的市场条件已经发生了剧烈的变化。信息通信技术促进了旅游企业与消费者之间的互动，并最终带来旅游产品与旅游目的地整个开发、管理与营销过程的重整。如今，信息通信技术带来的影响已日益凸显。对于旅游组织与旅游目的地而言，它们能否与消费者和合作伙伴建立动态的关系网，以及能否主动或被动地重新开发旅游产品，已成为它们的竞争力来源的关键因素。

信息通信技术也将为整个旅游产业提供越来越多的“信息设施”，并将超越旅游事务中的所有机械方面。然而，未来电子旅游显然将集中在以消费者为中心的技术发展，这将使旅游企业得以与客户保持动态的互动。另外，消费者的力量也在不断膨胀，甚至可以决定他们个人的旅游产品元素。他们也已变得越来越成熟与经验老到，因而也更加难以取悦。因此，只有那些创新的旅游企业和旅游目的地，才有能力将资源与知识专长集中于消费者服务，提供附加值更高的旅游交易。那些功能更加强大的新信息通信技术应用软件，有助于供应商与旅游目的地提高效率和调整传播策略。这些创新技术将促进互操作性、个性化与恒定网络的发展。因此，无论从战略还是战术的管理层次来看，旅游组织都需要制定灵活的战略，以确保信息通信技术所带来的机遇与挑战能够转化为更强的创新与竞争优势。

那些具备了先进的信息通信技术与旅游目的地管理系统的旅游目的地，将更有可能提升自身的战略定位，提高竞争力水平，并实现旅游利益的最大化。要在未来取得成功，旅游目的地管理系统将需要同时进行技术与管理创新，并开发合适的工具以满足全部利益相关者。特别是，由于信息通信技术与旅游目的地管理系统能够建立起一个既灵活又赢利的沟通桥梁与战略管理工具，它们现已成为旅游需求与供应的基本工具，并有效地为旅游目的地提供了信息设施，将一个网络上的所有委托方与运营商都连接起来。

参考文献

Abad, M., Sorzabal, A. A. and Linaza, M. T. (2005) NOMENCLATOR – innovative multilingual environment for collaborative applications for tourists and cultural organizations. In: Frew, A. J. (eds), *Information and Communication Technologies in Tourism* 2005. Springer – Verlag Wien, New York, pp. 79 – 89.

Agarwal, S., Handschuh, S. and Staab, S. (2003) Surfing the service web. *Lecture Notes in Computer Science*, 2870, 211 – 226.

Albrecht, K., and Zemke, R. (1985) *Service America! Doing business in the new economy.* Homewood, IL: Dow Jones – Irwin.

Alfaro, I., Nardon, M., Pianesi, F., Stock, O. and Zancanaro, M. (2005) Using cinematic techniques on mobile devices for cultural tourism. *Information Technology & Tourism*, 7 (2), 61 – 71.

Allison, A., Currall, J., Moss, M. and Stuart, S. (2005) Digital identity matters. *Journal of the American Society for Information Science and Technology*, 56 (4), 364 – 372.

Álvarez, L. S., Martín, A. M. D. and Casielles, R. V. (2007) Relationship marketing and information and communication technologies: analysis of retail travel agencies. *Journal of Travel Research*, 45 (4), 453 – 463.

Arlt, W. G. (2006) Not very willkommen: the Internet as a marketing tool for attracting German – speaking tourists to non – European destinations. *Information Technology & Tourism*, 8 (3 – 4), 227 – 238.

Au, N., Law, R. and Buhalis, D. (2010) The impact of culture on eComplaints: evidence from Chinese consumers in hospitality organisations. In: Gretzel, U., Law, R. and Fuchs M. (eds), *ENTER* 2010 *Proceedings*. Springer – Verlag Wien, New York, pp. 285 – 296.

Bai, B., Hu, C., Elsworth, J. and Countryman, C. (2004) Online travel planning and college students: the spring break experience. *Journal of Travel & Tourism Marketing*, 17 (2), 79 – 91.

Bakos, J. Y. (1997) Reducing buyer search costs: implications for electronic marketplaces. *Management Science*, 43 (12), 1676 - 1692.

Bakos, J. Y. (1998) The emerging role of electronic marketplaces on the Internet. *Communications of the ACM*, 41 (8), 35 - 42.

Baloglu, S. and Pekcan, Y. A. (2006) The website design and Internet site marketing practices of upscale and luxury hotels in Turkey. *Tourism Management*, 27 (1), 171 - 176.

Beldona, S., Morrison, A. M. and O'Leary, J. (2005) Online shopping motivations and pleasure travel products: a correspondence analysis. *Tourism Management*, 26 (4), 561 - 570.

Benckendorff, P. (2006) An exploratory analysis of traveler preferences for airline website content. *Information Technology & Tourism*, 8 (3/4), 149 - 159.

Bennett, M. M., and Lai, C. K. (2005) The impact of the Internet on travel agencies in Taiwan. *Tourism & Hospitality Research*, 6 (1), 8 - 23.

Berger, S., Lehmann, H. and Lehner, F. (2003) Location - based services in the tourist industry. *Information Technology & Tourism*, 5 (4), 243 - 256.

Beritelli, P., Bieger, T. and Laesser, C. (2007) The impact of the Internet on information sources portfolios: insight from a mature market. *Journal of Travel & Tourism Marketing*, 22 (1), 63 - 80.

Bieger, T., Beritelli, P., Weinert, R. and Wittmer, A. (2005) Building trust and identity on the Web — new IT transaction platforms to overcome psychological barrier to rent. In: Frew, A. (eds), *Information and Communication Technologies in Tourism* 2005. Springer - Verlag Wien, New York, pp. 296 - 305.

Bloom, J. Z. (2005) Market segmentation: a neural network application. *Annals of Tourism Research*, 32 (1), 93 - 111.

Brown, M. R., Muchira, R. and Gottlieb, U. (2007) Privacy concerns and the purchasing of travel services online. *Information Technology & Tourism*, 9 (1), 15 - 25.

Buhalis, D. (1997) Information technologies as a strategic tool for economic, cultural and environmental benefits enhancement of tourism at destination regions. *Progress in Tourism and Hospitality Research*, 3 (1), 71 - 93.

Buhalis, D. (1998) Strategic use of information technologies in the tourism industry. *Tourism Management*, 19 (5), 409 - 421.

Buhalis, D. (2003) *eTourism: Information Technology for Strategic Tourism Management*. Financial Times Prentice Hall, New York.

Buhalis, D. (2004) eAirlines: strategic and tactical use of ICTs in the airline industry. *Information & Management*, 41 (7), 805 - 825.

Buhalis, D. and Michopoulou, E. (2010) Information - enabled tourism destination marketing: addressing the accessibility market. *Current Issues in Tourism*. In Press.

Buhalis, D. and O'Connor, P. (2005) Information communication technology - revolutionising tourism. *Tourism Recreation Research*, 30 (3), 7 - 16.

Buhalis, D. and Spada, A. (2000) Destination management systems: criteria for success. *Information Technology & Tourism*, 3 (1), 41 - 58.

Buhalis, D. and Zoge, M. (2007) The strategic impact of the Internet on the tourism industry. In: Sigala, M., Mich, L. and Murphy, J. (eds), *Information and Communication Technologies in Tourism* 2007. Springer -

Verlag Wien, New York, pp. 481 – 492.

Cardoso, J. and Lange, C. (2007) A framework for assessing strategies and technologies for dynamic packaging applications in e – Tourism. *Information Technology & Tourism*, 9 (1), 27 – 44.

Chen, C. (2006) Identifying significant factors influencing consumer trust in an online travel site. *Information Technology & Tourism*, 8 (2), 197 – 214.

Chen, J. S. and Hsu, C. H. C. (2000) Measurement of Korean tourists' perceived images of overseas destinations. *Journal of Travel Research*, 38 (4), 411 – 416.

Chiang, C. and Jang, S. C. (2006) The effects of perceived price and brand image on value and purchase intention: leisure travelers'attitudes toward online hotel booking. *Journal of Hospitality & Leisure Marketing*, 15 (3), 49 – 69.

Cho, Y. C. and Agrusa, J. (2006) Assessing use acceptance and satisfaction toward online travel agencies. *Information Technology & Tourism*, 8 (3/4), 179 – 195.

Cho, Y. and Fesenmaier, D. R. (2001) A new paradigm for tourism and electronic commerce: experience marketing using the virtual tour. In: Buhalis, D. and Laws, E. (eds), *Tourism Distribution Channels: Practices, Issues and Transformation.* Continuum, New York, pp. 351 – 370.

Cho, Y., Wang, Y. and Fesenmaier, D. R. (2002) Searching for experiences: the web – based virtual tour in tourism marketing. *Journal of Travel & Tourism Marketing*, 12 (4), 1 – 17.

Choi, S. and Morrison, A. M. (2005). Website effectiveness for bricks and mortar travel retailers. *Anatolia*, 16 (1), 63 – 78.

Chrisholm, W., Vanderheiden, G. and Jacobs, I. (1999) *Web content accessibility guidelines.* <http://www.w3c.org/TR/WCAG10/>.

Chung, J. and Buhalis, D. (2008) A study of online travel community: factors affecting participation and attitude. In: O'Connor, P., Hopken, W. and Gretzel, U. (eds), *ENTER* 2008 *Proceedings.* Springer – Verlag, Wien, New York, pp. 267 – 278

Clemons, E. K., Hann, I. – H. and Hitt, L. M. (2002) Price dispersion and differentiation in online travel: an empirical investigation. *Management Science*, 48 (4), 534 – 549.

Connolly, D., Olsen, M. and Moore, R. (1998) The Internet as a distribution channel. *Cornell Hotel and Restaurant Administration Quarterly*, 39 (4), 42 – 54.

Daniele, R. and Frew, A. (2005) Using concept maps to examine business models and drivers of competitive advantage for travel eMediaries. In: Frew, A. (eds), *Information and Communication Technologies in Tourism* 2005. Springer Vienna, New York, pp. 497 – 507.

Delen, D. and Sirakaya, E. (2006) Determining the efficacy of data – mining methods in predicting gaming ballot outcomes. *Journal of Hospitality & Tourism Research*, 30 (3), 313 – 332.

Dell'Erba, M., Fodor, O., Höpken, W. and Werthner, H. (2005) Exploiting semantic web technologies for harmonizing e – markets. *Information Technology & Tourism*, 7 (3 – 4), 201 – 219.

Doolin, B., Burgess, L. and Cooper, J. (2002) Evaluating the use of the web for tourism marketing: a case study from New Zealand. *Tourism Management*, 23 (5), 557 – 561.

eBusiness Watch. (2006) *e – Business in the Tourism Sector*, Dec 2006 <http://www.ebusiness-watch.org/resources/tourism/SR08 – 2006_ Tourism.pdf>.

Emel, G. G., Taşkin, Ç. and Akat, Ö. (2007) Profiling a domestic tourism market by means of association rule mining. *Anatolia*, 18 (2), 335-343.

Essawy, M. (2006) Testing the usability of hotel websites: the springboard for customer relationship building. *Information Technology & Tourism*, 8 (1), 47-70.

Fesenmaier, D. R., Leppers, A. W. and O'Leary, J. T. (1999) Developing a kowledge-bsed tourism marketing information system. *Information Technology & Tourism*, 2 (1), 31-44.

Fiore, A. M., Kim, J. and Lee, H. (2005) Effect of image interactivity technology on consumer responses toward the online retailer. *Journal of Interactive Marketing*, 19 (3), 38-53.

Fodness, D. and Murray, B. (1997) Tourist information search. *Annals of Tourism Research*, 24 (3), 503-523.

Gelb, B. D. and Sundaram, S. (2002) Adapting to "word of mouse." *Business Horizons*, 45 (4), 15-20.

Go, F. M., Govers, P. and van den Heuvel, M. (1999) Towards interactive tourism: capitalizing on virtual and physical value chains. In: Buhalis, D. and Schertler W. (eds), *Information and Communication Technologies in Tourism* 1999. Springer, Vienna, pp. 12-24.

Go, F. M. and Williams, A. P. (1993) Competing and co-operating in the changing tourism channel system. *Journal of Travel & Tourism Marketing*, 2 (2/3), 229-248.

Gretzel, U., Mitsche, N., Hwang, Y. H. and Fesenmaier, D. (2004) Tell me who you are and I will tell you where to go — use of travel personalities in destination recommendation systems. *Information Technology & Tourism*, 7 (1), 3-12.

Gretzel, U., Yuan, Y. L. and Fesenmaier, D. R. (2000) Preparing for the new economy: advertising strategies and changes in destination marketing organizations. *Journal of Travel Research*, 39 (2), 146-156.

Gursoy, D. and McCleary, K. (2004) An integrative model of tourists'information search behavior. *Annals of Tourism Research*, 31 (2), 353-373.

Hallab, Z. and Gursoy, D. (2006) U. S. travelers' healthy-living attitudes'impacts on their travel information environment. *Journal of Hospitality & Leisure Marketing*, 14 (2), 5-21.

Han, J-H. and Mills, J. (2006) The mutual designing of travel websites: perceptions of the visually impaired. In: Hitz, M., Sigala, M. and Murphy J. (eds), *Information and Communication Technologies in Tourism* 2006. Springer-Verlag Wien, New York, pp. 47-157.

Han, J. and Mills, J. (2007) Are travel websites meeting the needs of the visually impaired? *Information Technology & Tourism*, 9 (2), 99-113.

Hashim, N. H., Murphy, J. and Law, R. (2007) A review of hospitality website design frameworks. In: Sigala, M., Mich, L. and Murphy, J. (eds), *Information and Communication Technologies in Tourism* 2007. Springer-Verlag Wien, New York, pp. 219-230.

Ho, C. and Liu, Y. (2005) An exploratory investigation of Web-based tourist information search behavior. *Asia Pacific Journal of Tourism Research*, 10 (4), 351-360.

Huang, L. (2006) Building up a B2B e-commerce strategic alliance model under an uncertain environment for Taiwan's travel agencies. *Tourism Management*, 27 (6), 1308-1320.

Inversini, A., Cantoni, L. and Buhalis, D. (2010) Destinations information competitors and Web reputation. *Information Technology & Tourism*, 11 (3), 221-234.

Jakkilinki, R. , Georgievski, M. and Sharda, N. (2007) Connecting destinations with an ontology – based e – tourism planner. In: Sigala, M. , Mich, L. and Murphy, J. (eds) , *Information and Communication Technologies in Tourism* 2007. Springer – Verlag Wien, New York, pp. 21 – 32.

Jeong, M. , Oh, H. and Gregoire, M. (2003) Conceptualizing Web site quality and its consequences in the lodging industry. *International Journal of Hospitality Management*, 22 (2) , 161 – 175.

Kale, S. H. (2006) Designing culturally compatible Internet gaming sites. *UNLV Gaming Research & Review Journal*, 10 (1) , 41 – 50.

Kaplanidou, K. and Vogt, C. (2006) A structural analysis of destination travel intentions as a function of Web site features. *Journal of Travel Research*, 45 (2) , 204 – 216.

Kim, E. , Nam, D. and Stimpert, J. L. (2004) The applicability of Porter's generic strategies in the digital age: assumptions, conjectures and suggestions. *Journal of Management*, 30 (5) , 569 – 589.

Kim, W. G. , Ma, X. and Kim, D. J. (2006) Determinants of Chinese hotel customers'e – satisfaction and purchase intentions. *Tourism Management*, 27 (5) , 890 – 900.

Klein, S. (2002) Web impact on the distribution structure for flight tickets. In: Wöber, K. W. , Frew, A. J. and Hitz, M. (eds) , *Information and Communication Technologies in Tourism* 2002. Springer – Verlag Wien, New York, pp. 219 – 228.

Kolsaker, A. , Lee – Kelley, L. and Choy, P. C. (2004) The reluctant Hong Kong consumer: purchasing travel online. *International Journal of Consumer Studies*, 28 (3) , 295 – 304.

Kon, S. and Turner, L. W. (2005) . Neural network forecasting of tourism demand. *Tourism Economics*, 11 (3) , 301 – 328.

Kotler, P. , Bowen, J. and Makens, J. (1999) *Marketing for Hospitality and Tourism* (2nd ed) . Prentice Hall, Upper Saddle River, NJ.

Kozak, N. (2007) External information search behavior of visitors to Turkey. *International Journal of Hospitality & Tourism Administration*, 8 (3) , 17 – 33.

Krieger, B. , Moskowitz, H. and Rabino, S. (2005) What customers want from a cruise vacation: using Internet – enabled conjoint analysis to understand the customer's mind. *Journal of Hospitality & Leisure Marketing*, 13 (1) , 83 – 111.

Küster, I. (2006) Relational content of travel and tourism websites. *Asia Pacific Journal of Tourism Research*, 11 (2) , 119 – 133.

Langelund, S. (2007) Mobile travel. *Tourism & Hospitality Research*, 7, 284 – 286.

Lau, K. , Lee, K. and Ho, Y. (2005) Text mining for the hotel industry. *Cornell Hotel & Restaurant Administration Quarterly*, 46 (3) , 344 – 362.

Law, R. (2005) Hotel database marketing in Asia: towards an object – oriented approach. *Journal of Travel & Tourism Marketing*, 18 (1) , 59 – 66.

Law, R. , Chan, I. and Goh, C. (2007) Where to find the lowest hotel room rates on the Internet? The case of Hong Kong. *International Journal of Contemporary Hospitality Management*, 19 (6) , 495 – 506.

Law, R. and Cheung, C. (2005) Weighing of hotel website dimensions and attributes. In: Frew, A. J. (eds) , *Information and Communication Technologies in Tourism* 2005 . Springer – Verlag Wien, New York, pp. 327 – 334.

Law, R. and Cheung, A. (2006) A study of online hotel reservations on Asia Pacific – based, European – based, and North American – based travel websites. *FIU Hospitality Review*, 24 (1), 32 –41.

Law, R. and Huang, T. (2006) How do travelers find their travel and hotel websites? Asia Pacific *Journal of Tourism Research*, 11 (3), 239 –246.

Law, R. and Jogaratnam, G. (2005) A study if hotel information technology applications. *International Journal of Contemporary Hospitality Management*, 17 (2), 170 –180.

Law, R. and Liang, K. (2005) A multi – criteria decision – making approach to compare and contrast the websites of China – based and U. S. – based hotels. *FIU Hospitality Review*, 23 (1), 64 –82.

Law, R., Qi, S. and Buhalis, D. (2010) A review of website evaluation in tourism research, *Tourism Management*, 31 (3), 297 – 313.

Lee, H. Y., Qu, H. and Kim, Y. S. (2007) A Study of the impact of personal innovativeness on online travel shopping behavior—a case study of Korean travelers. *Tourism Management*, 28 (3), 886 –897.

Lee, J., Soutar, G. and Daly, T. (2007) Tourists'search for different types of information: a cross – national study. *Information Technology & Tourism*, 9, 165 –176.

Lehto, X. Y., Kim, D. and Morrison, A. M. (2006) The effect of prior destination experience on online information search behavior. *Tourism & Hospitality Research*, 6 (2), 160 –178.

Li, K. W. and Law, R. (2007) A novel English/Chinese information retrieval approach in hotel website searching. *Tourism Management*, 28 (3), 777 –787.

Lin, L. (2005) Internet as a distribution channel of travel information: a case study. *Consortium Journal of Hospitality & Tourism*, 9 (2), 49 –57.

Lin, Y., Wu, C. and Chano, J. (2006) Destination image and visit intention among members of Yahoo! – Taiwan's travel communities: an online survey approach. *Tourism Analysis*, 11 (1), 61 –69.

Litvin, S. W., Blose, J. E. and Laird, S. T. (2005) Tourists'use of restaurant webpages: is the Internet a critical marketing tool? *Journal of Vacation Marketing*, 11 (2), 155 –161.

Luo, M., Feng, R and Cai, L. A. (2004) Information search behavior and tourist characteristics: the Internet vis – à – vis other information sources. *Journal of Travel & Tourism Marketing*, 17 (2), 15 –25.

Maedche, A. and Staab, S. (2003) Services on the move: Towards P2P – enabled semantic Web services. In: Frew, A., O'Connor, P. and Hitz, M. (eds), *Information and Communication Technologies in Tourism* 2003. Springer – Verlag Wien, New York, pp. 124 –133.

Main, H. (2001) The expansion of technology in small and medium hospitality enterprises with a focus on net technology. *Information Technology & Tourism*, 4 (3/4), 167 –174.

Marcussen, C. (1999a) *Internet Distribution of European Travel and Tourism Services.* Research Centre of Bornholm, Denmark.

Marcussen, C. (1999b) The effects of Internet distribution of travel and tourism services on the marketing mix: no – frills, fair fares and fare wars in the air. *Information Technology & Tourism*, 2 (34), 197 –212.

Mazanec, J. A., Wöber, K. W. and Zins, A. H. (2007) Tourism destination competitiveness: from definition to explanation? *Journal of Travel Research*, 46 (1), 86 –95.

McGrath, G. M. and Abrahams, B. (2006) Ontology – based website generation and utilization for tourism services. *Information Technology in Hospitality*, 4 (2/3), 93 –106.

Michopoulou, E., Buhalis, D., Michailidis, S. and Ambrose, I. (2007) Destination management systems: technical challenges in developing an etourism platform for accessible tourism in Europe. In: Sigala, M., Mich, L. and Murphy, J. (eds), *Information and Communication Technologies in Tourism* 2007. Springer – Verlag Wien, New York, pp. 301 – 310.

Mills, J. E., Ismail, J. A., Werner, W. B. and Hackshaw, K. (2002) Cyber crimes and the travel and tourism consumer. In: Wöber, K. W., Frew, A. J. and Hitz, M. (eds), *Information and Communication Technologies in Tourism* 2002. Springer – Verlag Wien, New York, pp. 197 – 206.

Mills, J. and Law, R. (2004) *Handbook of Consumer Behavior, Tourism and the Internet.* Harworth Hospitality Press, New York.

Mills, J. E., Lee, J. K. and Douglas, A. C. (2007) Exploring perceptions of US state tourism organizations' Web advertising effectiveness. *Asia Pacific Journal of Tourism Research*, 12 (3), 245 – 266.

Minghetti, V. and Buhalis, D. (2010) Digital divide and tourism: bridging the gap between markets and destinations. *Journal of Travel Research*, In Press.

Morrison, A. M., Jing, S., O'Leary, J. T. and Lipping, A. C. (2001) Predicting usage of the Internet for travel bookings: an exploratory study. *Information Technology & Tourism*, 4 (1), 15 – 30.

Morrison, A. M., Taylor, J. S., Morrison A. J. and Morrison, A. D. (1999) Marketing small hotels on the World Wide Web. *Information Technology & Tourism*, 2 (2), 97 – 113.

Niininen, O., Buhalis, D. and March, R. (2007) Customer empowerment in tourism through Consumer Centric Marketing (CCM). *Qualitative Market Research*, 10 (3), 265 – 282.

Niininen, O., March, R. and Buhalis, D. (2006) Consumer Centric Tourism Marketing. In: Buhalis, D. and Costa, C. (eds), *Tourism management dynamics: trends, management and tools.* Amsterdam, Buttterworth Heinemann, London, pp. xxiii – 279.

O'Connor, P. (1999) *Electronic Information Distribution in Tourism and Hospitality.* Wallingford: CAB.

O'Connor, P. (2003) Room rates on the Internet – is the web really cheaper? *Journal of Services Research*, 1 (1), 57 – 72.

O'Connor, P. and Frew, A. (2001) Expert perceptions on the Future on Hotel Electronic Distribution Channels. In: Sheldon, P. J., Wöber, K. W. and Fesenmaier, D. R. (eds), *Information and Communication Technologies in Tourism* 2001. Springer – Verlag Wien, New York, pp. 346 – 357.

O'Connor, P. and Frew, A. (2002) The future of hotel electronic distribution: expert and industry perspectives. *Cornell Hotel and Restaurant Administration Quarterly*, 43 (3), 33 – 45.

O'Connor, P. and Frew, A. J. (2004) An evaluation methodology for hotel electronic channels of distribution. *International Journal of Hospitality Management*, 23 (2), 179 – 199.

Odinma, A. C., Oborkhale, L. I. and Kah, M. M. O. (2007) The trends in broadband wireless network technologies. *The Pacific Journal of Science and Technology*, 8 (1), 118 – 125.

Ohrtman, F. (2005) *WiMAX Handbook: Building* 802.16 *Wireless Networks.* McGraw – Hill, New York.

Oorni, A. and Klein, S. (2003) Electronic travel markets: elusive effects on consumer behavior. In: Frew, A. J., Hitz, M. and O'Connor, P. (eds), *Information and Communication Technologies in Tourism* 2003. Springer – Verlag Wien, New York, pp. 29 – 38.

Pai, P. and Hong, W. (2005) An improved neural network model in forecasting arrivals. *Annals of Tourism*

Research, 32 (4), 1138 – 1141.

Palmer, A., José Montaño, J. and Sesé, A. (2006) Designing an artificial neural network for forecasting tourism time series. *Tourism Management*, 27 (5), 781 – 790.

Pan, B. and Fesenmaier, D. R. (2006) Online information search: vacation planning process. *Annals of Tourism Research*, 33 (3), 809 – 832.

Pan, B., Litvin, S. W. and O'Donnell, T. E. (2007) Understanding accommodation search query formulation: the first step in putting "heads in beds". *Journal of Vacation Marketing*, 13 (4), 371 – 381.

Paraskevas, A. and Buhalis, D. (2002) Web – enabled ICT outsourcing for small hotels: opportunities and challenges. *Cornell Hotel and Restaurant Administration Quarterly*, 43 (2), 27 – 39.

Park, Y. A., Gretzel, U. and Sirakaya – Turk, E. (2007) Measuring Web site quality for online travel agencies. *Journal of Travel & Tourism Marketing*, 23 (1), 15 – 30.

Patton, B. K., Aukerman, R. and Shorter, J. D. (2005) Wireless technologies, wireless fidelity (Wi – Fi) & worldwide interoperability for microwave access (WiMax). *Issues in Information Systems*, 6 (2), 364 – 370.

Petropoulos, C., Nikolopoulos, K., Patelis, A., Assimakopoulos, V. and Askounis, D. (2006) Tourism technical analysis system. *Tourism Economics*, 12 (4), 543 – 563.

Picolli, G., O'Connor, P., Capaccioli, C. and Alvarez, R. (2003) Customer relationship management—a driver for change in the structure of the US lodging industry. *Cornell Hotel and Restaurant Administration Quarterly*, 44 (4), 61 – 73.

Poon, A. (1993) *Tourism, Technology and Competitive Strategies.* CAB International, Oxford.

Porter, M. (2001) Strategy and the Internet. *Harvard Business Review*, 79 (3), 63 – 78.

Preece, J. (2000) *Online Communities: Designing Usability, Supporting Sociability.* John Wiley, New York.

Pühretmair, F. (2004) It's time to make eTourism accessible. In: Miesenberger, K., Klaus, J., Zagler, W. and Burger, D. (eds), *Computers Helping People with Special Needs.* Springer Verlag, New York, pp. 272 – 279.

Rheingold, H. (1993) *The Virtual Community: Homesteading on the Electronic Frontier.* Addison – Wesley, Reading, MA.

Ricci, F. (2002) Travel recommender systems. *IEEE Intelligent Systems*, 17, 53 – 55.

Ricci, F. and Werthner, H. (2002) Case base querying for travel planning recommendation. *Information Technology & Tourism*, 3 (3/4), 215 – 226.

Ricci, F. and Werthner, H. (2006) Recommender systems. *International Journal of Electronic Commerce*, 11 (2), 5 – 9.

Roney, S. A. and Özturan, M. (2006) A content analysis of the Web sites of Turkish travel agencies. *Anatolia*, 17 (1), 43 – 54.

Rumetshofer, H. and Wöß, W. (2004) Tourism information systems promoting barrier – free tourism for people with disabilities. *Lecture Notes in Computer Science*, 3118, 280 – 286.

Shea, L., Enghagen, L. and Khullar, A. (2004) Internet diffusion of an e – complaint: a content analysis of unsolicited responses. *Journal of Travel & Tourism Marketing*, 17 (2/3), 105 – 116.

Sheldon, P. (1997) *Tourism Information Technologies.* CAB, Oxford.

Shi, Y. (2006) The accessibility of Queensland visitor information centres' websites. *Tourism Management*, 27

(5), 829 - 841.

Singh, A. J. and Kasavana, M. L. (2005) The impact of information technology on future management of lodging operations: a Delphi study to predict key technological events in 2007 and 2027. *Tourism & Hospitality Research*, 6 (1), 24 - 37.

Skadberg, Y. X., Skadberg, A. N. and Kimmel, J. R. (2005) Flow experience and its impact on the effectiveness of a tourism website. *Information Technology & Tourism*, 7 (3 - 4), 147 - 156.

Snepenger, D., Meged, K., Snelling, M. and Worrall, K. (1990) Information search strategies by information - naive tourists. *Journal of Travel Research*, 29 (1), 13 - 16.

Solon, A., McKevitt, P. and Curran, K. (2004) TeleMorph: bandwidth - determined mobile multimodal presentation. *Information Technology & Tourism*, 7 (1), 33 - 47.

Staab, S. and Werthner, H. (2002) Intelligent systems for tourism. *IEEE Intelligent* Systems, 17, 53 - 55.

Stepchenkova, S., Mills, J. E. and Jiang, H. (2007) Virtual travel communities: self - reported experiences and satisfaction. In: Sigala, M., Mich, L. and Murphy, J. (eds). *Information and Communication Technologies in Tourism* 2007. Springer - Verlag Wien, New York, pp. 163 - 174.

Steuer, J. (1992) Defining virtual reality: dimensions determining telepresence. *Journal of Communication*, 42 (4), 73 - 93.

The World Wide Web Consortium. (2005) *How People with Disabilities Use the Web.* <http://www.w3.org/WAI/EO/Drafts/PWD - Use - Web>.

Vogt, C. A. and Fesenmaier, D. R. (1998) Expanding the functional information search model. *Annals of Tourism Research*, 25 (3), 551 - 578.

Waldhor, K., Freidl, C., Fessler, F. and Starha, G. (2007) RESA - an automated speech based hotel room booking call center agent. In: Sigala, M., Mich, L. and Murphy, J. (eds), *Information and Communication Technologies in Tourism* 2007. Springer - Verlag Wien, New York, pp. 1 - 10.

Wang, Y. C. and Fesenmaier, D. R. (2006) Identifying the success factors of Web - based marketing strategy: an investigation of convention and visitors bureaus in the United States. *Journal of Travel Research*, 44 (3), 239 - 249.

Wang, Y., Yu, Q. and Fesenmaier, R. D. (2002) Defining the virtual tourist community: implications for tourism marketing. *Tourism Management*, 23 (4), 407 - 417.

Weber, K. and Roehl, W. S. (1999) Profiling people searching for and purchasing travel products on the World Wide Web. *Journal of Travel Research*, 37 (3), 291 - 298.

Werthner, H. and Klein, S. (1999) *Information Technology and Tourism - A Challenging Relationship.* Springer, Austria.

WiMAX Forum. (2004) *Regulatory Position and Goals of the WiMAX Forum.* <http://www.wimaxforum.org/technology/downloads/M_ Taiwan_ Program.pdf>.

Wöber, K. W. (2001) Identifying competing tourism destinations using a group decision support system. In: Sheldon, P., Wober, K. W. and D. R. Fesenmaier (eds), *Information and Communication Technologies* 2001. Springer - Verlag Wien, New York, pp. 1 - 12.

Wolfe, K., Hsu, C. H. C. and Kang, S. K. (2004) Buyer characteristics among users of various travel intermediaries. *Journal of Travel & Tourism Marketing*, 17 (2), 51 - 62.

Wong, J., Chen, H., Chung, P. and Kao, N. (2006) Identifying valuable travelers and their next foreign destination by the application of data mining techniques. *Asia Pacific Journal of Tourism Research*, 11 (4), 355 – 373.

WTO. (2001) *eBusiness for Tourism: Practical Guidelines for Destinations and Businesses.* World Tourism Organisation, Madrid.

UNWTO. (2008) *Handbook on eMarketing: A Practical Guide for Tourism Destinations.* World Tourism Organisation, Madrid.

Zins, A. H. (2007) Exploring travel information search behavior beyond common frontiers. *Information Technology & Tourism*, 9 (3 – 4), 149 – 164.

第 14 章 Web 2.0 时代在线社区与目的地市场营销

一、序言

正如万维网在 20 世纪 90 年代中期的快速发展为企业创造了无限的商机，当前网络环境——Web 2.0 的日益革新，似乎也将为它们带来相似的机遇。网络正从一个推动营销的媒介，逐渐向推动端对端数据的生成与分享成为一种惯例。如今，个体之间的合作正以过去无法想象的方式进行着，营销者也不得不花费越来越多的力气琢磨并传递营销信息。

用户生成内容，即消费者为朋辈所创建的内容（Milan，2007）的出现已赢取消费者的信任，并成为一种具有关联性与无偏见的信息进入他们的决策过程中（Sweeney *et al.*，2008）。如今，消费者已能获取大量高质量、专题式与无偏见的信息，这些信息产生于许多像他们一样的消费者，因而不是在商业利益驱动下生成的，并能够帮助他们完成决策过程。由于信息在旅游分销过程中的重要性，这些变化无疑也将对旅游目的地产生重要的启示意义。然而，旅游目的地也是在近几年才完全将网络作为它们的营销媒介与销售机制，适应网络不断变化的特征也因此成了它们的重要议题。本章将探讨 Web 2.0 的发展进程，评估其对旅游目的地销售与市场营销的启示意义。首先，探讨信息对旅行的重要性，讨论这些信息需求在过去如何得到满足（而且必须指出的是，它们在 Web 2.0 发展过程中将继续得到满足）以及 Web 2.0（尤其是对虚拟社区）所带来的影响。接着探讨虚拟社区作为社交媒体的一种形式的概念模型，并讨论旅游虚拟社区会员的积极参与和贡献。最后，指出 Web 2.0 与社交媒体的发展对未来旅游目的地分销带来的启示意义。

二、信息在旅游分销中的重要性

信息常被称为旅游业的“生命线”，因为没有其他行业会像旅游业那样，信息的时下性、专题性与关联性会对消费者的决策过程如此重要。如果没有适当的信息，一个潜在客户的预订动机与能力将受到严重阻滞（Murphy *et al.*, 2007）。随着旅行者越来越倾向于独立旅行，他们在旅程开始前通常需要获得关联信息来制定计划与决策，同时也需要关于该旅游目的地本身的详细信息（Poon, 1993）。旅行者的信息需求实际上是由旅游产品的无形性决定的，由于旅游产品不像工业产品那样可以提前购买试用，消费者几乎完全依赖于信息说明与描述来完成旅行购买决策（Mazzarol *et al.*, 2007）。旅游产品还具有多样性，也正是这种异质性使它们具有独特的吸引力。除此之外，由于旅游产品不是孤立存在的，而是由众多不同供应商提供各种旅游线路、交通方式、时间和膳宿等的多种选择，它们共同构成了旅游产品的无尽组合与排列，同时也决定了旅行决策的复杂性（O'Connor and Frew, 2004）。

近年来社会的变迁也加剧了旅行者的信息需求（Vaughan *et al.*, 1999）。在这个日益繁忙的世界，旅行代表了一种投资（包括经济上与情感上的），并且倘若某个环节出错了，将难以更替。时间也成了一种稀缺商品，且每年的节假日乃至周末休息日都越来越充满风险。正如前文所述，即使是最简单的旅行计划也包含着让人眼花缭乱的选择。研究表明，消费者的购前感知风险越高，就越有可能通过搜索信息来协助决策（Buhalis, 1997）。因此，当代消费者越来越倾向于搜寻大量的信息来弥补期望与体验之间的差距，这也促使旅游部门需要不断向旅行者传递及时、有效的信息（O'Connor, 2008a）。

旅行者的信息来源十分广泛，包括直接从旅游供应商获取信息，或通过各种各样的中介机构获得，实际上，这些中介机构就是他们的信息经纪人（Murphy *et al.*, 2007）。尽管中介机构之间的界限正日趋模糊，但它们各自有着独特的经营形式。旅行代理商既为顾客提供“搜索与预订”服务，同时也是他们的旅行顾问，它们不仅使顾客得以摆脱搜索合适产品的压力，也能利用自身的知识与经验帮助他们选择匹配的旅游目的地（Palmer and McCole, 2000）。旅游运营商实质上扮演着产品组合者的角色，它们将不同旅行成分组合在一起，并包装成一个完美的产品进行营销，从而帮助游客减少购买决策的复杂性。一些区域旅游组织也发挥着中介结构的作用，它们为区域内各种旅游供应商提供信息与宣传手册（Laws，1997），还有其他各种各样的组织（俱乐部、信用卡公司、奖励性住房）与宗教团体也提供相似的服务，尽管范围相对小得多，但它们也会发布一些相关的信息，有助于消费者完成旅行决策过程（Buhalis and O'Connor，2006）。

尽管通过中介机构发布旅行信息效率相对较高，但这种方式也面临着各种挑战，其中最凸显的就是知识缺口和信用差距（O'Connor，2008b）。随着世界发展日新月异，顾客的特征也在不断变化，旅行中介机构作为知识经纪人的角色日益受到挑战。尤其随着大众旅游的快速发展，旅行者的信息需求变得越来越个性化与多样化，他们开始关注越来越细化与具体的信息。与此同时，通过专业的电视旅行节目、印刷媒体中与日俱增的旅游报道，以及通过互联网深度搜索相关兴趣话题，消费者自身的知识也日渐丰富。他们在接触旅行代理商时，往往已经有了关于去哪儿、住哪里、做什么的具体想法，这使得原本属于旅行代理商传统的知识与推荐优势，日益受到了消费者专业化要求的挑战。在许多情况下，消费者更需要特定兴趣领域中的信息，而不是面面俱到的旅行代理商或旅游运营商所提供的信息。这实际上也是它们作为一个可信赖的旅行顾问与信息经纪人的角色的终结。

此外，旅行信息不管由旅行中介还是直接由供应商提供，都基本上来源于以下两种渠道：要么来自供应商自身，要么来自传媒出版物的编辑信息，如报纸、杂志或旅游指南。然而，无论属于哪种情况，一些基本信息的最初源头通常还是来自供应商，其可信度也因而受到质疑。因为供应商所提供的信息在本质上主要是以营销与广告为导向的，往往存在很大的偏见。许多旅游指南中所传递的每种旅行体验都是纯粹的享乐主义，与当下拥挤的、言过其实的现实旅行环境形成了鲜明的对比。于是，新闻记者与旅行向导就成了一个可以增值的角色，因为他们能以公正的眼光筛选与巩固其中的信息，并形成读者可以信赖的客观推介信息。实际上，这样的一个向导行业已经发展起来了，比如全球知名品牌，如 Fodor's，Rough Guides，Lonely Planet，Michelin 和 Time Out，以及专注于特定区域或体验的专业出版商。然而，当今消费者已越来越质疑这些信息来源的公正性，部分原因在于这些付费向导在媒体报告中的述评/排名是在供应商的回扣驱动下形成的，其中还出现一些明显的错误使人们对这一领域产生了质疑。例如，布鲁塞尔一家还未开张的餐厅被授予米其林星级。这样，消费者就陷入了这样一种窘境：一方面，这些持怀疑态度的消费者在旅行计划过程中对详细的、主题化与关联的信息存在需求；但另一方面，这些信息的传统来源又变得越来越不可靠（Xue and Phelps，2004）。在理想的情况下，他们需要一个更加可靠的来源，这一需求正逐渐被一种日益发展的互联网现象所满足，这就是知名的 Web 2.0（Yoo and Gretzel，2009）。

三、Web 2.0 引论

术语 Web 2.0 出现于 2004 年年末，最早源自奥莱理媒体公司职员蒂姆·奥莱理的一项研究中（Tredinnick，2006）。然而，尽管经过媒体的大肆炒作，目前还未形成一个正式的、一致的定义，部分原因在于这个术语对于许多不同的人存在许多不同的内涵。维基百科虽然不是一个实证来源，但其将 Web 2.0 定义为一个“基于网络的第二代服务平台，主要强调用户之间的在线合作与分享”（Wikipedia，2008）。从技术上，可以把 Web 2.0 定义为基于互联网的新一代技术（网站、应用、服务与程序），使人们能够以以往无法想象的方式进行信息分享与协同合作。虽然这种现象是由技术发展所促进的，但大多数人都认为，与其说 Web 2.0 的成长与技术的发展有关，还不如说其与用户行为的根本转变有关（Dearstyne，2007）。即使是 Tim O'Reilly，这一作为创造这个术语的技术发行者，也更倾向于将 Web 2.0 描述为一种理念，而不是一种技术。

尽管细节呈现的方式不同，但贯穿于整个 Web 2.0 发展的共同主线就是：由用户掌握基于网络的信息，他们可以根据各自的意愿使用、创造、分享、编辑乃至出售信息（Tredinnick，2006）。Web 2.0 网站趋向于“参与式”的发展趋势，它鼓励任何有兴趣的用户提供与反馈信息，从而使内容创建者与内容受众之间的界线变得模糊（Dearstyne，2007）。Web 2.0 网站还趋向于会话式发展，参与者之间通过双向互动而非广播的方式进行交流（Nicholas *et al.*，2007）。Web 2.0 网站聚焦于社区的发展，能够促进兴趣相似的群体相互交流，融合了许多来源不同但相互联系的链接与内容，使得最终的服务、产品或信息能够产生协同价值。因此，Web 2.0 又可定义为一个巨大的虚拟社区，人们基于共同的兴趣爱好参与其中并产生互动。

认识 Web 2.0 的一个关键在于，Web 2.0 并不仅仅是一套新的媒体机构或渠道，它反映的是媒体运作方式的根本转变。大多数 Web 2.0 技术本身仍在不断变化发展中，然而，这些技术的快速融合又带来了消费者行为的变革。Web 2.0 网站使消费者能够根据自身的偏好与内容与其他消费者发生互动。结果，个体越来越倾向于从其他人身上而不是从机构性来源，如公司、媒体、政府机构甚至宗教组织中获得信息线索。过去，消费者主要从这些权威机构中寻找信息，如今，朋辈之间的集体智慧越来越成为他们的最终权威信息来源（Cox *et al.*，2008）。

虽然 Web 2.0 主要是一种用户现象，但其日益凸显的重要性也使许多企业尤其是旅游目的地正想方设法利用其价值。无论内容与社区聚集在哪里，对商业的发展都存在潜在的价值。然而，目前关于如何对其进行商业利用的讨论仍然未果，并遇到了大量难题。大多数企业仍未真正理解社区的本质及其社区会员的根本需求。一个由社交媒体所促进的虚拟社区，其成功运营取决于企业是否全面理解其本质，以及在虚拟社区的背景下，它们对其中的社区会员的身份及其基本需求的了解程度（Wang *et al.*，2002）。

四、理解旅游虚拟社区

学界中不少文献都试图界定与探讨在线社区的定义及其关键特征。因此，存在一系列从不同学科视角出发的不同定义，如社会学、技术学和电子商务。然而，大多数研究者主要从自身相对狭隘的学科视角来界定虚拟社区的概念，因而也产生了大量令人困惑与片面的结论。

（一）旅游虚拟社区的特征与运营要素

Wang 等（2002）从虚拟社区的独特性出发，并综合不同视角对在线社区定义的所有讨论，提出了旅游虚拟社区的理论框架（图 14－1）。该概念模型认为，场所、符号与虚拟是虚拟社区独特的特征。从运营层面上看，虚拟社区需要存在一群具有特定目标的人，他们在一定的政策管治下，借助于计算机系统相互交流。

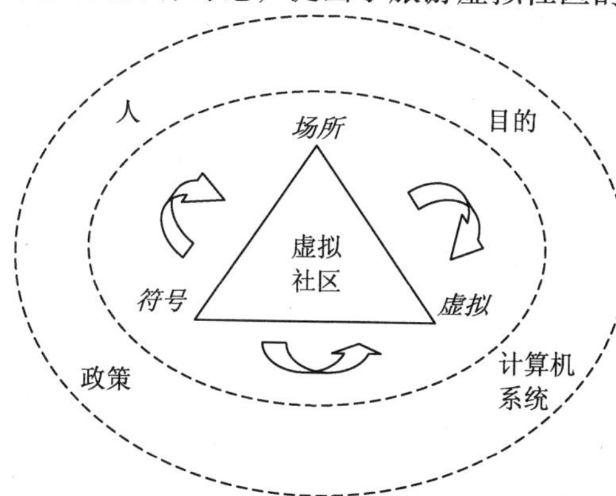

图 14－1 旅游虚拟社区的概念模型
（改自 Wang *et al.*，2002）

1. 虚拟社区的场所性

在线下世界中，社区是一个物理场所，人们能在其中发展与维护社会与经济关系，并探索新的机会。一个社区是基于某些共性而形成的，如位置、生活方式、身份认同、个性等。与物理社区相似，一个虚拟社区也可看作一个社会组织，其中一群志趣相投的人在这里相遇。尽管人们看不到“它”，但“它”确实存在于虚拟社区会员的内心深处。

2. 虚拟社区的符号性

当人们创建一个社区时，他们往往赋予其一种象征意义。这是一个社区的符号维度，能在社区会员中产生意义与身份认同。Calhoun（1980）强调，社区是一个包含不同思想与情感的综合体。一个虚拟社区之所以存在，是因为参与者定义了它，并赋予其独特的内涵。一个虚拟社区也有它自身的文化构成，还有自身的集体意识、虚拟意识形态以及符号。从这个意义上看，虚拟社区是一件非常个人的事情，只有会员自己才能判断他们是否感觉自身为该社区的一部分。

3. 虚拟社区的虚拟性

尽管在线社区与线下社区存在一定的相似性，但两者最显著的一个区别在于是否存在虚拟性。虚拟社区所固有的独特性表现在，它借助网络传播以一种虚拟的方式创造了一个社会关系发生的背景，这些关系将影响我们对社区的看法。由于术语“虚拟”与“不真实”有关，可以说，在线上所发生的活动就像是一个社区，但它并不是一个真实的社区。然而，如果说交流是任何一个社区的核心，那么，无论一个虚拟社区存在于何处，它都是真实存在的。

从理论上讲，虚拟社区必须具备以下四个运营要素：人、目的、政策以及计算机系统。我们需要进一步分析这四个要素，才能更加全面与深刻地理解虚拟社区。

人：人是社区的核心，没有人就没有社区。社区会员之间积极互动的特征使在线社区显著区别于网页。在线社区中的每个人都扮演着不同的角色，这些角色可能对这个社区产生积极或消极的影响。其中可以确定的角色包括：调解者与中介人，他们引导讨论的方向并扮演辩论的仲裁者；专业评论员，他们提出一些观点并引导讨论；一般参与者，他们参与讨论并做出一定的贡献；以及潜伏者，他们通常静静观察。

目的：社区会员之间的共同目的，如兴趣、信息或服务，正反映了一个社区存在的理由。目的有助于一个虚拟社区明白其想要达成什么任务、谁是目标受众以及它的会员将从参与中获得什么利益。目的还有助于社区确定自身的结构以及运营与维护所需要的资源。一个成功的社区不仅在其会员生活中具有清晰的目的，还能实现其所有者的基本目标。因此，预先说明目的，有助于创建一个连贯的、令人信服与成功的在线社区。

政策：在虚拟社区中，需要政策来规范会员的在线行为。政策将界定加入社区的条件、参与者之间的交流风格、允可的行为、隐私保护政策、安全守则以及违反政策的后果，此外，也可能存在一些不成文的行为准则。政策监管社区的本质及其呈现的方式将强烈地影响加入该社区的会员以及社区的特点。

计算机系统：可以说，计算机系统是虚拟社区的基础。正是通过计算机系统，才使得成千上万的人拥有了接触大量信息的通道，并实现彼此之间的交流。计算机系统能支持与调解社会互动，并促进社区感的形成。

（二）旅游虚拟社区会员的一般参与动机

参与一个旅游社区是以获得多种多样与动态变化的利益为动机的。然而，由于社区会员特征的多样性以及旅游社区的本质特性，识别并获取这些利益的过程也十分复杂。

Wang 和 Fesenmaier（2004）运用社会心理学的方法将旅游虚拟社区中会员参与的动机概念化，认为他们的一般参与是受到以下利益所驱动的：功能利益、社会利益、心理利益以及享乐利益（图 14－2）。

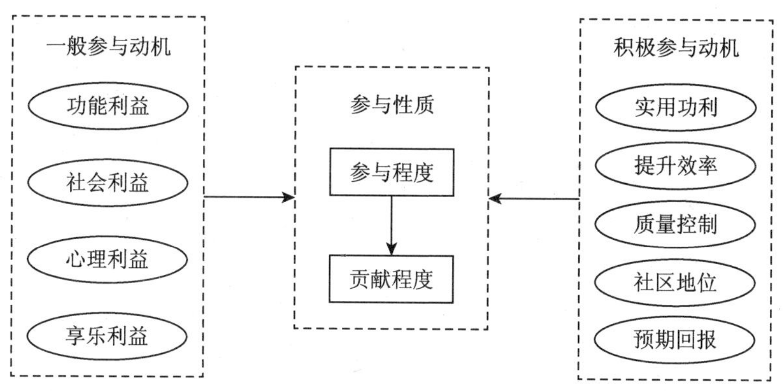

图 14－2　旅游虚拟社区的一般参与及积极参与动机
（改自 Wang and Fesenmaier，2004）

1. 功能利益

当旅游社区会员上线完成某项具体的活动时，他们就获得了功能利益。一方面，功能利益包括大量与旅行计划相关的信息。由于线上获取信息不受时间与地理条件的限制，网络环境中的信息交换往往更加方便与高效；另一方面，功能利益也包括交易，即会员购买与销售产品或服务（Armstrong and Hagel，1996）。

2. 社会利益

旅游虚拟社区是社会建构的产物，它传达着社会意义，同时也带来社会利益。这些社会利益是由该社区的任务目标所界定的，包括提供帮助与支持、通过同步与非同步交流实现正式的社交活动、讨论与交换观点，以及与其他会员建立关系并发生联系等（Preece，2000）。具体地说，一个旅游虚拟社区的社会利益包括交流，会员与社区所有者、会员之间的信任，会员之间的关系与互动等。

3. 心理利益

旅游虚拟社区也能为会员提供心理利益。旅游虚拟社区最初的主要功能是信息搜索，而后逐渐转化为社区与理解的来源，最终还可能建立起持久的身份认同。正是心理利益使社区成了会员生活中的一部分，以及商业世界中的一股强大的组织力量。其中，这些心理利益包括：对社区的归属感、通过社区的身份表达意愿、与社区其他会员的联系感等。

4. 享乐利益

会员加入一个旅游虚拟社区，不仅仅为了得到功能的、社会的与心理的利益，还为了满足自身的享受与娱乐目的。享乐视角就是将消费者看作一群寻乐者，他们通过参与活动来寻求享受、娱乐、消遣与乐趣。旅游虚拟社区为人们提供了一个相聚的机会，在这里，他们一起参与一个看似一切皆有可能的角色扮演游戏，共同探索一个充满奇幻与娱乐的新世界。

然而，需要指出的是，不同虚拟社区所侧重的利益是不同的，因而会存在显著的差异。有些社区更注重其中某种利益。例如，Wang 和 Fesenmaier（2004）证明了在旅游虚拟社区中，社会与享乐利益比功能利益对会员的参与影响更大。然而，一个社区如果只强调一种利益而排斥其他利益，它往往很难取得成功，因为虚拟社区的优势恰恰就在于其能同时提供多种利益的能力。

（三）旅游虚拟社区积极参与动机

为了虚拟社区的发展与繁荣，以及为了所有社区会员与社区组织者能够从中受益，必须要使社区中积极参与并做出积极贡献的会员比例保持在一致水平。社区会员可通过各种丰富的形式对社区建设做出积极贡献，如提问和回答问题、提供建议、分享想法等。其中，可以应用礼物经济、自我概念以及社会资本创造与划拨理论来解释社区会员积极参与并做出贡献的意愿。以下 5 种动机因素可以用以解释会员愿意为旅游虚拟社区做出积极贡献的原因：实用功利、提升效率、预期回报、质量控制以及获取社区地位（图 14－2）。

1. 实用功利

正如加入一个旅游虚拟社区可以获得功能利益一样，会员也会为了某种实用功利目的而对该社区做出积极贡献。实用功利可能是以义务为基础的，其产生于二元对应的社会交换过程（Blau，1964）。我们可以用理性行为者模式来解释追求实用功利的动机，所谓理性行为者模式，即个体与集体理性行为者都是出于自身利益而培育与开拓社会资本（De Graaf and Flap，1988；Burt，1992）。此外，还可以用社会资本创造与划拨理论来解释追求实用功利的动机，因为会员的期望反映了他们可能从所创造的社会资本中获得的实际利益。

2. 提升效率

在一个旅游虚拟社区中，有大量会员都愿意为其他会员提供帮助、支持与援助。人类的一些个人属性促使人们希望回馈社区，其中包括激情、得到认同的欲望，以及由于过去曾作为一个“接受者”的经历而形成的义务感（Cothrel and Williams，1999）。进一步说，这种尝试帮助他人的感觉可能源自行为本身的自我满足感。在这个过程中，通过计算机网络的交流成本要比面对面的交流成本低得多，同时，每一条网络信息的价值都可能被放大，因为会员所提供的信息可能会被无数人所使用或复制。这样就使积极参与社区活动并对虚拟社区做出积极贡献的效率得到了很大提升。

3. 质量控制

个体往往十分注重社区中其他消费会员的评判，尤其是业内人士与爱好者的专业判断。根据 Forrester 的研究（Allen *et al.*，1999），当人们考虑网上购物时，大约有一半在线社区用户将参考社区其他会员的意见。有 1/3 在线社区用户承认这些意见将影响他们的购买决策。因此，可以认为，社区会员对旅游虚拟社区做出贡献，主要是为了控制产品/服务质量、推动卓越服务，或根据他们自身的旅行消费知识与体验来提出旅行建议/评价。

4. 社区地位

根据自我概念理论（Stryker，1980，1986），通过扮演参照群体成员所期望的角色可以实现理想自我，从而满足他自身的归属与权力需要。一个人如果定期对群体做出高质量的贡献，他可能相信自身已对该群体产生影响力，这反过来又将促使其形成良好的自我形象。在旅游虚拟社区中，高质量的信息、在回答中提供令人印象深刻的技术细节、帮助他者的意愿以及优雅的文字都能增强一个人的社会地位与权威。因此，追求社会地位与声望，是个体对虚拟社区做出积极贡献的核心动机之一。

5. 预期回报

礼物经济理论可用以解释虚拟社区中的互动现象（Rheingold, 1993）。赠礼通常包含着在未来某个时间回礼的不成文义务。当人们在虚拟社区中提供免费的建议或有用的信息时，其动机可能是想得到所期盼的互惠。然而，由于赠予者）往往不知道谁是接受者，且赠予者日后也可能不再遇到那个接受者，因此，在线交换行为往往显得比赠礼更加慷慨，风险也更大（Kollock, 1999）。所以说，两个具体个体之间的互惠义务往往很难或根本不可能实现。也有人认为，“信息礼物”与建议通常不是给予某个特定的个体，而是指向一个作为整体的群体（Kollock, 1999）。虽然与一个特定的个体不太可能实现互惠利益的平衡，但从某种意义上说，这种平衡有可能在一个作为整体的群体中实现。

五、Web 2.0，虚拟社区与旅游目的地

诸如博客、用户点评与社交网络等的 Web 2.0 技术无疑促进了虚拟社区的增长，并为商业组织及其客户提供了大量机会（Armstrong and Hagel, 1996）。公司可以利用 Web 2.0 网站创造新的服务类型、改进现有产品、创建新的部门与能量。对旅游目的地而言，这些网站有助于拓宽营销视野，对市场营销、销售、产品与服务开发、供应商网络、信息质量和分销渠道产生重要的影响。下文主要讨论旅游目的地中的 Web 2.0 开发与应用评估。

（一）博客

博客，或网络日志，是用户生成内容最流行的形式之一，截至 2007 年 12 月，使用博客搜索引擎“Technorati”可以追踪超过 1.12 亿个独立博客。博客通常以日记风格与时间倒序方式呈现，往往关注非常具体的话题，通常包含对该特定主题的评论或新闻。博客内容通常以文本形式为主，通常也会包含一些照片、录像以及外部网站或其他博客的链接。大多数博客都允许读者点评或回复帖子，这既是社区感觉的一个重要部分，也是 Web 2.0 发展的典型代表。人们写博客的动机千差万别。对于许多人而言，写博客的动力纯粹源自个人，他们仅仅借此来分享一些想法、思考与感觉。有越来越多的公司也开始引进博客作为加强内部沟通的工具，或用以外部营销、品牌化或公共关系的目的。然而，这样的公司博客网站往往会面临上述方面的公信力问题。其中，公正性是问题的核心，如果信息过于商业化，那么，博客只不过成为另一种营销/广告

工具罢了。

当人们计划旅行时，往往将博客看得特别重要。如上所述，大多数博客倾向于关注非常具体的话题，博主也往往被看作权威或专家。随着专业旅游的发展趋势，这些权威不仅影响了他们的普通读者，还影响着那些通过搜索引擎随意进入他们的博客网页的冲浪。根据 2006 年 Y – Partnership 的《美国国民休闲旅行监测报告》，在通过互联网搜索旅行信息的消费者中，超过 25% 的消费者通过访问博客来了解一个旅游目的地或旅行服务供应商的相关信息。因此，对一个旅游目的地的博客名声进行管理也开始变得十分重要（Inversini *et al.*，2010）。旅游目的地需要积极监测关于它们的言论，这样才可以持续了解自身的舆论形象，也可以防止一些错误的信息被循环传播。

旅游目的地也有机会主动进入博客社区中。如果一个旅游目的地能够识别那些在它们的目标市场中成为权威的博主，就可以采取措施促使他们对目的地形成并保持积极的态度（Ellis – Green，2007）。多年来，旅游目的地一直都与传统旅行代理商保持积极的公共关系，包括向他们提供宣传册与其他资料来帮助他们熟悉与销售产品，还组织“熟悉之旅”使他们能够体验潜在顾客可能经历的体验。然而，随着旅行代理商的影响力不断下降，这些措施的效果也将不断减弱。再者，一个旅行代理商仅仅能影响一小部分人群，而且他们还需要收取一定的推荐与销售补偿。相反，博主看起来更加公正，其影响力也因而更大。因此，与合适的博主群合作，可能对一个旅游目的地形象带来更好的影响效果。

（二）微博

“微博”是博客的一种形式，也是近年正不断发展的一个有意思的趋势，用户可以通过微博随时更新简短的文本（通常为 140 字）并发布在网上。人们可以通过多种形式来更新微博消息，包括移动电话、电子邮件或网站。虽然诸如 Facebook、MySpace 和 LinkedIn 等社交网站也因为具有可以更新状态的特征而被看作微博的一种形式，但 Twitter 无疑是最流行的微博网。微博内容尽管有限，但由于能够捕捉瞬间的时刻，微博博主可以持续同步分享他们的想法与感觉，微博实际上呈现的是极其详细的信息。这种社交媒体形式恰恰很好地推动了过于繁忙的一代通过这种常规方式来保持联系。

（三）社交网络

社交网络是人们在一个虚拟空间中聚集并形成关系的网站。大多数社交网络都支持用户建立个人网页，然后与朋友建立联系，进行信息交流与分享。子群通常是围绕非常具体的兴趣建立起来的网络形式，每个会员都可能参加多个不同的子群（Dwyer, 2007）。这样的社交网络起源于一个社区中邻居之间的互动（Carrolland Rosson, 2003），它们往往能够促进与地方活动事件、问题与时事热点相关的信息交换、讨论与共同活动（Boyd and Ellison, 2007）。然而，电子通信以及网站使用的膨胀已经改变了社交网络的环境（Wang *et al.*, 2002），人们再也不受地理位置的限制，具有相同兴趣与关切的个体现在可以虚拟地形成社区，并主要通过网络环境发生互动（Sun *et al.*, 2006）。

Facebook 是马克·扎克伯格于 2004 年创建的最早的社交网络。那时主要以哈佛大学的学生为目标人群，并在两周内获得巨大的成功，其中，有一半学生注册了 Facebook，接着波士顿区域的其他学校也开始建立自己的 Facebook。在短短四周内，Facebook 增加了 30 多所大学网络，标志着社交网络趋势开始呈现。Facebook 持续增长，在 2005 年 9 月开始向高中生开放，在 2006 年年初向工作网络开放，最后在同年 9 月向所有通过电子邮件地址注册的人开放。这个网站得到了用户空前的激情，或者说用户的上瘾程度达到空前的规模：每天有超过一半的人登录系统，用户平均每天花费 19 分钟在 Facebook 上。此后，出现越来越多的多面手网站（如 MySpace 和 Friendster，这些网站使人们能够相互发生社会化的联系与互动）、商业网站（如 LinkedIn 和 Viadeo，它们更关注发展业务关系）以及专业网站（侧重于专题，许多都借助技术方案来推动发展，如网络平台 Ning 使任何人无须实际技术知识也能简便地建立自己的社交网站）加入了社交网络的舞台。不同网络各自占据着世界的不同领域，但大部分在美国地区以外的影响力都很小。例如，在法语国家中，占主导地位的社交网络是 Skyrock，但这个网络在英语文化圈中几乎闻所未闻。相类似，亚洲也有自己的社交网络，包括韩国的 Cyworld、日本的 mixi 和中国的 QQ. com。

旅行公司对社交网络现象存在双重反应——一是利用这一趋势，尝试创建自己的专业旅行社区，二是通过加入现有的社交网络来建立品牌忠诚度。对于前者，WAYN（你现在在哪儿）也许是第一个旅行社交网络，用户可以关注他们在世界各地所认识的朋友。其创始人 Jerome Touze 和 Peter Ward 在一次背包旅行回来后，由于想用一种简单的方式与朋友保持联系，于是创建了这个网站。这个网站具有标准的社交网站特征（个人资料、照片分享、上传录像、消息），同时允许用户分享他们对旅行产品，如膳宿、餐饮与夜生活的用户点评。然而，从技术角度来看，虽然像 Ning 这样的服务已使建立一个社交网络变得相对简单，但要建立一个活跃的用户社区可能还十分困难，这也促使许多旅行公司放弃建立自己的网站，转而参与现有的社交网站，并成为它们顾客的“朋友”。这样，它们就可以与目标细分市场群体建立关系并分享信息，顺便绕过那些限制传统电子邮件营销的垃圾邮件过滤器，甚至绕过“缺乏兴趣”过滤器。这些公司通过与顾客成为朋友，能够迅速发现他们的兴趣点，了解他们喜欢做什么以及想去哪里，这很可能成为市场情报的重要来源，使公司有可能获取那些难以得到的信息。

（四）用户点评

万维网的一个重要优势就在于为消费者提供了一个令人难以置信的信息获取渠道。如今，消费者可以使用搜索引擎轻易地找到任何他们想要的信息，并推动网络转变成为一个用户驱动的非线性信息库。过去，是由营销者决定了信息呈现与消费的方式，如今，用户可以反过来掌握这一过程。网站访问者再也不需要进入一个主页，然后像阅读一个小册子那样浏览连续的网站信息。相反，他们可以直接从搜索结果中得到特定的信息。

然而，网络所带来的日益增长的信息量也成了一把双刃剑。大量信息的存在往往使决策过程变得更加复杂，消费者既没有时间也没有能力比较所有的选择。当存在过多的可替代选择时，消费者很可能最后做出混乱、次优或者不满意的选择。在线下世界，口碑有助于消费者克服这一困难，并找到所需要的信息（Looker *et al.*，2007）。当面临过多的信息时，消费者往往积极寻求他人的意见来降低风险（Smith *et al.*，2007）。此外，人们往往认为口碑比营销信息更加生动，更加容易使用以及更加可靠（Smith，1993）。过去，这种方法只适用于个体之间或小群体之间的谈话中。如今，互联网已将口碑范围扩大，并推动其成了一种大众通信媒介，即在一个社交网络中，存在一个预定义的朋友群或由成千上万相互联系的线上陌生人组成的预定义群体。互联网使消费者更容易表达自己的观点，同时也使他们更容易获得其他消费者的评价意见，可以说，互联网已对消费者的购买决策产生了深刻的影响。

如今，消费者可以在网络论坛中谈论自身的经历、发表观点与分享新闻与建议，关于任何一个产品的点评，从咖啡到电子产品，几乎都可以在网络论坛中找到（Puri，2007）。这意味着，个体在历史上第一次实现了将个人想法、反应与意见轻易地到达全球社区——这实际上使每一个消费者都成了一个神秘的购物者。Sun 等（2006）进一步指出，与面对面的交流相比，那些网站的贡献者往往受到更少约束，表现出更少的社交焦虑与公共自我意识，因此，他们往往更加乐意与真诚地发表观点。根据皮尤研究中心的《互联网与美国生活计划调查》估测，全美国大约有一半互联网用户会在线发表想法，或创建网络内容(Gretzel *et al.*, 2007)。他们的动机可能千差万别（Walsh *et al.*, 2004)。尽管对负面体验发泄失望的情绪常常是其中一个动机，但这似乎只是消费者发表评论的一个相对次要的原因（Wang and Fesenmaier, 2003)。相反，根据2004年的一份研究，对社会交往的渴望、关心其他消费者以及增强自我潜在价值等是最常见的动机（Hennig – Thurau *et al.*, 2004)。

现在，在消费者的决策过程中，感兴趣的消费者可以利用用户生成数据来评估各种选择：他们根据朋辈中未经过滤的、动态与话题式的意见来做出决策，而不是大众市场中由供应商所提供的广告信息（Dobele *et al.*, 2005)。在这样的背景下，社交网站开始变得越来越重要，有人认为其对消费者的影响力已经与电视一样重要，并超过了报纸的影响力（Amis, 2007)。舆论研究公司的一份近期调查发现，超过60%的受访者表示在购买新产品或服务前会浏览在线点评、博客与其他顾客反馈；其中，有80%的受访者表示，这些信息对他们的购买决策会产生一定的影响。用户点评往往拥有较高的可信度，因为人们通常认为点评者是独立于卖主之外的（Silverman, 2001)，他们看起来似乎没有直接从产品或服务推荐行为中获得直接的利益（Sweeney *et al.*, 2008)。这说明消费者正越来越依赖于这种类型的反馈意见，并将其纳入广泛的决策范围内，包括看哪部电影、投资哪只股票以及买哪些产品等。许多人认为，消费者事实上更加倾向于朋辈之间的推荐（Smith *et al.*, 2007)。由于社交网络通常是由一群偏好相似的端对端消费者形成，社交网络中的意见往往被看作关联与公正的，因此，那些持怀疑态度的消费者也更倾向于相信这些意见，而不是专业制作的广告或内容（Senecal and Nantel, 2004)。商业网站也尝试利用这一现象来将浏览者变为购买者，如像Amazon. com和ebay. com这样的零售网站就鼓励消费者对产品进行点评，并将其作为网站的促销工具。

在旅行中，最受关注的Web 2.0显然是用户生成点评的影响（Chatterjee, 2001)。如今，用户点评已经成为在线旅行代理商网站中的常规应用（如Expedia. co. uk或Priceline. co. uk)，有时还会影响产品与服务的显示次序，这无疑也影响着潜在顾客的选择。然而，研究表明，发表在这类网站的评论可信度没有发表在第三方用户点评网上的评论可信度高（Gretzel *et al.*, 2007)。在许多情况下，人们通常（正确或错误地）认为这些商业网站的评论客观性更低(Xue and Phelps, 2004)。

用户点评明显对旅行产生了巨大的影响（Yoo and Gretzel 2009)。用户生成内容的扩散意味着，旅游宣传册或广告中那些昂贵的、光彩的、姿势完美的照片影响力已经下降，取而代之的是顾客在社交网站中所发布的评论或猎影相片，它们往往塑造了后来者对一个旅游目的地的第一印象。Complete 股份有限公司表明，2007 年大约有一半旅行购买者在旅行计划中参考了消费者点评，将近 1/3 的购买者认为这些评论很有用。超过一半的在线旅行者表明他们每次计划旅行时都会参考网络评论。大部分在线旅行者在计划旅行之初就开始利用这些网站来获取灵感，或缩小选择范围，少部分在线旅行者在计划后期会通过征询这些网站来确定最后的选择（Gretzel *et al.*，2007）。大多数旅行者认为，用户生成评论能够比旅游供应商提供更新、更愉悦与更可靠的信息内容。尤其是常旅客往往更重视这些网络评论，也更可能高度受到这些评论的影响（Gretzel *et al.*，2007）。

独立的用户点评网也并不是不存在自身的问题。然而，如上述讨论可知，消费者通常借助于这些网站来减少他们的信息过载问题，因为网络中大量的评论、意见与反馈事实上反而使决策过程更加复杂化（Bellman *et al.*，2006）。在这种情况下，公信力与信任就变得更加重要了，但如果没有语境线索来协助解释，往往会出现一些问题（Dellarocas，2003）。在线下世界中，语境线索（一个人的面部表情）可以帮助人们评估意见。然而，在网络环境中并不存在这样的线索，一些网站通常会显示评论者的个人基本资料或其他数据（加入会员的时间长度、位置、过去发表评论的次数等）来建立公信力与信任。其他网站还允许读者对评论内容的质量提供反馈，并据此来对评论者进行排名。然而，真实性仍然是一个十分关键的问题（Puri，2007）。由于个体可以匿名在社交网站中发表评论，这样就会导致出现排名合法性的相关问题。倘若没有适当的保障措施，那么，参与者可能会发表不真实的评论来增加自己的名声或玷污他们的竞争对手。一些媒体报道也对用户生成评论网站上的评论合法性产生质疑（Keates，2007）。然而，O'Connor（2008b）对关于伦敦饭店的网络评论进行了一项实证研究，发现只有一小部分评论可以确定是"可疑的"，这表明这个问题也许不如行业存在的各种推测那样广泛存在。在这里，这个问题还与 Web 2.0 网站所具有的群体力量特征有关。随着评论数量的增长，人们对每个旅游产品（饭店、餐厅、旅程等）发表的大量合法性评论将把虚假评论淹没，从而不断削弱它们的影响力。

（五）照片和视频分享

上文主要讨论的是文本形式的内容，尤其是用户点评，它们作为用户生成内容已得到最多的关注，但同时我们不应忽略多媒体内容的重要性，尤其是照片与视频。无论在社交网站中还是在用户点评网站中，照片与视频的影响力显然日益凸显。随着这些网站逐渐成为旅行信息的重要来源，一个顾客对饭店的第一印象也许不是源自它们所张贴的广告照片，而是一张客房服务托盘的照片，这个托盘已放置在走廊三天，并长满了绿霉（来自 TripAdvisor 的一个真实案例）。在一个自由社会中，这样的内容几乎难以控制，这进一步迫使旅游企业必须确保良好的日常运营。

用户不仅可以在社交网站与用户点评网中发表多媒体内容，还可以在一些专门的 Web 2.0 网站中分享照片与视频。“Flickr”（网络相簿）已成为照片分享的行业标准，它允许用户上传和分享个人照片，也可以对照片打上标签，方便其他用户搜索与检索特定的内容。与照片相比，视频的影响力似乎更为广泛。随着宽带连接的普及，尤其在发达国家，消费者已经可以方便地上传视频到视频分享网站中，也可以流畅地观看网络视频。如今，网上已存在数千万个用户生成视频剪辑，不仅有网站专门提供免费的视频剪辑（如 YouTube 和 DailyMotion），还有专门提供与旅行相关的视频剪辑网站（如 TvTrip 或 Trivop）。虽然其中一些网站的原始内容源自商业服务，但在多数情况下，它们的意图在于鼓励出现更多的用户生成视频，即由用户分享他们自己的真实经历的视频。这对于企业公关无疑是一个良好的机会，它们可以自己创造与上传视频展示一个度假胜地的风采，也可以鼓励和推动顾客这样做。虽然制作视频比较麻烦、花费时间长且成本高，但这些材料的真实性正是消费者最想要得到的内容，这或许比专业制作的内容或广告更有成效。

（六）标签法

标签法（亦称分众分类法），是指在网络环境中对信息簇群进行分类与搜寻信息的方式（Scaglione *et al.*, 2010）。标签法有时也称作协作标签法、社会分类法或社会索引法，是指协作创建和管理注释与群组内容标签的过程，其中，群组内容包括了网页、博客、照片或视频等（Tredin - nick, 2006）。与传统的索引相比，标签不仅可以由专家创建，也可以由内容本身的创造者与消费者所创建。用户可以自由选择关键词而非通过受控词汇来创建标签，并且可以对任何一条内容贴上多个标签，这样可以加强内容的真实性以及由用户生成的印象。

如今，人们越来越多地使用标签来浏览网页，这不仅是对网站内容分类的方式，如 Flickr 和 YouTube（由于基于共享的词汇，用户和其他用户都可以轻易地找到相关网站），也是人们为了方便记忆来储存与检索网页的方式——这一过程也称作为社会化书签。例如，假设某个人正考虑一个纽约周末旅行计划。大多数人一开始都会在谷歌搜索引擎上进行搜索。然而，仅仅搜索“纽约”，就会出现成百上千个结果，此时，用户就开始反复检阅这些结果，根据他们所发现的内容以及个人的特殊兴趣来进一步精确搜索。每当他们访问一个网页，都可以将感兴趣的网页记上标签，并保存在诸如 Del. icio. us（美味书签）的社会性书签服务中。由于用户根据自定义的方式对这些网页进行分类，这样，当他们检索这一网页群组时就变得容易多了。此外，潜在旅行者也可以参阅其他用户以相似关键词进行标记的网页（事实上，他们通过类似的标签法，可以根据那些趣味相投的人感知内容的方式来找到相关信息，而不是根据内容的创造者或营销者所试图分类的方式）。

（七）维基

维基是允许用户简便地增加、移除或改变页面内容的一类网站。维基实际上是公共文档的一种形式，用户可以自发地创建与更新里面的内容。其中，在线协作的维基百科全书是最著名的维基，仅仅以英文发布的文章就超过 125 万篇。群体智慧是这一概念的主要理念，其基本前提在于：由于“草根”用户决定着维基的内容，随着时间的推移，每一个话题（或者说，至少每个对用户重要的话题）都将得到覆盖，并且这些词条将在不断经过修正的过程中消除错误。在这种协作式的方法论之下，由于缺乏编辑管制，关于维基上的信息是否精确的问题显然遭到了大量争论与质疑。尽管读者可以在一个链接页上看到最近的编辑情况，也可以浏览每个网页的修正历史，但这仍然是最低限度的管制。然而，这种依靠群体力量的方法似乎能够产生良好的效果，英国自然科学杂志《自然》的一项研究表明，就精确性而言，维基百科与传统的大英百科全书很接近，除了一些明显的特例之外。

维基还开始涉入旅游领域。例如，维基旅行（Wikitravel）旨在创造一个免费的、完整的、最新的和可靠的世界旅行向导，由世界各地的旅行者共同协作创建。自 2003 年 7 月至今，Wikitravel（维基旅行）已经聚集了超过 19000 个旅游目的地向导，收集了大量来自世界各地旅行者所撰写与编辑的文章。到 2008 年，维基旅行入选《时代》杂志的前 50 个最佳网站。World66 是另一个相关的网站，它以相似的方法提供超过 32000 个旅游目的地信息，以及将近 12900 篇由旅行者编写和不断更新的文章。TripAdvisor 作为最突出的用户点评网站，最近也建立了 TripAdvisor 百科，访客可以编辑旅行指南，来支持大量存在的用户生成评论。在各种不同情况下，旅游供应商和旅游目的地都需要努力找到和检阅与它们相关的维基词条，因为它们呈现在搜索结果列表中就意味着，消费者在搜索旅行信息时，既是在浏览也是在咨询与它们相关的信息。

（八）播客

“播客”，通常指从一个网站或联合服务器中下载的一个音频文件。“播客”一词源自苹果电脑的“iPod”与“广播”的混成词，其最初设计目的旨在使个体可以在个人媒体播放器上（如“苹果”的iPod播放器）收听音频，这样，个体就可以根据自身的广播风格来自由设置节目单。播客的综合特征使其明显区别于在线简单提供音频内容的形式，它应用了特殊的软件（尤其是苹果电脑的音乐软件iTunes）来自动接收、下载并将文件转至一个移动装置中。

在播客获得最初吸引力的同时，该系统又迅速运用到其他领域中。目前，它已广泛应用于教育领域中，教师可以与学生、家长或其他相关方共享信息。它在旅行领域中的应用也在快速增长。旅游网站也越来越多地使用播客作为传递旅游目的地的多媒体体验的一种方式；还有成千上万个旅行指南播客覆盖了每个可能的旅游目的地与话题。例如，旅行指南出版商Lonely Planet、在线旅行代理商Orbitz和维珍大西洋航空公司都在它们的网站中提供针对旅游目的地的播客服务。大多数播客服务都是免费的，其中也有少数来自商业版权在线音乐商店，如iTunes和Amazon. com。虽然许多播客都是专业制作，但由于创建的简易性，那些半职业人员甚至用户自己也能够创建播客。这使播客有可能聚焦在非常专一的利基领域，这些领域可能对大众商业服务没有经济价值，但在高度专一的在线社区中，总可以找到一群乐意的听众。

（九）简易信息聚合

简易信息聚合指用于订阅博客、新闻馈送或播客等服务的一种文件格式。其核心价值在于能够提醒用户所订阅内容的更新情况，这样，用户不需要逐个回头查阅也可以追踪大量不同网站、博客或其他服务的更新情况。

简易信息聚合在旅游领域中的应用显然慢于其他行业。这可能是由于过程的相对复杂性，使简易信息聚合的应用局限于少数更懂技术的用户，而不是一般的大众旅游者。然而，个人门户页面如iGoogle或MyYahoo，以及专用聚合服务如NetVibes、Pageflakes和Windows Gadgets等应用的增长，意味着越来越多的人正在使用简易信息聚合订阅，即使在很多情况下用户并不理解，或还没意识到，但他们确实正在这样做。例如，康德纳斯网站使用简易信息聚合向感兴趣的读者传递内部推荐内容。其他使用订阅服务的公司更多是出于商业目的，尤其是许多领先的在线旅行代理商、饭店公司甚至旅游目的地，也在使用这一技术来使顾客意识到自己的旅行决策和特殊需求。如 Expedia、STA Travel、Virgin Holidays 和 Orbitz 等公司均为顾客提供自动接收网站上最新优惠与促销信息的服务，这一技术不仅使顾客对相关信息保持知情，还通过主动在顾客眼皮底下提供促销信息而成为公司强有力的销售媒介，从而实现双重效益。

（十）混聚

从上述讨论可知，虽然 Web 2.0 概念与技术经常自然地发生交互与重叠，但在某些情况下，用户是故意将它们混搭在一起的，这就是人们所称的"混聚"。

从技术角度来看，混聚可定义为将两种（或更多）不同数据源交互地结合在一起，从而创造新的增值服务的网络应用程序。数据通常（但也不总是）流入一个开放的应用程序接口，例如由 Amazon、eBay、Flickr、Google、Microsoft、Yahoo 和 YouTube 等网站所提供的应用程序接口。其中，flickrvision.com 和 twittermap.com 就是两个很好的混聚的例子，它们将用户生成内容结合在一起，在这里指将来自 Flickr 的照片与来自 Twitter 的迷你博客相结合，然后以地理空间的形式展示在谷歌地图上。

由于旅行都与空间位置有关，混聚无疑在旅游领域中拥有巨大的潜力。大部分旅行混聚都使用了谷歌地图，并将它们的专有数据与 Web 2.0 用户生成内容结合成为共生的应用程序。如图片、电影、声音、博客词条以及用户点评全都可以结合在一个地理网格上，从而产生在一个旅游目的地中可以体验到的真实感。其中一个非常有意思的例子就是英国的外交和联邦事务部网站，这是与 Lonely Planet 所协作创建的一个混聚，主要用于休学年计划。该网站向用户提供 Lonely Planet 旅行技巧中的文本、照片与播客，以及英国外交和联邦事务部的国别旅行建议，所有这些内容都根据地理位置进行分类，因而十分容易访问。TripAdvisor 也在使用相似的技术，例如，在它们的纽约城网页上，用户可以在一张谷歌地图上看到城市街道中各种饭店、餐馆以及可做之事（还附带着平均房价）的相关评论。旅行公司需要认识到这些发展趋势，并将相关社交媒体与用户生成内容整合到它们的网站中。Web 2.0 发展的美妙之处就在于，就算它们不这样做，其他公司也将这样做，并将在这个过程中不断吸引顾客的眼球。

六、结论

随着越来越多的旅行者开始借助于社交媒体所支持的在线旅行社区来满足旅行的相关需求，在线社区对个体旅行者与旅游目的地的影响已经不容忽视。一个在线社区可以表现为一个场所，但它在本质上是一个符号，并以虚拟的形式存在。实际上，在线社区只存在于参与者的心目中。从运营层面上看，一个在线社区主要由四个要素组成：扮演不同角色的人，使社区合理存在的目的，用以管理社区的政策，以及促进人们互动的计算机系统。

为社区会员提供利益是十分重要的，这可以吸引潜在会员加入旅游社区，并鼓励他们积极参与其中。旅游虚拟社区带给旅行者的利益正是源自一个在线社区所独有的特征。一个虚拟社区之所以能够吸引人进来，是因为它为人们搜索与交换信息、建立关系与寻求愉悦提供了一个理想的环境。旅行者可以在旅游社区中寻找与交换旅行信息和技巧，分享自身的旅行体验，并讲述他们的旅行故事，从而在旅游虚拟社区中得到功能的、社会的、心理的和享乐的利益。

就贡献而言，功效、期望、工具、质量保证与获得地位等激励因素，是影响会员是否对旅游虚拟社区积极做出贡献的主要因素。在线社区的未来发展应该使那些积极贡献的会员得到相应的奖励。一方面，旅行者是为了自身利益才愿意培育一个旅游虚拟社区的发展。他们之所以愿意做出贡献是为了搜索旅行相关信息、控制产品/服务质量、进行旅行交易和寻找旅行伙伴。再者，经常对旅游社区做出高质量的贡献能够满足一个人对地位与声望的欲望。另一方面，在信息交换与互动过程中，一些用户在从旅游社区的信息与“通信”源得到信息与帮助的过程中会形成义务感，使他们感觉为其他社区会员提供效用是一种责任。

显然，在线社区、Web 2.0 以及社交媒体都已对旅游目的地营销产生了影响，然而，这场营销革命刚刚开始。由用户推动的在线服务，包括 Facebook、维基百科和 YouTube 等，正开始日渐崛起。无论技术本身，还是用户对技术所带来的服务的接受与认同，仍然处于萌芽阶段。目前，许多企业，尤其是许多旅游企业，也正在摸着石头过河，它们不断试验各种技术，试图找到利用新媒体来与顾客沟通、销售产品与建立客户关系的方式。快速的发展步伐，以及社交媒体技术日渐交融的方式，正促使环境变得更具挑战性。

在这样的背景下，关于这种发展趋势如何影响旅行和旅游目的地营销方面的研究，尤其是实证研究，实际上也处在萌芽阶段。除了“信息通信技术旅游年会”，国际信息技术与旅游业联盟（IFITT）最盛大的年会在不断推动这一研究领域，学界对这一高度专题化与重要的领域仍然缺乏关注。对于旅游目的地而言，这显然是一个迫切需要研究的问题，释义说明是其中一点，但更重要的问题在于社交媒体将如何影响旅游目的地品牌形象，以及旅游目的地应该采取怎样的策略来融入其中。如今，创新的规模和速度都在迫使它们开始重视这些问题，但在学术界中却难以找到确凿的证据来指导它们的行动。虽然也可以从其他行业部门得到一些借鉴，但由于旅游分销的特殊性（如前面章节中所讨论），能够真正借鉴的实际上也十分有限。因此，旅行与旅游研究者需要把与 Web 2.0 相关的研究课题推到重要的研究议程中，从而指导整个旅游行业在这一领域中的行动与发展。

参考文献

Amis, R (2007) You can't ignore social media: how to measure Internet efforts to your organisation's best advantage. *Tactics*, May, p. 10.

Armstrong, A., and Hagel, J. (1996) The real value of on-line communities. *Harvard Business Review*, May-June.

Bellman, S. J., E Lohse, G. and Mandel, N. (2006) Designing marketplaces of the artificial with consumers in mind. *Journal of Interactive Marketing*, 20 (1), 21-33.

Blau, P. (1964) Exchange and power in social life. Wiley, New York.

Boyd, D. and Ellison, N. (2007) Social network sites: definition, history, and scholarship. *Journal of Computer-Mediated Communication*, 13 (1).

Buhalis, D. (1997) Information technology as a strategic tool for economic, social, cultural and environmental benefits enhancement of tourism at destination regions. *Progress in Tourism and Hospitality Research*, (3), 71-93.

Buhalis, D. (2000) Relationships in the distribution channels of tourism: conflicts between hoteliers and tour operators in the Mediterranean region. *International Journal of Hospitality and Tourism Administration*, 1 (1), 113-139.

Buhalis, D. and O'Connor, P. (2006) Information and communications technology - revolutionising tourism. In: Buhalis, D. and Costa, C. (eds) *Tourism Management Dynamics - Trends, Management and Tools.* Elsevier, Burlington, MA, pp. 196-210.

Burt, R. S. (1992) *Structural Holes: The Social Structure of Competition.* The Harvard University Press, Cambridge, MA.

Calhoun, C. J. (1980) Community: toward a variable conceptualization for comparative research. *Social History*, 5, 105-129.

Carroll, J. and Rosson, M. (2003) A trajectory for community networks, *The Information Society*, 19,

381 – 393.

Chatterjee, P. (2001) Online reviews: do consumers use them? In M. C. Gilly and J. Myers – Levy (eds), Proceedings of the ACR 2001. Association for Consumer Research, Provo, UT, pp. 129 – 134.

Cothrel, J., and Williams, R. (1999) Online communities: getting the most out of online discussion and collaboration. *Knowledge Management Review*, 6, 20 – 25.

Cox, C., Burgess, S., Sellitto, C. and Buultjens, J. (2008) Consumer – generated Web – based tourism marketing, Australia, Collaborative Research Centre for Sustainable Tourism Pty Ltd.

Dearstyne, B. (2007) Blogs! mashups and wikis: Oh, My! *Information Management Journal*, July / August, 25 – 33.

De Graaf, N. D., and Flap, H. D. (1988) With a little help from my friends: social resources as an explanation of occupational status and income in West Germany, the Netherlands, and the United States. *Social Forces*, 67, 453 – 472.

Dellarocas, C. (2003) The digitization of word – of – mouth: promise and challenges of online feedback mechanisms. *Management Science*, 49 (10), 1407 – 1424.

Dobele, A., Toleman, D., and Beverland, M. (2005) Controlled infection! Spreading the brand message through viral marketing. *Business Horizons*, 48 (2), 143 – 149.

Dwyer, P. (2007) Measuring the value of electronic word of mouth and its impact in consumer communities. *Journal of Interactive Marketing*, 21 (2), 63 – 79.

Ellis – Green, C. (2007) The travel marketer's guide to social media and social networking. Hotel Sales and Marketing Association International, McLean, VA.

Forrester Research (1999) Cashing in on Community, September.

Gretzel, U., Hyan – Yoo, K., and Purifoy, M. (2007) Online travel review study: the role and impact of online travel reviews. Laboratory for Intelligent Systems in Tourism, College Station.

Hennig – Thurau, T., Gwinner, K., Walsh, G. and Gremler, D. (2004) Electronic word of mouth via consumer – opinion platforms: what motivates consumers to articulate themselves on the Internet? *Journal of Interactive Marketing*, 18 (1), 38 – 52.

Inversini, A., Marchiori, E., Dedekind, C., Cantoni, L. (2010) Applying a cenceptual framework to analyze Web reputation of tourism destinations. In U. Gretzel, R. Law, and M. Fuchs (eds) *Information and Communication Technologies in Tourism* 2010. Springer, New York, pp. 321 – 332.

Keates, N. (2007) *Deconstructing TripAdvisor. Wall Street Journal*, 1 (June), 4.

Kollock, P. (1999) The economics of online cooperation: gifts and public goods in cyberspace. In Marc Smith, and Peter Kollock (eds), *Communities in cyberspace.* Routledge, London.

Laws, E. (1997) *Managing package tourism.* Thomson Business Press, London.

Looker, A., Rockland, D. and Taylor – Ketchum (2007) Media myths and realities: a study of 2006 media usage in America. *Tactics*, June, 10, 21 – 22.

Mazzarol, T., Sweeney, J. and Soutar, (2007) Conceptualizing word – of – mouth activity, triggers and conditions: an exploratory study. *European Journal of Marketing*, 41 (11/12), 1475 – 1494.

Milan, R. (2007) 10 *Things You Can Do in Response to Traveller Reviews.* <http: //www. hotelmarketing. com/ index. php/content/article/070920_ 10_ things_ you_ can_ do_ in_ response_ to_ traveler_ reviews/>.

Murphy, L. , Mascardo, G. , and Benckendorff, P. (2007) Exploring word - of - mouth influences on travel decisions: friends and relatives vs. other travellers. *International Journal of Consumer Studie*, 31 (5), 517 - 527.

Nicholas, D. , Huntington, P. , Jamali, H. and Dobrowolski, T. (2007) Characterising and evaluating information seeking behaviour in a digital environment: spotlight on the ' bouncer' . *Information Processing and Management: an International Journal*, 43 (4), 1085 - 1102.

O'Connor, P. and Frew, A. (2004) An evaluation methodology for hotel electronic channels of distribution. *International Journal of Hospitality Management*, 23 (2), 179 - 199.

O'Connor, P. (2008a) Electronic distribution. In: Jones, P. (eds) *Handbook of Hospitality Operations and IT.* Butterworth - Heinemann, Oxford, UK, pp. 139 - 166.

O'Connor, P. (2008b) User - generated content and travel: a case study on TripAdvisor. com In: O'Connor, P. , Hoepken, W. and Gretzel, U. (eds) Proceedings *of the 15th International Conference on Information and Communications Technology in Tourism.* Springer Computer Science, New York, USA, pp. 61 - 72.

Opinion Research Corporation (2008) *Online Consumer Reviews Significantly Impact Consumer Purchasing Decisions.* Opinion Research Corporation, Princeton, NJ.

Palmer, A. and McCole, P. (2000) The virtual re - introduction of travel services: a conceptual framework and empirical investigation. *Journal of Vacation Marketing*, 6 (1), 33 - 47.

Poon, A. (1993) *Tourism, Technology and Competitive Strategies.* CAB International, Wallingford, CT.

Preece, J. (2000) *Online Communities: Designing Usability, Supporting Sociability.* Wiley Chichester.

Puri, A. (2007) The web of insights: the art and practice of webnography, *International Journal of Market Research*, 49 (3), 440 - 453.

Rheingold, H. (1993) The virtual community: homesteading on the electronic frontier. Addison - Wesley, Reading, MA.

Scaglione, M. , Ismail, A. , Trabichet, J. and Murphy, J. (2010) An investigation of leapfrogging and Web 2.0 implementation, In Gretzel, U. , Law, R. and Fuchs, M. (eds) *Information and Communications Technologies in Tourism* 2010. Springer, New York, pp. 235 - 246.

Senecal, S. , and Nantel, J. (2004) The influence of online product recommendations on consumers' online choices. *Journal of Retailing*, 80 (2), 159 - 169.

Silverman, G. (2001) Secrets of Word - of - Mouth Marketing. AMACOM Books, New York, NY.

Smith, D. , Menon, S. and Sivakumar, K. (2007) Online peer and editorial recommendations, trust and choice in virtual markets. *Journal of Interactive Marketing*, 19 (3), 15 - 37.

Stryker, S. (1980) Symbolic interactionism: a social structural version. Benjamin/Cummings, Menlo Park, CA.

Stryker, S. (1986) Identity theory: development and extensions. In K. Yardley, and T. Honess (eds) *Self and Identity.* Wiley, New York.

Sun, T. , Youn, S. , Wu, G. and Kuntaraporn, M. (2006) Online word - of - mouth (or mouse): an exploration of its antecedents and consequences. *Journal of Computer - Mediated Communication*, 11 (4) .

Sweeney, J. , Soutar, G. , and Mazzarol, T. (2008) Factors influencing word of mouth effectiveness: receiver perspectives. *European Journal of Marketing*, 42 (3/4), 344 - 364.

Tredinnick, L. (2006) Web 2.0 and business: a pointer to the intranets of the future? *Business Information*

Review, 23 (4), 228 – 234.

Vaughan, D. , A. Jolley, Mehrer, P. (1999) Local authorities in England and Wales and the development of tourism Internet sites. *Information Technology and Tourism*, 2 (2), 115 – 129.

Walsh, G. , Gwinner, K. P. , and Seanson, S. R. (2004) What makes mavens tick? Exploring the motives of market mavens initiation of information diffusion. *Journal of Consumer Marketing*, 21 (2), 109 – 122.

Wang, Y. , and Fesenmaier, D. R. (2003) Assessing motivation of contribution in online communities: an empirical investigation of an online travel community. *Electronic Markets*, 13 (1), 33.

Wang, Y. , and Fesenmaier, D. R. (2004) Towards understanding members´general participation in and active contribution to an online travel community. *Tourism Management*, 25 (6), 709 – 722.

Wang, Y. , Yu, Q. , and Fesenmaier, D. R. (2002) Defining the virtual tourist community: implications for tourism marketing. *Tourism Management*, 23 (4), 407 – 417.

Wikipedia (2008) Web 2. 0.

Xue, F. and Phelps, J. (2004) Internet – facilitated consumer – to – consumer communication: the moderating role of receiver characteristics, *International Journal of Internet Marketing and Advertising*, 1 (2), 121 – 136.

Yoo K. and Gretzel, U. (2009) Comparison of deceptive and truthful travel reviews. In Höpken, W. , Gretzel, U. , Law, R. (eds) *Information and Communication Technologies in Tourism*, *ENTER* 2009, Springer, New York, pp. 37 – 47.

第 15 章
事件活动营销与旅游目的地管理

一、事件旅游

事件活动在适当的规划下可以与旅游发展相辅相成。然而，尽管旅游目的地的管理方式正日趋成熟，但不少地方包括那些定位为事件旅游目的地的地方仍然将事件活动与旅游业独立开来。本章主要回顾事件活动对旅游目的地产生的主要影响，然后重点阐述事件活动与旅游目的地品牌化的关系。这些研究成果主要源自发表在《事件管理》中的一篇文章（Jago *et al.*，2003）。

事件活动为消费者提供了一个日常生活经验以外的休闲与社交机会（Jago and Shaw，1998）。术语“事件旅游”出现于20世纪80年代，事件活动和旅游业之间的关系也因此得以形式化（Getz，1997）。事件旅游是指“经过系统规划、开发与营销，并成为旅游目的地的吸引物、催化剂和形象构建者的节日与特殊事件”（Getz and wicks，1993）。由于大型事件活动往往带来巨大的经济利益，世界各地的旅游目的地都在努力申办大型事件活动（Lynch and Veal，1996）。事件旅游已成为旅游业增长最快的分支之一（Backman *et al.*，1995），它不仅能够促进城市的旅游吸引物发展，提高旅游目的地的媒体覆盖率，还有利于增强人们未来到该目的地旅游的意识。所以说，如果将20世纪80年代至90年代早期称为“特殊事件的时代”（Janiskee，1994）也并非言过其实。然而，影响事件活动效果的因素也是十分广泛的。

事件活动的形式丰富多样，学界中也有大量文献讨论了不同的事件类型（Getz，2007）。事件活动的影响一般随规模大小与持续时间长短而异。大部分事件活动的规模相对较小，持续时间有限，所产生的影响力也相对较小。此外，事件活动的影响还与当地社区的规模大小有关。适度改善当地设施以适于举办一个事件，很可能会急剧改变当地社区的态度以及社区在潜在游客中的形象。与小型事件相比，大规模的事件活动更可能产生旷日持久的影响。大型事件，如奥林匹克运动会，将有利于促进城市的发展（Essex and Chalkley，1998；Gold and Gold，2008；Short，2008），那些为体育赛事而建造的体育馆将成为传递民族价值的符号，也反映了举办国希望在别国眼中塑造怎样的形象。例如，许多文献探讨了中国如何借助 2008 年北京奥运会推动中国现代化与西方的融合，包括积极推动国际旅游的发展（Haugen，2005；Broudehoux，2007；Ren，2008；Delisle，2009）。在事件结束后，体育场馆的继续使用以及其他新的或翻新设施代表着一次事件的遗产，也可能将成为宝贵的旅游资源。然而，在发展旅游之前，必须评估相关的行业需求、运营成本与机会成本，否则，将继续频频发生新设施变成“白象”的问题，即闲置多年却需要持续投入维护成本，有时甚至要偿债维护。

旅游目的地需要在考虑当地需求和容量约束的前提下，决定举办一个事件的规模以及相关投资的问题。另外，事件活动的持续时间也是一个重要的变量，有些事件的持续时间可以小时衡量，有些则以月衡量。比如，2010 年 5 月 1 日 ~10 月 31 日在上海举办世博会时，上海的饭店为旅游者提供包括世博门票在内的包价产品，就很好地体现了事件与旅游业之间的直接关系。一个事件所持续的时间越长，旅游目的地从中所可能获得的利益范围就越大。事件活动所具有的变革力量意味着，它能为举办地带来生机与活力，当地居民也可以从中受益，这也是地方大力支持某些事件活动的原因之一。然而，事件活动所带来的人群与兴奋感，在吸引一部分旅游者的同时，也受到另一部分旅游者的排斥。一些旅游者为了回避事件举办地拥挤的人群、紧张的客房供给以及飞涨的物价，往往会选择其他替代性旅游目的地。为了尽可能降低这种负面影响，需要做适当的事件旅游规划，并与利益相关者和市场进行恰当沟通。

对于旅游目的地而言，事件的举办时间是另一个核心因素。时间弹性意味着一个事件可以在非高峰期举行，这样可以带来目的地游客量的增长，从而使饭店与其他服务业从中受益。相似地，也可以利用事件的空间弹性来实现旅游效益。事件及其相关活动，如事件前与事件后的旅游活动、竞赛训练营以及事件赞助商所组织的活动，可以在一些将直接影响旅游模式的地点举行（Brown，2007）。同样，这也需要通过适当的规划和相关中介机构的参与才能实现。

虽然学界倾向于研究单体事件与旅游业之间的关系，但从旅游目的地的整体角度来看，考虑全年所举办的事件组合也是非常重要的。不少旅游目的地都将事件活动作为旅游产品放在一个“事件日程表”上。它们一般在印刷的促销材料中提供各种活动细节，也通常在网站中以专题的形式进行宣传。不同事件活动可能吸引不同的细分市场，这对于一个旅游目的地想在多大程度上吸引多样化的市场，或更专注于某种产品/服务，具有一定的启示意义。专业化发展可能更适于那些能够利用特殊事件支持一体化定位战略的旅游目的地。例如，一个海滨旅游目的地如果拥有优越的波浪条件，且其周边的冲浪用品商店、冲浪学校以及冲浪板制造商能够形成良好的冲浪文化，那么，就可以考虑举办冲浪赛事活动。这种途径适宜通过专业媒体来吸引一个明确的目标市场。

尽管事件活动能够影响游客的旅游目的地选择、度假活动和旅行时间，但人们对于事件活动如何推动旅游目的地品牌化，并影响其长期发展，仍然少有认识。在澳大利亚进行的一项研究探讨了旅游目的地如何利用事件活动实现品牌化。这项研究引导澳大利亚事件管理和旅游目的地营销领域中的各地业界专家开展了一系列研讨会，并从中收集了大量数据。本章将在“研究结果”部分继续讨论这项研究。

在特殊事件研究领域中，文献大多关注事件的经济影响，这也是由于举办一个事件往往需要得到政府的援助，而经济利益恰恰又成为得到援助的正当理由所造成的（Mules，1998）。然而，这种方法只关注事件活动的短期效应，没有从长期的角度考虑一个区域未来如何提高旅游意识（Mules and Faulkner，1996）。在这样的背景下，澳大利亚研究调查了事件活动如何推动了旅游目的地品牌化。澳大利亚旅游目的地以及事件和旅游组织的管理者综合运用了不同方法将事件活动纳入旅游目的地品牌化中。该项研究描述了一个旅游目的地利用事件活动实现品牌化的关键成功因素，提出了其中最需要关注的重要议题与问题。

二、品牌化的重要性

多年来，人们一直意识到品牌认知和品牌意识的重要性，营销者也已开始密切关注如何创建、强化、改变与维护一个品牌（de Chernatony and McDonald，1996；Keller，1998）。消费者的品牌感知将显著影响他们对产品或服务的态度（Mittal *et al.*，1990）及其购买决策（Ambler，1997）。因此，管理与营销者开始从品牌资产的角度评估营销决策（Park and Srinivasan，1994；Eagle and Kitchen，2000）。因此，为了构建和塑造理想的品牌形象，重点是要明确加强市场策略的最佳手段（Keller，1996；de Chernatony，2001）。从利用事件进行旅游目的地营销的角度来看，品牌化要求旅游目的地营销者确定如何将事件活动纳入整合营销战略中。事实上，那些倡导将品牌资产看作营销决策基础的学者们认为，一个事件活动是否值得举办，取决于它能在多大程度增加旅游目的地的整体品牌价值（如 Ambler and Styles，1997；Keller and Aaker，1997）。

品牌不仅代表一个产品的名称或符号。术语“品牌”是指一个名称或符号在消费者心目中所产生的整体印象，包括产品的功能和符号元素。品牌包含了一个产品的物理特性、感知利益、名称、符号和声誉（de Chernatony and McDonald，1996；Keller，1998）。品牌资产是指品牌认知和定位通过提高消费者效用（Park and Srinivasan，1994；Eagle and Kitchen，2000）和强化利益相关者承诺（Duncan and Moriarty，1997；de Chernatony，2001）而使品牌增加的价值。

一个强势的品牌对于企业和消费者都是有利的。对于组织而言，强势品牌能够吸引忠诚顾客和巩固利益相关者的关系网。一个品牌一旦建立了忠实的客户群以及稳固的利益相关者网络，就能够一直保持优势。顾客忠诚度高的品牌往往更容易得到强大的分销支持，也更容易被综合利用。对于消费者而言，一个知名品牌往往呈现了一个产品的重要信息，使他们能够增加对所购买产品的确定性。强势品牌往往通过明晰价值来提高利益相关者关系的价值与信心。

三、旅游目的地营销

D'Hauteserre（2001）认为，在全球竞争激烈的旅游市场中，管理效率低下的旅游目的地往往很难吸引潜在顾客的注意力。营销的目的就在于，通过创造一个独特的旅游目的地品牌来提升旅游目的地在游客中的意识，并由此带来旅游增长。几个不同的旅游目的地之间也会存在一些相互竞争的相似属性，或者这些属性很容易被竞争对手所模仿（Henderson，2000）。所以说，旅游目的地的品牌战略管理是十分关键的。

Kotler 等（1993）将旅游目的地定义为一个包含一系列相互关联且互补的吸引物、事件活动、服务和产品的地方，它们共同创造了旅游者的全面体验和价值。他们认为，成功的旅游目的地营销在于，旅游目的地产品组合中的每个元素都能通过风格、人口特征或体验价值的互补，来推动目的地的整体品牌形象构建。此外，还需要对品牌进行细致的管理，以保持这些元素之间的协调一致。还有其他研究提出，优化品牌资产需要进行整合营销传播（Keller，1996；

Duncan and Moriarty, 1997）。对于旅游目的地而言，这显然是一个严峻的挑战，因为它们需要将所有产品和服务都归于一个伞形旅游目的地品牌之下（Chalip, 2001a）。因此，将一个事件活动的消费者形象整合到旅游目的地的整体品牌中也是非常必要的（Keller and Aaker, 1997）。

联合品牌是将一个事件的消费者形象整合到旅游目的地品牌中的一种形式（Rao and Ruekert, 1994; Simonin and Ruth, 1998; Washburn *et al.*, 2000），其目的在于将事件的品牌形象与旅游目的地品牌联系起来，从而提高旅游目的地在潜在游客中的意识，增强或改变他们对目的地的形象。在 20 世纪后期，联合品牌化制造了 40% 的增长率，表明构建品牌资产已经成为营销者的一个有用的策略。然而，对于如何有效利用事件推动旅游目的地品牌化，目前仍未得到很好的认识。

四、研究问题

前文所提及的澳大利亚研究项目探讨了事件与旅游目的地品牌之间的关系，阐述了当前世界如何利用事件活动推动旅游目的地品牌化。在上述文献回顾的基础上，研究提出了以下几个问题：

- 从业界专家的角度来看，有哪些有效的或无效的因素将影响事件是否能推动旅游目的地品牌化？
- 在构建旅游目的地品牌时，哪些特别的战略或策略能够强化事件活动的作用？
- 从当前的实际情况来看，在利用事件活动推动旅游目的地品牌化的过程中，存在哪些不确定性因素有待进一步研究？

（一）方法

为了搜集业界专家对上述研究问题的观点，该研究项目在昆士兰（布里斯班）、维多利亚（墨尔本）、南澳大利亚（阿德莱德）、西澳大利亚（珀斯）和新南威尔士州（北新南威尔士州和悉尼）召开了一系列为期半天的研讨会。在不同州召开研讨会是为了探讨利用事件活动推动旅游目的地品牌化中的区域差异。其中，受邀参会者都在其兴趣领域中具备丰富的专业技能，并且由各区域的州旅游组织和重要的事件举办机构来拟定相关的受邀者名单。

每个研讨会大约有 15 位重要的事件管理者和旅游目的地营销者参与，主要讨论有关事件活动和旅游目的地品牌化的核心议题。分别从事件管理和旅游目的地营销两个领域中邀请参与者主要有两个原因：一是为了从不同视角获得更全面的评价；二是两种视角的互动能够凸显观点的差异和那些可能需要进一步研究的不确定性问题。

在每一个研讨会上，旅游目的地营销者的参与人数略超过事件管理者的人数。旅游目的地营销者一般来自州或当地政府等公共部门；事件管理者主要来自私营部门和国有的事件举办机构，他们都曾参与规模从小型到大型不等的事件活动。

（二）研讨会结构

所有研讨会均为期半天，且讨论形式一致。研讨会按照 Chalip（2001b）所描述的形式进行，包括结合使用头脑风暴法、辩证决策法以及名义群体法。每种方法包括以下几个阶段：破冰、入题、启动、分享观点、总结观点、专家小组讨论、综合和结论。选择这种形式有利于鼓励个体根据自身的特殊经历表达对主题的观点，也有利于参与者提出不同观点进行讨论。这种研讨会形式也有利于更深入地探讨相关议题，并在议程结束时确定关键问题。

为了鼓励研讨会参与者思考各自的经历，启动阶段要求他们独自完成。每位参与者都需要回想 3～4 个他们认为有助于和无助于“旅游目的地品牌化、形象构建或营销”的事件，并列出相应的原因。

在分享观点阶段，参与者被分成几个小组，进一步讨论前一个阶段的观点。小组讨论侧重于探讨事件活动影响旅游目的地品牌化的原因，以及一些事件活动未能对其产生影响的原因。在分享观点阶段后，所有参与者一起总结分组讨论的结果。

一般认为，在不同的职业领域需求背景下，这两个团体——事件管理者/营销者以及旅游目的地管理者/营销者对一些问题可能将持有不同看法。因此，需要设计专家小组讨论阶段，将这两个团体分成两组，并鼓励他们根据自身的职业经验分别对主题进行坦诚的评价。在此阶段期间，两个团体各自讨论与其职业领域相关的问题。

旅游目的地管理者需要回答的问题包括：有哪些影响旅游目的地事件举办时间选择的重要因素？如何将事件活动纳入营销组合中？在旅游目的地的促销和品牌化过程中，什么因素有利于促进事件活动成为更有效的工具？需要做什么以确保必要任务的顺利执行？事件活动管理者须讨论的问题包括：当选择一个旅游目的地举办一个事件时，他们主要考虑目的地形象的哪些方面？他们与旅游目的地管理者的工作关系如何？旅游目的地在促进事件取得成功方面所扮演的角色是什么？是否应该利用事件活动改变或强化一个旅游目的地的品牌？在综合阶段，两个团体共同讨论在专家小组讨论阶段各方所提出的问题。最后，总结研讨会所提出的核心议题，并讨论那些需进一步研究的问题。

（三）数据收集

每一个研讨会都按照标准的程序进行群体决策和解决问题（Chalip，2001b）。每个专家组都安排一位协调者角色，以及一位记录员记录会议讨论过程。分组讨论和整体讨论的会议记录为研讨会报告提供了依据。

五、研究结果

每个研讨会结束时，参与者基本对旅游目的地利用事件活动进行品牌化的促进因素和阻碍因素达成一定的共识。参与者认为，总体而言，事件活动有利于促进旅游目的地品牌化。尽管他们仍未能阐明需进一步研究的具体问题，但已能够描述那些需要研究的不确定性领域。

就事件如何推动旅游目的地品牌化而言，地区之间只存在略微的差异，但差异仅体现在对某些特定观点的重视程度上，而不在于观点本身之间的差异。由于所有旅游目的地中最受关注且提及最多的问题都是相同的，因此，区域差异并不影响最后的总体结论。这些问题主要涉及当地社区对事件活动的支持程度，以及事件活动与旅游目的地之间是否存在良好的战略与文化适应。

每个研讨会还探讨了一些事件没有成功推动旅游目的地品牌化的原因。归根而言，缺乏关键成功因素是其失败的主要原因。因此，下文侧重于阐述利用事件推动旅游目的地品牌构建的关键成功因素。

研讨会参与者提出了许多将影响旅游目的地能否成功利用事件活动构建品牌的相关问题。为了研究需要，本文按主题对那些提及较多的问题进行分类，其中，两个最重要和提及最多的主题是：获得当地社区支持的需要；与旅游目的地实现良好的战略与文化适应的需要。其他主题还包括：对事件活动进行差异化的需要；该事件在旅游目的地中的持续性；核心参与者之间的合作规划以及事件活动的媒体支持。还需要指出的是，旅游目的地中事件活动之间的组合也存在一定的协同作用，特别是那些看起来规模相对较小的事件，它们能够为旅游目的地建立社会资本和人文基础设施，从而推动该目的地的品牌建设，有利于成功地发挥较大型事件活动的作用。

上述这6个主题奠定了规划一个事件活动并评估其对旅游目的地品牌化的效用的基础，也成了衡量这个事件在整个旅游目的地事件组合中的效用的基础。此外，事件的效用本身也是评估与规划的基础，其中，评估与规划模型如图15－1所示。

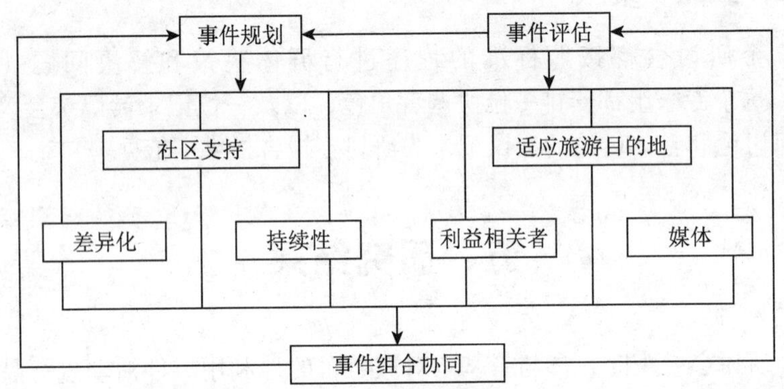

图15－1　旅游目的地品牌构建的事件活动规划与评估模型（改自 Jago *et al.*，2003）

（一）事件活动的社区支持

研讨会参与者认为，社区支持是决定一个事件能否成功构建一个旅游目的地品牌最重要的因素。社区参与到事件规划的每个阶段中，将有利于激发社区成员对事件活动的主人翁意识和自豪感。事件活动要取得真正的成功，就要为当地社区创造兴奋感和机遇感。此外，事件活动能否为当地企业带来显著的经济效益也是一个重要因素，因为这将促进事件举办方与当地企业的合作关系并获得它们进一步的支持。

由于当地社区居民往往主导着事件的参与活动，许多事件活动取得成功的关键在很大程度上取决于当地社区（Crompton and McKay，1997；Getz，1997）。参与者认为，事件的举办以及旅游目的地的品牌化都需要得到当地社区成员的支持。这表明，旅游目的地的形象和品牌元素、成功的事件和当地社区三者之间存在一定的关系。如果当地社区对事件活动感兴趣，并将自身看作事件活动中不可或缺的一部分，那么，它们的支持将积极影响着游客对事件和旅游目的地的看法。例如，在悉尼奥运会期间，当地社区成员积极参与志愿者工作，这很好地反映了社区对事件的支持，并充分表现了事件的友好形象，进而凸显了旅游目的地品牌。

缺乏社区支持是事件未能有效推动旅游目的地品牌化的主要原因。例如，昆士兰的“澳大利亚室内音乐节”就是其中一个例子。由于缺乏社区的支持，该事件未能成功促进该旅游目的地的品牌化。这一事件也在外来游客心目中形成了失败的形象。一个事件如果不能在当地社区中引以为豪，并且得不到社区支持，那么，这一事件活动以及该举办地的形象都将显得黯然失色。

（二）事件与旅游目的地之间的文化及战略适应

研讨会参与者频繁指出，一个事件活动必须与旅游目的地及其社区具有良好的文化与战略适应，才能在旅游目的地品牌化中发挥积极的作用。这种适应性存在于几个方面，包括价值观、事件（及其参与者）文化和旅游目的地的通信基础设施（无论现有的还是计划中的）。由于一个品牌往往反映了价值观、文化和基础设施，所以说，一个事件活动的价值、文化和必要的基础设施，需要与事件品牌向当地社区所传递的内容一致。

“布里斯班艺术节”之所以失败，就是因为没有反映当地精神。由于把事件活动移交艺术精英进行营销策划，这样，就阻碍了当地社区的参与。结果导致当地人在支持音乐节方面保持缄默。研讨会参与者把这一事件与“阿德莱德艺术节”相比较，认为后者成功地反映了澳大利亚的文化价值，并且成功地促进了阿德莱德的品牌化。

参与者认为，衡量事件活动的文化与战略适应时，需要考虑一个社区看待自身的方式以及希望被他人看待的方式，而不是目前其他人怎么看待它。需要指出的是，一些事件活动之所以能成功准确地重塑一个旅游目的地的品牌，是因为它们传递了不同于原来与目的地相关联的形象和价值观，并且与该目的地所希望被理解的内涵与方式一致。比如，昆士兰的“伍德福德民俗节”就是一个很好的例子，它成功地把伍德福德的形象从一个监狱小镇转变为一个能够成功举办文化节事的小镇。

此外，那些多次重复举办的事件活动通常在很大程度上依赖于当地社区的支持，相对于那些只举办一次的大型事件而言，这些事件更需要紧密地与当地社区和旅游目的地相适应。另外，参与者还指出，事件活动主办方往往选择那些在属性上能与事件活动很好地相匹配的旅游目的地举办。因此，当地社区与事件活动之间相互适应的必要性是一种双向选择：一方面，事件活动需要有助于促进旅游目的地的品牌；另一方面，旅游目的地也需要能够促进事件活动本身的品牌。

（三）事件活动的差异化

参与者指出，事件活动尤其有利于推动旅游目的地品牌的差异化。通过向事件旅游者提供具体和独特的利益，或通过提高一个旅游目的地的知名度和声誉，事件活动有助于旅游目的地形成差异化的产品组合，并带来差异化的利益。

需要注意的是，事件旅游者往往受到某种利益驱动才选择参加一个事件活动（或在随后几年中参与这些活动）。其中，游客所获得的利益可能是钱财、文化、体验、娱乐和社交等方面。因此，事件活动可以从许多不同方面使自身及其主办地实现差异化发展。然而，事件管理者和目的地营销者均认为，关于游客希望从事件活动中获得哪些特定的利益，哪些元素将带来或阻碍特定的利益，以及这些利益如何与主办目的地品牌发生联系等问题，仍有待进一步研究。

（四）事件活动的持续性

研讨会参与者频繁提到，一个事件活动的"持续性"能为旅游目的地带来品牌效益，即一个事件活动的持续性能够增强目的地的显著性与形象，从而增强目的地的品牌效应。例如，墨尔本杯赛马节就是常被引用的例子。这一活动不仅被人们看作澳大利亚最古老的标志性事件，它还涉及当地社区的积极参与，反映了"澳大利亚人爱玩的性格"，并随时间不断得到发展完善。

虽然参与者经常提及事件的持续性，但他们在小组讨论中并没有对其给予很高的重视。在某种程度上，这似乎是由于大量成功的旅游目的地品牌化后是由一次性事件活动的促成结果。例如，悉尼和墨尔本奥运会、布里斯班世博会、布里斯班和墨尔本英联邦运动会和弗里曼特尔美洲杯等，这些都是备受瞩目的大型事件活动，能吸引大量的公众眼球，并形成良好的传统。因此，虽然一些事件活动在一个旅游目的地中可能仅举办一次，但仍能通过吸引公众关注并形成传统来促进一个旅游目的地的品牌化。

然而，参与者也确实感觉到，让一个事件活动成为一个旅游目的地的代名词，对于保持事件的持续性是非常重要的。他们认为，如果一个事件活动连续5~10年在同一个旅游目的地中举办，将非常有效地促进该目的地的品牌建设。例如，悉尼—侯巴特航海帆船大赛在两个旅游目的地中举办超过了50年，其举办时间由于安排在每年的节礼日（圣诞节次日或是圣诞节后的第一个星期日），更进一步提高了该事件的预期影响。

研讨会参与者指出，事件活动必须得到可持续的财政支持，才能在一个旅游目的地中存在足够长的时间，以成功促进一个旅游目的地的品牌化。因此，每个事件活动首先必须能够充分吸引那些爱好者，他们是一个事件活动的主要市场。只有这样，才能打造一个能促进旅游目的地品牌化的事件活动。

（五）事件活动的合作规划

研讨会参与者认为，要成功利用事件促进旅游目的地品牌化，需要进行合作规划，并协调好各个核心参与者，包括事件管理者、旅游目的地营销者和政府性质的事件组织。合作规划能够确保旅游目的地拥有足够的设施和通道，同时也有利于进行合作营销。这一观点与品牌化的相关学术研究成果也是一致的，即利益相关者需要相互合作并整合营销传播（Duncan and Moriarty，1997；Keller，1996；de Chernatony，2001）。

关于事件管理者和旅游目的地营销者如何建立更有效的工作关系方面，他们认为，两个领域的成员都需要抛开各自独立的议程，并在事件的规划与执行过程中展开更多的合作。在举办一个事件活动时，旅游目的地的规模大小也可能是影响组织协作的一个因素。由于小城镇往往具有更高的合作精神，因此也更可能发生组织协作。但总体而言，无论主办地规模大小如何，最重要的是将事件管理和旅游目的地营销进行整合，这样才能最好地发挥一个事件活动对旅游目的地品牌化的促进作用。

（六）事件活动的媒体覆盖

媒体对事件活动和旅游目的地的积极支持也是一个重要影响因素。在某种程度上，媒体覆盖往往与事件的规模有关。通常较大型的事件能够吸引更多的媒体关注，而许多小事件往往难以吸引主办地以外的媒体关注。然而，事件的形象传播与被提及频率并不局限于宣传活动，因为事件本身也可以成为媒体的一部分，包括做广告，以及旅游目的地自身所制作的媒体。因此，我们不仅需要从事件宣传的范围和频率上来认识一个事件的媒体价值，还应该从事件所做广告以及旅游目的地自身所制作的相关媒体对事件形象与提及频率的潜在效用方面来评价事件的媒体价值。

（七）事件活动的组合

研讨会参与者指出，一个单一的事件往往很难对旅游目的地品牌产生显著的影响，相反，一个旅游目的地应该更加注意整体的事件活动组合。因此，需要对每个主题下的因素进行评估，以全面了解旅游目的地中事件活动的范围与质量。

为了利用事件活动促进旅游目的地品牌化，需要采取整体策略来开发事件活动。例如，墨尔本和布里斯班就把自身定位为事件活动的首府，但这两个城市的成功分别采取了不同的战略路径。墨尔本事件活动的多样性本身就是促进目的地品牌化的重要因素，它在侧重于事件活动范围与规模的发展上取得了良好的效果。相反，布里斯班通过鼓励各种小节日的聚集，实现了良好的事件营销，并很好地利用了各种营销机会，这似乎也是一个有效的组合策略。

参与者认为，小型事件活动也许不能促进旅游目的地的品牌化，却有助于提高目的地举办其他事件的能力和提升大型事件的质量。此外，地方事件的成功举办有利于培育社区对事件的积极态度，也有助于积累事件管理知识和培养经验丰富的志愿者。这些因素都有助于提高大型事件活动的质量，从而增强它们对旅游目的地品牌的影响。事实上，较小的事件活动通过增加目的地的社会和人力资本，间接地推动了旅游目的地的品牌建设。

同样，小型地方事件作为较大型事件的扩展，能够为较大型事件构建地方认同感，从而增强该事件活动对旅游目的地品牌的影响。例如，在“本田印地300赛车”盛会举办前，由许多地方事件组成的“黄金海岸印地赛车狂欢节”就为这一事件创造了良好的地方气氛，有利于推动旅游目的地品牌的提升。同样，地方事件也可以促进仅仅是区域范围内的事件。一位来自昆士兰北部的参与者描述了她所在镇区的一种牛仔竞技活动如何促进了该镇的区域品牌发展。该镇通过举办具有互补性的艺术活动，例如，以牛仔竞技为主题的摄影比赛，使当地社区拥有了参与的机会，从而提高他们对这一事件的兴趣。这类事件活动的扩展不仅能够增强当地对牛仔竞技活动的支持，还提高了整个旅游目的地在竞技活动期间的外观和感觉，这反过来也增强了该事件活动对旅游目的地区域品牌的影响。

（八）改变或提升旅游目的地品牌

在研讨会中，参与者讨论的焦点主要在于如何利用事件来提升或增加一个旅游目的地现有的品牌。每个参与者都需要认真思考这一问题，最后达成了这样的共识，即利用事件来改变目的地品牌是适当的，但前提是，必须由当地社区主动参与其中，而不是将一个事件活动强加于社区之上。一个事件如果规划得好，并且得到当地社区的全力支持，很可能将带给社区新的机会，并促使他们更加欣赏与珍惜他们的社区。

在利用事件活动改变一个目的地品牌方面，参与者强调了当地社区的领导作用，这一观点与他们强调事件活动与目的地之间的文化与战略适应的观点是一致的。事实上，事件活动能够推动目的地品牌建设的那些因素，也正是它们使目的地品牌得以改变。他们还提出，一个事件活动如果能够影响当地社区的自我赏识，它往往能够更好地改变一个目的地的品牌。一个旅游目的地如果寻求发展基础设施、提升自我推销能力和形成“做得到”的形象，或者希望为目的地注入新的活力，举办事件活动可能是一个不错的选择。例如，昆士兰的“伍德福德民俗节”就以适当的方式成功地提升了一个旅游目的地品牌。正如前文提到，在这个活动开始前，伍德福德监狱就是该旅游目的地的代名词。如今，这个节日已在当地社区与游客中广受欢迎，并成功将该镇的负面形象转变为正面的形象。

（九）使事件成为更有效的目的地品牌化工具

前文已描述了 6 个主题下的因素对于影响事件活动能否促进目的地品牌化至关重要。然而，参与者也认为，还有其他许多相关因素能够增强事件活动的影响。其中，比较重要的因素包括：为了目的地旅游业的长远发展，构建一个“超越时间”的事件活动；围绕社区价值观举办事件活动；确保更好地与当地形象相适应；确保向相同的目标市场传递与目的地其他营销努力一致的标志与形象。参与者提到，目的地管理者往往不清楚他们希望通过事件活动为目的地贡献什么。如果要有效且适当地将事件活动整合到一个旅游目的地的品牌战略中，那么，目的地需要对如何将事件活动纳入整合营销传播活动中的方式具有清晰的愿景。

构建一个“超越时间”的事件的必要性也成为研讨会上备受关注的问题。构建一个“超越时间”的事件是指所举办的事件活动能够为一个地方留下遗产。从品牌化的角度来看，其核心在于如何使事件成为目的地用以鼓励游客长期需求的广告与营销中的一部分。例如，“布里斯班世博会”、“布里斯班英联邦运动会”和“悉尼奥运会”的顺利举办向世界证明了澳大利亚是一个可以安全举办大型活动的旅游目的地。布里斯班研讨会参与者陈述道，像英联邦运动会和世博会这样的大型事件成功推动了布里斯班从一个乡村小镇“长大成为”一个城市，享有（并引以为豪）大量现代和先进的基础设施和旅游吸引物。参与者还补充道，后两个大型活动已对地方文化产生了巨大的影响，新的夜生活已经产生，当地人也得到了体验其他文化的机会。

研讨会参与者还指出，把旅游目的地的名称附在事件活动的名字上也是很有用的。这相当于一个事件活动的冠名权，并且也已得到了广泛与成功的应用。成功的案例包括“墨尔本杯”、“悉尼—侯巴特航海帆船大赛”和“仙女港民俗节”。

六、有待进一步研究的问题

研讨会参与者还提出了许多值得进一步研究的问题。其中，最亟须研究的问题就是识别出那些使事件有吸引力并能带来游客的元素。这项研究将能够确定举办某个事件将比其他事件更合适的一些元素（如社会价值、经济回报、娱乐价值的来源），以及如何测量这些元素属性。该研究将为旅游目的地营销者提供必要的信息，并帮助他们选择和管理那些能够整合到品牌战略中的一部分的事件活动，并为这些事件活动设定相应的目标。

社区、事件活动和旅游目的地品牌之间的关系也有待进一步调查。例如，探讨如何通过构建一个“超越时间”的事件来提升事件遗产。这包括对一个事件的长期宣传效益的最大化（不仅与事件游客有关，也涉及事件对当地社区自我感知的影响方式），以及社区自我感知如何转化为旅游目的地形象的方式。

研讨会参与者还热烈讨论了那些多次重复举办的事件和只举办过一次的较大型事件之间的利益比较。参与者认为，社区的适应问题对于那些多次重复举办的事件活动相对更为重要，但这个观点仍需要通过研究验证。两种类型的事件活动在促进旅游目的地品牌化中分别所面临的困难与挑战也有待进一步研究。此外，本文所指的一次性事件与大型事件是有区别的。那些世界级的大型事件，如奥林匹克运动会、美洲杯和世博会，所具有的形象、品牌以及媒体吸引力是独特的，并很可能对作为主办方的旅游目的地产生巨大的品牌效应，因此，应该将大型事件列为另一个独立的类别。

最后需要指出的是，一个旅游目的地不只是为了举办一个好的事件活动，更为了利用这一事件活动来建立自身的品牌。目前，关于如何将事件的品牌与旅游目的地品牌更好地联系在一起，以及如何更好地利用事件的视觉形象与口碑——无论在活动期间还是其他时间——仍需要更多的研究。

七、讨论

本章研究发现表明，一个事件活动对旅游目的地品牌的影响效果，在一定程度上取决于事件活动本身的品质。这一研究结果具有一定的直观性，因为举办事件这一行为本身会引起一个事件的品牌与作为主办方的旅游目的地品牌发生联系。然而，事件的品质只是构建旅游目的地品牌的必要但非充分条件的基础。除了事件的品质以外，一个旅游目的地如何将事件活动纳入它的整合营销传播战略中，也是非常关键的（Chalip, 2001a）。

研讨会参与者对事件品质的关注也反映了当前事件营销与旅游目的地营销的整合作用仍十分弱的普遍现状。当参与者很难阐明事件活动对于旅游目的地品牌化的特定作用，他们开始诉诸对事件活动品质的反思。事实上，这些旅游目的地营销者和事件营销者也不时谈论到他们之间在任务与日常活动上的分离，也因此在实践中导致了事件营销与旅游目的地营销成为两个分离（虽然不是独立的）的领域。这种分离性及相关结果也凸显了两项研究的重要性。第一是体制研究：需要确定如何更好地将旅游目的地营销与事件营销两者的角色、战略与活动联系起来；第二是营销策略方面的研究：需要确定能最有效地将事件营销与旅游目的地营销进行整合的方式——不仅包括在事件活动期间，也包括在事件举办前与举办后的营销整合。

研讨会参与者所提出的 6 个核心主题本身也值得更深入地研究调查。当然，还需要更多研究论证事件活动对社区以及旅游目的地品牌的影响。参与者强调了当地社区与事件活动之间的重要联系。一方面，事件活动需要得到当地社区的支持；另一方面，事件活动显然也会影响居民的社区感知。然而，并不是所有的社区都是同质的，因此，还需要进一步认识为什么有些事件活动能得到一些地方群体的支持，同时又遭遇其他地方群体的冷漠态度与敌视。近年来，已经有研究开始用地方认同等相关概念来论证事件活动所潜在的持续心理影响（Hixson, 2010）。

事件活动也影响着社区未来继续举办事件的人力资本。所以说，事件活动对旅游目的地品牌同时具有直接与间接的影响。其中，直接影响主要体现在媒体效应与口碑效应，间接影响表现在事件对社区本身的影响结果。在某种意义上，事件活动不仅仅是举办地向世界讲述的故事，它们也是主办地向自身讲述的故事。这反过来可能影响旅游目的地向世界展示自己的方式，甚至超越了事件的举办时间。这些又将带来怎样的影响，以及如何能得到最优的结果等，还有待进一步研究。

任何一个特定事件对当地社区的自我感知、旅游目的地的游客感知以及旅游目的地品牌定位的影响方式，将取决于该目的地所举办的其他事件。要创造一个品牌，不是产品组合中任一孤立的成分所能完成的，这需要依靠整个产品组合所构建的信息总和来实现（deChernatony and McDonald, 1996；Keller, 1998）。因此，未来在研究事件对某个特定旅游目的地品牌的影响时，同时应该考虑该目的地所主办的其他事件的影响。由于只面向当地观众的事件活动可能会影响当地居民的感知，进而影响社区所投射的形象，因此，还需要进一步考虑事件活动之间的协同作用——无论这些活动是面向地方、区域、国家还是国际市场。

在同一旅游目的地同期举办的事件活动之间的协同方式也需要得到更多的研究。旅游目的地所能达到的细分市场及其对细分市场留下的形象不仅受到单体元素的影响，更受到各个元素之间的混合影响（Chalip，1992）。像“黄金海岸的印地赛车狂欢节”一样，那些同时举办的事件活动可以联合成为一个整体。然而，到目前为止，对这些活动的互补性是如何起作用的，以及如何利用这些互补活动，我们仍然知之甚少（Garcia，2001）。因此，需要更多研究探讨事件活动的扩展性，它们对事件差异化的作用（Green，2001）以及对旅游目的地品牌所带来的影响。

从品牌化的角度来看，事件的核心价值之一在于它们能够成为旅游目的地的媒体。然而，鲜有研究探讨事件活动在市场源中的提及率以及所产生的形象，更少有研究探讨最有效地将事件的口碑与形象纳入旅游目的地营销传播中的方式。因此，需要探讨举办地在事件媒体中所获得的覆盖情况，以及这些事件媒体对受众旅游目的地感知的影响。同样，也需要探讨事件活动如何在旅游目的地中最有效地发挥其广告与促销作用。

本章所倡导的研究都具有明确的实用价值。旅游目的地对事件活动的品牌化作用及其利用方式的认识越深入，其营销效果也将越显著。此外，事件活动与旅游目的地品牌化的关系研究也具有重要的学术价值。事件活动及其举办地之间正是以联合品牌的形式相互联系（Rao and Ruekert，1994；Simonin and Ruth，1998；Washburn*et al.*，2000），通过研究事件品牌与旅游目的地品牌之间的相互作用，有助于更深入地了解人们如何对世界进行认知与理解。

参考文献

Ambler, T.（1997）How much of brand equity is explained by trust? *Management Decision*, 35, 283－292.

Ambler, T. and Styles, C.（1997）. Brand development versus new product development：toward a process model of extension decisions, *Journal of Product and Brand Management*, 6, 222－234.

Backman, K., Backman, S., Uysal, M. and Sunshine, K. M.（1995）Event tourism：an examination of motivations and activities, *Festival Management & Event Tourism*, 3（1）, 15－24.

Broudehoux, A. M.（2007）Spectacular Beijing：the conspicuous construction of an Olympic metropolis, *Journal of Urban Affairs*, 29（4）, 383－399.

Brown, G.（2007）Sponsor hospitality at the Olympic Games：an analysis of the implications for tourism.

International Journal of Tourism Research, 9, 315 – 327.

Chalip, L. (1992) The construction and use of polysemic structures: Olympic lessons for sport marketing. *Journal of Sport Management*, 6, 87 – 98.

Chalip, L. (2001a) Sport and tourism: capitalising on the linkage, In: Kluka, D. and Schilling, G. (eds) *The Business of Sport.* Meyer & Meyer, Oxford, pp. 78 – 89.

Chalip, L. (2001b) Group decision making and problem solving. In: Parkhouse B. L. (eds) *The Management of Sport: Its Foundation and Application* 3rd ed. McGraw – Hill, Boston, pp. 93 – 110.

Crompton, J. and McKay, S. (1997) Motives of visitors attending festival events. *Annals of Tourism Research*, 24, 425 – 439.

De Chernatony, L. (2001) *From Brand Vision to Brand Evaluation: Strategically Building and Sustaining Brands.* Butterworth – Heinemann, Oxford.

De Chernatony, L. and McDonald, M. H. B. (1996) *Creating Powerful Brands.* Butterworth – Heinemann, Oxford.

De Lisle, J. (2009) After the gold rush: the Beijing Olympics and China's evolving international roles. *Orbis*, 53 (2), 179 – 204.

D'Hauteserre, A. (2001) Destination branding in a hostile environment. *Journal of Travel Research*, 39, 300 – 307.

Duncan, T. and Moriarty, S. (1997) *Driving Brand Value: Using Integrated Marketing to Manage Profitable Stakeholder Relationships.* McGraw – Hill, New York.

Eagle, L. and Kitchen, P. (2000) Building brands or bolstering egos? A comparative review of the impact and measurement of advertising on brand equity. *Journal of Marketing Communications*, 6, 91 – 106.

Emery, P. R. (2002) Bidding to host a major sports event: the local organising committee perspective. *International Journal of Public Sector Management*, 15, 316 – 335.

Essex, S. J. and Chalkley, B. S. (1998) The Olympics as a catalyst of urban change. *Leisure Studies*, 17, 187 – 206.

Garcia, B. (2001) Enhancing sport marketing through cultural and arts programs: lessons from the Sydney 2000 Olympic arts festivals. *Sport Management Review*, 4, 193 – 219.

Getz, D. (1997) *Event Management and Event Tourism.* Cognizant Communication, New York.

Getz, D. (2007) *Event studies. Theory, Research and Policy for Planned Events.* Elsevier, Oxford.

Getz, D. and Wicks, B. (1993) Editorial. *Festival Management & Event Tourism*, 1 (1), 1 – 3.

Gold, J. R. and Gold, M. M. (2008) Olympic cities: regeneration, city rebranding and changing urban agendas. *Geography Compass*, 2 (1), 300 – 318.

Green, B. C. (2001) Leveraging subculture and identity to promote sport events. *Sport Management Review*, 4, 1 – 19.

Haugen, H. O. (2005) Time and space in Beijing's Olympic bid. *Norwegian Journal of Geography.* 59, 217 – 227.

Henderson, J. (2000) Selling places: the new Asia – Singapore brand. *Journal of Tourism Studies*, 11 (1), 36 – 44.

Hixson, E. (2010) The festival state: differing perspectives on the role of events. Paper presented at the 4th

Global Events Conference, Leeds, UK, 14 – 16 July, 2010.

Jago, L., Chalip, L., Brown, G, Mules, T. and Ali, S. (2003) Building events with destination branding: insights from experts. *Event Management*, 8 (1), 3 – 14.

Jago, L. and R. Shaw (1998) Special events: a conceptual and differential framework. *Festival Management & Event Tourism*, 5, 21 – 32.

Janiskee, R. (1994) Some macroscale growth trends in America's community festival industry, *Festival Management and Event Tourism*, 2 (1): 10 – 14.

Keller, K. L. (1996) Brand equity and integrated marketing communications. In Jeri, M. and Ester, T. (eds) *Integrated Marketing Communications.* Lawrence Erlbaum Associates, Mahwah, pp. 103 – 132.

Keller, K. L. (1998) *Strategic Brand Management: Building, Measuring, and Managing Brand Equity.* Prentice Hall, Upper Saddle River, NJ.

Keller, K. L. and Aaker, D. A. (1997) *Managing the Corporate Brand: The Effects of Corporate Marketing Activity on Consumer Evaluations of Brand Extensions.* Marketing Science Institute, Cambridge

Kotler, P., Haider, D. H. and Rein, I. (1993) *Marketing Places: Attracting Investment, Industry, and Tourism to Cities, States, and Nations.* Free Press, New York.

Lynch, R. and Veal, A. (1996) *Australian Leisure* Addison Wesley Longman Australia Pty Ltd, South Melbourne.

Mittal, B., Ratchford, B. and Prabhakar, P. (1990) Functional and expressive attributes as determinants of brand attitude. *Research in Marketing*, 10, 135 – 155.

Mules, T. (1998) Taxpayer subsidies for major sporting events. *Sport Management Review*, 1, 25 – 43.

Mules, T. and Faulkner, B. (1996) An economic perspective on special events, *Tourism Economics*, 2, 107 – 117.

Park, C. S. and Srinivasan, V. (1994) A survey – based method for measuring and understanding brand equity and its extendibility. *Journal of Marketing Research*, 31, 271 – 288.

Ren, X (2008) Architecture and nation building in the age of globalization: construction of the national stadium of Beijing for the 2008 Olympics. *Journal of Urban Affairs*, 30 (2), 175 – 190.

Rao, A. R., and Ruekert, R. W. (1994) Brand alliances as signals of product quality, *Sloan Management Review*, 36 (1), 87 – 97.

Short, J. R. (2008) Globalization, cities and the summer Olympics. *City*, 12 (3), 322 – 340.

Simonin, B. L., and Ruth, J. A. (1998) Is a company known by the company it keeps? Assessing the spillover effects of brand alliances on brand attitudes, *Journal of Marketing Research*, 35, 30 – 42.

Spethmann, B., and Benezra, K. (1994) Co – brand or be damned. *Brandweek*, 35 (45), 20 – 25.

Washburn, J. H., Till, B. D. and Priluck, R. (2000) Co – branding: Brand equity and trial effects. *Journal of Consumer Marketing*, 17, 591 – 604.

第五篇
目的地利益相关者管理

第 16 章
目的地合作营销：原理与实践

一、序言

旅游目的地越来越倾向于合作的方法来促进旅游发展（Grangsjo，2003；Wang and Fesenmaier，2007）。Wood 和 Gray（1991）认为，合作的过程就是一群利益相关者自主地就某一问题域发生互动，并在共同的规则、规范和结构下行动，或就该领域相关的问题共同决策的过程。在旅游业中，旅游目的地合作营销涉及大量利益相关者（包括来自公共部门与私营部门），他们通过相互交流理念与专业技能，达到对某一共同议题或问题域的互动，并将财力与人力集中起来进行合作营销。合作营销可以发生在各种不同的领域，并可能存在多种不同的合作形式。例如，旅游目的地的合作营销方式包括联合促销，参与贸易展览和广告合作项目，为旅行代理商和旅游运营商组织旅游考察团，共享信息与市场情报，共同促进旅游目的地事件活动等。Bramwell 和 Lane（2000）认为，合作策略就是通过结合各方知识、专业技能和资本资源来达到共识与协同，并由此产生新的机会，提出创新解决方案并实现更高的效率，这些都是任何一方的单独行动不可能达到的效果。

以往的研究表明，通过将相关旅游企业的产品生产与营销整合起来推广一个旅游目的地，将具有明显的优势（Buhalis and Cooper，1998；Fyall and Garrod，2004；Palmer and Bejou，1995；Weaver and Opperman，2000）。然而，旅游目的地合作营销正受到两方面因素的挑战，这些因素也使得团体之间的合作与合作过程变得更加复杂和困难。第一，旅游目的地营销的一个显著特征就是，旅游产品各个组成部分的提供者，亦即营销中的各个利益相关者，是高度分散的（Jamal and Getz, 1995；Saxena, 2005）。第二，没有任何中介能够单独对一个旅游目的地中的所有旅游产品和服务组合进行控制和传递（Bramwell and Lane, 2000；Prideaux and Cooper, 2002）。因此，旅游目的地中大多数旅游产品，都是通过大量单体供应商进行零散与碎化的营销与销售（Gunn, 1988；Laws, 1995）。然而，如果由各个利益相关者单独进行旅游目的地营销与推广，显然不利于旅游目的地整体形象的开发，从长远来看也很难获得成功（Fyall and Garrod, 2004；Grangsjo, 2003）。在当今竞争日趋激烈的市场环境中，一个旅游目的地的合作意识越高，就越可能获得重要的竞争优势（Palmer and Bejou, 1995）。

基于对合作比单独行动带来更多收益的共识，也基于组织之间在旅游目的地营销与推广过程中的相互依赖性，旅游目的地合作营销联盟与网络的建立实际上已具备了必要的基础。在制造业领域中，组织之间相互合作以增加产品价值或降低成本的做法已然相当成熟，但在旅游业中，关于旅游组织之间如何建立一个相似的增值网络是当今摆在眼前的一个重要议题。因此，旅游业需要创造一种合作方式，使各利益相关者愿意把旅游目的地看作一个整体，并愿意为了目的地营销这个共同目标共同努力，这样才有可能建立一个强大的旅游经济体。

事实上，旅游目的地合作营销无论在实践还是学术领域中早已备受关注（Fyall and Garrod, 2004；Vernon, 2005），尤其是组织间关系、战略联盟、合作营销联盟与网络等方面的文献已经从多个理论范式来研究这个问题，如资源依赖理论（Pfeffer and Salancik, 1978）、交易成本经济学（Williamson, 1975）、战略管理理论（Prahalad and Hamel, 1990）以及网络理论（Granovetter, 1985；Gulati, 1998）等。然而，由于旅游目的地合作营销的特殊性，以上这些理论范式都无法单独解释旅游组织间的关系，显然，旅游业的结构以及目的地营销的复杂性都要求使用综合的方法来理解目的地合作营销的本质与动态过程。因此，本章就是基于这样的努力，首先提出一个综合的理论框架，这个框架涵盖了旅游目的地合作营销中的一系列重要议题，包括合作的先决条件、动机、过程与结果等。然后，进一步阐述旅游目的地营销组织在促进目的地合作中的角色与战略，接着阐述旅游企业之间的战略关系格局及其决定因素。最后，提出旅游目的地合作营销的启示意义及未来研究方向。

二、旅游目的地合作营销的概念框架

如上文所述，需要应用综合的方法来解释旅游组织间相互形成营销联盟与网络的行为。根据 Wood 和 Gray（1991）的合作理论研究，并基于对美国两个旅游目的地中进行的多个访谈，本章提出了旅游目的地合作营销的概念框架（图 16 -1）。该概念框架共由四部分组成，主要强调旅游目的地合作营销的本质与动态过程。这四个组成部分包括：先决条件，主要描述建立联盟与网络的经济、社会与环境条件；动机，主要解释组织为了达成特定目标选择加入战略联盟和网络的原因；阶段，主要反映合作营销的动态过程；以及结果，描述合作营销活动将取得的效果。此外，在访谈的基础上，还讨论了当地旅游企业之间的战略关系格局及其形成的驱动因素。

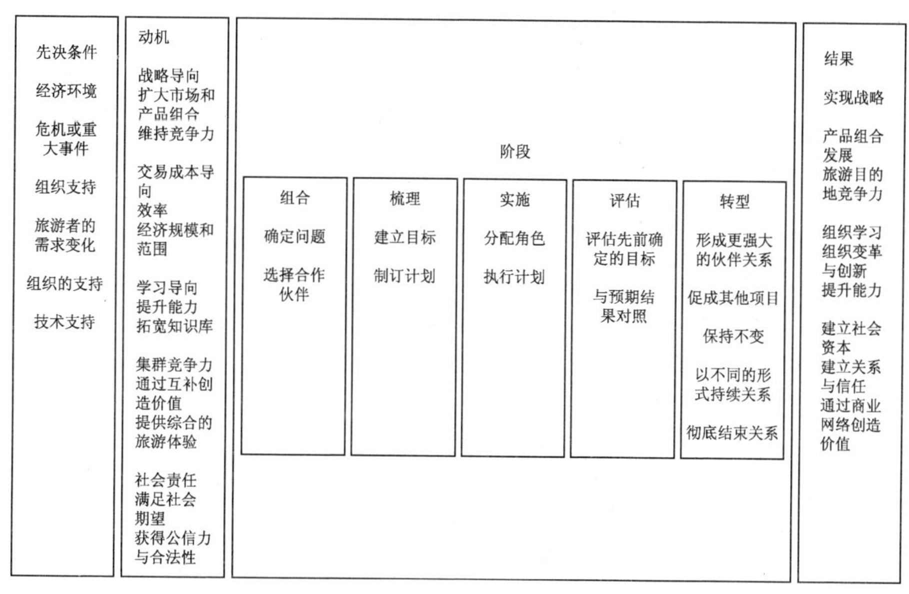

图 16 -1　旅游目的地合作营销的综合框架（改自 Wang and Fesenmair, 2007）

本概念框架的建立主要基于以往的理论研究和对美国两个旅游目的地会议与观光局（以下简称 CVB）员工和多个当地旅游企业的访谈基础上完成。其中，第一个旅游目的地是印第安纳州的埃尔克哈特县，第二个是佛罗里达州的奥兰多市。下文将继续介绍这两个目的地的概况以及访谈数据收集与分析的方法。

第一个案例地是印第安纳州北部的埃尔克哈特县。埃尔克哈特县位于印第安纳波利斯东北方向240公里，距西边的芝加哥160公里，在韦恩堡西北80公里处。埃尔克哈特县由三市（埃尔克哈特、歌珊和纳帕尼）四镇（布里斯托尔、米德尔伯里、瓦卡鲁萨和西普谢瓦纳）组成。埃尔克哈特县是北美洲第二大阿米什人社区，并以北印第安纳的阿米什村对外推广。每年埃尔克哈特县吸引的游客超过100万人次，其中绝大多数为国内一日游游客。其主要客源市场大多在240公里半径范围内，包括芝加哥、底特律、印第安纳波利斯、密歇根州西南部地区以及印第安纳州北部地区等。埃尔克哈特县CVB是该目的地的主要营销组织，是当地社区的代表，并负责组织大部分的合作营销活动。埃尔克哈特县CVB从“埃尔克哈特县CVB假期计划”中得到了1200万美元的膳宿税和20万美元的出版销售的资金支持。本研究者在2003年7月在此进行了为期两周的访谈，访谈对象包括5名埃尔克哈特县CVB员工和32位来自四个行业部门的代表（住宿业、吸引物、文化和艺术组织、会展业），每个访谈时长大约1小时。

第二个案例地是佛罗里达州的奥兰多市。奥兰多是一个娱乐、购物与餐饮胜地，这也被奥兰多CVB列为奥兰多游客最喜爱的前三项活动（Orlando CVB, 2010）。奥兰多之所以是一个理想的案例地，是由于其旅游市场的多样性。它是一个国际知名的旅游目的地，以拥有最先进的会议场所，多样化的住宿、饭店和吸引物组合，以及亚热带气候而著称。奥兰多由于设施的多样性，同时受到了价值导向型旅游市场和奢华旅游市场的追捧，即使在2008年的经济衰退期，也能接待4460万人次国内游客和来自205个国家的310万人次国际游客。2007年，旅游业为当地经济创造了311亿美元的收入。奥兰多和橙县旅游局（以下简称OOCCVB）是负责提升目的地品牌知名度、增加休闲游客和会议预订的地方性DMO，它与当地旅游企业展开广泛的合作，共同制订合作营销计划，以更好地推广奥兰多旅游目的地。OOCCVB目前与6个不同群体的1200多名成员共同合作，包括来自住宿业、会议服务组织、非营利性组织、零售业、交通运输业以及专业服务组织的成员。本案例研究访谈于2009年8月完成，共有7名OOCCVB员工和32名当地旅游企业代表参与了访谈。

（一）营销联盟的先决条件

战略管理理论认为，组织为了生存和发展必须适应环境。根据Duncan（1972），环境可界定为在组织边界之外但在组织决策过程中必须考虑的相关物理条件和社会因素。也就是说，组织之间并不是在真空环境中结成联盟，它们的合作行为实际上受到许多环境力量的影响，也决定了组织之间形成合作关系的一些先决条件。通过在两个案例地的访谈，本研究提炼了 7 个重要的旅游目的地营销联盟先决条件，包括经济环境；危机或重大事件；旅游者的需求变化；旅游目的地的内部竞争；旅游目的地之间的竞争；组织支持以及技术支持。

1. 经济环境

在旅游目的地中，旅游企业加入合作营销的意愿主要受到美国经济状况的影响。在奥兰多的访谈表明，在当前经济困难的条件下，企业更加愿意通过合作以分担运营与广告成本，对整个目的地形成新的促销理念以提高游客量，并为消费者创造优质的产品。显然，对于过去一年半奥兰多游客量的下降，相关旅游企业都表达了它们的忧虑。一些企业营销经理指出，游客量的下降直接导致了企业的营销、广告和推广费用紧缺，也使得它们越来越倾向于与其他旅游企业开展营销合作，如将多个企业所提供的旅游服务和产品进行捆绑营销和销售。同时，经济条件也刺激了旅游企业通过这种捆绑方式来设计更加出众的旅游产品，这种趋势在饭店业和会展业中尤为明显。

2. 危机或重大事件

从对两个案例地的访谈可知，危机或重大事件（如“9·11”事件和飓风）是当地旅游组织形成合作关系的一个重要和典型的先决条件之一，尤其当需要集体合作才能化解危机时。旅游目的地中总是容易出现一些意料之外的事件，一旦发生危机，就需要将人们聚集起来以集思广益。大多数行业代表都认同，形成伙伴关系是解决目的地各种危机唯一有效的办法。例如，在奥兰多的几个零售企业和主题公园的受访者表示，天气是影响游客量的一个重要因素（如飓风、持续降雨和过度炎热）。为了缓解天气对游客的影响，这些企业曾试图与其他旅游企业合作提供包价产品（如 Wet - N - Wild 水上乐园与 Prime Outlet 购物中心之间的合作）。饭店业与会展业代表则表示，在“9·11”事件之后，奥兰多的许多团体和会议销售业务都流失到其他目的地中。对于饭店业而言，这一事件极大促进了他们对合作营销的渴求，以避免流失更多的团体销售业务。除了“9·11”事件外，会展业的受访者还表示，游客对旅行途中感染疾病（如猪流感）的担忧日益增长，也促使它们希望与其他公司（不一定是旅游公司）合作以共同解决健康与安全的问题。例如，有一家会展公司在对汽车租赁企业全国销售会议进行投标时，就通过与奥兰多菲利普医院建立合作营销关系来为自身增值。

3. 旅游者的需求变化

游客或居民的各种新兴旅游趋势以及旅游需求的波动性（季节性），似乎也促进了旅游企业（尤其是小企业）与其他企业结成合作营销关系。有几家会展和饭店公司表示，游客和商务会议市场对奥兰多“绿色产品/绿色会展”日益增长的需求最后也迫使它们与其他能够满足游客/客户这种绿色需求的公司签订协议。此外，由于燃料费的上涨导致了游客旅游交通成本的增加，也造成目的地游客量出现一定的流失。为了解决这个问题，旅游业已经开始寻求与旅游运营公司或运输公司建立营销伙伴关系。例如，迪士尼与一家航空公司合作来减少游客前往迪士尼的机票费用。

4. 旅游目的地的内部竞争

旅游市场日益激烈的竞争是影响合作关系建立的另一个重要先决条件。在这样的竞争环境下，企业更倾向于相互合作与集中资源，以达到它们单独无法实现的目标。在奥兰多，随着游客量的减少，饭店、主题公园和一些吸引物都似乎意识到了目的地内部的竞争变得更加激烈了。为了应对目的地内部市场的激烈竞争，一些公司开始寻找机会和方法来刺激游客对奥兰多旅游目的地的需求增长。其中，饭店业在这一方面做了大量的工作，它们为了提升客房入住率，正寻求各种途径与其他企业合作创造一些增值包价产品。例如，万豪饭店与环球影城试图合作建立一个比迪士尼更好的“一揽子计划”，这个计划使它们双方都能从中受益。有一位饭店经理指出，为了弥补迪士尼所提供的折扣，他们必须与其他业务进行合作，否则他们将无法得到足够的边际收益以允许饭店大幅降低房价。与此同时，一些特定行业的小公司为了避免被“奥兰多大腕的大型企业所挤压”，也开始相互形成合作联盟。例如，一些处于劣势地位的小型景点公司为了与迪士尼强势的广告与营销抗衡，形成了“合作伙伴关系”来共同分担广告费和扩大受众。OOCCVB 也开始让奥兰多举办更多的全市性事件活动，它们认为，所有旅游企业，包括饭店业在内，都能在支持这种市级事件活动的相互合作过程中受益。

5. 旅游目的地之间的竞争

从宏观经济的角度来看，应对来自周边地区的外部竞争，是两个案例地的当务之急，这也是促使旅游企业共同合作以与其他旅游目的地竞争的重要因素。例如，奥兰多饭店业和主题公园都坦承，为了防止未来游客流失到其他旅游目的地，奥兰多需要通过合作营销才能在游客心目中形成清晰的形象定位。他们主张，旅游公司应该将思维模式从“内部市场”的竞争转换到“从市场到市场”的竞争。一些大型的饭店、景点和主题公园也意识到，目的地必须要克服自身内部的竞争问题，才有可能在未来获得相对于其他目的地的竞争优势。

6. 组织支持

在访谈期间，许多行业代表都指出，组织的支持是形成联盟关系的重要先决条件。这可能是因为合作活动的成功不仅有赖于个人的努力，它更反映了整个组织的价值观。其中，领导力、合作的态度、沟通、资源和胜任力等都是影响组织支持的重要因素。例如，强势的领导力是开展合作营销活动的一项重要的组织支持，因为领导往往定下了组织的基调，并为组织指明方向，对于小型企业更是如此。积极的合作态度是合作营销成功的精神要求。保持组织内开放的沟通环境将为合作伙伴间沟通的顺畅和信息的及时共享扫除障碍，并能激励它们保持相互合作的努力。此外，合作企业必须拥有丰富和充足的资源来支持合作活动和保证合作的成功。组织资源包括各种不同的形式，如员工支持和财政支持。最后，组织也应该在其他合作伙伴眼中具备必要的合作活动计划与执行能力。

7. 技术支持

信息技术似乎既是建立合作关系的一个重要驱动力量，也是推动合作进程的一个重要工具。访谈结果表明，技术具备一些明显的优势，包括保持信息更新，带来更多的机会，实现更频繁和有效的沟通，甚至可以建立虚拟信息库等。然而，旅游业在利用技术促进合作营销方面还存在一些挑战。一位行业代表指出，当今的技术变化太快，以至于所有人都难以跟上技术变革的步伐，尤其是小企业更是如此。他们进一步指出，大多数小企业都不具备足够的资源、专业技能、知识和培训来有效地利用技术。

（二）建立营销联盟的动机

不同组织和企业往往出于不同的动机结成合作关系，包括从社会到经济再到战略的动机。这些动机大体上可以分为5大类：战略导向动机、交易成本导向动机、学习导向动机、集群竞争力动机以及社会责任动机。相应地，每类动机也有各自不同的研究方法。Kogut（1988）指出，这些理论方法特别适用于解释组织建立联盟的选择与动机。

1. 战略导向动机

战略行为方法（Bleeke and Ernst，1993；Ohmae，1989）主要关注组织竞争定位的结果。根据这一理论，可以将组织之间建立联系的行为解释为组织的战略或资源需求（Hagedoorn and Schakenraad，1994；Hamel，1991）。根据Pearce（1989），建立旅游组织是为了实现特定的只有通过一群参与者在一定形式结构下合作开展联合活动才能最好地得以实现的目标。Bramwell 和 Rawding（1994）认为，旅游业的特殊性可能也促进了组织间关系的形成，如组成旅游产品的一系列商品和服务的相互依赖性，存在大量小规模的个体运营商，以及旅游目的地与游客居住地的空间分离等特征。特别是，旅游目的地要获得竞争优势，就必须将目的地中各个旅游组织的知识、专业技能、资本与其他资源集中起来（Pearce，1989）。如今，单体旅游企业如果不考虑其他旅游组织的利益而做出单方面的决策，将越来越不可行。此外，日益增长的竞争压力也迫使旅游组织之间只有相互合作，才能获得新的资产、市场和技术，或者分担营销创新的成本（Selin，1993），从而提高他们在市场中的战略地位。在旅游业的背景下，DMO 和当地旅游业相互合作的主要动机在于扩大市场，并为目的地开发一系列的吸引物组合。从行业的角度来看，增加产品组合不仅将为消费者提供更多的选择机会，还有可能使游客在目的地中停留更长时间。许多行业代表都意识到，从长远来看，组织之间只有相互合作，为消费者提供综合的旅游体验，才能提高目的地的竞争力与可持续发展水平，最后为整个社区创造更多的经济利益。

2. 交易成本导向动机

交易成本的观点认为，组织是在追求效率的驱动下形成联盟和网络关系的，其中强调的是增加有效交易量和节约交易成本（Williamson，1975，1985）。对两个案例地的访谈都表明，成本效益是驱动 CVB 和当地旅游业共同合作的核心动因。从 CVB 的观点来看，旅游企业通过整合资源来相互合作，将会变得更加强大，获得更多的公共关系，并且能使它们的活动看起来更有价值。此外，在区域范围内的相互合作，能使旅游业以更低的成本向消费者传递旅游目的地的整体形象，因而也将更有效率和效果。

3. 组织学习导向动机

组织学习的观点主要强调组织从竞争对手中获取新知识和技能，或者保护自身的核心技能的能力（Baum *et al.*，2000；Dredge，2006；Parkhe，1993；Saxena，2005）。从访谈中可知，旅游企业希望通过合作以更好地认识市场。CVB 的代表认为，他们能掌握的信息越多，他们对于直接合作伙伴和商界的作用就会越大。来自旅游企业的几个代表也认为，他们互相之间的合作越多，就对与自身相关的企业了解也越深，并能看到更多的机会，更能辨认出哪些是好的合作伙伴。此外，大多数企业代表都表示，CVB 拥有他们所需要的知识库和专业技能，与 CVB 的合作过程本身也是一个学习过程。也就是说，与其他组织合作能够拓宽组织的知识库，从而提升它们自身的能力。

4. 集群竞争力动机

集群竞争力的理论基础源自集群理论（Gunn，1988；Porter，1990），集群理论主要用以解释特定的经济发展现象。集群就是指一个旅游目的地中所包含的一系列关联产业和其他重要实体，它们向旅游者提供互补的旅游产品和服务，并传递一种综合的旅游体验。集群的互补性可以体现在多个方面，其中最明显的就是产品在满足游客需求方面的互补。例如，游客来到一个旅游目的地中参观旅游集群的体验质量，实际上取决于一系列互补企业的质量与效率，如住宿设施、吸引物和零售店等。这个观点得到当地不少旅游企业的认同。其中一位企业经理提到："你不可能一个人完成所有的事。没有人过来旅游只是为了看我，他们之所以来看我，是因为他们还可以看看隔壁的人，并且可以做其他很多的事情。"一位来自印第安纳州某个露营地的经理也表达了相似的观点："如果游客喜欢我们这儿，他们会待得更久一些……我们确实需要一些合作伙伴，这样才能使游客有更多的事可做。我们只有形成一支团队，才能更有竞争力，这也正是我们需要思考的事情。"

5. 社会责任动机

组织之间形成合作关系很多时候是为了解决某些社区问题或公共问题。这一类行为主要是组织对社会责任的一种回应（Carroll，1991；1999）。CVB 的使命通常与社区的发展有关，这总是促使 CVB 积极参与社会事务方面的合作。社会责任的另一方面体现在增加善意这一目标。在这一方面，组织可能为提高自身在消费者与当地居民中的声望而加入成为一名联盟会员（Freeman，1984；Wood，1991）。CVB 通过加入和领导这样一种联盟，能向社区证明自身对旅游利益相关者的需求和期望的关心和积极回应，从而提高 CVB 在社区中的公信力与合法性。

（三）营销联盟形成的阶段

合作可以定义为一个问题域中的核心利益相关者就该问题域的未来共同做出决策的过程（Gray，1985）。在旅游领域中，合作涉及所有对旅游目的地营销感兴趣或有利害关系的参与方的联合决策。大量研究从不同学科背景试图提出了合作过程的模型。例如，Waddock（1989）认为，在合作伙伴形成初期存在三个并发的过程：形成问题、建立联盟和制定目标。它们是一个相互作用并不断影响合作伙伴的策略与实际发展的连续过程。同样，McCann（1983）也注意到，合作是一个包括三个连续阶段的自发过程：确定问题、确定方向和建构组织。Selin 和 Chavez（1995）也以三个相似的阶段来描述旅游规划的演进过程。Bailey 和 Koney（2000）提出了四个阶段阐述战略联盟的形成过程。

然而，这些研究都存在一定的局限性。首先，存在多个不同的术语表明，学界对合作过程的理解仍未达成共识。其次，这些术语及其解释至多只能反映合作过程中的一些碎化与零散的方面，因而不能全面理解合作从头到尾发生的整个过程。最后，这些研究使用了静态与线性的方法来研究合作过程，但实际上，合作的各个阶段并不一定按顺序依次发生，相反，它们是一个合作、冲突与妥协并存的动态与循环过程，并且需要通过各种治理结构来保证整个合作过程的平稳与成功。因此，可以将合作过程分为五个阶段，包括：组合阶段、梳理阶段、实施阶段、评估阶段以及转型阶段。

组合阶段是指确定问题并围绕这一问题选择合作伙伴建立共识的过程（Bailey and Koney，2000；McCann，1983）。首先，潜在合作伙伴之间需要就某个问题域共同确定核心议题并达成共识（Gray，1985）。在这一阶段，参与各方就什么是共同议题，其中谁具有合法的利害关系，以及各方对问题的界定是否一致等方面达成共识是非常重要的。同时，合作的发生将取决于参与各方对利益以及问题凸显性的感知程度（Selin and Chavez 1995）。其次，在合作关系形成之初，还需要选择合适的合作伙伴，包括对合作伙伴之间的相互依赖性、领域的一致性、目标的相似性、合作伙伴的适宜性以及相互信任程度等多方面进行考量（Selin and Chavez，1995）。这些因素将会以不同的方式影响旅游营销联盟的建立与运行。例如，旅游目的地中来自不同部门的旅游组织的相互依赖性，将要求它们共同合作以实现有效的目的地营销目标（Pearce，1989；Selin and Beason，1991），同时保证各方能够和谐经营。总之，相互依赖性、小规模、市场碎化以及空间分离等因素都促使旅游组织采取联合行动，建立合作联盟，最后实现共同目标（Jamal and Getz，1995；Murphy，1985；Pearce，1992）。

在组合阶段识别了共同的问题与理念之后，就进入梳理阶段，即对这些问题与理念进行提炼和整理，从而形成一个共同的愿景，为下一步行动打下基础（Bailey and Koney，2000；Selin and Chavez，1995）。梳理阶段旨在整合所有的有效资源，确保一切工作都有利于合作项目的成功。在这一阶段，利益相关者需要分享他们对项目未来的阐释，并开始培养和提升共同的目标意识（McCann，1983）。与此同时，他们需要建立具体的目标，设定相关规则和议程，收集和共享信息，探讨和比较各种选择方案，并确定可行的解决办法。根据 Wood 和 Gray（1991）的定义，合作就是一群利益相关者自主地就某一问题域进行互动，并在共同的规则、规范和结构下行动，或就该领域相关的问题共同决策的过程。在合作的过程中，利益相关者的行为都是独立自主的，因为即使他们承诺在共同的规则或其他期望下共同行动，他们也依然保持自身独立的决策权。Wood 和 Gray（1991）的定义表明，利益相关者必须至少为了就某一议题形成共同方向这一目的而相互合作，如确定方针、组织和行动。由于不同旅游组织（包括私营的和公共的）会存在意识形态和价值观的差异（Rainey，1983），如果这些差异相互冲突，就可能无法形成合作关系。此外，在合作过程中还可能存在坚持成见的现象，这会抑制各方有效的互动。因此，各参与方必须努力构建共同的愿景，破除守旧思想，建立信任，这是保证合作成功的必要条件（Waddock，1989）。

实施阶段就是对上面两个阶段中的思想与理念付诸行动，开始实施各种计划和策略。在这一阶段，相关方开始重估项目的成本与效益，分配角色任务，明晰各方职责。为了确保活动的顺利进行，还需要建立一个合适的组织架构和有效的沟通手段。例如，Selin（1993）指出，为了保持合作的有效性和持续性，需要建立一个保证活动实施的组织结构，以系统的方式促进利益相关者之间的互动。由于合作关系是动态变化的，因此，合作营销活动不仅要考虑到所有利益相关者的共同愿望，还应该考虑到他们各自的商业策略差异所可能导致的观点分歧，因此，需要一个组织结构来确保所有利益相关者都在共同的目标下行动，并协调各方在合作关系网络中的角色与职责。此外，相互沟通对于旅游企业合作的成功也至关重要。各方沟通的质量与频率在很大程度上决定了组织是否能够准确把握环境，尤其是对交流伙伴的可得性以及合作组织之间的适应情况的准确判断（Selin and Chavez，1995）。根据 Bailey 和 Koney（2000），随着联盟进入了实施阶段，联盟领导者与成员都必须清晰地认识到作为其中一名成员的成本与效益，他们各自的新角色，以及如何通过有效的沟通融入这个大环境。

评估是另外一个重要阶段，尤其对于牵头企业而言。评估就是对先前确定的目标与宗旨是否完成进行总结和评价（Gray，1989）。评估阶段包括对每个项目进行总结，并决定是否继续实施这些项目，修改项目计划，策划和执行其他相似的项目，实施问责等一系列活动。评估的主要目的在于分析哪些因素将影响项目的效果，并从中吸取经验教训，提出建议，最后改善合作过程。为了实现这一目的，可以采取的措施有：评价先前确定的目标、总结商业计划、评估先前确定的宗旨、建立文档、对预期结果进行比照、非正式跟进、与过去的项目作比较等（Borden，1997；Gray，1989）。

在转型阶段，当联盟成员处于旅游合作营销项目生命周期中的某一个点时，他们需要确定这段合作关系的未来方向。转型阶段一般由某个特定的事件或在引导下促发而成，如联盟初始目标的完成，或第一个阶段合作营销活动进入尾声等（Bailey and Koney，2000）。在这个阶段，参与方通常会回顾总结以往每个阶段的突出问题，包括他们对联盟的承诺与执行情况，然后决定是否以及如何发展下一段合作关系。也就是说，旅游利益相关者将会对营销联盟的目标与活动是否符合他们自身的目标与优势进行评价。他们可能会在这个阶段做出改变和反思，正式或非正式地使用前一个阶段的评估系统来回顾营销联盟的效益，并决定他们的下一步行动（Bailey and Koney，2000）。因此，转型的结果将有多种可能：合作关系可能变得更加紧密；合作关系可能促成更多项目；对合作关系可能不做出任何改变；合作关系可能正式结束。

需要注意的是，并不是所有合作过程都会按照这些阶段依次进行。在实践中，各个阶段也不一定相互分离或具有明显的区分，还可能出现重叠和反复循环，尤其当领导层出现冲突，或缺乏第三方推动时（Bailey and Koney，2000）。例如，在组合阶段所要解决的问题也可能延续到梳理阶段。如果某个特定阶段的关键问题不能得到充分解决，很可能将严重阻碍合作行动的成功（Selin and Chavez，1995）。

（四）营销联盟的结果

合作必然将产生多方面的结果，并且通常受到合作背景的影响。合作营销的结果大致分为三类：实现战略，组织学习和建立社会资本。第一，通过合作增强竞争优势是旅游组织实现战略目标的直接反映。在旅游目的地的背景下，竞争优势的增强体现在：分担营销成本，有效利用集中的资源，提高旅游目的地竞争力，构建有竞争力的品牌与形象，以及提升产品组合等（Gunn，1988；Jamal and Getz，1995；Pearce，1992；Selin，1993；Selin and Chavez，1995）。

第二类合作结果主要与组织学习有关。在本质上，合作就是参与方共同学习经验的过程（Doz，1988），也是企业知识转移的手段（Kogut，1988）。组织能够通过合作有目的地获取知识来提高自身的能力（Hagedoorn，1993）。在旅游业背景下，目的地合作营销往往涉及广泛的利益相关者，他们以各自的知识、专业技能和其他方面的能力参与合作营销，同时他们也将在这个互动的过程发生变革，自我提升和创新（Anand and Khanna，2000；Kale，Singh，and Perlmutter，2000）。换言之，与组织学习相关的结果包括：知识转移，组织变革与创新，以及提升各种合作技能，如人际交往能力、沟通能力和解决问题的能力。

社会资本构建是组织合作的第三类结果。社会资本是指通过个人和商业网络可以获得的资源（Granovetter，1985），包括信息、理念、商业机会、业务机会、权势、精神支持，甚至包括善意、信任与合作精神。"社会"资本这一概念本身就暗示着这些资源存在于关系网络中（Burt，1997）。如果说，人力资本可以理解为一个人所知道的（一个人自身的知识、技能与经验总和），那么，获取社会资本将有赖于一个人所认识的人，即一个人的个人和商业网络的规模、质量和多样性（Granovetter，1985）。通过目的地合作营销所建立的社会资本主要包括旅游业不同部门之间以及旅游组织之间所建立的人际关系与信任，它们能够利用这些利益来获取目的地高质量的信息、未来的项目机会以及合作精神。像人力资本或金融资本一样，社会资本也是有生产力的，如能够帮助网络伙伴创造价值、完成任务、实现目标、完成使命并提高目的地的竞争力。从旅游目的地的层面来看，可以保守地认为社会资本就是一种生产力，因为如果没有旅游企业之间这种相互联系的关系，可能没有谁将会在激烈的竞争中获得成功，甚至得以幸存。

三、旅游目的地营销：竞争，合作还是竞合

理解旅游目的地中旅游企业之间的工作关系是目的地合作营销项目取得成功的首要条件（Terpstra and Simonin，1993）。在一个旅游目的地中，当旅游利益相关者或企业决定加入合作营销时，他们需要选择一定形式的关系，包括从松散的联系到更正式和更全面的关系（Bailey and Koney，2000）。例如，组织之间的非正式关联是最低级且整合度最低的工作关系，组织之间的联系比较松散，通常只需要表现出相似的兴趣，有时也会真诚地相互支持（Bailey and Koney，2000）。与非正式的关联相对的另一端是联合经营，即由两个或两个以上组织成员就某个单独的项目共同合作的关系，这也是一种更为成熟且整合度更高的工作关系（Ring and Van de Ven，1994）。在非正式关联与联合经营之间还存在其他形式的工作关系（Bailey and Koney，2000）。在旅游业中，旅游组织之间比较常见的是一些联系比较松散的联盟，如区域或地方性旅游协会，其他由地方性旅游目的地营销组织所发起和组织的营销联盟等（Herderson，2001；Prideaux and Cooper，2002；Saxena，2005；Wang and Fesenmaier，2007；Wang and Xiang，2007）。

虽然已有大量文献从理论与实证研究的角度解释这些关系的形成（Watkins

and Bell，2002)，但如果能对旅游业的合作关系加以系统化定义与描述，将有助于进一步理解企业如何看待它们与同行之间的关系，以及它们如何从已有的关系模式转换到另一种模式（Watkins and Bell，2002)。与之相关的是，对这些动态的业务关系格局背后的驱动因素进行研究，不仅将做出一定的理论贡献，还将为旅游目的地营销联盟的成功运作和可持续发展带来一些实践启示(Palmer，2002)。此外，旅游业的零散特征和旅游目的地营销的复杂性也要求旅游目的地进行合作营销；在旅游目的地中，旅游企业之间如何在合作与竞争中保持平衡，将在很大程度上决定了旅游目的地营销的有效性以及目的地的长期竞争力与成功（Palmer and Bejou，1995)。

在回顾与总结商业管理领域的相关文献时发现，存在不同的术语用以描述企业之间的工作关系。例如，Fyall 和 Garrod（2004）使用了术语“协调”，即由两个或两个以上的组织创造或使用现有的决策规则共同应对它们所共处的任务环境的过程。有其他学者使用了“协作”这一术语，指将组织集聚在一起以增强他们在市场中的竞争力的联系（Lynch，1990)。Palmer（2002）将协作这个概念应用到营销中，认为协作营销群就是指一群相互独立的、认为联合开发市场比孤立行动更有优势的企业所形成的团体。

与协调相比，“合作”是用以描述企业和组织之间一种更正式的工作关系的术语（Selin，1993；Wood and Gray，1991)。Wood 和 Gray（1991）将合作定义为“一群利益相关者自主地就某一问题域发生互动，并在共同的规则、规范和结构下行动，或就该领域相关的问题共同决策”的过程。他们认为，合作是一个相对更加正式，需要定期面对面对话的互动过程。也有其他研究者认同，合作是参与方通过相互支持对个人与集体利益的追求而集聚在一起，从而形成一种相互依恋的紧密关系（Huxham，1996)。Jamal 和 Getz（1995）将合作的概念应用到基于社区的旅游规划中，并将其定义为，在一个组织间的社区旅游领域中，一群自主的核心利益相关者为了解决这一领域的规划问题，或管理与这一领域相关的规划和开发问题，来实施联合决策的过程。

其他研究者使用了“战略联盟”这一术语来指代组织之间更加正式和结构化的工作关系（Parkhe，1993；Terpstra and Simonin，1993)。战略联盟可定义为一些独立的组织借以形成共同的行政职权与社会联系的组织安排与经营方针；其中，这些社会联系是通过更加开放的契约安排建立起来的，而不是一些非常具体和冗长的合同（Witt and Moutinho，1989)。战略联盟主要关注如何通过合作关系来获取资源（Henderson，2001；Witt and Moutinho，1995)。这一概念应用到旅游营销联盟中，即指旅游市场中产品彼此互补的旅游企业共同建立的契约关系（Fyall and Garrod，2004；Palmer and Bejou，1995）。

由此可见，大多数文献侧重于描述组织之间的合作关系，却忽略了它们之间的竞争关系。此外，也很少有文献从系统与实证的角度证明组织之间转换关系模式的原因，尤其是合作与竞争关系之间的转换。Doz（1996）曾试图通过外生环境动力证明不同关系格局之间的联系，认为企业的优先战略转变，或者由于领导力的弱化所导致的企业吸引力下降，都将促使企业之间的关系从更多合作向更多竞争的倾向转变。Koza和Lewin（1998）试图从市场的角度来解释这个问题。他们认为，某一活动与潜在顾客的距离角度是决定企业合作还是竞争的重要分水岭，即企业之间的合作或竞争关系是根据一个活动与顾客之间的距离远近来划分的，因为企业往往在距顾客较近的活动中相互竞争，而在距顾客相对较远的活动中相互合作。

因此，有研究者提出了“竞合”这一术语来描述企业之间并不总是只有竞争或只有合作的关系，相反，这两种关系通常是同时存在的（Bengtsson and Kock 2000；Gnyawali and Madhavan，2001）。在竞合研究流派中，竞合是指同时存在合作与竞争（Brandenburger and Nalebuff，1996）。然而，竞争与合作这两个传统的研究视角已经演化成为两个不同的研究流派，前者主要强调价值分配策略，而后者强调价值创造的合作策略（Gnyawali and Madhavan，2001；Moore，1993）。在旅游业的背景下，旅游目的地必须有效地协调企业之间的资源和能力才能为消费者提供产品与服务，这往往同时涉及旅游企业之间的合作与竞争问题。然而，在管理文献中，关于竞争与合作平衡的机理仍知之甚少，对于旅游企业如何在目的地中形成竞合关系也未得到相关的旅游文献支持。因此，基于对两个案例地的访谈，本节主要解决以下三个问题：旅游目的地营销中的企业关系形式；旅游目的地中企业关系格局形成的驱动因素以及旅游目的地中合作与竞争的战略抉择。

（一）旅游目的地营销中的企业关系形式

在对两个旅游目的地的案例研究发现表明，旅游企业在目的地营销活动过程中往往存在几种不同的关系形式，从竞争关系到合作再到包括竞争与合作的混合行为，即竞合关系，如图16-2所示。从图中可见，竞争与合作是两种完全相反的行为逻辑，而竞合行为则时时出现在两者之间。当各个旅游企业都企图获得自身利益的最大化，且不参与任何集体行动时，就会发生竞争行为，因为企业之间的私利往往彼此冲突，它们需要通过竞争来实现自身利益的最大化。合作行为的发生机理恰好相反，旅游企业通过参与集体行动来实现共同的目标。竞合关系则比较复杂，它由两种截然相反的交互行为组成。处于竞合关系的旅游企业，一方面由于利益的冲突而相互竞争；另一方面又为了共同的利益而相互合作。然而，在两个案例地的访谈中，大多数受访者都侧重于讨论合作，而非竞争或竞合，这说明在旅游目的地营销中，合作已经主导了旅游企业的思维模式。

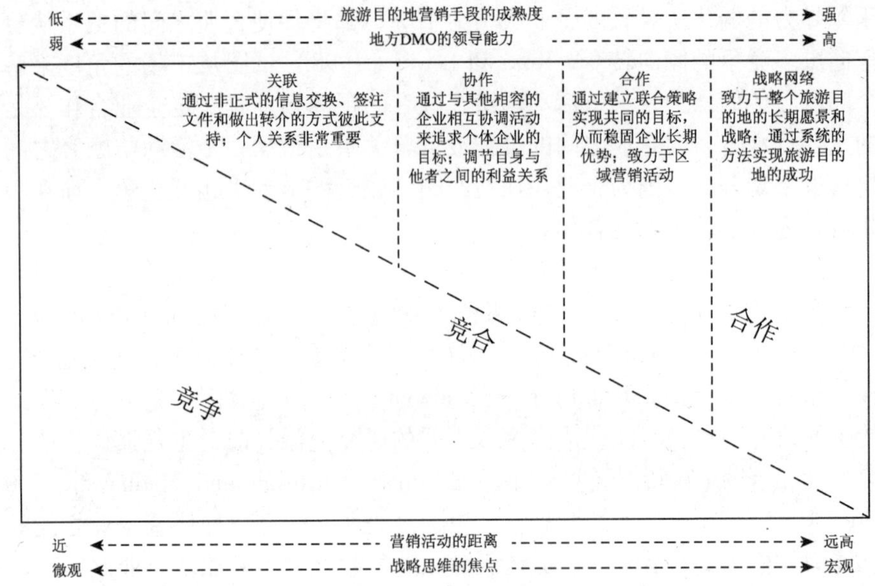

图 16－2　旅游企业之间的关系格局及其决定因素（改自 Watkins and Bell，2002）

访谈表明，在旅游目的地营销中，旅游组织之间存在不同程度的合作关系，因而也表现出不同的合作形式，包括从松散的联系到非常正式和全面的关系。一般而言，旅游组织不会仅仅为了交换某个特定问题或客户方面的信息而形成一种正式和复杂的关系。总体而言，依据营销项目的性质和任务对组织关系的形式化、一体化和结构复杂性程度的不同要求，旅游组织之间的关系范围大致表现出四种形式，包括关联、协调、合作和战略网络（如图 16－2）。需要注意的是，这四种关系形式虽然遵循形式化、一体化和结构复杂性程度由低到高的逻辑顺序，但它们并不能详尽描述目的地中旅游企业之间的合作关系。另外，对两个案例地的访谈结果也表明，并不是所有业务关系都会遵循这样一种线性顺序，相反，它们是依据组织的类型和项目的性质等具体情况而定的。下文具体阐述这四种合作关系形式。

根据访谈可知，关联是旅游组织之间最不正式但也是最容易利用的关系，通常反映了旅游组织之间最初始的互信与承诺。当这种联系是通过私人而不是组织间的方式建立起来的时候，这种联系也是最容易维持的。许多行业代表也认同，他们之间的关系通常保持在个人层面上，这也为进一步的业务关系打下了基础。换言之，相互关联的旅游组织通常以非正式的方式彼此交换信息、互相支持和互相推荐，同时继续相互独立地经营与管理。

协调是比关联进一步的合作关系，是指旅游组织为了支持某些事件或服务的顺利开展，在其他方面自主决策的情况下，通过执行共同的任务来调整各自的活动。在协调的过程中，员工或活动在完成特定的任务目标下实现最低限度的整合，组织之间维持相对非正式的政策与程序。协调的重点在于利益相关者为更好地实现各自的组织目标，与其他相容的组织共同安排活动，并调节自身与他者之间的利益关系的能力。在旅游目的地中，组织之间比较典型的协调关系常见于展销会和相关事件活动的举办过程中，旅游企业通常会协调自身的活动，并以不同的形式（如人力、理念甚至财政上的支持）促进共同活动的顺利开展。在这一协调过程中，可能涉及两个旅游组织之间对计划活动信息的共享，以及为更好地服务共同的顾客而改变计划内容与日程的决策。这样的活动计划也可能包括旅游企业参与 CVB 组织的营销活动，它们根据各自可利用的资源以不同的形式来支持 CVB 的营销活动。例如，在像旅游熟悉之旅这样的目的地合作营销活动中，饭店可能需要提供会议场所和住宿设施；景点可能需要提供观光项目；餐厅提供就餐体验；而运输公司需要提供便捷的交通以将旅游团送到目的地中的各个地点。可见，所有利益相关者都通过彼此协调来完成一个共同的目标，即销售他们的旅游目的地。许多利益相关者还提到，他们已经在 CVB 或商会的协助下建立了更加正式的关系，同时，他们也通过这类协调活动努力成为当地社区旅游业的一部分。

除了围绕某一特定的事件或实际目标彼此协调外，旅游组织有时也感觉到需要超越协调关系，通过建立联合策略或一系列共同的策略，朝着共同的目的相互合作。在这种合作关系中，每个人或每个组织不仅希望帮助自己，还希望帮助他们的合作伙伴将他们的事业做得更好。在一个合作协议中，旅游组织通常会制订一个正式的合作计划，并以合作备忘录、合同或其他正式的协议来阐释这种合作关系。在访谈中，合作被描述为两个或两个以上互补的组织为了实现长期的商业优势而形成的一种正式的安排。合作是一种更加形式化的关系，并且包含更加长远的承诺。合作成员能够通过多年紧密的工作关系，以专业和商业化的方式来为各方谋求利益。然而，采取这种合作策略，直接成员的收益常常会流到正式协议以外的企业或部门。这样看来，营销计划似乎是由一个具有某种动机的实体所促成的，如 CVB 或一个企业小群体，它们对旅游目的地有更长远的愿景，并致力于一个更好和更有竞争力的未来。访谈表明，许多企业都愿意通过长期合作的方式来增强旅游目的地的竞争力，并提升它们自身业务的底线。

战略旅游网络是一种更加正式的结构，它能够反映所有旅游组织的共同愿景，并以系统的方法促进旅游目的地营销。根据参与组织的类型，可大致将旅游目的地中的战略网络分为两大类。第一类是横向网络，由提供相似服务的组织组成，如当地的饭店和汽车旅馆协会。第二类是纵向网络，由提供不同服务的组织组成，如 CVB 所促成的营销活动。不管哪种类型，战略网络都是一种整合营销系统，旨在通过深化或扩展旅游目的地的服务范围来提高服务和传递质量与效率，它主要强调网络本身是否能够成功营销旅游目的地。换言之，当一个营销计划只能通过多个组织的联合行动才能成功实施时，网络本身就会变得十分重要，此时来关注每个旅游组织如何以及为何致力于目的地整体服务的实现，也会变得有实际意义。如一位来自印第安纳州的行业代表所言："想要成为一家成功的个体企业，我们必须先成为一个成功的旅游目的地，每个人都必须成功……我们已经被绑在整个网络中，如果不共同思考，着眼于大局，就很可能会陷入麻烦。"

总体而言，在旅游目的地营销合作过程中，旅游企业之间主要体现了关联、协调、合作与战略网络四种关系形式，并以前者为基础构成一个关系不断增强的连续体。亦即，每当合作营销关系的连续体从网络向战略网络向前发展时，组织的一体化程度也从低向高演进，组织之间的关系也随之变得更加正式和复杂。

（二）旅游目的地中企业关系格局形成的驱动因素

根据访谈可知，对于旅游目的地中来自不同部门的旅游企业而言，要在合作营销活动中共同协调向消费者提供产品与服务并非易事。虽然许多企业都认识到它们之间的相互依赖性，也认识到需要通过直接或在 CVB 的促进下间接与其他企业建立关系来整合营销活动的必要性，但它们同时也需要在竞争的压力下努力保持自身的业务优势。因此，在旅游目的地中可以看到，旅游业不同部门之间存在各种不同的关系格局，其中某些部门会更倾向于采用某种特定的关系格局，例如，饭店和汽车旅馆比宿营地企业更倾向于竞争，后者更倾向于合作的关系。访谈结果显示，目的地中旅游组织之间不同的关系格局，包括合作程度以及所采取的合作与竞争策略，主要受到以下因素的影响：战略思维的焦点（微观与宏观）、营销活动的距离、旅游目的地营销手段的成熟度，以及当地DMO的领导能力（图16－2）。

1. 战略思维的焦点：微观与宏观

倾向于竞争观的旅游企业一般从微观的组织视角出发，他们更关注如何为单体组织创造更多的业务，这种竞争意识在同一部门的旅游企业之间尤为凸显，尤其在住宿业中，同一区域提供住宿的旅游企业之间往往相互看作死对头。然而，也有一些企业超越了这种针尖对麦芒的竞争概念，认识到在合作中竞争能为企业带来更多的业务。例如，它们可以将超额的业务转到同地区的其他竞争对手中，从而避免了整个地区的业务流失。很多时候，它们在特定的情况下既相互竞争，又相互合作。这些都是它们自发形成且结构松散的约定，并经常随着一方的失约而打破局面。从访谈中得到的一个重要发现就是，旅游企业的合作与竞争心态与它们对目的地合作营销战略的理解有关。那些从宏观视角出发，更加注重旅游目的地共同利益的企业往往更倾向于合作；相反，那些从微观商业视角出发的企业，通常更关注如何通过自身的努力来创造和维持竞争优势，因而它们选择合作的可能性也相对较低。

2. 营销活动的距离

相互合作的旅游企业通常会定期分享信息，相互支持彼此的活动，携手对抗其他旅游目的地的竞争，也就是说，通过合作可以为旅游目的地带来更多的业务。它们发现，任何一种类型的合作营销网络，都有可能为社区创造额外的业务，而不是流失到其他社区/旅游目的地中。它们还意识到，它们在同一社区中的相互竞争并不那么明显，实际上，它们更多的是与其他地区和旅游目的地相互竞争。显然，这种观点将会影响它们是否参与当地CVB所组织的合作营销计划。例如，为了增加当地社区/旅游目的地的业务，它们往往有兴趣参加CVB组织的集中营销活动，如针对潜在市场的销售任务，能够扩大旅游目的地传播影响力的联合广告活动等。然而，旅游目的地中的合作活动（如内部信息共享）同时也充满了困难和挑战。当地旅游企业之间的合作水平似乎与营销活动的距离存在消极的关系：当它们为了与其他旅游目的地竞争业务时，它们更加愿意参加合作营销活动；但一旦旅游者来到了它们的旅游目的地中，它们又倾向于竞争以争夺顾客。

3. 旅游目的地营销手段的成熟度

在旅游目的地中，旅游企业之间的关系变化与格局实际上反映了旅游目的地营销手段的成熟度。旅游目的地的营销手段越成熟，合作的思维模式越可能成为主流，目的地旅游企业之间的合作也越多。这些企业之间的工作关系似乎呈现出一条学习曲线。一开始它们认为合作是一种威胁，因而不愿意彼此合作，但随着营销手段的进步与成熟，它们逐渐认识到，真正的竞争对手实际上不是它们隔壁的邻居，而是其他旅游目的地。相对于美国国内其他旅游目的地而言，埃尔克哈特县和奥兰多两个目的地的旅游企业都具有很高的合作精神，也表现出十分成熟的旅游目的地营销战略。

4. 当地 DMO 的领导能力

许多旅游企业都意识到，在旅游目的地中需要有领导者带领实施合作计划。通过比较埃尔克哈特县的两个镇，即西普谢瓦纳镇和纳帕尼镇也能证明这一点，其中，前者的地方旅游行业组织之间的合作水平远远高于后者。许多受访者都认为，这种差异是由当地社区领导力的存在与实力差异所决定的，尤其是来自商会或 CVB 这类组织在促进当地旅游企业活动方面的领导能力差异。来自西普谢瓦纳镇的一位行业代表谈道："我认为，我们在西普谢瓦纳镇已经走了很长的路，比纳帕尼镇幸运得多的是，现在我们已经能够跳上这个合作的舞台，彼此相互支持，而它们仍然孤军奋战，在镇里面还得不到支持。明显，它们需要一个领导者。"旅游企业都希望 CVB 能够在将社区打造成一个旅游目的地方面发挥它们的领导作用，这就要求它们必须具备优秀的人际关系技能，这对于促进其他企业和组织来共同实现这一愿景——成为一个卓越的旅游目的地——十分重要。此外，沟通技能、旅游系统知识以及政治智慧也是地方 DMO 领导能力的重要品质。

（三）旅游目的地中合作与竞争的战略抉择

来自两个案例地的行业代表都为目的地旅游企业之间的合作提供了很好的理由，他们也确实认识到，将旅游目的地作为一个整体进行营销有助于形成一个区别于其他目的地的重要品牌。然而，在实际操作层面上，竞争依然是一个反复出现的主题，尤其对于小微企业，它们往往太过于关注个体的利益，却忽视旅游目的地的整体利益。合作与竞争之间实际上就是一种动态的关系，并时常受到企业自身对利益的追求和对合作项目性质的看法所影响。我们可以用"鸭子"和"野兔"来类比两种相互对立但又相互联系的观点/方法来解释企业的行为：企业应该服务于旅游目的地的利益——"鸭子"（合作的观点）；或旅游目的地应该服务于企业的利益——"兔子"（竞争的观点），如图 16－3 所示。个体企业应该选择合作还是竞争，取决于观望者的观点，但两种不同的观点将会影响旅游企业在目的地营销中的态度和利益。虽然在旅游目的地中同时存在着合作与竞争两种视角，但企业似乎不能同时从这两个角度去考虑，很多时候，它们只根据所合作的企业类型、项目的性质或者营销活动的类型，从一个角度去考虑目的地营销。个体企业的规范和价值观似乎影响了他们致力于社区利益的方式，也就是说，目的地中旅游利益相关者之间的主导关系（即竞争或合作）受到他们各自不同的规范与价值观所影响，这反过来又影响了他们对社区作为一个旅游目的地的感知，与其他利益相关者的关系感知，以及他们在与其他利益相关者互动过程中所采用的商业模式（这些模式也是他们的战略思维结果）。

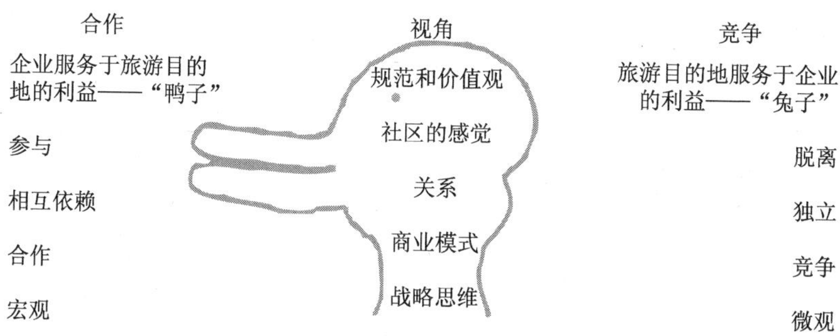

图 16－3　合作还是竞争：只在一念之差（改自 Wang and Krakover，2008）

四、结论

本章认为，旅游目的地合作营销是目的地旅游组织所共同面临的各种外部力量的产物。这些力量，即它们建立营销联盟的先决条件。对于旅游组织而言，加入营销联盟主要存在三大方面的动机：战略导向动机，交易成本导向动机以及组织学习导向动机。在旅游营销联盟形成过程中，一般经历五个不同的发展阶段，包括组合阶段、梳理阶段、任务实施阶段、结果评估阶段，以及联盟转型阶段。旅游目的地营销联盟的结果主要包括三大方面，即实现战略、组织学习和建立社会资本。此外，文章阐述了旅游目的地营销背景下的业务关系。总体而言，本章所提出的概念框架不仅将为旅游研究带来重要的理论启示，还将为旅游营销联盟的发展提供实际的指导意义。

本章为扩展旅游目的地营销研究的框架做出了有价值的尝试。传统的目的地营销研究主要关注如何发展工具和技巧来认识与接近消费者市场，这也可从大量的细分市场研究中得到反映。虽然这些研究为旅游组织营销和推广旅游目的地提供了有用的方法工具，但对于旅游组织如何提高自身的能力来实现更好的目的地营销仍未得到充分的研究（Palmer and Bejou 1995）。旅游目的地营销实质上是一种集体努力，需要不同组织和企业和谐共事才能实现目的地营销的共同目标。因此，我们需要深刻理解合作营销过程的重要方面，才能进一步促进旅游目的地营销的成功。本章提供了一个全面与综合的视角来研究合作过程，在论证旅游组织和旅游目的地如何构建营销能力与竞争力方面跨出了重要的一步，虽然现在还只是一个雏形，但也具有重要的启示作用。

本章还研究了旅游背景下的合作伙伴关系与网络。在日益严峻的竞争环境压力下，目的地旅游组织和企业之间建立合作伙伴关系与网络已成为它们重要的管理战略趋势（Palmer and Bejou，1995；Selin and Chavez，1995）。然而，关于这一方面的理论研究仍十分匮乏，这可能是因为在旅游目的地中，合作伙伴关系与网络本身就是一种高度复杂的社会、经济安排，有时甚至是一种政治安排。因此，如果只用单一的方法来研究这一问题，很难得到丰硕和有意义的成果。相较于以往的研究，本章综合了多种理论视角来研究旅游目的地中的合作关系。虽然本章旨在描述和解释旅游目的地营销合作的过程，但所构建的理论框架也为理解旅游目的地其他类型的合作伙伴关系和网络奠定了理论基础。

本章还进一步解释了旅游目的地营销背景下的业务关系。与以往的业务关系研究框架相比，本章的框架更全面地概述了旅游组织之间可能存在的关系，包括竞争、合作以及竞合。以往的研究大多将竞争与合作看作两种分立的业务关系类型，仅仅强调了那些促进组织相互联系的特定结构形式（Bengtsson and Kock，2000）。事实上，当前商业网络中各种错综复杂的关系意味着传统的"新古典主义"方式已不适用于分析组织的竞争与合作关系（Gnyawali and Madhavan，2001）。在旅游业背景下，旅游目的地产品实际上是由多种不同元素组合而成的全面顾客体验（Bejou and Palmer，1995），也正是这种价值创造网络要求旅游目的地各个利益相关者相互协调与合作，这与制造业的价值链生产过程明显不同，后者强调一种更加线性的、逐步发生的生产方式（Porter，1985）。一个旅游企业为了保持自身在商业网络中的位置，可能同时存在几种不同的业务关系。其中，有些是纯粹的竞争关系，有些是纯粹的合作关系，有些则在两者之间，即包括竞争与合作的混合关系。虽然合作有利于尽可能有效地利用旅游目的地中有限的资源，但竞合关系是组织之间处理合作与竞争的有效方式。

从合作的角度来看，根据形式化、一体化以及结构复杂性程度，旅游组织之间的合作关系大致有四种类型：关联、协调、合作，以及战略网络。在关联关系中，通常是由两个或两个以上的旅游组织，它们由于相似的兴趣或利益，彼此以非正式的方式建立一种松散的联系。在协调关系中，旅游组织为了追求共同的目标进行联合活动，赞助特定的事件，或传递特定的服务。在合作关系中，各方通过执行共同的战略实现资源集中管理与运作。在战略网络关系中，网络中所有旅游组织在共同的愿景下，执行一致的战略，以系统的方法齐心协力完成团体的目标。以上这四个术语阐明了旅游组织为实现目标选择共同协作的范围，并描述了旅游企业之间大部分的组织间活动。

旅游目的地要在旅游企业之间培育更好的合作氛围，就要关注以下四个重要的因素，包括战略思维的焦点、营销活动的地点、目的地营销手段的成熟度，当地 DMO 的领导力。首先，旅游企业需要从宏观的商业视角来关注旅游目的地的竞争优势，这样才能为所有利益相关者创造双赢的局面。然而，由于单体企业总是将自身的利益放在首位，这就需要当地 CVB 与 DMO 这类能够代表所有利益相关者的特定组织来承担长期与持续的教育责任，这样才能强化目的地旅游企业的合作思维，使它们既能看到“树木”，也能看到“森林”。其次，由于旅游企业参与合作营销计划的合作水平对营销活动的距离非常敏感，CVB 与 DMO 可利用这一关系在周边市场组织更多的活动来创造和保持旅游目的地的竞争优势。此外，这类活动也将有利于促进旅游目的地营销手段的成熟，这反过来也有利于提高目的地的竞争力。因此，CVB 与 DMO 必须在这一过程中发挥领导作用，这就要求它们能够充分了解它们的旅游目的地，具备必要的知识来领导目的地中旅游相关的活动，和必要的沟通技能与政治智慧来协调与平衡旅游目的地利益相关者的利益，包括旅游企业、政府当局以及当地居民的利益。

合作与竞争之间也存在许多不同的关系，这对于旅游目的地营销也很重要（Grangsjo，2003）。从旅游者的角度来看，一方面旅游目的地提供了与其他目的地相关的旅游产品；但另一方面，在目的地内构成旅游产品的不同元素之间又相互竞争。不同旅游企业之间不管合作还是竞争的关系，都会影响该目的地的发展。虽然目前还没有相关理论和研究阐述竞争者之间的关系，但实际上，“竞合”已经成了竞争者之间彼此最有利的关系（Bengtsson and Kock，2000）。竞合是指竞争者之间同时存在竞争与合作的关系（Nalebuff and Brandenburger，1996）。在旅游目的地营销领域中，这种竞合思想似乎正在主导旅游利益相关者的思维模式。

在旅游目的地营销的背景下，旅游企业之间在某些活动中相互合作，同时在另外一些活动中相互竞争，此时就出现这种矛盾的竞合关系（Bengtsson and Kock，2000）。例如，有些旅游组织根据营销活动的距离既表现出合作的行为，又同时使用竞争的方法。这种竞合的行为包括两方面不同的互动逻辑。一方面，当游客到达目的地时，旅游企业之间为了争夺更大的蛋糕往往由于利益的冲突而产生敌意；另一方面，为了吸引更多的游客到达目的地，它们又必须集中资源和相互建立承诺来实现这一共同的目标。实际上，价值创造要求旅游企业之间相互合作以做大市场的"蛋糕"，但在"分蛋糕"的过程中，它们的本质关系就是一种竞争关系。因此，企业必须双管齐下，同时创造与获取价值。竞合的观点已经认识到当前的市场和商业模型需要更复杂的描述，因为随着企业同时出现合作与竞争的关系，它们各自扮演的角色、过程与目标都已变得更加复杂。在这一过程中，CVB 与 DMO 需要确保当地旅游企业能够明白，从长远的角度来看，旅游目的地的整体利益比单体企业的利润最大化更重要，只有当每个企业都致力于目的地的全面价值创造，才有可能实现双赢的关系；在这个过程中，旅游企业之间产生不完全一致的利益追求与目标结构，使得竞争与合作的关系问题同时出现，并紧密联系。

旅游目的地合作营销，是旅游企业在一系列广泛的动机与目标的驱动下，通过集体的方式营销和推广旅游目的地这一过程中的一种自发行为。旅游目的地合作营销存在多种不同的形式，并包括横向和纵向两种不同的战略网络。在旅游研究中，随着公共部门、私营部门乃至志愿机构为了目的地旅游产品的营销与推广，相互日益形成各种合作伙伴关系，组织间的合作研究也开始变得特别重要。此外，旅游业作为一个社会与经济系统，涉及广泛与多元化的组织与社区利益，因而也特别适合发展合作伙伴关系。然而，在旅游文献领域中，仍然少有这方面的研究见诸文字。虽然在旅游发展规划方面已有一些以逸事为基础的相关研究（Gunn，1988；Inskeep，1994），但仍未有研究探讨旅游目的地合作营销的本质及其演变过程。本章通过解释旅游目的地合作营销中几个最重要的相关议题，试图在一定程度上弥补这一研究缺陷，希望本章中的两个旅游目的地访谈结果，以及本章所提出的重要概念框架，能够提供坚实的理论基础，并为旅游目的地营销联盟的发展提供实际的指导意义。

参考文献

Anand, B. N., and T. Khanna (2000) Do Firms Learn to Create Value? The Case of Alliances. *Strategic Management Journal*, 21, 295 - 315.

Bailey, D., and K. M. Koney (2000) *Strategic Alliances among Health and Human Services Organizations.* London: Sage Publications.

Baum, J. A., T. Calabrese, and B. S. Silverman (2000) Don't Go It Alone: Alliance Network Composition and Startups' Performance in Canadian Biotechnology. *Strategic Management Journal*, 21, 267 - 294.

Bengtsson, M., and Kock, S. (2000) Coopetition in business networks—to cooperate and compete simultaneously. *Industrial Marketing Management*, 29 (5), 411 - 426.

Bleeke, J., and D. Ernst (1993) *Collaborating to Compete*. New York, NY: John Wiley.

Borden, L. M. (1997) Community Collaboration: When the Whole is Greater than the Sum of Parts. Unpublished Doctoral Dissertation, University of Illinois, Urbana - Champaign, Illinois.

Bramwell, B., and Lane, B. (2000) *Tourism Collaboration and Partnerships: Politics, Practice and Sustainability*. Clevedon: Channel View Publications.

Bramwell, B., and L. Rawding (1994) Tourism Marketing Organizations in Industrial Cities: Organizations, Objectives and Urban Governance. *Tourism Management*, 15 (6), 425 - 434.

Brandenburger, A. M., and Nalebuff, B. J. (1996) Co - opetition. Currency - Doubleday, New York.

Buhalis, D., and Cooper, C. (1998) Competition or Co - operation? Small and Medium Sized Tourism Enterprises at the Destination, in E. Laws, B. Faulkner, and G. Moscardo (eds). *Embracing and Managing Change in Tourism: International Case Studies*, 324 - 346. London: Routledge.

Burt, R. S. (1997) The Contingent Value of Social Capital. *Administrative Science Quarterly*, 42, 339 - 365.

Carrol, A. B. (1991) The Pyramid of Corporate Social Responsibility: Toward the Moral Management of Organizational Stakeholders. *Business Horizons*, 34, 39 - 48.

Carrol, A. B. (1999) Corporate Social Responsibility: Evolution of a Definitional Construct. *Business & Society*, 38 (3), 268 - 295.

Doz, Y. (1988) Technology Partnerships Between Larger and Smaller Firms: Some Critical Issues. *International Studies of Management and Organization*, 17 (4), 31 - 57.

Doz, Y. (1996) The Evolution of Cooperation in Strategic Alliances: Initial Conditions or Learning Processes? *Strategic Management Journal*, 17 (Summer Special Issue), 55 - 83.

Dredge, D. (2006) Policy Networks and the Local Organization of Tourism. *Tourism Management*, 27, 269 - 280.

Duncan, R. B. (1972) Characteristics of organizational environments and perceived environmental uncertainty. *Administrative Science Quarterly*, 17, 313 - 327.

Freeman, R. E. (1984) *Strategic Management: A Stakeholder Approach*. Boston: Pitman.

Fyall, A., and Garrod, B. (2004) *Tourism Marketing: A Collaborative Approach*. Clevedon: Channel View Publications.

Gnyawali, D. R., and Madhavan, R. (2001) Cooperative networks and competitive dynamics: A structural embeddedness perspective, *Academy of Management Review*, 26, 431 - 445.

Grangsjo, Y. (2003) Destination Networking: Co - opetition in Peripheral Surroundings, *International Journal of Physical Distribution & Logistics Management*, 33 (5), 427 - 448.

Granovetter, M. S. (1985) Economic Action and Social Structure: The Problem of Embeddedness. *American Journal of Sociology*, 91, 481 - 510.

Gray, B. (1985) Conditions Facilitating Interorganizational Relations. *Human Relations*, 38 (10), 911 - 936.

Gulati, R. (1998) Alliances and Networks. *Strategic Management Journal*, 19 (4), 293 - 317.

Gunn, C. A. (1988) *Vacationscape: Designing Tourism Regions*. New York: Van Nostrand Reinhold Company.

Hagedoorn, J. (1993) Understanding the Rationale of Strategic Technology Partnering: Interorganizational Modes of Cooperation and Sectoral Differences. *Strategic Management Journal*, 14 (5), 371 – 385.

Hagedoorn, J. , and J. Schakenraad (1994) The Effect of Strategic Technology Alliances on Company Performance. *Strategic Management Journal*, 15, 291 – 309.

Hamel, G. (1991) Competition for Competence and Inter – partner Learning within International Strategic Alliances. *Strategic Management Journal*, 12 (Summer Special Issue), 83 – 103.

Henderson, J. (2001) Strategic alliances and destination marketing in the Greater Mekong Subregion. *Pacific Tourism Review*, 4 (4), 149 – 159.

Huxham, C. (1996) *Creating Collaborative Advantage*. London: Sage.

Inskeep, E. (1994) *National and Regional Tourism Planning: Methodologies and Case Studies*. London: Routledge.

Jamal, T. B. , and Getz, D. (1995) Collaboration Theory and Community Tourism Planning. *Annals of Tourism Research*, 22 (1), 186 – 204.

Kale, P. , H. Singh, and H. Perlmutter (2000) Learning and Protection of Proprietary Assets in Strategic Alliances: Building Relational Capital. *Strategic Management Journal*, 21, 217 – 237.

Kogut, B. (1988) . Joint Ventures: Theoretical and Empirical Perspectives. *Strategic Management Journal*, 9 (4), 319 – 332.

Koza, M. P. , and Lewin, A. Y. (1998) The co – evolution of strategic alliances. *Organizational Science*, 9 (3), 255 – 264.

Laws, E. (1995) *Tourism Destination Management: Issues, Analysis and Policies*. New York: Rutledge.

Lynch, R. P. (1990) Building alliances to penetrate European markets. *Journal of Business Strategy*, 11 (2), 4 – 8.

McCann, J. (1983) Design Guidelines for Social Problem – Solving Interventions. *Journal of Applied Behavioral Science*, 19, 177 – 189.

Moore, J. F. (1993) Predators and prey: A new ecology of competition. Harvard Business Review, 71, 75 – 86.

Murphy, P. E. (1985) *Tourism: A Community Approach*. New York: Methuen.

Nalebuff, B. J. , Brandenburger, A. M. (1993) Co – opetition: Competitive and cooperative business strategies for the digital economy. Strategy & Leadership, 25 (6), 28 – 35.

Ohmae, K. (1989) The Global Logic of Strategic Alliances. *Harvard Business Review*, 67 (March – April), 143 – 154.

Palmer, A. (2002) Cooperative Marketing Association: An Investigation into the Causes of Effectiveness. *Journal of Strategic Marketing*, 10 (2), 135 – 156.

Palmer, A. , and Bejou, D. (1995) Tourism Destination Marketing Alliances. *Annals of Tourism Research*, 22 (3), 616 – 629.

Parkhe, A. (1993) Strategic Alliance Structuring: A Game Theoretic Examination of Interfirm Cooperation. *Academy of Management Journal*, 36 (4), 794 – 829.

Pearce, D. (1989) *Tourist Development*. New York: John Wiley & Sons, Inc.

Pearce, D. (1992) *Tourism Organizations*. Harlow: Longman.

Pfeffer, J. , and J. Salancik (1978) *The External Control of Organizations: A Resource – Dependence Perspective*. New York: Harper and Row.

Porter, M. E. (1990) *The Competitive Advantage of Nations.* New York: The Free Press.

Prahalad, C. K., and G. G. Hamel (1990) The Core Competence of the Corporation. *Harvard Business Review*, 68 (3), 79 - 91.

Prideaux, B., and C. Cooper (2002) Marketing and Destination Growth: A Symbiotic Relationship or Simple Coincidence? *Journal of Vacation Marketing*, 9 (1), 35 - 51.

Rainey, H. G. (1983) Public Agencies and Private Firms: Incentives Structures, Goals, and Individual Roles. *Administration & Society*, 15 (2), 207 - 242.

Saxena, G. (2005) Relationships, Networks, and the Learning Regions: Case Evidence from the Peak District National Park, *Tourism Management*, 26 (3), 277 - 289.

Selin, S. (1993) Collaborative Alliances: New Interorganizational Forms in Tourism. *Journal of Travel and Tourism Marketing*, 2 (2 - 3), 217 - 227.

Selin, S., and K. Beason (1991) Interorganizational Relations in Tourism. *Annals of Tourism Research*, 18 (4), 639 - 652.

Selin, S., and Chavez, D. (1995) Developing a Evolutionary Tourism Partnership Model. *Annals of Tourism Research*, 22 (4), 844 - 856.

Terpstra, V., and Simonin, B. (1993) "Strategic alliances in the triad", *Journal of International Marketing*, 1, 4 - 25.

Vernon, J., Essex, S., Pinder, D., and Curry, K. (2005) Collaborative Policymaking. *Annals of Tourism Research*, 32 (2), 325 - 345.

Waddock, S. A. (1989) Understanding Social Partnerships: An Evolutionary Model of Partnership Organizations. *Administration and Society*, 21 (1), 78 - 100.

Wang, Y. & Fesenmaier, D. (2007) Collaborative Destination Marketing: A Case Study of Elkhart County, Indiana, *Tourism Management*, 28 (3), 836 - 875.

Wang, Y. C., and Xiang, Z. (2007) Towards a theoretical framework of collaborative destination marketing. *Journal of Travel Research*, 46, 75 - 85.

Watkins, M., and Bell, B. (2002) The experience of forming business relationships in tourism. *International Journal of Tourism Research*, 4, 15 - 28.

Weaver, D., and Opperman, M. (2000) *Tourism Management.* Sydney: John Wiley and Sons.

Williamson, O. E. (1975) *Markets and Hierarchies.* New York: Free Press.

Williamson, O. E. (1985) *The Economic Institutions of Capitalism.* New York: Free Press.

Witt, S. F., and Moutinho, L. (1989) *Tourism Marketing and Management Handbook.* New York: Prentice Hall.

Wood, D. J. (1991) Corporate Social Performance Revisited. *Academy of Management Review*, 16, 691 - 718.

Wood, D. J., and Gray, B. (1991) Towards a Comprehensive Theory of Collaboration. *The Journal of Applied Behavioral Science*, 27, 139 - 162.

第 17 章 旅游发展目的地社区居民

一、序言

旅游者与当地居民的互动是旅游体验的重要组成部分，这也是不能低估社区对旅游业支持的重要性的主要原因。旅游者对一次旅游体验的评价受到多种因素的影响，其中，当地居民的接待方式无疑是最关键的因素之一。游客在当地社区所遭受的粗鲁态度和不受欢迎的感觉会导致负面的口碑，但通过营销也许能有效克服这一影响。Murphy（1985）是最早关注旅游对社区的影响的学者之一，他阐述道，公民会受到旅游发展结果的影响，旅游目的地应该“投入更多的精力将它们的社区精心打造成为走向世界市场的旅游产品”（Murphy, 1985）。

社区期望通过参与旅游发展来提高生活质量。要评估旅游发展对社区的价值，不仅需要从经济、社会和环境等客观方面进行评价，还应该包括个体对生活质量的主观评价，否则，这样的价值评估将是不完整的。因此，评估旅游对一个社区的价值，必须包括社区成员的感受及其对社区客观条件的感知（如经济活动、气候、社会/文化体制和环境状况）（Cutter, 1985；Andereck and Jurowski, 2006）。

因此，政策制定者不仅需要基于广泛的定量调查来了解一个区域，还要从主观的视角来了解公民对那些有助于提高生活质量的因素的感知，以及社区集体如何看待他们区域内的活动。接着，决策者需要了解社会居民对旅游业的看法，即他们在多大程度上感受到旅游业提高或降低他们的生活质量。要同时为居民和旅游者创造优质的旅游体验，就要识别出那些可能降低旅游体验的具体因素，并采取相应的措施来缓和这些负面影响。对于决策者而言，他们需要了解社区居民对旅游业成本和利益的评价方式，以及他们在多大程度上认为这些成本和利益是由旅游业所带来的。因此，对于旅游目的地和旅游业的管理与营销者而言，了解社区居民态度的动态变化是非常重要的。

在社区居民感知评价中，旅游业对居民生活影响的评价是非常重要的一部分。一些旅游产品和设施，如节庆、餐厅、自然和文化景观、户外休闲机会等，不仅有利于提高部分社区成员的个人经济生活水平，增加税收和就业，还有利于当地居民享受愉悦的旅游体验。然而，这些积极因素也可能被更多的消极影响所压倒，如拥挤、交通和停车问题、犯罪率的攀升、生活成本的增加、游客与居民的冲突以及当地居民生活方式的改变等。旅游影响的性质与旅游业的规模、范围和类型有关，同时也涉及当地社区的人口组成与价值观。

二、旅游的积极和消极影响

传统的旅游影响研究包括经济、社会和环境影响三个领域。在经济方面，旅游业能够增加就业机会、投资以及地方企业的商业利润。新资本的大量涌入将提高个人收入和税收。此外，旅游者对当地产品和服务的需求有利于刺激当地经济的增长。公民还往往受益于那些推动旅游发展的基础设施建设，如新的机场或改进的污水处理系统。对于社区而言，旅游业的主要经济优势在于带来经济的多元化，使社区免受产业低迷时期经济崩溃的影响。然而，旅游业也带来许多不利的经济影响，如土地价值的膨胀对于那些想出售房产的人是有利的，但对于另一部分需要支付更高税收的人来说又是一个负担。同样，新的就业优势将可能取代传统的劳动模式。但由于旅游就业通常具有季节性，导致社区在淡季往往出现大量的失业情况。最后，旅游业所导致的经济二元性使投资者富裕、劳动者贫困的现象也备受指责。在最贫困的旅游目的地，有高达 97% 的旅游收入在刺激当地经济增长前就发生经济漏损。此外，旅游业对同一个社区内不同居民的影响差距也是相当大的。例如，度假屋的发展会增加当地房产所有者的税收负担（Fritz，1982）。还有研究发现，旅游发展增加了政府债务和当地居民的生活成本（Crotts and Holland，1993）。

尽管居民往往更看重旅游业的经济效益，但旅游的社会与文化效益也影响着居民的生活质量，因而也影响了社区对旅游业的整体态度。旅游发展直接影响了居民的习惯、日常活动、社会生活、信仰和价值观，同时也对社区社会产生积极和消极两方面的影响。其中，过度拥挤和交通堵塞是最常见的消极社会影响。最明显的积极社会影响表现在旅游业带来了与陌生人打交道的机会。旅游业能为旅游目的地创造良好的形象，并因此增加居民对社区以及当地艺术、工艺和文化的自豪感。然而，当游客对当地文化产品的需求超过了社区的生产力时，一些企业就开始出售批量生产的复制品，从而降低了传统艺术品的价值及其文化意义。在旅游活动水平较高的区域，由于游客对社区的喜爱并选择在此定居，社区人口也会随之增长，并可能显著改变社区的社会特征（Perdue *et al.*，1991；Christensen，1994）。如果不经过妥当的规划与管理，当地居民的身份认同和地方文化就会随着外来人口的增长而逐渐消失（Rosenow and Pulsipher，1979）。旅游业的其他消极社会文化影响还包括传统衰落、毒品泛滥、卖淫、物质主义、犯罪率增长和社会冲突。游客与居民之间巨大的财富差异也会引起怨恨与敌意。与此同时，旅游业有助于推动贫困地区的现代化进程与经济体制建设，如那些在街上售卖产品的创业者能够与供应商接触，并发展商业技能。从文化的角度来看，旅游业支持地方文化事件、历史遗迹保护和娱乐发展，这将有利于构建更强的文化认同。

与重工业相比，旅游业作为一种无污染的经济发展工具而在社区中得到发展。确实，旅游业比炼钢厂对环境的破坏更小，但由于旅游业通常对那些环境优美且脆弱的环境进行开发，因而也很可能引起显著的环境破坏。旅游业主要的环境影响包括自然资源的枯竭、污染和物理变化。由于旅游业也需要大量的水、能源、食物、原材料和土地需求，这将导致社区居民资源的减少。空气污染、噪声、固体废物、垃圾、污水和有毒材料等都会使原始环境受到不同程度的影响。旅游建设所导致的环境物理变化最明显，如树木的清除、风景视野的遮断以及环境外观的变化。对自然资源的过度使用所产生的问题包括：由于打猎、诱捕和垂钓对野生动植物和自然栖息地的破坏；植被的破坏、森林砍伐、过度的植物标本采集、森林大火和践踏植物；对湿地、土壤、珊瑚和沿岸沙丘造成的破坏等。旅游业也有利于提高人们的环境保护意识和对环境的欣赏，从而促进消费者对环境保护的支持。旅游业赋予了自然资源经济价值，因而也鼓励了人们对土地、水和野生动植物的保护。旅游业还能促进清洁卫生行动和其他美化活动，从而为居民创造更优美的生活环境。

学术界有大量文献研究了旅游业对当地社区的影响。一个支持旅游业发展的社区，其居民更可能支持税收用于基础设施的改善，支持对住宿、食品和饮料等行业征收接待税。如果没有居民的支持，公共当局就不会对基础设施，如能够为游客提供愉悦的体验和支持当地旅游企业发展的游客中心，给予资金支持。或许最重要的因素取决于居民与游客之间的互动。居民对游客欢迎和提供帮助的态度有利于推进基础设施建设，改善供应不足。然而，当居民感觉到游客对他们构成侵扰或资源争夺时，就可能采取相反的态度，并导致游客不愉快的体验和负面口碑。因此，对于旅游目的地发展而言，评估和监测居民的态度变化相当重要。

三、背景

（一）居民的旅游感知

那些从旅游业中获得个人利益较多的居民往往对旅游业持有更加积极的态度，也往往更加支持旅游发展（Liu and Var，1986；Perdue *et al.*，1990；Lankford and Howard，1994；Jurowski *et al.*，1997；McGehee and Andereck，2004；Dyer *et al.*，2007；Oviedo－Garcia *et al.*，2008）。如果将居民分为两类，一类能够从旅游业中获取直接的经济效益，另一类没有获得直接经济效益，前者显然以更加积极的方式看待旅游业（Liu *et al.*，1987；Allen *et al.*，1990；Haralambopoulos and Pizam，1996）。当居民自身或其家庭成员受雇于旅游业时，他们也更加趋向于积极的旅游影响感知（Allen *et al.*，1988；Lankford and Howard，1994；Haralambopoulos and Pizam，1996；Jurowski et al. 1997；Deccio and Baloglu，2002；Sirakaya *et al.*，2002）。社会交换理论能够很好地解释这种现象。该理论认为，当人们重视旅游业的效益并认为其效益大于成本时，他们将更加支持旅游业的发展；相反，当成本大于效益，或他们不重视所得到的回报时，将不会支持旅游业的发展。

社会交换理论表明，当发生以下几种情况时，个体将会参与交换：所得到的回报受到重视、他们相信交换可能会产生有价值的回报、感知成本没有超过感知回报（Skidmore，1975）。该理论假设个体对成本与效益进行评估后才选择交换（Homans，1961）。从理论上讲，当居民认为旅游业存在潜在或现实的价值，并相信成本不会超过效益时，他们才会选择交换并支持旅游目的地的发展（Turner，1986）；反之，则反对旅游业的增长或发展。

许多关于居民对旅游发展态度的文献研究中，都隐含着社会交换理论的基本定律（Perdue *et al.*，1990；Ap，1992；Jurowski，1994；Lindberg and Johnson，1997；Gursoy *et al.*，2002）。基于社会交换理论，学术界已经大量探讨了居民的感知效益、感知成本、感知影响和对旅游业的支持等几个变量之间的关系（Pizam 1978；Tyrell and Spaudling，1984）。关于居民的态度研究主要包括让居民对旅游影响进行评价，然后提出他们对旅游业的观点和描述他们对旅游发展的支持程度（Milman and Pizam，1987；Gee *et al.*，1989；Perdue *et al.*，1990；Gursoy *et al.*，2000）。积极的影响通常被描述为“效益”，而消极影响被描述为“成本”。从理论上讲，居民对旅游业的支持或反对，是基于对旅游业的成本和效益分析来决定的。

旅游业可以同时带来经济与社会效益。文献研究中最常见的经济效益包括为社区创造就业机会（Belisle and Hoy，1980；Tyrrell and Spaulding，1984；Davis *et al.*，1988；Ritchie，1988）和收入（Murphy，1985；Tyrrell and Spaulding，1984；Davis *et al.*，1988；Lankford，1994；Jurowski *et al.*，1997）。这些研究发现支持了“居民将旅游业看作创造就业和收入的活动”这一理论观点。旅游业的社会效益包括改善购物和娱乐的机会，改进警政和消防等服务，提高基础设施水平，加强对当地文化的保护，和增加与游客互动的机会。研究证明，旅游业的社会效益与居民对旅游业的感受存在积极的关系（Pizam，1978；Allen *et al.*，1988；Keogh，1990；Perdue *et al.*，1990；Jurowski，1994；Jurowski *et al.*，1997；Yoon，1999）。

就旅游成本而言，犯罪和拥挤问题往往是东道主社区所付出的成本代价。一些研究发现，居民一般认为交通拥挤是旅游活动所引起的一个主要问题（Milman and Pizam，1988；Ritchie，1988；Keogh，1990；Jurowski *et al.*，1997）。还有大量研究论证了居民对旅游增加犯罪的感知和他们支持旅游发展之间的联系。然而，这些发现相互矛盾，也没有确凿的证据（Lankford，1996）。一些学者发现，犯罪与居民的旅游发展感知相关（Belisle and Hoy，1980；Liu *et al.*，1987；Milman and Pizam，1988；Lankford，1996），但其他学者还无法确定犯罪和旅游之间的关系（Pizam，1978；Allen *et al.*，1993；McCool and Martin，1994；Jurowski *et al.*，1997）。Lankford（1996）从社会人口统计学视角探讨了居民对犯罪和旅游之间的联系的感知。他发现，乡村人口、常住居民、农民、游憩爱好者和年轻人群倾向于认为旅游会增加犯罪。在对过去 20 年的研究中发现，旅游发展既有效益，也需要付出代价，但居民的感知成本与他们对旅游发展的反应呈现消极的关系（Milman and Pizam，1988；Ritchie，1988；Keogh，1990；Prentice，1993；Jurowski，1994；Jurowski *et al.*，1997；Gursoy *et al.*，2000；Lee and Back，2003）。然而，居民评价成本和效益的方式并不都是一致的。有研究证明，影响居民对旅游成本和效益评估的因素包括居民参与娱乐的差异

（Keogh，1990；Perdue *et al.*，1990）、对社区的依恋程度或居住期限（Um and Crompton，1987）、对旅游业的了解程度（Davis *et al.*，1988）、与商业区的距离或与旅游者的接触（Belisle and Hoy，1980；Sheldon and Var，1984；Jurowski and Gursoy，2004）、社会人口统计学特征（Brougham and Butler，1981；Ritchie，1988）、政治与社会地位差异（Thomason *et al.*，1979；Mansfeld，1992）、旅游业的类型与形式（Murphy，1985；Ritchie，1988）以及从旅游业中所得到的经济效益差异（Pizam 1978；Liu and Var，1986；Ap，1992；Prentice，1993）。

不少学者基于社会交换理论提出了不同模型解释居民对旅游发展的态度差异（Ap，1992；Jurowski，1994；Jurowski *et al.*，1997；Lindberg and Johnson，1997；Gursoy *et al.*，2002；Lee and Back，2003）。Jurowski（1994）的模型证明了居民对旅游业的态度受到他们对旅游业的经济、社会和环境影响感知所影响，如税收和交通拥挤。而这些感知又受到他们对经济收益、游憩资源的利用水平以及他们对人类在自然环境保护中的角色的态度等因素的感知所影响。Gursoy 等（2002）进一步修正了 Jurowski（1994）的模型，他们将经济、社会和环境影响等变量的内容划分为成本与效益两大类，然后检验居民的成本和效益感知对他们是否支持旅游发展的态度的影响。这两个模型为证明成本和效益评估与旅游支持之间的关系提供了证据。此外，居民对涉及成本的回报评估方式也受到一些因素的影响。其中，居民对经济效益的期望对他们是否支持旅游发展的影响最为显著。从旅游业中得到最大经济效益的居民往往比其他居民更支持旅游发展（Ritchie，1988；Perdue *et al.*，1990；Akis *et al.*，1996）。同样，居民对社会与文化影响的积极评价也与他们是否支持旅游发展存在直接的关系（Madrigal，1993；Lankford and Howard，1994；Brunt and Courtney，1999；Besculides *et al.*，2002）。那些担心旅游业将破坏或摧毁环境的居民反对旅游发展，相反，那些认为旅游业将促进人们保护自然环境的居民则支持旅游发展（Butler，1980；Liu and Var，1986；Martin and Uysal，1990）。这些研究都证实了居民对旅游发展成本与效益的评价与他们是否支持旅游发展直接相关，并解释了他们对成本与效益评价的差异。

居民对旅游成本与效益的评估差异受到许多因素的影响。常住居民和那些与社区的情感纽带较强的居民往往以不同的标准来评价旅游影响（Allen *et al.*，1988；Jurowski，1994；Lankford，1994；McCool and Martin，1994；Gursoy *et al.*，2002）。那些经常使用社区休憩资源的居民往往更关心过度拥挤的问题，并更强烈希望改善基础设施水平。因此，使用休憩资源的居民与那些不常使用这些资源的居民对旅游发展也存在不同的观点（Keogh，1990；Jurowski，1994；

Lankford et al., 1997)。那些对旅游业的认识更加深刻的居民，以及那些更加关注地方经济发展的居民，也往往使用不同的标准评价旅游影响（Davis *et al.*, 1988; Lankford, 1994; Gursoy *et al.*, 2002)。此外，还有研究证明，居民的社会人口学特征、政治与社会地位、与游客的接触程度、环境态度以及旅游类型和形式等因素也会影响他们对旅游成本与效益的评估。

虽然早期的大多数研究都为社会交换理论提供了证据，但关于居民对旅游效益是否超过成本的感知，与他们是否支持旅游发展和旅游发展战略的态度存在直接的联系，是由较近期的一项对佛罗里达居民的研究中得以证实的(Jurowski *et al.*, 2006)。相反，有研究发现（对举办大型事件的研究），居民的成本感知对他们是否支持旅游业没有显著的影响（Gursoy and Kendall, 2007)。但还有另一项对过去是一个矿业社区的研究发现，居民对旅游业的积极或消极影响的感知决定了他们对旅游发展的态度，居民对旅游业的感知效益越多，就越可能支持旅游发展，反之亦然（Vargas - Sánchez *et al.*, 2009)。

（二）决定旅游影响的程度和方向的因素

自20世纪60年代以来，旅游业就开始吸引不少西方工业国家的新兴中产阶级，他们渴望体验许多非工业国家所特有的属性，如宜人的气候、沙滩和异国情调。对于新兴经济体国家而言，旅游业更是一个充满吸引力的产业，它们将旅游业看作一种能迅速创造大量就业机会和产生外汇的手段，并且这种发展方式投资回报快，同时能带来技术和培训，从而提高发展中国家的生活水平。

旅游业对社区的影响与该社区的经济实力、旅游业在经济中的相对重要性以及经济发展政策有关。旅游业的经济效益水平主要与就业人数、当地居民所获得的就业机会类型以及单位投资所新增的岗位有关。一个国家往往期望从旅游投资中获得大量的外汇收入，而外汇收入尤其是外汇所创造的净收入测量，又取决于这个国家的政策和种种特性。一个国家如果存在较高的进口需求，以及对境外就业者和国际企业所有者缺乏足够的保护，那么往往得到很少的外汇优势。与自由放任的政策相比，如果一个政策要求地方获得所有权，或要求对当地居民提供管理培训，那么地方将会获得更高的经济效益。尤其当旅游经济效益的获得将要付出其他经济和社会成本时，政治决策的作用就更加凸显了。例如，在圣卢西亚（拉丁美洲岛国），由于香蕉丰收季节和旅游旺季恰好相冲，没有工人愿意收割农作物，结果，一方面农业部门的工人缺失导致作物种植遭到大量遗弃；另一方面，旅游发展建设阶段结束后，以及在旅游淡季，又出现了严重的失业现象（Young, 1973)。

旅游业的成熟水平也会决定旅游影响的强度和方向。经验曲线、经济规模、国际连锁饭店的营销联系、旅游批发商、中介机构以及航空公司等因素都决定了非发达国家的旅游产品类型。规模较小的地方运营商往往资源与经验有限，与产业的联系相对较小，他们往往依靠那些占主导地位的企业发展，并最终由国外的旅游公司为他们提供市场。这样，东道主国家只能从中得到很小的经济效益（Britton，1981）。此外，劳动力的充裕程度、适用于饭店发展的土地数量、道路的承载力以及核心旅游吸引物等因素都会影响旅游影响的程度与方向（Young，1973）。

其他供应方面的因素还包括自然环境的脆弱性、文化实力和基础设施的发展程度。例如，亚利桑那州的赛多纳（一个红岩乡村）能将旅游的负面影响降到最低程度，因为其自然环境大部分是岩石，文化实力很强，并且有充裕的资金更新污物处理系统。相比之下，在山地环境脆弱的发展中国家（如尼泊尔）的边缘社区，就往往遭受显著的旅游负面影响。如果没有妥当的管理和基础设施建设，自然环境就会由于受到侵蚀、垃圾污染和缺乏适当的污物处理系统而遭到破坏，其区域文化也会由于西方价值观的示范作用而容易妥协。

从需求角度来看，决定旅游影响的一个显著因素就是游客相对于地方人口的规模或数量。小规模的游客量带来的影响很小，然而，当游客数量在地方人口中达到一定的比例时，就可能导致一个社区的社会结构发生显著的改变，对社区脆弱的文化或环境造成危害，并且要求更加完善的基础设施建设。大规模的游客量往往使环境面临严重的垃圾污染、践踏、森林砍伐、海滩和山地侵蚀以及由建设引起的破坏等压力（Murphy，1985）。对美国科罗拉多乡村社区的研究表明，当零售业每年从旅游业中得到的收入占到 3.5% ~10.5% 时，旅游业才会对当地社区产生积极的影响（Allen *et al.*，1988）。有研究进一步证实，当零售业从旅游业中获得的收入大约占 9% 时，居民对旅游业提高生活质量的感知达到峰值（Botkin *et al.*，1991）。

除了游客规模外，决定旅游影响的其他市场因素还包括旅游者的停留时间、活动以及他们的文化、心理以及人口统计学特征。游客的逗留时间越长，与当地居民的接触越多，对东道主社区及其环境的影响就越大，这很可能使当地脆弱的文化受到侵蚀。决定旅游影响的首要因素在于不同群体的性质和构成，以及这些群体之间的相互关系。首先，必须检验东道主和客人这两个最基本的群体差异。游客与当地人口之间的文化、富裕水平与活动偏好的差异越大，他们所感受到的影响也越明显（Crandall，1987）。从理论上看，游客数量与他们适应文化规范的乐意程度呈正相关关系（Smith，1977）。游客的活动类型决定了一个社区与旅游者的接触次数。游客的数量越多，对西式的设施需求越大，就越可能改变当地社区的职业形式和类型、价值观、传统的生活方式和消费模式（Pearce，1989）。

旅游影响是可以评估的，然而，其成本与效益评估随着社区的政治诉求和对旅游发展的态度而异。观察者的个人与社区价值也会影响其对旅游影响的评价。在任何一个社区，都不可能出现对旅游业一致的支持或反对。在旅游业中，那些既得利益者往往是最强大的支持者，而反对的声音则来自多个不同的方面，包括那些认为旅游业没有带来足够的效益填补成本，以及相信公共资金花在其他项目效益可能更好的居民；认为旅游将破坏自然环境的环境保护者；不愿意看到社区发生变化的公民以及那些纯粹因为对拥挤和交通堵塞所引起的不便而感到生气的居民。在任何一个社区，都可能出现各种各样的影响，有一些被看作积极的，有些则是消极的。然而，社区所达成的整体一致评价将最终决定旅游发展将得到支持还是反对。

四、应用

旅游目的地管理与开发者需要意识到居民态度对旅游业的影响，并有计划地管理居民态度。其中，教育和参与是最关键的管理技术。让居民了解旅游发展对社区的利益，并让他们参与到旅游规划中，有利于消除社区的消极态度。在一个社区中，往往存在多样化的个人价值观。对于旅游目的地的规划、开发与管理者而言，他们尤其需要了解以下三个群体：对社区存在强烈依恋感的居民；与游客共享设施资源的居民以及关注环境保护的居民。争取这三个群体的支持有助于进一步推动相关旅游项目的长远发展。

对社区具有强烈依恋感的居民往往对社区的环境与居民怀有深厚的感情。这些居民一般不愿意离开社区，并十分关心当地的各项事务。常住居民、在社区中拥有较高社会地位的居民以及年长居民往往对社区存在较高的依恋感。他们对社区的积极情感可能来自他们在地方组织中所建立起的社会纽带。此外，那些由于旅游体验而被吸引到社区中的新成员也可能对社区产生依恋的情感。他们可能对社区的物理或人文环境怀有深厚的喜爱之情，也因此对社区生活质量的改善流露出深切的关怀。这些充满依恋情感的个体还十分关心旅游业对年轻人所带来的经济机会；否则，这些年轻人就会被迫离开去寻找其他就业机会。所以说，那些具有地方依恋感的居民往往比那些对居住地充满矛盾情感的居民更加关心社区的发展，因此，获得这个群体的支持是十分重要的。

与单纯具有经济回报的项目相比，地方依恋感较强的公民往往更加支持那些社会与环境效益较高的项目。他们更加关注社区特性的呈现与维护方式。他们可能会抱怨社区中出现的拥挤、交通堵塞、难找到停车位、排队购物乃至失去一个他们所钟爱的餐馆或景点等问题。然而，如果他们认为旅游发展能为整个社区带来良好的效益，这些影响也就微不足道了，他们也愿意为此忍受这些负面影响。然而，如果居民感觉到他们的社区特性由于支持旅游发展而发生改变，就会对旅游业产生怨恨。相反，如果他们认为这些变化促进了社区现状的改善，可能将更加支持旅游发展。最重要的是，要让这些居民感觉到他们能够控制他们自己的社区形式与功能。如果让这些居民参与到旅游发展的初期阶段，很可能将获得可观的收益。

虽然对社区具有依恋情感的居民一般会支持旅游发展，但他们也会反对某些特定的旅游类型。这些居民往往更加支持为社区提供自我表达机会的项目，而那些冲击力较强的大型旅游项目，如综合度假区、主题公园及类似的开发项目，往往会遭到他们的反对。因为这类商业投机项目一般无法体现出社区的本质特性，并往往需要社区以外的财政资源投入，这样，可能出现外来者控制社区的“威胁”，这也构成依恋感较强的群体最忧虑的问题。这个群体对大型项目的反对也是合乎情理的，因为他们更加关心住在社区中的人们是否能够获得利益。有些项目往往反映的是外来开发商的本质意图，或旅游者对一个社区的设想，而不是该社区本身的理念或文化，这些项目通常也会遭到反对。然而，如果能够让居民看到他们的社区将可能从旅游发展中获得显著的社会或环境效益，这种反对态度就有可能降至最低。开发商如果只关注经济利益，将很难得到社区居民的支持。他们需要知道，这类居民更加倾向于文化或事件旅游，他们会大力支持修复或保护具有重要历史意义的建筑、习俗、传统或人工制品的项目。也就是说，如果开发商能够为居民提供一种保护与表达他们所珍视的事物与文化价值的途径，将会得到他们的支持。

要争取依恋感较强的居民的支持，首先就要确定他们是如何看待他们所在社区的特性，即他们如何确定自身的文化身份。可以采取的措施包括鼓励地方报社主办关于城镇的口号、旗标、箴言或壁画的提案大赛。通过分析这些作品，规划者能够从中了解社区居民如何看待他们的家园。此外，他们可以这些参赛作品为基础展开一次问卷调查，进而获取更有代表性的居民看法。通过这些活动，规划者可以从参赛作品和调查结果中获得必要的信息，从而为事件活动、建筑方案或创业激励措施等设计合适的发展主题。表 17 - 1 描述了一些社区已经采取的行动，这些活动有助于减少旅游开发项目中的冲突和为公民争取项目的所有权。

表 17-1　争取社区依恋感较强的公民支持旅游开发的措施

1. 让公民参与旅游规划过程。
2. 形成一个聚焦点和共同主题。
3. 开发的项目应该为社区成员提供一种途径来呈现他们的遗产、文化或自我身份，例如：
· 社区照片展：鼓励公民分享某个特定时代的社区事件活动照片，每个月都展示一个时代的主题特色，在镇上的重要聚集地举办照片展，让地方报社对精选的照片和故事进行特写，在俱乐部内或一些组织机构的会议场所举办便携式照片展；
· 口述史记录：从镇上的年长公民中收集口述史，当地的历史教师可能会希望将这部分历史带进高中课堂，在当地报纸上刊登最有意思的故事；
· 形象构建：创建一个标志和主题，在汽车保险杠贴纸、地方政府的文具、公共建筑和交通工具等地方都印上这一主题，鼓励当地企业在他们的展览品、文具等地方也应用这一标志或主题。
4. 鼓励餐馆为当地居民预留座位，使他们尽可能避免拥挤问题。
5. 在餐馆或旅游景点为公民提供折扣价，以减少他们在物价上涨中受到的影响。
6. 每年为公民提供免费旅游或免费享受旅游设施的地方开放日、开放周乃至开放月。例如，佛罗里达州棕榈滩县部的野生动物园之旅每年就为当地居民提供持续一个月的免费开放日。

在旅游开发中，第二个同样需要重视的群体是那些与游客使用相同资源的居民，他们十分关注旅游业将如何改变他们享有这些资源的能力。例如，当地渔民和滑水者往往比非水上运动爱好者更关心使用当地水资源的人数增长情况。同样，那些对工艺、购物或娱乐感兴趣的居民，往往比那些不涉及这些资源的居民更鼓励旅游开发。

资源使用者一般根据他心中的利益来平衡使用相同资源的人数增加所带来的积极和消极影响。如果个体越倾向于相信旅游业的增长将促进设施的改进，他们就越有可能支持旅游开发。相反，如果他们认为旅游者对稀缺资源的使用对他们构成了竞争，他们将反对任何进一步的旅游开发，除非他们的利益能够得到保护。这些资源使用者还会均衡设施改善的积极影响以及拥挤所带来的负面影响。所以说，这一群体对旅游经济影响的态度相对比较矛盾，但通过努力改善物理环境，有利于得到他们的支持。娱乐爱好者、购物者或文化拥护者往往是最好的志愿者资源，他们一般乐意在他们所感兴趣的节庆和事件活动上提供志愿服务。此外，资源使用者也会支持那些具有潜在积极社会或环境效益的自然和文化旅游活动，但他们一般极力反对那些大规模项目的开发。

要获取社区资源使用者支持，第一步要确定他们的兴趣、爱好和活动。通过观察可以最快捷地了解这部分人群的信息。在一些活动中，游客数量的增加会影响当地居民参与的数量，通过计算当地参与者数量的变化，有可能会得到一些重要的信息。第二步要确定的是，随着活动参与者人数的增长，这些活动对使用者而言是否还具有愉悦性。第三步，评估使用者所希望改善的设施和服务。通过对典型资源使用者的随机调查分析，是获取那些影响资源使用者的重要因素的最有效方法。

一旦规划者认识到旅游开发所带来的潜在冲突与潜在优势之后，他们就可以利用这些信息来获取资源使用者的支持。让当地的鲈鱼俱乐部参与到钓鱼锦标赛中，让自行车骑行者参与一场比赛的过程，让车迷参与到公路赛车活动中等，这些活动能够激励当地资源使用者积极促进旅游事件活动的发展，最后还有可能建成永久性的旅游吸引物。

认识到当地积极分子的神圣场所也是非常重要的。在一群消遣娱乐爱好者中，他们一般会有一些不希望外来者擅自侵入的特殊或独特的场所。保护当地社区居民这一利益的方法就是，限制这类型“特殊”场所的使用，或者限制外来使用者的数量。还有另外一种途径，就是成立一个组织机构，使这些特殊的场所只对会员开放。除此之外，从旅游收入中划拨一部分资金用于地方所需要的设施与服务开发，也能够获得当地资源使用者的支持。表 17－2 列出了有助于旅游目的地管理者获得社区资源使用者支持的一些活动。

在旅游开发过程中所涉及的第三类重要利益群体，就是那些由环境保护者组成，热衷于资源保护和更加关注旅游负面影响的居民。这一群体认为地球上的自然资源有限，自然界的生态平衡能力不足以对抗现代工业国家的影响。他们坚持人类没有权利改变自然环境来满足自身需求的观点。然而，虽然媒体对环境保护者的各种活动报道都表明他们可能会反对任何开发计划，但他们还是有可能支持某些特定类型的旅游开发。

当让环境保护者评价旅游发展的成本和效益时，他们通常认为成本将大于效益。与其他群体相比，他们倾向于将交通拥挤、犯罪、生活成本的增加看得更加严重。他们可能不会重视旅游所带来的购物或消遣机会，但会发现旅游发展对于保护当地文化十分重要。他们对旅游经济影响的感知是消极的。他们倾向于认为，当地就业机会和服务业收入的增加并不足以抵消旅游发展的经济成本。总而言之，他们对旅游消极影响的感知远超过对旅游积极影响的感知。

表 17－2　争取社区资源使用者支持旅游开发的措施

1. 为当地年轻人提供学习相关活动技能与知识的机会。
2. 让使用者参与他们所感兴趣的事件活动，如射击竞赛、露营、自行车比赛、钓鱼锦标赛和滑水秀等。
3. 为“俱乐部”会员划出特定的区域，以保护他们“神圣”的场所。
4. 拨款建设当地使用者所支持的设施。

与具有社区依恋情感的居民或消遣娱乐爱好者不同的是，环境保护者认为，一个区域游客数量的增长将会使自然环境质量恶化。旅游业极大改变自然环境的可能性越大，他们反对的声音也越强，虽然这种负面的旅游影响评价并不意味着他们将反对任何类型的旅游开发，但那些旨在吸引大规模的游客数量，并将带来显著的旅游影响的项目必将遭到他们的反对。关于以文化或历史为基础的旅游项目，如博物馆和游客中心，他们的态度显得比较矛盾。对于以自然环境为基础的项目，如森林木屋或越野滑雪道，他们的反对态度则比较温和。此外，事件旅游活动可能会得到一部分环境保护者的支持，他们将这些短暂的、影响最小的事件活动看作社区自我表达的一种积极方式，并且大多数事件和节庆活动都不需要建设永久性的建筑，因此，他们一般不会反对那些事件旅游项目。

旅游开发机构必须计划相应的措施以减少与社区环境保护者的冲突。首先，要确定社区内存在的环境问题。然后，评估哪些开发项目将在环境保护者的接受范围内。表 17－3 列出了一些措施建议，可能有助于争取那些关心旅游环境影响的居民支持旅游开发。

表 17－3　争取关心环境的社区群体支持旅游开发的措施

1. 持续提供关于旅游项目如何能够保护环境方面的信息。
2. 将生态教育项目纳入开发规划的一部分。
3. 鼓励环境保护者参与事件活动的筹办。
4. 举办与环境议题相关的事件活动。
5. 鼓励关心环境的公民发展游客教育计划。

一个成功的旅游发展战略，必须能够识别并考虑到整个社区的关切与愿望。居民对社区的感受方式，他们如何利用与游客共享的资源，以及他们对生态环境的态度等，都会使他们对旅游发展的态度产生偏见。总体而言，具有社区依恋感的居民对旅游业的态度最积极，对环境问题敏感的居民基本反对旅游发展，而那些使用旅游资源的居民对旅游发展的态度则爱恨参半。这三个群体的居民基本都反对大规模的旅游开发项目，但支持基于事件活动的旅游吸引物开发。通过关注社区所关切的问题和目标，并尝试理解某些类型的旅游项目存在争议的缘由，这样，在旅游开发的过程中就可以减少冲突，鼓励志愿者活动，和推进社区目标的实现。

五、案例研究：旁达加纳度假村和俱乐部

上文提出了如何在旅游发展过程中获取社区支持的一些建议，以便让旅游开发项目的启动者可以从一开始就关注旅游业如何为社区居民创造效益。在多米尼加共和国的旁达加纳度假村和俱乐部就是以社区发展为中心的一个典型。该度假村不仅在经济上获得极大的成功，它还是一个对社会和环境负责任的旅游项目，为当地居民创造了巨大的发展效益。

旁达加纳是加勒比海发展速度最快的旅游目的地，其所创造的美元外汇收入占据了整个多米尼加共和国的 1/3。旁达加纳机场是加勒比海第三大繁忙的机场，每年大约接待 170 万的客流量。在旁达加纳内，有超过 48 个住宿运营设施，其中大部分为提供全套服务的度假村，共有 24500 间客房，创造了 35000 个与旅游相关的就业岗位。

Ted Kheel 在购买旁达加纳度假村所在地的 78 平方公里土地时，这块土地当年仍未经开垦，没有水、排污设施、电力、道路或任何建筑。住在这一区域的原住民基本以土地为生，他们砍伐树木来烧炭，以此获取经济来源。Ted Kheel 和他的合作伙伴 Frank Rainier 同 Club Med 公司一起建造机场，打开了这一区域的对外通道。如今，机场已经得到扩建；区域内建有一个商业广场，里面有各种高档的商店；提供高尔夫课程；有完善的供水与排污系统，以及一个发电厂；还建有学校、别墅和大量的建筑。

完全从零开始建造一个度假区，同时也意味着构建一个新的社区。这片土地距人们生活最近的地方，即拥有学校等基础设施的地方，开车或乘坐公共汽车也要 45 分钟车程。显然，这里的开拓与投资者需要构建一个新的社区。Oscar de la Renta 是其中一位投资者，他解释道："你必须为人们创造一个能够获得成功的环境。对于旁达加纳来说，最困难的事情就是这里没有任何适合家庭的生活，或适合家庭生活的基础设施，所以第一件要做的事情不是为游客构建一个地方，而是为这里的劳动者创造一个成功的环境，使他们能够与家人在这里幸福地生活。"（Gupta and Gupta，2006）通过成立旁达加纳基金会，这里

相继建造了安和泰德·基尔理工高中、贝隆乡村诊所和旁达加纳国际学校。理工高中是机场方圆80公里内唯一的一所中学，校内为350个学生提供技术技能学习与培训，同时还开设夜间成人教育课程。诊所是在一所大学、公共卫生部秘书处、贝隆社区与旁达加纳基金会所达成的协议下建造的。该诊所每天能为50~70个病人服务，主要有急救、早产护理、传染病、艾滋病援助以及一些延伸服务。国际学校是一所私立的双语学校，有超过450名学生，其按比例减少的学费为社会经济范围内广泛的人群创造了自我提升的机会。这是一所文化多元的学校，有来自20个不同国家的学生。巴瓦罗扶轮社的成立又进一步加强了社区的建设，该社经常举办基金筹募活动来支持学校的发展，和满足社区的其他需要。

在发展旅游的同时保护自然环境，是旅游开发能够取得经济与社会效益的关键所在。旁达加纳度假村和俱乐部以及旁达加纳基金会十分支持旁达加纳自然保护区和可持续发展中心的活动，后者是致力于保护沿海地区和发展可持续农业的机构。旁达加纳自然保护区坐拥6平方公里土地，能够进行游憩、科学调查以及物种保护活动，每年接待超过1500名游客。可持续发展中心与10所大学签订了合作项目，这些大学每年派送150~200名学生来学习与研究可持续旅游。度假区的人事部也负责组织“沿海地区生态可持续发展联会”，该联会主要与迈阿密大学一起研究调查动植物群、度假村海滩、红树林和珊瑚的资源现状，并负责水体质量监测和海事管理。度假村还通过资助企业家种植有机蔬菜，建立果园和蜜蜂养殖系统，管理蠕虫堆肥和其他堆肥设施等来支持可持续农业的发展。目前，度假村已帮助成立了20家小公司，另外还有100多家公司得到它的资助。还有其他社区支持活动包括为员工和游客发展教育计划，庆祝国际环境日，支持植树和海滩清理运动，为鸟观测之旅和自然之旅提供赞助等。此外，度假村的建筑主要使用了当地材料，并根据周围环境来进行设计与建造。

旁达加纳旅游目的地开发为社区所创造的价值已经得到了国际组织的认可。2009年，旁达加纳度假村和俱乐部被授予“康泰纳仕世界拯救者奖”和2009年“明日旅业”的“旅游目的地管理奖”。这种旅游发展模式不仅能够产生显著的效益，还为游客提供了安全和愉悦的环境，实现了环境保护的目标，同时为在社区生活与工作的人们提供了良好的服务。Oscar de la Renta这样来总结这些努力成果：“由于社区已经建立起来了，现在他们已经拥有了一个可持续发展的业务。”（Gupta and Gupta，2006）

六、未来研究方向

居民态度作为旅游领域最热门的研究话题之一，相关研究成果也十分丰富。每一个新的研究发现都有助于推进对社区态度有影响力的人群的认识，而这一问题的复杂性还将不断浮出水面。虽然我们已经对旅游影响以及居民的态度有了重要的认识，但还有更多有待研究的问题。持续的研究将为更有效的旅游管理计划提供良好的基础。本章介绍了一些居民支持方案，但目前仍未有研究证明哪些方案的效果更好，这方面的研究将有助于旅游目的地管理者选择最适合他们的社区计划方案。此外，还需要进一步研究确定居民支持旅游发展的经济价值所在，这将使旅游目的地管理者更有充分的理由拨款支持那些努力争取居民支持的方案。对经济效益指标如何随着居民支持或反对程度的变化而变化进行比较研究，也将为管理者提供重要的信息。

社区管理者对不同类型的旅游成本和效益差异信息也存在需求。例如，与开发公司所发展的旅游项目相比，那些基于社区的旅游开发项日能够更好地平衡旅游成本和效益吗？如果是的话，哪些效益增加了？哪些成本减少了？虽然表面上那些基于社区的旅游项目看似比大众旅游项目更有益于社区的发展，但还没有任何实证研究评估这两种类型的成本和效益差异。

最后，关于哪些决定性因素使社区态度发生转折也是一个值得研究的问题。有研究追踪了旅游零售销售额与社区支持之间的关系，这可能在某种程度上验证了使社区拒绝旅游发展的社会、经济或环境影响因素。然而，仅仅从旅游者数量或旅游者的支出总额就能够说明这些问题吗？不同旅游目的地社区存在哪些相似的因素导致居民反对或支持旅游发展呢？

七、总结和结论

政策制定者需要了解哪些因素将影响居民对旅游业的态度，以及社区居民如何评价旅游成本和效益，因为社区对旅游业的支持将影响他们是否同意使用公共资金投资市场营销和基础设施开发。另外，居民对游客友好的态度和善意的帮助有利于产生积极的口碑。单凭居民态度调查很难全面了解真实的情况。旅游业要么使社区变得更好，要么更差，但旅游发展所带来的经济、社会和环境影响的程度和方向也因社区而异，不同居民对旅游影响的感知也各不相同。除了社区力量以及旅游经济的相对重要性外，公共政策和行业特性也会影响旅游影响的强度和方向。社区对旅游成本和效益的评估是受个人和社区的价值观以及旅游业对个体的直接影响程度所影响的。因此，对于旅游目的地和企业的决策者而言，理解居民对旅游业的态度变化，并设计一系列活动来争取居民的支持，是旅游开发项目取得成功的关键所在。

参考文献

Akis, S., Peristianis, N. and Warner, J. (1996) Residents' attitudes to tourism development: the case of Cyprus. *Tourism Management*, 17 (7), 481 –494.

Allen, L. R. (1987) Impact of tourism development on residents´ perceptions of community life. *Presented at American Alliance for Health, Physical Education, Recreation and Dance.* National Convention, Las Vegas, NV.

Allen, L. R., H. R. Hafer, P. T. Long, and R. R. Perdue. (1993) Rural residents' attitudes toward recreation and tourism development. *Journal of Travel Research*, 31 (4), 27 –33.

Allen, L., P. Long, R. Perdue, and S. Kieselbach (1988) The impact of tourism development on residents´ perceptions of community life. *Journal of Travel Research*, 27 (1), 16 –21.

Allen, L. R., M. A. Persia, and H. R. Hafer. (1990) Rural attitudes towards recreation and tourism. *Paper Presented At The Outdoor Recreation Trends Symposium III*, Indianapolis, Indiana.

Ap, J. (1992) Understanding host residents´perceptions of the impacts of tourism through social exchange theory. *Dissertation Abstracts International.* UMI Dissertation Services, Ann Arbor MI.

Archer, B. (1973) *The Impact of Domestic Tourism*, University of Wales Press.

Belisle, F. J. and Hoy, D. R. (1980) The perceived impact of tourism by residents: a case study in Santa Marta, Columbia. *Annals of Tourism Research*, 7 (1), 83 –101.

Besculides, A., Lee, M. and McCormick, P. (2002) Residents' perceptions of the cultural benefits of tourism. *Annals of Tourism Research*, 29 (2), 303 –319.

Botlein, M., McGowan, M. L. and DiGrion, B. N. (1991) A sustainable development in rural communities. *TTRA Proceedings*, 409 –415.

Britton, S. (1981) Tourism, dependency and development: a mode of analysis. In: Singh, Tj Vir, H. Leo Theuns, Frank M. Go. (eds) *Towards Appropriate Tourism: The Case of Developing Countries.* Frandfurtam Main: PeterLang.

Brownrigg, M. and Greig, M. S. (1994) Economic impact of tourism in Skye, Highlands and Island development board. *Special Report*, 13 (December).

Brougham, J. and Butler, R. W. (1981) A segmentation analysis of resident attitudes to the social impact of tourism. *Annals of Tourism Research*, 8 (4), 569 –590.

Brunt, P. and Courtney, P. (1999) Host perceptions of sociocultural impacts. *Annals of Tourism Research*, 26 (3), 493 –515.

Butler, R. (1980) The concept of a tourist area cycle of evolution: implications for management of resources.

Canadian Geographer, 24 (1), 5 – 12.

Crandall, L. (1989) The social impact of tourism on developing regions and its measurement. In: B. Ritchie and C. Goeldner. (eds) *Travel, Tourism and Hospitality Research*. John Wiley & Sons, New York, pp. 373 – 382.

Cutter, S. L. (1985) Rating places: a geographer's view on quality of life. *Resource Publication in Geography*, the Association of American Geographers.

Crotts, J. C. and S. M. Holland. (1993) Objective indicators of the impact of rural tourism development in the State of Florida. *Journal of Sustainable Tourism*, 1 (2), 112 – 119.

Cutter, S. L. (1985) Rating places: a geographer's view on quality of life. *Resource Publications in Geography*, the Association of American Geographers.

Davis, D., Allen, J. and Cosenza, R. M. (1988) Segmenting local residents by their attitudes, interest, and opinions toward tourism. *Journal of Travel Research*, 27 (2), 2 – 8.

Deccio, C. and S. Baloglu. (2002) Nonhost community resident reactions to the 2002 Winter Olympics: the spillover impacts. *Journal of Travel Research*, 41 (1), 46 – 56.

Diener, E. and Suh, E. (1997) Measuring quality of life: economic, social, and subjective indicators. *Social Indicators Research*, 40 (1/2), 189 – 216.

Dyer, P., Gursoy, D., Sharma, B., and Carter, J. (2007) Structural modeling of resident perceptions of tourism and associated development on the Sunshine Coast, Australia, *Tourism Management*, 28 (2), 409 – 422.

Fritz, R. G. (1982) Tourism, vacation home development and residential tax burden: a case study of the local finances of 240 Vermont towns. *American Journal of Economics and Sociology*, 41 (4), 375 – 385.

Gee, C., Mackens, J. and Choy, D, (1989) *The Travel Industry*. Van Nostrand Reinhold, New York.

Grayson, L. and Young, K. (1994) *Quality of Life in Cities: An Overview and Guide to the Literature*. The British Library, London

Gupta, K. and Gupta, U. (2006) *A Natural Way of Business*. Gondolier, Calgary:

Gursoy, D., Chen, J. and Yoon, Y. (2000) Using structural equation modeling to assess the effects of tourism impact factors and local residents support for tourism development. 31st *Annual Travel and Tourism Research Association Conference Proceedings, June* 11 – 14, 2000. San Fernando Valley, CA. 243 – 250.

Gursoy, D. and Kendall, K. W. (2006) Hosting mega events: modeling locals' support. *Annals of Tourism Research*, 33 (3), 603 – 623.

Gursoy, D., Jurowski, C. and Uysal, M. (2002) Resident attitudes: a structural modeling approach. *Annals of Tourism Research*, 29 (1), 79 – 105.

Haralambopoulos, N., and A. Pizam. (1996) Perceived impacts of tourism: the case of Samos. *Annals of Tourism Research*, 23 (3), 503 – 526.

Homans, G. (1961) *Social Behavior in Elementary Forms*. Harcourt Brace Jovanovich, New York.

Jurowski, C. (1994) The interplay of elements affecting host community resident attitudes toward tourism: a path analytic approach. PhD dissertation. Virginia Polytechnic Institute and State University.

Jurowski, C. Daniels, M. J. and Pennington – Gray, L. (2006) The distribution of tourism benefits. In: G. Jennings and N. Nickerson. (eds) *Quality Tourism Experiences*. Elsevier Butterworth – Heinemann, Oxford, pp. 192 – 205.

Jurowski, C. and Gursoy, D. (2004) Distance effects resident attitudes. *Annals of Tourism Research*, 31 (2), 296 – 312.

Jurowski, C., M. Uysal and D. R. Williams. (1997) A theoretical analysis of host community resident reactions to tourism. *Journal of Travel Research*, 34 (2), 3 – 11.

Keogh, B. (1990) Resident recreationists′perceptions and attitudes with respect to tourism development. *Journal of Applied Recreation Research*, 15 (2), 71 – 83.

Lankford, S. V. (1994) Attitudes and perceptions toward tourism and rural regional development. *Journal of Travel Research*, 24 (3), 35 – 44.

Lankford, S. V. (1996) Crime and Tourism: A study of perceptions in the Pacific Northwest. In: Pizam, A. and Mansfeld, Y. (eds) *Tourism, Crime and International Security Issues.* Wiley, Chichester, pp. 51 – 58.

Lankford, S. V. and D. R. Howard. (1994) Developing a tourism impact attitude scale. *Annals of Tourism Research*, 21 (1), 121 – 139.

Lankford, S., Williams. A. and Lankford, J. (1997) Perceptions of outdoor recreation opportunities and support for tourism development. *Journal of Travel Research*, 35 (3), 65 – 60.

Lee, C. K. and Back, K. J. (2003) Pre – and post – casino impact of residents' perception. *Annals of Tourism Research*, 30 (4), 868 – 885.

Lindberg, K. and Johnson, R. (1997) Modeling resident attitudes toward tourism. *Annals of Tourism Research*, 24, 402 – 424.

Liu, J. C., P. J. Sheldon, and T. Var. (1987) Resident perception of the environmental impacts of tourism. *Annals of Tourism Research*, 14 (1), 17 – 37.

Liu, J. C. and T. Var. (1986) Resident attitudes towards tourism impacts in Hawaii. *Annals of Tourism Research*, 13 (2), 193 – 214.

Madrigal, R. (1993) A tale of tourism in two cities. *Annals of Tourism Research*, 20 (2), 336 – 353.

Mansfeld, Y. (1992) Group – differentiated perceptions of social impacts related to tourism development. *Professional Geographer*, 44 (4), 377 – 392.

Martin, B. and Uysal, M. (1990) An examination of the relationship between carrying capacity and the tourism lifecycle: management and policy implications. *Journal of Environmental Management*, 31 (4), 327 – 332.

McCool, S. and Martin, S. R. (1994) Community attachment and attitudes toward tourism development. *Journal of Travel Research*, 32 (3), 29 – 34.

McGehee, N. G. and K. L. Andereck. (2004) Factors predicting rural residents' support of tourism. *Journal of Travel Research*, 43 (2), 131 – 140.

McNicoll, I. H. (1976) The Shetland economy – an empirical study in regional input – output analysis. *Research Monograph No.* 2. The Fraser of Allander Institute, University of Strathclyde.

Milman, A. and Pizam, A. (1988) Social impact of tourism on Central Florida. *Annals of Tourism Research*, 15 (2), 91 – 204.

Murphy, P. E. (1985) *Tourism: A Community Approach.* Methuen, New York.

Oviedo – García, M. A., Castellano – Verdugo and Martín – Ruiz, D. (2008) Gaining residents' support for tourism and planning. *International Journal of Tourism Research*, 10 (2), 95 – 109.

Pearce, D. (1989) *Tourist Development.* John Wiley & Sons, Inc, New York.

Peppelenbosch, P. and Templeman, G. (1989) The pros and cons of international tourism to the third world. In: Singh, Tj Vir, H. Leo Theuns, Frank M. Go. (eds) *Towards Appropriate Tourism: The Case of Developing Countries.* Frandfurtam Main, PeterLang, pp. 26.

Perdue, R. R., T. L. Long, and L. Allen. (1990) Resident support for tourism development. *Annals of Tourism Research*, 17 (4), 586-599.

Perdue, R. R., P. T. Long, and L. D. Gustke. (1991) The effects of tourism development on objective indicators of local quality of life. *Travel and Tourism Association 22nd Annual Proceedings.* TTRA, Salt Lake City, pp. 191-201.

Pizam, A. (1978) Tourism's impacts: the social costs to the destination community as perceived by its residents. *Journal of Travel Research*, 16 (4), 8-12.

Prentice, R. (1993) Community-driven tourism planning and residents' preferences. *Tourism Management*, 14 (3), 218-227.

Ritchie, J. (1988) Consensus policy formulation in tourism: measuring resident views via survey research. *Tourism Management*, 9 (3), 99-216.

Rosenow, J. E. and G. L. Pulsipher. (1979) *Tourism: The Good, the Bad and the Ugly.* Media Publishing, Kansas City, MO.

Sheldon, P. J. and Var, T. (1984) Resident attitudes to tourism in North Wales. *Tourism Management*, 5 (1), 40-47.

Skidmore, W. (1975) *Theoretical Thinking in Sociology.* Cambridge University Press, New York/London.

Sirakaya, E., V. Teye, and S. Sönmez. (2002) Understanding residents' support for tourism development in the central region of Ghana. *Journal of Travel Research*, 41 (1), 57-67.

Smaoui, A. (1979) Tourism and Employment in Tunisia. In: E. de Kadt. (eds) *Tourism Passport to Development? Perspectives on the Social and Cultural Effects of Tourism in Developing countries.* Oxford University Press, New York/ London.

Smith, V. L. (1977) *Hosts and Guests: The Anthropology of Tourism.* The University of Pennsylvania Press Inc.

Thomason, P., Crompton, J. and. Dan Kamp, B. (1979) A study of the attitudes of impacted groups within a host community toward prolonged stay tourist visitors. *Journal of Travel Research*, 17 (4), 2-6.

Turner, J. H. (1986) *The Structure of Sociological Theory.* The Dorsey Press, Chicago, IL.

Tyrrell, T. and P. Spaulding (1984) A survey of attitudes toward tourism growth in Rhode Island. *Hospitality Education and Research Journal*, 8 (2), 22-23.

Um, S. and Crompton, J. L. (1987) Measuring resident's attachment levels in a host community. *Journal of Travel Research*, 26 (2), 27-29.

Vargas-Sánchez, A. Plaza-Mejía, and Porras-Bueno, N. (2009) Understanding residents' attitudes toward the development of industrial tourism in a former mining community. *Journal of Travel Research*, 47 (3), 373-387.

Yoon, Y., Chen, J. S. and Gursoy, D. (1999) An investigation of the relationship between tourism impacts and host communities' characteristics. *International Journal of Tourism and Hospitality Research*, 10 (1), 29-44.

Young, G. (1973) *Tourism (Blessing or blight?)*. Penguin Books Ltd, Middlesex.

Williams, J. and Lawson, R. (2001) Community issues and resident opinions of tourism. *Annals of Tourism Research*, 28 (2), 269-290.

第 18 章
目的地安全和安保的重要性

一、序言

旅游者在追求愉悦的旅游体验的同时，也面临着各种与旅行和旅游相关的风险因素。国际游客面临的危险可能来自战争、恐怖袭击、犯罪、自然灾害、传染病、交通事故、食物中毒乃至野生动物袭击（Durrheim and Leggat，1999；Pizam，1999；Peattie *et al.*，2005；Pizam and Mansfeld，2006；Tarlow，2006；Wilks，2006；Larsen *et al.*，2007；Howard，2009；Bentley *et al.*，2010）。这些事件并不局限于任何特定的地理区域，因为危机是没有行政或文化边界的（Santana，2004）。Dwyer 等（2009）认为，在未来 15 年内，类似国际恐怖主义、安保、传染疾病以及旅游安全意识等问题还将继续存在，并将成为改变全球旅游发展态势的重要因素。游客的安全和安保感知是他们选择一个旅游目的地并决定其活动范围的主要决定性因素，而上述这些风险因素都有可能导致旅游需求的急剧下滑（Pizam *et al.*，1997；Sönmez and Graefe，1998a，b；Pizam，1999；Mawby，2000；George，2003；Lepp and Gibson，2003；Pizam and Mansfeld，2006；Araña and León，2008；Rittichainuwat，2008；Rittichainuwat and Chakraborty，2009）。

旅游业极易受到安全和安保事件的影响，并且不断受到各种危机的威胁，因此，做好预防和随时处理各种人为或自然危机事件的准备是非常重要的。本章主要介绍安全和安保的概念及其对旅游业的影响。首先，讨论安全和安保两个不同的概念，它们对旅游目的地的重要性，以及这些事件发生的频率和严重性。其次，阐述安保事件的犯罪者动机、目标对象与事件发生的位置。然后，讨论安保与安全事件的影响，以及事件发生期间的媒体报道与形象感知管理。

最后，讨论如何预防和减少安保与安全事件，并提出相关恢复策略。

在旅游文献中，一般很少区分安全和安保事件的差异，但实际上，这两类事件存在本质的差别。安保事件主要指旅游者由于他人的故意行为而遭受损害的事件，如战争、恐怖袭击、内乱或政治动乱以及犯罪（Peattie *et al.*，2005；Pizam and Mansfeld，2006）。安全事件则指使旅游者受到意外伤害的非蓄谋类事件。这类安全事件可能是由基础设施问题、目的地环境、自然灾害以及游客的行为和活动所造成的。例如，安全事件的发生可能包括洪水、火灾、传染疾病、食物中毒、交通事故，以及与游客活动相关的安全事故如滑雪、意外滑倒、坠落、割伤和烧伤、财产损坏等（Okumus，2005；Peattie *et al.*，2005）。

对于旅游目的地而言，安全和安保问题具有极高的重要性。Dwyer 等（2009）研究发现，安全和安保是目的地旅游发展获得成功的基本要素。这与过去相关旅游研究的结果也是一致的。例如，Pizam 等（1997）发现，“大部分旅游者在选择一个旅游目的地时，不仅考虑价格和目的地形象因素，更重要的是衡量个人的安全与安保问题”。Peattie 等（2005）也强调了安全与安保的重要性，他们认为，“导致旅游者体验失败的原因有很多，但当旅游者受到身体的伤害时，都会给目的地的旅游促销者和那位不幸的旅游者造成各种各样的问题”。Araña 和 León（2008）同样强调旅游者对于政治暴力和恐怖袭击的敏感性，同时他们也会感激目的地能够提供平静与和平的环境，使他们能够享受其中的活动与快乐。Dwyer 等（2009）总结出，在未来几十年里，旅游者对目的地的安全和安保感知，仍将构成旅游目的地的重要竞争优势。

因此，旅游目的地的政策、规划和发展都必须致力于游客的安全与安保体验。有些安全和安保事件是有可能预防和减少的，例如，解决基础设施所存在的问题，给予游客适当的警告，或通过特种警卫队的协助和使用类似电子锁和监控摄像机等装置来降低犯罪水平。然而，要预防和减少诸如自然灾害或恐怖袭击这类安全和安保事件，往往更具有挑战性，也很难直接处理。本章下一节将详细讨论安全和安保事件及其差异，以及这些事件发生的频率与严重性。

二、安全和安保事件

（一）安全事件

安全事件是指使旅游者受到意外伤害的非蓄谋类事件。根据能否预防的标准，可将安全事件分成两类：无法预防的自然灾害，以及其他可以避免或减轻的事件。后者又可以进一步分成三类，即：与目的地管理相关的事件、与自然相关的事件以及与旅游者相关的事件（Peattie *et al.*，2005；Uriely and Belhassen，2006；Rittichainuwat，2008；Howard，2009；Bentley *et al.*，2010；Tsa and Chen，2010）。

1. 自然灾害事件

这一类事件主要包括各种无法避免的自然灾害，如地震、洪水、飓风和火山爆发等。然而，通过早期的规划可以降低自然灾害的严重性，如建造能够减少自然灾害所导致的损伤与破坏的建筑。有意思的现象是，有些地方在遭遇自然灾害后反而成了重要的旅游吸引物。

2. 与目的地管理相关的事件

这类事件的范围包括从基础设施的问题（恶劣的卫生条件）、旅游设施的安全标准（火灾、建筑误差）和车祸，到健康问题（如退伍军人疾病）不等。例如，在一些发展中国家的旅游目的地往往由于不安全的环境卫生条件而导致水性疾病的发生，如腹泻。旅游设施火灾也会使旅游者对受影响设施的安全感知产生重大的负面影响，甚至波及其他类似的设施。例如，1980 年拉斯维加斯米高梅大饭店的重大火灾事件造成 87 人死亡，1997 年泰国帕塔亚皇家度假村饭店的火灾造成 88 人死亡，以及 2004 年在阿根廷布宜诺斯艾利斯 República Cromagnon 夜店发生的火灾造成 194 人死亡和 714 人受伤等，这些事件都引起了国际旅游社区对许多旅游设施缺乏适当的消防安全标准问题的高度关注。最后同样重要的一点是，旅游行业的设备维修不善也可能导致严重的健康问题，如军团菌病——这是因在 1976 年 7 月美国宾夕法尼亚州费城召开退伍军人协会大会时暴发流行的肺炎而得名。

3. 与自然相关的事件

一般而言，旅游者对气候十分敏感，气候变化以及任何不利的天气条件变化都将影响一个旅游目的地的相对吸引力。因此，由于旅游目的地的自然条件，如变化无常的天气、崎岖危险的地形、荒凉的环境以及受到水或溺水的威胁等所造成的安全事件，都会严重影响旅游目的地的游客安全感知。不少文献都记录到诸如飓风、台风、洪水、极端温度等恶劣的天气条件对游客量的影响，也证明了恶劣的自然条件可能对旅游目的地产生毁灭性的影响。地震、泥石流和其他形式的灾害影响也同样如此。

4. 与旅游者相关的事件

旅游者在进行危险的体育运动和休闲活动时，如跳伞、滑雪或者攀岩，都可能危及他们自身的安全。当旅游者误解或不遵守指示，搞恶作剧，缺乏身体技能，身体健康状况欠佳，以及不熟悉任务或环境时，都会提高事故发生的可能性。有时旅游者会参加一些他们从未尝试过的活动，这也会增加安全事件发生的概率。他们可能以"因为正在度假"为由而酗酒、嗑药、危险驾驶、发生不安全性行为、曝晒或进行其他类型的危险行为。

（二）安保事件

安保事件通常指旅游者由于他人的故意行为而遭受损害的事件（Pizam *et al.*，1997；Pizam，1999；Peattie *et al.*，2005；Pizam and Mansfeld，2006；Araña and León，2008）。根据 Pizam 和 Mansfeld（2006），旅游者可能遭受四类安保事件，分别是犯罪、恐怖主义、战争和内乱/政治动乱。

1. 犯罪

一般认为，抢劫、袭击、强奸、绑架和谋杀等均属于犯罪事件，并且不同人对事件的反应也存在差异。旅游者对旅游目的地和旅行方式的选择将影响他们遭遇犯罪的可能性（Boakye，2010）。犯罪事件可能发生在旅游者之间以及旅游者和当地人之间，但总体而言，旅游者比当地居民更容易受到犯罪事件的影响（Chesney – Lind and Lind，1986；Barker *et al.*，2002；Pizam and Mansfeld，2006；Boakye，2010）。

2. 恐怖主义

旅游目的地和旅游者常常成为恐怖活动的"软目标"（Richter and Waugh，1986；Ryan，1993；Sönmez *et al.*，1999；Pizam and Mansfeld，2006；Paraskevas and Arendell，2007；Araña and León，2008）。由于恐怖事件能够引起大量的媒体报道，恐怖袭击已经成为用以表达政治和区域冲突的工具。恐怖分子通过袭击旅游目的地和旅游者，能够有效地吸引外界的注意（Sönmez *et al.*，1999）。如上文所述，恐怖主义将对旅游业造成严重的打击。然而，除了旅游目的地和旅游者会成为恐怖袭击的直接对象以外，当恐怖主义以与旅游相关的民事或经济利益为目标时，旅游业以及旅游者本身也会受到间接的影响。

3. 战争

到目前为止，已经有充分的证据表明，战争会在很长一段时期内对全球尤其是受牵涉国家的旅游需求产生消极的影响（Pizam and Mansfeld，2006）。例如，以色列和埃及之间的赎罪日战争、塞尔维亚和克罗地亚之间的南斯拉夫内战、希腊和土耳其之间在塞浦路斯的战争，以及斯里兰卡的泰米尔战争等，都对这些国家的旅游需求造成毁灭性的打击，也造成了所有旅游活动的暂时中断。

4. 内乱/政治动乱

当旅游目的地发生内乱/政治动乱时，旅游者会取消该地的旅游行程，从而使当地旅游业受到严重影响，甚至导致整个行业的瘫痪（Pizam and Mansfeld, 2006）。曾经发生内乱和政治动乱的国家，如南非（1994 年以前）、泰国（2010 年）、北爱尔兰（爱尔兰共和军长期活动的结果）、西班牙（1995 年由埃塔分裂组织的活动导致）、墨西哥（1994 年萨帕塔民族解放运动）、埃及（在 1997 年，2004 年和 2011 年）和其他许多相似的目的地，它们都表明这些事件会对旅游目的地造成长期有时甚至是毁灭性的影响。虽然安保事件比安全事件更容易引起人们的关注，但与安保事件相比，与健康相关的安全事件更普遍存在于旅游者中，受影响的人群也更广（Peattie *et al.*，2005）。

（三）安全和安保事件的频率及严重性

安全和安保事件的影响与它们的发生频率和严重程度相关。一些严重的容易被媒体曝光的事件如果频繁发生，会影响旅游者对受牵涉旅游目的地的行程预订乃至取消行程；这些事件对旅游者决策的影响更持久，影响范围更广，还会降低国际旅游者的需求（Pizam, 1999; Pizam and Mansfeld, 2006）。然而，根据 Pizam 和 Fleischer（2002）的研究发现，当恐怖事件不再重复发生时，旅游业将会在半年到一年内得到恢复。

关于恐怖事件发生的频率与严重性对旅游需求的影响都是消极的（Pizam, 1999; Krakover, 2005），但恐怖袭击的频率比其严重性对旅游需求的影响更持久（Pizam and Fleischer, 2002），尤其是国际旅游需求比国内旅游需求受到的影响更明显（Pizam and Fleischer, 2002; Yechiam *et al.*，2005）。至于时间因素，有研究结论揭示，事件对旅游者的心理影响将在很长一段时间内逐渐减弱（Yechiam *et al.*，2005）。安保事件影响的持续性也与其严重程度有关。一些严重的安保事件，如由于战争或恐怖袭击对生命和财产造成的大规模破坏，将比那些引起人员伤亡（谋杀）、身体创伤（强奸）或财产损失的事件，对旅游需求和游客量产生更加严重的负面影响（Pizam, 1999; Pizam and Mansfeld, 2006）。

那些受牵涉的旅游目的地在形成有效的应急减灾计划前，必须先了解安保事件背后的动机。深入研究这些动机有利于了解这些事件所影响的潜在对象和发生的位置。

三、犯罪者的动机和目标以及安保事件的位置

（一）安保事件犯罪者的动机

安保事件发生最常见的动机有：政治、宗教、社会与经济动机，对游客的敌视，引起公众对某个区域经济的关注和破坏某个区域的经济等（Pizam and Mansfeld, 2006）。不同动机类型对旅游目的地游客量的影响也不同，其中，由政治和宗教动机所引发的安保事件对旅游需求的影响最严重，其次是经济和社会动机，个人动机的影响最小（Pizam, 1999）。

旅游目的地暴力行为的发生受到各种各样的动机所驱动，其中最突出的是对宗教、政治或经济不公的诉求，但不管出于哪种动机，恐怖分子认为通过暴力行为引发生命与财产的巨大破坏，就能够实现他们最大可能地引起国际关注的目标。然而，这些恐怖分子在实施目标的过程中，不仅对旅游业造成极大的破坏，有时也会波及目的地的经济或政治体制（Pizam, 1999）。

如前文所述，安保事件包括各种不同的犯罪行为。不同犯罪行为的动机也是不同的，如出于经济动机的非暴力行为（劫富济贫），出于社会动机的犯罪行为（罗宾汉式）和由于个人原因产生的犯罪行为（复仇和嫉妒）。由于旅游目的地的犯罪机会比较多，且成功率往往更高（存在许多容易受骗的旅游者），这类事件在目的地发生的频率自然也特别高。有时，一些非暴力事件也可能在发生过程中转化成为严重的暴力行为，如谋杀（Pizam, 1999; Pizam and Mansfeld, 2006）。

（二）安保事件的目标对象

旅游者在旅游目的地的任何地方任何时候都有可能受到安保事件的伤害：在他们的去程和返程途中，在目的地的逗留期间，以及贯穿于整个度假活动的过程中。除了游客外，包括知名人物在内的当地居民也有可能成为暴力行为的受害者（Pizam, 1999; Pizam and Mansfeld, 2006），但相比之下，游客更容易成为攻击目标，不仅因为他们的行为和外貌特殊的原因，还因为对游客的身体伤害能够迅速获得广泛的公众注意（Chesney - Lind and Lind, 1986; Barker *et al.*, 2002; Pizam and Mansfeld, 2006; Boakye, 2010）。

从文献研究可知，有两大因素导致游客更容易成为犯罪者的侵害对象：他

们的外貌和行为。从外貌方面，由于游客往往具有一系列明显的特征，这些特征正是他们容易受到攻击的原因之一（Chesney - Lind and Lind，1986；Pizam and Mansfield，2006）。例如，他们看上去不像本地人的外貌特征会使他们成为潜在的攻击目标，尤其当犯罪者以为他们很富有的时候（Cohen，1987；Harper，2006；Boakye，2010）。至于行为方面，游客的行为模式也使他们容易受到犯罪的伤害，例如，他们不遵循东道国习俗和法律并被社会孤立（Cohen，1987）。Pizam 和 Mansfeld（2006）提出，某些特定的旅游行为模式会使游客容易成为犯罪受害者，如放松警惕和进入当地人不敢去的危险区。Pizam 等（1997）也指出，在出现安保问题的旅游目的地中，游客比居民更容易遭到财产的损失，因为他们往往随身携带更多的现金和贵重物品。Harper（2006）进一步指出，有的游客为了得到更真实的（有时非法的）体验而去寻找受害者，会进入一些连当地居民都认为是危险的地方，这也使他们特别容易受到伤害。在某些情况下，那些寻求与当地人建立关系的游客也会受到他的“当地熟人”的暴力袭击，在受到袭击前，这些“当地熟人”往往首先与他们谨慎地培养友谊（Harper，2006；Holcomb and Pizam，2006）。此外，游客的旅行安排方式也决定了他们是否将成为合适的犯罪目标。选择自助旅行的游客虽然行程更加灵活，但也很可能闯入一些即使是当地人也会犹豫进入的地方（Boakye，2010）。

显然，游客也很可能成为恐怖袭击的目标。据 Pizam 和 Mansfeld（2006）研究发现，对于恐怖分子来说，旅游目的地是理想的袭击目标。一方面，旅游目的地比较容易攻击，并有可能产生大规模的人员伤亡，从而迅速引起广泛的媒体关注；另一方面，袭击旅游目的地不仅可以对该地区或国家的经济造成毁灭性破坏，还将对特定的民族或国家造成严重的损害，因为很多旅游目的地都代表了民族和文化认同的符号。

对恐怖分子而言，饭店是最容易实施恐怖袭击也是最理想的场所，尤其是在那些接待国际游客或外国人所经营管理的饭店中。之所以“最容易”，是因为饭店所有者出于经济利益一般不会过度保护饭店而疏远客人；之所以是一个“理想的”场所，是因为受害者是“外国人”而不是当地人，这样能够证明恐怖分子的行动意图，并且能够迅速引起全球广泛的媒体关注（Pizam，1999）。

（三）安保事件发生的位置

为了有效处理与安保相关的旅游危机，必须了解容易发生这些事件的地理位置。当此类事件发生在某个特定的社区，很快会产生一定的溢出效应，即在受牵涉地区内外的其他地区的游客量也会迅速下滑。这一方面是由于游客缺乏相关的地理知识；另一方面是由于媒体报道往往不能提供受牵涉地区的准确信息（Pizam and Mansfeld, 2006）。

据前文所述，在某些情况下，饭店已成为恐怖袭击的主要目标。根据Pizam（2010）的研究可知，饭店成为恐怖袭击对象的一个基本条件是，这些饭店必须坐落在一个有许多帮凶的地区，他们为恐怖分子提供后勤的、道义上的和财政上的支持。在多数情况下，恐怖袭击不会发生在本地人经营且主要接待国内游客的经济型饭店中。恐怖分子的目标饭店往往包括具有知名的国际品牌；饭店所有者来自敌国；经常接待国际游客，特别是那些来自与恐怖分子有主要冲突的国家的游客。

据前文可知，犯罪是影响目的地旅游需求的另一个重要安保问题。一般而言，那些犯罪率高且游客量大的地理区域往往也长期存在大量与游客相关的犯罪和安保问题。由于旅游者一般在旅游区内活动，并往往更加关注享乐，所以，旅游景点也容易成为犯罪活动的场所。此外，在那些缺乏治安、行人交通很少以及周边物理环境条件差的地方也容易发生犯罪，如微暗的停车场和带有外部走廊的汽车旅馆（Pizam and Mansfeld, 2006）。

四、安保和安全事件的影响

旅游业是一个供给和需求都对安保和安全事件非常敏感的行业（Richter and Waugh, 1986；Ryan, 1993；Pizam and Mansfeld, 2006）。这些事件将对所有旅游“产品”传递过程中的参与者都造成冲击，包括游客、旅游目的地、旅游行业、目的地政府、客源市场以及客源地政府。

（一）安全和安保事件对游客行为的影响

安全和安保事件往往会改变游客的风险感知。近些年，游客的风险感知也得到大量的研究（Roehl and Fesenmair, 1992；Mitchell and Vassos, 1997；Tsaur *et al.*, 1997；Sönmez, 1998；Fuchs and Reichel, 2006；Jonas *et al.*, 2010）。尽管构成游客风险感知的因素是多方面的，但游客对安全和安保事件的恐惧显然是影响一个旅游目的地整体风险感知的重要因素，也是影响游客决策和行为的主要因素（Tsaur *et al.*, 1997；Sönmez and Graefe, 1998a, b；Dolnicar, 2005；Kozak *et al.*, 2007；Jonas *et al.*, 2010）。一旦游客感觉到一定程度的风险，就会改变他们的行为。当游客已经处于受事件影响的目的地中，他们要么转移到一个更安全的地方，要么离开目的地和回家。如果游客正处在旅行计划阶段，那么，他们要么改变旅游目的地，要么完全取消行程。此外，他们还可能采取其他策略来降低风险，比如咨询那些已经参观过特定旅游目的地的游客，从亲朋好友、旅行代理和互联网上收集相关信息等（Sönmez，1998；Sönmez and Graefe，1998a；Pizam and Fleischer，2002；Floyd *et al.*，2003；Pizam and Mansfeld，2006；Araña and León，2008；Rittichainuwat and Chakraborty，2009；Fuchs and Reichel，2010）。

在各种安保事件中，针对游客和旅游基础设施的恐怖袭击，是对游客行为影响最显著且最具破坏力的短期安保事件（Pizam and Mansfeld，2006）。根据Viscusi 和 Zeckhauser（2003）的论述可知，游客一般不会考虑恐怖行动发生的可能性，但他们在计划假期的过程中，确实会衡量恐怖袭击发生的最坏情况。然而，恐怖袭击对人们的负面影响会随时间而减弱，受牵涉的旅游目的地也可能从"恐怖分子的冲击"中逐渐恢复。

Yechiam 等（2005）认为，恐怖事件对游客行为影响的主要差异（异质性）取决于三个方面：文化因素、个人经验和规避风险的成本。确实，也有其他研究发现，目的地的感知风险与游客的文化和国籍有关（Fuchs and Reichel，2004；Dolnicar，2005；Reisinger and Mavondo，2005，2006）。在个人经验方面，初访游客与重访游客对旅游目的地的风险感知也存在差异（Rittichainuwat and Chakraborty，2009；Fuchs and Reichel，2010）。随着游客对某一目的地旅行经验的增加，其相应的感知风险会降低，对国际旅游的态度会得到改善（Sönmez and Graefe，1998b），同样，也会提高游客对该目的地的安全感（Pinhey and Inverson，1994）。

（二）安全和安保事件对目的地的影响

Pizam（1999）发现，旅游目的地暴力行为的发生对旅游需求的影响范围包括：从没有影响（犯罪事件很小和不常发生）到需求略微减少，到需求显著降低，再到急剧降低甚至到所有游客量中断（当不断发生恐怖事件和战争时）。一般而言，除了特别极端和严重的安保事件之外（使当地居民受到牵连的大规模恐怖主义和战争），针对游客的暴力事件比针对当地居民的事件对旅游需求的影响更显著（Pizam and Mansfeld，2006）。

当危机发生在某一特定的旅游目的地时，相邻区域也可能受到影响，但相关文献出现了不同的研究结果。有的研究发现，当危机发生时，相邻国家的旅游需求以及它们的国家形象和吸引力会受到负面影响（Enders *et al.*，1992；

Drakos and Kutan, 2003），但也有研究证明危机事件可能给相邻国家带来相反的影响，即它们可能作为一个更安全的替代性选择而从中受益（Mansfeld, 1996; Araña and León, 2008）。

（三）安全和安保事件对旅游行业的影响

根据 Pizam 和 Mansfeld（2006）的研究可知，安全和安保事件将对旅游系统中的两个利益相关者造成影响：客源市场中的旅游运营商和目的地中的旅游运营商，他们都高度关注如何减少安保事件所造成的破坏。其中，不少行业和运营商都会受到安全和安保事件的经济影响，有时还会导致业务的倒闭。

旅游运营商之所以容易受到严重的经济影响，是因为安保事件一旦发生，他们不得不为游客重新预订其他行程或取消行程，又或者是因为他们所投资的业务会随着事件的发生而瞬间倒闭。安保事件在导致游客量减少的同时，又促进了人力资源的重组。然而，其导致的结果往往是，专业的员工和企业家出现过剩和流失，从而致使整个行业服务质量和设施维护水平降低；这反过来又影响了那些冒险前来参观的游客的满意度。从长远来看，当安保问题结束后，还将需要投入一大笔资金来进行重建和恢复。

国际饭店和餐饮连锁企业可能会撤离它们在受牵涉地区的全球网络，这将对所有相关人员和基础设施造成重大的损失。同样，航空公司和邮轮公司也会由于需求的减少和保险费用的增加而缩减或终止服务，从而尽可能地减少赢利水平受到的影响。

（四）安全和安保事件对目的地政府的影响

Pizam 和 Mansfeld（2006）认为，旅游业是国家经济的重要部门。对于受牵涉国家而言，那些对旅游业造成严重的直接影响的安保事件也成了地方、区域乃至国家的重要议题。为了寻求有效的解决方案，政府需要对安保事件的影响进行动态监测与评估。由于旅游业的脆弱性和不稳定性，政府可能还需要考虑这一产业的未来发展，并采取新的或改进的安保措施来预防或减少未来安保事件的发生。政府可能还需要协助推动损害控制进程，并决定是否提供经济援助来应对旅游危机。它们甚至可能需要协助旅游业的市场营销。

（五）安全和安保事件对客源地市场与政府的影响

旅游客源国政府一般会对国际危险问题进行监控，并通过发布警告来告知前往受影响目的地旅行可能存在的风险（Pizam and Mansfeld, 2006）。这样做的一个原因是为了减少从受影响目的地撤离本国公民的需要，或降低危机时期发出援助的需要。旅行者以及东道国目的地都会受到这类警告的影响。大部分旅行者都会相信和接受这些警告，而受影响目的地则不断努力减少这些警告所造成的影响。由于旅游警告一般会高度引起公众高度注意，这表明客源国政府会显著影响本国公民的目的地选择。这些警告会导致保险费用增加，从而使整体旅行成本上涨。最后，如果政府禁止到某一目的地旅游，保险公司将不会出立保单，这也将导致到这些目的地旅行变得不可行。

五、安全和安保事件期间的媒体报道与形象感知管理

安全和安保事件是媒体的重要新闻来源。由于媒体的公信力高，且能在短时间内迅速大范围传播，它们针对这些事件所提供的鲜明信息以及相关分析，将极大地改变人们对受影响旅游目的地的感知（Pizam and Mansfeld, 2006; Tasci and Gartner, 2007）。大众媒体对负面旅游事件的密集报道，将会增加潜在游客的恐惧和焦虑感，并极大影响了他们对受牵涉目的地的感知风险。结果，受影响目的地的游客量可能会发生急剧下降，并可能促使一次事件演化成为一场危机（Sommez *et al.*, 1999; Cavlek, 2002; Pizam and Mansfeld, 2006; Bentley and Page, 2008; Rittichainuwat and Chakraborty, 2009）。

Pizam 和 Mansfeld（2006）强调，媒体并不总是客观的。媒体常常主动承担讲解员的角色，它们不仅会带有偏见地评价那些受影响目的地的旅游风险，有时还会夸大事件的严重性。安全和安保事件的报道频率与深度会随时间而减弱，但那些使游客受到严重伤亡的事件一旦重复发生，媒体对冲突事件的继续报道和解读会进一步加深受影响目的地形象的固化，就算这些事件是由于游客自身所造成的意外事故，也会强化目的地的负面形象（Pizam and Mansfeld, 2006; Benley *et al.*, 2010）。当负面形象所造成的风险感知达到不可接受的水平时，潜在游客可能会取消他们的行程预订，或选择其他旅游产品和更安全的旅游目的地。因此，旅游行业和东道国政府应该主动向外界传达更准确、更公正以及以营销为导向的信息，从而尝试平衡媒体所构建的负面形象。它们还应该通过探查和分析潜在市场对它们的旅游目的地形象的感知和解读，选择正确的策略来更好地进行风险感知管理（Pizam and Mansfeld, 2006）。

六、安全和安保事件的预防、减少、缓解和恢复

在一个越发不安全和充满威胁的世界中，旅游目的地必须能够预测和预防重大安全和安保事件的发生及其带来的后果，因为和平与安全的环境是它们得以生存的必要条件。

以往经验表明，一个旅游目的地对事件的准备越充分，其对安保危机的反应也越高效。应付安保事件主要有两种方式：第一，事发前制订合适的计划；第二，事发后实施计划（Pizam and Mansfeld, 2006）。然而，要有效降低旅游相关的风险，需要受影响目的地、客源国市场、旅游行业、公共政策制定者以及游客自身等多方的共同协作（Peattie *et al.*，2005；Pizam and Mansfeld, 2006；Dwyer *et al.*，2009）。

前文已经提到，安保事件和安全事件的区别在于由谁或什么因素所导致。安保事件是指旅游者由于他人的故意行为而遭受损害的事件，这一类事件是可以减少的。Pizam（1999）以及 Pizam 和 Mansfeld（2006）提出了一系列预防和减少旅游目的地犯罪和暴力行为的策略，包括采取立法措施，如将针对游客的犯罪行为列为严重的犯罪，通过法律要求为受害者提供资金以补助他们指证犯罪的额外旅行支出；成立一支训练良好的特警部队来保护和协助旅游者与旅游业；改善私营部门的安全措施，如员工培训和安全设施升级（电子锁、监控摄像）；警示和教育游客，如通过派发安全和安保宣传指南与通过家庭电视或广播宣传来为游客指引“安全道路”；提高当地居民的意识，如使他们了解犯罪活动和暴力行为将对社区造成的严重损害，要求他们配合预防那些犯罪活动和暴力行为的发生，留心犯罪事件并及时向当地执法机关报告；为当地居民提供旅游就业机会，从而缩小社会差距，引导社会变革（Pizam, 1999；Pizam and Mansfeld, 2006）。

关于旅游目的地中的战争和恐怖袭击，可以通过政治解决和国际合作来应对这类事件，但也需要清晰地认识到，再多的安保意识和防备也无法阻止战争和恐怖主义所造成的破坏（Pizam, 1999）。然而，Pizam（2002）认为，旅游业应该主动开展特定的活动以尽可能减少恐怖袭击事件，并使目的地从毁灭性的打击中迅速得以恢复。他分别针对私人部门和公共部门提出了两类建议。对于旅游业的私营部门，他认为应该对所有员工进行安保预防和应急操作培训，使他们每个人都成为安保员；成立委员会来促进旅游企业满足最低的安全措施要

求；预备“危机计划”以应对恐怖主义事件发生后的负面宣传。对于公共部门，Pizam（2002）建议可以开展和支持各种不同的活动，如提高所有交通运输方式及相关客运站的安保与安全；教育和训练市民觉察和警惕社区中可能发生的恐怖活动；在邻近较大的旅游目的地中建立警务室；通过促进国际合作的制度化来降低针对游客的恐怖主义所造成的负面影响。

前文也提到，安全事件与安保事件不同，前者是使游客受到意外伤害的非蓄谋类事件。因此，利益相关者有责任提高游客的安全，例如，安装不同的设备来预防或侦察一些安全事件，如火灾、事故和健康危害等（Okumus，2005）。Peattie 等（2005）指出，为游客提供风险信息和减少风险的策略对于降低风险是非常重要的。旅游行业在告知游客有关健康和安全方面的信息发挥着重要作用，然而，它们的信息来源主要依赖于公共机构，而这些机构又缺乏相应的对消费者发出目的地存在健康或其他危害警告。此外，所提供的信息还需要使来自不同文化背景的游客都容易明白才会发挥有效的作用。Peattie 等（2005）和 Rittichainuwat 和 Chakraborty（2009）强调了语言障碍所导致的沟通困难。他们认为，提供多语种的信息和建议对于保护游客健康与安全是非常重要的，因此，需要训练更多的多语种服务工作者，并增加多语种的标识和接待业/旅游业网站的数量。

旅游者也可能由于自身的行为和所选择参与的活动而发生安全事件。对于冒险类活动，运营商有责任通过严谨的评估来控制由潜在误差所导致的风险，他们也有责任确保执行谨慎和明智的组织工作和经营决策，并积极管理客户体验（Page *et al.*，2005）。对于高风险的活动（如蹦极、跳伞）必须要进行风险管理，而对于风险较低的活动，如骑马、野外徒步等，也应该做好足够的风险控制（Bentley *et al.*，2010）。

Bentley 等（2010）从不同维度提出了确保游客安全的控制措施，包括从技术、行为和位置三个维度进行控制。然而，他们强调安全文化和工作组织这一维度（良好的沟通，明智的经营决策，安全和生产之间的合理平衡）的影响才是最主要的，也是实施游客安全管理的关键所在。他们认为，这一维度适用于所有类型的冒险和生态旅游活动，特别对于那些存在多方面因素难以控制的活动。但另一方面，如果将所有风险和冒险因素都降至最低或者“移除”，旅游体验就可能变得不那么刺激，也因此会降低目的地的吸引力。

虽然有些安全事件如自然灾害往往难以规避，但还是可以进行控制、减少发生的频率以及缓和影响结果。例如，对于地震频发区，可以加固建筑和设施，并执行各种标准操作流程。此外，通过购买地震保险也可以降低相关的经济损失（Tsa and Chen，2010）。

在面对各种不确定因素时，实施风险管理战略对于提高企业管理的可靠性是十分重要的。Dwyer 等（2009）认为，要处理各种不断发生且不可预测的变化，要求决策者具有灵活、敏锐和自信的品质。显然，在不清楚安保和安全事件发生源头的情况下，游客需要确保他们的人身安全已得到了最大的考虑，并且有适当的措施用以保证他们的安全。在一场安保或安全危机结束后，不同旅游利益相关者需要充分协作来重新获取游客的信任，提高旅游需求，恢复行业生气，这样，目的地旅游业才能够在短期内迅速恢复（Pizam，1999；Pizam and Mansfeld，2006）。此外，目的地还可以采取一系列有效的恢复策略，例如，及时传递有效信息，实施营销方案和提供财政援助项目。

需要及时向外界传递的信息包括公共当局对问题存在的承认和保证尽快解决问题的承诺。当局应该每天向媒体、当地旅游企业及其员工以及客源地游客发布最新信息，让所有人相信他们的目的地已经安全或正在逐渐恢复。他们还可以建立协调的宣传和公关活动机制，在媒体、当地社区和消费者之间创造积极的公众舆论。通过这些措施，目的地最后有可能获得公众的信任、公信力和同情（Pizam，1999；Pizam and Mansfeld，2006；Rittichainuwat and Chakraborty，2009）。

营销方案旨在让公众确信事情已恢复到正常的轨道。可实施的方案包括开展安抚性活动、降价、促销、提供包价产品（如全包假期）以及重新定位产品（如从遗产旅游向“阳光、海洋和沙滩”旅游转变）（Pizam，1999；Pizam and Mansfeld，2006；Rittichainuwat and Chakraborty，2009）。然而，Rittichainuwat 和 Chakraborty（2009）提到，政府应坚决反对服务提供者以牺牲安全为代价来换取低成本的包价旅游。

识别和开发新的细分市场是另一种有助于恢复国际旅游的营销方案（Pizam and Mansfeld，2006）。可以努力开发国内游客市场，如通过降价、组织特殊活动和呼吁他们的爱国主义情怀来开发国内市场（Pizam and Mansfeld，2006；Paraskevas and Arendell，2007）。其他细分市场还包括“回头客”市场（Rittichainuwat and Chakraborty，2009；Fuchs and Reichel，2010）以及“商务旅游”市场（Pizam and Mansfeld，2006）。

恢复措施往往意味着高昂的花费，目的地也只有从地方、州或国家政府中争取拨款资助、免税期或贴息贷款等各种形式的财政援助，才有可能成功恢复原状（Pizam and Mansfeld，2006）。在恐怖主义和战争过后，政府是否拨款重新构筑旅游业，重建基础设施，并在当前和新开发的（客源）市场中进行旅游推广是十分关键的。在犯罪事件过后，政府不仅需要修订安全和安保条例，还需要为各种公共关系活动提供财政支持（Pizam，1999）。

总之，良好的安全和安保环境是目的地旅游发展获得成功的必要条件。每个旅游目的地营销组织当局都需要充分认识到这类事件可能对目的地旅游需求的影响，并制定相应的策略来防止、降低或减缓这些事件发生的频率和影响。对于那些难以有效阻止发生的事件，目的地管理者必须制定相应的恢复策略，使目的地能够迅速恢复到正常轨道。

参考文献

Araña, J. E. and León, C. J. (2008) The impact of terrorism on tourism demand. *Annals of Tourism Research*, 35 (2), 299 – 315.

Barker, M., Page, S. J. and Meyer, D. (2002) Modeling tourism crime: the 2000 America's cup. *Annals of Tourism Research*, 29 (3), 762 – 782.

Bentley, T. A. and Page, S. J. (2008) A decade of injury monitoring in the New Zealand adventure tourism sector: a summary risk analysis. *Tourism Management*, 29 (5), 857 – 869.

Bentley, T. A., Cater, C. and Page, S. J. (2010) Adventure and ecotourism safety in Queensland: operator experiences and practice. *Tourism Management*, 31 (5), 563 – 571.

Boakye, K. A. (2010) Studying tourists' suitability as crime targets. *Annals of Tourism Research*, 37 (3), 727 – 743.

Cavlek, N. (2002) Tour operators and destination safety. *Journal of Tourism Research*, 29 (2), 478 – 496.

Chesney – Lind, M. and Lind, I. (1986) Visitors as victims: crimes against tourists in Hawaii. *Annals of Tourism Research*, 13 (2), 167 – 191.

Cohen, E. (1987) The tourist as victim and protégé of law enforcing agencies. *Leisure Studies*, 6 (2), 181 – 198.

Dolnicar, S. (2005) Understanding barriers to leisure travel: tourist fears as a marketing basis. *Journal of Vacation Marketing*, 11 (3), 197 – 208.

Drakos, K. and Kutan, A. M. (2003) Regional effects of terrorism on tourism: evidence from three Mediterranean countries. *Journal of Conflict Resolution*, 47 (5), 621 – 641.

Durrheim, D. N. and Leggat, P. A. (1999) Risks to tourists posed by wild mammals in South Africa. *Journal of Travel Medicine*, 6 (3), 172 – 179.

Dwyer, L., Edwards, D., Mistilis, N., Romanand, C. and Scott, N. (2009) Destination and enterprise management for a tourism future. *Tourism Management*, 30 (1), 63 – 74.

Enders, W., Sandler, T. and Parise, G. F. (1992) An econometric analysis of the impact of terrorism on tourism. Kyklos, 45 (4), 531 – 554.

Floyd, M. F., Gibson, H., Pennington – Gray L. and Thapa, B. (2003) The effect of risk perceptions on intentions to travel in the aftermath of September 11. *Journal of Travel and Tourism Marketing*, 15 (2/3), 19 – 38.

Fuchs, G. and Reichel, A. (2004) Cultural differences in tourist destination risk perception: an exploratory study. *Tourism: International Interdisciplinary Journal*, 52 (1), 21 – 37.

Fuchs, G. and Reichel, A. (2006) Tourist destination risk perception: the case of Israel. *Journal of Hospitality*

Marketing and Management, 14 (2), 83 – 108.

Fuchs, G. and Reichel, A. (2010) An exploratory inquiry into destination risk perceptions and risk reduction strategies of first time vs. repeat visitors to a highly volatile destination. *Tourism Management*, (in press).

George, R. (2003) Tourists' perceptions of safety and security while visiting Cape Town. *Tourism Management*, 24 (5), 575 – 585.

Harper, D. (2006) The tourist and his criminal: patterns in street robbery. In: Mansfeld, Y. and Pizam, A. (eds) *Tourism Security and Safety: From Theory to Practice.* Butterworth – Heinemann, New York, US, pp. 125 – 137.

Holcomb, J. and Pizam, A. (2006) Do incidents of theft at tourist destinations have a negative effect on tourists' decisions to travel to affected destinations. In: Mansfeld, Y. and Pizam, A. (eds) *Tourism Security and Safety: From Theory to Practice.* Butterworth – Heinemann, New York, US, pp. 105 – 124.

Howard, R. W. (2009) Risky business? Asking tourists what hazards they actually encountered in Thailand. *Tourism Management*, 30 (3), 359 – 365.

Jonas, A., Mansfeld, Y., Paz, S. and Potasman, I. (2010) Determinants of health risk perception among low – risk – taking tourists traveling to developing countries. *Journal of Travel Research*, (in press).

Kozak, M.,? Crotts, J. C. and and Law, R. (2007) The impact of the perception of risk on international travelers. *The International Journal of Tourism Research*, 9 (4), 233 – 242.

Krakover, S. (2005) Estimating the effects of atrocious events on the flow of tourism to Israel. In: Ashworth, G. and Hartmann, R. (eds) *Horror and Human Tragedy Revisited: The Management of Sites of Atrocities for Tourism.* Cognizant Communication, New York, US, pp. 183 – 194.

Larsen, S., Wibecke, B., Torvald, T. and Leif, S. (2007) Subjective food – risk judgments in tourists. *Tourism Management*, 28 (6), 1555 – 1559.

Lepp, A and Gibson, H. (2003) Tourist roles, perceived risk and international tourism. *Annals of Tourism Research*, 30 (3), 606 – 624.

Mansfeld, Y. (1996) Wars, tourism and the 'Middle East' factor". In: Pizam, A. and Mansfeld, Y. (eds) *Tourism, Crime and International Security Issues.* Wiley, New York, US, pp. 265 – 278.

Mawby, R. I. (2000) Tourists' perceptions of security: the risk fear paradox. *Tourism Economics*, 6 (2), 109 – 121.

Meheux, K. and Parker, E. (2006) Tourist sector perceptions of natural hazards in Vanuatu and the implications for a small island developing state. *Tourism Management*, 27 (1), 69 – 85.

Mitchell, V. W. and Vassos, V. (1997) Perceived risk and risk reduction in holiday purchases: a cross – cultural and gender analysis. *Journal of Euromarketing*, 6 (3), 47 – 97.

Narayan, P. K. (2005) Did Rabuka's military coups have a permanent effect or a transitory effect on tourist expenditure in Fiji: evidence from Vogelsang's structural break test. *Tourism Management*, 26 (4), 509 – 515.

Okumus, F, (2005) Safety. In: Pizam, A. (eds) *International Encyclopedia of Hospitality Management.* Butterworth Heinemann, Oxford, p. 567.

Page, S. J., Bentley, T. and Walker, L. (2005) Tourist safety in New Zealand and Scotland. *Annals of Tourism Research*, 32 (1), 150 – 166.

Paraskevas, A. and Arendell, B. (2007) A strategic framework for terrorism prevention and mitigation in tourism destinations. *Tourism Management*, 28 (6), 1560 – 1573.

Peattie, S. , Clarke, P. and Peattie, K. (2005) Risk and responsibility in tourism: promoting sun – safety. *Tourism Management*, 26 (3), 399 – 408.

Pinhey, T. K. and Inverson, T. J. (1994) Safety concerns of Japanese visitors to Guam. *Journal of Travel and Tourism Marketing*, 3 (2), 87 – 94.

Pizam, A. (1999) Comprehensive approach to classifying acts of crime and violence at tourism destinations and analyzing their differential effects on tourism demand. *Journal of Travel Research*, 38 (1), 5 – 12.

Pizam, A. (2010) Editorial travel research, classifying acts of crime. *International Journal of Hospitality Management*, 29 (4), 1.

Pizam, A. and Fleischer, A. (2002) . Severity, vs. frequency of acts of terrorism; which has a larger impact on tourism demand? *Journal of Travel Research*, 40 (3), 357 – 359.

Pizam, A. and Mansfeld, Y. (2006) Towards a theory of tourism security. In: Mansfeld, Y. and Pizam, A. (eds) *Tourism, Security and Safety: From Theory to Practice.* Butterworth – Heinemann, New York, US, pp. 1 – 27.

Pizam, A. , Tarlow, P. and Bloom, J. (1997) Making tourists feel safe: whose responsibility is it? *Journal of Travel Research*, 36 (1), 23 – 28.

Richter, L. and Waugh, W. (1986) Tourism politics and political science: A case of not so benign neglect. *Annals of Tourism Research*, 10 (3), 313 – 315.

Reisinger, Y. and Mavondo, F. (2005) Travel anxiety and intentions to travel internationally: implications of travel risk perception. *Journal of Travel Research*, 43 (3), 212 – 225.

Reisinger, Y. and Mavondo, F. (2006) Cultural differences in travel risk perception. *Journal of Travel & Tourism Marketing*, 20 (1), 13 – 31.

Rittichainuwat, N. (2007) Responding to disaster: Thai and Scandinavian tourists´ motivation to visit Phuket, Thailand. *Journal of Travel Research*, 46 (4), 422 – 432.

Rittichainuwat, B. N. and Chakraborty, G. (2009) Perceived travel risks regarding terrorism and disease: the case of Thailand. *Tourism Management*, 30 (3), 410 – 418.

Roehl, W. S. and Fesenmaier, D. R. (1992) Risk perceptions and pleasure travel: an exploratory analysis. *Journal of Travel Research*, 2 (4), 17 – 26.

Ryan, C. (1993) Crime, violence, terrorism and tourism: an accidental or intrinsic relationship? *Tourism Management*, 14 (3), 7 – 10.

Santana, G. (2004) . Crisis management and tourism. *Journal of Travel and Tourism Marketing*, 15 (4), 299 – 321.

Sönmez, S. F. (1998) Tourism, terrorism, and political instability. *Annals of Tourism Research*, 25 (2), 416 – 456.

Sönmez, S. F. Apostolopoulos, Y. and Tarlow, P. (1999) Tourism in crisis: managing the effects of terrorism. *Journal of Travel Research*, 38 (1), 13 – 18.

Sönmez, S. F. and Graefe, A. R. (1998) Influence of terrorism risk on foreign tourism decisions. *Annals of Tourism Research*, 25 (1), 112 – 144.

Sönmez, S. F. and Graefe, A. R. (1998) Determining future travel behavior from past travel experience and perceptions of risk and safety. *Journal of Travel Research*, 37 (2), 171 – 177.

Tarlow, P. E. (2006) Crime and tourism. In: Wilks, J. D. Pendergast and Leggat, P. A. (eds) *Tourism in Turbulent Times: Toward Safe Experiences for Visitors.* Elsevier, Oxford, pp. 93 – 105.

Tasci, A. D. A. and Gartner, C. W. (2007) Destination image and its functional relationships. *Journal of Travel Research*, 45 (5), 413 – 425.

Tsa, C. H. and Chen, C. W. (2010) An earthquake disaster management mechanism based on risk assessment information for the tourism industry – a case study from the island of Taiwan. *Tourism Management*, 31 (4), 470 – 481.

Tsaur, S. H., Tzeng, G. H. and Wang, K. C. (1997) Evaluating tourist risks from fuzzy perspectives. *Annals of Tourism Research*, 24 (4), 796 – 812.

Uriely, N. and Belhassen Y. (2006) Drugs and risk – taking in tourism. *Annals of Tourism Research*, 33 (2), 339 – 359.

Viscusi, W. K. and Zeckhauser, R. J. (2003) Sacrificing civil liberties to reduce terrorism risks. *Journal of Risk and Uncertainty*, 26 (2/3), 99 – 120.

Wilks, J. (2006) Current issues in tourist health safety and security. In: Wilks, J., Pendergast, D. and Leggat, P. A. (eds) *Tourism in Turbulent Times: Toward Safe Experiences for Visitors.* Elsevier, Oxford, pp. 3 – 18.

Yechiam, E., Barron, G. and Erev, I. (2005) The role of personal experience in contributing to different patterns of response to rare terrorist attacks. *Journal of Conflict Resolution*, 49 (3), 430 – 439.

第 19 章 目的地危机管理

一、序言

（一）危机和旅游的重要性

旅游业可以说是世界上最大和增长最快的产业（WTTC，2008），仅 2007 年，国际游客量就达到了 9.03 亿人次，创造了 8560 亿美元的旅游收入（UNWTO，2008）和 2.383 亿个工作岗位（WTTC，2008）。到 2010 年，游客量超过了 10 亿人次，2020 年将超过 16 亿人次（UNWTO，2008）。到 2018 年，全球将有 9.2%（2.963 亿）的就业岗位与旅游业相关（WTTC，2008）。

从旅游相关企业，包括住宿、景点、餐厅、邮轮公司、租车、旅行代理商、旅游运营商等的收入和就业乘数效应所构成的一个经济混合体来看，旅游业无疑具有巨大的经济价值（Goeldner and Ritchie，2009）。然而，旅游业大概也是最容易受到危机和灾难影响的敏感行业之一（Santana，2004）。由于旅游企业大多是相互关联的，当危机发生时，目的地和旅游业乃至国家经济都会受到巨大且持续的长期影响（Heath，1998；Faulkner，2001；Blake and Sinclair，2003；Santana，2004）。

近些年，旅游业明显受到全球范围内越来越多的危机和灾难事件的影响（Faulkner，2001；Ritchie，2004；Santana，2004），这些灾难与危机发生的频率、强度和破坏程度都呈现出恶化的趋势，并引起受牵涉社区急剧的环境、社会和经济影响（Pizam and Smith，2000；Faulkner and Vikulov，2001；Huang and Min，2002；Blake and Sinclair，2003；Drakos and Kutan，2003；Miller and Ritchie，

2003；Prideaux *et al.*，2003；Wall，2005；Bonham *et al.*，2006；Robinson，2008）。与此同时，这些灾难性事件也明显增强了公众对安全、安保和危机管理的关注（Floyd *et al.*，2004；Hall *et al.*，2004；Santana，2004）。此外，这些事件造成的破坏也迫使政府和非政府机构不断提高危机管理水平。因此，对于旅游业而言，重视危机管理以预防和降低各种危机的毁灭性影响也是至关重要的（Ritchie，2004；Gurtner，2005）。

（二）旅游危机管理的意义和重要性

缺乏危机管理计划往往是组织的一个致命错误（Spillan and Hough，2003）。战略管理主要关于组织为管理无法控制的突发事件所采取的一系列策略（Faulkner，2001）。Pearson 和 Mitroff（1993）提到："危机管理的目的不是制订一系列计划，而是让组织能够随时创造性地考虑到各种意想不到的情况，以便在危机时刻能够及时做出最佳决策。"虽然大部分组织都备有危机管理计划，而且企业领导者也意识到了危机管理的重要性，但实际上，许多企业都不能采取有效的措施来解决危机事件（Kash and Darling，1998）。但不管怎样，在危机爆发前就做好决策，有利于更有效地管理危机，而不是反过来被危机管理（Burnett，1988；Kash and Darling，1998；Cloudman and Hallahan，2006）。通过主动制订战略计划来应对危机，有助于降低风险、节约时间、改善资源管理和减少危机的影响（Heath，1998）。

（三）旅游目的地需要危机计划的原因

根据联合国世界旅游组织和世界气象组织的相关研究（1998），旅游目的地需要制订和执行危机计划的原因如下：

- 旅游业的全球影响力和庞大的规模；
- 很多旅游发展项目都建立在易受自然灾害影响的地区（如沿海地区的海滩度假村和雪山滑雪度假村）；
- 游客和东道主之间的语言障碍所造成的沟通困难；
- 灾难有可能对旅游目的地造成长期的负面影响；
- 有机会将技术转移到更新的和正在开发的旅游目的地中，并帮助它们改进备灾和减灾措施。

由于对危机的敏感性和波动性，旅游业显然迫切需要引导和策略来应对和克服危机影响（Gurtner，2005；Pforr Hosie，2007）。当危机或灾难性事件爆发时，旅游组织需要随时做好援助游客的准备。因此，对旅游业当前的危机管理能力和管理决策行为进行评估是非常重要的。事实上，危机和灾难管理也是旅游目的地管理者应该具备的重要能力（Ritchie, 2004）。

旅游业制订危机管理计划主要有以下几个好处。第一，全面的危机计划有助于旅游组织降低危机所可能造成的收入损失（Faulkner, 2001）；第二，进行危机管理能够提高组织和旅游目的地的竞争力（Ritchie, 2009）；第三，一定形式的危机管理措施，有助于在危机过后重筑游客来访或回访目的地的信心（Beirman, 2003）；第四，有效的计划能够增加组织的公信力（Fink, 2000）。

已有研究发现，全面的危机管理能够降低危机影响的严重性（Glaesser, 2003; 2006）。尽管危机和灾难不易于预见或管理，但旅游组织仍可以做好充分准备以更有效地管理危机事件，从而减轻事件风险（Faulkner, 2001）。从根本上看，危机管理计划包括消除那些发生概率很低但影响力极大的事件中已经确认的风险和不确定性，以便组织能够操控管理运营（Fink, 1986）。在旅游业中，危机管理计划一般包括对危机或灾难的应急预案，以及事后的恢复计划。因此，采取积极主动的措施是降低危机负面的社会与经济影响的一个先决条件，例如，制订一个强调沟通和培训、游客疏导和经济恢复的旅游危机战略管理计划。

不少学者在旅游业背景下提出了各种战略管理框架［Faulkner, 2001; Pacific Asia Tourism Association（PATA）, 2003; Ritchie, 2004; Santana, 2004; Evans and Elphick, 2005; Huang *et al.*, 2007; Paraskevas and Arendell, 2007］，其中，亚太旅游协会（2003）所提出的危机管理计划框架最适用于旅游业的管理实践（Huang *et al.*, 2007）。该框架主要采取行动导向的方法，将危机管理计划中的各个要素分成几个活动阶段，从而实现对危机的控制。这一模型主要包括四个危机管理阶段：预防阶段、防备阶段、对应阶段和恢复阶段。

二、定义和解释

（一）灾难的类型

灾难可分为几类，包括由自然引起的、技术或人为的、与健康相关的以及冲突性事件。

第一，自然灾难可进一步分为气候性灾难和地理灾难。其中，最常见的气候性灾难包括飓风和热带风暴、龙卷风、洪水、雪灾、野火和其他极端气候条件。地理灾难包括地震、海啸、火山喷发和山体滑坡。

第二，技术或人为灾难可进一步分为与交通运输相关的（飞机坠毁、船只沉没、铁路损坏）；生物性的（意外释放到空气、地面或水里的有害生物制剂）；化学事故（意外释放的有害合成化学物质或气体进入空气、地下水和海洋中，如 1984 年的印度博帕尔事故）；核事故（因违反核反应堆堆芯操作而造成大量辐射释放到大气中，如俄罗斯的切尔诺贝利事故或美国三英里岛事故）；有害物质泄漏（石油从油轮或海洋石油钻井平台泄漏并释放到海洋或沿海水域，如 1989 年阿拉斯加的埃克森瓦尔德斯事故和 2010 年的墨西哥湾石油泄漏事故）。

第三，与健康有关的灾难可以分为传染病（在人群中迅速蔓延的感染性疾病，如流感）；流行性疾病（通过人群跨区域传播的疾病，如霍乱和天花）；地方性疾病（频繁出现在特定地理区域的传染病，如非洲的疟疾）。疾病还可以细分为空气传播疾病（如军团菌病）、SARS（严重急性呼吸系统综合征）、禽流感；水传疾病（如霍乱、伤寒、痢疾）以及食物传染疾病（如诺沃克病毒、沙门氏菌病、肉毒中毒）。

第四，冲突性事件可分为暴乱（如 1992 年洛杉矶种族暴乱）；战争（如 1973 年的赎罪日战争、2003 年的伊拉克战争）；革命和内战（如 1989 年的东欧和中欧革命、1989～1992 年的阿富汗内战）；恐怖主义事件，可细分为爆炸事件（如 1995 年 4 月在俄克拉荷马城、世界贸易中心的“9・11”事件）；航空和船舶攻击（如 1985 年 10 月意大利邮轮“阿奇劳罗”事件）；化学或生物攻击（如 1995 年发生在东京的沙林事件、2001 年发生在美国的炭疽事件）；基础设施攻击（如计算机网络）；暴力和犯罪激增（如 2004 年发生在里约热内卢、2010 年发生在墨西哥的暴力事件）。

（二）灾难影响的类型

灾难的影响可以分为几种类型。本节分别阐述灾难对个体、经济、社会和制度的影响。

1. 个体影响

灾难对不同个体的影响也是不同的。与自然引起的危机相比，游客更关注人为制造的危机（Plog，1999）。危机一旦发生，游客就有可能改变他们的旅游行为（Valencia and Crouch，2008），其中包括转到另一个更安全的地方旅行，取消旅行计划，缩短行程，甚至要求撤离退款。

游客对灾难影响的感知主要取决于几个因素，包括游客与旅游体验地之间的距离和熟悉度。例如，当密克罗尼西亚群岛的一个小国遭遇洪水时，其主要客源市场的游客对这一灾害的感知是不一样的。然而，当飓风袭击佛罗里达州时，来自其他州和主要欧洲市场的游客将更有可能调整他们去佛罗里达的旅行计划。这些影响也在很大程度上受到媒体报道的左右。一场危机受到国际大众媒体的报道越多，其对个体行为的影响就越明显。

2. 经济影响

灾难对经济的影响尤为明显，主要因为旅游业本身在很大程度上就是由于其经济意义而受到人们重视，这是基于假定由于收入和就业的乘数效应游客支出渗透到了各个经济部门（Goeldner and Ritchie, 2009）。因此，游客量的下降情况往往是衡量灾难的经济影响指标。例如，2005 年，飓风“卡特里娜”造成路易斯安那州 1409 家旅游企业和饭店关闭，并导致新奥尔良每天平均损失 1520 万美元（Pearlman and Menik, 2008）。

3. 社会影响

由于游客属于流动人口，所以衡量灾难的社会影响也往往比较困难（Phillips and Morrow, 2007）。当地居民在灾难中受到的社会影响是最主要的，因此本节也主要阐述灾难对当地居民所产生的一些社会影响，其中包括人员的伤亡和流离失所。例如，2005 年，飓风“卡特里娜”对路易斯安那州造成超过 1300 人死亡，并使成千上万的人口以及大量动物失去干净的水源、食物和住所。此外，灾难发生后往往容易出现混乱的场面，并引发憎恨情绪和犯罪增加，如飓风“卡特里娜”和 2010 年海地地震中都出现了这些状况。从长远来看，当地社区的社会结构还可能发生恶化，从而导致居民生活质量的下降，并将需要很长的恢复过程。

4. 组织影响

由于旅游产品大多数以服务为基础，灾难的影响也将牵涉到顾客的体验质量感知。服务产品或旅游目的地的形象是吸引顾客的重要因素（Beirman, 2003; Kozak *et al.*, 2007）。当灾难来临时，旅游目的地的形象也会受到不利影响。因此，旅游组织需要特别注意维护它们的目的地形象。事实上，保护旅游目的地形象也是旅游危机管理的一个重要目标（Faulkner, 2001; Cavlek, 2002）。因为目的地危机事件一旦经过媒体的报道而导致形象受损，可能需要很长时间才能恢复正常。此外，其他向相似市场提供相似产品的旅游目的地也可能利用危机事件来凸显它们的替代优势。

（三）灾难影响的测量

灾难的发生往往牵涉到多个方面，因此，灾难影响的测量也极其复杂（Rohrmann，1995）。有几个指标常用来测量灾难的影响，如伤亡人数、损失成本和环境影响。在旅游业方面，也有几个常用指标测量灾难的影响程度，包括游客的伤亡人数、旅游逆境、媒体感知和灾后游客数量的下降程度。

灾难的多面性和旅游业的复杂性使旅游业的实际灾难影响测量颇具挑战。目前，调查法是测量影响程度最常见的方法（Ritchie，2009）。

（四）游客主要面临的威胁

研究表明，人们在度假时行为往往比较鲁莽，因而容易成为犯罪的目标对象——无论软目标还是硬目标（Tarlow，2006）。此外，游客也可能成为恐怖分子的软目标（Sonmez，1989）。恐怖分子以游客为目标对象，往往能较好地实现他们的战略目标，包括利用游客中心的兴奋和骚动来掩护恐怖主义活动，制造经济动乱或获取媒体关注。恐怖分子可能会伪装成游客掩藏在一大群说外语且长着外国人模样的游客中。他们也可能分散于旅游者间，进行非法外汇金融交易而不引起任何怀疑。由于旅游是目的地的重要经济活动，恐怖分子通过袭击游客也可以导致外汇收入下降。最后，他们还可能得到媒体曝光，从而引起公众关注和扩散他们的信息。很多时候，游客只是在一个错误的时间来到一个错误的地方，同时也因为他们是游客，因而媒体对他们成为受害者的反应往往也更加强烈。

（五）游客作为一个弱势群体

旅游者是一个特殊的人群，他们通常需要当地居民不同程度的帮助，特别是因为他们往往不懂得当地的语言，不知道从哪里获取信息（当地报纸或电视站），或需要撤离的时候不知道往哪走（WTO，1998；Buckle *et al.*，2001）。Hoogenraad 等（2004）指出，单独旅行的旅行者更容易受到自然灾害的影响，因为他们离开了自己的社交群体，可能需要承担更大的风险。同样，Murphy 和 Bayley（1989）发现，游客往往容易忽视风险，并且自然风险意识非常低。Johnson 等（2007）的研究表明，在美国的游客当中，46% 的游客不知道海啸预警系统（当地居民的比例是 28%），并且只有 19% 的游客看过海啸灾害地图。

三、危机管理的功能

危机管理主要有四个重要功能：防备功能，应急功能，缓解功能和恢复功能。

第一，防备功能：防备是为了减少灾害损失，加强救灾行动，使组织和个体能够及时反应。

第二，应急功能：应急功能旨在提供紧急援助，降低额外伤害或损失的概率，并迅速恢复运营。

第三，缓解功能：这一功能的作用可能体现在紧急事件或灾难发生前，其目的在于消除或减少危机发生的可能性，包括采取各种恰当的措施来推迟、消除或减弱危机的影响。这一功能也可能在灾难发生后起作用，即当有关当局希望更好地重建并吸取相关“经验教训”时，相关的缓解策略包括修订建筑法规；制定新的或修订土地利用管理条例，如洪水分区管制；发起公共教育项目，如海啸知识普及活动。

第四，恢复功能：其目的在于使系统恢复到正常水平，其中的策略包括损失评估、危机咨询、提供临时住房等。

四、实施危机管理计划的案例

（一）目的地管理组织的全面危机管理计划

1. 昆士兰

昆士兰是澳大利亚首个制订全面旅游危机管理计划的州郡。在“9·11”事件之后，昆士兰各级政府都制订了《旅游危机管理计划》（以下简称《计划》）以更有效地应对行业受到的冲击。《计划》的制订主要使用跨学科的方法，能够顾及危机管理的各个方面。在受到重大事件冲击时，《计划》能在许多地方通用并可以迅速启动。《计划》的启动分为三个层级：层级一是短期的地方或区域影响；层级二是昆士兰的国内或国际游客减少；层级三是产业受到显著的长期负面影响。

《计划》分为四个核心阶段：预防阶段、防备阶段、救灾阶段和恢复阶段。

《计划》还包括一项行动计划，详细提出了在事件冲击前和冲击后，如何在通信、调研、营销和行业发展与援助四个关键领域做出反应。《计划》的传播包括在危机后为旅游业和员工提供帮助，采取就业和培训激励措施和倡议，组织特殊的小微企业研讨会等。昆士兰的《旅游业危机管理计划》为澳大利亚制订《国家旅游事件应急预案》提供了一个模板，后者旨在建立一个连贯的国家应急机制，以将危机事件的影响降至最低。

2. 华盛顿特区

华盛顿特区会议与观光局（以下简称 WCTC）主要负责推动华盛顿特区成为一个集旅游、会议和特殊事件活动于一体的旅游目的地。当危机事件发生时，当局的主要职责包括收集和传播关于华盛顿特区的旅行、旅游及其媒体形象等方面的信息；提供关于目的地条件和接待现状的公共信息；组织集中盘点饭店的空房情况，以协助安置灾民、急救人员或流离失所的会展和会议游客或散客。

国家反恐中心制订的危机计划旨在帮助 WCTC 员工和旅游企业在危机发生的特殊工作条件下做出应变或从办公室安全撤离。该计划的优点在于用颜色代码衡量事件的严重程度。绿色指代低级危机，当有可能发生抗议、抵制、恐怖袭击或自然灾害时，就会启动绿色代码。WCTC 危机应变小组的所有成员都能够启动“绿色”危机，并考虑采取以下一般措施：检查或补充所有应急库存物资，审查和更新应急指南，测试分配给危机小组的免费电话，以及对来自媒体、紧急行动和外部来源的各种报告和最新信息进行监测。

WCTC 使用“黄色代码”指代危机状况的升级。危机应变小组只有在找到充分的信息时才可以宣布这一代码的启动，并且只有小组中的高级成员才有权力将绿色等级升级为黄色。黄色代码启动后，可以采取以下应变措施：在适当的时机与外部合作伙伴协调应急计划；向各个利益相关者传递紧急和应急预案；必要时做好撤离和转移的准备。

红色是 WCTC 使用的最高代码，当危机形势进一步升级至严重时，就会启动“红色代码”。危机应变小组中只有行政管理者才可启动这一代码，并在启动后执行以下措施：迅速召集危机应变小组做出快速和准确的沟通与决策；按照危机沟通计划，分配员工任务解决关键需求；与合作伙伴保持联系，以获取事件的最新进展。

最后，为了支持 WCTC 的工作，危机管理计划还包括每个代码和事件类型下设置特殊活动、各部门的职责、联系信息、通信方法和一个疏散计划。

3. 佛罗里达州奥兰多市会议与观光局

奥兰多会议与观光局（以下简称 CVB）的旅游危机计划也是最全面的县级危机计划之一，其主要优点在于详细列出了应对危机的具体步骤。

当突发事件发生时，CVB 就是奥兰多市的亲善大使，并确保受害游客将得到充分的照顾。奥兰多 CVB 担当了旅游业所有危机事件的信息源。在一个严重事件中，如自然灾害发生时，无论奥兰多是直接受到灾难冲击，还是作为突发事件（如飓风登陆）的一个疏散中心，CVB 的主要功能首先在于盘点和提供住宿设施。此外，CVB 也是灾民、媒体和普通游客的重要信息源。

CVB 计划明确指出了危机应变小组的组成成员、部门职责以及克服危机时所将执行的活动措施。危机计划所列出的外部操作包括向员工发出警报的程序，交通运输和客房的供应程序，向等待中的群体发出通告的程序；与公众包括游客沟通的程序；与媒体沟通的程序。保证 CVB 财产和员工安全的内部操作包括（但不限于此）：备份数据（重要行业的联系信息）、紧急物资供应和确保员工安全的程序。通过这种内外部相结合的危机应变操作，CVB 能够实现更有效的危机管理。

（二）实施 DMO 危机管理计划的最佳实践

1. 墨西哥

2009 年，墨西哥旅游业由于暴发猪流感（H1N1）受到了极大冲击。猪流感暴发后，几个国家都发布了限制到墨西哥旅行的警告。此后，墨西哥政府决定关闭国家机场以控制疫情。显然，机场关闭对国际旅游市场和国内旅游企业都造成了严重的影响，由于没有国际游客，很多企业不得不暂时关闭，并遭受严重的收入损失。机场关闭后，墨西哥旅游局和政府（旅游秘书处，一个执行机构）共同协作，不时通过网站和大众媒体发布相关最新信息。显然，大众媒体和互联网在其中发挥了重要的作用。

当疫情得以控制和下降时，墨西哥旅游局推出了三阶段的恢复计划（eTurbonews，2009）。该计划由三部分多媒体活动组成，其中，第一阶段在美国连续两周推出了名为“相信吧”的一系列电视广告活动。除了传统的大众媒体外，墨西哥还利用社会媒体来吸引旅客回流。这场活动传递了强有力的声明，还对领导人如美国贝拉克·奥巴马总统的来访进行特写。该活动旨在向外界表明，墨西哥已经成功控制了猪流感疫情。第二阶段，“欢迎回来”，旨在让美国人回忆他们过去与墨西哥的情感纽带。第三阶段是一场合作活动，名为“墨西哥——是时候启程了”，主要通过提供诱人的折扣优惠和包价产品来吸引游客。作为活动的一部分，墨西哥国家人类学与历史研究所还与谷歌墨西哥分部签署了一份促进考古和历史遗址发展的协议。除了与谷歌合作展现墨西哥丰富的历史瑰宝外，研究所还开通了“YouTube. com”视频网站的渠道，以进一步展现墨西哥的历史遗迹。最后，它们在 12 个主要美国市场和 6 个加拿大市场中进行广告推广。由于快速的应急和恢复计划，前往墨西哥的游客数量在机场重新开放后不断增长。

墨西哥的案例表明，互联网和社会媒体对于传播危机过后的最新信息发挥着至关重要的作用。社会媒体已经成为向公众传达危机信息最有效的方式之一。

2. 印度尼西亚雅加达

2009 年 7 月 17 日，在雅加达的 JW 万豪饭店和丽思卡尔顿饭店发生了爆炸事件，造成 7 名游客死亡。遇害的 7 名受害者中，3 位是澳大利亚人，2 位来自荷兰，1 位来自新西兰，1 位来自印度尼西亚。超过 50 人在爆炸中受伤。两起爆炸都是由提前几天住进饭店的自杀式炸弹袭击者所致，使雅加达以及整个国家受到了极大的震惊。

为了尽量减少这一事件的负面影响，印尼政府文化旅游部采取了若干紧急措施。首先，事件发生后，文化旅游部立即启动了危机小组，由部门代表、几个饭店经营者和若干旅游运营商组成。该部还建立了一个危机中心，向媒体、合作伙伴、游客和其他各方提供全面的信息和最新情况。文化旅游部部长哲罗·瓦芝克遵循联合国世界旅游组织的《旅游危机指南》，启动了“应急系统”和“标准操作流程”。

这种迅速的应急行动带来了积极的结果。文化旅游部以及印尼餐厅和饭店行业协会数据表明，雅加达、巴厘岛和印度尼西亚其他旅游目的地都没有出现明显的游客外流现象。2009 年 7 月 22 日，联合国世界旅游组织亚太地区代表表示，这座城市正迅速从袭击中恢复，“祝贺印度尼西亚政府和旅游业表现出卓越的危机处理能力与专业素质”（Tourism Directory，2009）。

印尼政府对爆炸事件的应急过程为各国旅游目的地提供了很好的危机处理经验。印尼政府通过及时启动危机中心，不断向公众和媒体提供正面信息，有效地管理了游客的旅游目的地感知，极大缓解了不利的大众媒体报道和外国政府旅游警告的影响。因此，爆炸事件发生后，没有任何迹象表明印度尼西亚的雅加达、巴厘岛和其他旅游目的地的游客量受到影响。

3. 美国

在 2002 年第二次伊拉克战争爆发后，美国旅游行业协会向协会成员、媒体和公众推出了一个特殊的网站。该网站主要包括6个部分。第一部分是旅游业危机定位和信息点，包括首席执行官对危机的承认及其对该网站存在的必要性做出的声明。第二部分是旅游危机行业表现的动态信息，包括核心领域业绩的行业概览。第三部分是旅游业危机研究，包括关于危机对消费者和行业的影响调查和研究结果等信息。第四部分主要关于加强安保的旅游行业支持，包括分别面向美国人和来访游客的信息。第五部分概述了过去海湾战争（1990～1991）、“9·11”事件和“SARS病毒”对旅游业的影响及其如何响应上述危机。最后一部分提出了旅游业危机恢复计划，其中包括计划目标和方案措施，如新闻发布、谈话要点、论坛、给编辑的信、演讲、活动标识、广告艺术作品和模板、公共服务公告艺术品等。此外，最后一部分还提供了立法措施的细节，如给国会的“多点恢复计划”和信函。该网站主要提供的是静态信息，但也有几个时效性较强的栏目信息更新比较频繁。为了保证网站得到有效利用并维护过去和当前的信息，网站对外开放了6个月左右，并且不设置密码保护。虽然很难衡量这个网站的效果，但它确实吸引了行业的积极关注和大量活动。

这个案例表明，危机事件发生时提供一个可靠的信息源是十分重要的。除了成立危机中心以外，启动信息危机网站，使目的地能够赶在其他各方前面填补信息空缺，将具有重要的作用意义。

五、未来危机管理研究议题

危机管理是旅游目的地管理的一部分，旅游目的地需要将危机管理和危机营销整合到战略规划中。目的地管理所存在的挑战和问题也将极大影响危机管理的过程与效果，其中，有限的财政资源以及目的地内部成员日益增长的需求，都将对危机管理工作产生重要的影响。

各种危机的出现也触发了众多旅游目的地管理组织的反应，其中最常见的反应包括削减预算和重新关注当地市场（Gretzel *et al.*，2006）。当危机出现时，削减预算可看作一项必要措施，这也是旅游收入减少后的一个可预见的结果。因此，在政治上，这也算是一种精明的财政责任表现。然而，从长期来看，削减预算可能会对有效的危机管理构成威胁。与其他更紧迫的问题相比，为将来做准备的危机管理工作往往被置于更次要的位置。

未来，研究者和实践者可能需要注意的两个重要问题包括：第一，关于“如何向内外部利益相关者更有效地阐明危机管理投入的重要性”的计划是很重要的。例如，可以利用内部营销策略和工具来加强危机管理支持。第二，如何更有效地对危机管理做年度预算分配；其中，用来对危机管理建立模型的新技术也可能对这方面的研究具有重要的启示意义。

在恢复计划中，一般存在几种不同的营销方案，DMO 需要对它们的要求和结果进行调查。虽然不同目的地会有不同的营销选择，但常见的方案是暂时或永久性地从传统市场的营销转向对新市场的营销。例如，“9·11”恐怖袭击之后，许多旅游目的地都重新专注于短途和本地市场，以应对安全和安保感知所导致的旅游中断。旅游行业的不同部门可能存在不同的目的地感知，对于目的地是否采纳聚焦本地市场的策略，不同行业部门（如饭店和景区）也将受到不一样的影响。因此，不同营销方案的长期影响差异也是未来研究的一个话题。

未来的危机管理研究应该要为 DMO 管理者提供一个易于使用的知识库，使他们能在此基础上开展危机管理工作。现有研究大部分是以个案为基础的，因此缺乏一个全面的危机管理方法（Carlsen and Liburd, 2008）。虽然单个的案例研究和报告能够提供一些专门的特殊信息，却很难应用到不同场景下的不同社区。然而，建立全面的危机管理方法，需要研究者和实践者的共同努力。一方面，研究者需要回顾当前危机管理研究的现状，并开始建立一个广泛而通用的知识库（Laws and Prideaux, 2006）；另一方面，实践者应该提出更多的应用型研究，并具体阐明他们的实际需求。

在危机管理计划和防备中，DMO 显然需要发挥中心领导作用，尤其是对于旅游目的地中的游客而言。这就要求 DMO 管理者能够应用当前的知识和管理工具来制定战略决策和执行管理计划。虽然有学者提出了组织学习模式来进行知识创造和 DMO 知识内部共享（Ritchie, 2004；Blackman and Ritchie, 2008），但不同 DMO 之间仍然可能存在知识差距。此外，来自传统营销背景的管理者可能缺乏必要的危机管理培训。其中，诸如佛罗里达大学旅游危机管理研究所提供的证书课程为解决这一问题走出了重要的第一步，未来还应该对 DMO 和学术机构在培训方面以及其他人力资源管理领域上的合作进行评估。

参考文献

Beirman, D. (2003) *Restoring Tourism Destinations in Crisis: A Strategic Marketing Approach.* CABI Publishing, Oxon.

Blackman, D. and Ritchie, B. W. (2008) Tourism crisis management and organizational learning. *Journal of Travel and Tourism Marketing*, 23 (2), 45 – 57.

Blake, A. and Sinclair, T. (2003) Tourism crisis management: US response to September 11. *Annals of Tourism Research*, 30 (4), 813 – 832.

Bonham, C. , Edmonds, C. , and Mak, J. (2006) The impact of 9/11 and other terrible global events on tourism in the United States and Hawaii. *Journal of Travel Research*, 45 (1), 99 – 110.

Buckle, P. , Marsh, G. , and Smale, S. (2001) *Assessing Resilience & Vulnerability: Principles, Strategies & Actions.* Emergency Management Australia, Canberra.

Burnett, J. J. (1998) A strategic approach to managing crises. *Public Relations Review*, 24 (4), 475 – 488.

Carlsen, J. and Liburd, J. (2007) Developing a research agenda for tourism crisis management, market recovery and communications. *Journal of Travel & Tourism Marketing*, 23 (2/3/4), 265 – 276.

Cavlek, N. (2002) Tour operators and destination safety. *Annals of Tourism Research*, 29 (2), 478 – 496.

Cloudman, R. and Hallahan, K. (2006). Crisis communication preparedness among US organizations; Activities and assessments by public relations practitioners. *Public Relations Review*, 32 (4), 367 – 376.

Drabek, T. E. and Gee, C. Y. (2000) *Emergency Management Principles and Application for Tourism, Hospitality and Travel Management.* Federal Emergency Management Agency, Emergency Management Institute, Washington, D. C.

Drakos, K. and Kutan, A. M. (2003) Regional effects of terrorism on tourism: evidence from three Mediterranean Countries. *Journal of Conflict Resolution*, 47 (5), 621 – 641.

Eturbonews (2009). *Mexico Launches "North America Recovery Campaign"*. Eturbonews.

Evans, N. and Elphick, S. (2005) Models for crisis management: an evaluation of their value for strategic planning in the international travel industry. *International Journal of Tourism Research*, 7 (3), 135 – 150.

Faulkner, B. (2001) Toward a framework for tourism disaster management. *Tourism Management*, 22, 135 – 147.

Faulkner, B. and Vikulov, S. (2001) Katherine, washed out one day, back on track the next: a post mortem of a tourism disaster. *Tourism Management*, 22 (4), 331 – 344.

Fink, S. (1986) *Crisis Management.* Association of Management, New York.

Fink, S. (2000) *Crisis Management: Planning for the Inevitable.* iUniverse. com Inc, Lincoln.

Floyd, M. , Gibson, H. , Pennington – Gray, L. , and Thapa, B. (2004) The effect of risk perceptions on intentions to travel in the aftermath of September 11, 2001. *Journal of Travel & Tourism Marketing*, 15 (2), 19 – 38.

Glaesser, D. (2003) *Crisis Management in the Tourism Industry.* Butterworth – Heinemann, London.

Glaesser, D. (2006) *Crisis Management in the Tourism Industry.* Butterworth – Heinemann, Burlington, MA.

Goeldner, C. and Ritchie, B. (2009) *Tourism: Principles, Practices, Philosophies (11th ed)*. John Wiley & Sons, Inc. , New York, NY.

Gretzel, U. , Fesenmaier, D. , Formica, S. , and O'Leary, J. (2006) Searching for the future: challenges faced by destination marketing organizations. *Journal of Travel Research*, 45 (2), 116 – 126.

Gurtner, Y. K. (2005) Adversity and resilience: a case study of crisis management in a tourist – reliant destination. In: P. Tremblay and A. Boyle. (eds) *Sharing Tourism Knowledge.* Proceedings of the 2005 CAUTHE Conference. Charles Darwin University, Darwin, pp. 196 – 198.

Hall, C. M. , Timothy, D. , and Duval, D. (2004) Security and tourism. Towards a new understanding? *Journal of Travel and Tourism Marketing*, 15 (2/3), 1 – 18.

Heath, R. (1998) *Crisis Management for Managers and Executives.* Pitman Publishing, London.

Hoogenraad, W. , Eden, R. V. , & King, D. (2004) Cyclone awareness amongst backpackers in Northern Australia. *The Australian Journal of Emergency Management*, 19 (2), 25 –29.

Huang, J. and Min, J. (2002) Earthquake devastation and recovery in tourism. The Taiwan case. *Tourism Management*, 23 (2), 145 –154.

Huang, Y. , Tseng, Y. , and Petrick, J. (2007) Crisis management planning to restore tourism after disasters: a case study from Taiwan. *Journal of Travel and Tourism Marketing*, 23 (2/3/4), 203 –221.

Johnson, D. , Becker, J. , Gregg, C. , Houghton, B. , Paton, D. , Leonard, G. , & Garside, R. (2007) Developing warning and disaster response capacity in the tourism sector in coastal Washington, USA. *Disaster Prevention and Management*, 16 (2), 210 –216.

Kash, T. J. and Darling, J. (1998) Crisis management: prevention, diagnosis and intervention. *Leadership & Organization Development Journal*, 19 (4), 179 –186.

Kozak, M. , Crotts, J. C. and Law, R. (2007) The impact of the perception of risk on international travelers. *International Journal of Tourism Research*, 9 (4), 233 –242.

Laws, E. and Prideaux, B. (2005) Crisis management: a suggested typology. *Journal of Travel and Tourism Marketing*, 19 (2/3), 1 –8.

Miller, G. and Ritchie, B. W. (2003) A farming crisis or a tourism disaster? An analysis of the foot and mouth disease in the UK. *Current Issues in Tourism*, 6 (2), 150 –171.

Murphy, P. E. and Bayley, R. (1989) Tourism and disaster planning. *Geographical Review*, 79 (1), 36 –46.

Pacific Asia Tourism Association (PATA) (2003) *Crisis: It Won't Happen to Us.* Pacific Asia Tourism Association (PATA) .

Paraskevas, A. and Arendell, B. (2007) A strategic framework for terrorism prevention and mitigation in tourism destinations. *Tourism Management*, 28 (6), 1560 –1573.

Pearlman, D. and Melnik, O. (2008) Hurricane Katrina's effect on the perception of New Orleans leisure tourists. *Journal of Travel and Tourism Marketing*, 25 (1), 58 –67.

Pearson, C. M. and Mitroff, I. I. (1993) From crisis pone to crisis prepared: a framework for crisis management. *Academy of Management Executives*, 7 (1), 49 –59.

Pforr, C. and Hosie, P. J. (2007) Crisis management in tourism: preparing for recovery. *Journal of Travel and Tourism Marketing*, 23 (2/3/4), 249 –264.

Pizam, A. and Smith, G. (2000) Tourism and terrorism: a quantitative analysis of major terrorist acts and their impact on tourism destinations. *Tourism Economics*, 6 (2), 123 –138.

Plog, S. (1999) *Man –made Events are Cited Most for Travel Falloff.*

Prideaux, B. , Laws, E. , and Faulkner, B. (2003) Events in Indonesia: exploring the limits to formal tourism trends forecasting methods in complex crisis situations. *Tourism Management*, 24 (4), 475 - 487.

Ritchie, B. W. (2004) Chaos, crises and disasters: a strategic approach to crisis management in the tourism industry. *Tourism Management*, 25 (6), 669 –683.

Ritchie, B. W. (2009) *Crisis and Disaster Management for Tourism. Aspects of Tourism.* Channel View Publications, Bristol.

Robinson, L. (2008) Post – disaster community tourism recovery: The tsunami and Arugam Bay, Sri Lanka. *Disasters*, 32 (4), 631 –645.

Rohrmann, B. (1995) *Risk Communication for Fires Emergencies: Theoretical Concepts and Practical Procedures.* Dept. of Psychology, University of Melbourne, Melbourne, AUS.

Santana, G. (2004) Crisis management and tourism: beyond the rhetoric. *Journal of Travel and Tourism Marketing*, 15 (4), 299 – 321.

Sonmez, S. (1998) Tourism, terrorism, and political instability. *Annals of Tourism Research*, 25 (2), 416 – 456.

Spillan, J. and Hough, M. (2003) Crisis planning in small businesses: importance, impetus and indifference. *European Management Journal*, 21 (3), 398 – 407.

Tarlow, P. (2006) Best education network think tank V keynote address: disaster management: exploring ways to mitigate disasters before they occur. *Tourism Review International*, 10, 17 – 25.

Tourism Directory (2009) *Jakarta is Recovering Rapidly from the Bomb Attacks.*

Valencia, J. and Crouch, G. (2008) Travel behavior in troubled times: the role of consumer self – confidence. *Journal of Travel and Tourism Marketing*, 25 (1), 25 – 42.

Wall, G. (2005) Recovering from SARS: The Case of Toronto Tourism. In: Y. Mansfeld. and A. Pizam (eds) *Tourism, Security and Safety: From Theory to Practice.* Butterworth – Heinemann, Oxford, pp. 143 – 152.

World Tourism Organization (WTO) (2008) *Tourism Highlights* 2008. World Tourism Organization, Madrid, Spain.

World Tourism Organization and World Meteorological Organization (1998). *Handbook on Natural Disaster Reduction in Tourist Areas.* World Tourism Organization, Madrid, Spain.

World Travel and Tourism Council (WTTC) (2008) *Progress and Priorities* 2008 – 2009. World Travel and Tourism Council, London, UK.

第六篇
目的地竞争与可持续性：机遇与挑战

第 20 章 目的地竞争力与可持续发展模型

一、序言

本章将对多年来旅游目的地竞争力与可持续发展研究所获得的成果，以及与行业专家关于旅游目的地竞争本质的讨论和达成的共识进行梳理和综述。这些成果及共识都能用“旅游目的地竞争力与可持续发展模型”加以解释（Ritchie and Crouch，2003）。该模型由 7 部分组成，从政策方针到管理理念，都对旅游目的地的竞争力与可持续性具有重要的决定作用。模型不仅从政策的视角提供了有价值的观点，更为旅游目的地管理组织（以下简称 DMO）的管理者提供了有实际意义的指导。

本章大部分内容属于原创，但都是从一本研究著作中所提炼总结出来的观点。该著作主要基于对北美 DMO 首席执行官的深度访谈，识别了一系列决定一个旅游目的地竞争力和可持续发展的成功因素（Ritchie and Crouch，2003）。本章首先简要介绍竞争力与可持续性的相关概念，它们是构建“旅游目的地竞争力与可持续发展模型”的基础。然后在相关研究综述的基础上，进一步详细介绍和解释这一模型。过去世界范围内的经验总结证明，无论对于学者还是从业者，该模型都能够很好地帮助他们理解旅游目的地的竞争力与可持续性的复杂本质。

二、旅游目的地竞争力的本质

在竞争日益激烈、市场全球化趋势日趋明显的背景下，旅游目的地将如何发展、维持、保护和加强自身的竞争地位，是当今旅游业所面临的一个重要挑战（Blanke and Chiesa，2007）。这一挑战也是由旅游业各种错综复杂的因素所决定的，其中的首要因素是旅游目的地与大多数商品存在本质的区别。旅游产品就是一个旅游目的地所传递给游客的一种体验。然而，这一体验不是由某一个企业，而是由所有影响游客体验的参与者所共同创造的，包括旅游企业（饭店、餐馆、航空公司、旅游运营商等）、其他支持性产业和组织（艺术、娱乐、体育、休闲活动等）和旅游目的地管理组织（无论私营部门、公共部门还是公私合作部门）。

传统的竞争力文献研究大多从经济维度衡量旅游目的地的优势和效益。经济效益固然是旅游竞争力的一个重要方面，但这并不是唯一的维度（图 20－1）。由于旅游业的独特性，一个旅游目的地的竞争力实际上还表现在它所具有的社会、文化、政治、技术和环境优势。总之，一个旅游目的地的真实竞争力主要体现在增加旅游支出的能力；通过为游客创造满意和难忘的体验来增加游客量的能力；通过这种方式获得经济回报的同时，能够带动和提高旅游目的地居民的福利，并为子孙后代保护目的地自然资本的能力。

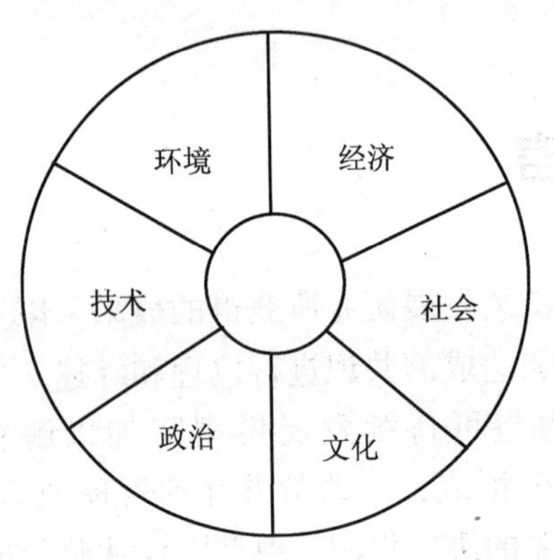

图 20－1　旅游目的地的多维优势图

三、旅游目的地的可持续发展

由于对人类造成的地球生态环境压力的普遍关注，旅游业的可持续发展管理焦点也大多集中于可持续性的生态层面。然而，旅游业的可持续发展应该包括四个基本层面，包括生态环境、经济环境、社会文化环境以及政治环境。只有对每一个方面都给予适当的政策和管理支持，才有可能实现真正的可持续发展。

生态环境，或者说自然环境是许多旅游目的地的主要吸引物。独特的自然环境通常是目的地的核心旅游产品，如非洲大草原、加拿大落基山脉、澳大利亚大堡礁、南美热带雨林、挪威峡湾、美国科罗拉多高原等。对于许多旅游目的地而言，自然环境就是它们的生命线，自然环境质量的下降必然带来不利的影响。自然环境保护与目的地居民的利益最直接相关，但旅游业也承担着重要的责任，一方面要尽可能减少旅游开发的生态破坏；另一方面还要通过经济激励促进环境保护。

除了环境保护外，旅游政策和管理策略也必须能够满足居民长期的经济诉求，包括为大量本地劳动力创造就业岗位，提供就业保障和更有吸引力的工资和福利，这对于经济的可持续发展具有重要的决定意义。

社会文化影响也是目的地旅游可持续发展战略必须考虑的一个方面。当游客进行旅游活动时，他们也渴望从目的地的社会文化结构中看到、体验和学习一些东西，这往往也是他们的核心旅游动机之一。尽管游客通常很难体验到完全真实的文化，但他们带来的影响却可能引起当地社会和文化的变迁。这些影响或是短暂或是永久的，或是积极或是消极的，或是细微或是巨大的。东道主社区和游客之间的文化距离越大，影响也越大。但无论如何，都需要通过政策和管理计划来培养人们对那些不朽的社会文化瑰宝的兴趣与自豪感，同时尽可能减少旅游负面的社会和文化影响（如犯罪、卖淫、人口异化、文化庸俗化以及当地生活方式的瓦解）。

政治的可持续性虽然很少受到关注，但对于任何旅游目的地而言，这一因素可能是决定旅游业可接受性的关键变量。有人可能认为，如果一个旅游目的地的发展战略具有生态、经济和社会文化的可持续性，那么，在政治上它很可能也是可接受的。然而，人们对于如何确定可持续性这一问题仍未真正达成共识，因此也常常产生各种分歧。这通常是一个哲学问题，但却引发了广泛的政治争论。

四、旅游目的地竞争力与可持续发展模型

旅游目的地竞争力与可持续发展模型（图 20－2）的建立，主要基于过去对北美以及少数来自欧洲和其他地方的 DMO 的首席执行官长达 8 年的访谈与分析结果。在访谈过程中，这些首席执行官需要识别和选出他们认为能够决定一个旅游目的地竞争力和可持续发展的成功因素。竞争力与可持续发展模型旨在从中探讨两类不同但高度相关的竞争优势。

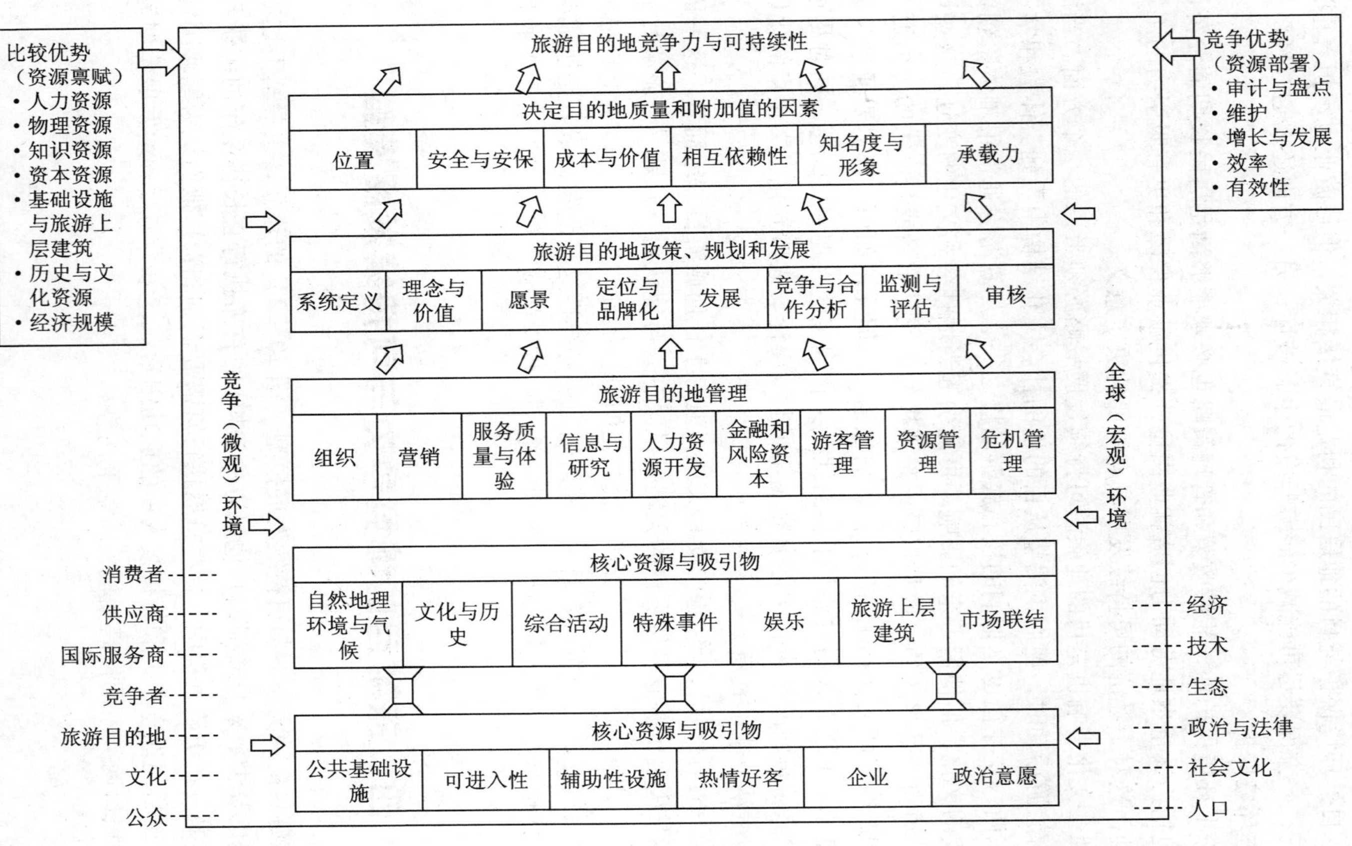

图20-2 Ritchie和Crouch的旅游目的地竞争力与可持续性概念模型（Ritchie and Crouch, 2003）

第一，基于资源禀赋的比较优势，这是指一个旅游目的地与生俱来的以及经过社会发展所沉淀积累的优势，包括历史和文化资源；经济、人文和物质资源；知识和概念性资源；游客期望存在但未必对他们有吸引力的基础设施；以及能够吸引和满足游客兴趣的旅游基础设施。

第二，一个旅游目的地能够通过高效利用其资源禀赋来促进旅游发展，从而获得竞争优势。旅游目的地的比较优势和竞争优势，共同决定了其在旅游市场中的综合竞争实力，并最终决定目的地在旅游领域能够达到的成功水平和类型。

五、模型各组成部分的概述

（一）全球（宏观）环境

旅游系统是一个开放的系统，也就是说，它会受到系统以外的全球或宏观环境的影响。宏观环境广泛影响着所有的人类活动，因此对旅游业也不例外。相比之下，竞争或微观环境属于旅游系统的一部分，因为它牵涉到系统内各个实体的行动，进而直接影响每个单体企业或组织群体的目标。

宏观环境影响来自全球范围内。如今，在世界上任何角落所发生的事件都有可能对目的地产生一系列的影响。全球化将会改变旅游目的地对游客的吸引力，转变财富创造的模式并由此催生新兴市场，调整目的地的相对出行成本，以及瓦解他者文化与大多数旅游目的地之间的关系等。全球化给目的地带来了大量的问题和挑战，目的地要么选择适应环境，要么努力克服这些困难。

全球（宏观）环境一直在不断变化和发展，因此，目的地管理者需要定期监测环境，才能把握发展大局和预测那些将改变旅游景观的变化。营销者也必须认识到这一点，才能避免“营销短视”。

宏观环境因素通常分为 6 个部分，分别是经济、技术、生态、政治和法律发展、社会文化问题以及不断演变的人口环境。

（二）竞争（微观）环境

旅游目的地的竞争（微观）环境主要由目的地旅游活动与竞争领域中的组织、影响力以及力量这三个因素构成。一般而言，微观环境因素比宏观环境因素的影响更加直接，它往往关乎目的地的服务能力与竞争力，因而也得到管理者更多的关注。

除了旅游目的地本身外，竞争（微观）环境还包括其他共同完成“旅游贸易”的实体，包括各个旅游市场、目的地竞争者和目的地的公众或利益相关者。它们作为旅游系统的组成元素，共同塑造了目的地竞争的直接环境。这些组成元素包括了供应商，他们通过旅游营销渠道与旅游者发生联系，并且由中介机构和旅游服务商共同组成。其中，中介机构包括了旅游包装商，他们主要对各种旅游产品和体验进行组装；零售旅游代理商，主要为旅游市场提供信息、预订服务和专家意见；专业分销商，如奖励旅游公司、商务旅行办公室、会议策划员等专业的旅游策划者和组织。旅游服务商是指通过提高信息流、经济流、知识流、服务流和人流来促进旅游系统更高效运作的组织。

顾客，即旅行者和旅游者，是竞争（微观）环境中的焦点和驱动力。竞争者是竞争环境的另外一个重要元素，即其他向本质相同的顾客群体提供相似产品的旅游目的地、组织或公司。传统上，这些“竞争者”都被看作对手，但近年来，随着小微企业、合伙企业与虚拟企业的日益发展，“合作竞争”已成为商业世界的新词条，反映了当前组织或企业之间既存在合作也存在竞争的事实。

旅游目的地的内部环境或内部文化也是影响竞争力的微观环境元素。旅游目的地要获得竞争力，必须成为一个真正统一的管理空间，即一定要存在自我感。换句话说，旅游目的地一定要有一个目标和一套能够促进该目标实现的管理方式，这对于塑造目的地旅游形象及其真实性扮演着重要的独特作用。

最后，影响旅游目的地竞争（微观）环境的元素还包括大量目的地必须与之打交道的公众，即媒体、政府部门、一般公众、当地居民、金融机构和公民行动团体。

（三）核心资源与吸引物

核心资源和吸引物是构成旅游目的地吸引力的主要元素，也是旅游者选择这一目的地旅游的根本原因与核心激励因素。核心资源与吸引物可以分为7类，包括自然地理环境与气候、文化与历史、市场联结、综合活动、特殊事件、娱乐、旅游上层建筑。

旅游体验在很大程度上与目的地的自然环境相关，因此，目的地的自然地理环境与气候因素也往往决定了它的其他竞争因素。自然地理环境与气候因素包括目的地的整体景观与气候，它们共同界定了游客所置身于并享有的目的地环境及其美学与视觉吸引力。管理者往往很难控制这些因素，因此，旅游建成环境也在很大程度上受到自然地理环境与气候特征的限制。所以说，自然地理环境与气候因素往往决定了一个旅游目的地的核心吸引力，其他因素也必须围绕这一因素进行创造性的开发活动。

文化与历史是旅游目的地另一个同样非常重要的因素。从管理的角度来看，虽然这一因素相比自然地理环境与气候更具有可塑性，但目的地的历史与文化也主要取决于旅游业以外的因素。实际上，一般认为目的地不应为了旅游发展而试图改变当地的历史和文化。从这个角度来看，目的地的文化和历史就成了吸引潜在游客的强大力量，特别是在今天这个“同质化旅游”的时代，随着旅游目的地之间的差异越来越小，文化与历史因素的吸引力在许多细分市场中日趋明显。因此，一个旅游目的地如果能为游客提供独特的历史环境，让他们从中体验与其日常生活不一样的生活方式，它就能在为游客营造难忘的旅游体验中获得明显的竞争优势。

旅游目的地的市场联结也是目的地管理者不能直接控制的因素，但这一因素会随着时间不断发展演变，管理者也能在不同程度上对其施加影响。“市场联结”是指目的地与客源地居民建立的各种联系纽带，通常包括几个方面。首先是种族联结，它形成于长期的移民模式变迁，为目的地形成系统的、可预测的旅游流提供了最强大可能也是最持久的联系。“探亲访友”旅游细分市场虽然不是最赢利的市场，却为目的地旅游业提供了坚实的市场基础。更重要的是，这一细分市场往往能够推动业务联结的建立，从而带来源源不断的游客，促进地方的经济发展。还有其他联系，包括宗教、体育、贸易和文化等方面。

综合活动是旅游目的地最关键的吸引因素之一，也是目的地管理者能够广泛影响和控制的因素。虽然一个旅游目的地的活动在很大程度受到它的自然地理环境和文化所限制，但人们仍有很大的空间发挥其创造力与主动性。随着旅行者日益主动追寻各种体验，目的地活动的吸引力似乎也变得越来越重要。Pine 和 Gilmore（1999）在他们的《体验经济：工作是剧场，商业是舞台》一书中提出，正是顾客体验而不是顾客服务标志着新的经济增长：“体验是第四个经济增长引擎（其他分别是商品、货物或服务），它与服务的区别正如服务与商品的区别。”旅游目的地管理者所面对的挑战就是如何利用目的地的自然地理环境来开发各种活动，同时又与当地文化及其价值保持一致。例如，一个以自然为基底的目的地应该利用自然环境优势开发一些活动，并通过这些活动来强化这一吸引力；而以历史文化为基底的目的地则需要创造性地开发一些能够凸显其历史或文化特征的活动。

特殊事件是从综合活动中延伸出来的特色活动，是目的地管理者能在最大限度地控制的一类吸引物。“特殊事件”是指能够引起游客和当地居民极大兴趣和参与度的一系列事件。特殊事件的范围包括从社区节庆到国际“大型事件”，如奥运会、世界博览会、全球体育竞标赛等。地方性节庆事件鼓励当地居民参与到与他们的日常生活密切相关的活动，这类事件也可能会吸引周边的游客。举办大型事件需要投入更多的精力与资源，但为目的地建立国际旅游影响力提供了更大的机会。大型事件的商业性质通常更强，同时专业要求也更高，因此，举办这类事件不应忽视当地社区的利益及其参与的机会。

娱乐也是旅游目的地的一类核心资源或吸引物。娱乐产业是旅游业的一个重要供应商。例如，拉斯维加斯旅游业除了博彩业外，还依靠娱乐业发展。许多游客到纽约或伦敦的旅游行程表上就包括观看现场演出。娱乐业甚至可以吸引国际游客。例如，新西兰是墨尔本和悉尼歌剧院的一个重要市场，因为在新西兰这个市场相对较小的国家建设歌剧院实在太昂贵了。总之，像歌剧、音乐会、喜剧节、马戏团（如太阳马戏团）等娱乐活动都是能够提高一个旅游目的地竞争力的突出例子。

旅游上层建筑是目的地最后一类核心吸引物，也是目的地管理者能够最大限度地进行控制的因素。实际上，旅游上层建筑就是指许多人所认为的“旅游产业”，包括住宿设施、餐饮服务、交通设施和主要吸引物等。旅游上层建筑中的一些元素可以归类为旅游目的地吸引游客的支持性因素，比如，游客选择一个旅游目的地不只是为了吃和睡，他们实际上在很大程度上是冲着目的地的吸引物而来。尽管将住宿和餐饮服务排除在旅游上层建筑之外也具有一定的合理性，但这些因素的质量确实也在很大程度上影响了一个旅游目的地的整体吸引力。因此，本章所介绍的这一模型也将它们列为目的地的核心吸引物。

（四）支持性因素与资源

如果说，核心资源与吸引物构成了入境旅游的主要动机，那么，支持性因素与资源就是目的地旅游业的成功基石。一个旅游目的地即使拥有丰富的核心资源与吸引物，但如果缺乏支持性因素与资源，其旅游业至少在短期内也很难发展起来。因此，旅游开发对于那些贫穷、落后、人口稀少的地区尤为困难。那么，目的地应如何利用核心资源逐渐发展旅游业，从而为地方带来必要的财富、税收、就业和投资来建设旅游支持体系呢？

当然，如果一个地方已经拥有良好的经济基础，可能就不会出现这一问题。但即便如此，支持性因素与资源的质量、范围和数量也在很大程度上决定了目的地能否实现旅游发展潜力。尤其需要注意的是：目的地还需要通过谨慎的规划和管理来平衡旅游增长和基础设施及其他辅助性资源建设之间的关系，否则，目的地的经济、社会、生态乃至政治体系都有可能出现风险。

公共基础设施是目的地最重要的支持性因素之一，其中一些基础设施还直接影响着目的地的旅游竞争力，如公路、铁路、公交服务、机场、轮渡等交通运输服务与设施对游客而言都是非常关键的。交通基础设施的质量也很重要。一个旅游目的地如果拥有可靠、高效、干净、安全、频繁的交通系统，并能将游客送至他们最想去的地方和景点，它也将具有较高的竞争力。事实上，所有对经济和社会活动都重要的基础设施，如卫生系统、通信系统、公共设施系统、可靠的饮用水供应系统、法律系统等，都是目的地旅游业发展的重要基础。

旅游发展的成功还有赖于其他一系列辅助性资源和服务，如当地的人文知识素质和资本资源、教育和研究机构、金融机构以及各类公共服务领域等。劳动力市场对于旅游业这样一个顾客至上的经济部门尤为重要，尤其是劳动技能、职业道德、工资水平、公会要求和政府法规等因素的影响。资本资源的可用性将取决于当地用于投资的财富和储蓄、与其他产业的资本竞争、政府对外国投资的限制以及投资者期望从旅游开发中获得的回报等。没有这些资源，目的地的竞争潜力也将受到严重的限制。

企业在目的地开发新项目中的健康、活力和意识，以及企业家精神和首创精神，能在多个方面提高旅游目的地的竞争力，主要体现在竞争、合作、专业化、创新、协助、投资、增长、收入分配与公平、生产力、填补空白、产品多样化、季节性管理与失衡等方面（Crouch and Ritchie，1995）。旅游业中存在许多中小型企业，旅游业能在多大程度促进经济繁荣和提高当地居民的生活质量，主要取决于这些企业的行动和成功。Porter（1990）指出，“发明和企业家精神是国家的核心优势”，他认为，机遇的存在，不意味着一个行业的成功具有不可预测性，因为企业家精神不是随机发生的现象。

可进入性也是目的地的一个支持性因素，并且受到广泛的经济、社会或政治因素的影响。例如，航空管制、入境签证和许可证、航空线路连接、枢纽机场和降落时段、机场容量和宵禁、运营商之间的竞争等因素对旅游目的地可进入性的影响可能比目的地本身的物理位置要复杂得多。目的地内旅游资源的可进入性也是影响竞争力的重要因素。资源的可进入性无疑受到旅游业需求的影响，如海滩、山脉、国家公园、特殊的陆相层、风景区、湖泊和河流等，但其他经济、社会和有时政治的需要也会影响资源的可进入性，如公路和铁路线的选址。一个旅游目的地如果不能让潜在游客及相关旅游运营商进入，也就根本没有竞争力可言。

旅游业的运营部门主要负责向游客传递高质量与难忘的旅游体验。然而，旅游体验的包装与组合需要体现一种热情好客而不是冷漠的精神。对于游客而言，他们来到一个旅游目的地不只是为它创造冰冷的现金收入，他们也渴求得到热情的接待，享受目的地为他们所创造的各种体验。所以说，摆在所有旅游目的地面前的一个挑战就是，如何让游客相信他们受到了诚挚的欢迎，感受到他们就是真正的客人。

政治意愿也是支持或阻碍旅游目的地竞争力的重要因素。许多目的地高管都意识到，他们的许多发展方案都会受到政治意愿所左右，要么得到大力支持，要么受到反对。有句俗话，“有志者，事竟成”，它最能反映政治支持对促进旅游发展和提高目的地竞争力的重要角色。政治意愿不只是指政客的态度和意见，它还包括了所有社区领导对旅游业是否将促进目的地经济与社会发展，改善居民生活质量所达成一致的政治态度。

（五）旅游目的地政策、规划和发展

旅游目的地规划与发展的战略框架或政策框架，往往具有特定的经济与社会目标，能够很好地指导旅游发展的方向、形式和结构。

制定一个战略框架，首先需要决定框架的主题。也就是说，“这一框架到底想要管理什么”，这就是要求旅游目的地系统定义中所涉及的各个利益相关者达成明确的共识。在他们能够就“需要做什么”达成一致意见之前，首先必须要对“为谁制定战略决策”达成一致。

在制定这样一个旅游目的地发展框架过程中，利益相关者之间可能出于不同的理念提出各种不同的观点。社区对旅游发展如何最好地实现经济、社会、环境和政治目标的理念将形成一个政策框架。然而，这种社区理念不仅需要切合实际，也需要在利益相关者中达成一定的共识。

旅游目的地愿景（Ritchie，1993）就是一种理念逻辑对目的地在未来10年、20年或50年以后应该成为什么样的一种陈述或认识。在不同的情境下，相同的理念可能会提出不同的愿景。当理念成为看待问题的一种方式时，在这种理念下就目的地未来发展蓝图所提出的愿景也将更加具体。

制定一项旅游发展政策应该基于对目的地及其属性、优势与劣势、问题与挑战、过去与当前的战略等因素进行审核，才能真正根植于现实。如果对目的地重要的吸引物与资源、历史表现、当前的游客以及其他重要的信息缺乏基础数据，那么，最后所制定的也只能是一个抽象的政策框架罢了。

竞争与合作分析是对一个旅游目的地如何与其他旅游目的地和国际旅游系统相联系与比较的评估。由于竞争力是一个相对的概念，要制定最合适的旅游目的地发展政策或战略，也必须基于对其他旅游目的地的管理与经营比较分析。

类似的问题还包括定位这一营销概念。田径短跑竞赛就是从起跑线到终点的一维竞技，但旅游目的地之间的竞争显然不是一维的，其定位是所有关于一个旅游目的地在认知上而不是物理空间上相对于其他竞争对手的定位。所谓定位，就是关于一个旅游目的地的独特性如何被旅游市场感知为重要的或他们所渴望得到的属性。对一个旅游目的地进行定位，首先需要了解细分市场对该目的地及其竞争对手的感知差异，以哪些细分市场为目标最合理，以及如何对这些细分市场做出更有效和可行的发展定位。

目的地的旅游发展政策应该是一个协同的综合系统，能使目的地的整体竞争力和可持续发展目标得以实现。发展政策应该全面解决影响目的地竞争力的重要问题，包括来自需求和供应两个方面的问题。

旅游目的地规划与发展的政策框架还包括对政策及其结果的监测与评估。然而，在一个复杂的系统中对最初所制定的政策的有效性与影响进行预测，往往难以有很大的把握。另外，最终结果往往就是政策的实施效果。因此，旅游目的地的政策制定、规划和发展必须坚持对政策的执行效果、是否需要改进执行的方式或政策是否已经不能适应当前的环境变化等问题进行调查。

（六）旅游目的地管理

旅游目的地管理就是指每天在基于旅游目的地政策、规划和发展而建立的政策与规划框架下执行的，能够增强核心资源与吸引物的吸引力，提升支持性因素与资源的质量与有效性，并且能够根据那些决定目的地质量和附加值的因素给目的地造成的局限或带来的机遇进行调整与适应的一系列活动。这些活动涵盖了管理一个旅游目的地竞争力的全部范围，包括对个体和组织以及通过集体行动都具有高度的可操作性与可管理性的一系列程序、结构、系统和流程。

在这一系列活动中，目的地营销可能是其中最传统的功能。事实上，旅游目的地营销大多侧重于目的地的促销与销售，营销概念在目的地中的实际应用十分有限。因此，一个真正的营销理念在旅游目的地中的应用还有很大的改进空间，除了促销与销售以外，实际上还存在许多其他方面的营销责任与活动。

服务体验管理的重要性也已得到了普遍认可。旅游者购买的是一系列体验，而体验又是由旅游者五官所感知和吸收的所有互动、行为和情感所构成的。旅游者对目的地的选择往往伴随着饭店、餐厅、吸引物和游览路线的选择。努力提高游客服务质量已经成为提高游客满意度的一种全面体验质量方法(Otto and Ritchie, 1995)。这种方法主要强调对游客全面旅游体验的检验。从本质上看，为个人提供高质量的优质服务还是不够的，目的地管理者应该尽可能地确保旅游体验过程中的所有元素都能够完美结合。这实际上意味着还需要对交通运输转换的便利性以及旅行代理所销售的每一个包价产品等方面都密切关注。总而言之，现场服务和交易时的特色服务对于提高游客服务体验都已不再足够。

旅游目的地的管理涉及信息系统的开发与有效利用，主要为管理者提供必要的信息以了解游客需求和进行有效的产品开发。其中，也包括开展特殊的研究项目来定期监测游客满意度和调查跟踪行业发展现状，从而为特定的决策提供专业的信息。此外，每一个旅游目的地管理组织（DMO）都需要及时向组织相关成员发布核心市场信息和业绩信息。

DMO 概念中“M”强调的是“管理”（Management）而不是“营销”(Marketing)，也是近年来对旅游目的地管理组织功能的概念界定。随着管理理念重新得到人们的关注，人们广泛地认为，旅游目的地的组织结构可能将成为目的地获得真正的可持续竞争优势的最后一个来源（Nadler and Tushman, 1997)，即管理就是要全面负责旅游目的地各个方面的健康运营和最佳表现。

一般而言，金融机构会为大多数私营部门的旅游开发提供资金支持，除此之外，来自金融市场和投资者以及一些公共部门的支持或项目也为旅游开发商提供一些金融和风险资本。

人力资源开发是目的地管理的重要组成部分，它通过进一步鼓励和促进教育与培训项目，可以满足旅游和接待业的特殊需求。虽然素质教育系统是支持性因素与资源中辅助性资源下的一个基本元素，但在旅游和接待业中，员工需要通过教育培训才能获取特定的服务技能，就像其他行业或经济部门也需要与教育机构合作以提高毕业生在某个领域中的技能一样。例如，澳大利亚的教育机构为了满足行业需求，为第二、第三产业开设了各种职业和专业的教育与培训课程。

随着旅游业的持续快速增长，许多旅游目的地都面临着大量的游客压力，它们不得不通过制定政策和开发相关系统来进行游客管理，以尽量缓解游客压力及其带来的影响。

危机管理是目的地管理者日益面临的一个重要挑战。旅游目的地总是不时需要处理各种危机以对事后的目的地形象进行修复。然而，近年来，旅游目的地的危机管理问题似乎越来越凸显了。例如，纽约“9・11”恐怖袭击就是一个极端的例子，一些游客也因此失去了生命。此后，纽约会议与观光局一直不得不努力处理危机后的影响，但实际上，这一事件对美国整个旅游业都造成了广泛的影响。事实上，许多旅游目的地一直都在与各种各样的恐怖主义袭击长期抗衡。然而，引起危机的原因可能是多方面的，但一旦出现危机时，目的地必须能够高效地处理事件的直接影响及其产生的长期后果。

资源管理是旅游目的地管理的一个日趋重要的新议题，它主要强调目的地管理者以“关怀”的心态管理资源的重要性，事实上这也是他们的一种义务。这种关怀的态度主要体现在对资源的有效维护，尤其是对那些容易受到旅游业破坏的资源的细心保护。

（七）决定目的地质量和附加值的因素

除了上述这四组因素以外（核心资源与吸引物；支持性因素与资源；旅游地政策、规划和发展；旅游目的地管理），旅游目的地的竞争力还受到其他许多因素的影响，这些因素可以统称为“决定目的地质量和附加值的因素”，也可以称为“情境调节器”，因为它们将影响一个旅游目的地竞争力的规模、局限性或发展潜力。它们可以通过调节其他四组因素的影响来降低或提高目的地的竞争力。它们甚至决定了目的地旅游需求和潜能的上限，却又超出了旅游部门能够控制或影响的范围。

例如，一个旅游目的地的位置明显影响其对游客的吸引力。一个位置偏远、远离旅游客源市场的目的地一开始显然处于明显的劣势。相比之下，那些对潜在游客具有相同吸引力但毗邻客源市场的目的地，明显更有优势将潜在游客转化为现实游客，因为与前者相比，它们不仅拥有相似的资源优势，还能使游客降低旅游成本（包括经济成本和旅游时间的机会成本）。

旅游目的地之间的相互依赖性也与它们的竞争力有一定的相关性。换句话说，任何一个旅游目的地的竞争力都会受到其他旅游目的地竞争力的影响。旅游者在某些目的地中“中途停留”的现象最能说明这一点。有些旅游目的地的发展在某种程度上依赖于那些在长途旅行过程中会中途停留的旅游者。如果他们的最终目的地吸引力发生了变化，无论积极的还是消极的变化，都肯定会对中途停留的目的地造成影响。另外一个明显的例子，当目的地邻近地区发生恐怖袭击、战争和犯罪事件时，也会影响它们的竞争力。事实上，有大量例子都可以证明某些事件的发生将如何影响旅游者的目的地选择。

这自然而然会让我们进而想到安全和安保问题。没有什么比安全和安保问题更能左右旅行者的选择了。当然，总有一些勇敢的旅行者无视旅行建议、警告或负面的媒体报道而毅然前往那些危险的旅游目的地。实际上，有些旅行者甚至追求危险或冒险的旅游体验来满足他们的兴奋感和自我挑战。然而，大多数人对不确定性和风险的接受程度都很低，人们对安全的需求就像对食物和住所的需求一样，都隐含着人类行为背后的主要动机力量。如果一个旅游目的地使潜在游客严重担心犯罪、饮用水质量、自然灾害、医疗服务标准等各种问题，那它的其他竞争优势也就显得不是那么重要了。旅游当局可能会针对这些问题启动恢复方案，但作用也是很有限的，安全和安保问题一般很难仅靠旅游业自身的能力来克服。

旅游目的地的知名度与形象也有利于增强它的竞争力。一个旅游目的地的形象会随着时间而变迁，因此，旅游目的地的负面形象将有可能得到改善，积极的形象也可以缓解犯罪或高生活成本所带来的不利影响。知名度低将使目的地的形象改变趋缓，同时知名度也会影响潜在游客的旅游目的地选择。

成本与价值也是其中一个影响因素。一个旅游目的地的“成本”主要与游客所消费的一系列特定的商品与服务以及这些产品的生产效率有关。对于国际游客而言，旅游目的地的成本受到当地、国内乃至全球力量所影响，同时成本本身又是影响目的地竞争力的一个基本因素，因此，将成本列为“决定目的地质量和附加值的因素”类别中，可能比归类于另外四类因素将更有意义。一个旅游目的地的货币成本主要受到三个因素影响：旅游目的地的往返交通成本；货币汇率（适用于国际旅游的情况）；当地旅游产品和服务的成本。全球（宏观）环境（国际贸易平衡、相对利率、相对通货膨胀、税收等）和竞争（微观）环境（竞争、生产率、供应成本、劳动力价格和协议等）的许多方面都将会影响成本。因此，成本在很大程度上是由旅游目的地及其相对国际地位的经济结构所决定的。

最后一个因素是旅游目的地的承载力。旅游开发如果接近或超过目的地的可持续发展极限，不仅将限制该目的地的进一步增长或竞争力的提升，还可能导致目的地条件的恶化，或吸引力明显下降。例如，威尼斯显然是一个非常受欢迎的旅游目的地，然而它却面临着严重的承载力问题。虽然威尼斯现在仍很受欢迎，但在每年的某些时候，它都需要花极大力气解决游客过多的问题。事实上，威尼斯所使用的访问限制系统在调节高峰期游客数量方面发挥了有效的作用。

六、结论

任何模型都是对现实的简化，因此本模型也无法完全概括一个旅游目的地的复杂性。我们很欣慰得到了许多学者和业界实践者的帮助，使这一模型能够更好地用于理解并应用于各种不同的旅游目的地。此外，他们还提出了许多改进建议，我们对此十分感激，并将根据这些建议努力完善我们的模型，以进一步提高它的价值。

参考文献

Crouch, G. I. and Ritchie, J. R. (1995) Destination competitiveness and the role of the tourism enterprise. Proceedings of the International Management Development Association (IMDA), *Innovation, Technology and Information Management for Global Development and Competitiveness*, July 13 – 16, Istanbul, Turkey.

Nadler, D. A. and Tushman, M. L. (1997) *Competing By Design: The Power of Organizational Architecture.* Oxford University Press, New York.

Otto, J. E. and Ritchie, J. R. (1995) Exploring the quality of the service experience: a theoretical and empirical analysis. *Advances in Services Marketing and Management*, 4, 37 – 61.

Pine, B. J. and Gilmore, J. H. (1999) *The Experience Economy: Work is Theatre & Every Business a Stage.* Harvard Business School Press, Boston, MA.

Porter, M. E. (1990) *The Competitive Advantage of Nations.* The Free Press, New York.

Ritchie, J. R. (1984) Assessing the Impact of Hallmark Events: Conceptual and Research Issues. *Journal of Travel Research*, 23 (1), 2 – 11.

Ritchie, J. R. (1993) Crafting a destination vision: putting the concept of resident – responsive tourism into practice. *Tourism Management*, 14 (5), 379 – 389.

Ritchie, J. R. and Crouch, G. I. (2003) *The Competitive Destination: A Sustainable Tourism Perspective.* CABI Publishing, Oxon, UK.

World Economic Forum (2007) *The Travel & Tourism Competitiveness Report* 2007, Geneva, Switzerland.

第 21 章 目的地管理：挑战与机遇

一、序言

本书前 20 章所涵盖内容的宽度、广度与深度，都证明了旅游目的地营销与管理无论在实践上还是学术意义上，都已开始走向成熟。可能有人说，这为时尚早，因为“虽然在认识我们称之为旅游这种复杂现象的过程中，旅游者仍然是我们力求理解和使之满意的焦点所在，但旅游目的地才是最基本的研究单位与管理单元，认识到这一点是十分关键的”（Bornhorst *et al.*, 2010）。与旅游活动其他领域相比，旅游目的地之所以在学术舞台上姗姗来迟，其中一个原因可能在于旅游目的地管理的复杂性与困难，这也是贯穿于学术文献的一个普遍的主题。Harrill（2009）评论道：“对于如何改变过去那种零碎的方法，将旅游目的地各种高度差异化的特征及其所面临的种种问题进行整合，来实现旅游目的地的有效管理，学术领域在这方面走得很慢，但如今似乎已经初显成效。”这一观点正渐渐成为共识，希望本书已经开始往这方面转变。确实，旅游目的地的营销与管理始终面临各种挑战，但也正是这些挑战不断鞭策行业实践者和学术界进一步推动旅游目的地整合营销与管理这一议程。事实上，对于那些希望制定合适的旅游目的地长期发展战略，并试图在这个竞争日趋激烈的舞台上保持和提升目的地竞争力的营销与管理者以及研究者而言，他们必须能够充分理解旅游目的地所面临的各种挑战与机遇（Dwyer *et al.*, 2009）。

Fyall 等（2009）以及 Kozak 等（2010）近期的著作都呈现了两个重要国际会议（一个于 2007 年在西班牙巴伦西亚举行，一个于 2009 年在英国伯恩茅斯举行）的一些成果，其中，旅游目的地被称为“最基本的研究单位”。Pike

（2005）在其近期著作中也指出，“许多旅游目的地由于被地理与行政区划切割成一块块，相关的目的地管理理论也因此被置于无关紧要的地位，然而，由于目的地长期缺乏资金支持，同时又需要不断平衡游客与居民之间的需求，这都对旅游目的地提出了更多的挑战，它们都远远超出传统的消费者与企业市场营销的范围”。因此，本章的目的在于呈现这些具体的挑战与机遇，它们将影响旅游目的地未来的营销与管理活动。本章作者于几年前已提出了相关的概念框架，为行业实践者和研究者提供了重要的“线路图”（Fyall *et al.*，2006）。这一概念框架并不是产生于某项特定的研究，而是行业实践者和学者多年来对旅游目的地所面临的挑战和机遇所努力达成的共识，同时也为未来研究打下了坚实的基础。本章内容以这一框架为基础展开讨论，并根据旅游目的地营销与管理近几年的最新研究，对这一框架做了进一步的修正与解释。

二、背景

旅游目的地研究仍然是一个相对较新的学术领域，且大部分研究仍处于起步阶段，但即便如此，其研究的广度与深度，都使得有必要进一步系统地整合旅游目的地研究。学界最早关于旅游目的地的研究是旅游目的地的概念化及其资源利用的启示，如 Gunn（1972）的早期研究就奠定了旅游目的地研究的大背景。在 20 世纪八九十年代早期，巴特勒和其他学者所提出的旅游地生命周期理论进一步推动了往后 20 年学界对旅游的概念化以及旅游目的地规划的研究（Butler，1980；Inskeep，1991，1994；Shaw and Williams，1997）。到了 20 世纪 90 年代中期，旅游研究开始转向旅游目的地开发的环境影响（Garrod and Willis，1992；Archer，1996；Laarman and Gregersen，1996；Pigram，1996；Faulkner and Tideswell，1997）。在整个 90 年代，不仅旅游目的地的类型研究开始得到关注，旅游目的地的形象及其感知研究也日益发展成为重要的研究分支（Chon，1990，1991；Baloglu and Brinberg，1997；Seaton，1997），并进入了更广泛的消费者行为研究领域（Goodhall，1988，1991；Gilbert，1990；Ryan，1997）。在近期的研究中，以需求为导向的旅游研究开始探讨旅游者的目的地选择及相关的空间移动模型（Huybers，2003；Lam and Hsu，2006；Decrop and Kozak，2010）。然而，与本章内容更相关的是旅游目的地营销领域的研究，Ashworth 和 Goodhall（1990）以及 Heath 和 Wall（1992）都在这一领域做了很大的贡献，为往后的旅游目的地营销研究提供了重要的基础，如旅游目的地的品牌化研究

(Morgan *et al.*, 2002)、目标营销研究（Lee *et al.*, 2006）以及利基市场营销研究（Novelli, 2005）等。这些研究主要以 Pine 和 Gilmore（1999）所提出的“体验经济”为基础，为揭示旅游目的地作为一个体验提供者的本质与角色做了重要的铺垫。

为了回应雷帕早期所提出的旅游系统模型，即旅游是一个由各种要素和网络组成的系统（Leiper, 1979, 1990, 1995），近十几年的研究也更多地关注旅游目的地内各种要素与利益相关者之间的关系，以及如何通过集中管理的网络方式为旅游者提供更好的旅游目的地“体验”（Fyall and Garrod, 2005; Sheehan and Ritchie, 2005; Dredge, 2006）。在旅游目的地的背景下，这样的网络有利于弥补宏观与微观系统之间的差距，突出各要素和组织在发生互动与政策冲突过程中所表现出来的相对实力，也有利于整合本土视角与全球视角。如 Jamal 和 Jamrozy（2006）所言，可将旅游目的地看作一个包含多个利益相关者的复合体，各利益相关者都对目的地的旅游发展与规划决策产生不同程度的影响，没有任何利益主体将拥有完全的控制能力。此外，一些核心利益相关者可能还不位于旅游目的地中，这使得地方还需要应对其他来自本土—全球旅游系统中的元素对当地所施加的行动与影响。在这种情况下，需要通过系统思维来理解旅游这个由多种相互联系与相互作用的元素组成的网络化系统（Jamal *et al.*, 2004）。总之，如 Jamal 和 Jamrozy（2006）陈述道：“之所以说旅游目的地是一个复杂的规划系统，是由于以下几个因素：旅游目的地中包含了多个相互依赖的利益相关者和行业；旅游目的地规划/开发的控制力量高度分散；存在多元的文化价值观和不同的观点；传统的旅游目的地营销侧重于增长与快速发展；以及在一个本土—全球旅游系统中各元素的影响相互关联等。”

总而言之，旅游目的地发展的日趋成熟，及其内外部环境正出现的各种不断变化且日益复杂的力量，都促使旅游目的地管理研究的出现，尤其是对旅游目的地的管理架构与内外部关系，以及对构成一个旅游目的地的无数要素与利益相关者的深入探讨。Ritchie 和 Crouch（2003）从可持续发展的角度回顾了旅游目的地的管理研究，提出了一个重要的概念框架，并为未来研究提供了良好的基础。近年来，Wang 和 Fesenmaier（2007）、Wang 和 Xiang（2007）以及 Wang（2008）也提供了有价值的理论探讨和案例研究，相信将有利于继续推进旅游目的地营销与管理的研究议程，并进一步强化旅游目的地作为一个最基本的研究单位与管理单元的地位。

三、15Cs 框架：反思和修正

Fyall 等（2006）首次提出 15C 框架，在这之后的金融危机与全球经济衰退无疑已经并将继续重塑旅游业，因此，有必要重新反思并进一步修正这一框架。修正后的框架不仅关注旅游目的地所面临的挑战，还反映了全球旅游目的地营销与管理所近来的机遇。像第一代的框架一样，每个“C”的重要程度主要依据目的地的类型和位置而定，但不管怎样，如果在制定旅游目的地营销与管理战略中，不能对至少一个“C”成功识别、加以考虑并采取行动，无疑将阻碍该目的地更广阔的发展空间与可持续性（Fyall and Leask，2007）。此外，本章更加深入探讨了框架中的每一部分，并从那些表面上对旅游目的地营销与管理提出了极大挑战的背景中揭示出新的发展机遇。

（一）复杂性与控制

第一代 15C 框架的第一个部分是复杂性，但由于复杂性与控制两者之间的关系如此错综复杂，将它们合二为一可能更有意义。本书许多章节都提到，旅游目的地实质上是一个“混合体”，加上它们所具有的一系列独有的特征，都意味着即使在未来较长的一段时期内，旅游目的地都将不是一个容易把握的“产品”。例如，旅游目的地营销与管理者总是需要努力平衡他们在多个方面的角色，包括旅游目的地的促销者、目的地形象或品牌开发者、目的地产品生产者、目的地的拥护者、合作关系的促成者，乃至视野更加全面的目的地规划者（Wang，2008）。同样，那些旅游目的地营销与管理组织形式的设计者，也需要考虑这些形式能在多大程度上满足经济、社区、旅游企业、公共部门或旅游者的需要（Morrison *et al.*，1998）。旅游者对旅游目的地的感知、期望以及满意度的频繁变化，旅游目的地中利益相关者、各成分要素以及供应商的多元化，以及目的地向多个旅游细分市场传递多种不同的含义，也许都是对旅游目的地复杂性最好的诠释。

在世界上许多地方，旅游目的地管理组织（以下简称 DMO）的地位正逐渐凸显，这在一定程度上是由于许多发达经济体与新兴和发展中经济体对服务部门的依赖性与日俱增。然而，DMO 由多个利益相关者组成的性质也使得这样的组织构建往往并不那么科学，因为“不同利益相关者之间组织架构及其相关治理机制的差异，都使得界定这样一个组织的职责十分困难和复杂，这很可能会导致当地旅游业的失望或出现不切实际的期望”（Wang, 2008）。Harrill（2009）进一步提出，如今“DMO 无论在它们周围的自然还是人文环境中，都已经表现出积极的管理作用”，这也表明，旅游目的地的重要性已远远超出了满足游客需要、需求和期望的范围。他还指出，“DMO 角色的变革开始于认知的转变，即 DMO 所营销的旅游产品必须是可持续与可维持的，不仅要有道德与伦理的关怀，还要创造稳健的旅游收入”。这种“责任”感反映了旅游目的地营销与管理的全面性，正如 Ritchie 和 Crouch（2003）所指出，DMO 的角色早已超越了营销的范围，这再次反映了旅游目的地管理任务的复杂性。在当前全球经济气候不景气的环境下，公共部门对旅游目的地管理的投资可能会减少，相关的财政投入可能将更多地依赖于私营部门。然而，这又很可能导致旅游目的地整体期望的提高，因为人们通常错误地认为私营部门能够立即填补公共部门所留下的财政空缺（Wang, 2008）。比如，DMO 内部成员与利益相关者在税收提高的压力下，通常特别关心“他们的”资源将如何被利用，DMO 能付出多少精力来制定吸引目标市场的策略等。这些例子并不鲜见，同时也对许多利益相关者提出了特殊的挑战，因为他们需要放弃在短期内可能对他们更有利的独立行动，并对旅游目的地发展愿景共同达成一致。此外，旅游目的地营销与管理“自上而下政府资助”或“自下而上会员主导”的组织形式也常常出现类似的冲突。

控制是与复杂性密切相关的一个问题。由于旅游目的地的“混合体”特性，任何一个主体都不可能单独控制和影响旅游目的地的方向、质量与发展，除非所有元素都属于同一个主体，这也因而构成了旅游目的地真正的挑战。Harrill（2009）指出，“旅游开发与营销所包含的公众与社会公益元素进一步加剧了旅游目的地控制的分散性，也加强了公共部门的旅游参与，但它们往往具有不同的目标、政策与预期结果”。事实上，在大多数情况下，没有任何个体或组织能够“控制”整个旅游目的地，Scott 等（2000）还指出，“由于协调与控制的困难，基于旅游目的地品牌化的营销战略很可能因此受到破坏，因为许多旅游企业都可能在没有共同协商与协调如何提升旅游目的地价值的情况下单独开展活动”。

虽然这些问题与挑战看上去已经根深蒂固，但也有证据表明，新的创新组织形式正在逐渐形成，如苏格兰最近成立的“爱丁堡旅游目的地营销联盟”（详见 www. edinburghbrand. com），它们迎头面对挑战，并将游客的需要、需求和期望置于首位。虽然当前许多旅游目的地都面临着财政紧缩的困难，同时旅游市场竞争又日益激烈且变幻无常，但这都暗示着旅游目的地应该努力抓住机遇做出改变。今后，旅游目的地将需要创新与灵活的管理方式；需要努力适应市场的需要，而非内部利益相关者（尤其是公共部门）的需要；还需要主动充分利用技术（它们能极大提高旅游目的地控制自身命运的能力），而不是让那些飞毛腿般的网络开发者在利益的驱动下利用技术对目的地施加影响，却没有在目的地留下任何遗产。他们对目的地本身也没有任何的忠诚与特别的兴趣可言。

（二）社区

第一代 15C 框架没有包括社区在内，然而，考虑旅游目的地社区、东道主或居民更广泛的需要也是很重要的，因为他们不仅是当地税收的来源，在很多情况下还是成功传递全面游客体验的关键所在。旅游的重要性与影响已远远超出了旅游者的范围，许多评论者都曾提醒不能忽视当地社区的需要。如 Jamal 和 Jamrozy（2006）提到，对于新的旅游发展途径，其目标“不在于设计新的旅游目的地产品、价格、渠道与促销营销组合，而是要通过旅游发展保证当地居民的生活与环境质量”。Harrill（2009）指出，“关于当地社区如何与其他要素与利益相关者最有效地协作，从而实现社区的旅游规划战略目标，学界还没有得到很好的认识。此外，目前也还没有出现最佳的组织架构能够很好地应对这一挑战”。尽管如此，Bornhorst 等（2010）还是强调了社区关系的重要性。假如 Harrill（2009）的观点是正确的，那么，也意味着旅游目的地在尝试鼓励当地社区更积极和有效地参与旅游发展的过程中，还可以表现出更多的主动性、创新性与真诚。尤其是，当地社区居民不仅拥有选票并为地方纳税，他们还是许多旅游目的地发展计划成功的一部分，其中最典型的例子就是节庆与事件的举办。此外，许多社区本身往往就是吸引物，这就要求旅游目的地营销与管理者能够充分认识与把握旅游业的经济意义，并以目的地大使、拥护者或传道者的角色，促进旅游目的地实现更广阔的发展空间。

（三）变化

在旅游目的地营销与管理过程中，变化无处不在，如今目的地应对变化的压力更是与日俱增。从目的地内部来看，变化的发生主要是由于目的地越来越依赖于私营部门的资金支持所导致的。这在英国尤为显著，因为旅游发展不属于当地政府的法定职能，并且这些公共部门也面临着维持或预留尽可能多的预算用于卫生、教育和社会服务等方面的压力。即使是在那些旅游经济地位十分显著的旅游目的地，也只有那些非常有气魄的政治家，才会将当地社区中通常是弱势群体的旅游发展需要放在头等重要的位置。

外部环境是变化最主要的来源，其中，最大的变化驱动力量来自人口的老龄化，以及旅游目的地为适应代际旅游需求变化所导致的游客行为变化的能力。Glover 和 Prideaux（2009）关于“婴儿潮”的研究以及 Benckendorff 等（2009）关于“Y 代人”的研究都揭示了老龄化所带来的影响日益凸显。Glover 和 Prideaux（2009）指出，旅游目的地管理者“将需要决定面向特定的（正在老龄化的）一代人还是固定的一个年龄组进行产品开发与营销”，“因为旅游产品与它们的消费地是不可分割的，如果通过调整旅游产品来满足消费者变化的需求，就意味着旅游目的地也将经历变化”。虽然 Dwyer 等（2009）识别了许多驱动变化的外部压力（如宏观经济政策、管制放宽、贸易增长、气候变化、技术扩散等），但 Middleton 等（2009）还发现，地缘政治力量从西方向东方的转移也将影响旅游模式、不同旅游目的地的知名度以及旅游目的地营销与管理的替代市场系统与方法。在这些变化中，显然也存在着机遇，尤其是中国和印度正在崛起的中产阶级以及俄罗斯和巴西日益明显的旅游倾向所将带来的机遇。

对于世界许多旅游目的地而言，资源枯竭所带来的压力可能是最迫切的问题。世界石油价格的波动、经济的不确定性以及人们对气候变化的担忧，都导致了“在家度假”现象的出现，尤其是一些政客通过提高碳排放税来减少废气排放，使长途旅行很可能在未来几年内成为社会“禁忌”。然而，综合以上所有因素可以清晰地看到，变化给旅游目的地营销与管理者所带来的机遇就在于，应该立足于距离更近的、旅行成本压力更小的市场，以及当地社区。

（四）危机

在过去 20 年，危机以及人们对危机的恐惧几乎弥漫着整个旅游业。所有旅游目的地，无论其类型与位置如何，都积极或消极、直接或间接地受到各种影响。许多学者已经开始研究自然或人为的危机动态（Beirman，2002，2003；Baral *et al.*，2004；Ritchie，2004；Carlsen and Hughes，2007）。更近的危机研究开始关注危机感知与旅游风险感知之间的联系（Morakabti and Fletcher，2008；Reichel *et al.*，2010）。近年来，美国和英国开始实施更加严格的移民与签证政策，这在很大程度上是受到危机事件的影响，同时，这些事件也明显影响了部分游客市场，如前往英国尤其是伦敦的俄罗斯游客量明显减少。此外，人们对犯罪的担忧也造成越来越多的“在家度假”出现，因为很多时候，仅仅发生一次事件或糟糕的体验就足以对旅游目的地造成消极的影响。虽然纽约的“9·11”事件、2007 年 7 月的伦敦爆炸案，以及 2004 年的印度洋海啸都成了重大的新闻头条，并在中短期内显著影响了目的地的旅游需求，但相比之下，街头犯罪、盗窃或袭击对旅游者造成的伤害，对目的地产生的影响破坏更为持久。当然，所有市场都会关注安全问题，但与新兴市场相比，那些更为成熟的市场往往对安全问题特别敏感，因此，一旦发生这些事件，旅游目的地需要尽一切努力为他们排除担忧。即使对于那些敏感度相对较小的市场，旅游目的地营销与管理者也开始面临越来越多的困境，例如，目的地达到何种安全程度才为市场所接受？目的地应在多大程度上积极推进安全问题？因为这样的行动有可能会适得其反。对于所有旅游目的地而言，维持公共领域秩序是将犯罪行为降到最低限度的一个途径。一些旅游目的地甚至可以塑造一个安全的旅游目的地形象，从而创造新的竞争优势。

除了犯罪外，经济危机也对世界许多旅游目的地造成致命的打击，因为诸如德国、英国和日本等许多核心客源市场的需求都受到经济萧条的影响。由于旅游业常被视作为低回报高风险的产业，如果经济持续低迷，旅游长期投资很可能会受到财政困难的影响。此外，气候变化，或人们对气候变化的忧虑，也正在影响人们的旅游模式。同时，在一个日益倡导低碳的世界中，那些对气候敏感的市场也开始反思长途旅行的影响。

无论何种危机，显然都要求旅游目的地采取综合的管理方法加强所有利益相关者之间的合作与联系。如今，所有旅游目的地都需要将危机管理列入它们的行动计划与战略中，否则就有玩忽职守的嫌疑。但即便如此，能够意识到危机是一回事，能否明白危机的影响又是另一回事，后者显然要困难得多。许多旅游目的地至今“仍然简单地认为伴随危机而来的，只是游客量及其相关花费与住宿需求的变化”（Ladkin *et al.*，2006）。

（五）自满

全球范围内的经济低迷，海地和智利地震，希腊金融危机，还有西欧的西班牙、葡萄牙和爱尔兰也极有可能出现类似的经济混乱等，这些都是近年所发生的其中一些危机事件。尽管这些事件本身不是由旅游活动所引起的，却对旅游业的供需活动产生了深远的影响，同时也使得那些过多依赖并满足于所谓“传统”、“核心”与“重复”市场的旅游目的地从中受挫。在几十年前，目的地甚至可以直接预测客源市场的增长，然而如今，客源市场的忠诚度显然不如从前，并且变幻无常，对价格高度敏感。旅游业已证明是一个非常强大的现象，但相较于过去，目的地要准确预测客源市场已变得十分困难。事实上，市场还在持续变化，并随着世界各地可访问性的提高在未来几年内变得更快。例如，英国伦敦和爱丁堡的游客构成正发生变化（Fyall and Leask，2007）。同时，前往西班牙的英国游客数量在近几年也急剧下降，原因是西班牙在他们眼中已经不是一个“外国味”十足的旅游度假地（Guardian，2010）。这些变化之所以那么凸显，是因为这些旅游目的地过去都太过依赖于那些稳定的市场。在加勒比海地区，那些依赖核心“殖民”市场的许多海岛也面临着同样的问题。像在加勒比海岸、印度洋和太平洋海岸的许多旅游目的地，都在为长途旅行正向短途旅行转变的趋势感到十分忧虑。即便如此，这些目的地还是存在大量开拓新市场的机会，尤其是亚洲已经成为新兴经济体快速增长的主体。另外值得注意的是，在欧洲，还有许多德国人在旅行，但接近一半的出国度假游属于包价旅游而不是团体旅游。市场这种对旅游成本效益与价值的追求，使许多旅游目的地存在了几十年的自满观念正遭到破除。

从供给的层面来看，旅游目的地基础设施的传统刚性应该在规划的初始阶段得到强化，但未来对于饭店和吸引物的设计，显然需要包含更多的弹性，才能应对市场未来变化的可能性。此外，还需要设计一个适当的能够承受内外部环境变化的目的地营销与管理组织架构（Gretzel *et al.*，2006）。然而，Harrill（2009）发现，自满观念最主要存在于一些缺乏教育的旅游目的地营销与管理者身上。他提到，“虽然那些训练良好的毕业生在试图研究人们为什么旅行，潜在的游客市场和当地居民的旅游感知如何等这些涉及更宽广的战略蓝图的问题（如组织间的旅游营销与发展、管理多元化的利益相关者与利益冲突），但这些行动都没有得到足够的重视。此外，那些毕业于规划、公共政策和管理学等研究领域的大学生，也需要具备更好的能力去理解旅游业的复杂性以及旅游企业的组织文化，包括DMO的形式与职能的演变过程”。显然，未来必须更加认真与专业地对待旅游目的地营销与管理，才有可能吸引那些具备丰富的技能、经验和专业素质的人才，带领目的地迎接可能非常动荡和具有挑战性的未来。

（六）顾客、共同创造与游客体验

本章在第一代15C框架基础上进一步凸显了体验式营销的重要性（Middleton *et al.*，2009）。虽然许多旅游目的地不得不开始面向新的顾客群体，如中国、印度和俄罗斯的中产阶级和“Y一代”，但实际上，它们所共同面临的一个主要问题在于，需要从过去过多地强调目的地转而更多地关注当代消费者本身，“他们在用消费的方式来表达自己……通过消费来建立自我认同与归属感”（Williams，2006）。Morgan 等（2009）还以此为主题在三个不同国家的旅游目的地展开了体验式营销的比较研究，清晰地论证了 Pine 和 Gilmore（1999）所撰写的《体验经济》所具有的丰富内涵，以及大多数旅游目的地还没有实现 Li 和 Petrick（2008）所提出的旅游营销范式转变，这些目的地依然十分自满，以产品为导向，缺乏创新。旅游目的地要完全成功实现体验式营销，首先就要从一线员工的服务传递开始做起，使每位游客在与一线员工接触的过程中就开始产生难忘的体验，在这一体验过程中，游客不是消极的接受者，而是积极的参与者。最后，所有参与者所购买的实际是旅游目的地的品牌价值，并且在消费的过程中又共同增强了这一价值。像这样一种共同创造的体验，目前主要在那些发展较为成熟的旅游目的地中得到重视——因为对于那些新兴旅游目的地而言，它们一方面还能吸引游客的兴趣，仍处于发展的上升趋势中。另外它们也还需要充分理解游客的体验需要。确实，对于这些“新生代”，“产品”新本身就足以让他们对市场感兴趣，即使这种兴趣是短期的。

（七）文化

文化问题无论从需求方还是供给方的角度来看都与旅游目的地营销密切相关。例如，在许多国家，旅游公共部门与私营部门之间的文化差异一直都是阻碍旅游目的地进步的重要障碍。虽然有证据表明，这种情况正在慢慢改变，但旅游目的地独有的特性及其主要作为一种“公共产品”的性质，都决定了这两种文化还可能在较长的时期内继续并存（Harrill，2009）。在过去 10 年里，英国部分地区的一些旅游目的地从公共部门中得到了巨额投资来对 DMO 的组织架构进行改革，虽然有学者认为这是一种成功（Middleton *et al.*，2009），但这些组织架构对公共部门的持续依赖程度却让人感到失望，因为在面对即将到来的严峻时期，它们的长期可持续性已遭受质疑。Middleton 等（2009）强调，正是旅游目的地以一个整体的方式为游客“体验”提供了“舞台”，才使得公共部门与私营部门之间，以及它们各自的文化之间具有千丝万缕的联系。然而，虽然旅游目的地的成功最终都涉及两个部门，但主要还是依赖于“公共领域”的管理。良好的公共管理是旅游经济取得成功的重要支柱，也是提高当地居民生活质量的关键所在。Middleton 等（2009）还提到，“游客的体验质量通常更加依赖于公共部门的角色，即其为游客提供旅行、住宿和吸引物等产品与服务的供应商角色（2009）”。他们还提到，“两个部门之间需要相互加强理解与合作，还需要认识到它们在旅游经济中的相互依赖性，以及共同为游客提供高质量的体验来与其他旅游目的地竞争的重要性”。同样，Dwyer 等（2009）也提到，“旅游私营部门和公共部门中的各个利益相关者所共同面临的一个挑战就是，主动地把握这些变化来为组织创造和维持竞争优势”。

旅游目的地改变组织文化的其中一个方式就是，提高所雇用员工的素质。旅游目的地管理就是要探讨和解决本章所提及的所有主题与问题，因此，一个强大的、公认的并广为人接受的旅游目的地管理资格体系建设比任何时候都显得更为迫切。这也将是 DMO 成功穿越前方的艰难险阻的一个有效的工具。

从需求的角度来看，许多旅游目的地已经开始制定一些通常具有深厚文化底蕴的旅游利基市场战略来扩大核心主题的多样性。例如，Connell（2006）、du Rand 和 Heath（2006）的研究揭示了两个旅游目的地分别如何创造性地利用健康旅游体验和美食旅游体验来为目的地发展新的目标感。

（八）竞争

随着旅游目的地处处面临巨大的保护压力和旅游经济回报增长压力，旅游目的地之间的竞争也日趋激烈。Bornhorst 等（2010）认为，旅游目的地之间的相互可替代性趋势已变得越来越明显。在地中海地区的旅游目的地竞争可能更为激烈，传统的旅游目的地如西班牙、法国、意大利和希腊，如今正面临来自非欧洲地区的旅游目的地（如土耳其）的激烈竞争。随着过去十年廉价航班的急剧增长，欧洲和亚洲之间的竞争也日益凸显，许多过去难以到达的地方如今也已向大众开放，并促进了许多国家住宅旅游的增长。事实上，这种基于旅游需求的第二住宅的迅速增长已经对许多旅游目的地构成了非间接的竞争威胁，因为这意味着越来越多的旅游者将不再需要多样化的目的地选择，他们购买第二住宅的行为已经在不同程度上表明他们对某个旅游目的地所特有的忠诚（Fyall *et al.*，2006）。虽然如今廉价航班已在全世界盛行，但在未来几年内，它们能够保持“低价”策略的能力，将在一定程度上决定了许多旅游目的地能否继续维持它们的新市场。它们也有可能随着航空公司的竞争、财政与低碳压力的加大而失去这部分市场。但最为重要的是，所有旅游目的地都需要比以往更清楚地了解它们在市场中的定位，也需要一个更加清晰、明朗的主题。

（九）商品化

随着旅游目的地竞争日趋激烈，相互可替代性日益增强，旅游目的地能否通过差异化战略脱颖而出，已成为未来目的地管理与营销的一个巨大挑战。由于世界各地区之间的竞争持续不断增长，越来越多的旅游目的地的“卖点”正逐步走向趋同，并促使它们更加努力地通过各种手段避免被轻易取代，如体验式营销，创造性地开发利基市场，寻求新的和可替代市场，减少对传统市场的依赖，或采取创新型的品牌发展形式等。但其中最重要也是最迫切的问题是，旅游目的地营销与管理者能否充分意识到这种替代威胁的永久性，以及目的地是否能够不断创造和保持竞争优势。互联网革命是促使旅游目的地相互可替代性增强的原因之一，因为互联网使游客更加轻松地在线比较产品与价格，并在短短几分钟内完成商品的选购。此外，造成旅游目的地可替代性增强的原因还包括营销与管理者的想象力缺失，以及太多旅游目的地都急切地采用低风险的跟随策略，尤其是那些举办节庆与事件活动的地区。Fyall 和 Leask（2007）在比较伦敦和爱丁堡时就提到了这个问题。虽然爱丁堡在举办世界知名的节庆与事件活动上已经在国内外积累了良好的声誉，但由于仅在英国本土就有许多城市采用这种跟随策略，如利物浦、曼彻斯特和伦敦等，爱丁堡的这个已经形成多年的独特卖点如今也面临着非常现实的威胁。

（十）创造力

创造性地提升品牌化的方法是旅游目的地缓解替代威胁的主要方式之一。然而，通过文献回顾可知，旅游目的地的品牌构建与管理绝非易事。对于那些迫切实现旅游目的地差异化的营销者而言，他们面临最大的困难之一就是他们构建旅游目的地全面品牌的能力受到各种限制。所有旅游目的地都会受到广泛的政治环境影响，大多数旅游目的地都受到非常紧张的财政预算和效率低下的决策环境所支配，这无疑极大地抑制了市场的创造力。许多学者也开始研究这些问题，并提出需要极大地改变这种状况，使旅游目的地能够更专业地发展、管理和提升目的地品牌化方法（Morgan *et al.*, 2002；2003；Caldwell and Freire, 2004；Konecnik 2004；Prideaux *et al.*, 2004；White, 2004）。

然而，Hankinson（2007）最近提出，采用更多企业的方法来对旅游目的地品牌化具有许多好处。企业品牌化与传统品牌化的方法区别如表 21－1 所示，其中，企业品牌化方法是由单一成分、紧密的利益相关者关系以及较低的组织复杂性需要所驱动的。它们以功能和个体为导向，能够容纳子品牌。可能最重要的区别就在于企业的方法缺少明显的政府角色，主要依赖于私营企业，并且需要保持产品或目的地属性的一致性。

表 21-1 企业品牌与地方品牌的比较

企业品牌	地方品牌
产品与服务成分单一	产品与服务成分多样化
利益相关者关系紧密	利益相关者关系碎化
组织的复杂性较低	组织复杂性较高
功能导向	体验与享乐导向
个体导向	集体导向
子品牌具有一致性	子品牌不一致且相互竞争
私营企业	公私合作关系
缺少明显的政府角色	政府角色明显
产品属性一致	产品具有季节性的特征
产品供应富有弹性	产品供应缺乏弹性

资料来源：Allen（2007）

对于许多旅游目的地而言，采用企业的方法多少有点野心，但这种方法能带来如此多的好处，使得它的普及只是时间的问题。然而，要实现这一目标，旅游目的地将需要批判性地对组织、营销工作和员工进行全面评估，因为这些因素可能对目的地现状以及当前的政治局势具有重要的影响。这种方法的一个主要挑战就在于能在多大程度上考虑到社区，其中，英国爱丁堡在使用企业方法上最具标杆意义。爱丁堡目的地营销联盟成立于 2009 年，主要通过协作、专注并极具社区敏感的方法进行目的地品牌化，以旅游、投资、人居和学习为主题来增强企业凝聚力和品牌。保护当地社区的利益是非常重要的，一方面有许多居民也从事着旅游行业；另一方面社区在传递游客体验的过程中发挥着至关重要的作用。此外，他们还是当地的纳税人，是地方民主的决定性因素。对于旅游目的地的营销者和品牌建设者而言，他们虽然存在许多机遇，但最重要的是能够深刻理解目的地形象形成的过程与驱动因素，因为这将直接影响目的地的品牌认同、服务和利益相关者联盟，以及旅游目的地的总体营销战略。归根到底，旅游者的目的地选择主要还是基于目的地形象，同时也使得“创造一个强大的虚拟品牌体验变得越来越重要”（Allen, 2007）。

对于许多旅游目的地而言，它们越来越需要新的、更富有创新性与创造力的方法推动目的地品牌建设，尤其是在财政预算紧张的条件下。如今，影视旅游的发展也为目的地创造了大量机遇（Pratt, 2010），它不仅为目的地的品牌推广提供了非常经济的途径，也使得那些资源紧张的小型旅游目的地能够实现全球范围内的宣传与推广。

（十一）传播

旅游目的地线上和线下两种营销模式的不断增长表明，它们在一个联系日趋紧密、信心日益膨胀的消费者市场中，利用 Web 2.0、博客和在线社交网络（Facebook 和 Twitter）等技术手段来满足顾客需求方面也开始表现出越来越多的信心与经验。尽管许多旅游目的地仍然在传统印刷媒体上（旅游指南、传单）投入较高的营销预算（Dore and Crouch，2003；Foley and Fahy，2004），但它们也开始越来越多地利用电子和网络形式的传播方式。然而，虽然这类新媒体的传播方式更有成本效益，但至于它们能在多大程度上起到真正的作用至今仍难以定论，因为那些用以监测媒体的指标现在看起来并不如一开始那么有效。因此，尽管像 King（2002）这些学者强调需要创造和传播能够将目的地的核心品牌价值和资产与核心消费者的度假愿望和需求联系起来的度假体验，但如果仅依靠网络这种传播形式将能取得多大成效，仍然是一个未知数。当然，他也提出需要更加积极地介入、推动和引导这样一种传播模式的转换过程。事实上，一种基于“体验”的经济趋势已为建立持续、直接、双向和网络化的消费者传播渠道打开了大门，这将促进核心客户关系策略的制定，使未来大规模的定制化营销与传递能力的发展成为可能（Fyall *et al.*，2006）。

（十二）渠道

旅游目的地在市场中获得竞争优势的重要手段之一就是主动参与分销渠道并成为渠道的创新者。早期的分销渠道发展与创新大多发生在旅游目的地以外更广泛的旅游业中，但随着技术的发展，如今旅游目的地也能更直接地与它们的游客基群发生联系。许多旅游目的地正努力通过尽可能广泛的渠道来联系与控制它们在世界各地的市场，其中伦敦就是一个典型的例子，但伦敦也确实在这方面拥有充分可支配的资源与人员。对于那些预算相对紧张的许多小型旅游目的地而言，虽然它们也可以通过调整优先发展策略来充分利用已有的渠道，但它们仍然在努力挣扎中。Fyall 等（2006）在第一代 15C 框架中提到，无论“一个旅游目的地的位置、规模和类型如何，发展一个合适的旅游目的地管理系统都是一件头等大事，不管通过单方面行动还是与其他目的地合作”。

（十三）网络空间

第一代 15C 框架也将网络空间列为旅游目的地营销与管理的重要挑战之一。但随着近几年互联网的高速发展，网络空间实际上为目的地营销与管理带来了更多的机遇，尤其是在线社交网络，如 Facebook 和 TripAdvisor 的使用，已经推动一些旅游目的地向顾客导向的发展策略转型。因为这些社交网络具有创建信息、回复评论和影响他者旅游行为的能力，这些功能甚至能够刺激那些最保守的人采取行动。然而，像 Expedia、Travelocity、Opodo 和其他类似的网站还将持续对目的地构成重要的威胁，因为它们的专业技能和经营范围能够创造显著的规模经济，并进一步巩固它们的市场地位。如今，旅游目的地明显可以利用的一些机会只能是一些容易操作的日常技术，如博客、Twitter、Web 2.0 和更广泛的病毒式营销（Middleton *et al.*，2009）等。但不管如何，互联网正推动大部分产业部门向顾客导向的发展方向转型。虽然“旅游目的地产品的复杂性以及目的地营销者的协调角色都使得旅游目的地网站的建设、实施和管理十分具有挑战性”（Fyall *et al.*，2006，p. 82），但这类活动也到了应该像设计目的地旅游指南和售卖明信片一样普遍的时刻了。

（十四）合并

Middleton 等（2009）强调，在广泛的旅游业中，全球化、日益增多的合并活动以及明显的两极化现象已成为所有部门所共同面临的一个非常紧迫的问题。这个两极分化的过程正在“创造少数巨型的、国际化乃至世界知名的企业，与此同时，小微企业仍然在数量上占主导地位，影响大多数顾客的目的地旅游体验”。这实际上反映了旅游目的地中“公司导向、管理严密、高效率但乏味的大型国际公司”与“小微企业”两种不同供应模式的日益分离（Middleton *et al.*，2009）。对于许多规模较小的旅游目的地而言，它们由于资源和预算的限制往往很难抓住 15C 框架中所提及的许多机遇。这表明，旅游目的地的营销与管理活动未来将由规模所决定。旅游目的地如果由合并的巨型企业利用其技术、资金以及涉足私营部门领域的优势将目的地发展成为“度假村”，显然将压倒那些更小、更传统、更倾向于基于社区并由公共部门管理的旅游目的地而获得成功。事实上，正是由联盟、兼并和收购活动所推动的企业组织架构整合，最可能引起旅游业的组织架构变革（Wahab and Cooper，2001）。确实，对于全球大多数旅游目的地而言，它们需要在企业合并与两极分化的发展过程中，努力克服其所带来的力量平衡问题，这也是它们即将面临的巨大挑战。

（十五）合作

合作是其中能够抗衡上述这种巨型企业的统治地位的一种手段，不管通过旅游目的地内部的合作，还是目的地之间的合作方式。许多学者都曾强调旅游目的地合作的重要性（Palmer and Bejou，1995；Buhalis and Cooper，1998；Telfer，2001；Prideaux and Cooper，2002），而上述所提及的15C框架中的许多因素，实际上也促使旅游目的地采用合作的方式，将所有关联的合作伙伴聚集起来，共同提供一个更加有效、整合性更强的营销组合与传递系统，从而实现更有力的竞争。正如King（2002）提出的“网络经济”和Wang（2008）提出的“价值网络”，DMO很可能将与行业伙伴形成战略关系，共同为顾客提供更加完美的体验。如今，合作已经成了必然的趋势，如Fyall和Garrod（2005）所言，合作已成为旅游目的地在激烈的竞争与巨大的环境压力中生存的必备条件，其中，合作的形式可以是目的地内部网络的形式（von Friedrichs Grängsjö，2003），品牌相关的形式（Hankinson，2004），或合作治理的形式（Palmer and Bejou，1995；Palmer，1998）。Wang（2008）虽然也强调上述观点，但同时也指出，旅游目的地广义的合作可能会受到两方面的挑战：首先“旅游目的地的营销任务实质上是由各个分散的利益相关者所共同完成的”；其次“没有任何机构能够单独控制和传递一个旅游目的地所有的产品与服务组合”。这两个挑战很可能使目的地中团体之间的合作难以实现。

合作本身的应急性质以及环境因素的重要影响都使组织要从“良好的实践”中进行比较和学习显得十分困难（Fyall *et al.*，2010），虽然合作“也许能提高DMO的营销技能和管理水平”，但也有可能“导致特殊的学习问题，如不可控的信息泄露问题”（Harrill，2009）。此外，还有可能出现个别企业的“搭便车”行为，实际上“这也是困扰了旅游目的地营销多年的问题”（Wang，2008）。然而，“许多旅游运营商规模小且相互依赖的特点又迫使它们形成联合行动，尤其是考虑到渗透远方市场的成本与困难”（Wang，2008）。简而言之，世界各地的旅游目的地都需要竭尽全力鼓励目的地中所有利益相关者参与到目的地的整合营销与管理活动中，同时尽可能减少任何利益相关者，尤其是打着企业品牌的饭店或大型景区，有搭便车的机会。然而，对于所有旅游目的地而言，建立更加紧密的“联系”比其他任何形式的合作都显得更为迫切，它们尤其需要“改善各个层级之间的联系，明晰个体的角色与职责。最重要的是，通过现代信息技术手段保证组织之间以及从企业到消费者之间的信息流通。这些都是它们能够尽可能做好的事情”（Hemphill，2009）。

四、总结和结论

本章所描述的15C框架中的所有组成部分显然都还需要未来更多的研究和检验。如同第一代框架把“合作”比喻为各个组成部分相互联结的“黏合剂”一样，本章认为，在当今所有经济体都深受世界金融危机持续影响的情况下，合作的这种“黏合”作用将更加明显。如今，人们对经济复苏的预测众说纷纭，但未来几年无疑仍然充满挑战。最近在《英国卫报》上有位读者在来信版面写道（虽然是从政治而不是旅游的视角），“竞争生存虽然简单、粗野和诱人，但从长远来看却使问题恶化。然而，合作生存是一个更难的概念，也要求政客们付出艰巨的努力，却能产生更多可持续的解决方案”（The Guardian, 2010）。这个评论实际上也适用于全球旅游目的地当前所面临的情况。目的地内部以及目的地之间的竞争虽然能为单体企业带来短期的利益，但它们的这种短视行为却使旅游目的地逐渐失去其广泛的意义，从而严重阻碍目的地的长期发展和可持续性。不管未来人们如何看待旅游目的地，但合作已经是目的地未来发展、营销与管理的一个自然选择（Wang, 2008），也确实成了旅游目的地在未来取得营销成功的必要条件（Fyall et al. 2006）。随着时间的推移，行业实践者和学术研究者都已渐渐达成共识，无论在目的地内部还是目的地之间，除了加强合作外，几乎没有其他更好的选择。然而，目前更为棘手的问题就在于，合作应该采取怎样的形式，才能有效地应对旅游目的地的复杂性，使目的地能够重新控制其自身的产品命运，能够满足当地社区的需求，应对持续的变化和危机，并克服自满。此外，不同的合作形式能够通过鼓励游客共同创造全面游客体验来吸引大量的新老顾客；鼓励文化的改变，尤其是公共部门与私营部门之间的文化差异；通过统一未来信息与愿景将所有核心利益相关者聚集起来；通过鼓励已经商品化的旅游目的地寻求新的营销路线和更具有创造性的品牌化方法；以及通过使用更多样化的传播技术与分销渠道等多种方式来与企业的竞争策略抗衡。此外，旅游目的地在使用网络空间上的合作活动已经无处不在，这也是它们挑战和抑制企业竞争威胁的一个非常成功的手段，尤其是那些通过兼并和收购活动所形成的巨型企业。实际上它们的存在也证明了，在一个更宽泛的旅游业中，旅游企业正出现一体化与合并的趋势。

最后，本章虽然在第一代15C框架的基础上做出了一些修正，但其中的每一部分仍然需要经过严谨的论证，还需要进一步衡量如何在面对剧烈的环境变化与经济震荡中有效地管理各个成分。本章开篇提到，学术界在论证如何有效地整合旅游目的地各种特征与问题方面的进程十分缓慢（Harrill, 2009）。另一方面，对于行业实践者能否摒弃零散的目的地营销与管理方法，同时采取更加有效的合作策略，也同样受到了质疑。毋庸置疑，旅游目的地所面临的营销与管理挑战重重，但也正是这些挑战不断鞭策实践者和学术界进一步推动这些议程的发展，探讨最合适的旅游目的地营销与管理策略，并使旅游目的地成为旅游业最基本的研究单位与管理单元。

参考文献

Allen, G. (2010) Place branding: new tools for economic development. *Design Management Review*, 18 (2), 60 – 68.

Archer, B. (1996) Sustainable tourism: do economists really care? *Progress in Tourism & Hospitality Research*, 2 (3/4), 217 – 222.

Ashworth, G. and Goodhall, B. (1990) *Marketing Tourism Places.* Routledge, New York.

Baloglu, S. and Brinberg, D. (1997) Affective images of tourism destinations. *Journal of Travel Research*, 35, 11 – 15.

Baral, A., Baral, S., and Morgan, N. (2004) Marketing Nepal in an uncertain climate: confronting perceptions of risk and insecurity. *Journal of Vacation Marketing*, 10 (2), 186 – 194.

Beirman, D. (2002) Marketing of tourism destinations during a period of prolonged crisis: Israel and the Middle East. *Journal of Vacation Marketing*, 8 (2), 167 – 176.

Beirman, D. (2003) *Restoring Tourism Destinations in Crisis: A Strategic Marketing Approach.* Oxford: CABI Publishing.

Benckendorff, P., Moscardo, G. and Pendergast, D. (2009) *Tourism and Generation Y.* Oxford: CABI Publishing.

Bornhorst, T., Brent Ritchie, J. R. and Sheehan, L. Determinants of tourism success for DMO & destinations: an empirical examination of stakeholders' perspectives. *Tourism Management*, 31 (5), 572 – 589.

Buhalis, D. (2000) Marketing the competitive destination of the future. *Tourism Management*, 21 (1), 97 – 116.

Buhalis, D. and Cooper, C. (1998) Competition or co – operation: the needs of small and medium sized tourism enterprises at a destination level. In: E. Laws, B. Faulkner and G. Moscardo (eds) *Embracing and Managing Change in Tourism.* Routledge, London, pp. 324 – 346.

Butler, R. (1980) The concept of a tourist area cycle of evolution: implications for management of resources. *The Canadian Geographer*, 24 (1), 5 – 12.

Caldwell, N. and Freire, J. R. (2004) The difference between branding a country, a region and a city: applying the brand box model. *Journal of Brand Management*, 12 (1), 50 – 61.

Carlsen, J. and Hughes, M. (2007) Tourism market recovery in the Maldives after the 2004 Indian Ocean Tsunami. *Journal of Travel & Tourism Marketing*, 23 (2/3/4), 139 – 149.

Chon, K. (1990) The role of destination image in tourism: a review and discussion. *The Tourist Review*, 45 (2), 2-9.

Chon, K. (1991) Tourism destination image: marketing implications. *Tourism Management*, 12 (1), 68-72.

Connell, J. (2006) Medical tourism: Sea, sun, sand and ... surgery. *Tourism Management*, 27 (6), 1093-1100.

Decrop, A. (2010) The formation of destination choice sets: An Interpretive approach. In: Kozak, M., Gnoth, J. and L. Andreu (eds) *Advances in Tourism Destination Marketing: Managing Networks.* Routledge, Abingdon, pp. 183-194.

Dore, L. and Crouch, G. I. (2003) Promoting destinations: an exploratory study of publicity programmes used by national tourism organisations. *Journal of Vacation Marketing*, 9 (2), 137-151.

Dredge, D. (2006) Policy networks and the local organisation of tourism. *Tourism Management*, 27 (2), 269-280.

Du Rand, G. E. and Heath, E. (2006) Towards a framework for food tourism as an element of destination marketing. *Current Issues in Tourism*, 9 (3), 206-234.

Dwyer, L., Edwards, D., Mistillis, N., Roman, C. and Scott, N. (2009) Destination and enterprise management for a tourism future. *Tourism Management*, 30 (1), 63-74.

ETC (2009) *European Tourism Trends in 2009: Trends and Prospects.* ETC Market Intelligence, Brussels.

Faulkner, B. and Tideswell, C. (1997) A framework for monitoring community impacts of tourism. *Journal of Sustainable Tourism*, 5 (1), 3-28.

Fletcher, J. and Morakabati, M. (2008) Tourism activity, terrorism and political instability within the Commonwealth: The case of Fiji and Kenya. *International Journal of Tourism Research*, 10 (6), 537-556.

Foley, A. and Fahy, J. (2004) Incongruity between expression and experience: the role of imagery in supporting the positioning of a tourism destination brand. *Journal of Brand Management*, 11 (3), 209-217.

Fyall, A., Fletcher, J. and Spyriadis, T. (2010) Diversity, devolution and disorder: the management of tourism destinations. In: Kozak, M., Gnoth, J. and L. Andreu (eds) *Advances in Tourism Destination Marketing: Managing Networks.* Routledge, Abingdon, pp. 15-26.

Fyall, A. and Garrod, B. (2005) *Tourism Marketing: A Collaborative Approach.* Channel View Publications, Clevedon.

Fyall, A., Garrod, B. and Tosun, C. (2006) Destination marketing: a framework for future research. In: Kozak, M. and L. Andreu (eds) *Progress in Tourism Marketing.* Elsevier, Oxford, pp. 75-86.

Fyall, A., Kozak, M., Andreu, L., Gnoth, J. and Sibila Lebe, S. (2009) *Marketing Innovations for Sustainable Destinations.* Goodfellow Publishers Limited, Oxford.

Fyall, A. and Leask, A. (2007) Destination marketing: Future issues - strategic challenges. *Tourism & Hospitality Research*, 7 (1), 50-63.

Garrod, G. and Willis, K. G. (1992) The amenity value of woodland in Great Britain: a comparison of economic estimates. *Environmental and Resource Economics*, 2 (4), 415-434.

Gilbert, D. (1990) Strategic marketing planning for national tourism. *The Tourist Review*, 45 (1), 18-27.

Glover, P. and Prideaux, B. (2009) Implications of population ageing for the development of tourism products and destinations. *Journal of Vacation Marketing*, 15 (1), 25-37.

Goodhall, B. (1988) How tourists choose their holidays: an analytical framework. In: Goodhall and Ashworth. *Marketing in the Tourism Industry: The Promotion of Destination Regions*. Groom Helm, London.

Goodhall, B. (1991) Understanding holiday choice. *Progress in Tourism, Recreation and Hospitality Management*, Belhaven Press, London, pp. 58 – 77.

Gretzel, U., Fesenmaier, D. R., Formica, S. and O'Leary, J. T. (2006) Searching for the future: challenges faced by destination marketing organization. *Journal of Travel Research*, 45 (2), 116 – 126.

Gunn, C. (1972) *Vacationscape*. Bureau of Business Research, University of Texas, Austin.

Hankinson, G. (2004) Relational network brands: towards a conceptual model of place brands. *Journal of Vacation Marketing*, 10 (2), 109 – 121.

Hankinson, G. (2007) The management of destination brands: five guiding principles based on recent developments in corporate branding theory. *Brand Management*, 14 (3), 240 – 254.

Harrill, R. (2009) Destination management: new challenges, new needs. In: Jamal, T. and Robinson, M. (eds) *The Sage Handbook of Tourism Studies*. Sage, London, pp. 448 – 463.

Heath, E. and Wall, G. (1992) *Marketing Tourism Destinations: A Strategic Planning Approach*. Wiley, New York.

Hemphill, P. (2009) The future of destination management: changes, challenges and opportunities. *Tourism*, 142, 8 – 9.

Huybers, T. (2003) Domestic tourism destination choices: a choice modelling analysis. *International Journal of Tourism Research*, 5 (6), 445 459.

Inskeep, E. (1991) *Tourism Planning: An Integrated and Sustainable Approach*. Van Nostrand Reinhold, New York.

Inskeep, E. (1994) *National and Regional Tourism Planning*. Routledge, London.

Jamal, T., Borges, M. and Figuerido, R. (2004) Systems – based modelling for participatory tourism planning and destination management. *Tourism Analysis*, 9 (1/2), 77 – 90.

Jamal, T. and Jamrozy, U. (2006) Collaborative networks and partnerships for integrated destination management. In: Buhalis, D. and C. Costa (eds) *Tourism Management Dynamics: Trends, Management and Tools*. Elsevier Butterworth Heinemann, Oxford, pp. 164 – 172.

King, J. (2002) Destination marketing organisations: connecting the experience rather than promoting the place. *Journal of Vacation Marketing*, 8 (2), 105 – 108.

Konecnik, M. (2004) Evaluating Slovenia's image as a tourism destination. A self – analysis process towards building a destination tool. *Journal of Brand Management*, 11 (4), 307 – 316.

Kozak, M., Gnoth, J. and Andreu, L. A. (2010) *Advances in Tourism Destination Marketing*. Routledge, London.

Laarman, J. G. and Gregersen, H. M. (1996) Pricing policy in nature – based tourism. *Tourism Management*, 17 (4), 247 – 254.

Ladkin, A., Fyall, A., Fletcher, J. and Shipway, R. (2006) London tourism: devolution, disaster and diversification. *CAUTHE 2006: To the City and Beyond*. Victoria University, Melbourne, 6 – 9.

Lam, T. and Hsu, C. H. C. (2006) Predicting behavioral intention of choosing a travel destination. *Tourism Management*, 27 (4), 589 – 599.

Lee, G. , Morrison, A. M. and O'Leary, J. T. (2006) The economic value portfolio matrix: a target market selection tool for destination marketing organizations. *Tourism Management*, 27 (4), 576 - 588.

Leiper, N. (1979) The framework of tourism. *Annals of Tourism Research*, 6 (4), 390 - 407.

Leiper, N. (1990) *Tourism Systems.* Massey University Press, Palmerston North.

Leiper, N. (1995) *Tourism Management.* TAFE Publications, Collingwood, Vic.

Li, X. and Petrick, J. F. (2008) Tourism marketing in an era of paradigm shift. *Journal of Travel Research*, 46 (3), 235 - 244.

Manente, M. and Minghetti, V. (2006) Destination management organizations and actors. In: Buhalis, D. and C. Costa (eds) *Tourism Business Frontiers: Consumers, Products and Industry.* Elsevier Butterworth Heinemann, Oxford, pp. 228 - 237.

Middleton, V. T. C. , Fyall, A. , Morgan, M. and Ranchhod, A. (2009) *Marketing in Travel and Tourism* (*4th ed*) . Butterworth Heinemann, Oxford.

Morgan, M. , Elbe, J. and de Esteban Curiel, J. (2009) Has the experience economy arrived? The views of destination managers in three visitor - dependent areas. *International Journal of Tourism Research*, 11 (2), 201 - 216.

Morgan, N. , Pritchard, A. and Piggott, R. (2002) New Zealand, 100% Pure: the creation of a powerful niche destination brand. *Journal of Brand Management*, 9 (4/5), 335 - 354.

Morgan, N. J. , Pritchard, A. and Piggott, R. (2003) Destination branding and the role of stakeholders: the case of New Zealand. *Journal of Vacation Marketing*, 9 (3), 285 - 299.

Morrison, A. M. , Bruen, S. M. and Anderson, D. J. (1998) Convention and visitor bureaus in the USA: a profile of bureaus, bureau executives, and budgets. *Journal of Travel & Tourism Marketing*, 7 (1), 1 - 19.

Novelli, M. (2005) *Niche Tourism: Contemporary Issues, Trends and Cases.* Elsevier Butterworth Heinemann, Oxford.

Palmer, A. (1998) Evaluating the governance style of marketing groups. *Annals of Tourism Research*, 25 (1), 185 - 201.

Palmer, A. and Bejou, D. (1995) Tourism destination marketing alliances. *Annals of Tourism Research*, 22 (3), 616 - 629.

Prideaux, B. , Agrusa, J. , Donlon, J. and Curran, C. (2004) Exotic or erotic - contrasting images for defining destinations. *Asia Pacific Journal of Tourism Research*, 9 (1), 5 - 17.

Prideaux, B. and Cooper, C. (2002) Marketing and destination growth: a symbiotic relationship or simple coincidence? *Journal of Vacation Marketing*, 9 (1), 35 - 51.

Pike, S. (2005) Tourism destination branding complexity. *Journal of Product & Brand Management*, 14 (4), 258 - 259.

Pine, B. J. and Gilmore, J. H. (1999) *Experience Economy: Work is Theatre and Every Business a Stage.* Harvard Business School Press, Boston, Mass.

Pratt, S. (2010) A movie map conversion study: a case study of pride & prejudice. In: Kozak, M. , Gnoth, J. and L. Andreu (eds) *Advances in Tourism Destination Marketing: Managing Networks.* Routledge, Abingdon, pp. 59 - 73.

Reichel, A. , Fuchs, G. and Uriely, N. (2010) Risk perceptions and risk reduction strategies as determinants of destination choice. In: Kozak, M., Gnoth, J. and L. Andreu (eds) *Advances in Tourism Destination Marketing: Managing Networks.* Routledge, Abingdon, pp. 195 – 206.

Ritchie, B. W. (2004) Chaos, crisis and disasters: a strategic approach to crisis management in the tourism industry. *Tourism Management*, 25 (6), 669 – 683.

Ritchie, J. R. B. and Crouch, G. I. (2003) *The Competitive Destination: A Sustainable Tourism Perspective.* CABI, Oxford.

Ryan, C. (1997) *The Tourist Experience: A New Introduction.* Cassell, London.

Scott, N., Parfitt, N. and Laws, E. (2000) Destination management: co – operative marketing, a case study of Port Douglas Brand. In: B. Faulkner, G. Moscardo and E. Laws (eds) *Tourism in the 21st Century.* Continuum, London, pp. 198 – 221.

Seaton, A. (1997) Destination marketing. In: Seaton, A. and M. Bennett (eds) *Marketing Tourism Products: Concepts, Issues, Cases.* Thomson Business Press, London.

Shaw, G. and Williams, A. (1997) *The Rise and Fall of British Coastal Resorts: Cultural and Economic Perspectives* (eds). Mansell, London.

Sheehan, L. R. and Brent Ritchie, J. R. (2005) Destination stakeholders exploring identity and salience. *Annals of Tourism Research*, 32 (3), 711 – 734.

Telfer, D. (2001) Strategic alliances along the Niagara Wine Route. *Tourism Management*, 22 (1), 21 – 30.

The Guardian (2010) Staycation? That's so last year: boom in long – haul holidays as Brits look abroad. *The Guardian*, pp. 3.

The Guardian (2010) Letters and emails. *The Guardian*, p. 29.

von Friedrichs Grängsjö, Y. (2003) Destination networking: co – opetition in peripheral surroundings. *International Journal of Physical Distribution & Logistics Management*, 33 (5), 427 – 448.

Wahab, S. and Cooper, C. (2001) *Tourism in the Age of Globalisation.* Routledge, London.

Wang, Y. (2008) Collaborative destination marketing: roles and strategies of convention and visitors bureaus. *Journal of Vacation Marketing*, 14 (3), 191 – 209.

Wang, Y. and Fesenmaier, D. R. (2007) Collaborative destination marketing: a case study of Elkhart county, Indiana. *Tourism Management*, 28 (3), 863 – 875.

Wang, Y. and Xiang, Z. (2007) Toward a theoretical framework of collaborative destination marketing. *Journal of Travel Research*, 46 (1), 75 – 85.

White, C. J. (2004) Destination image: to see or not to see. *International Journal of Contemporary Hospitality Management*, 16 (5), 309 – 314.

Williams, A. (2006) Tourism and hospitality marketing: fantasy, feeling and fun. *International Journal of Contemporary Hospitality Management*, 18 (6), 482 – 495.

译后记

目的地市场营销与管理是一个错综复杂的议题。在同类书籍当中，本书首次采用综合与全面的方法来介绍旅游目的地市场营销与管理的方方面面，也是第一本同时将目的地的市场营销与管理两个方面作为一个统一的分析单元，以全面和综合的视角来探究旅游目的地营销与管理的书籍，为旅游目的地的市场营销与管理原则及其应用夯实了基础。在目的地市场营销更趋全面与综合的今天，本书更具现实意义。书中许多观点与理论都在研究上得到了支持，在实践中得到了检验，对于旅游从业者、研究者、政策制定者以及旅游管理及相关学科的本科生与研究生均具有一定的实用价值。

本书初稿翻译由郑艳芬完成，部分章节得到吴秀梅（第 13、19 章）、侯平平（第 14、15、17 章）、徐仕彦（第 16、18、21 章）和赖龙威（第 20 章）的帮助与协作，谨此致以深深的谢意。全书各章译完后，由郑艳芬进行初校，最后由张朝枝进行统校。本书翻译和校订还得到了本书原编著者王有成教授和中国旅游出版社李冉冉编辑的热忱支持和协助，译者一并致以深挚的敬意和谢意。

由于译者的学识水平有限，译文中肯定会存在一些不当之处，敬请读者批评指正。

译者

2014 年 6 月于广州

项目策划与统筹：付　蓉
责任编辑：李冉冉
责任印制：冯冬青
封面设计：中文天地

图书在版编目（CIP）数据

目的地市场营销与管理：理论与实践／（美）王有成，（美）匹赞姆编著；张朝枝，郑艳芬译．--北京：中国旅游出版社，2014.9

书名原文：Destination marketing and management：theories and applications

ISBN 978－7－5032－5066－8

Ⅰ.①目…　Ⅱ.①王…　②匹…　③张…　④郑…　Ⅲ.①旅游市场－市场营销学　Ⅳ.①F590.8

中国版本图书馆 CIP 数据核字（2014）第 209871 号

北京市版权局著作权合同登记号：01－2013－1225

书　　名：目的地市场营销与管理：理论与实践

作　　者：（美）Youcheng Wang，Abraham Pizam
译　　者：张朝枝、郑艳芬
出版发行：中国旅游出版社
（北京建国门内大街甲 9 号　邮编：100005）
http：//www.cttp.net.cn　E-mail：cttp@cnta.gov.cn
发行部电话：010－85166503
经　　销：全国各地新华书店
印　　刷：河北省三河市灵山红旗印刷厂
版　　次：2014 年 9 月第 1 版　2014 年 9 月第 1 次印刷
开　　本：720 毫米×970 毫米　1/16
印　　张：28.5
字　　数：430 千
定　　价：89.00 元
I S B N　978－7－5032－5066－8